学以成人

第24届世界哲学大会论文精萃

王　博　主编

商务印书馆
创于1897　The Commercial Press

图书在版编目（CIP）数据

学以成人：第24届世界哲学大会论文精萃 / 王博主编. — 北京：商务印书馆，2024
ISBN 978-7-100-19734-2

Ⅰ. ①学… Ⅱ. ①王… Ⅲ. ①哲学—文集 Ⅳ. ①B-53

中国国家版本馆CIP数据核字（2021）第054774号

学以成人：第24届世界哲学大会论文精萃
王 博 主编

商 务 印 书 馆 出 版
（北京王府井大街36号 邮政编码 100710）
商 务 印 书 馆 发 行
北京虎彩文化传播有限公司印刷
ISBN 978-7-100-19734-2

2024年8月第1版　　开本 787×1092 1/16
2024年8月第1次印刷　　印张 34

定价：198.00元

目　　录

一　全体大会论文

自然

传统

二　专题会议论文

仁、团契、爱、心

表达性、对话、可译性

人类、非人类、后人类

科学、技术、环境

创造、符号、美感

三　捐赠讲座

茶山讲座

迈蒙尼德讲座

阿维罗伊讲座

王阳明讲座

克尔凯郭尔讲座

马克思诞辰200周年纪念讲座

一　全体大会论文

精　　神

文化与宗教之间的沟壑可以借助灵性来连通吗?

汉斯·朱利叶斯·施耐德（Hans Julius Schneider）
（德国波茨坦大学）

一、绪论

本文的目标可以借助对其标题稍作改动而得以表明。[①] 这样改动：我们**怎样**理解灵性概念才能让它有助于连通宗教和文化之间的鸿沟？在我们这个恐怖主义肆虐的时代，宗教冲突在**实践**层面是显而易见的，但它们也有**理论背景**。要想明了上述这一点，我们就得仔细查看两个立场：**民族中心主义**和**相对主义**，它们影响着我们关于什么能或不能解决这些冲突的观点。

民族中心主义是这样一种观点：**唯有我自己的宗教**（或者更宽泛地讲，我**自己的文化**）才能告诉我世界是什么样子的，良好生活应该是什么样子的，以及“灵性”和“宗教”这些术语的意义。这种观点的某些版本甚至声称，唯有我自己的宗教才算这个语词所意指的东西。

然而，如今大多数受过教育的人都会觉得民族中心主义不可接受。不过仍旧值得注意的是，民族中心主义也许是从一个亦有确真之处的观念发展而来。这一观念是这样的：关于世界是什么样以及良好生活应该是什么样等这样的事情，我们最初的理解源自我们幼年时对身边社会环境所形成的经验。这些经验与我们早年的**情感**生活以及形成身份认同时的最初阶段紧密相连。由此可以说，对生活的**初次**理解是一种**特有的**理解。它就是所谓成人时我们自身所形成的那种东西。它最初是最**隐蔽的**，但不久就会以许多不同的方式得到**表述**，比如讲述那些让我们害怕之物的故事，或者讲述那些我们认同之物的故事。这种初次理解会影响我们随后一生的想法，

① 这篇论文中所概述的一些观点的更详尽讨论可以参见 Schneider 2006，以及我的书（Schneider 2008，德语）和一些近来的论文：Schneider 2016，2017a，2017b。

不管我们后来又会接触到多少其他视角。由此我们可以看到，民族中心主义是一种“自然的”倾向。但是，承认这个事实并不意味着我们以后就不能或不应当研究其他文化和宗教，不应当向它们学习。

与此相反，**相对主义**的立场是，它意识到民族中心主义的那种帝国主义的、暴力的一面，或者更一般地说，它意识到拒绝考虑其他不同的潜在价值观的危险之处。因此，相对主义的目标可以说是为了克服人们固守己见所造成的负面效应。它鼓励尊重其他文化，其方式包括暂时从自己固守的信念退让一步，严肃对待偏见的危害，比如我们自身的有限性，但我们却没有意识到。

以这种方式来刻画，相对主义是这两个立场中更值得尊重的一方，因为它随时准备学习。它也是一种宽容；试图获得一幅不偏不倚的图景。但是，既然民族中心主义的可疑立场源自一个亦会有其**积极**一面的观念，那么哲学上更值得尊重的相对主义立场也会有其**消极的**一面。若这样来理解相对主义——严肃探讨人类生活各种不同观念的价值和过错（正如各种宗教中所阐述的那样）是不可能的，前述这种消极情况就会发生。宽容由此会轻易沦落为冷漠。

这种沦为冷漠的趋势似乎被我们如今给予科学的崇高地位所佐证。它会让人们相信，以传统方式来阐释生活的真谛已经过时，需要将之摒弃。这会被看作是一种启蒙，将传统方式的宗教阐释从学术和政治讨论中赶出去。我觉得，这既是个哲学谬误又是个政治谬误。

由此，这篇论文的主张是，帝国主义版本的民族中心主义和冷漠版本的相对主义都是误导人的。在这一评价中，我认同查尔斯·泰勒（Charles Taylor）在探讨一种“清楚表达差异的语言”时所建构的一个论证。[①] 泰勒赞同那些对民族中心主义的常有批评，不过，作为社会研究领域中“解释学”或“理解”研究路径的捍卫者，他也批评相对主义，因为（正如他所正确说到的）这一立场甚至不能充分**陈述**我们不理解的一种文化的表述所处理的**论题**究竟是什么。

我这篇论文的目的就是进而论证后期维特根斯坦语言哲学中的一些思考会强化泰勒的立场，也就是说，即便在宗教研究之中，一种**理解**的研究路径既是必要的也是可能的。维特根斯坦的思想会更多地澄清这种研究路径的本性。通过这种方式，它也会帮助我们理解为何跨文化冲突会那么深重，并且那么容易演变成非理性甚至暴力冲突。

---

① Taylor 1981, 205; 2002, 287.

二、“灵性”概念和“宗教”概念

为了实现不同宗教间的对话，如果我们放弃了民族中心主义，如果我们允许不同社会建制的多样可能性存在，尽管它们的教义和非语言活动差异极大，但仍然配得上被称为**宗教**，那么我们就必须能够说明是什么东西使得它们都成了同一种现象的不同样本。这个答案无法通过某种**具体**宗教来给出。比如，我们不能简单地说它们都是有关同一个超验存在者，在基督教中这个超验存在者被称作上帝，因为，(首先)我们知道有些宗教(比如某种形态的佛教)并没有这样一个上帝的观念，也因为，(其次)说两个不同宗教指称同一个上帝究竟是什么意思这一点仍然不是很清楚，尽管它们用两个不同名字来指称。而且更一般地说：在宗教哲学领域，用任何**具体**宗教的语汇去定义所有其他的宗教是一个**逻辑**错误。如果我们的目标是就“宗教是什么以及各种宗教的差别何在”的问题展开真正开诚布公的跨文化对话，那么我们就需要一个更加中立的术语。

在这一个情况下，**灵性**这个术语被用来标明人类生活的一个维度，在其中具体宗教以及它们表达自身的具体方式都是**表述**。在使用这个术语时，说话者试图避免这一维度得以表述的所有**具体**形式，并通过这种方式来试图避免民族中心主义。但是，我们怎样才能看到像“灵性”这样一个非常抽象的术语不会成为空谈？我们怎样(一方面)给予它一个足够清楚的意义，以及我们怎样(另一方面)给予它一个意义才能让它不限定于仅仅**具体**宗教的表述?

这个问题的一种回答就是命名所有宗教都共享的一个**功能**，而不是命名所有宗教都涉及的一个**对象**或**个体**。有时，像**超验者**或**神圣者**这样的非一神论的名字会被用在这儿，但就像**灵性**这样的表达一样，它们也是有问题的，因为有言而无物的危险。因此，为种种宗教寻找一个共同的功能仍然可期，而不是去寻找一个它们所共同**关涉**的(具体或抽象)实体。如果要尝试着对被认为有其意义的各种不同宗教方式进行对比，那么就必须有一些人类共同的关注之处。

因此，我这儿提议的**是**一种功能主义，只不过是一种有点儿特殊的类型。因为它不借助**它自身关注之外的观点**来刻画宗教的功能，比如说，它不借助社会学或者心理学。相反，它尝试从个体自身试图表述一种精神样貌的观点来进行言说。我将因此称它为**存在的功能主义**。

这何以可能可以由两个试探性的定义来表明，一个是生活的**精神维度**的定义，基于此，第二个是宗教的定义。

(1)当人们试图就作为整体的人类生活获得一种理解(诚实且真诚的理解)或

态度的时候，人类生活的精神维度就会进入我们的视野。这就包括了看到并接受那些让我们觉得神秘的生活面向。同样，这样一种叙述必定不能无视生活中的悲苦一面，比如痛苦、病痛、死亡以及这些悲苦会导致的恐惧感和绝望感。最后但却并非最不重要的一点是，这也必须包括鲁道尔夫·奥托[①]所说的神圣者的"精彩"一面。

（2）宗教于是可以被定义为特殊的表述和实践，它们按照自己的目标**表述教义**，并**在实践上帮助**它们的信众去获取并信守关于人生的这样一种理解。而且，宗教显然会包含这样一种承诺：认同它们关于生活的理解会对生活很有帮助。就最好的情况而言，这会给它们的信徒带来一种深沉的平静。这所表达的意思可以通过威廉·詹姆斯的话来得到最佳阐释，他把这描述成"一种关于幸福的更高的价值单位，以及其他事物所不可比拟的灵魂的坚定不移"[②]。

让我顺带提及一点：今日哲学和宗教的最显著差别就是哲学不能在实践中帮助引导其信徒的个人生活。

三、表述 vs. 理论

若我们现在转向宗教的语言表述，以及我们能从维特根斯坦的语言哲学中学到什么，那么我们需要提到的首要一点就是，按照维特根斯坦的观点，宗教教义所表述的并**不是**科学意义上的**理论**或**描述**。当思索宇宙学或者进化生物学的时候，我们可以恰如其分地说这两者一起处理**整个世界**。不过，当我们对一种宗教做出同样断言的时候，意思就迥然有别了，也就是说，这里所说的人们的**整个生活**都是其表述的主题，更确切地说，是**他们自己所经验**的生活。这并不是科学关心的。科学意在给出一幅客观的、独立的描述。它们所提供的帮助至多是**技术**意义上的，而非是**存在**意义上的。

如果宗教教导所表述的确实不是理论，那么这些表述既不是旨在找到一种关于这个世界的整全的**理论**刻画，宗教表述间的**冲突**的解决方式也不同于科学理论间的冲突的解决方式。同样的理由，宗教冲突并非根源于它们的教义**不可通约**的事实，就如科学哲学意义上的那种不可通约。[③]

由于篇幅所限，为了证实已经给出的这个大框架，我们这里只能就一个细节展

① Otto 1963.

② James 1982, 369.

③ 参见 Schneider 2017a。

开讨论。我所选的例证是维特根斯坦语言哲学中的一个重要改变，即，他关于言说的图像模式的态度的改变。这个论题对于理解宗教表述来说显然非常重要。

他的《伦理学演讲》在许多方面都归属于其**早期**哲学，我们在这本书中发现了下面这个推论。维特根斯坦设想他的对话者会反驳他的这一主张：语言不能表达他所谓的“高阶事物”。这些高阶事物是伦理学、美学、宗教等这些学科所尝试研究的事物。作为这种尝试的一个例子，他曾经提到，在宗教语境中他想说出像“我感觉到绝对的安全”这样的话。[①] 不过，他后来关于此又有了另外一些想法，他仍然使用《逻辑哲学论》[②] 中提出的以科学为导向的标准，认为有宗教意义的句子其实是无意义的。

然后，维特根斯坦设想他的对话者会以下述这种方式来反驳。对话者会说，这个句子不应当以字面意思来理解，而是应当以比喻来理解；那样的话它就不再是无意义的。但是维特根斯坦拒绝这一反驳。当时写《伦理学演讲》的时候，他主张一个比喻要是有意义就必须可以转译成文字表达。按照他的要求，这个文字表达要有意义，它就得是有关某个“事态”的，也就是他在《逻辑哲学论》中所论的科学导向意义上的“事态”。下一步，他又正确地看到，这一要求的实现会带来一个后果，即该句子不再传达意向中的“高阶”意义，而是相反，像述说一个物理事态那样述说某个心灵状态。[③] 因此，在《伦理学演讲》中，维特根斯坦声称即便有语言的帮助**有些东西我们也不能表达**，也就是说，表达某种高阶的东西。[④] 若如此，这一事实会捍卫相对主义，因为它使得灵性内容成了我们的批评所无法触及的东西。

现在若查看《哲学研究》中他的后期工作，我们会看到维特根斯坦已经改变了有关这些论题的看法。[⑤] 有关图像式语言的运作方式以及语言作用的界限，他现在的说法已经相当不同了：

> 在此，巨大的困难是不这样来表现事情：似乎人们**不能**做什么。似乎在那里的确存在着这样一个对象，我从其抽引出了这个描述，但是我却不能将其指给某个人看。——我所能建议的最好的做法或许是我们屈从于使用这幅图像的企图：但是，现在请研究一下这幅图像的**应用**看起来是什么样的。(《哲学研究》

① Wittgenstein 1965, 8.

② Wittgenstein 1922.

③ “但是我的意思是说，一个心灵状态，就我们用该短语所意谓的是一个可以描述的事实而言，绝不是伦理意义上的好或坏。”（Wittgenstein 1965: 6）

④ 在《逻辑哲学论》中我们读到：“命题不能表达任何高阶的东西。”（Wittgenstein 1922: 6.42）

⑤ Wittgenstein 2009.

374 节）①

因此，他没有保持沉默并抗拒述说某些他过去认为无意义的事物的企图；没有试图将之转译成《逻辑哲学论》可以接受的某种语言（他让他的对话者提出了这一观点，但他认为这是不可能的）；也没有声称存在一个我们可以对之进行私自认识甚或私自描述的神秘之物的特殊领域，我们只是不能用我们共享的公共语言来讲述之；相反，他现在说我们应该**顺从**上述这一**企图**。我们应该按我们所一直倾向的方式去讲述，而这意味着我们应该相信图像式语言是可以有意义的，尽管它获得意义的方式与《逻辑哲学论》中所允许的方式有所不同：它并不依赖于对象与其名称之间的关系。

因此，维特根斯坦的下一步就不是去寻找一个对象，而是去“研究一下这幅图像的**应用**看起来是什么样的”。以这种方式讲述**应用一幅图像**就暗含了这样一点：在他现在所提议的这种研究中，我们不应把一个作为构成部分的语词从其所在的图像式的复合短语中抽离出来，然后在试图回答有关这个词（比如“上帝”）的意义的后续问题时却仍然持有这样一种理解——解释其意义要求我们能指向这个词所命名的某种东西。走到这一步，维特根斯坦就指出了这一可能性：在各自文化和宗教中适用的各种**不同**图像可能会有一种**相似的**使用，而这些使用是不同地区的人在依其自身条件而做出的各种尝试中所得到的。按照前述给出的定义，这就意味着：在我们人类尝试对生活的精神维度进行表述的过程中，相当不同的图像式表述可能会履行相似的存在的功能。

四、结论：学以成人

作为结论，我想点明前文概述的关于灵性的理解为沟通宗教与文化之间的沟壑所带来的最重要的后果。我们已经看到，将图像式表达的应用作为整体来理解是与宗教事务相关的跨文化交流的必要步骤。我们也已经看到，涉及这些表达的语言游戏在生活的很早期阶段就已形成，那时身份认同首次被建立起来，获得的经验也开始有了强烈的情感意蕴。由此可以预料，由它们养育而成的人会固执地信奉这些图

① “Die große Schwierigkeit ist hier, die Sache nicht so darzustellen, als *könne* man etwas nicht. Als wäre da wohl ein Gegenstand, von dem ich die Beschreibung abziehe, aber ich wäre nicht im Stande, ihn jemandem zu zeigen. – Und das Beste, was ich vorschlagen kann, ist wohl, daß wir der Versuchung, dies Bild zu gebrauchen, nachgeben: aber nun untersuchen, wie die *Anwendung* dieses Bildes aussieht.”

像。其三，我们也会明白，在**相竞争图像冲突**的情况下，这些冲突无法通过将它们聚合成一幅单一的整全图像的方式来解决。这里我们或许会想起基督教的**最后审判**的观念，相比于佛教中相宜或不那么相宜的**重生**观念：这些是**可替代的**图像，它们不能被简单地从一个添加到另一个上；它们不是可以**融合**的**视域**（伽达默尔）。其四，我们也已经看到，我们用来解决科学理论间冲突的方法无法应用在宗教冲突的情形中。这些要点放在一起就有助于理解（但不是辩护）利用宗教所引起的冲突中的力量的紧要性。

若我们的目标是对理论问题加以适当理解从而避免宗教和文化事务中的暴力冲突，那么我们可以从维特根斯坦的思考中获得哪些启示呢？前述思考所能呈现的答案如下：我们得学着结合两种事物：一方面，我们得能够用图像式表达严肃表述我们自身的存在问题和存在渴望。这就会避免冷漠版本的相对主义。不过另一方面，我们也应该避免让那些我们在自我表述的尝试中所使用的图像（用维特根斯坦的话说）**将我们束缚**。[①] 我们不应成为自己的图像式表达的奴隶。如果我们成功地做到了这一点，那么我们就避免了民族中心主义，其方式是在我们和这些图像间的关系中获得一定**自由，但仍没有放弃这些图像**。那样，我们就能理解那些异于我们的图像式语言所表述的视角，并能加以严肃地对待。

我提议，培养这种自由正是“学以成人”这个短语的部分含义。这里所探讨的问题也可以在查尔斯·泰勒那里得到呼应，我打算以此引用来结束我的报告。你们或许也知道，泰勒是一个天主教徒，这里引用的这句话出自他对西班牙人遭遇阿兹台克文化时所面临的某种残暴的隆重祭祀仪式的探讨：

> 但是，天主教弥撒和阿兹台克祭祀在人类处境维度的阐释上形成了竞争，对于人类处境的维度我们无法获得一个稳定的、超越文化的名称。这一想法始终是我们所无法摆脱的，除非我们想把这些人贬低成那种不可理喻的人，就像其他不同种族的成员也会如此针对我们。[②]

参考文献

James, William: *The Varieties of Religious Experience*, 1982.

① PI §115.

② Taylor 2002, 294.

Otto, Rudolf: *Das Heilige. Über das Irrationale in der Idee des Göttlichen und sein Verhältnis zum Rationalen*, München 1963.

Schneider, Hans Julius: William James and Ludwig Wittgenstein: A Philosophical Approach to Spirituality, in: J. Moore, C. Purton (eds.), *Spirituality and Counselling: Experiential and Theoretical Perspectives*, Ross-on-Wye 2006, 50-64.

——. *Religion.* Berlin 2008 (in German).

——. Religiöse und nicht-religiöse Sprachspiele - Grenzen und Grenzüberschreitungen, in: Rico Gutschmidt, Thomas Rentsch (Hrsg.), *Gott ohne Theismus? Neue Positionen zu einer zeitlosen Frage*, Münster 2016, 149-164.

——. Horizontverschmelzung, Inkommensurabilität und sprachliche Bilder. In: *Wittgenstein-Studien* 8/2017a, 211-238.

——. Sacred Values and Interreligious Dialogue, *Analyse und Kritik* 2017b; 39 (1), 63-83. DOI: 10.15.15/auk-2017-0004.

Taylor, Charles: Understanding and Explanation in the Geisteswissenschaften, in: Steven H. Holtzman, Christopher M. Leich (Hrsg.), *Wittgenstein: To Follow a Rule*, London 1981, 191-210.

——. Understanding the Other: A Gadamerian View on Conceptual Schemes, in: Jeff Malpas, Ulrich Arnswalt, Jens Kertscher (eds.), *Gadamer's Century. Essays in Honor of Hans-Georg Gadamer*, Cambridge Mass. 2002, 279-297.

Wittgenstein, Ludwig: *Tractatus Logico-Philosophicus*, ed. C. K. Ogden, transl. C. K. Ogden and F. P. Ramsey, London 1922.

——. A Lecture on Ethics. In: Wittgenstein's Lecture on Ethics. *The Philosophical Review* 74 (1965) 3-12.

——. *Philosophical Investigations / Philosophische Untersuchungen*, ed. P. M. S. Hacker and Joachim Schulte, trans. G. E. M. Anscombe, P. M. S. Hacker, and Joachim Schulte, New York 2009.

（沈洁　译）

ANATHEISM 的挑战

——在世界哲学大会上的谈话

理查德·卡尔尼（Richard Kearney）

（波士顿大学）

在希腊语中，Anatheism 意味着 *ana-theos*，即在神之后。这是一种在神死后思考神的方式。它意味着在那些我们自以为所拥有的古老而熟悉的神，例如金子（神）的偶像，消失之后，回顾神的残余、亡灵和回归。或者更准确地说，在解构了全神的统治和妄想之后——众所周知，这是由弗洛伊德、马克思和尼采所发起的——无论还剩下什么，我们都可以称之为 ana-theism。Anatheism 是幸存之神的灵性：如果我们让它存在的话，这是一个可能存在的神，一个总是在到来的神圣诺言。

“Ana”作为一个前缀在《简编牛津英语词典》中的定义如下：“在空间或时间之上；再次回来，重新。”正如使用在病历［anamnesis］，类比［analogy］，神秘主义［anagogy］，回指［anaphora］中那样。如此理解，该术语支持“神之后的神”这个表达中所包含的更深层次和更广泛的“之后”的意义。*Ana* 打开了一个涉及复取、重访、重申、重复等概念的语义领域。但如果它重复神圣的话，这一重复是**向前**而非**向后**的。它不是倒退回人类堕落之前的过去，而是一个为了再次前进的“之后”回归的问题。以退为进［*Reculer pour mieux sauter*］！

正是在这个意义上，我们将 ana-theism 这一术语用作“在神之后回归神”：这是对已经过去但仍拥有在未来可能被更充分地实现的极端潜力的神圣事物的批判性解释学取回。这样，它为已流产或被截断的神性的历史提供了未来。相应地，ana-theism 可以理解为“后-信仰［after-faith］”，后者不仅仅是“后-思想［after-thought］”或“后-影响［after-affect］”。后-信仰是末世论的——某些最后的终极从一开始就已经存在。这就是为什么 *ana* 的“之后［after］”也是“之前［before］”的原因。如此说来，一个之前已经被转化为第二个之后。正如《箴言》中索菲娅/智慧在主面前轻松移动时所说：“在他创造世界之前，我在那里……永远在他的身边……

充满喜悦，总是在他面前高兴。”（箴言 8：26-29 ）而这个希伯来意义上的“ana-chrony”被恰如其分地反映在耶稣那惊人的主张中：“在亚伯拉罕之前，我就在。”

但让我表达得更清楚一些：anatheism 并不是建立在某些黑格尔主义的综合和最终决断之上的超出有神论和无神论的辩证第三项。诚然，anatheism 本身就包含着无神论的因素，正如它同样包含着有神论的因素。或者更确切地说：anatheism 预先包含了有神论和无神论二者，因为它在无神论和有神论的二分**之前**的时空就已在运作，而**之后**也是同样。一旦“神之死”完成，anatheism 中的双重的“a”就意味着再次肯定的可能性，而非必然性。但它不同于黑格尔的“否定之否定”，后者将这种回归视为是不可避免的综合或扬弃（*Aufhebung*）。与这种逻辑上的神义论不同，anatheism 总是一种赌博——一种可以走向任一方向的风险。这取决于我们的分辨和决定，从而应对当下的呼唤。信仰和智慧一次又一次重演。这一事件不会像黑格尔绝对精神的辩证法一样发生在我们背后，而与我们的主体无关。并不存在通过具体展开成最终总体的“理性的欺骗”。Anatheism 与规定了一个预先确定的辩证法的大写的神性无关。恰好相反［*Au contraire*］！ Anatheism 与第一神或全神无关。它是对于与这些（第一神或全神）无关的神圣者的重新成像和重新生活。它始终是小写字母。

Anatheism 集中于无-神论者的不-可知的时刻所经历的未实现或被悬置的可能性；这里的“a-”是一个弃权、缺乏、撤回的姿态。①这种姿态不是一种**反对上帝**的认识论论证，而是一种对于普通的失落和孤独的前-反思的生活体验——一种**畏惧**或抛弃的心情，一种几乎每个人在他们的生活中的某个时刻都能体验到的生存意义上的“灵魂的黑夜”。就连十字架上的基督也宣称：“我的上帝，我的上帝，为什么要离弃我？”无神论中的这种表示缺乏的“a”对于 anatheism 是不可或缺的。但是

① 利科承认这种不可或缺的通过无神论（至少对我们现代人来说）走向他所谓的一种新的“后宗教的信仰”的通道。但是，在 anatheism 的核心的无神论戏剧并不是通过无神论从有主要宗教信仰到第二个宗教信仰，后者可以被看作是某些最后的胜利总结。无-神论是对于第一信仰——一种幼稚的确定性，轻松的假设，获得的预设或教条——的天真的超越从而进入了一个开放的可能性空间。这种开放会导致无神论之后的无神论或有神论之间的选择。那就是 anatheism 的时空，并且它永远是开放的——因为没有无神论或有神论可以假设对于自己的确定性而不陷入另一种教条主义（对于信仰或者反信仰）。因此，这是我们所说的“anatheist atheism”还是“anatheist theism”——第二有神论还是第二无神论——这是由我们去选择：这是一个赌博，一种解释学的任务。Anatheist 的时刻是在有神论和无神论之间进行选择之前的一刻，就此而言它解放了赌博、行动和承诺。从这个意义上说，它出现在我们放弃了第一个有神论或第一个无神论的教条主义的不自由“之后”。通过无神论从宗教转变为信仰的过程中，“悬置”的解释学时刻是不可或缺的。或者按照保罗·利科的解释学单元来说，学术方面，除非人们允许怀疑的大师——弗洛伊德，马克思，尼采（并且我会加上怀疑的女主人德·波伏娃）——揭开神学的尸体，通过后者人们不太可能达到一个值得活着的信念。这种反传统的无神论者可能会被视为解释学悬置过程中的同盟者，而后者可以导致（对于那些如此选择的人）对神圣的解释学重新确认。见 P. Ricoeur, *The Symbolism of Evil*, transl. by E. Buchanan, Beacon Press, Boston, 1968 以及 P. Ricoeur, “Religion, Atheism, Faith”，收于 *The Conflict of Interpretations*, ed. by D. Ihde, Northwestern University Press, Evanston, 1974, pp. 440-467。

在“a-n-a”中我们有两个A。而且第二个“a”是“不”的“不”。神之死的死亡。在“不”之后的是重复了第一个“是”的创造。因此anatheism中的这种双重的A-A标志着重新打开某种新的、陌生的和不可言说的事情。一旦有人认识到它的极端的生存意义的放弃，那么这种AA运动所召唤出的十二步舞蹈就产生出一种“更高的力量”。

所以，我再说一遍，这一ana-不是不可避免的理性进步的保证。如果有什么可以说的话：宗教的终结将我们带回到它的开始——带回有神论和无神论分裂之前的时间。并且在这方面，我们可能会想到诗人约翰·济慈对于诗歌信仰的著名定义：“主动悬置怀疑”，这是重新回到亚当在创世第一天的经历中，当一切都是新鲜并且可以被夺取的时候，当一切都可能会发生，或好或坏的时候。济慈将这种原初时刻的不可知称为“消极能力”——“能够体验神秘、不确定性和疑惑的能力，而这种能力在事实和理性易怒的触及之外。”我认为，这与克尔凯郭尔在《恐惧与颤抖》中著名的“跃入信仰”有共同之处。一个神圣的重复——这不能被理解为倒退向某些原初位置，而是作为向着极端的正在到来的他者的首要的本体论倾向。[①] 亚伯拉罕必须失去他的“被给定的”儿子（有人认为这是理所当然的），这样才能将他作为“礼物”而接回；他必须放弃作为财产的以撒，以迎回作为许诺的他。以撒不属于他的父亲亚伯拉罕（作为子女的延伸，获取，财产，谋划）；以撒本人是另一个人，是另一个人的、他者的礼物（克尔凯郭尔称之为“绝对”的回报礼物）。

简而言之，anatheist的信仰就是对失去的东西的一种取回。它涉及将前者重申为后者，将早些重申为晚些——它是一种超越线性时间模式的重放，而赞成一种超出时间的时间。在这种线性时间中，一个时刻接替另一个时刻；而后者则是一个神显现的时刻（*Augenblick*或*Jetzzeit*），此中恩惠跨越瞬间。[②]“Ana”是一个前缀，旨在捕捉这个过去作为未来、在先作为在后的谜题。[③]

然而，如此说并不是否认*ana*涉及历史时间。远非如此。正如列维纳斯所提醒我们的，无限时间是无-限的；它穿越有限的时间性，并且没有它就不能存在。这样，如今的ana-theism与神死后的具体的历史情况相称，包含文化、社会和智识方面。正如前面提到的那样，它是由启蒙运动，法国大革命，对意识形态、父权制、无意识幻想以及不受约束的权力的现代批评所揭示的。它表达了对于马克斯·韦伯所谓对世界的“祛魅”、对社会的驱邪、放弃上帝和丧失信仰的深切关注。从这个意义上讲，anatheism确实是一种与我们当代人文主义文化相关的历史文化现象，但

① 参考S. Kierkegaard, *Fear and Trembling*, transl. by A. Hannay, Penguin, New York, 1985。

② 在这个意义上，耶稣基督可以说“在亚伯拉罕之前我在”和“记住我直到我来”。

③ 我认为克尔凯郭尔之后的一些学者——比如本雅明、德里达或阿甘本——在讨论“弥赛亚时刻”时也表达了类似的观点。但是我更倾向“凯罗斯”或“末世论”时刻：这一王国此前已在，现在是并且将要到来。它总是已在并且将要到来。

它不是以任何目的论的方式，假设我们几千年来一无所知，而现在终于看到了光明——所有信仰都是幻想，而我们终于自由了。就 anatheism 而言，失去神的幻象（作为宇宙的神圣监督者）提供了与那神圣陌生人的原初承诺重新连结的可能性，作为礼物、呼唤、召唤，作为每时每刻向着好客和正义的邀请而来的绝对他者。总而言之，anatheism 标志着向被西方形而上学遗失和遗忘的神秘的极端开放①——并且需要一次又一次地被回忆（ana）。在这里，我认为，我们可以离开 anatheist 这一问题的**历史**形成——在上帝消失之后会出现什么？——移向更加**生存意义上的**问题：我们今天在具体的生活中如何体验这一点？

这就是为什么 anatheism 相比于思辨理论而更加关注生活的“见证”的原因——（后者指）在我们的日常行为中以及在艺术领域（这在最宽广的意义上指的是让事物变新）欢迎那个陌生人的生动例子。这就是为什么 anatheism 可以被称为对于神圣诗学的召唤：即，生活的放弃和幻灭的创造性表象，然后转向“更多”的东西（苏格拉底称之为 *periagoge*［灵魂的转向］，奥古斯丁称之为 *conversio*［转向］）。让我重复一下，放开的否定时刻与对于 anatheism 的恰当理解是不可或缺的，因为如果没有它，我们就只有廉价的恩典——上帝作为自信的人，一个超自然的小丑，向人兜售舒适的幻想，快速治愈的疗法、蛇油和鸦片。这就是为什么我们需要尊重放弃和放弃的时刻，正如在神秘主义者的“灵魂黑暗之夜”中那样有力地见证的那样，或者陀思妥耶夫斯基意义上来源于“怀疑的坩埚”的信仰，或者杰拉尔德·曼利·霍普金斯的黑暗十四行诗（“我醒来，感到黑暗的落下而非白天！”）。或者，在一个典型的意义上，基督在十字架上的倒数第二个失落——在他的 ana-theist 的信仰的飞跃之前的一个无神论者的哭喊中：“向你［thee］，我赞扬我的灵魂。”② 在他的 ana-theist 信

① 关于这里的解构性时刻，在所有人中，伊曼纽尔·列维纳斯和雅克·德里达有很多值得我们学习的地方。在《总体与无限》中列维纳斯认为无神论是犹太教给予人类最大的礼物。我认为他的意思是说犹太教是针对偶像和幻想的预言性禁止；它所许诺的弥赛亚标志着一个从包含着与上帝的融合（祭祀异教）的与存在的融合中分离的无神论时刻；这种分离给“我”，这个自我，一种回应他者、陌生人的自由和责任。如果没有这种“无神论”的分离，那么就不存在与陌生人之间伦理上的相遇。列维纳斯认为他们承载着伤者、赤贫者、赤裸裸的人——“寡妇，孤儿，陌生人”——的面容，它们对列维纳斯来说本身就是“上帝的痕迹”。德里达就他所说的“没有宗教［religio］的宗教［religion］”进行了讨论。如果德里达和我的讨论有所区别的话，那么这就是“无”（德里达的 *sans*）和“之后”（*ana*）的区别。我谈论宗教之后的宗教而他讨论没有宗教的宗教。但正如他在讨论我的“可能的上帝”（*Peut-être*）时所说的那样，在他的无神论和我的 anatheism 之间，只是有时会有“最小的差异”。参考我与德里达对话，题为“恐怖，宗教和新政治”，于 2001 年 10 月在纽约举行，并发表于 R. Kearney, *Debates in Continental Philosophy: Conversations with Contemporary Thinkers*, Fordham University Press, New York, 2004, pp. 3-15。另见我的相关文章，“Derrida's Messianic Atheism”, in *The Trace of God: Derrida and Religion*, ed. by E. Baring and P. Gordon, Fordham Press, New York, 2014。

② 依照 anatheism 来解读，十字架并不是一个嗜血的、父权制的上帝所举行的残酷的赎罪献祭；一心要用他的儿子为我们赎罪。这是在“无神论”的放下的时刻超越有害的“有神论”的诱惑的时刻，从而打开一个向着崭新、惊讶、恩惠、礼物的“anatheistic”倾向。然而还有另外一个关于上帝之后的上帝的更极端的

仰之前的一个无神论者的呼声："向你［Thee］，我赞扬我的精神。"

这些都是排空的具体时刻（虚己［*kenosis*］），这开启了回到anatheism的初始时刻的可能性：对陌生人说"是"的赌博。这种重要的赌博首先是一种生存意义上的赌博——不是一种帕斯卡风格的纯粹合乎逻辑的赌博（它更多是知识的而不是对肉体的赌博，对认识论的而不是对本体论的赌博）。我认为，原初的anatheist的赌博——将敌意转化为好客——代表着所有伟大智慧传统的初始时刻。具体地说，就亚伯拉罕传统而言，它邀请我们回忆圣经和宗教艺术作品中的一些好客的"原初场景"：例如亚伯拉罕和撒拉在幔利遇到了三个陌生人；雅各在晚上与他的黑暗的天使搏斗；玛丽在拿撒勒与一个叫加百列的陌生人交往；耶稣基督作为一个陌生人（*hospes*）来寻找面包和水（马太福音25）——一个神圣的陌生人，他反过来成为这些之中最少（*elachistos*）的主人。（术语*hospes*既表示主人也表示客人。）由于anatheism是一种呼唤和回应，我们可以自由地在做东和做客、给予和接受的赌博中说"是"或"否"。精神依赖于人类而居于我们中间，在世间成为肉体。邀请函在那里：而最终取决于我们。①

（接上页）发现。我说"另外一个"，因为正如基督自己所透露的那样，它从一开始就一直持续下去，永远不会结束："在亚伯拉罕之前，我就在……现在我必须走了，这样那位圣灵才能来。"在这里和现在的基督总是之前和以后的基督：ana-chronic，ana-Christ。换句话说，在十字架上，由于他所有的属人的受伤，基督抛弃了那弃绝他的万能的神父。他最后的终极教训是极端的虚己（kenosis）思想，放下逝去的幻想和执着，这样将自己向崭新、他者、陌生敞开。"我的上帝，我的上帝，为什么放弃我？"是否定和消极能力的无神论时刻，这为释放和解放到旧生活以外的新生活开辟了空间——"向你，我赞扬我的精神"。在这个anatheist的回归，基督将自己委托给每一位上帝之后的上帝的"你"，每一位寻求或接受食物和爱的陌生人——他在加利利的饥饿门徒（"来吃早餐"），在花园冢的抹大拉的马利亚（"米利暗！"），通往以马忤斯时的同路人。在离开他们之后（*ana*），基督，作为他们不认识的**主人**（*hospes*），不断地回到（*ana*）他的追随者身上，直到他用食物和抚摸招待他们。只有作为客人，他们才能再次（*ana*）认识神圣的主人。

① 杰拉德·曼利·霍普金斯将文学顿悟的时刻描述为一种"在后和第二"的行为——一种"结束和超过"的经验，它将世俗重现为神圣（10）。他谈起取回向前重复的过去的经验，比起记忆更加青睐新的生活，给过去以新的未来。这种诗意的取回涉及距离上的绕道和祛魅，之后我们可以**一次又一次地**以新的光芒回到我们第一次的经历。或者如弗洛伊德所说，之后［nachtraglich］（虽然弗洛伊德谈及"创伤"，但这种时间上事后［après coup］的重复同样适用于诗意的"奇迹"：这两个术语都来自"伤口［wound］"，指的是打破我们正常的时空感觉的惊骇或惊喜）。一位耶稣会诗人，霍普金斯，谈到对日常事物通过圣礼的重新构想。但是这种神圣的重复概念并不局限于天主教或任何其他特定的宗教。我认为它延伸到任何回到"在神**之后**的神"的诗意运动，失去神之后的神。就像儿童游戏重现的那样，"走了，又回来了"，"离开了/回到那里［*Fort / Da*］"。我们发现作为文学而消失的东西作为人物形象而回归——也就是作为符号和象征，通过缺席并且在缺席之中再次出现。在这里，象征并不意味着**不真实**或**不实在**。依照神圣诗来说，失去的人的回归——在宗教之中是失去的神——可能最具"真实的在场"。事实上，因为通过分离和放下的绕道，它可能是一个更强大和更动人的在场。这涉及到一种新的时间概念——按照凯罗斯顺序而不是按一般时间顺序——这是一个贯穿并扭转时间的时间，就像在圣体圣事的公式中一样："我们这样做是为了纪念他，直到他再来。"*Anatheism*就是关于再来一次，再创造一次，之后，日复一日。总之：*ana-poiesis*。神圣诗学就是anapoetics。

让我在这个世界哲学大会上再多说几句：如果我所引用的anatheist的好客的例子来源于西方亚伯拉罕传统，这是因为这些恰好属于我自己的解释学遗产，我的特殊的精神传统依赖于我出生和长大的文化上的时间和地点。但我将坚持，anatheist的灵性绝不局限于西方圣经的犹太教—基督教—伊斯兰教传统。它适用于所有伟大的智慧传统和世界灵性——从佛教和印度教到道家和儒家，以及非洲、澳大利亚和美洲的许多土著的精神文化。我最近编辑的一卷,《招待陌生人：宗教之间》（Bloomsbury，2012），是对世界五大精神领域中的anatheist的好客的赌博和奇迹的研究。最后我来总结，我确信不同宗教之间的好客不仅仅是anatheism的奢侈要求，而是一种必然的要求。在最后一位神死后向另一位神开放自己是一个无限的机会，不仅是重新发现自己遗失或未被探索的可能灵性，而且也可以从根本上重新发现他者的灵性。招待陌生人开始于并且结束于招待除了自己之外的宗教。

（陈斯一　校）

自　　我

自我——一种现象学的陈述：时间性，主体间性，具身性

萨拉·海内玛（Sara Heinämaa）
（芬兰学院·于韦斯屈莱大学）

如今欧洲哲学经常被批评和攻击为无法解决当今世界问题的过时的思想模式。它的特点是个人主义、人类中心主义和欧洲中心主义，并与当代政治哲学、自然哲学和本体论中激烈阐述的所谓更加多元的、社群的和生态的方法形成对比。

后人类（主义）、新实在论、唯物主义和新生命主义等思潮旨在通过为全球政治的平等和正义创造另一种概念化过程来应对这一挑战——不仅为了所有的人类和文化，而且也为了动物王国并最终为了地球本身。这些讨论所提出的最普遍的论点之一是如下论断：欧洲的哲学版图一方面必须而且能够被前-笛卡尔的思想模式所提供的新的概念工具所改造；另一方面必须而且能够被非-欧洲传统的学问、智慧和政治思想所改造。在数学和数学化的自然科学中则发现了第三组日趋流行的概念，其中最重要的属于系统论、量子物理和集合论。

所有这些方法一致认为当代欧洲哲学之问题的主要根源在于它所继承的笛卡尔主义。如果这一论断成立，那么所有的笛卡尔哲学的原则都必须从欧洲的思想中拔除，如果后者想要复活、振兴和恢复活力的话。假如这是前所未有的事件或动态力量和进程，那么笛卡尔为我们留下的作为哲学遗产的二元论框架——在这一框架中思维与广延相对，心灵与身体相对，自我与任何在它之外的东西相对——就必须被一元本体论取代。

笛卡尔的我思（*ego cogito*）——思考的自我——被康德通过他的如下论断重新塑造：自我是伴随着我们全部表象的形式。在这种康德式的重新表述中，自我只是一种形式因素，只是一种思想和经验的形式，因此，它对所有人类主体都是普遍一致的，而与历史、文化、空间和身体等因素无关。

然而，这种康德式的笛卡尔主义不是解释和发展笛卡尔关于自我的中心性的论

证的唯一可能方式。在这个演讲中，我想论证笛卡尔哲学的基本愿望可以并且已经在20世纪的现象学家那里获得了与康德主义不同的发展方向，以此质疑占主导地位的康德主义者对于笛卡尔主义的理解。[在我看来，两位最创新地发展了笛卡尔的哲学洞见的现象学家是现象学运动的创始人埃德蒙德·胡塞尔以及他的法国批评者莫里斯·梅洛-庞蒂。在他的最后一部作品《可见的与不可见的》中，梅洛-庞蒂甚至认为关于笛卡尔主义的争论是无意义的："这一问题没有太大的意义，因为那些反对笛卡尔的这种或那种观点的人只有通过理性才能这么做，而就理性而言，他们亏欠笛卡尔太多。"]

在此，我将遵循胡塞尔和梅洛-庞蒂的论述，论证构建世界意义的自我不是一个孤独的自我（solus ipse），也不仅是表象的形式。意义-构建的自我不是一个孤独的主体或形式原则，而是一个具有时间厚度和社会嵌入性的动态结构。此外，现象学的自我不仅仅是思考的理智行为的主体，而且还生活在情感的感性和运动性以及表现和交流之中。因此，自我并不仅限于宣称"我思"，而且还倾向于陈述"我感觉"，"我遭受"，"我移动和我被移动"，"我微笑以及我被称呼和召唤"。

一、时间性

在《笛卡尔式的沉思》第四沉思中，胡塞尔通过区分三种不同的意义来澄清自我的概念：自我首先是一个行动-极，其次是私人自我（*personales Ich, Person*），最后是作为一个单子的完全具体的自我。所有这些区别在20世纪头十年胡塞尔《观念》的第二卷中已经出现，但直到20世纪20年代末首次出版的《笛卡尔式的沉思》之前，胡塞尔并没有完全清楚地阐明它们。

在胡塞尔的解释中，自我作为一个行动-极是意向性行动的主体，也就是说，那个自我仅被当作行动的执行者而被研究。胡塞尔认为，每一个可以从意向性经验流中得以辨识的行动都是从同一个中心中辐射或流出的；每一个意向性行为都是通过这样的射线而被给予我们的。

因此，经验流必须被视为自我的一系列意向性行动。但对于胡塞尔来说，自我的行动不仅包括思考、判断、认知以及相信等理论行动，还包括情感和感觉等价值论行动，以及意愿、欲望和抉择等实践行动，以及它们的不同样态。此外，自我的意识流也涉及到自我处于被动的时刻，从而在与格而非主格的形式下运行。因此"我认为"和"我判断"与"我爱"、"我恨"、"我后悔"、"我希望"、"我想要"、

“我决定”、“我喜欢”、“我接受”以及“我被移动和影响”被一起重复。

所以，首先，正如现象学分析所揭示的那样，自我是全部事实的和可能的从意识的连续流中绽出的行动的极点。就好像这些行动集中在自我周围——它们也以类似的方式围绕着对象-极。然而，胡塞尔在提出了这个基本观点之后，他论证自我不仅仅是一个行动-极或瞬时行动的共同中心。它也有一个时间结构，因此也如此指回它自己的过去。行动不是孤立的原子般的单位，而是包含着内在的对彼此的指涉，并由此形成一个完整的连续体。

胡塞尔用“习惯”(*Habitus, Habitualität*)这一术语来描述自我的时间性构成，以区别于作为行动执行者的自我。他警告说，我们不应该在日常惯例和社会习俗意义上使用这一术语。在特定的过程中，这一指涉是在内在时间之中的。在这种内在时间中意向性行动被建立，并且新的行动被叠放在更早的行动之上，从而形成一种活动-形式或活动-格式塔。这一格式塔对个人来说是独一无二的，并且因此我们可以说自我有一种特定的行为模式或风格。

胡塞尔将在内在时间中建立和在习惯化的行为中形成的格式塔称之为“先验的人”(或先验自我的“人格”)(*Person, Pesönlichkeit*)。对他而言，自我并不是那个想要、喜欢和设定存在的临时演员，而是那个总是已经想要、喜欢和设定存在的自我。自我不仅是同时行动的整体，而且具有在内在时间中形成的意向性行动的内在“历史”。换句话说，自我有一个**生成**，一个内在的过去和起源。更进一步：自我是自己的过去。

在《观念》第二卷和《笛卡尔式的沉思》中，胡塞尔通过研究判断形成的例子阐释了行动习惯化的过程。他解释说，在我们做出一个判断时这个判断就会以特定的方式成为我们自己的判断：它成为我们先验习惯的一部分。直到我们通过另一个行动来驳斥它，这一判断都会以这样的方式保持为我们自己的。在此之后，它仍然是我们的一个曾经持有并采取行动的判断，然后它被反驳了。这并不意味着直到反驳这一判断之前，我们在每一个时刻都重复它，而是说从做出判断的那一刻起，我们就是如此判断并如此相信的人。

例如，当我对屋顶上的滴答声的知觉促使我相信外面正在下雨的时候，我就被限制于下雨的现实和雨滴的呈现。我的判断是转瞬即逝的：过去了一段时间后，我又回到了自己的工作中而专注于我正在阅读的文本。雨滴的滴答声不再占据我注意力的中心，而是已经进入了我经验的背景之中。但在这个过程中，我并没有不再“是”那个认为现在在下雨的人；尽管我不再积极地设定雨滴的存在，但我仍然被限制于雨的现实。

[信念的持久性会呈现在我的回答之中：如果我被问及这个滴答声，即使我正全身心投入到工作中，我也会毫不犹豫地回答这是因为在下雨。这一信念也会以非-言

语的方式展现在我的行为中。例如，当我出去时，我会拿起雨伞并穿上橡胶靴。（或许）只有当我打开门看到晴朗的蓝天和拿着水管的邻居的孩子们时，我才会放弃我的信念。然而，我并没有因此就回到早先的时刻或回到我注意到这个滴答声并且判断现在在下雨之前的生活。相反，现在，在放弃了这个信念之后，我"曾经是"那个确信雨的现实性的人，但不再"是"了。]

以类似的方式，当我的爱消逝时，我无法通过任何奇迹般的方式将自己从这种情感中摆脱或解放出来，而是在现在以过去的模式继续携带着这种情感。我并不认为我过去在自己的情感上犯了错，例如，我把爱与友谊、欲望和情欲混为一谈。我知道我真的爱过，但同时我意识到我已经经过并且错过了这种爱，而且这种感觉属于我的过去。我不再以正在爱的方式活着——现在我以爱过的方式活着。

[胡塞尔强调，我们不应该将决定、信仰或情感的持久性与对于这些状态的记忆或想象的经验相混淆。记起我最近一次淋雨的经历当然是可能的——真实地和真正地将其作为过去回忆——但这只能是在我已经放弃了我对于雨滴的呈现的信念之后。只要我坚持这个信念，或者携带着这种情感，只要我没有反驳它，我就总是可以回到它，并且我会发现它作为我自己的一部分没有变化。根据胡塞尔的说法，这一信念的持久性即使经历睡眠也不改变。他声称：

> "在所有的决定、价值判断和意志决定的情况中与在判断中类似。我决定：行动-过程消失了，但决定仍然存在；无论我是被动的并且陷入沉睡或是在生活中经历其他活动，这个决定都是持久有效的，并且相应地，只要我不放弃这个决定，我从那时起就如此决定了。"]

总而言之，我们可以说，通过《笛卡尔式的沉思》第四沉思中定义的先验的人这一概念，胡塞尔开始了对于先验自我的时间性的讨论：行动-极是一个同一的行动中心，但具体的自我，个人，是一个在内在时间中通过经验的习惯化形成的结构：作为行动是短暂的，但作为一层覆盖一层的成就则是持久的。行动-极和人不是两个独立的部分、层次或自我的阶段，而是在根本上结合在一起的，只有通过分析才能区分开来。

这个解释有助于我们意识到胡塞尔的先验自我与康德的截然不同：前者不是普遍的，而是个体的，它不是固定的或稳定的，而是不断变化的，它不是超出时间的，而是穿过时间的。以这种对于自我的理解，也更容易看出胡塞尔为什么以及如何论证世界意义的构建基础不是在某个先验自我之中，而是在这样的自我的共同体之中，也就是在先验的主体间性中：

> “世界的超越性在于它是由他者以及生成地构建的共同-主体性的方式构成的。正是通过他者，世界获得了它作为一个无限世界的生存上的意义。”

二、主体间性与生成性

在20世纪20年代关于主体间性的手稿中，胡塞尔认为，世界的整全意义是先验自我的开放共同体的建构成就。自我并没有在经验中独自或通过孤独的行动建立世界的意义，而是在与其他自我的共同体和交流中建构这种意义。胡塞尔在《欧洲科学的危机与超越论的现象学》中给出如下著名论断：“主体性只有在主体间性中才是其所是——一个建构性地运作的自我。”

围绕这些论证和反思，当代胡塞尔研究学者纠正了那令人惊讶的持久和固执的错误观念，即认为古典先验现象学是康德主义的简单重构。它证明，对于胡塞尔来说，所有世界性的建构来源不在于一种将自己孤立于一切异己东西的自我，也不在于一种被所有自我都同样毫无例外地分享的普遍的原则或形式。

如果人们想为胡塞尔的先验主义寻找一个合适的哲学先驱，那么就必须认真考虑胡塞尔对莱布尼茨单子论的涉入。这一比较有助于强调胡塞尔关于客观世界的构建基础在于彼此和谐地相互作用的无限多样自我的论证。对于胡塞尔，单子的和谐不是事先的既定状态，而是一项历史性的任务。对于胡塞尔来说，对和谐观念的极端历史重构是可能的，因为他将主观性视为在本质上是时间性的，并且视为包括感性和生命的身体性。因此，我们拥有的不是一个纯粹精神的稳定合体，而是一个具有独特的活动和接受风格的具身自我的交流变化。在胡塞尔关于主体间性的手稿中，我们读到：

> “因此，主体性扩展到主体间性，或更确切地说，它不扩张，但先验主体性更好地理解它自己。它把自己理解为一个意向性地将其他单子携带其中的原初单子。”

这个构建性的自我意向性地与其他构建性的自我联系在一起，并且在交往互动中，这些自我共同建立了世界的完整意义。我们在胡塞尔本人以及他早期的解释者那里发现，这个先验主体间性的观念有几种不同的阐释。例如，梅洛-庞蒂强调了先验主体的操作身体性，并用十字路口的比喻来阐明它们的构建关系：

> “先验主体性是一种被揭示的主体性，向自己和他者揭示出来，因此也是一种主体间性。”
>
> “现象学世界并不是纯粹存在，而是在我的各种经验的路径的交汇处，以及在我自己和其他人的经验交汇并像齿轮一样互相咬合的地方，都能揭示出的意义。因此，它与主体性和主体间性是分不开的，当我或是现在集起过去的经验或是在自己的经验中集起其他人的经验时，它们就会发现自身的统一性。”

胡塞尔认为，世界本质上是被所有可能的自我分享的——现实的和可能的，现在的和将来的。如果这种观点成立，那么只有那些明了自己的死亡的自我才能有意识地如此意愿这个世界。未来的他者的观念——继承者和后人——并没有意义，除非我们能够将我们的生活视作有限的构成，后者被死亡这一打断的事件所界定。换句话说，一个意识不到她自己的时间界限的自我无法思考任何未来的他者。更具体地说，只有那些能够把自己的死亡视为可能的人，才能有意识地拥有继承者和后人，并且与之分享这个世界：不仅仅是与当代的他者，而且也与后来的他者。因此，完整的世界的构成主体是明了自身时间界限的开放的自我共同体。

为了触及胡塞尔的世界的完整意义是由生成性的自我共同体构成的这一论点的核心，研究这两个特殊情况是有启发的：婴儿和动物。基于同样的理由，胡塞尔从世界-构建者的共同体中排除了这两者：它们并没有通过叙述或写作的方式将自己经历为与其他世代以及所有世代的开放整体关联的世代中的一员。

胡塞尔认为，婴儿和动物都有意识地参与并且意向性地生活在许多不同类型的当代共同体中，甚至是在多种实践目的中都使用符号的共同体中。然而，他认为关键在于，不论婴儿还是动物都无法将自己经历为有生有死的存在，一个可以与其他现在并未在场，也不能在血肉之中成为在场的类似存在分享共同的过去和未来的存在。

被（我们的）出生和（我们的）死亡与我们分开的在我们成熟的人类经历中的他者不只是偶然地缺席于我们，而是在本质上就是缺席的：有些人在我们出生之前就已经生活，而其他人则会在我们去世后生活。没有任何一种他者可以被婴儿或动物的主体所意愿，因为这些主体无法将他们自己理解为有生有死的存在。

通过语言，我们成年人可以通达这两种缺席的他者，而这可以通过几种不同的方式实现。例如，我们可以听到并阅读有关我们祖先的故事，我们可能会在祈祷中提及到他者，但我们同样也可以通过更年长的同代人的重复来捕捉这些言辞，而且我们可以在没有第三方的中介下阅读他们的写作（除了语言作为中介）。类似地，我们可以通过我们自己的写作提及我们的后继者，并且我们可以让我们更年轻的同代人来排练为他者重复我们自己的话。对于婴儿和动物来说，这一切都是毫无意义的，因为它们不会将自己理解为有生有死的存在，在这种存在之后和之前都有一代又一代的他者。胡塞尔解释说：

> “动物（……）没有**跨越世代的**作为历史时间的**时间统一体**，也没有延续穿过时间的世界统一体，它不会**有意识地**‘拥有’这些。我们，我们人类，是拥有在我们的世界中对我们有意义的关联、传承和世代的分支［动物，原本地：蚂蚁］等的人。**动物本身没有一个它可以在其中有意识地生活的生成性世界，动物没有在一个开放而无穷的世代中有意识的存在**，并且相应地，动物也没有在真正的周围的世界的存在，而我们人类，则通过拟人化将此归于它。”

关于生存性时间和跨世代的交流的根本性缺乏意味着一些其他的缺乏：就婴儿和动物没有在世代的连锁中有意识的成员而言，它们也不能参与跨越时代的实践，不能分享这些实践的成就。这就剥夺了它们文化和文化传统中的一个关键意义：在无穷开放性中与多个世代分享的文化—历史目标；在后来的时代中保留、维持和修复的文化—历史工具和用具；以及包含着这一开放性的最终的文化—历史世界。

诚然，许多我们熟知的动物可以使用实用的工具。在胡塞尔的分析中，这些对象只能以有时间限制的方式被给予并且可以被给予所讨论的动物，因此它们的被给予和人类工具的被给予是截然不同的。动物和婴儿的工具仅用于或最多用于当前的目的，并且它们仅与同代的人和动物分享。它们没有，也不能被动物和婴儿体验为从先辈那里继承的对象，也不能将其作为与后继者分享的对象，因为对于永久缺席的他者的经验——不能存在也不能变为可见的他者——对于这些主体来说没有被明确地表达出来。换句话说，在实践的意义上，尽管它们在时间上基本分离，动物和婴儿的工具并没有暗示与当前使用者分享目标的异世代的他者。

因此，胡塞尔认为，文化、传统和历史的意义息息相关，而所有这些意义都依赖于死亡和出生的意义。对他而言，没有任何缺乏这些根本意义的主体可以意向如此的文化对象。此外，世界本身的历史性和无限性也取决于对于死亡和生成的基本体验意义。世代的开放无限性是我们将世界体验为一个无限开放的整体的必要条件。更加有限意义上的世界，即作为环境和操作领域的世界，对于非生成性的主体是可能的，但是作为无限开放的完整意义上的世界只有对于能够有意识地与其他人在一个无穷的世代分支链中相关联的主体，才是可能的。

（陈斯一　校）

自　　我*

塞菲尔斯·奥克尔（Theophilus Okere）
（惠兰研究学院院长，尼日利亚，奥韦里）

在这届世界哲学大会上，这个世界的处境（整个世界的）引起了世界哲学家的关注和挂念是恰当的。在这些多元文化的全球时代（In these multicultural, global times），迫切需要哲学以现实主义关注这种处境并在这里看到帮助人类达到其自然的归宿的机会。今天的世界似乎有一种危险的混合，日益增长的不相容性和矛盾性，比美德更多的邪恶，比正义更多的不公正以及多数人日益贫困，无助地面对少数人的傲慢和几乎无限的力量。

在接下来的几个世纪里，诗人罗伯特·彭斯（Robert Burns）所定义的“人类对人类的不人道”（man's inhumanity to man）只会变得更糟。哲学必须通过成为一种真正的和解和恢复人类人性的力量来拯救人类。它必须严肃地承担起教育人类重新做人的工作。正是在这一点上，我看到了我分配给这种自我（the self）的头衔的位置和目的。

这种自我是“什么或谁被认为是人类”的核心，但在本届大会还必须代表的多元文化和多元主义的背景下，我将我的贡献看作是为世界提供了一个需要考虑的非洲哲学版本，如果哲学将是全球的和全面的以及哲学将会有意义地促进相互了解，这种相互了解将确实能帮助人类成为人类。自我是一个基本的、简单的却又复杂的概念，不容易用其他术语来定义。当然，自我（the self）是我们每个人都是的东西，但它似乎容易受到不同文化、语言或哲学阐述中不同色彩和概念的影响。

让我们通过先勾画对该术语的当代的或常识的理解来引入我们对自我的讨论。不管它是“我自己”“你自己”或者另一个什么“自我”，总的来说，自我是行动、思想或者人类层次的意向的主体或作者。自我是属性的所有复杂性和同一性背后的

* self有自我、自己、自身、本性之意，因为本文作者主要强调作为主体的人类的自我，故译文统一将self翻译为“自我”。——译者

记忆、反思、行为和激情的实体（entity）。自我是完整的、具体化的意识——这个“我现在是的”加上“我一直是的”东西以及这个“我曾经是的”加上“我将会是的”东西——换句话说，时间中的同一性和连续性。自我是生物的、心理的、精神的、历史的和文化的连续的同一性的总和，这种连续的同一性自从一个人能够回忆起，甚至明显地，从一个人还尚未能回忆起就具有了。因此，为了有资格是“自我”，一个人必须是人类，也即是说，一个个人。若谈及狗的或马的或大象的自我，而非道德实体的“自我”，比如像美国或越南或联合国的机构的“自我”，仅仅只能是在派生方式地谈论，一种比喻。因此，这个在表达“我的自我”中的“自我”和这个在“它的自我”“海的自我”或者“尼日利亚的自我”中的“自我”是不能等同的。尽管通常这样，但自我并不总是意味着“完全一样”或者“同上”，这人类“自我”意味着更多，它还承载了人格的所有重量，以及其所有的理性的特性和能够运动及有情感的特性，做出行动和具有热情的特性，作为代理和具有责任的特性。从基督教会在尼西亚①将三位一体定义为一个神的三个位格开始，到罗马人基督教哲学家/神学家波爱修斯②对人格的定义，人类的自我意味着人格。

这自我本身就是同一性的核心。它有自己的特性和活动。自我也是一个能够承担责任的道德实体。这自我是这“他”或“她”或“我”，但显然不是这“他们”或这“我们”（The Self is the “he” or “she” or “I”, but apparently not the “they” or “the We”）。为什么？因为这种复数不是足够地实质的、一致的或根本的一。因此，这种复数作为自我的集合，本身并不是一个“自我”。

“自我”可以从“自我”现象表现出来的各种角度来分析。从这个角度看，若给予我们这种表明了统一性和连续性的意识流，人们可以合理地问：是否存在且只存在一个单个的自我？或者存在几个自我，可能在时间中是间断的，被某种机制所捕获、组织以及在单个自我中统一起来？是否有些复数“自我”是伪造的或者假的？是否某些形式的这“自我”仅仅是一种现象上的？是否有一个公共的“自我”，一个演戏的“自我”，一个私人的“自我”？是否存在一种心理上的“自我”与生理上的“自我”截然不同？是否存在一种超越的“自我”，我们记忆中的，我们的计划和希望的“自我”？是否存在一种希望永远地存活下去，过一种在此世之后的生活的不朽的“自我”？这些问题尚未解答，我们可以说，尽管我们认为我们了解“自我”，

① Nicaea，君士坦丁皇帝召集的第一次基督教会议，通过定义三位一体的教义来解决阿里乌异端。

② Boethius，罗马参议员、基督教神学家和哲学家阿尼修斯·马尼乌斯·塞维里努斯，他在《反欧提克斯派和聂斯托利派》（*Contra Euthycen et Nestorium in Boethius*）中对人的经典定义是“Naturae Rationabilis Individua Substantia——一种具有理性本性的个体实体”。洛布经典，神学论文，Bk 111, 4，哈佛大学出版社。毫不奇怪，这种提法有一个神学目的，正如约瑟夫·W. 科特夫斯基在《波爱修斯与人的神学起源》中（《美国天主教哲学季刊》第78卷第2期［2004年春季］第203—224页）所阐明的那样。

但它仍然是一个神秘的实体，模糊而不可描述，就像“灵魂”一样，自柏拉图以来，尤其是自基督教以来，它不仅获得了一些二元论的联系，而且还获得了更多的宗教联系。当然，灵魂被亚里士多德[①]从愚蠢的二元论中拯救出来，比如在他的《论灵魂》中，在那里他设法确保把这个实体作为生命的原则和在有生命之物之中的形体的形式。

但它是伴随着这个归于苏格拉底的建议，“认识你自己”[②]。在自然哲学家[③]（physiocrats）极其关注自然（nature）及世界的**物质本原**（*Urstoff*）之后，它是我们也许在西方哲学史上，第一次严肃进入哲学人类学和第一次要求对“自我”做哲学的探索。这是一声将整个西方哲学史上众多最伟大的人物[④]聚集在一起的战斗呐喊。一个通过内省的“自我”-寻求引领那些伟大的心灵探索所有不得不直接或间接地处理有关人类的问题的哲学分支，尤其是认识论（epistemology）或知识的哲学，但也包括心理学或人类灵魂或“心灵”的哲学以及关于对或错、善或恶的人类行为的伦理学或哲学。

但这些关于“自我”的概念，尽管经常作为人类整体而被概括出来，却不必然对每个人都是明显的，也不是对我们所有人来说是先天的。所有的概念都有一个血统或一个“渊源”（“*Herkunft*”）且已经或正在被吸纳进入作为现代哲学家或有教养的 21 世纪的同时代人的我们的概念机体（conceptual apparatus）。但是其中很多是我们从我们的融合中的文化以及其他团体尤其是最近四百年变得可利用（available）和突出的思想家中继承的遗产。

因此，在过去的几个世纪的哲学史中，演化出了许多关于这“自我”的关注、色彩基调或思想丛，人们也许可以称它们为围绕在哲学的某些分部的自我的诸类型。

认识论的“自我”：这里，这“自我”主要是被认为是 homo *cognoscens* 或 *cogitans*，即“知者”（knower）或“思考者”（thinker）。在这里，我们可以把柏拉

---

① 《论灵魂》，休·劳森·坦克雷德译，企鹅经典，1986 年。

② “Gnothi Seauton”，在拉丁语中“Nosce Teipsum”，与“未经审视的生活不值得过”这句话有关。这句话的起源是有争议的，它的来源有的归之于苏格拉底，有的归之于梭伦，有的归之于泰利斯，甚至还有归之于古埃及的。它最初是作为阿波罗神庙的碑文在德尔斐流传开来的，后来被柏拉图的苏格拉底在《费德鲁斯篇》中引入哲学。

③ Physiocrats and Urstoff，亚里士多德在《形而上学》中指出，尽管前苏格拉底学派把注意力集中在世界由以制造的物质的东西上，但正是苏格拉底，他首先把哲学的注意力转向了伦理学和术语定义上。“然而，苏格拉底忙于伦理问题而忽视了作为整体的自然世界，却在这些伦理问题中寻求普遍性，并首次将思考固定在共相（the universals）上。”亚里士多德：《形而上学》，Bk 1，第六章，987 b。

④ 西方哲学中最伟大的名字——在过去的 400 年里杰出的思想家……——在某种程度上，从柏拉图直到马丁·海德格尔，都明确或隐含地提到了自我。

图[①]、亚里士多德[②]、阿奎那[③]、笛卡尔[④]、休谟[⑤]和康德[⑥]的贡献归为一组。这些作家将自我意识和知识作为这“自我”的独特标志来强调，给以特权。虽然人类在这里被认为是理性动物（*animal rationalis*），但在他身上得到不相称地强调的是理性而不是动物因素。在这里，这自我本质上被看作是认识的自我，笛卡尔[⑦]的思想体（*res cogitans*），或者像康德[⑧]所描述的那样，能够在一个意识中或在统觉的综合统一中理解多种表象者。

心理学上的“自我”：亚里士多德在他的《论灵魂》中对“自我”的研究是典型的。在那里，“自我”是具体的、全然完整的灵魂。在那里，多亏了质料形式理论（hylemorphic theory），灵魂是身体的形式。在那里灵魂是行为，身体是潜能。柏拉图的灵魂与其说与身体结为一体，不如说囚禁在身体中，尽管在柏拉图和亚里士多德那里，灵魂是精神上的，非物质的，甚至是永生的，虽然对于柏拉图来说，真正的“自我”是灵魂，能够进入理念世界和它之存在于身体被比作一种监禁：“*soma sema*”[⑨]。

伦理的“自我”：孔子的“自我”哲学被刘殿爵（D. C. Lau）很好地概括道：“这里没有个人，没有‘自我’或‘灵魂’——一旦社会关系的层面被剥离，这些就没有了。一个人就是自己的角色和关系。”[⑩]“仁”是变成一个人的过程，实际上是一个

---

① 对柏拉图来说，灵魂且只有灵魂才是个人（the human person）或自我。正是灵魂，在行动、思考和认识，尽管，不是与肉体结合为一，是受到肉体阻碍而不是与之相伴。灵魂就是个人，个人就是他的灵魂。这种人类个体的二元论的概念标志着人类学和形而上学传统的开始，这种传统自此一直困扰着西方哲学。

② 亚里士多德——作为灵魂/肉体的自我。在他的《论灵魂》一书中，他巧妙地运用 hylemorphic 理论来建立一种统一，以照顾灵魂层次的令人困惑的多样性。

③ 阿奎那在说“人的终极幸福在于对真理的沉思”时也就是说，人的最本质的天性在于知识（《反异教大全》，37 章）。这进一步说明了推理的理智（the speculative intellect），心灵（the mind）在关于自我的问题上有多重要，而且实际上几乎替代了它（《圣托马斯·阿奎那的基本著作》，第 2 卷，安东尼·C. 佩吉斯编，兰登书屋，纽约，1945 年）。

④ 笛卡尔：“因此，除了在思想的东西外我什么都不是，那是一种心灵、理智、理解或者理性……”《第一哲学沉思录》27，哈克特出版公司，第 65 页。

⑤ 休谟关于自我的概念，那就是，他对“自我”的否定是他最初的也许可以说是特殊的前提的逻辑后果，即每一个心理活动都可以归结为转瞬即逝的印象。然而自我或个人不是任何一个印象。但如休谟那样说“诸观念（perceptions）的延续构成我们的自我或人格”，这也是不对的。《人性论》，Bk1，第 1V 部分，第 6 节，个人同一性，第 83 页，《休谟选集》，Charles W. Hendel, Jr. 选编，Charles Scribner's Sons，纽约，1955 年。

⑥ 康德在《纯粹理性批判》中表明他对知识有多么重视以及他多么希望像牛顿为物理学奠基一样为哲学确立坚实基础。对他来说，人仍然是一个在认识的主体。这部《批判》仅仅是为了确定人类知识的极限。

⑦ Descartes-*Op. Citatum.*

⑧ Kant – *Critique de la raison Pure* § 16, De l'unité originairement synthétique de l'aperception p. 110, presses universitaires de france.

⑨ soma sema，肉体是灵魂的监狱——柏拉图：《斐多》。

⑩ 汤姆·巴特勒-鲍登（Tom Butler Bowdon）在其论孔子的文章中所引用了刘殿爵，*50 Philosophy Classics*, published by Nicholas Brealey, London – Boston, pp. 8, 81。

实践社会美德的过程，以一种无私的方式在社会中正当地承担责任的角色。[①]欧洲中世纪及其占主导地位的宗教——基督教[②]——帮助产生了一种“自我”的版本，这种版本一直延续到今天，这种版本以一种特殊的宗教意识——上帝是至高无上的存在，人是受造物、罪人，并被赋予了良心和永恒的命运——为标志。除此之外，现代对自由意志的上升的关注，以及在更现代的哲学中，对普遍的自由的关注，我们看到了道德自我的崛起。这是作为 *homo agens* ——行动着的、做出举动的人类，作为一个负责任的行动者以及作为一个能够奖励或惩罚的自由行动者的人——的“自我”。“自我”是 *homo ethicus*，有能力并注定有能力做对或错的事，同时有责任和权利。

包括大卫·休谟在内的一些作家似乎在交替使用自我的概念和人的概念，人们可能会认为洛克对人的全面定义也是他对自我的概念，如果他用了那个词的话。“我们必须考虑人代表什么”，洛克说，“我认为这是一种在思考的，有理解力的，有理性和反思且可以将他自己视为自己的东西，在不同的时间和地点都是同样的思考的东西……这是一种法庭的术语，恰当的行为及其优点，因此只属于能拥有一种法则、幸福和痛苦的有理解力的动物。”[③]在这里，对认识论的自我的强调和对伦理自我的强调二者结合起来了。

西方哲学向认识论自我的倾斜

甚至这些对“自我”的不同观点也被归结为 *homo cogitans-cognoscens* ——思考和认识的自我。这种对“自我”的片面的、有争议的理解，虽然深受基督教的影响，但在现代、后中世纪哲学中更占主导地位。正是大卫·休谟，以他对知识确定性的怀疑和怀疑主义，具有讽刺意味地，不知不觉地，也许是不情愿地提高了人类知识的地位，提高了人类最高贵或最典型的特性——心灵。康德自己承认，休谟将他从独断论的迷梦中唤醒了，并因此开启了他批判人类知识、它的限度和能力的旅程，在这个过程中，持续地将知识作为人类核心任务。我们对笛卡尔关于认识人的定义，*une chose pensante*，“一个思考的事物”，以及他在思想和身体之间划出的清晰界限，

---

① Ibidem.

② 基督教对哲学和西方文化产生了两千多年的影响。归功于基督教，我们引入或至少增强了对诸如创造、天意之类的哲学问题的讨论。永恒、自由意志和诸如个人、不朽、死亡、良心、世界历史和不朽之类的概念，最重要的是，为上帝的存在提供了证据，所有这些都由于基督教而成为突出的“philosophemena”。

③ 约翰·洛克：《人类理解论》，埃德·里迪奇编辑，牛津，1975 年。

也有清晰（clear）而明显（distinct）的观念[①]。正是心灵在认识，且只有心灵才能定义和代表“自我”。康德的“自我”观是主体的“自我”观，主体虽然不能达到本体，但只有他才是对现象的敏锐的观察者和精通的认识者，并适合运用“我思”的先验统觉。[②]黑格尔可以在绝对中寻求庇护，但对他来说绝对在本质上就是绝对的心灵，终极的认识者，而不是创造者——绝对即真，真即绝对——而历史的全部是心灵的现象学。[③]伽达默尔赞许地引用了海德格尔自己的判断：“理解（*Verstehen*）是原始的生活形式”，“理解是此在（*Dasein*）存在（being）的方式”，“理解是人类生命本身的原始存在方式”。[④]大体上，在西方哲学中，这个假设占统治地位，即人类的自我本质上是人类心灵，可以说，正是这种将“自我”作为在认识的我——终极的认识主体——的不完整的把握，支配和主导了这种占统治地位的概念，这种概念最后给了理念论以城市的地位（the right of city）并增强了理性主义和个人主义，同时促进了作为一个对人文主义全面表达的启蒙运动。

所有这些观点都促成了极度的个人崇拜，并最终以个人主义作为一种普遍的、现代的意识形态告终。通过基督教的教义、道德和所有的教义答问的教育法，它得到了加强、普及，甚至是内化，直到它并入传统。最终的结果是对道德性以及实际上是基督教神学中的救赎的个人主义解释。伴随着个人主义，再一次地，在新教改革的推动下，在其“唯独圣经”[*sola scriptura*]和“圣经是自己唯一的解释者”[*scriptura sui interpres*]的新意识形态下，今天我们的道德和宗教几乎完全私有化。今天我们也在经历所有宗教的几近贬值，公共意见的民意调查只显示出无知的私人意见和一种缺乏公共道德良心的公共意见，所以最终只有没有道德的集体，没有任何负责任的公共的和合作的自我或个性，因此最终，超出属于私人的个体的责任之外，再没有什么责任。[⑤]

---

① 笛卡尔在通过他在思想的事实来证明他的存在，即那著名的“我思故我在”时，继续问道：那么我是什么呢？一个在思想的东西。那是什么？一个在怀疑、理解、肯定、否定、意欲、拒绝，以及想象和感觉的东西。勒内·笛卡尔：《论方法与第一哲学沉思集》，唐纳德·A. 克雷斯译，哈克特出版公司，印第安纳波利斯/剑桥，1993年第3版。

② 康德——统觉的原始的综合的统一，即他所说的“自我意识的先验统一”或“统觉的统一”，是所有人类知识的最高原则。《纯粹理性批判》，第16页，F. Max Müller 译，Anchor Books, Doubleday & Co. Inc., Garden City, New York, 1966。

③ 黑格尔和他的绝对——心灵的现象学。哲学使人具有绝对知识的意识。科学是对我们自己心灵和意识本身的发现。

④ 汉斯·格奥尔格·伽达默尔：《真理与方法》2 Auflage, J. C. B. Mohr, Tübingen, 1965, pp. 245, 246.

⑤ 塞菲尔斯·奥克尔在《奥克尔自己的文字：文化、宗教和社会解释学》（*Okere in his own words, The Hermeneutics of Culture, Religion and Society*）第141—150页的“宗教与道德：私人的或者公共的？”（Religion and Morality: Private or Public？）中引用的 John Daly CSSP，https://www.amazon.com/okere-in-his-own-words-hermeneutics。也参见塞菲尔斯·奥克尔在《奥克尔自己的文字》第一卷第174页的“基督教个人主义的道德贫困和一个非洲的替代版”；同上书第二卷第141页的“宗教与道德：私人的或者公共的？”，https://www.amazon,com/okere-in-his-own-words-hermeneutics。

这一基督教传统自然演化为“西方传统”。因此，即使在现代国际法中，无限制和脱缰的国家主权也只是被“自我利益”的标准来指导和判断。但是这样一个“个体”，被简化成这个私人的、瘦弱的版本，被剪除了关系，被隔离，完全孑然一身，这样的“个体”从来就不存在，也永远不可能存在。它是一种纯粹的抽象，是分析性和抽象性思维的人工创造。

但是“自我”仍然是一个难以捉摸的话题，伟大的哲学家们和他们的现代评论家在他们对“自我”的反思中，不能说所有的都在谈论一个相同的概念。西塞罗曾经说过，有多少人，就有多少观点。*Quot homines, tot sententiae*! 因此，在康德、笛卡尔和萨特关于“自我”的研究中，对“自我”的质疑，可能不外乎是每个人都在创造性地谈论各种概念，或一个大抵意义明确的概念的重建。最重要的是，我们应该记住，指明非物质实体或抽象实体（如自我）必然和较少的清晰性相伴随；因为，虽然身体及其部分可能相对容易指明和命名，但恰恰在定义什么是精神（spirit）和合成物（complex），以及它在多大程度上与心智（psyche）、心灵（mind）、灵魂、理性、理解，或者对今天的某些人来说，与大脑有什么不同上，人们通常较少有共识。即使是英国人的精神（spirit）也不能完全翻译法国的“esprit”，也不等于德国的“Geist”。

有些人可能会反感，像“自我”这样的通俗概念竟然可能不会被认为是显而易见的，也不会被认为是本身是（*per se nota*）超越所有文化和时代的普遍概念。但今天应该清楚的是，正如这场解释学的革命[①]所教给我们的，源自人类的诸概念、观念和哲学从根本上受到不可避免的历史性和时间性的感染，因此载满着文化和被特定的文化所局限，因此必须反映和承担其起源和形成的印记。概念不仅仅像群山和诸海一样是大自然的产品，而是时间和地点的产品，它们的形成的过程和它们的文化环境的产品，换句话说，时间和历史的产品，我们还可能会加上，表达它们的语言的产品，也就是说，生产它们的人的产品。“自我”的概念不能例外。那么，这个问题可能会被这样描述：作为被感知的、被表达的、被表明的或者以某种方式被 Igbo/非洲文化，更具体地说，是通过名字、格言、谚语和其他非洲文化的元素所表明的自我的本质是什么？

---

① 继海德格尔（《存在与时间》*Sein und Zeit*）和汉斯·格奥尔格·伽达默尔（《真理与方法》*Wahrheit und Methode*）之后，人们已经极其清楚地认识到，哲学是解释学和解释学哲学。《真理与方法》——在哲学中对真理和意义的探索是伴随方法而来的，被这种方法定基调及决定的。方法是由环境所决定和控制，环境本身被历史和时间所控制。

从词源学上讲

哲学化的最佳实践总是用自己的语言进行哲学化。最优秀、最伟大的哲学家都树立了这样的榜样。海德格尔（Martin Heidegger）探索和开发这种活动达到巨大的效果，闻名于世，他在他的所有著作中都展示了德语隐藏的可能性，但在《存在与时间》（*Sein und Zeit*）中表现得最为出色。我们只需要研究他对 *Fragen* ——问题这个词的巧妙分析。① 因此我希望被允许，公开地，在更温和的水平上尝试将本次演讲的其余部分建基于自我上，依靠对伊博语［Igbo language］（我的母语，一种那些曾经读过Chinua Achebe 的《瓦解》② 的人都熟悉的语言）的资源的精密的分析和运用，并从中获得启发。我在注释上附上了大量的词汇，以帮助感兴趣和热心的读者更好地欣赏我们的陈述和论点。

要弄清楚在伊博文化中“自我”的概念，自然人们就得从那些出现在他们表达中的最普通的用法开始，如我自己，你自己，他自己等等。在伊博语中，一个人指一个人自己，如 *Mụ nwa* ——我自己，*Gi nwa* ——你自己，*Ha nwa* ——他们自己，而 *Mụ* 指的是“我”，*Gị* 指的是“你”，*Ha* 指的是“他们”。附加的 *nwa* 是一个指示词，意思是“这里的这个”。因此，*Mụ nwa*，字面上就是“这个我”或者“这里的我”的意思，本质上是个加强语气的代词。但是那个命名“自我”的最初的名词，在“自我”的结构中的核心概念是 *ONWE*，如同在 *Onwe m* 中“我自己”，在 *onwe gị* 中“你自己”，*onwe ya*“他自己”或“她自己”。*Nwe*，似乎是那始基，意味着去拥有；那么 *onwe* 就意味着“在拥有的他”——拥有者。因此，上述的表达字面上可以翻译成：*Onwe m* ——“拥有我的他”，*onwe gị* ——“拥有你的他”或“你自己”等等。*Onwe* 因此是一个自我拥有者（self-owner），一个独立的自我，与其他人无关。方言的变化会包括 *ike m* 和 *ogwe m*，每种都有更晦涩的词源。*Ike* 可能起源于意思是划分或创造的词根 *-ke*，而且 *Ike m* 的原始含义可能被解释为我的部分或我自己的部分真实性。

---

① 海德格尔的《存在与时间》第 5 页的这段著名的话，出色地举例说明了一个像“问”这样的普通的、日常的词汇对一个哲学的心灵意味着什么。作者宣告出 Fragen 的含义——来问，Gefragtes ——什么在被问，Befragtes ——谁在发问，Erfragtes ——从发问中产生了什么，Fragen nach ——问候，Anfragen ——询问以及 Frager ——发问者（the implicoctions of Fragen- to ask, Gefragtes- what is being asked for, Befragtes- who is being asked, Erfragtes- what results from the asking, Fragen nach- asking after, Anfragen- inquiring about and Frager- the one who asks）。

② Chinua Achebe, *Things Fall Apart*, Published by William Heinemann Ltd., 1958.

Ogwe 字面上是原木的意思，且在它作为自我的用处上，它让人回想起通常被证人所用的表达：*anom noshishi m ya emee* 字面上的意思是，“当它发生时，我在那儿，在我的卡车里”，即是说，被安插在那儿且坚定地作为自身而呈现。最相近的另一个术语是“Onye”——“谁”，“谁”在英语只描绘人类（humans），即诸多个人（persons），但不是自我。

ONWE, IKE, OGWE

Onwe 或 *Ike* 或 *Ogwe* 大致意思是自我，是同一性的核心主体，并能支持所有的人类经验并使之延续。它几乎不可描述，更不可定义，因为它没有名字，除了作为人类个体所有功能的最终作者和所有经验的载体之外也没有功能。它是昨天的经历和今天的经历之间的联系，是这种所有权——通过它，这些转瞬即逝的经验联系在一起，成为我的——的基础。这个 *onwe* 或“自我”是我的一部分（在某种意义上说，因为它不仅仅是，而且不能仅仅是我的一部分），我不能用第三人称谈及它。*Onwe m*（my in myself）中的所有格形容词 *m* 并不完全等同于在 *ahu m* 中的 *m*（“我的身体”中的我的），后者确实传达了某种距离、某种差异性（alterity）、一种主客体关系。自我不是客体，而是终极主体。常言道，我自己就是我自己：*Onwe m bu onwe m*。在这里，我们是将同一性作为不同于纯粹的等价性来谈论的。

“自我”是自主的基本单元。如果 *onwe* 的词源追溯到根处—— *nwe*，追溯到自己（own），那么我们必须注意这与伊博语对自由的表达有多么完美的吻合。当希腊人说：因为我们是自主的所以我们是自由的[①]，也就是说，我们赋予我们自己我们自己的法则，伊博人不是使用给予法则和自我给予法则的概念，而是将他们的自由定义为所有权和自我所有权的概念。说我们是一个自由的民族就是：*Anyi nwe onwe anyi*——我们拥有我们自己，或者否定地说，*Ọdịgh onye nwe anyị nị*，即，没有人拥有我们。自由因此被看作自我所有权；一个自由的人就是一个拥有自我的“自我”。基本的假设是：“自我”不被任何其他的东西所拥有。这种表达 *Onye nwem nị*——他拥有我，尽管大多数情况下作为一种奉承的、惹人喜爱的祈求，被用来指称最亲密的关系，特别是血缘关系。*Ndi nwegị nị*——拥有你的那些人——指称最直系的亲属，个人的防御的最中心的圆以及最后防线。以 *Mmechaa gị ihe m echere ndi nwegịnị*

① 自主——希腊语的“自主”字面意思是：给出自我的法则。

（即解决了你之后我会等待机会解决那些拥有你的人，你最亲密的家人，对他们而言你是珍贵的，他们会是你最可靠的保护者）来威胁某个人，是极端的侮辱和挑衅。但是基本上，要自由就是要一个人自己成为自己的拥有者（所有者 owner）且不被任何他人所拥有。

MUO 或精神

但是绕着 *Onwe*、*Ike* 以及 *Ogwe* 或"自我"的核心的，有一群与它最密切相关的其他元素，以某种方式促成了它的形成。这也许正是作为伊博语的伊博语自我概念（the Igbo concept of self as Igbo）的特殊性，因为在其他文化中，一系列其他元素可能会发挥作用，就像在某些文化中的"身体和灵魂"的常见的公式一样。因为那种原因，自我概念不能在所有的文化当中都一样，而且我现在开始要证明的正是伊博语概念的特殊性。在伊博语中，在有贡献的元素中最重要的是 *Muo* 或精神。*Muo* 是一个指称一类存在的形而上学的概念，它不可见，不可闻，不可触摸但却比人更加生动、更加有力量。尽管 *Muo* 是对非物质的、超人类的存在物，神，祖先，伪装（masquerades）以及鬼魂的主要的类的名称，它也被用来指称非物质的但更加有活力的人类的组成成分。这显示了人被设想成为，以某种方式，分享精神的特殊存在物或者说显示了在人之中存在精神。这 *Muo* 或在人中存在的精神清楚地被设想为个体生命的原因或原则，因为当一个人死去的时候，我们经常说他的精神离开了，他的 *Muo* 消失了。

对这个精神概念的更深层次的用法表明，当我们说"他说的话实在是杀死了我的精神，让我沮丧、失去斗志"① "他说的话感染了我的精神，在我的最深处"② 的时候，它被当作情绪的席位。而且，当我们说："我的精神拒绝接受它（一个建议）。我的精神拒绝它"③ 的时候，我们是在谈一种在我之内的审慎的力量，它与我是同一的，它为我做决定或跟我一起做决定。*Muo* 因此被视为人之中无形的、不可见的因素，意志和情绪的席位，生命的原则以及连接点（the principle of life and point of connection），相似性以及和世界精神分享（similarity and sharing with the world of spirits）。正是精神，在人之中的 *Muo*，为下列活动（没有它们，*Onwe*/Self 的观念既

① Ihe okwuru gburu muo m.

② Ihe okwuru metutaram na muo.

③ Muom anabataghi ya.

不能出现也不能维系）负责：

思想，考虑，带着一些焦虑对他的机运进行反思[①]。想出，记忆，回想[②]，抓住，把握，理解[③]。对某事进行考虑。[④] 明智、聪明地存在（being）着。[⑤] 想象。[⑥] 计划。[⑦]

这些以及全部这般的活动都源于这个 *Muo* 或人之中的精神。一个死人不能履行它们，一个动物或任何缺少精神的存在也不能。因此，它们是"自我"的典型的行为，*Muo* 以某种方式是这"自我"的组成部分，正是从它作为 *Muo* 的方面，"自我"才能做那些事。要注意与这些 *muo*/ 精神的活动同样多的是，不像在其他的传统（这些传统实际上将自我简化为理智或心灵），在这里 *muo* 仅仅被看成是自我的种种组成成分中的一种。

OBI 或心

为了照顾到种种功能和加诸自我的结构之上的情感和道德的态度的整个的多样性，伊博语用 *Obi* 这个概念——字面上就是心的意思。它是感情、感觉、态度和同情心的心理学的中心。[⑧] 在心与心之间，即是说，在自我与自我之间有种种区别。成熟、老练的心，意味着勇敢的心。[⑨] 一次心碎是心脏的裂开或破裂[⑩]；*onye obi miri*（有玻璃心的人）意味着一个软弱的、感性的人[⑪]。

---

① Chebara ya echiche.

② Ncheta.

③ Nghota – Ina aghota ihe m n'agwa gi?

④ Izu/Igba izu.

⑤ Iko Ako.

⑥ Igba ngenge.

⑦ Ituzi na ihazi.

⑧ 这个伊博语的动词有一种独特的动态的结构，由此，这个附属字 ta 赋予这个动词词根产生存在或产生在场的意思（比如，Nku-ta 意思就是通过劳动或 oku 赚到或引进，Nzota 意思就是通过竞争激烈的挣扎或 izo azo 深刻理解。因此，Ncheta 从严格意义上讲，是通过思考从过去中拿出，iche uche。Ncheta 是一种关键的功能。因为它不只是在储存事件的记忆中才是有用的，而且也是积累它们，综合它们，形成一个连续体以使得它们进入一个故事中，故而帮助给"自我"以统一性以及同一性。阿尔茨海默症，这种新型的疾病，如此令人不安和难以理解，恰恰是因为通过毁坏病人的记忆，达到了对最亲密的生活时间的联系的无认知或者甚至无意识，实际上它正是毁灭了病人的同一性，即他的"自我"）。

⑨ Obi kara aka.

⑩ Obi mgbawa.

⑪ Obi miri.

在它扮演的心理角色之外，这 *Obi* 也有道德相关性和作用。（字面意思是像柴火一样干的心）意味着邪恶的心。①（字面意思是安静柔软的心）意味着柔和温顺②；坚强的心意味着无情③；坏的或丑陋的心意味着邪恶和残忍④；而好的或美的心，*obi oma* 意味着善良⑤；同情怜悯的心意味着同情的、仁慈的以及怜悯的心⑥。对于所有的实际目的来说，*Obi* 是美德和邪恶、良心和道德的席位和中心，因此，它是自我的重要组成部分。

Mkpuru obi ——“心的种子”这种表达，心的核心（the heart of the heart）准确地指称了动物或人的心。但在那些臭名昭著的传教的 / 殖民的语言历史的曲解的其中之一，通过这样的曲解一个本来与本地的词不可通约的外来概念被强迫接受了，在伊博人的基督教神学和口授经文教理中，它已经获得了一个陌生却又有战略意义的功能，因为它已经被用于翻译基督教灵魂的概念，那种在人之中的精神元素注定拥有永恒的生命和救恩或永恒的厄运或诅咒。然而心（*Obi*）经常被说成是要认知，要隐藏或表达信息。有一句经典的谚语，大意是心不会对它的祖父否认信息（the heart will not deny information to its grandfather）⑦。这里祖父就是拥有者，那个 *onwe*，那个“自我”。这种表达被用来抽象或曲解隐藏的信息，这信息从一种紧密的关系而来，这种关系基于这样的假设——当关系如此紧密，就不可能存在秘密，正如心对“自我”——心与它关系如此紧密——不会保密。这显示了这 *Obi*（心）对“自我”揭示（reveal）和坦白（confess）无论什么它所知道的东西，显示了这 *Obi* 自身并非“自我”或 *Onwe*，但和孩子与祖父有关系一样与这 *Onwe*（自我）有关系，而且正是这 *Onwe*，是“自我”的核心。

AHU 或身体

“自我”同一性概念的另一个关键要素是 ahu，身体，ahu 可能起源于 hu，hu 是动词“看”，因此，可能指称可看的，“自我”中肉眼可看见的，可触摸的，可感觉

---

① Obi kporonku.

② Obi nwayo.

③ Obi ike.

④ Obi ojoo.

⑤ Obi oma.

⑥ Obi izizi.

⑦ Obi anaghi awo nna ya ochie uka.

的部分。总的来说，它不是作为外在于自我的东西或作为分离的客体而被谈及。最接近将身体客体化的，会在例如 *anụ ahụ*（意思仅仅是身体的肉 the meat of the body，即肉体现象 bodily appearance）① 的短语中。相似地，流行的问候：Gi na nwa ahu？②（字面意思是，你和你的小身体）意味着：你怎么样了？你的身体健康吗？即你的健康怎么样了？你的身体也一样，*Ahụ gị kwanụ?*③ 在洋泾浜英语中经常被某些其他的群体使用，用著名的“身体怎么样”指“你怎么样”。在这些表达中，*Ahụ*/Body 被视作健康状态的指示器。坏的身体④——就是疾病的惯用表达。对一个被爱的妻子和一个最爱的女儿各自来说，在爱称“她的丈夫的身体和她的父亲的身体”中一个人被说成一个身体。这可能不过是个大胆的——尽管是简化的——比喻，但是这身体被用来描述最大程度的亲爱的表示，亲密无间，因为事实上肉体与“自我”是如此的亲密无间，如此的亲爱，以至于它几乎不能与“自我”区分开来。*Ahụ di ya*⑤ 以及 *Ahụnna*⑥ 与另一个自我（*alter ego*）的表达是一回事。

Ahụ 也被用来描绘（也许是定位）感觉和情感的深度，正如在 *Mmetụ nahụ*⑦（触摸身体）中表示非常感人的一样，当它使某人震惊，它就被说成是令人震惊的消息。他说的东西在身体上触动了我，即深深地感动了我。*Iri ahụ,*⑧ 字面上即吃尸体（body-eating），实际上意味着让人血液凝结，令人恶心，*Ihe na eri ahụ*⑨ 是某种感人的、怜悯的、令人毛骨悚然的事情。在歌中的 *Oriela ya ahụ owuwu*⑩ 显示了这是一个令人血液凝固的故事。在 *Igbaji ahu*⑪ 中，字面上指粉碎身体，实际上意味着对某人展示出不尊敬，*ono na mmekpa ahụ*⑫，字面上的意思是束缚于身体中，在身体的传统（straights）之中，这意味着在麻烦或困难之中，在真正的麻烦之中，我们看到了身体对“自我”的密切关系，由此对身体的不尊敬、侮辱和困难象征了和被翻译成对整个“自我”

---

① Anu ahu——这位作者所认识的某个的癫痫患者，在癫痫发作期间他的胳膊和肩膀遭到火烧，严重烧伤，在村子里他因为如下格言变得出名：倘若我身体内部是好的（健康的），外部看上去怎么样不重要。在这里（身体的内部）有一种意义，它已经超越了单纯的物质，接近了健康状况的概念，这种健康状况是不可见的，但仍然被个人感受到或享受着。

② Gi na nwa ahu.

③ Ahu gi kwanu.

④ Ahu ojoo.

⑤ Ahu di ya.

⑥ Ahunna.

⑦ Mmetu na ahu.

⑧ Iri ahu.

⑨ Ihe n’eri ahu.

⑩ Oriela ya ahu owuwu.

⑪ Igbaji ahu.

⑫ Ono na mmekpa ahu.

的侮辱和困难。身体和“自我”的同样的确认，或单单通过身体对“自我”的指称，在这个短语*Gbam na ahụ*[①]（字面上的意思是，逃脱出我的身体）中显示出来，也就是别管我，让我休息会儿。不要对我胡搅蛮缠。

个人的 CHI

构建自我概念的另一个重要的元素是*Chi*，谜一样的但又关键的概念或原则，伊博人用它解释他们历史的和宗教的经验，他们和神的亲密关系或者在他们之内的神的存在。在伊博语中，神的名字是 Chiukwu，伟大的神，所以 Chi 是在人之中的神。Percy Amaury Talbot[②] 将之定义为超灵（oversoul）或者多重的自我（multiplex ego），并把它与罗马的“genius”以及古埃及的“Kra”做比较。当代西非诸民族，如尼日利亚西部的 Yoruba 以及加纳的 Akan，似乎有同样的或相似的概念，但是确实不存在西方之哲学或意识形态上的对应词。伊博语的*Chi* 是神圣的替身或个人的守卫和保护者，它以各种方式（variously）被视为在人之中的神的部分，或人的神圣部分，处于人之中，但当他或她决定自己的命运时，它本质上是在掌控着这个人。*Chi* 被认为是一个个人的神，它与“自我”是不同的，因为“自我”可以向它祈祷，尊敬和崇拜它，责备或赞美它。他可以劝说他的*Chi*，操纵它，哄它，与它协商。但是*Chi* 不只是一种宗教的实体；它也是一个哲学概念。作为这样的东西，也是个人同一性的部分，且在伊博文化中被视作个人主义的第一推动力和原则。作为这样的东西，严格意义上，它是个人的和不可分的，不被其他人分享也不能被其他人分享，如谚语所言：有同一个母亲却没有同一个*Chi*。[③] 因此，Chi 与观念的复杂性相结合且被不同地理解为：

一种个人所独有的神圣的力，主体或能量，且，作为这样的东西，被称为个人主义的原则（dubbed the principle of individualism）。一个代表最高神*Chukwu* 或*Chineke* 但是内在于个体之中的内在的保护神（A guardian, resident deity）通常被叫作神的替身（God’s double），内在于个体中的神或被神所栖息的个人。在任何一种情况下，它都是命运（destiny）和运气（fortune）的原则。每个个体都有独特的命

---

① Gbam n’ahu.

② Percy Amaury Talbot ——《尼日利亚南部诸民族》(1926, Repr London: Frank Cass & Co. Ltd., Vol II, 第 279—295 页。

③ Otu nne na amu mana owughi otu chi na eke.

运，都有为他的生命分配的道路，然而这是一条被如此精心铺陈的道路，以至于机会、失败和成功都已经撒在其上了。个人的 *Chi* 在为了他的自我实现利用这些可能性上，确保他能够和帮助他，和他合作。因此，产生了限制和保证的矛盾的并列，在宿命论的意义上，这种并列连接了 *Chi* 和命运，而且当他打破宿命论的模子时，这种并列使得它能够成为推进个人获得成功和成就的原动力。

在逃避危险不知如何是好的之后，当个体宣称：我的 *Chi* 时刻保持警惕①的时候，作为护卫的 *Chi* 被给予了信用。人不能比他的 *Chi* 更伟大。顾名思义：谁比他的 *Chi* 更伟大？②因此，人不能超出分配给他的道路上所有的东西。然而，要比某人更伟大就是要比他的 *Chi* 更伟大③；这意味着甚至是他的 *Chi* 也不能带人去比分配给他的道路更高的地方。*Chi* 跟个人如此地同一，以至于一个被看成是与另一个同样高或同样低，没有更多。正如 Chinua Achebe 著名地引用过的，人也不能到摔跤比赛上向他的 *Chi* 挑战。④但是人的失败归因于他的 *Chi*：无论他在哪里跌倒，都正是他的 *Chi* 将他推倒。⑤伟大的成就归因于他的 *Chi*，（全是因为我的好的 *Chi*）⑥正如灾难性的失败归罪于同样的 *Chi*，然后被视作背信弃义的、脆弱的或不幸的（我的 *Chi* 毁掉了我）。⑦

名　字

在这种文化中比作者所知道的大多数文化中更多地，名字是身份和权力，且是本体的（noumenal），就像在印欧语系的文化中一样⑧，在印欧语系的文化中名字是 *nomme*，是 *Namen*，是 *Nomen*，是 *nombre*，是 *Numen*，古拉丁语诗人用以表示一位神⑨。当基督徒"以圣父、圣子、圣灵之名"开始祷告时，或者当《圣经》经文中的彼得"以拿撒勒的耶稣基督的名"来治疗（cure）时，他们所求助的不仅仅是字面上

① Chim mu anya.

② Onyekachi.

③ Onye ka mmadu ka chi ya.

④ Madu ona ario chi ya mgba.

⑤ Ebe onye dara o wu chi ya kwadara ya.

⑥ O wu chi m oo, chi oma moo.

⑦ Chim; egbuo m oo.

⑧ 在印欧语系的文化中：用英语表示—— Name，用法语—— Nomme，用拉丁语—— Nomen，用德语—— Namen，用西班牙语—— Nombre，这些词明显地有同样的根源，且与拉丁语表示神的词—— numen 相一致。康德的本体，指称真实但却不可认知的实在，属于这个词族。

⑨ Numen，如在维吉尔那里——"Quo numine laeso". Virgil, *Aeneid* 1, 8, Loeb Classical library no 63, Harvard University Press, 1978.

的“名”。他们因此求助于神的力量和使人敬畏的威严和圣洁。伊博人也是如此。名字是神圣的。名字就是力量。它是人格和自我的一部分。伊博人的父母、祖父母或其他祖先的代表，在准宗教仪式上，用心选择他们给新生儿取的名字。这些名字反映了家族的历史和财富，对敌人的胜利宣言，对死亡的讽刺的生存祈祷，对欢乐或其他情感、情绪或反思的感叹，在出生时占统治地位的意识形态或人生哲学。无论这些名字是什么，它们所伴随的情感都被认为决定随后主体的主要特征或表现在其中。人们把他们的名字付诸行动（act out their names），因为他们被自己的本体（*noumena*）所控制。伊博人的谚语说得很直白：*Aha agụrụ manụ anaghị alagbụ ya*[①]——一个人在出生时被赋予的名字永远不会抛弃他，字面意思就是说，永远不会错过它的目标。另一个谚语的大意是，你叫的狗的名字或给狗取的名字就是他回答的（what he answers to）。因此，名字是 *numen*。名字是性格 / 角色（character）。名字是决定因素。名字是命运。因此，伊博人的名字是自我的组成部分和主导元素，因为我们或多或少生活在我们的 *noumen*（本体）和我们的名字的影响下。

ILOUWA 或再具肉身

在伊博人中，再具肉身（Reincarnation）的信念是普遍的，G. T. Basden 在 1939[②]年写到，并且，我还会加上，再具肉身的信念可能在许多当代文化中依然强大，特别是在那些从来没有受到过基督教的长期影响的文化之中。[③]伊博人再具肉身的理论帮助我们看到另一个维度的“自我”，我们可以认为伊博人对这一现象的表达揭示了一种不同的人类学，它不同于于从柏拉图的继承下来、作为一直困扰西方哲学的二元论的基础的人类学。再具肉身是最初在柏拉图的灵魂 / 身体语境中产生的一个概念。如果从字面上讲，生命是身体和灵魂的结合，而死亡是身体和灵魂的分离，那么再具肉身就是灵魂回到身体。再-肉身化，字面上就意味着再次进入肉体。这个伊博语概念，*ilọ uwa*，另一方面，字面上意味着通过自我，全部或完全（whole and entire）回归于世界之中。在这里问题并不是关于身体 / 灵魂的结合、分离，也不是

① Aha agụrụ manụ anaghị alagbu ya.

② G.T. Basden, *Niger Igbos*, 1939.

③ 也许除了再具肉身（reincarnation）没有什么东西能引起传教士们更严肃地反对，因为它看起来是如此与他们自己末世论的教义截然相反，尤其是天堂和地狱的教义，对伊博人来说，这教义因为并不考虑高度受尊敬的祖先而看起来难以置信。

关于一个的生存或另一个的毁灭，也不是关于它们重聚的复杂性和矛盾。而是，回归世界的是整个自我。“他回到了谁的世界或命运？”[①]的问题，很明显显示了这不仅是物理的宇宙的问题，而是内在世界的问题，运气或命运（lot or destiny）或者更准确地说是个人的生命周期的问题，这些人经常会谈到“我的下一个生命周期”[②]，或者“在他的第一个生命周期”[③]，或者用这个著名的表达——“在无论哪个我可能回到的生命周期”[④]。无论我们想怎样解释它，无论它是否使用同一个或一个或多个的灵魂或官能（one and the same or one or more souls or faculties），清楚的是“自我”独自在整个过程中持存着。这样的“自我”显然是不同于且不能还原到任何一个或任何数量的它的组成部分，例如灵魂，后者在肉体 / 灵魂分裂的语境下才有再肉身化一说。

鬼　魂

同样的话也适用于伊博人对鬼魂的信仰，这种鬼神通常被认为对看门狗、精神错乱的病人或空想家是可见的，但对其他人则未必如此。鬼魂虽然具有形状、声音和动作等一些身体特征，但仍然是无形的，可能还保留着其他通常被认为是灵魂的力量。想想哈姆雷特父亲的鬼魂。[⑤]但究竟是什么东西以鬼魂的形式出现呢？谁在鬼魂后面？最后，我们有转世轮回的例子，或者把身体任意地转变成像老虎或水牛这样的动物的形状并表现出它们的特征，通常是为了利用它们的物理力量来伤害敌人。我们也普遍相信女巫会在晚上以老鼠和蝙蝠的形式出现，它们像吸血鬼一样四处游荡，寻找猎物，而同时她们在家里熟睡。

终极的同一性

然而，从对这些信念的真假的任何判断中转移开，只探究对“自我”的怎样的

① Oloro uwa onye?

② Uwam ozo.

③ Uwa ya mbu.

④ Uwa na uwa m n’alo la.

⑤ 莎士比亚：《哈姆雷特》，第一幕，场景一。

理解才使得伊博人能够将这些多重属性赋予人的“自我”，人们不得不认为“自我”的概念本质上是一种终极同一性。心灵和身体的多种多样的活动，灵魂和精神的多种多样的活动，情绪和想象力的多种多样的活动，理智和意志的多种多样的活动，不同种类的灵魂、超灵魂和作为祖先、鬼魂、再具肉身的存在形式的多种多样的活动，这些都是许许多多的面具，面具背后有且只有一个主要操纵者，即：“自我”或 *Onwe*。自我是否同时意识到这些多重属性，必须保留一个可讨论的点。

Donatus I. Nwoga 教授在 1984 年的 *Ahiajoku* 演讲中做了一个非常敏锐的观察，我想详细地引用它。“伊博人主要是一种身份 / 同一性（identity）。反身代词——某人自己，他自己，我自己，你自己——并不是用来向强调陈述致意。而是，它们是基于代词‘自我’的基础上的，字典将其定义为‘一个完全相同的人，人格，自我，人的个性的一面，人是什么，个性，身份 / 同一性（identity）’。当伊博人使用 *Onwe m* 时，我相信我们不是在想象中，而是在对现实的基本陈述中参与（dealing）。对于伊博人来说，正是这种身份 / 同一性在个体参与或被卷入的生物、社会和宗教活动中显现出来。那种身份 / 同一性有它自己的现实，这种现实有与它相关的特征。生物过程对人是必不可少的。他必须吃喝以及保护身体免受伤害。宗教活动鼓舞人，给他提供来自神和不可见的外部力量的帮助，也保护他免受精神的危险活动的伤害。但尽管人依赖于这些活动，这些活动却不定义人。仍然存在这样的人，他们的英勇被协助和教唆，但他们却不被纳入这些活动之下。正是同一性的减弱或增强在决定人的地位。初始仪式作用于这个身份 / 同一性，为了提高人的表现而释放它……在伪装表演中，是这个身份被改变了。”① Nwoga 谈及的这种身份 / 同一性就是“自我”，*Onwe*，它将所有这些范畴拟人化地捆绑起来。

自我的外结构

但是，如果我们不至少简短地提到这种身份 / 同一性在其中将自己摆放出来的定义背景，我们就无法完成对伊博人思想中的“自我”的研究。如果我们一直看着“自我”内核的内层或结构，人们肯定马上加上，这坚硬的核被厚厚的包围关系层（a thicker layer of enveloping relationships）所环绕。迄今为止被研究的“自我”在某种程度上仍然只是一种抽象。即使一个人可以被认为是一个整体，可以从其他任何事

---

① Nwoga D.I., *Ahiajoku Lecture* 1984 (Owerri: Ministry of Information, Culture, Youth and Sports) , p.46.

物中抽象出来，这个活动在严格意义上仍然是纯粹的抽象；事实上，“自我”并不孤单。它总是存在于其他事物中。个体从来都不是一个纯粹的孤立的个体。有一个伊博谚语，大意是一个人不会像晴天霹雳一样落下来，字面意义上也就是说，没有人会像油豆子叶一样从天上掉下来，即通过某种不可描述的爆炸机制。不存在从无人知晓之境产生出人类的大爆炸。父母经常引用这句话给孩子，即坚持认为每个人都有一个来源，一个连接，一种归属感，父母就是孩子的来源。① 每个人来到这个世界上，有其归属和关系，就像一棵树一样，他有根，有茎，有枝，有叶。“自我”并不是作为一个不相关的个体进入这个世界的。英国最重要的形而上学诗人约翰·多恩在他的《沉思 17》中说得很好：“没有人是一座孤岛，可以自全，每个人都是这块大陆的一片，整体的一部分，……任何一个人的死亡都会使我减少，因为我与人类有关。”② 因此存在一个与之同样紧密联系的外核，实际上就是一个自我的构成之维。

人类被理解为关系网络的所在地。他首先与父母和兄弟姐妹有关系，但逐渐形成了一个完整的亲属网络，这个网络在同心圆中扩大，包括了整个家族、村落或城镇。父母是个人整体性不可或缺的一部分。伊博人的民间传说中充满了邪恶和不幸，那是孤儿们（无父或无母）的命运。

当然，在父母的旁边是兄弟姐妹，*umunne na umunna*，他们人越多，一个人的自我意识越丰富和完满。一个 *Olu nwa*，一个唯一的孩子，是可惜的，而且被认为是不完整和贫穷的。一个一夫多妻或一妻多夫的家庭，只要有一屋子的后代，同母异父或同父异母的兄弟姐妹，即众多的亲密关系，就会产生更大的自我提升。③ 在核心的家庭外，但在大家庭之内，堂表亲、姑姨、叔伯和更远关系的亲属被称为兄弟姐妹，特别的权利和义务增加，特别是照顾孩子、寡妇和孤儿，并代表所有成员承担团体责任。个人在这个团结的轨道上生活和行动。这种团结以逐渐衰弱的程度向血缘的外部边缘继续延伸，但在村落或城镇的范围内仍然充满活力。前缀 *Ụmụ*，……的孩子，它附在伊博地区的成千上万个地名之上，它显示了每个当地团体都是有血缘关

---

① Father and mother, Nne na nna (the Igbo reverse the order) are the sacred source of one’s existence. An insult to one’s parents is an insult that touches one to the depth of one’s being. The ultimate curse among young people and which inevitably starts a fight is: May your mother die! Conversely when one wants to touch someone with a solemn appeal or prayer, he virtually disarms him with, please may your mother not die: biko nne gi anwuna! and goes on to make the request.

② John Donne –*Poems, Meditation* 17, “For whom the bell tolls”.

③ The sibling relationship is particularly valued and nourished by the use of specially reserved terms of endearment and courtesy which designate the level of kinship, the sex and especially the age and seniority relationship. An elder brother is addressed as deede, an elder sister as daada, an aunt as adee and an uncle as opannaa or opaa. In some places Ndaa is the all-purpose term to cover all genders and age groups but fulfils the same function of asserting intimacy, courtesy and respect to the addressee as well as corporate belonging.

系的：*Ụmụonyike Ụmụkabịa, Ụmụchima, Ụmụelemaị* 以及 *Ụmụleri*, 证明了亲缘关系在定义伊博人个人的自我理解上的重要作用。即使都知道有些亚团体是比较新的移民，这也为基于血缘关系的合作的团结做出了一个说明。它也做出了这种对团结的说明，这种团结在这些村庄共同拥有的地理祖先土地之内，这土地是一块由祖先奉献和遗赠、由地神统治和保护的土地，使这种团结具有准宗教性质。正是这种没有与血腥的法西斯相联系的血液和土壤的汇合，“*Blut und Boden*”，它创造和支持了生活的空间和关系的网络，在这网络里 Onwe 或“自我”将它自己看作一种活着的、自然的共同体的部分（实际上是看作中心）。这就是为什么，在这个以及与之相似的文化中，“自我”是一个先天的社群主义的“自我”，除了在复杂的共同体关系中，就不能够是和存在（being, existing），实际是不可想象的。

我性（MINENESS）

所有这些内在和外在的层面都必须以某种方式与主我（I）、宾我（me）、个人（individual）紧密地结合在一起，接合起来形成一个人，以产生和维持统一和同一性，而通过统一和同一性自我才被定义。这就是在我之中的品质，因为没有更好的名字而可以被命名为“我性”，一种我独有的品质，通过它我才能将人、物及品质宣称和归类为我的，作为与我有关的东西和定义我的东西。“我自己”将是不同的，甚至是不存在的，但因为那些人与物，我称之为我的。所以我性附在我和那些元素之上，或者更确切地说，将我和它们联系起来。从我身上减去它们，就会是另一个我，所以，不是我的“自我”。

用大卫·休谟（David Hume）最喜欢的词来说，“自我”是一种束集，尽管它并不是单纯的感觉或知觉的束集。正如 Robert J. Roth 在他的文章《休谟和詹姆斯论个人的同一性》中观察到的那样，“休谟没有问或回答这样一个问题，即意识到一个单一的知觉的是谁或是什么，或者是将各种知觉结合成一个束集或集合的是什么”①。因此，自我是一个束集，或者更确切地说，是一个包裹，一种元素的凝集，相伴结合成一个统一体，这统一体执行或最终负责我们所有的感官的、智力的、社会的、伦理的和精神的行为和功能。

这种在自我的各种要素之间的区别——muo、ahu、chi 等，只能是理论上的，

① Robert Roth, Hume and James on Personal Identity, *American Catholic Philosophical Quarterly*, 1990, pp. 233-247.

是一种为了理解和清晰而作的心理分析。事实上，这些元素在自我中都是一个东西。但即使自我是如此构成的，没有东西阻止一种分析，这种分析从它的众多的、个别的部分中分离出一个或其他部分，以便一个接一个地、小心翼翼地和断续地观看它们，就像人们拆解一头非洲大象的脚、眼睛、耳朵或象牙一样。但像大象，作为“自我”的自我必须被视作一个整体，作为一个 *totum indivisum et indivisibile*，一个未分的也不可分的整体。换句话说，自我必须以某种方式被统一，否则它将不会有同一性，既然同一性意味着说：一个且是同一个——通过时间，通过所有的变化和经验等等。

我们可以在此观察到我们试图描述的自我是双重复合的。它有一个内部结构，由个人的我 *mụọ*，它的精神 *obi*，心脏 ahu，它的身体 chi 以及它内在的神组成。但它也有一个外部的结构，包围的、外层的、父母和兄弟姐妹的、亲属和社会的社会结构。当一个人提到他自己的时候，他指的是他的内部结构和构成，也指的是他的周围的、包围他的（environing, surrounding）人以及其他环境，包括地点和时间。有了一个内在的关系网络和另一个外在的关系网络，个体自我就已经构成性地是一个内在和外在的复杂束集。同样的个体自我，已经是这样的一种束集，生来便进入另一个社会关系的束集之中。

这是一个确定的自我构成要素的清单吗？到目前为止不是。更确切地说，这一清单可能被称为“临时性的”和“原则性的”，因为，承认了文化——自我概念的摇篮——的流动和变化的本质，某种新的元素可能会在某个地方或在某个时候出现。例如，在美国，身为黑人就不得不成为美国黑人身份 / 同一性和自我意识的一部分。一些国家的种族、另一些国家的国籍等元素，在某些阶段可能会成为自我的一部分，而 DNA 等其他元素则可能隐藏多年，后来被认为是独特性、身份 / 同一性和自我的基础。早期禁止乱伦的血缘关系，今天仍然决定了人与人之间的亲密关系，必须被视为自我的组成因素。

如果自我是一个有着许多内在和外在层的洋葱，那么所有这些维度都有助于它的结构——所有自我曾经拥有的经验都永远与它联系在一起并形成了它；所有的历史，有意识的和无意识的；所有的地理位置，一个人曾经去过的地方，无论是在国内还是国外，在工作还是在玩耍；所有人的行为或反应的动机；所有环境的影响都在起作用。个人的内心和围绕着个人的东西是一个多么复杂的谜啊！

这里的自我，不是像对于笛卡尔来说的只是一个 *res cogitans*，一个在思考的东西，一个纯粹的意识，即，一个部分而不是一个整体，或对于大卫・休谟来说的只是一个表情和感情的束集，一次经验和表达的宴会，而毋宁说是一种紧密的亲属、经验、环境或世界和所有在构成的宇宙的束集。这种自我也不同于佛陀说我们塑造自我，因为当佛陀说“智慧人塑造自己”之时，他在清楚地表达一种正确和良好的教育原则，即，变得智慧的最好办法，他却不是在定义自我是什么和它是如何构成的。

在此，我们离那些由某些哲学和意识形态所倡导的崎岖的（rugged）个人主义有多么远！尽管它给人类带来了种种罪恶，但今天在某些文化中，人们却把它当作人类文明的目的地来庆祝！但是，一个仅仅原子化的个体，正如很久以前被定义的那样，“*indivisum in se et divisum a quolibet alio*”，即它本身不是分裂的，且与其他一切事物区分开来。显然，个人主义的重点是在抽象、划分、分部、隔离、减去和分离。要是这些重点正好排斥我们一直在阐述的自我概念呢？那个概念将不得不转向加法、合并、组合、累积、复杂性和整体性？这就是我们试图描绘的与作为一个孤立的个体的自我对立的自我概念的区别和重要性。

这种严重隔离的、孤独的个人的概念已经成为现代性的意识形态，事实上，它已经把现代世界引向了它现在所特有的那种崎岖的个人主义的极端。它给这个世界带来了孤独人群的原子化个体；它的国家利益意识形态被狭义地定义为自我利益；它的野蛮、残忍的资本主义；它失败的、不公平的分配正义体系；它激进的军国主义，战争而不是法律，统治着人们的事务，在这里强权恬不知耻地占据着正义的席位。

虽然“人”的概念被誉为通过促进一种文明而修改着和安抚着人类的社会和历史，今天这种文明给了我们对人权的敏锐的感觉，所以如果严肃地听的话，这种伊博 / 非洲的“自我”概念能够帮助我们为我们的世界，产生一个新的、更具包容性的人类团结的意识，一种对作为“共同自我”而非“敌对的他者”的更敏锐的感觉。通过培养一种团结的精神和更大的相互的义务，它当然可以帮助我们学习成为一个人，对每个人类同胞都有公平感、正义感甚至爱感，从而重新定义社会本身。那么，人类可能不再被定义为被抛到一个在荒无人烟的世界里的孤独的流放之所，而是被定义为扔进一种在人类同胞之间的结合感、归属感或同胞感的存在（being）。

伊博语 / 英语词汇表

Mu —— I 我；

Mụnwa —— This I, emphatic 这个我，强调；

Gi—— you 你；

Onwe —— Self 自我；

Ike —— Self 自我；

Ike m —— My Self 我的自我；

Ogwe —— Self 自我；

Ogwe m —— My Self 我的自我；

Nwe —— Own 拥有；

Anyị nwe onwe anyị —— We own ourselves – We are free 我们拥有我们的自我—我们是自由的；

Ọdighị onye nwe anyị —— No one owns us 没人拥有我们；

Onye nwem nị —— He who owns me – My Lord 拥有我的他—我的主；

Onye nwe gị nị —— He who owns you – Your Lord 拥有你的他—你的主；

Muo —— Spirit 精神；

Uche —— thought 思想；

Iche Uche —— thinking 思考；

Ncheputa —— Thinking out 想出；

Nkuta —— To earn by one's labour 通过自己的劳动得到；

Ncheta —— Remembering 记起；

Nghọta —— To pluck, to catch, to understand. 摘 / 拔，抓住，理解；

Izu —— Counsel 咨询；

Ako —— Wisdom, 智慧；Nwaevula akọ - the wise lamb 智慧的羔羊；

Ngenge —— Imagining 设想；

Atụmatụ —— Planning 计划；

Obi or Heart

Obi karaka —— a ripe heart, a hard and cruel heart 成熟的，硬心肠的，残忍的心；

Onye —— who, a person, a human being, not an animal 谁，一个人，一个人形的存在，不是一个动物；

Obi kpọrọnkụ —— a dried up heart, a cruel, unrele-nting heart 干涸的心，残忍，不温和的心；

Obi ike —— a strong heart, a strong headed, heartless 强大的心，强有力的领导，无心的；

Obi ọjọọ —— a bad heart, a person of ill-will, cruel, unforgiving 坏心，有坏意志的人，残忍，不原谅的；

Obi ọma —— a good heart, merciful, well meaning 好心，仁慈的，好意；

Obi izizi —— a pitiful, sympathetic heart 怜悯的，同情的心；

Mkpụrụ —— Seed 种子；

Ahụ or Body

Ahụnna —— Her father's body 她父亲的身体；

Ahụ di ya —— Her husband's body 她丈夫的身体；

Mmetụ —— Touching 触摸；

Iri —— to eat 吃；

Chi —— The part or double of God within, personal and immanent to the individual 内在的神的部分或双重，对个人来说个人的和内在的；

Chukwu —— The Great God 伟大的神；

Chineke —— The Creator God, another name for Chukwu；

Aha —— Name 名字；

Ịlo ụwa —— Returning to the world - Reincarnation 回到世界一再具肉身；

Ụmụ —— children – The prefixing of Ụmụ- children of, to most place names is the clearest indication that Igbo social groups and their locations are essentially clusters of patrilineal groups. 孩子 -Umu 这个前缀，对大部分地方的名字来说，……的孩子，是最清楚的指示——伊博的社会团体以及他们的位置在本质上是父系群集。

（李茂功　译）

社　　群

“人”或者“成为人”？
—— 家庭作为儒家角色伦理中的共同体 *

安乐哲（Roger T. Ames）
（博古睿研究院学者，北京大学哲学系）

在本文中，有几个相关联的主张。第一，在儒家哲学中，没有“人”（“human being”）的概念；仅仅有的是，“成为人”（“becomings”）的概念。第二，家庭为儒家角色伦理承担了相当多的共同体的工作。在这种情况下，“孝”（family reverence）在这一传统中是统治性的道德命令，因此这就是一个讨论“儒家角色伦理”的重要方面。在向西方学界介绍中国哲学与文化时，我们倾向于使用我们自身熟悉的范畴去理论化与概念化古代传统。我与我的合作者罗思文（Henry Rosemont）介绍了“儒家角色伦理”的概念，我们试图阐释一种独一无二的道德哲学，这种哲学允许儒家传统使用自己的术语、拥有自己的声音。这种哲学根植于关系性，这对自由个人主义是一种挑战，个人主义把人定义为分离的、自治的、理性的、自由的、自利的主体。儒家角色伦理开始于一个以关系建构的人的概念，使家庭角色与共同体关系成为提升道德能力的切入点，能够唤起道德想象并使产生人类道德实体的关系得以发展，而且还包含着一个以家庭为中心的、与亚伯拉罕宗教尖锐对立的无神论宗教。

当然，角色伦理概念在西方哲学的叙事中仍然是未知的。道德哲学家多萝西·埃米特（Dorothy Emmet）在她调和伦理学与社会学的努力中发现，当代社会学的训练都伴随着一个相同的“内在关系”（“internal relations”）逻辑，对人格身份的各种强调如下所述：

> 有一些观念论哲学家持有“内在关系”（“internal relations”）学说的观点，即世界就是一切与一切别的东西相关的系统的思想，没有什么可以在脱离了其

* This article is excerpted from a book manuscript in progress tentatively entitled “Human Becomings: Theorizing Persons for Confucian Role Ethics.”

关涉的总体语境中被理解，每一部分都属于使其所是的东西，那么，没有使一些东西变得不同就不能够调换去另一个语境。我可以说，只有社会学是当今内在关系学说的避难所。这当然能够在实践中得到量化……有些东西能造成大量的不同，有些造成得则很少。①

埃米特并没有嘲笑这些关于宇宙的有机的、生态学的阅读，而是担心这些以焦点—领域（focus-field）的方式去观看世界，可能会危害我们在其中进行有效运作的能力。于是，她继续写道：

的确，这也许是对的，但如果我们更有效率地去说与去做，我们就不能仅仅说，这是一个各分支交互的巨大关系网……这并不必要，即使我们承认这种相互联结，即世界就是一切与一切别的东西相关的系统的思想。②

这种关于世界的解释正在遭到挑战。事实上，关于角色与关系的解释要求我们在基础层面以不同的方式去思考身份与身份的结构。埃米特坚持认为好的社会学是能够去识别，在更广的有机论与生态学世界观中的不同视野，使其进入有意义的关系模式，"重叠'领域'（overlapping 'fields'）模式，一些可能会影响另一些，但是其特殊的内在的属性能够被研究"③。对角色特殊的关涉使埃米特能够帮助我们理解复杂的角色概念及它们的社会影响。首先，对于埃米特：

角色概念涉及一种特殊的关系，……在任何给定的社会中，都会有确定的方式去扮演被认为合适的角色（我们已经发现，角色的概念涉及根植于其中的行为规范）……在角色的群集之中，例如家庭关系，职业关系，不一定是必然一致的；事实上它们的义务能够也实际上矛盾。④

埃米特清楚地意识到角色既不是稳固的也不是最终的。老的角色能够被重新授

---

① Emmet, *Rules, Roles and Relations*, p. 90. 埃米特清楚地将内在关系与黑格尔的观念论结合在一起，但是根据黑格尔的目的论和线性辩证法，这在黑格尔那里保持着紧张关系，因此这可能不是最好的例子。至少，对黑格尔的一种解释是，他对作为先验观念的强大而客观的目的论原则之承诺，为我们提供了实践研究所需要的解释原则，并使我们超越了经验科学的界限。黑格尔强有力的目的论，将逻辑和历史联系在一起，将自然和历史概念化为具有内在性的逻辑必然性，而这种必然性，破坏了开放的、突现的、美学的假设所伴随的内在关系学说之一致性。

② Emmet, *Rules, Roles and Relations*, p. 139.

③ Emmet, *Rules, Roles and Relations*, p. 140.

④ Emmet, *Rules, Roles and Relations*, pp. 140-146.

权，新的角色随着社会发展而涌现出来：

> 有时变化就在环境之中，有时一些重要的个体以新的方式去扮演角色，这会建立一种新的模式，而且会形成一个角色类型的新概念，或者给予旧的角色概念以新的内容。①

埃米特本人对于这一问题感到困惑，是否所有的社会行为都不等于角色中的行为。至少一部分是术语问题，她自己决定保留角色术语，使足够结构化的关系能够在通名之下得以分类。她介绍了**人格**（*persona*）与**个人**（*person*）的区别，前一个术语描述了可普遍化的角色，而后一个术语则与专名相对应：

> 人格的概念回答了道德的非个人方面的问题；它代表了对“专名”的脱离，试图客观地看待一种情况，包括权利与义务以及要完成的工作要求。②

个人与非个人化的**人格**（角色）概念的二元论区分，的确可以作为社会分析的工具，也能够在允许我们的角色内一定程度的客观性，甚至与我们的角色相分离的条件下具有功能性的价值。这一距离可能是解决我们角色内部相互矛盾的要求的需要，以及为我们提供自觉养成个人风格或形象的空间的需要。即使如此，鉴于生活的关联性与个人的社会定义的不可复制性，我认为这样一个人格—个人（persona-person）的区分只不过是术语的方便使用问题。更进一步，将“个体”（individuals）视为分离的、与共同体相区别的人，虽然也许有时能够管用，但仍然是一个会造成相当高成本的错误思想。

尽管有着重要的理论意义，但儒家方案引人注目的地方在于，它关于宇宙论过程的解释是从对实际人类经验的相对直接的解释中得来的。儒家方案集中于从当下的日常事务中提升个人价值的可能性，而不是着迷于固定的、本质的或关于灵魂不朽与救赎目的的超自然猜想的本体论假设，所有这些都将我们带到了我们实证经验的世界之外。在这种儒家伦理中，对于伯纳德·威廉斯在他漫长的作为伦理学家的职业生涯中所得出的结论，有一种默认的认识。威廉斯在研究“厚道”（“thick”）、“世界指导”（“word-guided”）和“行动指导”（“action-guiding”）的道德概念时，以怀疑任何道德理论有能力告诉我们什么是对的、什么是错的、我们应该怎样去做什么而著称。在《道德运气》的序言中，威廉斯宣称：

---

① Emmet, *Rules, Roles and Relations*, p. 148.

② Emmet, *Rules, Roles and Relations*, p. 171.

> 对于道德是什么这一问题是不可能有任何有趣的、精简的或者自我包容的理论的，也不存在一种哲学结构意义上的伦理理论，这种结构加上某种程度的经验事实，就会把一个道德推理的决策程序产生出来。[①]

威廉斯所说的是，没有任何道德理论、现成的规则、道德体系，可以在任何特定的情形下告诉我们什么是正确的行为方式。对我们的道德困境最好的回应方式必定出现于对经验的具体条件的智性反思之中，人类繁荣的一大部分都依赖于在操练与运用我们的道德想象力之中的灵活性。在我们寻求最合适的行为时，抽象的和理论的研究最多只能充当这种审慎的工具性的、一般性的指导。

孔子通过发展他对基本而持久的人类原初经验的洞察——即在家庭与共同体角色中的人格修养，家庭崇拜，对他人的尊重，礼节在我们的角色与关系中的实现，友谊，羞耻感的培养，道德教育，沟通性共同体，以家庭为中心的宗教，文化的代际传递性，等等——保证了这种积累性智慧的持续关联。除了保持对这样的长期问题的关注之外，儒家哲学的另一个特征——这当然体现在孔子自己的语言当中，并使他的教学在这样的生活传统中如此有弹性——就是他哲学上的多样性和适应性。他的持久之贡献在于，通过充分掌握并适时修改他那时代的文化遗产，以改善自己当下的历史时刻，并推荐后代继续做相同的事情。[②]

的确，这种儒家传统比经验主义更具经验性——这是使儒家思想成为激进的经验主义的原因——这一事实虽然植根于古代文化的土壤之中，但是，在对无处不在的特殊性与独一性的尊重之中，仍然在某些方面也具有前瞻性与演进性。儒家哲学，并不是将学说提升到普遍原则，或是基于某种严格身份概念上的自然分类学的有机经验，而是从那些成功生活的历史特例的类比与暂时的归纳中展开的。孔子的标志性新词，“有志于完善我的角色和关系中的行为”（仁），并非诉诸更高层次的先行原则或一般美德，而是诉诸对典范人生形象的憧憬，通过艰苦的个人修养，在其成就中为后代服务，成为指导价值之源。当然，典范叙事，随时间的推移，被嵌套于对典范人物的特殊讲述的持续聚集之中，并且，产生了定义后世社会组织的敬拜模式。

儒家角色伦理从我们所生活的角色与关系中的最重要的关系出发。简言之，它假设相关联的生活事实。最初的主张即是，没有人可以自己做任何事。我们所有的身体、意识、社会行动都是协作性的与交互性的。我们行走因为我们有地面，我们呼吸因为我们有空气，我们看因为我们有太阳。并且，我们交换意见，分享见解，

---

① Bernard Williams, *Moral Luck: Philosophical Papers 1973-1980*, New York: Cambridge University Press, 1981, pp. ix-x.

② 《论语》7.1：子曰：“述而不作，信而好古，窃比于我老彭。”

消除谣言，因为我们生活在家庭与共同体之中。但是，尽管这些交互性的联合体仅仅是描述性的，一旦联合体被规定为发生在我们与他人的生活之中，它们就成为规范性的。那么，我们不同的角色——女儿和爷爷，老师和邻居，店主和恋人——不过是有着特殊价值与明确规范的联合体的特殊样态：我是一个好女儿吗？我是一个好老师吗？我是一个好祖母吗？虽然祖母对孙子的爱是我们遭遇到的最普通的事情之一，在儒家角色伦理中，这对她的孙子而言是一个意义深远的道德资源，作为生活经验能够给出的最非凡的产物而具有相当高的价值。终究，她的孙子只有通过他自己之被爱才能够去爱他人，在人类经验中，没有比我们彼此相爱更高的价值。

儒家的角色伦理呼吁人们将这一传统中的人理解为“动名词”（“gerundive”），即人是我们之所做，而不是我们之所是，也不是我们一起行动与否。在持续的个人叙述中，这一整体的焦点—领域中的人作为焦点身份之概念，抵制了我们看上去默认的假设，即把作为排他实体的分离个体当作具体的存在，而不是将他们叙述中的二级抽象当作具体存在。这一概念避免了人们能够独立于他们所处的情境，包括首要的那些与人打交道的环境被准确描述、分析和评价的信念。角色伦理开始于这样的概念，在任何道德的、政治的或者宗教的意义上，人在家庭与共同体的成员之外无法被理解。的确，人能得到最好的理解与衡量的是，指导他们与具体的其他人进行交往的具体角色。

简单地说，道德行为本身不过是有助于我们与他人共同生活的角色与关系中的成长与繁荣的行为，而不道德的行为刚好相反。善解人意，用心倾听，用共情的想象行动，寻找有帮助的方式，给予鼓励——这些相当普通的表示都是道德的实体。自我陶醉，无视他人的利益，轻视他人，不履行自己的承诺，粗心大意或阻碍他人，固执己见，缺乏决心——这些都是消极的、不道德的倾向，会导致我们的关系恶化。从这一角度可以看出，祖母的爱对她的孙子多么具有教化意味，不仅在于加深祖母与孙子之间的关系，也在于教会他如何发展与他人的关系。把不可还原的人之本性当作我们的起点，我们试图去阐明与澄清儒家角色伦理不能作为一种替代的“伦理理论”，而是一种丰富的、自成一格的道德生活，它开始于对人类经验的一种相对直接的解释，最终寻求它的授权，正如我们在《论语》以及其他早期的儒家经典中所找到的描述一样。的确，伦理角色的规范性来自于渴望过上整全人生的整个人。

我之所以引入“儒家角色伦理”的概念主张，是因为我试图让孔子哲学用自己的语言去言说自身，以努力避免将儒家价值论强行塞入西方伦理学范畴的不对称模式之中。我的好朋友丹尼尔·贝尔（Daniel Bell）指出，角色伦理中的一个突出主题在于家庭与共同体的关系如何作为发展道德能力的切入点。情况就是如此，丹尼尔问，在这些权威文本中，哪一个中文术语承担了“共同体”的工作？事实上，《大学》在四书中居首位，被认为是对儒家方案的基础性的简洁陈述。文中经常被引用的作为个人修养之反思过程与基础的箴言是：

> 古之欲明明德于天下者……身修而后家齐，家齐而后国治，国治而后天下平。

在这段文字中并没有提到"共同体"，在广义的经典写作中也没有提及。丹尼尔的问题是，如果在这些文本中没有与"共同体"等同的东西，我是否可以引入当代西方社群主义传统来界定儒家角色伦理？

我的第一个观点是，儒家方案在《大学》中的陈述是整体性的，尽管没有具体提及"共同体"本身，但是这种放射状的、涟漪式的培养模式，包含了直接的共同的身份感，以及包含了我们与公共维度重要的关系量。这一全面而简明的文段的核心内容是，尽管个人、家庭、社会、政治、与宇宙的相关教育是相互毗邻与互相需要的，但它仍需要从一个对个人修养的承诺开始，而宇宙论的语境提供了一个对这种教育而言的可用资源。

第二个观点认为，共同体的概念是儒家角色伦理中不可缺少的一部分，这个概念来源于儒家早期经典中无处不用的"君子"这一术语。《论语》中对孔子司空见惯的描述就是在重塑君子这一概念，将这一术语从表示贵族之出生（王，统治者，封臣，高级大臣）转变为行为贵族（作为家庭与共同体之典范的人）。在这种情况下，君子仍然保留着社会与政治的参照，这种参照即是，人类只能通过充分参与家族世系和共同体的社会政治生活，才能在行为上变成模范。几个早期的注释与文本——《尔雅》,《韩诗外传》,《白虎通》等等，当它们以双关语的方式定义"君"的概念时，强调这一社会面向——也就是说，通过语义和语音之联想——如群"聚集在周围"；也就是：君者群也。"典范之人能够使共同体得以修复。"正如丹尼尔所说，这与现代汉语翻译"community"（社群）的术语是一样的。

我想讨论的另一个维度，代表了一种隐含的共同体意识，"家"在儒家方案中所包含的共同体概念与《大学》相同。周轶群再次引用了晚清学者严复的看法，中国两千年帝制的社会和政治秩序从一开始就是"百分之七十的世系组织与百分之三十的帝国"，也就是说生命之功能是在家族或氏族与共同体所产生的社会结构之中展开的。①

考虑到家庭作为追求道德能力的核心切入点，在儒家的语汇中，能够在这一传统中表达作为道德命令的角色伦理概念的关键词，就是"孝"。孝一直在英语中被译为"孝顺"（filial piety），但是罗思文和我把它翻译成"家庭崇拜"（"family

① Yiqun Zhou, *Festival, Feasts, and Gender Relations in Ancient China and Greece*, New York: Cambridge University Press, 2010, pp. 19-55.

reverence”)。推荐“家庭崇拜”作为翻译，因为在某种程度上，这一翻译解除了孝与“虔敬”(“piety”)所暗示的对神的义务，同时，这也解除了对被假设的家长的单方面顺从。“孝”是一种协重(collaterality)，其中年长一代在其家族世系中得到适当的尊重，而年轻一代则通过顺从那些赋予他们生命意义与内容的人获得快乐。“孝”也保留了神圣的意涵，这在祖先祭祀神圣化中确实是起作用的。

“孝”的协重从这个汉字本身也能看出，它由“老”(“elders”)与“子”即“儿子，女儿，孩子”所组成的图景所构成。如同仁拒绝任何公式化的理解，孝要求我们去建立我们自身的存在意识，这也意味着去优化我们在家庭与共同体中的特殊角色。当我们回忆自己的父母和祖父母，以及关注自己的子孙后代时，孝在我们后代的叙述中直接参照了我们的生活经历。孝从字面意涵上讲，意味着老与子跨越几代人所构成的角色与关系，以及现在的一代人与过去那些世代之间的关系。它提到了祖辈与孙辈、父亲和女儿、祖先和后代的不可分割性，这些角色只能共同地生活与学习。事实上，当我们研究在甲骨上发现的“老”字符的最早形式时，我们发现它描绘了一个头发蓬乱、倚着拐杖的人，与阿尔伯特·爱因斯坦的著名照片相似。在小篆中，同样的图形变得更具风格化，预示了“老”的现代形式。[①]把“老”的文字与后来在青铜器上发现的“孝”的文字的最早实例相对比，我们发现年轻人的形象已经完全取代了倚着拐杖的老年人。[②]但重要的是，虽然孝确实提供了一种支持，在相继的世代中老一辈可以享受来自晚辈的崇敬，但这种补充也向其他方面流动。也就是说，孝也是一个重要的过程，年轻一代被转化为一个持久弥新的，被他们所尊从的各种变体。老一代是一个文化的宝藏，年轻一代可以借此获得存在之意义，从而能够使祖先与后代的身体与生活经验共存。

在儒家方案中孝的核心是仁，在《论语》的熟悉段落中立即体现了出来：

> 君子务本，本立而道生。孝弟也者，其为仁之本与。[③]

这里需要两个限定性条件。第一，我们需要抵制任何孝与顺从之间的等同。孝着眼于自下而上的孩童对长辈的亏欠，这区别于与罗马法相联系的家长(*paterfamilias*)，也就是法律意义上的父权(*patria potestas*)或者父亲的权力或特权。的确，有些时候在家庭内部的真正的孝顺，如同在宫廷中的忠诚，要求人勇敢地谏言

---

① Kwan, Tze-wan, “Multi-function Character Database,” at http://humanum.arts.cuhk.edu.hk/Lexis/lexi-mf/ 甲骨文合集 CHANT 00394.

② Kwan, “Database” 西周晚期 CHANT 3937.

③ 《论语》1:2。

（remonstrance）而不是机械的顺从。事实上，这种谏言不仅仅被视为一种选择或者一种可能性，而是一种神圣的义务。在《孝经》中，曾子成为了儒家传统中孝的模范，他明确地问孔子，是否严格服从是孝的实质：

> 曾子曰：“若夫慈爱，恭敬，安亲，扬名，则闻命矣。敢问子从父之令，可谓孝者乎？”①

孔子不耐烦地回应曾子，认为他所说的只是对长辈的机械服从的态度，远不构成孝，反而会成为在行为上严重不道德的根源：

> 子曰：“是何言与！是何言与！……当不义，则子不可以不争于父，臣不可以不争于君。故当不义则争之。从父之令，又焉得为孝乎！”②

的确，荀子用了整整一章去提供案例，这些例子表明对老一辈的盲目服从与孝相去甚远，产生了一系列违背了孝的价值的可怕后果。③

第二点是要澄清，孝的意涵仅仅是从尊重开始的。它必须成为一种行为模式，在不间断地关注下，从家庭扩展到共同体的所有成员，以及政治，甚至自然本身。事实上，《孝经》中“三才”那一章，孝有了宇宙之参照，把道德命令与天、地、人之关系联系在一起。正因为这三种力量互相联系，为人类经验提供了背景的宇宙关系本身才拥有了一种道德面向，它可以作为在人类习俗中能够实现适当协调的模式：

> 曾子曰：“甚哉！孝之大也！”子曰：“夫孝，天之经也，地之义也，民之行也。天地之经，而民是则之。则天之明，因地之利，以顺天下。是以其教不肃而成，其政不严而治。”④

关系构成的人出生于最广泛之家庭、共同体与宇宙关系之中——没有人能存在于这些关系之外，也没有人能够在没有它们的情况下成长。通过将人的概念定位在作为这些文本的解释语境的关系宇宙学之中，我们可以表明诸如“根”，“潜在”，

① 《孝经》15，*Chinese Classic of Family Reverence* 15。曾子最能被铭记的是他是孝的支持者——年轻一代直接从对长辈与祖先的奉献与服务中获得快乐。这种家庭之爱的自然延伸就是友谊，《论语》中的曾子能够与他的同学——真诚的颜回与鲁莽的子张——相区别。

② 《孝经》15。

③ 见《荀子》第29章。

④ 《孝经》7。

“原因”，“本源”等术语——它们有时被认为是与给定的人性相关的独占术语，必须被重新构想为总是涉及附带的、相互的、反射性的过程。在这种正在进行的与生活相关的交互过程中，一个独特之人的修养，在其身处的具体而经常变化的关系中，是相互依存的个人联系的树冠从中生长出来的本，这些联系定义了家族世系、邻里、共同体、村庄、政治体，最终是宇宙的完整图景，每一个相互牵涉的方面，都对当时的社会伦理做出了自己的贡献。就如同《大学》要求我们的那样，通过一个重要的方案成为人，人之修养在构成我们的关系之中是根本性的，我们必须把它放在最优先的位置：

> 自天子以至于庶人，一是皆以修身为本。其本乱而末治者否矣，其所厚者薄，而其所薄者厚，未之有也！①

也就是说，以“本”作为我们的例子，虽然“本”有可能被认为是去让树成长，但是树也能够使“本”生长。“本”及其茂盛的树冠被认为是以交互的与有机的方式共生，否则便什么也没有。继续这种熟悉的本与枝的隐喻，本与树冠必须共同生长，树的本向外扩展到地下，与此同时树枝伸向天空。同样，有志于完善我们作为人之行为（仁），人们日益将仁之行为向外扩张至我们的家庭、共同体和宇宙的关系之中，我们所做之事，要么一起做，要么不做。事实上，《礼记》（*Record of Rites*）版本的《大学》分册，摘引了个人修养的两种方式：不仅从深处奠定了“本”，同时也培养了使世界繁荣发展的社交智慧：

> 此谓知本，此谓知之至也。②

在这里，作为“本”的个人修养与其过往之产物“智慧”应被视为一个有机整体，它们在两种观察同一现象的方式中共同成长。换一种方式说，个人修养的实践与随之而来的智慧，就是把在家庭与共同体中完成的生活的具体叙述抽象出来。这种将根与树作为共生过程的理解有着各自的来源，它们是建立在互相独立的、相对立的对根的思考上的。这种共生反映了宇宙论的整体假设，这需要我们对最根本而持久的哲学问题作出回答：“意义来自何方，它是如何传达的？”在亚伯拉罕传统

---

① *Daxue* 1969: 2b: 我借用了 *Daxue* 的标题的翻译，而不是用 Jung-Yeup Kim 的已为人熟悉的 *Great Learning*, 因为这一翻译抓住了儒家方案的放射性扩展特征，如在这一基础文本中所详述的。

② *Liji* 礼记 (*Record of Rites*), *A Concordance to the* Liji, D. C. Lau and Chen Fong Ching, editors. Hong Kong: Commercial Press, 1992: 43.1/164/30.

中，这个问题很简单：意义来自于超越并独立于个人的神圣来源。耶和华，上帝，或安拉给予了我们持续的生命之目的与视野，当我们迷失方向时，每个人都必须回到这个源头。另一方面，对儒家方案而言，由于没有独立而外在的原则的吸引，在文明生活的代际传播中，意义则来自于同等重要的关系网络之中。个人在家庭关系中所达成的仁，既是个人、社会乃至宇宙之意义的出发点，也是它们的终极源泉。我们通过追求与扩大我们家庭的健康关系来培养我们自身，我们通过添加意义于其中来扩大宇宙，反过来，一个日渐意义化的宇宙给这一自我培养的方案提供了一个丰富的语境。

当我们思考在《论语》中孔子描述他在这种传统生活传承中的角色时，我们必须牢记这些改变了意涵的“本”与“源”：

> 子曰：“述而不作，信而好古，窃比于我老彭。”①

当孔子说“述而不作，信而好古”时，他显然将自己与“作”这一术语分开了。“作”通常被翻译为“开创”（initiating），但是这里想保留“路径”（path）这一隐喻，所以我把它翻译为“造”（forge）。因为这个术语经常在典籍中与“圣人”（sage）以及他们之所做相伴，那么我们可以假设孔子会谦逊地反驳这一联系。

但几个世纪以来，评论者们在阅读这段文字时，都把孔子的形象视作一个原教旨主义者。例如，早在墨子时期，孔子被认为完全是一个传播者，并因为向世界提供一种死气沉沉的保守主义而饱受批评：

> 又曰：“君子循而不作。”应之曰：古者羿作弓，杼作甲，奚仲作车，巧垂作舟；然则今之鲍函车匠，皆君子也，而羿、杼、奚仲、巧垂，皆小人邪？且其所循人必或作之；然则其所循，皆小人道也？②

如果我们把孔子的自我描述理解为说明性的，而不是表达他对传统文化的深刻敬意以及他个人的谦逊，那么墨家批评的逻辑是无可挑剔的。墨家对儒家的批评是活生生的且在传统中延续至今。当代政治哲学家萧公权把这种明显的儒家保守主义描述为“法古”（emulating the past）③。最近，泰德·斯林格兰德在解释《论语》中相

① 《论语》7.1。

② Mozi 63/39/19，同见 81/46/50。

③ Hsiao Kung-chuan, *A History of Chinese Political Thought*, Volume 1, trans. F. W. Mote, Princeton: Princeton University Press, 1979, pp. 79-142.

同的片段时，支持回溯到周朝黄金时代以获得关于儒家思想的理解。斯林格兰德观察到：

> 更有可能的是，这种传承更像是孔子那个时代的人们所支持的那样，因为周王建立了一套符合人类需要的理想体制。[①]

我持有相反的立场以反对这种对孔子的保守解读，我想表明，这段文字是孔子对代际传播的性质与动力的理解。在这个传播过程中，“孝”的概念中所体现出来的尊重之模式是一个关键因素。借用《易经》的语言，我认为孔子是基于这个经典文本的宇宙论假设的特殊案例被历史铭记的。他与《易经》一样，认为自然和文化的叙事之展现，最好用“变通”（continuity and change）和“生生不已”（ceaseless procreation）来表达。用这些术语去描述并不是去否认孔子所依靠的传统的核心经典，他是这些恒常世界观与永恒常识的最有效的传播者。事实上，他个人的威严依赖于他的权威性，传统的假设是他至少编辑了“五经”。然而，与此同时，孔子对具体哲学词汇的发展做出了自己的贡献，同时，他也是在一个活生生的传统中创造出新的见解的典型。的确，即使欣赏他的谦逊，对他作为一个创新者的说法有异议，我们仍有相当充分的证据可以断言，尽管孔子是一个有效率的传播者，但是他仍然将传统转向了一个全新的方向。

从广义上讲，孔子的自我理解是，他自觉将自己理解为继续一种公元前两千年前的古老传统：

> 周监于二代，郁郁乎文哉！吾从周。[②]

孔子的教育资源来自他之前的世代的复合文化，而这些传统还存留在他那个时代的人们之中。正如他从卫国到陈国路上，在匡地遭遇危险时所说：

> 文王既没，文不在兹乎？天之将丧斯文也，后死者不得与于斯文也；天之未丧斯文也，匡人其如予何？[③]

---

① Edward Slingerland (trans.), *Analects: With Selections from Traditional Commentaries*, Indianapolis: Hackett Publishing, 2003, p. 64.

② 《论语》3.14. 同见《论语》8.20，舜有臣五人而天下治。武王曰：“予有乱臣十人。”孔子曰：“才难，不其然乎？唐虞之际，于斯为盛，有妇人焉，九人而已。三分天下有其二，以服事殷。周之德，其可谓至德也已矣。”

③ 《论语》9.5。根据《史记·孔子世家》记载，孔子已经离开卫国，在去往陈国的路上路过了匡地。匡人最近受到了来自鲁国的阳货的蹂躏，误以为孔子是他。

然而，正如我们已经看到的，孔子一直有志于介绍、重新定义和阐释一些关键术语，以此不断发展儒家的权威哲学词汇：仁（aspiring to consummate conduct in one`s roles and relations），君子（exemplary persons），义（an optimizing appropriateness），礼（achieving propriety in one`s roles and relations）。孔子以促进个人修养来定义儒家方案，并在"孝"之中阐释儒家角色伦理与完善生活之理想。在这种情况下，当朱熹选择"四书"作为传统文本之核心，他将《大学》描述为在儒家方案之中有关个人修养的最基础文本，就不奇怪了。然后，他分别把《论语》和《孟子》列为"四书"的第二与第三部分，明确的理由是这些文本为儒家方案提供了基本的词汇，通过孔子的人格给传统提供了一个关于个人修养的叙事范例。孔子本人——在我们在"四书"第四部分中所找到的、朱熹赞誉为最高与最详尽的儒家方案的宣言《中庸》里——被描述为发生在宇宙秩序中的"大转变"的具体化：

> 仲尼祖述尧舜，宪章文武；上律天时，下袭水土。辟如天地之无不持载，无不覆帱，辟如四时之错行，如日月之代明。万物并育而不相害，道并行而不相悖，小德川流，大德敦化，此天地之所以为大也。[①]

这里有几个结论可以从根植于儒家角色伦理的家庭与共同体关系中得出，这些结论很容易通过《论语》的各段落来说明。人的基本的独特性在于他们特殊的关系模式[②]，人与人之间相互依存而生活[③]，人的所有行为都存在相关性、互动性和自反性[④]，也存在潜在进行的、临时的、突现性的关于自然与社会秩序的新兴概念[⑤]。这种关系也带来了历史与宇宙论之影响。例如，关系的整体性、无界性与嵌套性，这种关系是一种焦点—领域的全息术语概念，而不是部分—整体的术语概念。进一步，儒家思想作为一种哲学唯美主义，记录了构成每一个人与在一定程度上所能达到关于人格身份的影响之总和的全部关系。

---

① 《中庸》30。

② 《论语》15.36，子曰："当仁不让于师。" The Master said, "In striving to be consummate in your person, do not yield even to your teacher."

③ 《论语》6.30："夫仁者，己欲立而立人，己欲达而达人。能近取譬，可谓仁之方也已。" "as for consummate persons, they establish others in seeking to establish themselves; they promote others in seeking to get there themselves. Correlating one's conduct in those near at hand can be said to be the method of becoming consummate in one's conduct."

④ 《论语》7.8，子曰："不愤不启，不悱不发。举一隅不以三隅反，则不复也"；7.22：子曰："三人行，必有我师焉。择其善者而从之，其不善者而改之。"

⑤ 《论语》9.17：子在川上，曰："逝者如斯夫！不舍昼夜。" 2.11：子曰："温故而知新，可以为师矣。" 15.29：子曰："人能弘道，非道弘人。"

因为许多最重要的人际关系都在家庭成员之间获得，总体之影响就能在其中被看到。但是，这些关系必须扩展以超出家族世系至更大的社会秩序。这种关系也是代际间的关系，根据前述，必须要在施惠者（benefactors）与受惠者（beneficiaries）的角色中被理解。伴随这些关系的祖先与文化英雄，超越了直接的社会政治秩序，以此去激发以家庭为中心的传统。《论语》似乎一直在说，一个充实而繁荣的人类生活需要一些比我们年轻的人，一些我们的同龄人，一些比我们老的人，能够生活在我们与我们后代之中。

如果“宗教”（“religious”）的拉丁词根 religare 意味着“紧密约束”（“binding tightly”）（例如同源词“纽带”（“ligament”），“义务”（“obligation”），“联盟”（“league”）和“盟友”（“ally”））——就此我们可以看到如此被描述的“孝”具有深刻的宗教意义，将家族、共同体与祖先联系起来，这些纽带构成了一个有弹性而持久的社会结构。① 正是通过宗教意涵上的“紧密约束”——即通过家庭与共同体关系的加强——我们就能解释孔子对子路在问他最想做什么之时的回应：

> 子路曰：“愿闻子之志。”子曰：“老者安之，朋友信之，少者怀之。”②

在《孝经》中，孔子认为“孝道”是道德与教育的实质：“夫孝，德之本也，教之所由生也。”③ 这篇文献的开头部分给我们提供了一个熟悉的径向发展，我们能够在儒家文本的中心到末端都一致地发现，从对某人自己的关切开始，一直延伸到对某人的家庭与亲属的关心，最终服务于统治者和后代。在这段文字中，文王——“文化”（文）国王——再一次被当代人挑出来作为灵感之源，并且为那些带来了文化利益的人们做出了适当的回报。

> 身体发肤，受之父母，不敢毁伤，孝之始也。立身行道，扬名于后世，以显父母，孝之终也。夫孝，始于事亲，中于事君，终于立身。《大雅》云：“无念尔祖，聿脩厥德。”④

这段文字中保持身体完整的义务当然指的是一个人的物理肉体，但是它自身也

---

① Sarah F. Hoyt, “The Etymology of Religion,” *Journal of the American Oriental Society* Vol. 32, No. 2 (1912), pp. 126-129 提供了一些有趣的文本证据以证明这个非常古老又饱受争议的词源。

② 《论语》5:26。

③ Henry Rosemont, Jr. and Roger T. Ames, *The Classic of Family Reverence: A Philosophical Translation of the* Xiaojing 孝經, Honolulu: University of Hawai'i Press, 2009, p. 105.

④ Rosemont and Ames, *The Chinese Classic of Family Reverence*, p. 105.

适合于更广泛的文化的解读：也就是说，每一代人都有责任去保存我们将要去具体化的全部而鲜活的文化之肉身。如果没有具体生活，没有有意义的角色和关系的社会语法所提供的形式化的确定维度，那么在我们的生命形式中是否可能实现重大改进就成为了一个非常现实的问题。简单来说，确定形式仍然是多种多样的——身体、仪式、语言、家庭体制与祖先崇拜等等——它们是文化改进的必要条件。

儒家的角色伦理实质上是通过具有复杂的政治、经济与宗教功能的家族世系而延续下去的。在家族世系的连续性代际传承中，有两个同源的特征构成了"孝"的动态整体：体（"体现"、"身体"、"构成与形成"、"范畴"、"等级"）与礼（"仪式"，"在一个人的角色与关系中所达到的品质"）。"体"（"living body"）与"礼"（"embodied living"）是文化传播的叙事场所——语言、宗教仪式、烹饪美学、歌曲、舞蹈、建立风俗与价值，等等——通过一个活的文明得以持续。

在《论语》中有一个重要的剧中人，在孔子的门徒中，他的行为强调了关系的首要性，曾子，是我们在关于"孝"的充分表达中能够见到的典范形象[①]：

> 曾子有疾，孟敬子问之。曾子言曰："鸟之将死，其鸣也哀；人之将死，其言也善。君子所贵乎道者三：动容貌，斯远暴慢矣；正颜色，斯近信矣；出辞气，斯远鄙倍矣。笾豆之事，则有司存。"[②]

在这段文字中，曾子清楚地意识到自己即将到来的死亡，他首先劝告他的听众注意听他要说的话，曾子相信，他的临终遗言是重要的。

曾子的意思是，被典范人物认为对道德生活是至关重要的三礼——也就是说，容貌、颜色、辞气——对人际关系的发展是十分重要的。关系的发展是儒家伦理的实质。另一方面，没有培养出这些性情就会导致粗俗、不当行为、暴力、恶意行为。这些行为是削减与瓦解一个人的关系的直接来源，并因此就是在儒家思想中不道德行为的实质。与人的关系品质形成对比，有教养的生活的形式与内容的外部标志——这里给出的例子是祭祀器皿的安排——相对而言具有边缘的重要性。因此，家庭与社会的角色被视为具有规范性的力量，作为服务于我们的应该如何行动的指导，并恰当地指出我们接下来应该做什么。事实上，正是这种不断提升、改善和深化我们的角色与关系的过程，促使我们将儒家道德描述为角色伦理，并宣称儒家角色伦理——在我们的观点中——是重要的道德生活的独特视角。

① 在探索"孝"在《论语》——它对这个关键哲学术语作了某种阐明——中的意涵与功能特征之时，可以通过对曾子自身对"孝"的具体化的各方面去补充对"孝"的分析。

② 《论语》8.4。

在儒家角色伦理中，假设了社会与政治的秩序出现于并依赖于家庭组织以及作为延展的家族世系之中的个人修养。著名的社会学家费孝通反思了近代中国社会以亲属为基础治理模式的结构，这种模式早在周代早期的青铜铭文与经典中就可以被证明。[①] 费孝通引入了一些区别，将由分离的个人及他们的受规则统治的社会组织组成的西方团体——（他称为“团体格局”the organizational mode of association）与中国亲属模式（他称为“差序格局”the differential mode of association）清楚地区别开来。[②] 费孝通用一个形象来描述团体格局，个别的稻草组成一个稻草堆——一堆分离的个别实体。相比之下，费孝通对差序格局的类比“石头投入湖中时所形成的同心圆”，是一种关系的图像，使“沦”（“ripples” or “rippling”）与“伦”（“relational order”）在图形上同源，在音调上同音异义。也许费孝通区别这两种不同的组织模式的重要意义在于表明存在一种共同的组织原则，这一原则使人们在团体格局（在最广泛的意义上，是对“上帝”或“法”的概念的某种变异）中获得平等的地位，相对于在差序格局中起作用的在个人的角色与关系中相互关联的、等级化的差别。这种含义在人格身份构建的不同假设中很明显，也就是说，在个人的权利方面与个人的个人关系管理方面存在张力。

费孝通坚持认为“儒家伦理离不开分离的中心向外延伸成网络的思想”[③]，这种网络是“由无数的人际关系编织而成”[④]。他进一步宣称，在等级所定义的角色与关系中，这种主要的亲属关系模式产生了自己独特的道德，其中“没有伦理概念……超越特定类型的人类关系”[⑤]。也就是说，亲属关系作为人类关系的来源被“孝”（“family reverence”）与“悌”（“fraternal deference”）的价值所定义。友谊作为将非亲属关系纳入进亲属关系的扩展方式，是通过“诚”、“忠”、“信”[⑥] 的伦理来追求的。所有对这些伦理价值的渴望，都存在于家庭成员与共同体的特定的个人关系中。

伦理价值与社会角色之间的这种密切关系让人联想到孟子的一段话，其中那些

---

① Yiqun Zhou, *Festival, Feasts, and Gender Relations in Ancient China and Greece*, p. 147 也提出“家，是一个人能够从事以亲属为中心的道德戒律和宗教仪式的日常实践的场所，是周朝社会最基础的教育场所”。

② Fei Xiaotong, *From the Soil: The Foundations of Chinese Society*, A translation of *Xiangtu Zhongguo* 鄉土中國 by Gary G. Hamilton and Wang Zheng, Berkeley: University of California Press, 1992, p. 63.

③ Fei, *From the Soil*, p. 68.

④ Fei, *From the Soil*, P. 78.

⑤ Fei, *From the Soil*, p. 74.

⑥ See for example *Analects* 1.4 and 1.8. There is an ambiguity in the expression “associates and friends” (*pengyou* 朋友) as it is used in the documents of the Western Zhou and Spring and Autumn period where these texts do not distinguish non-related friends from agnatic male relatives—that is, paternal relatives such as brothers, uncles, nephews, cousins, and so on. Some scholars have argued that *pengyou* becomes a term commonly used to denote non-kin friends specifically only in the Warring States period. See Yiqun Zhou, *Festival, Feasts, and Gender Relations in Ancient China and Greece,* pp. 110-111, 137-139.

以关系为基础的角色伦理词汇被历史化了，将其带回夏朝人类文明进化的最早阶段。在尧舜统治期间，土地被清理，禹将水排干使作物种植成为可能。

> 后稷教民稼穑，树艺五谷，五谷熟而民人育。人之有道也；饱食暖衣，逸居而无教，则近于禽兽；圣人有忧之，使契为司徒，教以人伦；父子有亲，君臣有义，夫妇有别，长幼有序，朋友有信。[①]

因为发展道德能力的切入点，在最广泛的意涵上，在儒家伦理的道德生活观中是家庭关系，"孝"作为"家庭崇拜"（"family reverence"）在《论语》中有着非常重要的地位。为了更好地理解"孝"概念本身，我们需要澄清在儒家语境中，家庭制度的本质与意义。再次，费孝通将对人类学家而言作为繁衍场所而具有重要意义的"家"，与中国前现代家庭的主导历史模式进行了对比。这些家庭是同姓氏的人的世系（氏族），作为扩展，由几个同姓的世系组成的氏族就是家族（clans）。虽然这样的世系也有繁衍的功能，费孝通坚持认为在中国的经验中，它们作为"一个能够将所有活动组织在一起的中介"充当着独特而重要的制度角色。[②] 也就是说，除了家庭的延续，世系有复杂的政治、经济和宗教的功能，这些功能沿着父子关系与婆媳关系的纵向等级关系被表达。通过祖先崇拜的习俗能够从社会宗教方面再次强化世系关系，考古学告诉我们至少可以追溯到新石器时代的持续实践之中。[③]

在商代早期，祖先——至少是王与贵族家庭的——被相信对后代在生活中的好运与不幸负有直接而重要的责任，需要通过祭祀来慰劳这些祖先。这种信念缓慢地消失了，这有助于解释孔子的评论"非其鬼而祭之，谄也"[④]。孔子天才的一部分就是将这些祭祀仪式的事实理解为可以提供一个对人类生活而言的好的意义解释，作为整个家庭与共同体的约束力，至少在知识阶层中，超自然的存在理由（*raison d'être*）对他们而言已经不再可信了。

当然，鉴于中国家庭世系的结构随着时间的推移发生了戏剧性变化，这种概括

---

① *Mencius* 3A4.

② Fei, *From the Soil*, p. 84.

③ 见 David N. Keightley, "Shamanism, Death, and the Ancestors: Religious Mediation in Neolithic and Shang China, ca. 5000-1000 B.C," *Asiatische Studien* 52, (1998), pp. 763-828。周轶群在分析亲属关系的主导性与周朝初期社会中祖先与后代之间的不可分割性时指出，"近六分之一的《颂》歌都涉及祖先祭祀，包括仪式本身与随后的盛宴。这些例子都展示了祖先宴会对我们理解周代的社会话语的重要性"。而且，"祖先崇拜不仅包括规则的、系统的、连续的记忆仪式，也包括更重要的是，将死者纳入一个世系的团体之中，作为永久的成员，在一个塑造的团体中发挥关键作用"。Yiqun Zhou, *Festival, Feasts, and Gender Relations in Ancient China and Greece,* pp. 104, 112.

④ 《论语》2.24。

必须通过时间、地点、地域与实践的变化来确定。话虽如此，周轶群在强调前现代中国社会“几千年的历史中政治体主要是被血缘关系所组织起来的”[①]时背后引领着学术共识。在衡量社会与政治秩序来源与依赖于家庭关系的延展时，周轶群坚称对比于希腊，“中国从来不被认为有一个与公民之总和相对应的政治共同体”，并且“统治者与被统治者的关系类似于父母与子女之间的关系”[②]。当孔子断言，在这种文化传统中，家庭制度的正常运作对于国家的政治社会秩序的产生是不可或缺的时，孔子自己做出一个敏锐的观察：

> 或谓孔子曰：“子奚不为政？”子曰：“《书》云：‘孝乎惟孝，友于兄弟，施于有政。’是亦为政，奚其为为政？”

的确，这一持久的以家庭为基础的中国社会组织（存在于古代与晚近的文化之中）提升了“孝”这一术语所限定的特殊家庭价值与义务，使“孝”服务于统治性的道德命令。

（佚名　译）

---

① Yiqun Zhou, *Festival, Feasts, and Gender Relations in Ancient China and Greece*, p. 19.

② Yiqun Zhou, *Festival, Feasts, and Gender Relations in Ancient China and Greece*, pp. 17-18n51.

当代非洲哲学和人类问题：一个批评的视角

J. 奥比·奥古杰夫（J. Obi Oguejiofor）
（纳姆迪·阿齐克韦大学，奥卡，尼日利亚）

摘要： 当代非洲哲学的特点是身份问题，这直接体现在布莱登（E. W. Blyden）、杜布瓦（W. E. B. Dubois）、坦普尔斯（P. Tempels）和桑戈尔（L. S. Senghor）等人的思想中；并且间接地体现在寻找非洲哲学的历史地位，以及关于它的本质和存在的辩论这种趋势中。本文认为，对身份的追求可以从广义上解释为非洲语境中人性危机的副现象（epiphenomenal）。这既体现在许多西方哲学家往往闭塞的观点中，也体现在当代非洲哲学家对他们的隐秘的抵抗中。得益于谢拉克贝尔汉（T. Serequeberhan）和埃布西·布拉加（F. Eboussi Bulaga）的思想，当代非洲哲学的解释学意味着对人性的隐秘追求，作为某种意义上的隐喻，不应构成哲学传统的固有中心。回顾马西恩·托瓦（Marcien Towa）关于哲学和哲学家的观点，以及本·拉莫斯（Ben Ramose）关于人类理性的普遍主义思想，当代非洲哲学比以往任何时候都更加语境化，正在朝着正确的方向做出突破性的改变。

关键词： 人类；种族主义；当代非洲哲学；启蒙；斗争产生的哲学

对当代非洲哲学的最好描述之一就是“哲学源于斗争”。众所周知，这种描述源于伦纳德·哈里斯教授，他是最重要的非洲裔美国思想家。哈里斯将这一描述作为他 1983 年出版的非洲裔美国哲学家选集的书名。[①] 虽然他在这个书名中提到的斗争与非洲人在非洲大陆的斗争并不完全相同而且也不在同一背景下，但这两种斗争从人性的概念或对人性的误解出发方面基本上是非常相似的。因此，不难看出当代非洲和非裔美国人哲学的斗争的各个方面：争取自由、争取特权、争取平等、争取正义和争取公平等等。在所有对这些理想的追求中，不同的情况需区别对待，但它们

① Leonard Harris (ed.), *Philosophy Born of Struggle: Anthology of Afro-American Philosophy from 1917*, Kendall/Hunt, Dubuque, 1983.

的基础在所有情况下都是为了人类的人性而进行的斗争。因此，预期中的分歧虽然有诠释学的解释，仍使我们能够找到根源、探索基础，并回顾被这么多启蒙思想家公开给予的知识和“哲学”支持的对殖民地的征服，如何有助于使人性成为当代非洲哲学中的一个问题。为了避免泛泛而论，这项工作将在如下背景中进行，即当代非洲哲学怎样试图使之成为反思的中心从而占据这一问题，并伴随着使哲学成为人性尺度的批评性努力。

在当代非洲哲学的背景下提出人性问题，表明非洲哲学的早期阶段不一定必须涉及人类问题。鉴于许多原因，今天被称为非洲的地区相对贫穷，而且技术相对落后[①]，这种现实无论如何都没有产生自卑感和对人性的任何质疑。出于所有意图和目的，如果在分治时期遇到作为其余人代表的非洲人，有证据表明他们在入侵的殖民主义者面前自然地充满了自信。尼日利亚爱邦尼州的伊齐人民过去总是习惯于告诉殖民政府的代表，他们与在上的天堂和在下的尘世不同，但在这两个宇宙力量之后，他们是第三种力量，不能接受任何其他人类的秩序。其他殖民官员对伊博兰［Igboland］的其他部分证实了这种自信的态度。

弗兰克·斯诺登（Frank Snowden）对黑人和非洲人的古代态度的研究表明，他们的形象在古代是非常积极的：

> 重要的是要强调，［古代］总体而言——希腊罗马人犹甚——对黑人的看法是非常积极的。起初，有利的印象没有改变，甚至在遇到黑人后变得更加频繁，尽管后来存在对远在南方野蛮部落的描述。地中海人民对埃塞俄比亚人及其生活方式有着明确的尊重。最重要的是，古人并没刻板地认为黑人存在宗教和文化中的先天缺陷。[②]

鉴于上述气氛，不言而喻，种族主义中的人性问题在古代不会出现。斯诺登将黑人概念中的转折点确定为黑人凭借其颜色被视为奴隶的那一刻。在古代，奴隶是来自白人和黑人的所有地区的男人和女人，他们恰好落在他们被奴役的环境中。事实上，在古人中有更多的白人奴隶而不是黑人奴隶，但是“黑人和奴隶成为同义词之后，反黑人种族主义在强度上增强了”[③]。韦斯特曼（Westerman）认为：“它敲响了奴隶制本身在欧洲文化区域内的丧钟。”[④]其含义是，非洲人来到了受非理性偏见的束

① 参见 John Iliffe, *The African Poor: A History*, Cambridge University Press, New York, 1987。

② Frank M. Snowden, Jr., *Before Race Prejudice: The Ancient View of Blacks*, Harvard University Press, Cambridge, 1983, pp. 58-59.

③ Ibid., p. 70.

④ W. L. Westermann，转引自 F. Tannenbaum, *Slave and Citizens: The Negro in the Americas*, New York, 1947, p. 110。

缚和伤害的世界。新世界对奴隶的“需要”意味着非洲大陆的经济和社会混乱，数以百万计的年轻和身体健全的男性和女性被运输到大西洋的美洲，并且有少部分被运往欧洲。

一如既往地，实践需要理论上的支持，非洲人的非人性化通过对圣经的错误和不合理引用的伪理论得到支持。在黑白象征主义的背景下，黑色的皮肤被视为来自上帝自己的惩罚[①]，并且用罗杰·巴斯蒂（Roger Bastide）的话来说，基督徒“为疟疾发明了原因，旨在为自己的眼睛辩解一个基于剥削黑人劳动的生产过程”[②]。

废除奴隶制和奴隶贸易之后，殖民主义兴起了。奴隶制殖民主义需要通过一种并非是基于事实和自我辩护的话语来证明其合理性。在所有情况下都有可疑的结论来证明反人类的做法是正确的。汉娜·阿伦特用以下说明指出殖民主义在以种族主义的名义促进非人道主义方面的作用：

> 如果“争夺非洲”和帝国主义的新时代没有将西方人暴露在新的和令人震惊的经历中，那么种族思想很可能会在适当的时候与19世纪其他不负责任的观点一起消失。即使在文明世界中从未存在种族思维，帝国主义也必然要求将种族主义的发明作为其行为的唯一可能的“解释”和借口。[③]

因此，阿伦特所谓的“西方非人道主义”反过来又将种族主义作为帝国主义或殖民主义的理由。在殖民主义完全进入非洲之前，启蒙运动的哲学家通过培养关于非洲大陆及其人民的消极观念和伪哲学理论，为此奠定了基础。具有讽刺意味的是，启蒙运动当然强调理性对抗偏见和权威的重要性，反对传统的桎梏，以便给予无偏见的反思以自由，最终成为“人类历史上最不公正的交易”[④]的辩护者。时代非人道化最杰出的倡导者，仍然属于西方哲学名人堂的思想家：黑格尔、休谟、洛克和孟德斯鸠。

正如M. B. 拉莫斯（M. B. Ramose）所证明的那样，洛克通过强化肤浅作为人类的基本特征来帮助人类洗刷非人道化耻辱。[⑤]在距他时间不远的先辈中，孟德斯鸠声名卓著，他直接而明确地指出非洲人实际上不是人类。 这个荒谬的结论背后的论据是平坦的鼻子和非洲人的黑皮肤：“*il est naturel de penser que c'est la couleur qui*

① Frank M. Snowden, p. 70.

② 见 Roger Bastide, “Color, Racism and Christianity,” *Daedalus* 96 (1967): 312-327。

③ V. Y. Mudimbe, *The Invention of Africa: Gnosis, Philosophy and the Order of Knowledge*, Indiana University Press, Bloomington, 1988, p. 108.

④ Joseph Anene, “Slavery and Slave Trade,” in *African in the Nineteenth and Twentieth Centuries*, J. C. Anene and G. Brown (eds.), Nelson, London, 1966, p. 92.

⑤ Mogobe B. Ramose, *African Philosophy Through Ubuntu*, Mond Books, Harare, 2002, pp. 12-13.

constitue l'essence de l'humanité"（人们很自然地认为是颜色构成人性的本质）。他再次争辩说，上帝无法创造一个因救赎而存在的灵魂，然后将其注入与黑人一样丑陋的身体。然而，这些伪论证就像诡计。孟德斯鸠无法掩饰他哲学中的虚伪，并且他能够敞开心扉直面他根据人们皮肤的颜色否认他们的人性的真正原因：

> 我们不可能认为这些生物是男人，因为允许他们成为男人，就会产生我们不是基督徒的疑虑。[①]

这个简短的陈述清楚地表明，他对人类的否定只是为了证明这种待遇是正当的，以便至少保持一种基督教的外表。在这方面，他的同胞伏尔泰更直接，如果不是更具批判性或愤世疾俗的话：

> 我们告诉他们，他们是像我们一样的人，他们被为他们而死的上帝的血赎回，然后他们被制造成像负担的野兽一样工作；他们吃饱了；如果他们试图逃跑，他们会断腿；他们被给了一条木腿，并进行转动糖厂的手工劳动。然后我们就可以谈论人权了。[②]

黑格尔的辩证法是一种梦幻般的结构，它根据对所研究对象人的一知半解或彻底的无知来分配种族的优秀。当然，在黑格尔的体系中，他的普鲁士人代表了人类聪明才智的最高表现形式，而非洲人则处于最低阶段，实际上是在他自我构想的人性分级体系之外。黑格尔对非洲知之甚少，但却提出了一个关于非洲的虚假构想，这些构想适合他那个时代的偏见。因此，埃及因为高度文明的证据被带出非洲，并与西方和东方的精神一起考虑："*Es ist nicht dem Afrikanischen Geist zugehörig*。"（埃及不属于非洲精神）他说的是"*das eigentliche Afrika*（真实的非洲）"，但他对这个真正的非洲一无所知。对他而言，它是"...*Fast unbekannte Hochland*（接近无知的大陆）"。[③]"因此，人类物种中'最先进'部分的最伟大的哲学家花了他的时间详细——并且带着空洞的信心——描述他所承认事实上几乎一无所知的东西。"[④]

大卫·休谟否认人类的人性的做法，其一致性并不比黑格尔好。他声称白人在

① Charles de Montesquieu, *The Spirit of Laws*, Benton, Chicago, 1952, p. 110.

② 转引自 A. J. Ayer, *Voltair*, Weidenfeld and Nicolson, London, 1986, p. 103。

③ G. W. Hegel, *Vorlesungen über die Philosophie der Geschichter*, vol 11, Glockner, Stuttgart, 1928, p. 135.

④ J. Obi Oguejiofor, "In Search of Elusive Humanity: Philosophy in 159 Years of Africa's Independence," *International Journal of African Renaissance Studies*, 2 (2007), pp. 61-62.

所有其他种族中的优越性，并宣称黑人没有发明或声称文明。当他受到一个反例的挑战时，他改变了他的陈述。[①] 但他又打趣说，已经提到的发明标志就像将鹦鹉的声音与人类的话语进行比较一样。[②]

Emmanuel Chukwudi Eze 的《实现我们的人性》（*Achieving Our Humanity*）将大卫·休谟的种族主义回溯到他的哲学的最深处——特别是他的认识论。根据休谟的说法，推理只不过是有三个层次的比较。“按升序排列它们是：当两个物体存在时，当无物存在时，或当只有一物存在时。”休谟命名第一个为理智，第二个为感知，心灵只是接收它前面出现的东西而不思考。根据 Eze 的观点，如果所有黑人作为一个种族在思想上缺乏显著性，那就意味着对他们来说（自然地）心理活动的唯一水平就是感知。换句话说，他们有被动不活跃的头脑。在他的《人性论》中题为“动物的理智”的部分，休谟给予纯粹的动物与他之前分配给“劣等”种族同等水平的心理活动，这个等级远离理智的正常运作。[③]

> 那么，对于休谟而言，黑人作为种族的心理能力——也就是说他们的人性水平——更接近动物而不是白人，是否有任何理由说黑人不能像马一样被白人卖掉……对于休谟来说，黑人用当时常用的语言来说是一个合法的“交易条款”。[④]

有充分的证据表明，并非所有启蒙运动的哲学家都赞同上述思想家所表达的观点，笛卡尔明确表示“理性在每个人身上都是完整的”[⑤]。这就是为什么肯定“如果一个人是笛卡尔主义者，一个心灵 / 身体二元论的捍卫者，那就不可能说出种族主义立场了。人的基本属性最终存在于他的精神中。他的颜色、他的语言、他的生物学、甚至他的性别在最严格的意义上是偶然的”[⑥]。我们已经阐述了伏尔泰的观点，以及休谟确实有一些他的论点的反对者。但同样清楚的是，这些反人类思想家是他们这一代人之不人道的诡辩式代言人，尽管他们自命不凡。因此，一些主要的理性主义思想家的更平衡和实际上正确的观点被遗忘了。因此，在重要的启蒙思想家中分配给黑人的人性水平接近于零。[⑦]

---

① J. Immerwahr, “Hume’s Revised Racism,” *Journal of History of Ideas*, 52 (1992), pp. 481-483.

② J. Immerwahr and M. Burke, “Race and the Modern Philosophy Course,” *Teaching Philosophy*, 16 (1993), p. 23.

③ David Hume, *Treatise of Human Nature*, ed. A. Selby-Bigge, Clarendon Press, Oxford, 1978, p. 327.

④ Emmanuel Chukwudi Eze, *Achieving our Humanity: The Idea of a Postracial Future*, Routledge Publishers, New York, 2002, p. 67.

⑤ 转引自 Emmanuel Chukwudi Eze, p. 54。

⑥ Harry Bracken, “Essence, Accident and Race,” *Hermathena*, 116 (1973), p. 83.

⑦ J. Obi Oguejiofor, p. 62.

重要的是要强调这样一个事实，即笛卡尔、詹姆斯·贝蒂和斯宾诺莎之类的思想家在人性方面的更合理和更真实的哲学立场实际上被忽略了。它更加强调了时代精神（*Zeitgeist*）对各个时代哲学家的影响。在这方面，在随后的西方哲学传统中，对于我们今天自信地宣称为启蒙的谬误的东西存在着我们称之为与启蒙运动的种族主义的不幸共谋。几乎所有西方哲学的历史仍然要呈现休谟、黑格尔和孟德斯鸠的思想，而没有提及他们的种族主义观点。这意味着，在欧洲从事多年的哲学研究，这点仍然是可能的，例如，没有听到过康德、休谟和黑格尔关于种族的观点任何暗示。

诺曼·康普·斯密（Norman Kemp Smith）（1966）关于大卫·休谟的巨著没有提到他关于种族优越性或劣势的观点。[①] 拉姆·阿达尔·玛尔（Ram Adhar Mall）的作品《休谟的人类概念》（1967）也刻意地避免承认休谟提倡人性的等级观念。在这两部作品中，休谟的哲学对手贝蒂被妖魔化了。根据康普·斯密的说法，贝蒂并不理解休谟，并且对经验主义者倾注了大量的污蔑。[②] 对于玛尔来说，贝蒂对休谟写作的反应是“硬、粗鲁、粗暴的个人化”[③]。然而，玛尔忽略了用类似的描述来形容休谟，休谟将贝蒂描述成一个“固执的傻瓜”。更能说明问题的是，贝蒂乐观地认为，“后世听到他们的祖先被这种愚蠢的行为（比如休谟的观点）所迷惑或逗乐，一定会感到惊讶”。然而，正如玛尔在脚注中正确地指出的那样，“休谟在子孙后代手中所受到的待遇与贝蒂所预言的正好相反”[④]。如果反种族主义教授贝蒂最终证明是假先知，那正是因为西方哲学传统完全没有考虑到其不光彩的过去。Chukwudi Eze 谴责康德的一个很好的参考书《康德词典》（Caygill 1994）没有提及康德的种族观——尽管康德在这个问题上写了五篇论文。[⑤] 早期研究康德哲学人类学的哲学家包括马克思·席勒、马丁·海德格尔、恩斯特·卡西尔、米歇尔·福柯、凡·德·皮特都回避了康德关于种族的理论。库尔特·施泰因豪尔（Kurt Steinhauer）的《黑格尔：文献目录》（1995）汇编了过去一百年来黑格尔的论文，其中甚至连一篇关于他对非洲的观点的文章都没有。在任何传统中，如果不处理这些不光彩的时刻，要么表明缺乏对真相的关注，要么表明这些时刻背后的态度仍然非常活跃。难怪直到 1916 年，伯特兰·罗素勋爵仍坚持认为德国有权拥有殖民地[⑥]：几年之后，阿道夫·希特勒寻求在欧洲获得殖民地，实现了这一“权利”。

---

① 参见 Norman Kemp Smith, *The Philosophy of David Hume: A Critical Study of its Origin and Central Doctrines*, Palgrave Macmillan, New York, 2005。

② Ibid., pp. 544-546.

③ Ram Adler Mall, *Hume's Concept of Man: An Essay in Philosophical Anthropology*, Allied Press, New York, 1967, p. 26.

④ Ibid., p. 26, n. 6.

⑤ Emmanuel Chukwudi Eze (ed.), *Race and the Enlightenment: A Reader*, Blackwell Publishers, 1997, p. 3.

⑥ Bertrand Russell, *Principles of Social Reconstruction*, Allen and Unwin, London, 1916, p. 61.

将这些负面观点掩盖在地毯下有两个显著的后果。第一个问题是关于西方本身：残暴的帝国主义得到了哲学家们的伪理论支持，他们的观点基于对其他种族的野蛮行径和高加索人种的改良。这种对历史的解读，反过来又受到了希腊哲学及其发展所夸耀的独特性的支持。因此，哲学一度突然出现在希腊天才的肩膀上，向北移动到欧洲，支持了令人惊叹的科学进步，证明了其承载者的更高层次的人性。因此，哲学成为对人类自身人性的考验。这个以那个传统的最伟大哲学家的继承人自居的国家最终也产生了纳粹主义，这并不奇怪，对于 V. Y. Mudimbe 来说，它是西方哲学的“自然产物”①。因此，纳粹主义只不过是（通过延伸到欧洲）将帝国主义全民化，并得到其哲学传统的充分支持，正如威廉·夏伊勒在其《第三帝国的兴亡》中充分证明的那样。②

第二个后果涉及这种不人道的受害者。从被压迫者到压迫者的道路很简单。未能解决不人道的问题，特别是未能使其对其犯罪者不利，导致其在社会上的复制。被压迫的人渴望解放，这可能意味着一种取代主人的欲望，不是以正义的名义，也不是试图恢复对人类的尊重，而是为了扭转立场。利比里亚的故事就是一个很好的例子。1847 年，有几百名非洲裔美国人定居这个国家并获得独立，后来他们又与辉格党建立了一党制国家。辉格党于 1877 年至 1980 年统治利比里亚。它保持了政党政治史上单一政党最长不间断统治的纪录。这些美国—利比里亚人的模型是非洲其他地区的白人定居者。尽管他们自己也经历过压迫，但他们在利比里亚殖民、诋毁、征服和剥削非洲其他人口。在当时的利比里亚，只有财产所有者有权投票，因此绝大多数没有财产所有权的非洲人没有选举权。③这种情况一直持续到塞缪尔·多伊（Samuel Doe）在 1980 年通过枪管掌权。

与西方哲学一样，在我们看来，许多当代哲学也没有恰当地批评其可疑的社会—政治—经济以及知识和文化标准。在南非，这可以从该国分析传统的主导地位，也可以说是哲学工作者的非社会或非政治态度中看出，特别是在所谓的英国大学。这种倾向仍然反映了种族隔离在南非学术界的影响。首先它明显忽视了非洲哲学。正如恩杜米索·恩德拉（Ndumiso Ndlala）所说，“南非的哲学系仍然故意不了解非洲哲学”④。用珀西·莫尔（Percy More）的话来说，这种“故意的无知”在理论

① V. Y. Mudimbe, p. 104.

② William L. Shirer, *The Rise and Fall of the Third Reich*, Fawcet Crest, New York, 1959, especially Chapter 4 and the section on “The Intellectual Roots of the Third Reich,” pp. 142-152.

③ Martin Meredith, *The Fate of Africa: From the Hope of Freedom to the Heart of Despair*, Public Affairs, New York, 2005, pp. 545-547.

④ Ndumiso Ndlala, “Against an Analytic Conception of Race/ism: An African Philosophic Hermeneutic Perspective,” Unpublished MA Thesis, University of South Africa, 2016, 24.

上是有道理的，因为哲学是一种分析性的参与，应该避免社会和政治的参与。“在他们看来，哲学是一种二阶活动，主要涉及概念及其意义的逻辑分析。因此，社会和政治问题不是哲学家的任务，而是一个积极的公民的任务。”① 这样的思想家在对分析哲学的错误解读下，将自己隐藏在一种非政治非社会状态中，同时又完全受益于压迫或对他人的尊严的否定。

就像南非的分析传统一样，我们的观点是，在当代非洲哲学家中，普遍没有达到挑战西方以奴役和帝国主义为形式的不人道所要求的哲学水平。诋毁人类的主要哲学家阵营在鼎力相助这些形式。我们可以通过对这一哲学编年史上的一些主要人物的简要评论来看这一点：布莱登（E. W. Blyden）、坦普尔斯（Placide Tempels）和桑戈尔（Leopold Sedar Senghor）。

爱德华·威尔莫特·布莱登是当代第一位通过强调非洲人的个性来捍卫非洲人人性的非洲哲学家。他也是泛非洲主义的创始人。他的泛非主义是针对“任何形式的种族偏见和社会沙文主义，并作为促进非洲人民之间建设性团结的催化剂”。他认为，非洲的原始文化为非洲人的个性奠定了基础。他关注非洲辉煌的过去，呼吁非洲人有意识地认识到他们的义务和他们种族的具体特征。这是非洲人天然的责任，如果他们不想被别人蔑视。这是神圣的命令，放弃这一命令无异于“最糟糕的自杀”。因此，布莱登可以被认为是早期的黑人传统文化的前兆。他拒绝白人探险家和传教士强加给黑人的不真实和负面的形象，并蔑视白人教师手中的非人道教育：

> 他们歌唱他们的历史，这就是我们堕落的历史。他们背诵了他们的胜利，其中包含了我们的耻辱。不幸的是，我们了解了他们的偏见和激情，并认为我们有他们的抱负和力量。②

因此，布莱登的主要焦点是传统的非洲。他在1885年在柏林发起的非洲争夺战，以及在将部分非洲分配给不同的殖民统治者之前的反思表明，直接殖民统治之前，对非洲人或黑人的心理诋毁实际上是在起作用的。布莱登预见了斯诺登在100多年后的研究中通过返回古典时代所完成的。即，对黑人的蔑视是一项现代发明，古典时期对此一无所知。“据我所知，在希腊语和拉丁语以及他们的文学作品中，没有一个句子、一个词或一个音节是对黑人的贬损。”③ 然而，他对人性诋毁问题的回答是对

---

① P. More, “Philosophy in South Africa: Before and After Apartheid (1994),” 转引自 Ndumiso Ndlala, “Against an Analytic Conception,” 41。

② V. Y. Mudimbe, p. 121.

③ 转引自 V. Y. Mudimbe, p. 110。

传统的非洲文化、泛非主义和非洲人的人格的诉求。因此，布莱登几乎为当代非洲哲学中寻求认同的步伐奠定了基础。

早在20世纪40年代，普拉西德·坦普尔斯就通过明确诉诸哲学来强调非洲人的身份和人性问题。他的班图哲学证明了他的信念，即非洲人有一种哲学，“他们自己的哲学”。他的努力是将这种哲学原则编撰成书，这在他的家长作风中是欧洲人的责任。他希望在班图人中编纂的原则包括众生的团结和互动，人类的兄弟情谊，家庭关系和亲属关系的价值观，热情好客，生育。坦普尔斯在编纂班图哲学方面努力的主要目的是为了证明班图哲学的主体性。这一目标得到了以下信念的支持：哲学是一种文化普遍性，因此是人性的标志。因此，坦普尔斯断言：*Celui qui prétend que les primitive ne possèdent point de système de pensée*，*les rejette d'office de la classes des homes*（谁声称原始人不具备思想体系，他就将他们自动排除在人类之外）。①

坦普尔斯的作品在大胆方面是独一无二的。他绝不是在概述一个单一的哲学。这显然不是“我们的哲学”，而是针对非洲人的。他的计划的大胆在对他的书的接受中得到证明。尽管它受到非洲和自由知识分子的热烈欢迎②，然而当时加丹加的主教要求将这本书谴责为异端邪说，将他驱逐出刚果。把一种哲学归之于一种原始的、需要殖民主义者和传教士的培育的人民，这是不合时宜的。但主要的问题是这些原始的哲学归属。正如Mudimbe说的那样，如果他避免在标题中使用哲学这个词，那么这部作品就不会受到那么强烈的反对。③

但是，坦普尔斯的计划及其标题深受历代哲学所获得的自我形象的影响——即作为人类智慧或理性的最高表达的那个形象。这个概念是亚里士多德在他的《形而上学》第一卷中提出的，他认为哲学不应该下降到日常接触的水平；哲学不是一项功利的努力，只有在满足了人的基本需要之后才应该从事。因此，这是一种专为行善的活动，是为人类的最高阶层，甚至是为众神而设的活动。④从坦普尔斯的班图哲学中可以看出，正是这种观念使哲学进入了现代非洲知识分子的词汇。

利奥波德·塞达尔·桑戈尔的黑人精神（Negritude）所隐含的灵感，也是对人类人性的追求。黑人精神是反对奴隶制和帝国主义的历史诋毁的一种反应。“黑人精神代表着非洲人的意识危机。”⑤法国殖民主义引入同化政策，目的是从所有法国殖民主体中创造新的法国人。这就要求完全放弃和否定这些主体的文化价值，并要求

① Placide Tempels, *La philosophie Bantue*, Présènce Africaine, Paris, 1948, p. 15.

② 例如参见 L. S. Senghor, *Senghor: Prose and Poetry*, Heinemann, London, 1965。

③ V. Y. Mudimbe, p. 141.

④ Aristotle, *Metaphysics*, Book 1, 982b 1 – 30.

⑤ Kamal Salhi, "Rethinking Francophone Culture: Africans and the Carribean between History and Theory," *Research in African Literature* 35 (2004), 13.

在法国文化中实现人性。为了对抗法国殖民主义的骄傲，黑人精神返回到非洲和加勒比的传统。顺便说一句，它这样做的方法是展示其支持者的文化或背景的崇高性。桑戈尔本人清楚地表示，每一种文化都必须带着自己的贡献登上世界舞台，如果没有实现这种价值的意图，它并不比一件博物馆藏品更好。① 这是对特异性的潜在追求。而桑戈尔仅仅用他的诗情画意，歌颂了非洲的卓越：它的环境，它的文化，它的女人，它的历史。他甚至传播了一种专门针对非洲人的认识论②，于是，他无意中接受了他者的差异性，这一原则正是西方国家肆意诋毁人类的原因。③

不过，可以公平地指出，桑戈尔的哲学构成了对全人类的不懈追求。对他来说，全人性（Pan-humanity）是真正的全人类。因此，他的宇宙文明理论是他的黑人精神的终极观点。受到德日进（Teilhard de Chardin）在他的书《人的现象》（*Le phenomene humaine*）中的观点的启发，桑戈尔在给予和接受的共生关系中寻找每一个文明的积极价值和美德。④ 因此，华盛顿·巴（Washington Bă）将普世文明描述为"人类正在趋向的泛人类汇合"⑤。但很明显，在这个泛人性中，最根本的不是每个人或文化所具有的人性，而是他们所追求的价值观。因此，这是一个明确的指示，在某种程度上，逻辑是建立人类的基础，不是人类的同义词，而是人类本体之外的东西。因此，他对具体性的追求无意中肯定了历史非人性化的前提。在寻求非洲文明的价值时，他坚持认为"这些价值是非洲黑人生存中人类人性的特征"⑥。这种价值观的培养确实是自然的，因此"自然把事情安排得很好，每个人，每个种族，每个大洲，都应该以特殊的情感来培养人的某些美德；这正是创意所在"⑦。

对这些当代非洲哲学家的简短回顾，服务于我们的目的，即证明谢拉克贝尔汉（Serequeberhan）所说的非洲裔美国人的斗争："在那些忽视了它的环境中，人们挣扎着重新宣称人类。"⑧ 虽然我们把注意力集中在当代非洲哲学的一些早期主要人物身上，但可以很合理地认为，对人类追求的倾向是非洲哲学的许多问题的基础。这在某种程度上可以从给予人的存在问题的极大关注看出来，可以从乌斑图向本体论层

---

① L. S. Senghor, "Pierre Teilhard de Chardin et la politique Africaine," in J. Reed and C. Wake (ed.), p.99.

② J. Obi Oguejiofor, "Negritude as Hermeneutics: A Reinterpretation of Leopold Senghor's Philosophy," *American Catholic Philosophical Quarterly*, 83 (2009), pp. 88-90.

③ Tsenay Serequeberhan, *The Hermeneutics of Africa Philosophy: Horizon and Discourse*, Routledge, London, 1994, p. 46.

④ Sylvia Washington Bă, *The Concept of Negritude in the Poetry of Leopld Sedar Senghor*, Princeton University Press, New Jersey, 1973, p. 179.

⑤ Ibid., p. 153.

⑥ Tsenay Serequeberhan, *The Hermeneutics of African Philosophy*, p. 44.

⑦ L. S. Senghor, "The Spirit of Civilization or the Laws of African Negro Culture," 转引自 Tsenay Serequeberhan, p. 45。

⑧ Tsenay Serequeberhan, *Our Heritage: The PAST in the PRESENT of AFRICAN-AMERICAN and AFRICAN EXPERIENCE*, Rowman and Littlefield, Lanham, 2000, p. 74.

面的提升看出来，在这个层次上“我在是因为我们在”（“I am because we are”）成为非洲人恒久而不仅仅是在某个特殊情形下的特征。关于人格的争论再次且几乎沿着同一路线回到对人类的探寻。人格可以通过很多方式被讨论[①]，社区的视角，综合的视角[②]。有时候这是在没注意到被计划或者被争论的东西的含义的情况下完成的。

一个明显的例子是对非洲人的人格概念的社群主义解释。社群概念赋予人格的基本观点，似乎与种族主义启蒙思想家对黑人人性的排斥有着相同的基础。人们很容易为了特殊性而在非洲哲学的舞台上强加社群主义，但却没有足够批判地意识到非洲社群主义，就像大多数社会行为一样，是特定环境下的产物。种族主义启蒙思想家的伪论点也可以被称为关于他人人性的社群主义概念。我们把他们描述成他们的同时代人的喉舌，这些人缺乏正确的哲学洞察力的关键益处。

但是，当代非洲哲学对人性的追求在很大程度上是受到我们所说的哲学崇高概念的启发，最早可以追溯到亚里士多德的《形而上学》。这一概念的基础是人是理性的，哲学是人的理性禀赋的最高表现。这实际上引发了上世纪六七十年代非洲哲学系关于非洲哲学的本质和存在的辩论。这就像是对人性的偷偷追求。它的背后是一种真正未表达的信念，即哲学是人类的普遍存在。每个人类社会都必须有自己的哲学。正如我们在上面看到的，坦普尔斯表达了这一点；在他的启发下，人种哲学主张哲学，但大多数都没有公开讨论。非洲哲学的历史趋势试图做同样的返回埃及运动，George G. James 阐释了这个运动的目的：“对于所有接受非洲救赎新哲学的人和种族，例如，接受希腊哲学的作者不是希腊人而是北非人，将改变他们的观点，在世界范围内从不尊重转变为尊重黑人，并公正地对待他们。”[③]与这一立场相反的是，专业趋势试图将哲学限制在象牙塔上，以同样的未被阐明的原因驳斥前当代非洲哲学的存在及其独特的非欧洲中心主义性质。这一论述对人类的意义，最好用谢拉克贝尔汉的话来表达：

> 到目前为止，辩论双方都认为，哲学在某种“尊敬”的意义上的存在或缺失，是对非洲存在的人性的一种证实或默认。在所有这一切中，“哲学”都是心照不宣、偷偷摸摸地（甚至没有一个争论的好处）优先作为人类人性的真正尺度和标准。[④]

---

① 见 Bernard Matolina, *Personhood in African Philosophy*, Cluster Publications, Dorpspruit, 2014。

② 见 Ike Odimegwu, *Intergrative Personhood: A Communalist Metaphysical Anthropology*, Lit, Münster, 2008。

③ Geoge G. M. James, *Stolen Legacy: Greek Philosophy is Stolen Egyption Philosophy*, Africa World Press, Trenton, 1992, p. 153.

④ Tsenay Serequeberhan, *The Hermeneutics of African Philosophy*, p. 4.

布拉加（F. Ebousi Boulaga）证实了谢拉克贝尔汉所表达的观点。在他看来，当代非洲哲学是追随坦普尔斯的灵感，无论是模仿还是反对坦普尔斯，都是一种衡量人类的尝试，但从更基本的角度来看，这是一种肯定有争议的，以及如果我们可以补充一点，被拒绝的人类的努力。布拉加提出了这个问题，并用下面的词给出了答案：

> 非洲对哲学的渴求揭示和隐藏了什么？考虑到声称“哲学”这一名称的话语产生的地点和条件，我们可以看到，真正的问题是：证明存在争议的人类的愿望。①

接受哲学作为对人类的一种检验，或者作为证明存在争议的人类的一种尝试，完全等于接受否定非洲和其他人类的人性的前提。永远也不能忘记黑格尔、休谟、孟德斯鸠这类思想家通过错误地提到发明和生产的匮乏，从他们设想的关于非洲人和其他（对他们来说）“低等人”的观点中得出结论的错误，并鲜有提及非人类的物理学特征。对于休谟来说，没有任何一个黑人能创造出任何发明，而对他来说，这足以使他在他的两本著作中把他们归入野兽一类。成为当代非洲哲学的标志的通过哲学追问人性的错误在于相同的建立人性的逻辑。这种逻辑把人类人性建立在其他因素、发明、创造力或哲学智慧的基础上，而非人类自身。毕竟，正是由于假定一些人缺乏某种东西，他们被剥夺了人性或被逐出人类的圈子。无论这个特定的因素被认为是什么，仍然等于接受了压迫者错误的逻辑。

通过哲学对人性的追求渗入到威瑞杜所说的唯一性谬误之中②；它在寻求身份认同的主导地位——马绍洛认为这是非洲哲学的标志性特征——中也能够找到。③对于布拉加来说，将哲学作为人类的终极象征意味着“哲学是力量的属性。但正是西方拥有（并分配）了这种力量。没有任何哲学，除非它与权力，与控制结合在一起”④。

以这种方式看待人类意味着许多失败。一是未能批判和揭示西方哲学的历史缺陷，尤其是启蒙运动。在我们看来，这一失败是由于我们所看到的当代西方哲学对其过去的这一方面几乎保持沉默。西方哲学史上几乎没有任何一段提及启蒙时期记载的对人性的否认。如果西方哲学史对巨人和英雄的这一悲惨失败给予足够的关注，那么

---

① F. Eboussi Boulaga, *La crise du Muntu: Authenticité africaine et philosophie: essai*, Présence Africaine, Paris, 1977, p. 7 (The translation is mine).

② Kwasi Wiredu, “Problems in Africa’s Self-Identification in the Contemporary World,” in Alwin Diemer (ed.), *African and the Problems of its Identity*, Peter Lang, Frankfurt a.M., 1985, p. 222.

③ 见 D. A. Masolo, *African Philosophy in Search of Identity*, University Press of America, Bloomington, 1994。

④ Ibid., p. 8 (The translation is mine).

像马丁·海德格尔这样的后来的哲学家也许不会如此轻易地陷入纳粹主义的冒险中。

由于西方哲学对非洲哲学的支配地位，西方哲学家在非洲的许多地方仍在被研究，完全依赖于这些文本。因此，今天我们仍有可能通读哲学课程，而不被告知西方哲学家在人类问题中的之前的失败。

这种情况也导致我们无法揭示我们所选择称之为崇高的哲学的虚空，尤其是西方哲学。正是这种膨胀的自我形象导致了哲学作为人类人性的衡量标准的确立。只有很少的证据表明，哲学家被了解为超越他们自身所处环境进行思考。这反过来又提出了解释学作为哲学中最恰当的描述和方法的问题。很明显，无论哲学家们喜欢与否，他们所处环境的影响比许多人所认为的要重要得多。

我们的观点是，不加批判地把哲学强加于人类的人性；当代非洲哲学试图通过哲学来肯定有争议的人性，但在其批判功能上却失败了，并轻信了早期思想家的错误假设，即不宣扬人类的共同和共享的人性。正确的批判立场应该是挑战和揭露黑格尔、休谟、康德和孟德斯鸠等思想家的错误。这样做不仅对未来的思想家是一种警告，而且还会导致对哲学的更好、更现实的自我概念。面对这种普遍的失败，我们仍然可以挑出两位哲学家，他们能够看穿西方和非洲哲学的观点，并试图将他们的哲学关切适当地引向正确的方向。

Mogobe B. Ramose 经常回到关于人类理性的问题上，以及关于本质的界说如何否定黑人、女人、印第安人以及澳洲人。拉莫斯把这一错误作为种族主义和殖民主义的基础，它们对被殖民和被非人化的人造成了持久的后果。他断言，这种错误的假设，旨在帮助非正义的征服并且后来的殖民化，是基于“内在逻辑的基本矛盾”①。即使当像科学的种族主义这样的表现完全被真理所压倒时，它也并没有因此而完全消失。据记载，欧洲的基督教徒们正在认真地辩论人类是否有灵魂，在某个特别节点上，1537年，最高教皇保罗三世不得不在教皇的圣喻中宣布：“所有的男人（和女人）都是理性的动物。”对于拉莫斯来说，这些公共错误的连锁反应直到今天还在继续：

> 在我们这个时代，理性的斗争正在全球范围内重新抬头，特别是在西方，在人们熟悉的、充满弹性的种族主义的面孔下。尽管科学种族主义很久以前就失败了，但值得注意的是，它目前的复苏被恰当地称为美利坚合众国的“钟形曲线战争”（bell curve wars）②。同样，西欧政党的政治优势在许多方面不像他们那样接受大众，这意味着反对种族主义的科学的胜利仍然没有产生多大的政治

---

① Mogobe B. Ramose, *African Philosophy Through Ubuntu*, revised edition, Mond Books, Harare, 2002, p. 5.

② “钟形曲线战争”主要是指由《钟形曲线》一书所引发的关于种族的相关争论的斗争，本文作者在接下来的自然段当中对“钟形曲线战争”及其相关背景均作了介绍。——译者

影响。[①]

拉莫斯在1999年写了以上的几句话，暗指钟形曲线运动。1994年，R. J. Herrnstein和C. Murray写了一本名为《钟形曲线》（*The Bell Curve*）的书，意在展示白人相对于其他人种的优越性。[②]它谈到了种族主义的顽固性以及随之而来的不人道，毕竟已经科学地证明了反对科学的种族主义；像钟形曲线这样的论点，无论多隐蔽都会受到西方媒体的关注。自那以来，极右派政党的崛起一直在增加。今天，美利坚合众国有一位总统，他发现很难谴责种族主义集团的罪行；在欧洲，奥地利通过选举在政府中存在一个极端右翼政党，再次创造了历史。匈牙利的欧尔班·维克托丝毫没有因其种族主义和不宽容的观点受到影响。在德国极右翼政党虽然不在政府中，但是在上次大选中的影响和在国会中的席位表明了这次运动在2018年的动向。

当拉莫斯挑战非理性的不人道和种族主义态度时，Marcien Towa强调通过展示哲学来寻求人性是徒劳的。用他的名言是："我们有哲学并不意味着我们是哲学家。"[③]这当然是对布拉加和谢拉克贝尔汉提到的对哲学的追求的引用。Towa的观点是，事实上，如果今天我们无法理解其正面价值，那么过去的哲学就没有多大用处。他反对将哲学仅仅视为受尊敬的流派。间接地，他也反对使用哲学来肯定人性，并挑战不断重申哲学假装提供的所有价值。Towa的陈述还要求，哲学家还应该能够批评过去的错误，无论是我们自己的过去还是其他人的过去。在成为当代哲学家的过程中，我们面临着对过去的弱点和迟钝的挑战，这点正如我们看到的那样，在当代西方哲学中做得还很不够。

启蒙运动未能肯定普遍的人性，随后的西方哲学也没有从这种失败中学习。当代非洲哲学也没有提高到形而上学的水平，并接受所有的人性是被给予的；更多通过哲学寻求人性的尝试意味着哲学需要新的方向。今天的非洲哲学在发展中扮演着角色，与社会、政治、经济和文化息息相关。哲学正面临抛弃其舒适的象牙塔，并致力于改善非洲人类困境的挑战。这确实是朝着正确方向迈出的一步。

我们试图表明，当代非洲哲学中的人性问题是由非洲人的非人性化导致的，而后者是由奴隶制度和帝国主义等历史事件造成的。这些事件虽然极其不人道，但西方哲学的主要人物都充分支持了这些事件，特别是但并不限于启蒙运动时期。当代

---

① Ibid., p. 2.

② R. J. Herrnstein and C. Murray, *The Bell Curve: Intelligence and Class Structure in American Life*, Free Press, New York, 1994.

③ For a reflection on this statement see J. Obi Oguejiofor "Reflections on Marcien Towa's Unique Idea of Contemporary African Philosophy," in J. E. Mabe (ed.), *Apologie de la raison: Homages a Marcien Towa* (1931 – 2014), Verlag Traugott Bautz, Nordhausen, 2015.

非洲哲学的大部分的秘密反应是通过哲学来展示被压迫者的人性，通过展示非洲有自己的哲学，不是通过批判不人道捍卫者的滞后逻辑。这就等于将压迫者的非洲人是非人类的逻辑归结为偶然的，而非本质的事实。西方哲学和非洲哲学在人类人性面前的失败，消除了哲学的虚浮的自我形象。因此，这是一种持续不断的邀请，通过使哲学对人类的社会、政治、经济、宗教等方面的需求做出反应，来寻求更好的方向。今天，许多非洲哲学都在这样做，这是朝着正确方向迈出的大胆一步。

（佚名　译）

朝向一个全球的非排他的共同体

赫尔塔·纳格尔-多柯卡（Herta Nagl-Docekal）
（维也纳大学，奥地利）

社会病症（Social Pathologies）

考察当代的生活状况，许多学者都会特别强调一个问题：一种朝向原子式孤独个体的倾向导致了社会联系的瓦解，同时也削减了团结。我们的一个重大发现就是：这些社会病症[①]根植于“市场经济的逻辑已经入侵生活的所有领域”这一事实。尤尔根·哈贝马斯（Jurgen Habermas）指出：“今天，无孔不入的市场化语言使得所有的人际关系都处于一种朝向个人喜好的自我中心主义倾向的限制之下。”（哈贝马斯 2003, 110-111）类似地，弗雷德·多勒米尔（Fred Dallmayr）主张：今天，“竞争与对抗”正在促进“社会原子化”的过程。（多勒米尔 1993, 249）

很明显，很多人就是将矛头对准这些事情来对“西方式的生活”进行一般性的谴责的。然而，这里需要一个仔细的区分：当对于自我中心的态度的拒绝确实是必要的时候，任何对于“西方价值”的全盘摒弃都忽略了这样一个事实——这种社会缺陷并不代表着自启蒙时代以来就被详细说明的诸如正义、道德和社会生活等概念的逻辑后果。例如，值得注意的是，针对在现代性条件下产生的被夸大了的个人主义，卢梭、康德和黑格尔都提出过有洞见的评价，而且，这些学者也为我们提供了经过充分论证的关于公共生活的理论。下面的思考就是要探讨运用他们复杂的概念（或者这些概念中的要素）的方式，以此来对抗当今的社会原子化。

① 对于这一术语的解释参见 Honneth 2014, 86、113。

四种共同体类型

现在被广为接受的一种意见是：在“社群主义与自由主义”争辩（20 世纪 70 年代末到 20 世纪 80 年代）的框架中被引入的共同体概念，其特点是有着大量的缺陷。当前，更加微妙的方法流行起来，这种方法建议将对于社群主义的正当合理的关注[①]包含进更加综合的理论之中。一种基于“话语理论”（Discourse Theory）而被详细申述的方法就是一个明证，例如，瑞恩·福斯特（Rainer Forst）主张，为了全面刻画现代人面临的社会挑战，我们需要区分四种“语境”（context）以及它们各自的规范化要求。他认为，所有的个人都发现自己同时被包含在四种不同类型的共同体之中。因此我们需要详细说明：第一，伦理人（作为一个由身份构成的**伦理共同体**的成员）；第二，法律人（个人权利的承担者以及**法律共同体**的一员）；第三，公民（由具有政治责任的人构成的**政治共同体**的一员）；第四，道德人（所有的自主的道德行为者构成的**道德共同体**的一员）。（福斯特 2002,4）让我们先采取这种区分的一些要素，并时刻注意着在什么地方需要进一步进行区分。

正如在“话语理论”中讨论的一样，“伦理共同体”这一概念基于这样一个命题：只有通过抛弃掉对于自由主义正义理论的过分反对，对社群主义主张的合理关注才能够突显出来，这些反对通常构成了社群主义主张的不可或缺的部分。的确，注意这一点是重要的，例如，约翰·罗尔斯的“无知之幕”下的契约伙伴概念（罗尔斯 1971, 136-142）绝不能被解读成一种主张“人类实际上是孤立的主体”的本体理论。罗尔斯清楚地解释了，这个概念代表的是一种假设的契约观点，为的是详细说明保护了所有公民的平等权利的宪政国家的基础。因此，批评家们批评自由主义的正义理论是“遗忘环境”的（福斯特 2002, 3），也批评其主张一种社会的原子化概念，这其实是陷入了误解。例如，这个问题可以在迈克尔·桑德尔（Michael Sandel）的文章中显示出来，他的观点是罗尔斯认为人类首要是“无牵累的自我”（“unencumbered self”）（桑德尔 1982, 50）[②]。

搁置这些被夸大了的批评能够让我们聚焦于对“解决个人身份的公共基础问题”的思考，对于这一问题的复杂研究已经根据黑格尔的“伦理生活”理论（黑格尔 1991, §§142-181；黑格尔 1970, §§513-548）被详尽地解释了，例如查尔斯·泰勒（Charles Taylor）就是解释者之一。福斯特按照下述方式总结了这些思考：从一出生开始，我们就会被嵌入到一个共同体中，这个共同体将我们引入一个建基于共同价

① 尽管被归于“社群主义”标题下的各种理论在很多方面都不相同，这里用这个词是为了专注于一个核心论点。

② 对于桑德尔主张的充分论证的分析见 Forst 2002, 8-16。

值观的世界。作为这样一个“伦理共同体”的成员，我们对世界的观点是共同的，并且这种共识构成了一种“关于强评价的框架”（福斯特 2002,283），这个框架为我们提供了行为的倾向。当这些共同价值观依照我们的共同的理解，去解决什么“对我们是好的”这一问题的时候，与普世的道德规范不同。[①]被种族、宗教和其他综合的学说规定的家庭和共同体通常会被作为此种公共生活的范例，在这里，共同的语言是一个普遍的但是并非必要的特点。因为共同价值观被贯彻到社会实践的各个方面，所以伦理共同体是由符合习俗并且互补的社会角色构成的。正如一篇重要的论文强调的，只有在这样一个共享的共同生活的框架之内，个人才能够发展他们“独特的生活史”（福斯特 2002,258）。“构成的共同体”（福斯特 2002,259）这一术语强调，为了在“质的同一性”方面理解自己，个人需要被镶嵌在同样的集体身份中的其他人尊重和认可。因此，“一个人最属于自我的个人特性是在共同体中通过他人被规范和构成的”（福斯特 2002,285），尽管在这个过程中并非没有张力，正如“人们的身份是在‘我’和‘我们’之间的力场中形成的”（福斯特 2002,284）。

仔细看一看“伦理共同体”这一概念，我们发现既能找到理由去肯定它，也能找到理由去批判它。一方面，它确实是证明了一个有效的断言：镶嵌于一个建基于共同价值观和各种社会实践的特别的世界，是首先形成个人身份的先决条件。即使我们已经完全从最初属于的那个共同体中脱离出来了，也从它的价值观中脱离出来了，最初的社会化也是构成我们身份的不可或缺的部分。然而，另一方面，我们需要考虑到，在现实生活中，传统的伦理共同体意味着对于内、外部关系的潜在的镇压和歧视。例如，正如女权研究已经指出的那样，普遍的性别角色已经产生了不平等关系，女性在家庭和整个的社会中都被置于从属的位置。在更一般的意义上，康德在他的《美德学说》中强调：一个地方，如果“习俗，被提高到法律的尊严层面……流行习俗的暴政”就可能发生，这将违背我们对自己的责任（康德 1991,256）。

这一事实产生的另外的问题就是传统的伦理共同体通常通过区分“我们”和“其他人”来定义他们的共享身份。毫无疑问这种外部的限定具有一种产生优越感心理和关于排斥的羞辱性的行为的倾向。[②]今天，这种张力被这样一种事实加强了，实际上，引用罗尔斯的一个术语（罗尔斯 1999,573）[来表述的话]，全球所有国家包含许多由不同的“合理的综合性学说”形成的大量团体。

当我们面对标志着传统共同体的内在的和外在的不对称的时候，很明显，那些建议通过大规模采用传统的公共生活的方式来克服当前的社会瓦解现象的人，是没

---

① 福斯特指出：“在这里没有形成一种追求互相地和通常地不可拒绝的有效性的道德应然的审判。”（福斯特 2002,260）

② 例如，参见尚塔尔·墨菲对于“构成的外界”的考察。（Mouffe 1993,68）

有认识到这种生活方式给人类造成的苦难的。众所周知，自由宪政国家宣称能够控制这两组社会问题。当然，这里只能提供一个简短的梗概。

法律共同体

基于平等和自由原则的法律，其目的一方面是要保护个人不受传统社会安排的压迫，另一方面也保护他们退出的权利，通过提供一个强有力的框架，允许特定的共同体按照他们的共同价值观生活，虽然基于对所有共存团体的尊重，它也允许特定的共同体按照他们的共同价值观生活。正如罗尔斯强调的，将“正义”优于“善好”（伦理共同体所定义的）之上，是现代法治的一个关键成就。因此，自由法治国家的保护力量首要是在消极的意义上被定义的，因为其目的在于阻挡对于平等和自由的攻击。然而，在此基础上，自由法治国家与共同体问题在一些方面积极相关。首先，“法律的伦理中立”（福斯特 2002,30）的首要原则就是允许政府的资助被授予不同的特殊共同体。福斯特是这样解释契约框架的：恰恰是这种对于一般规范的互相地和普遍地辩护的模式，使得公平对待社群主义对于辨别特殊、共同和不同伦理身份的关注成为可能（福斯特 2002,231）。例如，沿着这个思想路线，国家会认为将公共基金授予宗教共同体拥有的机构，例如学校和医院，是正义之事。除此之外，自由平等的通则为那些力图修正传统社会实践以克服其层级的意涵（hierarchical implications）的人们提供了指导原则。基于这种效用的努力已经在不同文化环境中被采取了，例如，为了在家庭以及在经济和政治领域中取代压迫性的性别关系。

最重要的是，罗尔斯声称，当公民“在无知之幕下”确定了宪政的基本原则的时候，就形成了一种特殊的共同体。诉诸黑格尔对霍布斯的批评，罗尔斯解释了他和霍布斯在契约概念上的关键不同。他认为，在《利维坦》中，公民遵循的是他们的“各自的快乐和安全”，并没有一个共同的目标，因此他们建立的团体就像“一个私人社会”，因为他们没能建立起一个公共政治生活（罗尔斯 2000,365）。相反，罗尔斯主张他的正义理论遵循的是康德的方法，康德主张“所有公民将社会契约理解为理性的观念”，这意味着“他们政治地建立了一个社会联盟”这一共同目的。基于这个学说，“公民拥有为其他公民和他们自己争取他们的基本的宪法权利和自由的一**致目的**”（罗尔斯 2000, 365）。从这个观点看，“法律的共同体”（由福斯特引入的）这一术语看起来是有正当理由的。

然而，我们需要考虑到，即使是正义的团体也不能避免社会联系在私人领域和公共领域的逐渐腐蚀。正如哈贝马斯指出的，发展会导致繁荣、自由，和平的社会中的公民转化为孤立的自私的单子，他们排他性地运用自己的自由，就像对抗他人的武器一样。（哈贝马斯 2008,107）当我们面对这样的趋势的时候，转向道德去找一个出路势在必行。

道德共同体

通常地被称之为“康德派”的许多作者，在讨论当代“后形而上学”的论文中主张，为了建立社会生活的最终基础，我们需要呼吁普世的道德规范。例如，瑞恩·福斯特在对于四种不同“环境”（从上面引用的）的区分中，将普世的道德规范置于其体系的最顶端，认为这些普世的道德规范提供了最基本的标准。[①]正如他所解释的，“道德规范不能取代伦理价值或者政治规范，反而，只有在伦理价值或者政治规范变成道德上是可疑的时候，也就是说，当它们否定人们的基本认识的时候，道德规范才会与二者进行竞争”（福斯特 2002,237-238）[②]。既然在一些变化中，这个观点占据了理论话语的主流地位，就让我们仔细看一下这里主张的道德观念。

十分重要的是，我们行为的道德正义被看作是话语问题。事实上，在这里话语与其有着双重相关性：首先，道德问题被视作是在行为者的冲突中产生的；其次，为正义提供基础的普遍原则也被认为是有着话语的根源。正如哈贝马斯所说，“道德判断解释了不同行为者之间的冲突如何基于一种由理性推动的同意而被解决”（哈贝马斯 1991, 11）[③]。福斯特，他也认为道德问题是基于冲突，他强调被他人的行为搅扰或冒犯的人们的“要求理由”的权利。相应地，他宣称每个人都必须被授予“辩护的权利”（福斯特 2014）。至于这种自我辩护的标准，福斯特采用了“绝对命令的理论话语的转化”（福斯特 1994,403）的要求，与哈贝马斯的观点相同，他认为“‘正确’，在一个有说服力的规范的道德意义上，意味着各个规范应当依据理性被普遍地承认”（哈贝马斯 2016,818）[④]。为了详细解释这一思想，福斯特引入了他的“道德共同体”概念。他认为，为了要证明“指导行为的规范”的“道德有效性”，“需要同时被人们相互的

① 在这里不予考虑福斯特详细解释的第三种环境——政治的共同体看起来是合理的，尽管它反映了重要的问题，但是它与这篇论文的最终要旨并无首要的相关性。

② 关于系统的体系，福斯特的方法与霍耐特（参见霍耐特 2014）的方法截然不同，后者遵循了黑格尔的《法哲学原理》，在很大程度上辩护了伦理领域相较于成文法领域和道德领域的极大优先性。

③ Transl. H. N.-D.

④ Transl. H. N.-D.

理性（通过“具体的”个人）和一般的理性（道德共同体的所有成员）所证明”。换句话说，“全体人类的共同体”是道德正当的共同体（福斯特 2002,268-269），这是由“互相性和普遍性标准”决定的。（福斯特 2015,22）[①] 基本上，要求是“尊重其他具体的个人，他们是在一个共同的‘人类环境’中互相联系的”（福斯特 2002,271）。

让我们来检验一下，这个道德观念是否为对抗社会原子主义提供了一个扎实的基础。首先，重要的是要注意到这个概念是由契约的逻辑形成的。当代表着自由法治国家的关键基础的时候，一旦涉及到道德，这个逻辑就会产生重大问题。为了揭露这些缺点，检查一下区分于康德原初道德哲学的通常被称为“康德派”的理论方法被证明是有帮助的。更进一步地，仔细阅读康德的不同作品表明，他的观念在很大程度上和我们对于道德问题的原初观点是一致的。尽管这里只能陈述很少几个方面。

首先，正如康德强调的，按照定义，契约同意是不能产生道德态度的。对行动规则的同意仅仅相关于“外部”方面：行为作为一种可观察到的过程。康德将基于契约的规范定义为“仅仅针对外部行为和它们对于法律的遵守”（康德 1991,42）。然而，至于内部方面——也就是说行动者的观点——很明显我不能受契约的约束去制定一个我的目标。（康德 1991,187）

其次，这里有一个循环论证。道德原则代表着一件事情要在不受限制的公共谈论中被决定，这样的观点没有考虑到，如果需要道德原则，首先要使得这种谈论成为可能。以康德为思想资源，奥特弗利德·赫费（Otfried Höffe）通过挑战福斯特的方法透彻地论述了这个问题。赫费主张，人权是“先在的条例（precedents），就像保护生命和肢体一样，它们首先使得平等参与对话成为可能，并且因此之故，在特定的对话中也不容被悬置。”（赫费 2007,3）[②]

再次，将道德问题的起源定位于行为者之间的冲突，这一观点没能充分考虑到通常所说的“良知”。例如，它没有反映出这一情况，即使没有人观察到或者对其提出质疑，我们也可能会将我们的一些行为视为道德错误的。十分重要的是，康德的方法朝向了相反的方向，因为他将道德的首要来源置于行动的主体而非置于谈话当中。通过定义人类的“种差”，康德强调“最初的道德是在我们之中的”（康德 1998,69）。去探索我们共享的区分善恶的能力是他的绝对命令理论的核心关注点。重要的是要注意，命令的唯一承担者就是主体本身。[③]

至于其他被我们的行为影响的人，这里有一个进行区分的必要。为了适当地履行道德责任，我们无疑需要培养自己的敏感度来发现他人是否被我们的行为冒犯或

---

① Transl. H. N.-D.

② Transl. H. N.-D.

③ 例如，看下面的绝对命令公式：“要这样行动，要用人道对待你自己和其他任何人，永远将人视作目的，永不将人仅仅视为手段。”（康德 1997,38）

者伤害了。在这一方面，很明显我们需要在任何可能的情况下加入谈话。[①] 他人的批评反馈会给我们的自省提供非常宝贵的激励。然而，这样的话语的重要性并没有为断言“绝对命令的程序上的转化”提供证据。基于这个彻底的断言，行为的道德价值将要委托于公众，最终否定了其与行动者的良知的关系。（我们也需要考虑到假装的危险：很明显，行为被公众评判的压力可能会导致这样的结果：具有诡辩天赋的人将其真实意图隐藏于“好的理由”的背后，而这些好的理由是被规范所广泛接受的，但是那些不那么世故的人或许会发现充分表达他们的动机都是不可能的。）一般地说，康德表达了一个清楚的警告，他陈述道“只有内心纯粹的意愿才能代表真正的道德价值，然而内心的意愿永远不会全部被别人感知到，甚至别人很容易判断错误”[②]。

第四，断言道德规范仅仅在伦理或政治规范与某些人的“基本认识”相违背的时候才是有意义的（福斯特，正如上面引用过的），这表明道德规范首要地与避免不尊重人类尊严行为的消极责任相关。然而，要培养一种道德的态度，其所需要的远远超过看到这样一种消极责任，这是大家的共识。一个关键的特点是为别人提供无条件帮助和支持的承诺。康德在他的《美德学说》（康德 1991，243-254）中集中于全面了解这一点。（可是，这个复杂的体系大厦在这里不能进行讨论了。[③]）

最后，由**话语理论的视角**引入的“道德共同体”的概念是非常模糊的。把“所有人类的共同体”称作“在道德方面正当的共同体”显然并不表明世界各地的人们实际上是明确地团结起来共享这个任务的。相反，这个观念更像是一个思想实验：当面临一个具体冲突的时候，我们应当考虑某个规范是否“应当”被普遍承认（哈贝马斯，正如上面被引用过的）。因此，“共同体”的观念看起来是误导性的，因为这个理论呼吁人类作为一个一个的个人的平等而没有一个实际的纽带将他们团结在一起。

然而，康德检验了**建立**（*create*）一个包含全人类的道德共同体如何确实可能。带着这样一个紧迫的问题，看一下他的思考是值得的。

一个全球的“具有好感的人类的系统”（A Global “System of Well-disposed Human Beings”）

康德强调，尽管人类熟悉道德法则，他们却发现自己没有镶嵌在一个道德共同

① 参见 Nagl-Dockal 2014a。

② Kant, Reflexion 6858（1776-1778），in: Bittner & Cramer 1975, 125. Transl. H. N.-D.

③ 对于康德的义务论的深入的评价，参见 Baron, 1995。

体之中。相反，他们遭遇的是“道德自然状态”（康德 1998,106-108），这个术语是康德将霍布斯“一切人与一切人的战争”的概念从政治领域引入道德领域而形成的。这个术语强调人们倾向于阻碍彼此对于遵守道德法则的努力。康德指出：“妒忌、对权力的嗜好、贪婪，以及与这些相联系的其他有恶意的倾向，一旦他处于人类之间，上述这些东西都会攻击他（个人）的自然。……都不需要去假设这些人沉浸于邪恶之中，也不需要假设这些人作为例子引他误入歧途：只要他们在那里，只要他们在他周围，以及只要他们是人，他们就会互相破坏彼此的道德气质，并且使彼此变得邪恶。”（康德 1998,105）因此，康德断言只要他们仅仅从个人的基础上去寻找道德的提升，人类就不能彻底践行道德法则。他认为，“道德的至善并不能仅仅从个人为其自身的道德完满性的奋斗中产生出来，其形成需要把这样的人连成整体朝向最终的目标，也就是，朝向一个具有善良性情的人类的系统”（康德 1998,109）。

务必要注意，这些思考并没有表明宪政国家概念的任何修正。康德反而坚持需要同时建立“政治的”和“伦理的国家”，但是要把它们清楚地进行区分。考察两种类型的共同体之间的关系，他指出伦理国家“可以存在于政治共同体之中甚至可以由后者的成员所组成。然而，它自己拥有着德性的统一原则”（康德 1998,106）。（因为康德用的德文术语——“ethisches Gemeinwesen”——通常被翻译为“伦理共同体”，务必注意，康德那里这个术语有着特殊的意义，这与我们应用于基于共同身份建立的共同体的术语是决然不同的。）

正如康德强调的，道德法则在这一方面加强是一种特殊的责任：“除了给每个人规定法则，道德立法理由同时展开了一面德性的旗帜，作为所有那些热爱善的人的聚集点，他们可以聚集在它下面。”（康德 1998,106）康德在这里引入了一个**元级**（*meta-level*），作为“成为一个伦理共同体的成员”（康德 1998,108）的义务，相关于**责任本身**（*duty as such*）。我们有责任去促进一个这样的社会的建立，即“理性使得对于全体人类而言，在它的全部范围依据并且为了道德法则建立一个国家，成为任务和责任”（康德 1998,106）。正如这个思考表明的，最终的目标是建立一个全球范围内的共同体。康德认为“既然道德责任关乎全体人类，伦理共同体的概念总是指向一个理想的人类的全体”（康德 1998,107）。这种包含一切意味着“伦理共同体”是明显不同于任何传统的基于特殊的共同身份的共同体的。此外，既然它弃绝在“我们”和“他们”中间画线的逻辑，“伦理共同体”意味着关于排斥行为的**批评的来源**。①

为了解决我们可能在“伦理共同体”中发现的问题，至少在一个基本的形式中，康德在道德生活领域和宗教领域之间引入了联系，他说伦理共同体的观念“不可

① 康德的论证清楚地支持了多勒米尔（Dallmayr）对于尚塔尔·墨菲（Chantal Mouffe）的反对，墨菲宣称共同体不可避免地会被他们的“构成的外部”所规定。（多勒米尔 1996,522）

能（通过人类组织）实现，除非是在教堂的形式中”（康德 1998,111）。按照他的洞见（上面引用的）：道德法则是不可能被人类制定的，康德认为“如果要建立一个法律的共同体，那么加入这个联盟的人民大众必须自己就是宪法的立法者……，并且普遍意志因此会建立一个外部的法律制约。然而，如果是一个**伦理的**共同体，人民，作为一个人民，是不能被视为立法者的。因为在这样一个共同体中，所有的法律都是专门被设计来促进行为的**道德性**的（道德性是**内部的**，因此不受公共的人类法律的支配）”（康德 1998，109）①。因此，康德指出，“一个伦理共同体的原则真的和政治的宪法没什么相似处”（康德 1998,112）。

这个论点本身适用于所有的宗教共同体。参考世界历史的各个时代，从早期开始，康德就主张宗教叙事和实践的巨大的多样性可以被视作，在各个特殊的文化环境之中，去实现人类最费力的道德任务的努力。关于具有宗教内涵的当前冲突，这个论点无疑是有趣的：康德的首要关注点不是要在表面上解决宗教忏悔的不一致或者相似性，然而可以说，他是要考虑其中共同的道德基础。值得注意的是，从人类最早的宗教观念这一角度来看，每一个信条都有其固有的价值，并且任务就是要去检验，它们每一个对于建立一个其成员共同寻求支持以及提高其道德生活的共同体做出了怎样的贡献。

开始的责任

此时此刻，从这一切中会导致什么呢？看起来康德对于“伦理共同体”的理论可能会引起宗教信徒和不可知论者的重大积极性。（1）宗教人士可能会被激励去重新考虑“教堂”这一概念，这一考虑方式是超越那种狭隘的，将其作为教区的理解的。重读他们各自的信条的基础学说，他们可能会进一步揭示任何宗教的包含道德在内的含义。这样一种重新的阐释可能会帮助我们克服今天常见的过于简单的二元性选择：或者去赞成传统的学说并且不加反思地去实践，或者拒绝涉及这个领域的全部种类。此外，很明显“宗教共同体”这一术语需要具体说明：当探索当今社会的多元情况的经验研究倾向于关注区别和界定的时候，宗教信徒的观点是理想地关乎普遍责任的。（当福斯特将宗教话题排除在由共同身份定义的共同体的领域之外的时候，这似乎有一种误解，因此要忽视普遍主义者将宗教与他划分的第四种环

① 若想仔细阅读康德的“宗教”设想，参见 Anderson-Gold（1991）和 Langthaler（2018）。

境——道德环境联系在一起的主张。）

（2）在不可知论者看来，尽管被世界上许多地区的大量人口所采用，很明显康德的“教会”概念是过时的，这一观点在康德学者中间更加流行。然而，关于当前的原子化倾向，结果可能对于那些重新思考这个论点的人来说是振奋人心的，也就是所有的人类都被召集将自身投入一个“德性旗帜”之下的共同体的建设中。在世俗的环境中接受这一召唤需要革新实践的发展。[①] 以那种方式康德质疑那种按照互惠定义道德的观点在这里是相关的。他引入了一个重要的区分：他认为互惠是一个理想的道德共同体的核心元素——是从长远看要期待的东西，但这并不是证明，从道德的视角，我们应该将这种对称性作为我们当前行动的先决条件。相反，大体上道德法则强加给我们的是一种单边责任：我有义务去尊重他人，将他人视作人类，即使我有着强烈的理由来怀疑他们会像我对待他们这样来对待我。（康德 1991,247）[②] 深刻地说，康德主张道德律令要求主体**进行一个开始**。

有价值的指导原则可以从康德对于尊重（敬重）的思考中得出，仅仅因为他们是人，我们就有义务对他人表示尊重（康德 1991, 255）。他解释道，既然不能为这种义务提供一种积极的全面的定义，我们需要去关注阻碍应有的尊重的态度。康德详细解释了“傲慢”、“诽谤”和“嘲弄”的缺点（康德 1991,257-259）[③]。很明显，为了减轻当今的这些态度，重大努力是需要的，例如在所谓的“社会媒体”领域。看起来将谦逊作为建立美德共同体的第一步是值得做的。通过对于例如善交际、谦恭、彬彬有礼等举止的反思，康德指出，尽管它们对于最终目的没有直接作用，但是通过“将优雅与美德联系起来”，它们也能够“提升美德本身的感觉”。（康德 1991,265）当我们在匿名公寓的楼梯上遇见我们不认识的邻居的时候，为什么不通过向他们表示友好关注来注意这种思考呢？[④]

参考文献

ANDERSON-GOLD, Sharon (1991): “God and Community. Religious Implications of

① 事实上，康德是以一种有利的方式解决“伦理共同体”的建立问题的，即通过一种有利的方式将所有的传统教会留下，使教会仅仅作为一种用于产生美德的团结状态的历史性工具。

② 想要看对这个问题更深入的分析，参见 Nagl-Docekal 2014b。

③ 对于这个方法的更细致的评价参见 Sensen, 2013。

④ 更多的关于建立一个“美德共和国”的灵感可以从康德对于道德教育（不仅仅针对孩子）的反思中得到。例如，参见 Kant 1991, 266-280。

the Highest Good." In: Philip Rossi and Michael Wreen (eds.), *Kant's Philosophy of Religion Reconsidered*. Bloomington - Indianapolis: Indiana University Press, 113-132.

BARON, Marcia B. (1995): *Kantian Ethics Almost Without Apology*. Ithaca - London: Cornell University Press.

BITTNER, Rüdiger / CRAMER, Konrad (eds.) (1975): *Materialien zu Kants Kritik der praktischen Vernunft*. Frankfurt a. M.: Suhrkamp.

DALLMAYR, Fred R. (1993): *G.W.F. Hegel: Modernity and Politics*. Newbury Park - London - New Delhi: Sage.

——. (1996): "Die Heimkehr des Politischen" (review of Chantal Mouffe, *The Return of the Political*). In: *Deutsche Zeitschrift fürPhilosophie*, 44/3, 517-523.

FORST, Rainer (2002): *Contexts of Justice. Political Philosophy beyond Liberalism and Communitarianism*. Berkeley et al.: University of California Press.

——. (2014): *The Right to Justification*. New York: Columbia University Press.

——. (2015): "Rechtfertigung in der praktischen Philosophie: Stellungnahmen." In: *Information Philosophie* 4/15, 20-27.

HABERMAS, Jürgen (1991): *Erläuterungen zur Diskursethik*. Frankfurt a. M.: Suhrkamp.

——. (2003): "Faith and Knowledge." In: *The Future of Human Nature*. Cambridge: Polity Press.

——. (2008): *Between Naturalism and Religion*. Cambridge: Polity Press.

——. (2016): "Kommunikative Vernunft. Ein Interview mit Christoph Demmerling und Hans-Peter Krüger." In: *Deutsche Zeitschrift fürPhilosophie* 64(5), 806-827.

HEGEL, Georg Wilhelm Freidrich (1970): *Enzyklopädie der Philosophischen Wissenschaften III*. G.W.F. Hegel Werke, Bd. 10. Frankfurt a. M: Suhrkamp.

——. (1991): *Elements of the Philosophy of Right*, trans. H. B. Nisbet. Cambridge: Cambridge University Press.

HÖFFE, Otfried (2007): "Kant ist kein Frankfurter. Rainer Forst begründet das Recht auf Rechtfertigung, allerdings nicht ganz zureichend." In: *Zeit Online*, 1 November 2007, No. 45.

HONNETH, Axel (2014): *Freedom's Right. The Social Foundations of Democratic Life*. New York: Columbia University Press.

KANT, Immanuel (1991): *The Metaphysics of Morals*, trans. Mary Gregor. Cambridge, UK - New York: Cambridge University Press.

——. (1997): *Groundwork of the Metaphysics of Morals*, trans. Mary Gregor. Cambridge,

UK – New York: Cambridge University Press.

——. (1998): *Religion within the Boundaries of Mere Reason*, ed. Allen Wood and George di Giovanni. Cambridge: Cambridge University Press.

LANGTHALER, Rudolf (2018): *Kant über den Glauben und die "Selbsterhaltung der Vernunft"*. Freiburg - Munich: Alber.

MOUFFE, Chantal (1993): *The Return of the Political*. London-New York: Verso.

NAGL-DOCEKAL, Herta (2014a): "Learning to Listen or Why Morality Calls for Liberal Politics." In: Guttorm Fløistad (ed.), *Ethics or Moral Philosophy*. Dordrecht: Springer, 109-130.

——. (2014b): *Innere Freiheit. Grenzen dernachmetaphysischen Moralkonzeptionen*. Berlin: De Gruyter.

RAWLS, John (1971): *A Theory of Justice*. Cambridge, MA: Harvard University Press.

——. (1999): *Collected Papers*, ed. Samuel Friedman. Cambridge, MA-London, UK: Harvard University Press.

——. (2000): *Lectures on the History of Moral Philosophy*. Cambridge, MA - London, UK: Harvard University Press.

SANDEL, Michael (1982): *Liberalism and the Limits of Justice*. Cambridge, MA: Cambridge University Press.

SENSEN, Oliver (2013): "Duties to Others from Respect." In: Andreas Trampota et al. (eds), *Kants "Tugendlehre"*. Berlin: de Gruyter, 343-363.

TAYLOR, Charles (1989): *Sources of the Self. The Making of the Modern Identity*. Cambridge: Cambridge University Press.

（佚名　译）

对于道德集体理论的复原

伊藤邦武（Kunitaka Ito）
（日本龙谷大学）

摘要：无论一个共同体的规模或大或小，它都不仅仅是其成员的集合，而是一个独特的实体。推动我们的共同体统一的力量是什么？一个多世纪以前，即于1911年在博洛尼亚举办的第四届世界哲学大会上，埃米尔·涂尔干回答这个问题说，是道德集体使得所有类型的共同体形成并发展。我相信在今天复原这个理论是重要的，理由如下：第一，涂尔干对于这个特殊意识的概念要比20世纪哲学提出的所有其他类型的社会精神要好，例如，结构主义者和后结构主义者对于社会精神的分析（列维-施特劳斯和德里达）；第二，他的词汇仍然受到支持表象说者对于人类心智的理解的影响，因此，需要通过对于人类心智的语言理解加以修正（皮尔斯和维特根斯坦）。在这篇文章中，我将指出涂尔干理论的优点并且用一种改良的形式将其表示出来，道德集体理论可以完全通过语言加以解释。

1911年，在博洛尼亚举办的世界哲学大会的第四次国际会议上，埃米尔·涂尔干以“价值判断与现实判断”为题发表了一篇演讲，这篇演讲很快被发表在同年《形而上学与道德杂志》的特刊上。即使已经过了100多年，涂尔干的这篇演讲依旧十分重要，因为他的社会心智理论，即所谓的“道德集体”理论，是关于普遍的（in general）共同体形成的重要因素问题的最有前景的观点，同时也是因为它为普遍的社会价值提供了一个有趣的理论。

然而，之所以说涂尔干的理论需要被复原，是因为他的理论是通过19世纪末20世纪初的表象哲学的视角被表达出来的。我们在20世纪的哲学经历了语言转向。因而，我们需要再用语言哲学的形式重新表述涂尔干的理论。在这篇论文中，我首先要指出涂尔干的观点的重要性，进而，我要以一种明确的道德的语言学体系将他的核心观点呈现出来。我所谈论的基本上就是哲学史中的一课，毋庸讳言，它不仅仅如此。我只是用涂尔干的理论作为一个起点，并且希望从这一点能够发展出一种富有成效的社会精神观点。

一、一种社会精神理论

我们几乎总是通过我们在某些共同体中的角色来确定（identify）我们的存在。这种身份识别（identification）并非单一种类的，而是多种折叠在一起的。我既是家庭中的一员，也是我所在城市的一员，我的大学的一员，我的业余管弦乐队的一员，我的志愿者工作小组的一员等等。我们是许多重叠交叉的团体的成员。亚里士多德说我们是政治的动物。我们是集体的（communal）存在。伦理学的社群主义理论可以被视作一种关于社会存在和价值的更加普遍的社群主义理论的分支。

现今，涂尔干的道德集体理论因其全面详尽从而在20世纪脱颖而出。他的理论既解释了我们的集体存在和价值的本质（nature），又解释了其形成（formation）。但是在当今对于人类社会的哲学探讨领域中，他的理论几乎被遗忘了。当今人们对于涂尔干的理论缺乏兴趣，最主要的原因是他对于社会精神（social mentality）的探讨很明显与黑格尔的客观精神概念相类似。但是涂尔干的理论与黑格尔的神学倾向毫无关系。涂尔干的宗教哲学深深地根植于他的社会理论。因而，一种集体意识理论就为社会宗教迷狂提供了理论基础，而不是相反，像黑格尔主义哲学的情况那样。

涂尔干说，个人的精神之间能够进入一种紧密的关系并互相影响，他们的精神的“综合”会产生一种新的精神生活。它因其特殊强度而与孤单的个人产生的精神生活清楚地区分开了。团体中产生和发展的情感比纯粹个人的情感具有更大的能量。一个经历过团体中产生的情感的人会觉得自己被外在的强力所支配，这种引起他情感的强力遍及他周围的环境之中。与自己单独存在的时候相比，他感觉自己现在处于一个完全不同的世界。

根据涂尔干所说，这个集体精神生活的世界不仅仅情感更加强烈，并且在性质上也是不同的。根据集体主义，个人要为了共同的目的忘记自己，并且其行为是由外在于他的标准指导的。与此同时，由于它们的理论本性，那些强力并非容易控制、改造以适应短期决定的目的。它们为了泛滥而泛滥（overflow），如同在没有任何特定目的的游戏中，一时采取愚蠢的毁灭性的暴力形式，另一时又采取愚蠢的英勇的形式。在一定程度上，这是一种奢侈的活动，因为它非常“昂贵”。正是因为这些原因，这种活动与日常生活中的个人活动在性质上完全不同，就像上级的不同于下级的，理想的不同于现实的。

因此，很明显，涂尔干对于人类精神的观点是反笛卡尔的，并且是强烈地反个人主义的。这是他理论的著名优点，因为20世纪的哲学还没有能够形成一种关于人类的全面的反个人主义的观点。我们仍然倾向于去寻找反个人主义的和反笛卡尔的人类哲学，但却是徒劳的，正如结构主义和后结构主义的情况那样。这种寻找之所以是徒劳的，是因为像列维-施特劳斯和德里达的观点当然是反笛卡尔的，却并不是反个人主义的，他们的理论是一种笛卡尔之外的个人主义。他们的理论是一种卢梭式的个人主义，而不是一种对于社会精神支配个人的彻底声明。这是一种特殊的“不同于我自己（myself）”的自我（ego）的个人主义。

那么，这种精神综合是怎么在两个人中通过互动和交流形成的呢？涂尔干通过一种语言交换的模型来解释这种综合的可能性。他在他的主要作品《社会分工论》和其他哲学文章中形成了一种关于人类交流的原创理论，我们可以通过下述三点总结他的分析。

（1）原则上所有个人精神世界中的东西都来源于社会意识。几乎所有个人精神生活中的精神状态都不可能在完全孤立的情况下产生。我们概念思考的形式极大程度上依赖于我们的社会环境。如果转换不同的环境、风格、形式和含义，意识的内容也会变得极其不同。

（2）社会意识和个人意识的互动的途径是语言和符号。二者的互动和演变是相互的。集体意识通过社会—个人精神的互动发展出来。

（3）高等理性思考的最初来源在于社会意识领域。精密科学、高级精神的道德和宗教的基础范畴都是来源于集体意识的运作。在我们的事实判断和价值判断中有如此多种类的绝对区分，但是最基础的概念区分或许是：神圣的和世俗的。这一区分不仅仅在宗教思考中十分重要，而且在理论上、科学思考上也十分重要，因为在各种二分对立的概念中有一种类比相似之处，例如，空间和时间，善和恶，过去和将来，事实和价值等等。因此，社会意识的形式逻辑可以被总结为是区分和类似的联合。

接下来我们会更加详细地考虑上述三点，但是在这里我们必须首先注意到这样一个事实：这是一种独特的社会精神的实在论。涂尔干将集体意识视作一种外在于个体存在的实体，并且这个实体能够仅凭自己积极地作用于我们。他认为这种精神是现实的，他认为这种精神是个人意识的综合。在个人和共同体之间存在一种互相的形成过程。这种互相的形成过程是如何可能的？答案是：通过语言和符号的交流。这种交流的基本逻辑是什么？答案是：对于区分范畴和类似联结的共同参与。我们可以将这种理论的特征定义为“一种社会意识的交流实在论”。

二、社会价值的一般理论

现在，我们已经通过上面一部分明白了，涂尔干认为集体意识作为一种精神的理想形式，其运作与个人精神生活形成对照。这意味着，正是对于自己所在的社会的意识迫使个体不仅仅感觉到外界给自己的强烈的能量的作用，并且能够使他超越自身从而进入一种更高的生活形式。没有创造的（creating）理想（ideals），一个共同体是无法构成的。这些理想就是关乎这个社会发展的终极之点的存在状态的观念。

仅仅将社会视为具有生命功能的有机体是贬低了它，因为这个有机体还有一个灵魂，这个灵魂由集体的理想构成。理想并不是抽象，并不是缺乏效力的理智的概念。它们是充满活力的存在，因为在它们背后有集体的强大力量。理想本身就是集体的力量，既是自然的，同时也是道德的。理想之所以能够参与现实，是因为理想来源于现实，又超越了现实。这些元素结合起来形成现实的理想部分，但是它们是以一种新的方式结合起来的，并且这种结合方式的原创性产生了综合的原创性本身。不管这些的话，个人永远无法在自身之中发现这种建筑物（理想社会）的材料。仅仅依靠自身的力量，他永远无法拥有超越自身的倾向和能力。他的个人经历或许能够使他区分已经达成的结果和渴望中的东西，但是理想不仅仅是现在我们所缺乏并渴望的未来的目标。

理想有着自己的现实和本质。它被视为是客观的，并且是在个人意志之上推动个人意志运动的东西。如果理想是个人意志的产物，它就不可能是客观的了。如果我们呼吁人性的客观理性，它就不会产生效力。如果精神达到这个程度，那是因为他们从一个共同的源头发展出了共同本质，事实上，他们参与了一个共同的理性。

现在，在这里注意到威廉·詹姆斯关于人类精神的情感理论的回响就不困难了。涂尔干认为我们的精神有一种“使行动兴奋”的特质，他承认他从威廉·詹姆斯的《心理学原理》认识到人类精神的这一方面的。在这个意义上，涂尔干的理论是詹姆斯的实用主义哲学的一种修正。

然而，与詹姆斯对于精神力量的个人主义理解相对立，涂尔干更加强调理想和超越的社会维度。我们对于理想的渴望的力量在个人决心层面是脆弱的，但是在某一共同体的社会成员之间的联结层面是强大的。我们的精神能够看到理想的和超越的价值，因为我们的精神具有被共同来源鼓舞的能力。

在我们这个时代，社群主义价值形成的观念是重要的，因为太多的令人震惊的各种悲剧冲突的图景深深根植于当今社会形象之中。在各个角落、各个地方的确存在着太多的政治冲突、经济失序、意识形态对抗、宗教混乱。但是我们必须牢记，只有从集体存在的精神团结中产生的超越这些困难并使社会朝向理想状态的方向发展的希望才能是有效果的。涂尔干的社会价值形成理论对于提醒这个简单却又容易被遗忘的事实具有重要的实践价值。

三、对涂尔干的复原

我们在前面的部分中挑选涂尔干集体意识概念的主要命题((1)(2)(3))。并且我们很容易就能够在20世纪语言哲学传统中发现与每个命题对应的类似理论。

(1)本质上，没有什么个人精神世界中的东西不是从社会意识中起源的。几乎所有我们个人精神世界的状态都不可能在完全孤立的情况下产生出来。

“意义”的这一社会概念的当代最著名的版本是维特根斯坦的语言游戏理论。我们的精神片段从社会生活、游戏规则、宪法、习惯和习俗共同分享的“意义”中获得它的观念(sense)、重要性和意义。我和我的朋友一同去选举市长。我投票给一个候选人，他投票给另一个候选人。我们并没有共享对于最好的候选人的意见，但是我们处于同一个投票系统之中，并且我的行为和他的行为都蕴含着同样的意义，这是被集体意识支撑和维系的。

(2)社会意识和个人意识的互动的途径是语言和符号。二者的互动和演变是相互的。集体意识通过社会—个人精神的互动发展出来。

最杰出的个人与集体之间交流互动模型是皮尔斯的符号学理论。我们的思考只有在怀疑和信念的动力下才是可能的，并且这种动态的精神活动只有在个人和社群主义社会的观点的交换的环境中才是可能的。人们和符号系统互相教育。意识的发展不是别的，而是这种相互教育的发展。

(3)高等理性思考的最初来源在于社会意识领域。精密科学、高级精神的道德和宗教的基础范畴都是来源于集体意识的运作。在我们的事实判断和价值判断中有如此多种类的绝对区分，但是最基础的概念区分或许是：神圣的和世俗的。这一区分不仅仅在宗教思考中十分重要，而且在理论上、科学思考上也十分重要，因为在各种二分对立的概念中有一种类比相似之处，例如，空间和时间，善和恶，过去和将来，事实和价值等等。

非常明显，库恩的科学革命的范式理论给出了关于人类概念思考的相似观点。我们的科学思考总是两面性的。一面是对于常规科学的实践，即通常根据标准的示例范式进行基本类似的实践；另外一面是以寻找异常问题解决方法为目的的革命范式的尝试。

正是因为这种两面性，科学可能被视为本质上是由区分和联结的精神统治的一种实践。

因此我们可以将涂尔干的基本信条转化为语言哲学的词汇。涂尔干的理论的重要性和相关性现在已经清晰了，因为他的理论信息能够被轻而易举地通过我们熟悉的术语来传达。然而，不幸的是，这些对于涂尔干理论的语言哲学的复原并不足以让我们全面欣赏涂尔干的洞见。我们仍然需要将他的理论中有价值的方面纳入到人类社会的语言模型中来。上述的集体意识理论坚持我们的社会精神过程具有一种高度有力的价值塑造功能，并且正是因为这个功能，集体意识具有一种力量去推动个人为了追求理想而行动。我们如何才能将这一价值塑造功能整合进关于语言和意义的语言游戏理论（维特根斯坦）或者符号交互教育（皮尔斯）理解的图景之中呢?

我个人认为这个问题是最重要的，因为它能够在这个世纪将我们的语言引入更加富有成效的关于人类理性和行动的分析之中。我们如何将我们的语言能力和表现视为伦理和宗教超越的一种工具。我们现在还没有答案，但是我们可以在哲学史中发现一些线索。

杰西娅·罗伊斯，詹姆斯在哈佛大学哲学院的同事和对手，基于忠诚概念提出了一种伦理学理论。忠诚是对于一项事业或一个目标的自由选择的实际的奉献。任何共同体的成员都能够或多或少地，有意识或无意识地感受到一种对于共同体的目标的忠诚的推动。但是，当然一个目标既可以是好的，也可以是坏的。忠诚本身是伦理上中立的。我们可以很容易地想到敲诈勒索联合体成员共同分享的忠诚。只有当忠诚成为一种能够使得所有社会生活成为可能的德性的时候，它才能够是伦理的。根据罗伊斯，这样一种德性不是别的，正是对于忠诚本身的忠诚。这个德性既是个人的，同时又是社会的，即，既是主观的又是客观的。它是个人精神和社会精神的伦理纽带。

因此，如果我们希望将语言交流视为伦理和宗教超越的场所，我们应该在个人演讲活动的互动与共同的意义中寻找这种德性的可能性。我们能够认为我们的语言能力和表现具备这样一种朝向追求忠诚的潜力吗？这里的忠诚就是罗伊斯所说的以忠诚本身为目的的忠诚。我们生活在具有无限解释（infinite interpretation）的世界里。我们被包含于许多不同的共同体之中（政治的、法律的、经济的、道德的、宗教的等等），每一个共同体都因其存在的目的或目标而被定义。我们对于自身的意识和理解也总是根据这些重叠的共同体的目的来表达。因此，我们的交流活动总是包含着我们朝向各种社会目标和社会目的的倾向。我们所有人都是这个开放的、无限的交流的事实上的成员。罗伊斯的社会符号理论是皮尔斯的思维符号理论的孪生兄弟。或许，通过运用罗伊斯的忠诚哲学和具有无限解释的社会，我们能够形成一个更加富有成效的对于涂尔干的社会意识的洞见的复原。

（李鑫麒　译）

自　　然

静物画 / 死去的生性

吉列尔莫·乌尔塔多（Guillermo Hurtado）
（墨西哥国立自治大学）

跟随我，以巴洛克风格开启一段哲学之旅。在这种徒步旅行中，它并不是沿着一条直线，而是返回到起点。对哲学的研究贯穿整个过程，而且这个课程并不总是以三段论的形式得到表达。

我们将在一座想象中的博物馆的走廊里散步。① 我们首先参观的将是静物画馆。这些画多描绘室内场景中经过摆布和安排的食物、花卉等物体。如果描绘食物的话，画面中通常会出现盘、杯、刀、叉或类似的用具，如果描绘花束的话，画家常常会在画面中引入大花瓶、书本、钟表以及多种音乐器具。在西班牙，第一种画作被称作“食品静物画”（bodegones），第二种被称作“花卉静物画”（floreros）。② 虽然这类体裁在 16、17 世纪很受欢迎，但是其地位仍被认为是次要的，不论画家的技艺多么高超，这类画都只是装饰画。③ 直到 18 世纪下半叶，这类体裁才被开始称作“静物画”（naturaleza muerta，直译为“死去的生性”、“死去的自然”）。这一西班牙语名称——与之对应的在法语中称为 nature morte，在意大利语中称为 natura morta——相比在欧洲北部地区对于这类体裁的命名方式则截然不同，例如在荷兰语中称为 stilleven，在德语中称为 Still-leben，在英语中称为 still-life。术语上的差异带来了两种并不完全相同的理解方式。④ 把物体描述成固定在某一位置或某一瞬间，与宣告它们已经死去是不一样的，即使它们仍然是以美味和芳香的方式呈现的。然而，除了这个差异以外，值得注意的是这两种命名都是令人兴奋的隐喻（metáfora），它

---

① André Malraux, *El museo imaginario*, Madrid, Cátedra, 2017.

② Peter Cherry, *Arte y naturaleza. El bodegón español en el Siglo de Oro*, Editorial Doce Calles, Aranjuez, 1999.

③ Antonio Palomino, *El Parnaso español pintoresco laureado*, Tomo Tercero, Madrid, 1724.

④ Omar Calabrese, “Naturaleza muerta”, en *¿Cómo se lee una obra de arte?*, Editorial Cátedra, Madrid, 1993.

们是将引领我们的哲学之旅的最初的标记。[①]

“Naturaleza muerta”这个词汇是名词性短语，由一个名词和一个形容词构成，与 animal racional（理性的动物）和 sentido común（常识）的构成方式相同。Naturaleza 一词源于拉丁语的 natura，而这个词又来自动词 nasci 的过去分词 natus，nasci 在西班牙语中相当于 nacer（出生）。因为生的反义词是死，那么 naturaleza muerta 这个词汇虽然还不能算是个悖论，但是也有一丝似是而非、不合逻辑的味道，甚至有些残忍。把一幅无害的水果静物画称作 naturaleza muerta 会让我们不安，这种不安会将我们的思绪带向对生与死的思考。

米格尔·桑切斯（Miguel Sánchez），一位著名的新西班牙语神学家，他发展出一种包含在图像与文本之间进行符号学比较以澄清它们的意义的解释方法。他的研究集中瓜达卢佩圣母（the Virgin of Guadalupe）的形象与《启示录》。[②]这一巴洛克方法将帮助我们理解静物画的概念。

在美学讨论中采用了这个隐喻，因为它“揭示”了有关一整套艺术作品的某种重要的东西。但是，隐喻与那些画作之间的诠释关系并不是单向的。这些画作本身能够帮助我们揭露隐喻存在的关键，也就是说，隐喻所告诉我们的有关生命意义的东西。这就是我在此所要采用的前提。为了分析和研究隐喻，我将提及文学或哲学文本，还将涉及一系列巴洛克时期的绘画作品，结尾处我会论及一些当代艺术作品。

我想提醒大家，我们在想象的博物馆中的散步不是按照艺术理论或艺术史的标准来制定的参观路线，而是按照隐喻的哲学史标准，或者更确切说是按照构成隐喻的概念，以及概念交织的方式为标准来制定的。虽然 naturaleza muerta 这个短语在大多数静物画作品的创作时期没有现在所说的这个用法，但是我们对这些作品的分析研究仍将采取对“死去的生性”这个隐喻进行展开和折叠的解释方式。这次散步的历史目的是加深对“存在”这个巴洛克概念的理解，以便将其与当今我们拥有的存在概念进行比较。而严格的哲学的目的是为了解决出生与死亡（naturaleza y muerte）两个概念的结对，以便达到它——正如 Emilio Ulanga 在另一场景中所说的——一个“意义的循环，意义从一个角落到另一个角落的一次摇摆，一次接受和

① 汉斯·布鲁门伯格（Hans Blumenberg）发展出一种隐喻以研究他称之为“绝对隐喻”（*metáforas absolutas*）的东西。这些隐喻表示“对某个时代的活动、期望、行为和疏忽、愿望与幻想、兴趣与冷漠进行规范的肯定、推测、基本的和支持性的评价”。*Paradigmas para una metaforología*, Madrid, Editorial Trotta, 2003, p. 63. 那么“naturaleza muerta”这个词汇属于绝对隐喻吗？其实并不显然如此。这就是为什么我在这里遵循一种与德国哲学家不同的方法的原因。

② Miguel Sánchez, *Imagen de la Virgen María Madre de Dios de Guadalupe, milagrosamente aparecida en la ciudad de México. Celebrada en su historia, con la profecía del capítulo doce del Apocalipsis*, en Ernesto de la Torre Villar y Ramiro Navarro de Anda (eds), *Testimonios históricos guadalupanos*, México, Fondo de Cultura Económica, 1982, pp. 152-267.

返还……”[①]

一、花卉静物画和修女静物画

绘制一幅花卉静物画并不是简简单单描绘花卉。花卉永远不单纯只是花卉，历史上与之相关的象征意味多得数不清。[②]我不会迷失在这个意象构成的迷宫中。我欣赏的第一个作品将是个生物学事实。一位画花卉静物画的艺术家不能在完成画作上耽搁太久。即使这些花卉保持静止不动，它们仍旧是要变质腐烂的，只是时间问题罢了。也正是因此，虽然这些画作以“静止的生性”（naturalezas fijas）这个名称为人所知，但是大师们也创作真正的“垂死的生性”（naturalezas moribundas），也就是说，象征生命衰老的东西。

有人说，静物画最确定的特征就是对任何有生命物体的排斥，尤其是人类。[③]然而这类体裁的某些作品却传递出关于我们人类存在的微妙信息。我们来看看老扬·勃鲁盖尔（Jan Brueghel el Viejo）的油画《陶瓷花瓶中的一小束花》（*Pequeño ramo de flores en vaso de cerámica*）。[④]桌子上花瓶里放着一束绚丽的花，在花瓶一边，能够看见些许枯萎的花瓣、钱币和戒指，似乎是画家的无心之举。这些意象除了有装饰作用，还能够给这幅画增添一些诗意。因此，勃鲁盖尔的这幅画作也不仅仅是一幅花卉静物画，因为这幅画在其边缘处告诉了我们人类生命的短暂。这世上没有什么是一成不变的，就连被描绘在静物画（*stilleven*，被固定在某一位置或某一瞬间）中的物件也不例外。企图让花卉永远美丽或让食物永远美味的人一定活在欺骗中。这个教训就写在这句碑文式的谚语中：虚空的虚空，凡事都是虚空（*vanitas vanitatum omnia vanitas*）。也正是如此，虚空画（*vanitas*）作为静物画的一个下属种类从中分离出来。这类画描绘骷髅头或其他相似物件，不仅象征着生命的短暂也表达人类事物的虚无。

比如说，阿德里安·范·乌得勒支（Adriaen van Utrecht）的一幅高雅的画作中，

---

① Emilio Uranga, *Análisis del ser del mexicano y otros ensayo*, selección, prólogo y notas de Guillermo Hurtado, México, Bonilla y Artigas Editores, Colección Las semanas del jardín, Núm. 4, 2013, p. 62.

② Lucia Impelluso, *La naturaleza y sus símbolos,* Random House Mondadori, 2005.

③ Norman Bryson, *Volver a mirar. Cuatro ensayos sobre la pintura de naturalezas muertas*, Madrid, Alianza Editorial, 2005.

④ Jan Brueghel, *Pequeño ramo de flores en vaso de cerámica*, 1599, óleo sobre lienzo, 51 × 40 cm. Museo de historia del arte, Viena.

勃鲁盖尔那些胆怯的暗示被置于作品的中心：骷髅头、钟表、书本、枯萎的花瓣。[①]在虚空画中，花卉变成了“暗喻”（alegorías）。静物画具有了哲学思考倾向，更甚者，具有了道德教化倾向。在提到众所周知的玫瑰花时，修女胡安娜·伊内斯·德拉克鲁斯（Sor Juana Inés de la Cruz）用难忘的诗篇如是总结道：“靠博学的死和无知的生，你生时欺骗，而死时方教导！”[②]在西班牙，在胡安·德·巴尔德斯·莱亚尔（Juan de Valdés Leal）的画作中，虚空画才变得阴暗诡秘起来，生命的元素完全消失，人头骨是个例外。我所关心的并不是这些西班牙巴洛克时期最黑暗的“展品”，而是同一时期传达一种相当不同的信息的其他作品，而要分析研究这些作品，我们必须进到博物馆的另一间展厅。

在伊比利亚美洲巴洛克绘画中，静物画这一体裁的某些元素被加入到了肖像画的下属种类戴冠修女画中。这些创作于秘鲁、新格拉纳达、新西班牙的戴冠修女画通常表现新来的修女在进入修道院之时，戴着华丽冠饰、拿着棕榈叶状花棒的形象。未来的修女们身上搭配的花饰非常丰富和精致，就和佛兰德花卉静物画里的一样。创作这些画作是为了挂在房屋内，比如新入院修女的家中或收容她们的修道院里。这些画作并没有暗喻什么，而是有血有肉、有名有姓的女人们的肖像画。让我们看看《基督宝贵的血之修女安娜·玛利亚入修道院的肖像画》（*Retrato de profesión de sor Ana María de la Preciosa Sangre de Cristo*）。[③]这幅画中出现了许多有象征意义的元素，在这类肖像画中很常见，例如美德胜利之冠、棕榈叶状贞洁花棒和点燃的信仰蜡烛。[④]

这些新来的修女有些甚至来自有钱有势的家庭，她们离开虚空的世界，选择了修道院禁欲简朴的生活。[⑤]她们把尘世留给肉体的死亡，启程走向坟墓，身上装饰得像一位妻子终于找到了她神秘的丈夫似的。这种精神上的最终转变在死去的戴冠修女画中体现得很明显。我们来欣赏一下《基督的修女玛格达莱娜死后的肖像画》（*Retrato post mortem de Sor Magdalena de Cristo*）。[⑥]这幅作品不仅仅因其大量的花朵

① Adriaen van Utrecht, *Vanitas*, 1642, óleo sobre lienzo, 67 × 86 cm., colección privada.

② Sor Juana Inés de la Cruz, “Rosa divina que en gentil cultura”, en *Segundo Volumen de las Obras de Sor Juana Inés de la Cruz*, Edición Facsimilar, México, Facultad de Filosofía y Letras, UNAM, 1995, p. 279.

③ Anónimo, *Retrato de profesión de sor Ana María de la Preciosa Sangre de Cristo*, 1760, óleo sobre lienzo, sin medidas, Denver Art Museum.

④ Alma Montero, *Monjas coronadas. Profesión y muerte en Hispanoamérica virreinal*, México, Museo Nacional del Virreinato/ Conaculta/INAH/Asociación de Amigos del Museo Nacional del Virreinato/ Plaza y Valdés Editores, 2008.

⑤ Asunción Lavrin, *Las esposas de Cristo. La vida conventual en la Nueva España*, México, Fondo de Cultura Económica, 2016.

⑥ Anónimo, *Retrato post mortem de sor Magdalena de Cristo*, 1732, óleo sobre tela, sin medidas, Museo de Arte Religioso, Ex convento de Santa Mónica, Puebla.

而令人联想到静物画，而且这位年迈的女修道院长的尸体与食品静物画中那些被当作食物的动物尸体出现的位置一致。在这种情况下，准确来讲，有必要超出概念的口头用法，我们可以说这是一幅“人静物画”（naturaleza humana muerta）。

欺骗是巴洛克文化中最典型的主题之一：没有什么东西是它看上去的那个样子。这段时期的静物画也不例外。比如说，有人研究过静物画和视觉陷阱画这两种体裁之间的紧密联系。① 死去的戴冠修女肖像画中所运用的策略更加复杂，花卉在此是寻求生与死和解的象征。一个相同的趋势是，修女们在尘世生活中死去，在永恒生命中诞生。死去的戴冠修女肖像画是基督教最高悖论的朴实体现：人静物画是最有生机的静物画（最有生机的“死去的生性”），因为在死于信仰的一瞬间它就已经战胜了死亡。另一位修女亚维拉的德兰（Santa Teresa de Ávila），用“我死去因为我不会死”② 这句话，以更独特的方式来表达这个悖论。

死去的戴冠修女画和虚空画的比较可以用作巴洛克风格独一无二的修辞来源的一种警示。花卉在那儿代表虚空，而在这里代表美德。小花束在那儿意味着存在的有限性，在这里意味着复活重生的希望。③

二、食品静物画和耶稣受难画

我们回到静物画展厅。在古代就已经有了“趋大的描绘”（megalografía）和“趋小的描绘”（ropografía）之分。④ 前者描绘重要的事物，后者描绘琐碎的事物。食品静物画就是一种典型的趋小的描绘，也就是说，它描绘的是任何一间厨房都能看到的场景，不论是多么美味和丰富的菜肴。然而在西班牙巴洛克绘画中，静物画这一体裁从最卑微的趋小的描绘变成了最崇高的趋大的描绘。

有人说，天主教徒的静物画和新教徒的静物画之间的一个区别是，前者要理解

---

① Patrick Mauriès (Dir.), *Le Trompe-l'œil: De l'antiquité au XXe siècle*, Paris, Gallimard, 1996.

② Santa Teresa de Jesús, "Vivir sin vivir en mí", en *Obras Completas*, Madrid, Editorial Plenitud, 1958, p. 933.

③ 这种再意指（resignificación）是如何建构的？人们把目光投向了供奉利马的罗撒圣像（veneración a Santa Rosa de Lima）这一行为的影响及瓜达卢佩圣母像（imagen de la Virgen de Guadalupe）传说的影响。(*vid.* James M. Córdova, *The Art of Professing in Bourbon Mexico: Crowned-Nun Portraits and Reform in the Convent*, Latin American and Caribbean Arts and Culture Publication Initiative, 2014) 我们由此也可以联想到墨西哥庆祝万灵节（亡灵节）期间对于花卉和食物的使用。这墨西哥并不是研究这段迷人历史的地方。重要的是要记住，就算生的元素在两类体裁中是相同的，戴冠修女的肖像画所表达的也与虚空画是相反的。

④ Charles Sterling, *La nature morte de l'antiquité à nos jours*, P. Tisné, Paris, 1952, p. 11.

成德性或是奉献，而后者则要理解成只是早晚要逝去的善的附属品。[①]比如说，我们来看看杨·D. 德·希姆（Jan D. de Heem）的一幅奢华的食品静物画，画中展示了一张桌子，上面有火腿、海鲜和水果。[②]我们所看到的被西蒙·沙玛（Simon Schama）称作17世纪荷兰生活“富有的困窘”（vergüenza de las riquezas）。[③]丰盛是成功的证明，但是从新教徒敏感的一面来看，这也可能意味着过度、耻辱，甚至罪过，这就说明了为什么很容易就从这类画跳到虚空画这个下属种类。在一个西班牙卡尔特会（Cartuja）僧侣画的静物画中，是不可能感受到一丁点“丰盛”的。胡安·桑切斯·科坦（Juan Sánchez Cotán）的食品静物画以节制和简朴为特征，画中没有宫廷里的食物而有的是修道院穷僧人们的食物。食物并不是出现在食堂里或厨房里，而是储存在仓库里，并且是个昏暗的仓库里。在画中这些食物被放在一排小窗内，除此以外我们还能看见几只小鸟、一点点蔬菜和一只刺蓟，这只白刺蓟因其椭圆的形状显得很突出。在桑切斯·科坦最负盛名的食品静物画中，他将食物的数量减到尽可能少，以此表现修士们的贫穷，也表现他们精神上的专一。[④]在同样的位置，也有一只朴素的刺蓟，它让人感到不安和茫然。有人会说，这已经不是一幅食品静物画了，而是那只刺蓟的肖像画，更甚者，连肖像画都不算，描绘的只是宗教场景而已：因为朴素，刺蓟象征一种德性，是神与人联系的纽带。

静物画的奉献意味在画家弗朗西斯科·德·苏巴朗（Francisco de Zurbarán）这里得到了最强烈的表现。这位塞维利亚的画家以其感知力创作了许多画面中陶瓷碗碟呈现在漆黑的底色上的食品静物画。但是在此我并不关心这些画作，反而是画家那些大胆的跨体裁作品让我感兴趣。有些作家认识到了苏巴朗从静物画到宗教画的跨越，比如说他在《维罗尼亚的面纱》（lienzo de la Verónica）中的呈现。[⑤]但是我觉得他最出色的跨越在他另一幅著名画作中。

我们来欣赏一下他的《天主的羔羊》（*Agnus Dei*），画中有一只腿被绑起来的羔羊。这一幕让人想起桑切斯·科坦的食品静物画[⑥]：客店或修道院的厨房或仓库。羔羊柔和的白色与背景的黑色形成了戏剧性的对比。这只小羔羊顺从地等着被宰杀，

---

① Jacques Darriulat, “Vanité de la peinture et peintures de Vanité”, en Pierre Arnaud y Élisabeth Ángel-Pérez, *Le regard dans les arts plastiques et la littérature*, Presses de la Université Paris-Sorbonne, 2003.

② Jan D. de Heem, *Bodegón con langosta*, óleo sobre lienzo, The Wallace Collection, Londres.

③ Simon Schama, *The Embarrassment of Riches. An interpretation of Dutch culture in the Golden Age*, New York, Alfred. A. Knopf, 1987.

④ Juan Sánchez Cotán, *Bodegón de caza, hortalizas y frutas*, 1602, óleo sobre lienzo, 69 × 89, Museo del Prado, Madrid.

⑤ Víctor I. Stoichita, “El bodegón a lo divino”, en *El Bodegón*, Barcelona, Galaxia Gutenberg, El círculo de lectores, 2000, pp. 87-106.

⑥ Juan Sánchez Cotán, *Bodegón con cardo y zanahorias*, óleo sobre lienzo, 62 × 89, Museo de Bellas Artes, Granada.

就好比耶稣基督的牺牲。通过苏巴朗的这幅作品可以看出，静物画这一被看作是“趋小的描绘”的体裁已经赶上宗教画体裁，达到了“趋大的描绘”的不可逾越的高峰。[①]

《天主的羔羊》遵循了静物画这一体裁的规律，没有描绘人类。我们再次走出静物画展厅的话，就会惊讶于苏巴朗的另一幅富有深意作品。我们来比较一下他的《天主的羔羊》和《圣塞拉皮翁》(*San Serapio*)。[②]注意看食品静物画的某些形式上的特征是如何被转移到这幅画上的。这位施恩会（Orden de la Merced）殉道者的尸体饱受撒拉逊人的折磨，挂在天花板上，就好像桑切斯·科坦画里的一颗水果。这位圣人的手腕也被捆了起来，就像《天主的羔羊》中羔羊的腿，他的大褂也像小羊羔的绒毛一样白。

在苏巴朗的作品中，我们能猜到的最出色的体裁跨越，是从静物画到耶稣受难画。

耶稣受难画分为两种：一种里面耶稣基督还活着，另一种里他已经死了。我们所关注的是苏巴朗第二类的作品。在《十字架上死去的基督》(*Cristo muerto crucificado*)中，画家也运用了与在其最杰出的食品静物画作品中运用的相同技巧：尸体的荧光与寂静的深色背景之间相同的对比，画面空间中的物体相同的孤单，体积简化之后相同的雕塑密度，外围地平线相同的消失点。[③]在这幅极端的受难画中，其他一切元素都被删除了，没有其他人物，没有风景，也没有叙事情节。耶稣基督被带到了一个神秘的内部空间，可能是某个教堂内的礼拜堂，某个僧侣的房间，或者是某人的幻觉。

苏巴朗画笔下的耶稣基督毫无生气，所以他复活的信息就显得意义非凡。我们用一种巴洛克式的修辞来解释这一点。颠倒一句话中词语的顺序可以改变意思，如此，由“静物画”(naturaleza muerta，即“死去的生性”、“死去的自然”)我们可以得到“自然死亡”(muerte natural)。根据法医学，自然死亡指的是病故或寿终，而不是由事故或罪行造成的死亡。被钉在十字架上而死并不属于自然死亡，因为这显然是野蛮的暴力行为。但是，耶稣基督在十字架上的死亡也不是自然的——从这个形容词最广泛的意义上看——因为这是神的死亡。站在苏巴朗的画作前，我们看见了一位像人一样死去的神的玄妙，也看见了一个像神一样战胜死亡的人的神秘。耶稣受难的场景是西方文化中交错法[④]基本的体现。

---

① 耶稣基督的寓言与一只被捆绑并且待宰的羔羊之间的模棱两可在苏巴郎的该画作的另一版本中消失了，在其中他在这动物的头上加了一个光环。*Vid.* Francisco de Zurbarán, *Agnus Dei*, 1639, óleo sobre lienzo, 47 × 55, Museo de la Real Academia de Bellas Artes de San Fernando, Madrid.

② Francisco de Zurbarán, *San Serapio*, óleo sobre lienzo, 120 × 103, Wadsworth Atheneum, Hartford.

③ Francisco de Zurbarán, *Cristo crucificado*, óleo sobre lienzo, Museo de Bellas Artes de Sevilla, Sevilla.

④ 交错法，quiasmo，来自希腊语 χιασμός，指像字母 χ 一样交错的位置。用作修辞手法时，指对偶句中第二部分倒装排列。——译者

苏巴朗呈现出了一个有耶稣基督尸体的自然主义场景，它现实、客观、可靠。他的风格与埃尔·格雷考（El Greco）或鲁本斯（Rubens）的不和谐（estridencias）相去甚远，也与委拉斯凯兹（Velásquez）“平铺直叙”（prosaico）的自然主义——何塞·奥特嘉·伊·加塞特（José Ortega y Gasset）如是评价[①]——差别很大。在画面上，面对被钉在十字架上的耶稣，没有恐惧也没有怜悯。画家甚至敢于表现出少许已经冒出的青紫色尸斑。然而，苏巴朗的自然主义是巴洛克式的技法。基督的状态看起来越有死亡的样子，永生的预兆就越强烈。我们把这种自然主义和伦勃朗（Rembrandt）在《尼古拉斯·杜尔博士的解剖学课》（*La lección de anatomía del Dr. Nicolaes Tulp*）[②]中所表现的来比一比。这位荷兰画家画中紫色的尸体因其理智的解剖学精确度而显得突出。但是这幅画中最重要的不是尸体也不是这节课，而是付钱让这位年轻画家把自己画进去的这些外科医生们。[③]这里又有巴洛克式的技法，虽然是另一种性质的。我们回到苏巴朗和伦勃朗自然主义的比较上。前者的自然主义没有承认死亡的决定性胜利，因为人类的生性，准确来说人类机能的生性，服从于人类的自由和神的宽恕。后者的自然主义接受我们终将死亡的明确事实，将其看作被动的自然（*natura naturata*）的证据，用斯宾诺莎（Spinoza）的话来说死亡也是人的职责所在。[④]这并不意味着伦勃朗只描绘出人类的生物学和物理学特征。格奥尔格·齐美尔（Georg Simmel）说，伦勃朗画的总是个体人物的肖像画。[⑤]但是似乎在他的绘画世界中，没有发现能够超越固有事物有限性的方法。伦勃朗笔下人物内心的光芒在他们呼出最后一口气的时候就彻底黯淡了。

三、牧羊人与颅骨

我们已经参观完想象博物馆的巴洛克绘画展厅。尽管这种体裁在19世纪末叶和20世纪初叶有过另一次辉煌时刻，但它已经进入沉睡之中。现在我们不能不相信，“静物画”这一术语已经呈现出一种更加令人恐怖的含义。现在我们所害怕的是

---

① José Ortega y Gasset, *Papeles sobre Velázquez y Goya*, Madrid, Revista de Occidente, 1950.

② Rembrandt H. Van Rijn, *La lección de anatomía del Dr. Nicolás Tulp,* 1632, óleo sobre lienzo, Mauritshuis, La Haya.

③ Alois Reigl, *The Group Portraiture of Holland*, Los Ángeles, Getty Research Institute for the History of Art and the Humanities, 1999.

④ Baruch Spinoza, *Ética*, México, UNAM, 1977, proposición 29.

⑤ Georg Simmel, *Rembrandt. Ensayo de filosofía del arte*, Buenos Aires, Editorial Nova, 1950.

“naturaleza muerta”这个词汇不再是个隐喻，而单纯仅指死亡。我们想象这样一个未来，其中，最坏的情况是生性荡然无存，因为它已经灭绝，或者没这么糟糕的话，些许痕迹保存在了人为创造的条件中。如果“naturaleza muerta”这个词汇不再是个隐喻，一定是因为已经没有更多别的隐喻了。

当生性已经宣告死亡的时候，一位艺术家还能创作出怎样的静物画呢？我们走进想象博物馆中的最后一间展厅，来找找答案。我们来比较一下苏巴朗的《天主的羔羊》和达米恩·赫斯特（Damien Hirst）的《远离羊群》（*Lejos del rebaño*）。① 一只无辜的小羊羔远离了羊群，被困在了泡着福尔马林的水缸里。为什么呢？是在为某次远古牺牲招魂吗？② 没有答案。相反有一点很明确的是，我们站在一幅完美的静物画面前（站在一部完美的“死去的生性”作品面前）：这只动物不可能再具有生性，因为它是真实的，也因此，它也不可能再拥有更多死亡之气。赫斯特触碰到了这个体裁最后的边界。正如这类作品一样，作品名称是其所传达的信息不可分离的元素。标题中所提到的羊群可能指的是罗马教廷、犹太基督教（judeocristianismo）的传统或者西方文明的整体。正如赫斯特的羔羊一样，不少人因与祖先分开而愕然。更加悲观的人会说，这种经历仍能够用隐喻来表达，就已经很不错了。但我并不想用这么阴郁消极的口气来结束这次参观。

反宗教改革的巴洛克认为，人类可以战胜死亡，因为我们除了是人，还是神的“创造物”（criaturas）。世俗社会的主导哲学所教给我们的则完全不同：我们不是神的创造物，更不是个体物质，而是永远处于自我构造中的渐逝主体。我们的生性已不再定义我们自身。有没有办法复活这个巴洛克式的概念呢？如果巴洛克式的东西是人类文化的一位不时光顾的来访者的话，那么总会有一种巴洛克艺术，我们可以从其表现中吸取教训，并且其表现等待着这些教训。③

赫斯特有一件作品被认为是虚空画的当代样本。《献给上帝之爱》（*Por el amor de Dios*）是一件白金骷髅雕塑作品，其表面覆盖着最精致的钻石。④ 没有任何一件艺术作品如此价值连城，但是我们知道，会有这么一天，可能是数千年后，也许是更短的时间，这件作品会像任何破烂一样，最终逃不过被弃置在某个角落的命运。然

---

① Damien Hirst, *Lejos del rebaño*, 1994, cordero suspendido en formaldehído, 96 × 159 × 51, National Galleries Scotland.

② George Bataille, “Esquema de una historia de las religiones”, en *La religión surrealista*, Buenos Aires, Las cuarenta, 2008.

③ Eugenio D’Ors, *Lo barroco*, Madrid, Tecnos/Alianza, 2002.

④ Damien Hirst, *Por el amor de Dios*, 2007, cráneo de platino, diamantes y dientes humanos, White Cube Gallery, Londres.

而这并不是对这件作品的唯一解读。[①] 赫斯特表示《献给上帝之爱》的灵感来自中部美洲（Mesoamérica）墓葬中饰以宝石的颅骨。[②] 这条道路朝着这样一个方向：它最终要通往并经过16世纪在墨西哥孕育的最初的巴洛克文化。[③] 如此看来，《献给上帝之爱》不是虚空画，而相反是在庆祝人类的生命，尤其是在庆祝千方百计（其中一计是以艺术的方式）逃脱死亡惩戒的努力，不仅如此，还要逃脱更坏的东西的惩戒，逃脱生命中死亡的惩戒，逃脱巴尔塔沙·葛拉西安（Baltasar Gracián）所说的“虚无之穴”（*la cueva de la nada*）的惩戒。[④] 博物馆马上就要闭馆了（并不因为它是想象的就没有开放时间），我们没有更多时间来展开讨论这个巴洛克宇宙观了。如果你们非要催促我，那我只能用这些话来总结他们的信息：幸亏有了神，是的，也幸亏我们有“智慧”（ingenio），死亡才没有完完全全地胜利。你们注意到了有些骷髅头在微笑吗？

参考文献

Bataille, George, “Esquema de una historia de las religiones”, en *La religión surrealista*, Buenos Aires, Las cuarenta, 2008.

Blumenberg, Hans, *Paradigmas para una metaforología*, Madrid, Editorial Trotta, 2003,

Bryson, Norman, *Volver a mirar. Cuatro ensayos sobre la pintura de naturalezas muertas*, Madrid, Alianza Editorial, 2005.

Calabrese, Omar, “Naturaleza muerta”, en *¿Cómo se lee una obra de arte?*, Editorial Cátedra, Madrid, 1993.

Cherry, Peter, *Arte y naturaleza. El bodegón español en el Siglo de Oro*, Editorial Doce Calles, Aranjuez, 1999.

Córdova, James M., *The Art of Professing in Bourbon Mexico: Crowned-Nun Portraits and Reform in the Convent*, Latin American and Caribbean Arts and Culture Publication Initiative, 2014.

① Rudi Fench, “Victory over Death”, en Damien Hirst, *Beyond Belief*, Other Criteria/White Cube, 2008.

② Paul Westheim, *La calavera*, México, Antigua Librería Robredo, 1953.

③ Francisco López Ruíz, *Artefactos de muerte no simulada: Damien Hirst en México*, México, Universidad Iberoamericana, 2009.

④ Baltasar Gracián, *El criticón*, edición facsímil, Madrid, Consejo Superior de Investigaciones Científicas, 2009, 3 vols.

D'Ors, Eugenio, *Lo barroco*, Madrid, Tecnos/Alianza, 2002.

Darriulat, Jacques, "Vanité de la peinture et peintures de Vanité", en Pierre Arnaud y Élisabeth Ángel-Pérez, *Le regard dans les arts plastiques et la littérature*, Presses de la Université Paris-Sorbonne, 2003.

De Jesús, Santa Teresa, "Vivir sin vivir en mí", en *Obras Completas*, Madrid, Editorial Plenitud, 1958.

De la Cruz, Sor Juana Inés, "Rosa divina que en gentil cultura", en *Segundo Volumen de las Obras de Sor Juana Inés de la Cruz*, Edición Facsimilar, México, Facultad de Filosofía y Letras, UNAM, 1995.

Fench, Rudi, "Victory over Death", en Damien Hirst, *Beyond Belief*, Other Criteria/White Cube, 2008.

Gracián, Baltasar, *El criticón*, edición facsímil, Madrid, Consejo Superior de Investigaciones Científicas, 2009, 3 vols.

Impelluso, Lucia, *La naturaleza y sus símbolos*, Random House Mondadori, 2005.

Lavrin, Asunción, *Las esposas de Cristo. La vida conventual en la Nueva España*, México, Fondo de Cultura Económica, 2016. Malraux, André, *El museo imaginario*, Madrid, Cátedra, 2017.

López Ruíz, Francisco, *Artefactos de muerte no simulada: Damien Hirst en México*, México, Universidad Iberoamericana, 2009.

Mauriès, Patrick (Dir.), *Le Trompe-l'œil: De l'antiquité au XXe siècle*, Paris, Gallimard, 1996.

Montero, Alma, *Monjas coronadas. Profesión y muerte en Hispanoamérica virreinal*, México, Museo Nacional del Virreinato/ Conaculta/INAH/Asociación de Amigos del Museo Nacional del Virreinato/ Plaza y Valdés Editores, 2008.

Ortega y Gasset, José, *Papeles sobre Velázquez y Goya*, Madrid, Revista de Occidente, 1950.

Palomino, Antonio, *El Parnaso español pintoresco laureado*, Tomo Tercero, Madrid, 1724.

Reigl, Alois, *The Group Portraiture of Holland*, Los Ángeles, Getty Research Institute for the History of Art and the Humanities, 1999.

Sánchez, Miguel, *Imagen de la Virgen María Madre de Dios de Guadalupe, milagrosamente aparecida en la ciudad de México. Celebrada en su historia, con la profecía del capítulo doce del Apocalipsis*, en Ernesto de la Torre Villar y Ramiro Navarro de Anda (eds), *Testimonios históricos guadalupanos*, México, Fondo de

Cultura Económica, 1982.

Schama, Simon, *The Embarrassment of Riches. An interpretation of Dutch culture in the Golden Age*, New York, Alfred A. Knopf, 1987.

Simmel, Georg, *Rembrandt. Ensayo de filosofía del arte*, Buenos Aires, Editorial Nova, 1950.

Spinoza, Baruch, *Ética*, México, UNAM, 1977.

Sterling, Charles, *La nature morte de l'antiquité à nos jours*, P. Tisné, Paris, 1952.

Stoichita, Victor I., "El bodegón a lo divino", en *El Bodegón*, Barcelona, Galaxia Gutenberg, El círculo de lectores, 2000.

Uranga, Emilio, *Análisis del ser del mexicano y otros ensayo*, selección, prólogo y notas de Guillermo Hurtado, México, Bonilla y Artigas Editores, Colección Las semanas del jardín, Núm. 4, 2013.

Westheim, Paul, *La calavera*, México, Antigua Librería Robredo, 1953.

（佚名　译）

（实践性推理所理解的）善好

塞巴斯蒂安·罗德尔（Sebastian Rödl）
（莱比锡大学）

一、引言

实践性推理（practical reasoning）是终结（conclude）于心灵状态——判断、意向——还是终结于行动，人们对此有所争论。这一争论没有认清该问题的形式和重要性。

首先，形式：人们以为这一问题涉及的是一种自然的心理能力，这一能力可以在人类或其他动物中被发现，且这一问题应通过对这一自然实在的研究而得到回答。然而，这一问题所寻求的是对内在于实践性推理之结论（conclusion）的理解的一种阐发。在如此理解之下，答案很清楚：实践性推理的结论是行动。其次，重要性：对这一问题之回答的重要性在于，它是对自然的一种理解：在这一回答中，自然被理解为由善好（the good）所统御的，这善好是一切实在的最高原则。由于这种理解内在于实践性推理，实践性推理是对自然的伦理知识。

二、问题

我们可以为了确定事实如何（what is the case）而推理。我们也可以为了确定如何行事而推理。在后一种情形中，我们可以说我们的推理是实践性的，而在前一种情形中是理论性的。

如果某人为了确定事实如何而推理，推理便终结于她对事实如此如此的判断。

理论性推理的结论是判断。据说，如果某人为了确定如何行事而推理，推理终结时，她便承认做某某事是好的或她应该如此行事。还据说，这一推理终结于她去做她认为是好的事情。有人说，实践性推理的结论是思想；有人说，实践性推理的结论是行动。

如果说实践性推理终结于行事，这并不意味着它不终结于对所做之事为好的思想。所有推理都终结于思想。有人可能会认为它只终结于单纯的想法（mere thought），即不包含据其观念行事的思想。但是我们将会看到，根本没有这么一回事叫作认为实践性推理终结于单纯的想法。因为**在实践性推理中**我们将其结论理解为做我们认为是好的事情。

本文包括以下几个部分：在第三节中，我将考察弗雷格对推论（inference）的解说。弗雷格所讨论的话题是以判断为其结论的推论。在第四节中，我将表明实践推论共享弗雷格所描述的推论的特征。第五节解释为什么实践性推理的结论由于具有这一特征而不可能是单纯的想法；该节还将讨论这一结果的重要性。

三、理论性推理

弗雷格写道："判断，即对作为辩护（justifying，或译证成）[①] 根据的其他真理的意识，被称作推论。"（戈特洛布·弗雷格所著《逻辑学》第 3 页："Urteilen, indem man sich anderer Wahrheiten als Rechtfertigungsgründen bewußt ist, heißt schließen."）[②] 因此这就是所谓推论的含义：由推论得出某事就是判断此事为真，同时知道有其他事情证成此判断。下面，我将详细阐述这种对（与其结论等同的）推论的理解。

一个可以作为推理之结论的判断可以是有理的（just）或没理的，正因此才可有某事使它有理，即证成它或为它辩护。如果谈论判断的有理（justice）与否听起来牵强，我们可以谈论其有效性，说：推论是判断并同时意识到其他真理为此判断提供有效性。一个判断的有效性就是其真理性，为一个判断提供有效性之事显示其为真。

① 在本文中，"辩护"和"证成"都是对 justify 及其各种变形的译名。——译者

② 弗雷格说："判断……是推论"。他将推论等同于作为其结论的判断，这是对的，因为前提，即对其作为证成结论者之理解，是内在于结论的。康德也将推论等同于其结论。马修·博伊尔（Matthew Boyle）在《打定主意》（"Making Up One's Mind"）一文中重新发现了这一洞见。在几年前发表于……【译者注：原文如此，作者未提供出处】的关于推论的争论中，所有参与者似乎都不了解这一点。鉴于参与者之一保罗·博格西安（Paul Boghossian）正是从上述弗雷格引文展开其讨论的，这一忽略尤为奇怪。不过他所依据的对这一段落的粗劣翻译遮蔽了我所指出的要点，即前提和对其作为证成结论者之理解相对于结论的内在性。

由于只有真理可以显示某事为真，弗雷格将辩护根据称为真理。

当某人由推论得出某事时，不仅存在着显示其判断为有效的真理，而且她意识到这些真理，并且意识到它们是辩护根据，即为其判断提供有效性。推论是这种意识：推论是在对作为证成此判断的其他真理的意识中（“indem man sich bewußt ist”）做判断；对作为证成此判断的其他真理之意识就是此判断。所以终结推论之判断是关于提供其有效性的其他真理的思想。

推论就是判断并同时意识到其他真理证成此判断，它是判断并同时意识到其他真理解释了为什么如此判断。或许一件事可以证成一个判断而不解释它，或许一件事可以解释一个判断而不证成它，但当某人由推论得出事实如此如此时，她判断事实如此并同时知道其他真理使其如此判断有效，这些其他真理也就解释了她为什么如此判断。

我说，当某人由推论得出某事时，如她所理解的证成其判断之事也解释了她为什么如此判断。这并不是在报告一种由观察得出的规律性，似乎我们发现，一般而言，我们在做出判断之际所意识到的、作为辩护根据之事解释了她为何如此判断。如果事情真是如此，那我们就有理由设计实验来确证这一发现是否可靠。但这不是我的意思。我并不是在报告某个观察结果，而是在阐发对与其结论等同的推理之理解。

判断者在判断中明白（或理解）该判断为其他真理所证成。在如此理解（或明白）之际，她明白（或理解）其判断为其他真理所解释。因为，她的判断就是她对其有效性的承认；所以她理解。因此，她无法设想任何事情解释其判断、却不同时解释她如何承认其有效性；没有任何事情能解释她如何承认她对事实如此之判断的有效性，除非此事能证明事实确实如此。反过来说，理解某事能够证明事实如此也就是承认事实如此，并且因为证明其事实如此的某事而如此承认。

由此可知，就她的理解而言，解释她为什么判断事实如此就是铺陈能够证成其判断的真理，而非其他；判断事实如此之人同时意识到作为辩护根据的其他真理，此人通过讲出这一意识来解释其判断。没有比这更熟悉的事了。假设她判断 p，同时意识到 q 能证成其判断。如果有人问她：你为什么认为 p？她会回答：因为 q。她对她之所以判断 p 的解释乃是诉诸她认为可以证明此判断之有效性的真理。

有人或许会说，以上说的只是推论者本人如何理解她的判断及其解释。与此相对，如果我们考虑别人的判断，我们能够区分、确实区分、也必须区分对判断之有效性的辩护和对判断者之所以如此判断的解释。我们不说这看法是错的，因为如此说是会造成误解的。我们只说，任何参与人类话语（human discourse）者都不能持此立场。因为这立场排除了我们所描述的交流方式。如果一个人问另一个人她为什么做出如此如此的判断，那么前者必须能够如后者所意谓的那样去接受后者的回答。

他可以质疑后者给出的解释，可以质疑其判断的理由是否真的证明其有效，并由此挑战后者的回答。但如果他不以这种方式理解她的回答，那么在两人之间就不存在共同话题：判断及其解释。除非我认为某人给出的证成其判断的理由也解释了她为什么如此判断、并且认为此解释正寓于此证成之中，我就完全无法理解她的任何判断——只要这里要被归给她的判断也是我所理解的判断，即在对其他真理作为我的判断的辩护根据的意识中做出的判断。

推理是判断并同时明白（理解）自己的判断被其他真理所证成。推理是自身理解的判断。当我们说“展示一个判断为真之事同时解释这一判断”时，我们表达的正是这种理解，这种对与其结论等同的推论之理解——而且并非偶然，仿佛对判断的证成和解释二者只是碰巧同时发生。并非如此：证成某判断之事恰在其证成中解释该判断。

判断之有效性的根据解释了其现实性。理解为什么一个判断存在恰恰要求承认其有效性，不多也不少。由于判断本身就是对其有效性的认可，它本身就是解释其现实性的思想。一个判断只能被它本身所承认之事解释。判断本身就是对解释其现实性之事的承认。[①] 这也同样包含在对判断的理解之中。尽管表达这一理解要用到哲学语言，被表达的理解却不是什么奥妙难解的事。它存在于任何一个会说话的两岁小孩之中，它也显现于最基本的人类话语之中。

一个判断是——且将自身理解为是——对解释其现实性之事的承认。判断中所知之事以外的任何事情都无法解释其现实性。这就是说判断是绝对的：判断之现实性不能依赖任何异于这一判断的条件。因为，如果有这样一种条件，那么就有可能这一条件存在而该判断却不现实发生。而判断者在判断中排除了这一可能性。黑格尔说，认为知识和绝对者是分离的，这种看法是错误的。黑格尔接着说，认为我们异于知识，这种看法同样也是错误的。下文——在上述对理论推理的讨论的基础之上——对实践性推理及其结论的讨论，将使后一点逐渐清晰起来。

四、实践性推理

弗雷格所谈论的推论，其结论是一个判断。实践性推论具有弗雷格所描述的推

① 内格尔（Nagel）将此——被判断之事解释其本身之被判断——描述为理性与真理的直接关系。他认为这构成了对任何形式的自然主义——只要它完全不同于紫色烟雾（purple haze）所在的层次——的反驳。参见氏著 *Mind and Cosmos*, ???。【译者注：作者未给出引文页码】（至于他在该书最后一章所设想的自然目的论如何能够和这一洞见相协调，却是很不清楚的。）

论的特征。既然实践性推论的结论无论如何是一个想法（thought），我们将首先考察这一想法本身，以便此后再研究它是否仅仅是一个想法。

实践性推理的目的是搞清楚做什么。其结论回答了这一问题，因而是关于做某事的想法。当我们想要说清楚这样一个想法如何表象做某事时，我们会想到好几种说法：我们可以说它将做某事表象为好的、为有待完成的、为正确的、为应当的，等等。在这里，我们既不必也无法在这些说法中做一抉择。不必，因为我们的反思不依赖于说法；我们要说的可以用以上任何一种说法重述。不可能，因为我们还不能理解这些词可能标示出的差异；我们的反思最终或许会给出这样的理解，但在其开端处我们还不理解。我将使用“好”一词：实践性推理终结于认为做某事是好的。我将这样一种思想称作实践性思想。

有人或许会说，实践性思想不一定要一般地将做某事表象为好的。它可以将某事表象为对某事而言是好的，比如说对我。对此，我们的第一个回应是，存在一种终结于做某事一般而言是好的这一想法的实践性推理，我们只讨论这一种实践性推理。这一限定不会减损我们的发现的重要性。我们的第二个回应是，没有任何实践性推理终结于某事对 A 是好的这一想法。因为实践性推理要回答做什么的问题，而这种形式的想法不能回答这个问题。

推论是对某事做出判断并同时意识到证成此判断的其他真理。假设 q 是这样一个真理：我们从 q 中推论出 p，也就是说，我们得出结论 p 并同时意识到 q 证明了这一判断的有效性。我们的结论不是：如果 q，那么 p 一定是真的。这一条件判断可能是一个前提，但它不是推论的结论。当然，为了使推论能够以无条件的判断为结论，其诸根据——对此根据证成该判断的意识就是我们所说的推论——必须是真理，并且我们必须知道它们是真理，如弗雷格所说。在实践性推论中，推论就是承认某事是好的并意识到证成此认定之事。做某事对 A 而言是好的这一想法可能是此推论的诸前提之一，但它不是此推论的结论。因为我们可以问，做对 A 而言是好的事情是不是好的。大致说来，我们可以说，对这一问题的回答依赖于 A 是否是好的，或者，更精确地说，我们是否正确地通过出现在该推论之结论中的善好（the good）概念思考 A。正如一个理论性推论的结论是在其他真理基础上对其自身为真的意识，同样，一个实践性推理的结论可以是在其他好事基础上对做某事为好的意识。（但它不必然如此；实践性推论不一定包含关于做某事对某事而言为好的思想。）[①]

---

① 麦克尔·汤姆森（Michael Thompson）为行动理论提供了如下有用的定义：行动理论是不使用最终目的（或，与之等同的无条件的善好）概念而研究人类行动的学科。如果行动理论真是这样，那么在其中就无法谈论实践性推理，实践性推理是否终结于行动的问题就落在行动理论的范围之外。（当然，这就提出以下问题：是否还有任何东西落在其范围之内。）

推论，当其为实践性的时，是承认做某事为好并意识到作为其辩护根据之事。因此，一个实践性想法可以是正当的（just），也可能不是，而某事可以使它成为正当的，为之辩护（justify）。同样，我们可以不谈论想法的正当性（justice）而谈论其有效性（validity）。终结一个实践性推论就是承认做某事为好并同时意识到某些事情证明如此承认的有效性。这一意识内在于实践性推理之结论：终结实践性推理的想法本身就是关于其有效性的想法及为其提供有效性的想法（thought）。

在实践性思想（thought）中，我们认为做某事是好的。这是有效性的一种：做某事是有效的。因此，在实践性推理中，有效性出现两次：实践性思想是关于其自身的有效性的思想，因为它是一个推论的结论，因而是对证明其有效性之事的意识；它又是关于做某事之有效性的思想，因为它作为实践性思想回答的是做什么的问题。一方面是思维此一思想的有效性，另一方面是做某事的有效性，后者是第一方面中的思想的内容。不过，这两方面说的终究是同一种有效性：实践性思想的有效性就是去做被设想之事的有效性，反之亦然。首先，如果为了认为做某事是好的这一想法是有效的，我们必须超出这一想法而另有所思维，那么，做某事是有效的这一想法就不是关于其自身之有效性的想法。反过来，如果为了认为做某事是有效的，我们不能仅仅承认作为实践性推理之结论的想法是有效的，而必须超出这一承认而另有所思维，那么辩护这一思想的根据单靠其自身就无法为做此事提供辩护。这样的话，在对其根据的意识中思维这一思想就不能让我们知道该做什么。我们就不知道，做此事正确还是不正确、好还是不好。于是就没有通过推理确定应当做什么这么一回事。实践性推论之理念是关于这样一种思想的理念，其有效性是做某事的有效性。如果用“好”来指称这种有效性，我们就可以将我们对实践性推理的理解表达如下：做某事和承认做某事为好，二者之中包含着同样的善好（goodness）。①

有效的判断是真的：事情确实如其在判断中被断言的那样。这也适用于实践性思想：关于做某某事为好的有效思想是真的，也就是说，去做在此思想中被认为是好的事，是好的。然而，如果说实践性思想的有效性是其真理性，那么，在作为实践性推理之结论的思想中，真理性就是善好。因为实践性思想之有效性就是去做被设想之事的有效性。由于这里涉及的是同一种有效性，有效的实践性思想和在其中被设想的行事具有同样的东西。因此，我们可以说，实践性思想的真理性就是善好。或者，我们可以说，善好就是行动的真理性。但我们不能说——只要我们不想消解实践性推理之理念——真理属于结论，而善好属于行事（在这里，此行事就是在结

① 在本文，“思维”、“设想”、“认为”都是对动词形式的“think”的翻译，“思想”、“想法”都是对名词形式的“thought”的翻译，而“善好”被用来翻译“goodness”和“the good”，“好”被用来翻译形容词形式的“good”。——译者

论中被设想之事）。

推论是认为做某事为好且知道此看法可以被证明有效。如此推理之人将她做某事为好的想法视作一种承认：基于为此想法提供辩护的根据而持此想法是有效的。因此她无法设想任何事情可以解释她的想法而不同时支持她对此想法之有效性的承认。她无法理解任何事情可以解释她的思想却不证明其有效性。相反，她对她之所以认为做某事为好的解释诉诸根据，而她正是在对此根据的意识中认为做此事为好。也就是说，她认为，为她想她之所想提供有效性证明的事情同时也解释了她之所想。她将她的思想的有效性理解为其现实性的根据。

由于她的思想是实践性的，我们可以用两种方式描述其有效性（这一为现实性提供根据的有效性）：作为善好和作为真理性。有效的实践性思想是真的：认为做某事为好是有效的，因为如此做是好的。因此，某人以做某事为好的想法终结其实践性推理，这样一个人，她知道做此事为好解释了她为什么这样想。或者，我们将思想的有效性描述为其善好：这么想是好的。那么，进行实践性推理的人知道，想她之所想的善好解释了她为什么这样想。做她认为是好的事情确实是好的，这一点解释了她为什么这样想；或者说，这样想是好的解释了她为什么这样想。两者是一回事，因为做某事的善好和认为做某事为好的善好是一回事。

五、实践性推理的结论

我们问，实践性推理的结论是单纯认为做某事为好还是去做某事。就此问题，我们还问，对某人之做某事或某事之发生的解释和对推理之结论的解释是否一样。

当我认为做某事为好时，我是在对证成此想法的根据的意识中如此认为的，我通过诉诸这些根据——这些支持做某事为好的根据——来解释为什么我如此认为。我认为做某事为好，而且，由于我的这一想法是实践性推理的结论，在我看来，证明做此事为好的根据也解释了我的想法。做在我看来为好之事的善好是我认为做此事为好的现实性的根据。如果实践性推理的结论不是做某事为好的单纯想法，而是在此之外的行动，那么以上就我的思想所说的道理也适用于我的行事：对我为什么做某事的解释在于证明做此事为好的根据。因此，做我所做之事的善好解释了为什么我做此事；我的行动的善好是其现实性的根据。与此相对，如果实践性推理的结论是单纯的想法而非行动，那么指出做某事为好就不能解释为什么我做此事。

认为推理的结论并非行动的人，他们也认为，作为某人的推理之结论的想法和依据此想法的行事之间存在一种关联，一种并非偶然的共现。[①] 但他们主张这一关联不是一种推理的关联。这意味着，无论我们怎么界定这种关联，某人的想法引发她的行事，这并非由于做自己认为是好的事情是好的。她关于做某事为好的想法的因果性不同于此想法的有效性；她的想法引发她依据其想法行事，但这一引发方式与做此事是否为好无关。

如果我主张实践性推理终结于单纯的想法，我的意思是这样的。不可能通过承认做某事为好来理解为什么我在做我所做之事。以这种方式，我能够理解的是：我认为做此事是好的。当这一想法是实践性推理的结论时，我知道，做某事为好的事实解释了我做某事为好的想法，而我的这一想法有可能引发我去做这件事。当这一想法确实引发了如此行事时，这一引发却与做我所做之事的善好与否无关。我的想法造成了我的行动，但我不能通过理解做我所认为的好事的善好来理解我的想法如何造成了我的行动。我从实践性推理得出的关于做何事为好的洞见不能让我理解这一洞见的因果性。它不能让我理解为什么我在行动。

如果实践性推理的结论是单纯的想法，那么对作为实践性推理之结论的想法的因果性理解就不是伦理学的任务。它就不是以善好为其目标的科学的任务。就表象它的因果性而言，将实践性思想表象为关于做某事为好的想法虽然使用了善好概念，但这一使用是带引号的；这一说明本身并未使用做某事为好的理念。即使伦理学是一场骗局，即使没有做某事为好这么一回事，这一说明仍能成立。

如果实践性推理终结于单纯的想法，那么我们永远不能说，一件事发生了，是因为它是好的。善好不能为事情的发生提供任何解释。这就是说，善好不是实在的（real）。它最多在做此事或彼事是好的想法中具有一种理念性的（ideal）存在。相反，如果某人的实践性推理的结论不单单是她的想法（这一想法与她据其想法的行事相区别）而是她的行事，那么，某人所做的事情是好事这一点就可能解释她为什么做这件事。某事之好可能解释为什么好事现实地发生了。善好可能解释为什么好事发生。

如果实践性推理终结于单纯的想法，那么某事是不是好的就和它现实与否无关。反过来，现实之事就其自身而言就和它是不是好的无关。这是伦理虚无主义的尝试。没有人会拥抱这一尝试或曾经拥抱过这一尝试——只要她知道自己在想什么。因为这一想法摧毁了实践性推理；它摧毁了关于做某事为好的知识这一理念本身。反过来，每个实践性推理都在拒绝这一想法。

---

① 如果实践性推理以做某事为结论，那么我们很容易理解为什么有人会认为存在这样一种关联：这一看法以一种扭曲的方式表达了他对什么是实践性推理的理解。如果我们认为实践性推理不终结于做某事，某人为什么会产生上述想法就变得难以理解了。因为主张这一关联源于经验是没有根据的。

某人关于做某事为好的想法应该引发某事的发生，且这一引发应该与她所认为的好事是否确实为好无关。这意味着她的想法的效用（efficacy）不能通过其结果的善好得到理解。其效用必须以一种与因其而发生之事的善好无关的方式得到解释。其解释必须与这一想法中被认为是好的事情是否确实为好无关。但这也就是说，她之所以认为她所做之事是好的，并不是因为这样做是好的。因为没有任何事情可以为另一件事情提供解释而不同时保证其效用。然而，对自己的思想的这种理解是（或者，弗雷格会说，被称作）实践性推论。

相反，如果我们承认做某事为好解释了某人关于做某事为好的想法，那么对她做此事的解释就不能与做此事是否为好无关。因为承认了上面一点，我们就承认了，对某人认为做某某事为好的解释有可能是：这么想是好的。她这么想是一种现实性。因为尽管它本身不是某事的发生，却是她依照自己关于何事为好的想法行事的基础。而只有现实之事可以作为现实之事的基础。所以，既然承认了某人认为做某事为好可以被这种想法的善好所解释，我们也就承认了善好就其自身而言不是非实在的，因为我们认为持这一想法的善好解释了其现实性。承认了以上这些，我们就不能再坚持说，善好——我们承认它可以是某人持某种想法的根据——不能成为某人做某事的根据。因为，如果这样说，我们就会在思维和发生（happening）之间划出一道任何因果关联都无法跨越的鸿沟。但这样的话，我们就无法设想，一个关于善好的想法——恰恰由于被其善好所解释——可以引发某人做某事。但如果这样的话，作为关于该做什么的想法，它就变得不可理解了。

以上证明，实践性推理的结论是行动。证明是这样进行的：我证明了，任何实践性推理内在地包含对其结论作为行动的想法；反过来，对这一想法的否定是对一切实践性推理的消解，因此也是对这一否定意图对之有所否定的主题的消解。

六、善好的绝对性

实践性推理的结论是行动。这意味着善好可以解释善好者的存在。善好可以成为善好者的现实性的根据。这一思想，关于善好作为善好者的现实性之根据的思想，是关于现实者本身的思想。因此，实践性推理是形而上学知识。我们可以将这种知识称作道德形而上学。这里，道德形而上学不是指一种由其主题得到区分的特殊形而上学，而是指由道德或关于善好的知识给出的、并且包含于此知识之中的一般形而上学。

或许看起来，关于实践性推理是否终结于行动而非单纯想法的问题只涉及存在的一个部分而非存在本身；或许看起来，这个问题问的是存在的这一个部分是否能在实践性推理所包含的知识、即推理者的行动中被认识到。更进一步，或许看起来，存在的这个部分是我的存在，或我们的存在。因为实践性推理给出的对行动的知识是第一人称的；它是对我的或我们的如此行事的知识。这样，我们或许倾向于认为，在现实性的全体中——更确切地说，是在变化和生成的领域中——我们用第一人称代词划分出一个区域：我们和我们的行动。这一区域在形而上学上是特殊的，因为它适用一种特殊形式的解释：在这里，解释某事的发生就是证成它，揭示它是好的。在这一区域中，某事可以因为是好的而是现实的。与此相对，现实性的其余部分，生成和变化的其余部分，除我们以外、非我们自身的部分，对善好是漠不关心的。如果我们要为这剩余部分找一个名称的话，我们可以称之为自然。我们可以说，自然或自然之物不能以这种方式得到理解：我们不能通过证明某事是好的来理解为什么此事在自然中发生；善好不是它存在的理由。

这一思路所表达的观念——我们不是绝对者——正是黑格尔所反对的；黑格尔警告说，我们不应把我们的反思建立在这一观念之上。换一种说法，这一思路表达了这样一种观念：第一人称，无论单数还是复数，指涉全体存在中的一个特定元素。

实践性推理终结于其中之事通过其善好得到解释。如果实践性推理终结于我的行事，那么我的行事就通过我的行事的善好得到解释。我的行事是某事的发生。某事的发生与其他事情的发生联系在一起，作为彼此的现实性之条件，这一联系所贯穿的内部环节不受限制。关于某事发生的想法是关于诸事之整体发生的想法，只有在这一整体中对某事发生的理解——对它为什么存在和为什么是其所是的理解——才是完整的。在解释和理解某人之做某事（作为某事的发生）时，不能把它从这一整体中隔绝出来。在思想中对它进行的解释和理解不能和对现实性的其余部分、生成和变化的其余部分的解释和理解隔绝开来。确实，将实践性推理的结论如此隔绝开来就是将其设想为单纯的想法，区别于任何事情的发生的单纯的想法。

由于善好是我按照我的观念行事之现实性的根据，善好的效用是不可限制的：它囊括了在关于某事之发生的思想中被思考的整体：现实性的领域。这一关于善好的想法——它在现实性领域中的不可限制性——内在于实践性推理。它内在于我的任何行事，只要我将我的行事理解为实践性推理的结论。人类行动是对善好作为现实性的最终根据的知识。这是对人类行动的真正定义，人类行动对其自身的定义。

没错，作为我的实践性推理的结论，我去做某事的想法是第一人称的。因为这一想法不是单纯的想法，而是去做被设想之事。作为思想，它与在其中被思想之事同一，而这正是第一人称思想的唯名定义（nominal definition）。同样正确的是，如果实践性推理不终结于行动，则不存在关于自身行事的第一人称思想，甚至不会有据称是实践性推理结论的单纯想法。这是因为，即使这一想法是个单纯想法，它也必须是第一人称想法。因为，实践性推理蕴含着以下同一性：据其结论行事之人与接受其结论之人是同一人。所以，实践性推理的结论是单纯想法这一观念摧毁了任何行事的可能性。这是对这一观念的归谬。然而，如果没有对第一人称、对自我意识的理解，这一归谬的意涵就没法澄清，可能被误解。它可能被认为反映了我对拥有我的行动的某种兴趣，我对我的行动归属于我的兴趣。人们可能以为，不拥有自己的行动、不把自己视为行动的主人是让人不舒服的。人们可能会说，这是一种异化，是某种不好的、应当被避免的事情。

对实践性推理终结于单纯想法这一观念的归谬，这一依赖第一人称思想之条件的归谬，其意涵只在下述情况下才充分显现出来：我们应当看到，这一归谬与前面讨论的归谬是等同的，后者表明，关于行事的第一人称思想、关于某事发生的第一人称思想是对善好的不可限制的效用的承认。当我将一个行动理解为实践性推理的结论、由此将之理解为以善好为根据时，这个行动就是我的。我的行动的属我性在于：我之行事，正当我在行事之时，奠基于绝对者之中。在这里，我们开始懂得，黑格尔为什么说，认为知识异于绝对者、认为我们异于知识，这些看法是错误的。

我将实践性推理的结论理解为我依照推理所揭示的善好行事。由此，我知道，善好统御现实本身。因此，善好不是一个特定动物物种的能力，不是一种特定生命形式的一个方面。这样的能力不可能统御现实本身。认为善好是一个特定动物物种的能力等同于认为，构成实践性推理的善好，其因果性被限制于现实性的一个部分而不能统御运动变化本身。认为实践性推理是一种行动能力是错误的；认为人类行动是对这一能力的运用是错误的。当我们思考在实践性推理之中的我们自己、当我们思考善好时，我们就冲破了用以思考动物的范畴。

由于善好解释了善好之事，在运动变化界没有任何力量可以阻止善好。我们无法设想善好因自然力的作用而不能成为现实。诉诸道德力来解释善好的现实性也是不可设想的。这适用于善好在发生领域中的效用，也适用于善好在意愿中的效用。在后者中，同样没有任何力量可以阻止善好。因此，在实践性推理中，我认为我就是善好，纯粹的、不可影响的善好。这不是说我拥有一种未受诱惑、错误的欲望等影响的做好事的能力。相反，它表明不存在这种能力。如果我将善好设想为我的能力，则我没法认为它是纯粹的、不可影响的。相反，我会见证这种所谓的能力被一再挫败。康德对此的荒谬回应——这是他固执于实践理性是一种能力这一错误想法的努力——是去悬设一条通向我的道德完善的无穷道路（尽管我无法知道自己是否走在这条道路上）。一旦实践理性被设想为一种我拥有的能力，一种做好事的能力，这一令人反感的回应就是唯一可能的回应。这正是这样一种想法：我是好的，纯粹和不可影响的善好，我什么都不是，没有任何力量。①

这些思考指向内在于实践性思想的绝对者的观念。这一观念的具体展开须另待他时。这里的要点是：实践性推理将其结论理解为正在发生的某事，这一理解关涉作为绝对者的善好。

（黄笛 译）

① 原文为："It is precisely the thought that I am good, unmixed and unaffectable in my goodness, that I recognize that am nothing at all and have no power whatsoever." 此句似有脱漏。我的翻译在后半句中补入了一个主语"I"。——译者

天人共美
——以“人”观之与以“天”观之的视域交融

杨国荣
（华东师范大学）

一

随着历史的发展，生态逐渐成为人们不能不加以正视的问题。从实质的层面看，生态之所以成为问题，与人自身的存在相关联。如所周知，人既源于自然并内在于自然，又走出自然并与自然相对，中国哲学中的天人之辩，并涉及以上关系。洪荒之世、本然世界，并没有生态的问题。只有当人从自然中分化出来（天人相分）、成为与自然相对的另一种存在（所谓自然的“他者”）时，生态的问题才会发生。在人类出现以前，自然诚然也经历了各种变化，如地震、洪水、海啸、火山、干旱，等等。不过，这些自然的演化在人类诞生之前，并不构成生态问题。然而，在人作为“他者”从自然中分化出来后，不仅人自身的活动结果逐渐造成了各种生态问题，而且本来没有生态意义的自然演化也逐渐获得了生态的意义。如前述的地震、火山、洪水、干旱等变迁，便随着人类的出现和发展而逐渐地由单纯的自然现象，转换为生态演化的重要方面，其所以如此，主要即在于这些变化直接影响着人自身的生存。从以上方面看，生态的问题确乎与人的存在难以分离：可以说，生态问题首先是人的问题。

生态问题之源于人的存在，与人自身的存在特点相关联。如所周知，在现实的世界中，只有人才真正具有价值创造的意识和价值创造的能力，也只有人，能够通过自己的创造性活动而在自然之上打上各种印记。事实上，人生活于其间的现实世界，已不同于本然的存在，而是形成于人自身的创造活动，儒家所说的“赞天地之化育”、“制天命而用之”，便已肯定人参与了现实世界的生成过程。

人的价值创造过程同时也是意义生成的过程，意义本身则有多方面的内涵：它可以展现为正面或积极的趋向，也可以包含负面或消极的性质。从天人关系的角度看，正面或积极的意义体现于和谐的天人关系，负面或消极的意义则表现为天人之间关系的片面化。事实上，生态的问题归根到底导源于天人关系的片面化，后者意味着人与自然之间由平衡走向失衡。

天人关系失衡的重要原因，在于人们在追求自身价值目的以及进行价值创造的过程中，忽视了自然本身的法则。价值创造的过程固然关乎人的价值目的，但这一过程同时又必须本于现实存在以及内在于其中的法则。如果价值目的的追求和价值形态的创造无视甚至蔑视自然的法则，则天人之间便会形成各种张力并趋向于分离，由此进而导致各种生态问题。人的价值创造过程与生态问题的发生之间的以上关系，同时从一个方面表现了生态的问题与人的存在及其活动之间的相关性。

要而言之，生态问题的发生以人走出自然并与自然相对为其历史前提。如果用中国哲学的概念来表示，则这一前提便以天人相分为其内容。从天人相分或天人关系的角度来理解生态问题，具体涉及两重视域：以人观之与以天观之。生态问题的解决、生态关系的合理建构，离不开对以上二重视域的具体理解。

二

生态问题上的视域首先表现为“以人观之”。宽泛而言，“以人观之”也就是从人自身的视域出发理解和评判世界，这种“观”包含多方面的意义：它不仅涉及狭义上的理性认知，而且关乎价值的关切。理性的认知具体表现为在事实层面上对自然本身、自然与世界关系的把握，价值的关切则以天人之间的价值意义为指向。中国哲学很早就已意识到以上方面。孟子曾指出：“亲亲而仁民，仁民而爱物。”这里涉及“亲”、“民”、“物”三种不同的对象，对待这些对象又有“亲”（以亲情相处）、“仁”（以仁爱之心相待）、“爱”（以珍惜、爱护之心对待）三种价值立场、价值态度，后者也属广义上的“观”——对事物在价值层面的考察与把握。不仅对“亲”（家庭伦理领域中的成员）、“民”（一般社会成员）要给予价值的关切，而且对广义上的“物”也应当有一种珍惜、爱护（“爱”）之情，这种情感在实质的层面渗入了价值的内涵。宋明时期，理学家们进一步提出“民胞物与”、“仁者与万物一体”等观念。“民胞物与”、“万物一体”意味着将世界之中一切对象都理解为与人相关的对象，并赋予它们以相应的价值意义，这一看法的内在要求是对人之外的其他对象给予应有的价值关切，其中也体现了以人观之的价值内涵。

中国哲学不仅在实质层面涉及对自然等对象的价值关切，而且也提出了如何展开这种价值关切的总体观念或总体原则。后者可以用《中庸》中的一个重要命题来概括，即："万物并育而不相害。"从对待自然对象的角度看，"万物并育而不相害"意味着自然中的每一个体、每一对象都有其存在的理由，它们可以共同存在，彼此之间并不相互排斥。从人与自然的关系看，这里所确认的是：自然作为与人共存的对象，同样有其存在的意义。以上主要从天人关系的角度，体现了"万物并育而不相害"在理解和对待自然方面的价值取向。

引申而言，"万物并育而不相害"不仅表现为理解自然以及人与自然关系的原理，而且构成了把握人与人关系的出发点。从本原的层面看，人类社会中不同的个体、阶层、集团、民族、国家在社会领域中都应有各自的生存空间，彼此之间应共同存在而非相互排斥。与之相联系，这些个体、阶层、集团、民族、国家在享有、运用自然资源上应该具有平等的权利：按照"万物并育而不相害"的原则，不同的个体、阶层、集团、民族、国家所拥有的以上权利，都应当得到承认和尊重，而不能仅仅强化人类部分成员的权利，否定、排除其他成员的同等权利。但是，在人类历史的实际发展过程中，以上原则并没有真正得到体现，相反，我们所看到的，往往是某些阶层、某些集团、某些民族、某些国家在利用、消耗自然资源方面远远超过甚至压倒其他的阶层、集团、民族和国家。这里无疑包含了人类社会中的不平衡，这样的不平衡如果不加抑制，同样将导致生态的问题：当社会领域的某些成员、集团、民族、国家过度地消耗自然资源时，天人之间的不平衡往往会进一步加剧，正如前一代人对自然的过度占有，将导致后来世代的生态危机一样。以上事实表明，今天的生态问题，与社会上不平等地运用自然资源有着难以否认的联系。

可以看到，在天人关系之后，包含着人与人之间的关系。它从一个方面体现了前面所提及的看法，即生态的问题归根结底是人的问题。与之相应，解决生态问题也需要从人的角度加以考察与理解。如前所述，以人观之的"观"既涉及以理性的方式理解世界，也包括从价值的视域看待世界。从逻辑上说，如果单纯地基于工具层面的理性去理解天人关系以及人与人的关系，往往会引向过强的功利意识，并进而导致人与人的关系以及天人关系的失衡，"以人观之"所涉及的以上价值关切对于抑制这种偏向，无疑具有积极的意义。

当然，如后面将进一步讨论的，仅仅停留在以人观之的视域或过度地强化这一视域，常常容易导向狭隘的人类中心观念。狭隘的人类中心主要表现为以人类局部的、当下的利益作为考察和处理天人关系的唯一出发点，由此进而趋向于对自然的片面占有、获取。以上价值取向的逻辑结果，则是导致各种形式的生态失衡。

三

在生态之域，与“以人观之”相关的是“以天观之”。以后者为视域，便不仅仅要从人自身的价值目的去理解和看待世界，而且应基于自然本身的规定和法则去考察自然，由此把握协调天人关系的现实条件。人首先是自然的一部分，人的生存需要食物、水、阳光，等等，在此意义上，人也从属于广义的生态之链。作为自然的成员，人不能不服从自然的运行法则，人本身的活动、发展过程也应当和自然本身的循环系统相一致。从历史的发展来看，当早期人类还以采集、狩猎等为生存方式时，人与自然之间便在一定程度上保持了原初意义上的循环关系。所谓“日出而作，日落而息”，便从一个方面反映了人与广义自然循环之间的彼此相关：人之“作”与“息”的往复，与作为自然对象的“日出”与“日落”之周而复始的运行，呈现内在的一致性。到了农耕、游牧文明的时代，人与自然生态平衡之间的关系问题开始变得多样化、复杂化。在工业化之后，人逐渐逸出了广义上的自然循环系统，并由片面地干预、征服自然而导致了各种生态问题。自然系统是人赖以生存的基本前提，自然的破坏以及由此引发的生态问题，最终威胁到人自身的生存，从这一意义上说，保护自然就是保护人自身。在同样的意义上，对人自身存在的维护，应当延伸到对自然本身的保护。从“以人观之”的角度看，人往往被视为目的，而从维护人自身的存在延伸到维护自然，则在某种意义上可以相应地视为人是目的的延伸。

从哲学史上看，道家对以上关系已有了比较自觉的意识。道家把自然作为第一原则，提出“道法自然”，要求尊重自然自身的法则。当然，“法自然”并非毫无作为，事实上，道家也肯定人的活动。不过，对道家而言，人的活动的前提是合乎法则。这里包含两个方面，即合目的性与合法则性，道家强调活动的合目的性不能悖离合法则性。与之相关，道家提出“为无为”，在这一视域中，“无为”也构成了“为”的独特方式，这种“为”的特点在于以合乎自然法则为活动的基本前提。不难看到，道家对天人关系中“以天观之”这一方面，给予了相当自觉的关注。

然而，道家作为哲学学派，同时存在将自然理想化的趋向。在道家看来，本然或原初的自然就是最理想的存在形态，人应当致力的，是保持、维护甚至回归这样一种存在形态。由此，道家甚至趋向于等观天人，即把天与人视为具有同等价值意义的存在：道家提出“天地不仁，以万物为刍狗；圣人不仁，以百姓为刍狗”，这种观念便意味着将自然与人完全同等看待。等观天人的内在指向，在于消解人与自然之间的差异，由此，人作为具有价值创造意识和价值创造能力的存在这一内在规定，也往往难以得到确认。事实上，一旦人作为价值主体这一存在规定被消解，则生态问题本身也将被消解：它意味着重新回归到天人未分的洪荒之世，此时固然也有各种自然变化，如前面提到的火山、地震、洪水，等等，但这种变化并不构成生态问题。

这里，也许可以对狭隘的人类中心论和“以人观之”做一区分。如前所述，狭隘的人类中心论主要导源于对“以人观之”的过度强化，广义上的“以人观之”则表现为联系人的价值目的以理解人与自然的关系。前一偏向应当避免，但后一视域则无法完全摆脱：以生态问题而言，我们之所以努力建立理想、协调的生态系统，归根到底仍是为人的生存创造一个更为完美、更为合理的存在背景。正如生态问题的发生与人相联系一样，生态问题的解决也无法与人自身的存在相分。如果完全拒斥“以人观之”，便往往容易导向“自然中心”论。道家等观天人的立场，固然包含多方面的意蕴，但如果对此不适当地加以强化，似乎也可能将人的视域还原为自然的视域，并由此进而引向“自然中心”论。

四

以上，分别考察了“以人观之”和“以天观之”二重视域。从解决生态问题的角度来看，合理的进路在于走向上述二重视域之间的交融。换言之，“以人观之”与“以天观之”之间不应彼此排斥和对立，而应当相互统一。就生态哲学而言，以上的视域融合包含多方面的意义。

首先是合目的性与合法则性的统一。合目的性意味着人的活动、人在世界中的价值创造，都是追求价值目的的过程。这是人的存在及其活动的重要特点。人的这种价值目的与理想追求不能放弃：如果完全放弃、否定人对价值目的与理想的追求，就可能导致道家曾表现出来的偏向，其逻辑的结果是重新趋向于天人未分这种本然的存在形态，从而消解生态问题。

另一方面，合目的性的追求不应当背离自然本身的法则。这里至少可以从两个角度加以理解。一方面，人的价值目的本身既基于人自身的需要、理想，又本于现实的存在，后者包括广义的自然及其内在法则，这样，价值目的从其形成之时起，便无法离开自然及其内在法则。另一方面，价值目的之实现，离不开人的实践活动，在实现价值目的的过程中，人的实践活动同样不能无视自然的法则，而是需要处处对其加以尊重和服从。人类的历史不断地告诉我们：蔑视自然的法则，必然会受到自然无情的惩罚。

如果说，否定人的价值目的趋向于狭隘的自然中心观念，那么，疏离自然法则所导向的则是狭隘的人类中心论。以合目的性与合法则性的统一为前提，既应当超越狭隘的“自然中心”观，也应当扬弃狭隘的“人类中心”论。

从更本原的层面看，“以人观之”和“以天观之”这两重视域的交融同时涉及对天人关系的理解。生态问题的发生以天人相分为前提，与这一前提相联系，“以人观之”和“以天观之”这两重视域的交融与如何面对天人关系这一问题无法相分。时下对天人关系的理解一般都趋向于强调两者之间的合一。然而，如果作具体的考察，则“合一”本身也包含不同涵义。“合一”可以是原始的、前文明状态下的“合一”，在洪荒之世、本然的存在中，一切对象处于“合一”的形态之下，与此相类似，早期人类的存在及其活动（如前面提到的采集、狩猎时代的存在方式），与自然之间也表现出某种原始意义上的合一关系。如果仅仅停留在这一类原始的“合一”之上，那么，人类的历史发展便失去了基本的前提，生态问题也将既无从发生，也无需考察和解决。当然，人类的发展不能仅仅以天人相分为指向：天人相分的片面化和极端化，是导致各种生态问题的根源。合理的取向应当是在天人相分之后，又不断地在历史的发展过程中重建天人之间的统一。换言之，这里真正重要的不是回到最初那种原始的统一形态，而是在不同的历史阶段不断超越天人的分离和对峙，使二者达到更高层面的统一形态。事实上，从历史的角度看，生态问题只有通过不断重建天人之间的统一才能解决，仅仅赞美自然的原初形态，一味地讴歌、缅怀天人之间的原始统一，只能得到某种抽象、空泛的满足，而无法真正解决生态的问题。生态的危机因人而起，也只有通过人自己的合理活动来克服。单纯地因人的作用导致生态困境而拒斥人的活动，无异于因噎废食。在这里，具有积极意义的取向是通过人自身的作用和努力，不断在历史的演进过程中重建天人之间的统一。通过这样一种重建的过程，一方面，人的价值目的不断得到实现；另一方面，人又在一个更高的层面上重新参与到自然的循环系统，形成与自然之间的和谐关系。从某种意义上说，经济发展中经常被提及的循环经济，也趋向于以上理念。在这里，合目的性的价值追求和重建天人统一意义上的生态循环之间呈现相互统一、并行而不悖的关系。从更形而上的层面来看，以上趋向同时又表现为中国哲学所肯定的天道与人道之间的统一；从价值观的意义上说，它则展现为人道原则和自然原则之间的统一。人道原则包含“以人观之”，即肯定人的价值目的与价值追求；自然原则表现为“以天观之”，即尊重、肯定自然本身的内在法则。历史层面的天人合一所体现的内在理念，就是天道与人道、自然原则与人道原则的不断统一，“以人观之”与“以天观之”两重视域统一的实质意义，也体现于此。

如果从更为宽泛的背景去理解、考察天人之间的互动，则以上两重视域的交融进而涉及伦理视域与审美视域之间的关系。“以人观之”不仅仅意味着注重人的价值追求，它同时也意味着要求人承担多方面的价值责任，后者既包括人对自身的责任，也包括人对自然的责任。责任与义务处于同一序列，本质上具有伦理的意义，从而，责任的意识背后，包含着内在的伦理视域。另一方面，在合理的生态重建过程中又处处渗入了审美的视域。道家很早就注意到："天地有大美而不言"，即自然本身就包含审美之维。合理的、和谐的生态关系总是同时呈现审美意义，而被破坏了的生态则常常无法给人以美的感受。今天在地球的某些地区，常常可以看到污浊的河流、寸草不长的荒地、灰沙滚滚的道路、废气弥漫的天空，等等，这种生态现象不仅在价值的层面呈现出负面的意义，而且从审美的角度看也缺乏任何美感。与上述生态现象相对的明净的蓝天、清澈的河流、郁郁葱葱的原野，等等，同样不仅具有正面的价值意义，而且给人以赏心悦目的美感：当我们将天更蓝、水更清作为生态的理想目标时，其中便同时体现了审美的追求。就以上层面而言，"以人观之"和"以天观之"两重视域的统一，无疑内在地包含审美视域和伦理视域的统一。审美视域以美为对象，伦理视域则关乎善，在此意义上，二者的交融同时又表现为美和善之间的统一，后者在更广的维度构成了人类所追求的基本价值理想。

就价值目标而言，从天人关系和天人互动的角度讨论生态问题，最终指向的是人类社会本身和谐、可持续的发展。在这样一种发展过程中，一方面，人本身不断地通过价值创造走向完美，另一方面，人生活于其间的世界也不断地在更高的层面趋于完美。所谓"赞天地之化育"，便同时包含以上内涵。可以看到，人的完美与自然的完美本质上具有统一性，这种统一可以理解为"天人共美"。"以人观之"与"以天观之"二重视域所指向的，也正是这一生态理念。

传　　统

我们是否仍在学以成人？
——传统与传承之间的连续性

程艾兰（Anne Cheng）
（法兰西学院中国思想史讲席教授）

当我们处在公元第三个千禧年的开端，在经历了如此之长的文明化进程以及对这一问题数个世纪的哲学反思之后，我们是否仍在学以成人？晚近的历史和我们眼下正在发生的事件无时无刻不在提醒着我们这一学习期还远未完成，而且事实上，只要我们不想在将来任何时候跌入粗暴和野蛮之中，这样的学习就必须不断重新开始。不过，这恰恰是儒家教育的核心所在，它可以被总结为“学”这个唯一的词，这个词出现在《论语》的第一句话，而这本书被归在孔子（公元前551—前479年）名下，他在西方以Confucius这个拉丁化名字而为人所知。接续了2500年并且至今仍在持续着的整个儒家传统，实际上仅仅是在谈论这样一个问题：如何学以成为更加人性的？

当儒家学说被启蒙运动中的杰出人物以哲学的方式领会之后——而他们是通过17到18世纪在中国的耶稣会传教士而得知的——儒家就被哲学权威、进而被欧洲19世纪的宗教科学降格为了一种宗教。在世界大战的灾难和20世纪大规模的种族灭绝之后，儒家以一种有着普遍主义要求的新人道主义的面孔重新出场。因此对我们而言，这涉及到去评估这种儒家世界观其普遍性范围有多大，为此我们要追溯其植根于中国古代文明特有的礼教（ritualisme）之中的起源。由此我们注意到，后者奠基于被我们称之为“宇宙人类学”（anthropocosmique）的一个概念（“天人合一”这一著名箴言），在这里，人类世界与那个超越了它并包含着它的东西——自然的和宇宙的世界，也就是由超越人世之力量所构成的那个超自然的、不可见的世界——处在一种连续性的关系之中。在这种连续性之根基处的，是一种把生者的世界与那些被感知为已然作为人类共同体之一部分的祖先们的世界联系起来的东西，他们自身并没有被神化，可同时他们有着向神灵求情的力量。祖先崇拜当然是中国文明史中最古老、最持久和最广泛的崇拜，尤其是以丧礼和尽孝（la piété filiale，或译：事亲）这样的特殊形式，它们至今仍持存于世界各地的华裔社会之中。正是人世与超人世之间的这种连续统（continuum），使得将其归于一神教视野中的“宗教”范畴是困难的、甚至是不可能的，但却不能因此撤销其普遍性的特征。

我们之所以同样强调宇宙人类学和古代中国礼教视野中的连续性特征，因为这恰恰是去追问中国对普遍性之要求的核心所在。事实上，一方面，这种连续性使得有可能将“天—地—人”纳入一个单一的整体。在这个意义上，它甚至不仅仅是一种普遍主义。并且，另一方面，它同样也确保了时间中的连续性。这在我们所引用和研究的礼教资料中竞相得到确认：人（人类世界）就像天地一样恒常，通过不断传承文明化的人性的某种理念而代代相传。这种不间断的传承，通过尽孝（对健在父母的敬重）和对祖先及已故父母的崇拜（对死者的崇拜）之间完美的连续性，而展现为礼教的措辞。这些葬礼和丧礼，尤其在《礼记》中被详细描述，包括了斋戒净化，旨在让已故之人得以显现，就如同他们活着的时候那样，并且包括了献给已故之人的牺牲祭品，就如同他们是在场的、仍然活着那样。正如经常被引用的孔子《论语》中的箴言所总结的：

> 祭如在，祭神如神在。子曰：「吾不與祭，如不祭。」
>
> 法译：人们奉献出祭品（给他们已故的父母）就如同他们是在场的，同样地，人们给神灵献祭就如同他们确确实实在那里。孔子说：“如果我没有真正地参与到祭祀中，那么这就如同是并未有过祭祀。”

“如”这个词（法译 comme 或 comme si：如同、犹如、好像）太过频繁地甚至是纠缠不休地反复出现在礼教资料之中（尤其参见《礼记·檀弓》A § 19，以及《论语·乡党》开头部分）并不意味着任何重要的事情：它或许构成了对于让·勒维（Jean Levi）所提出的关于孔子生在其中的古代中国特有的祭祀文化的问题的一个回应，或至少是一个回应的尝试，用让·弗朗索瓦·毕来德（Jean François Billeter）的话来总结就是：

> 人们像侍奉一个活人那样去侍奉他已故的主人（或父亲），需要达到什么程度？如果牺牲者不是真实的，那么人们进献给他的牺牲是否灵验？那些援引孔子之名的礼教主义者将会捍卫这样一种观念，对于那些同时不在场和在场的死者，都应该做出不在场且在场的、即象征性的牺牲。**因此从来不曾有过间断**（强调为本文作者所加）。人殉从未被禁止。它已经被遮掩起来，它已经成为隐

藏在儒家传统之内核的不可告人的“原始场景”。这个想法可能有争议，它需要被讨论。在我看来，它可以澄清那些无法被解释的现象。我想到了孝，以及它后来有时所采取的那些强迫性的甚至是病态的形式。

让·勒维更进一步回顾说，旨在使得逝者在坟墓中得到其亲近之人（妻子们和仆人们）陪伴从而使得他们可以延续其活着时候那样的生活方式的人殉实践，在孔子的时代仍然远未结束。在《礼记》（《檀弓》A §74 和 B §155）中，人们找到了一些被归于孔子的言论，它们援引了一种折中的解决方案，即不再往死者坟墓中置入骨肉之身的仆人或妻子，而代之以稻草做的俑。但是，孔子明确指出，最好它们不是用木头做的人体模型，这样的模型过多地留意于真人，冒了重新堕入实行人殉的风险。同样地，放置于坟墓中的用具必须与日常生活中的用具相似，但不是为了真的能用而被制作出来，这样做是为了恰如其分地标记它们属于亡灵和神明的世界，而非属于生者的世界。这些就是被我们称之为“明器”（法译：ustensiles mystiques，神秘用具）的用具，就像那些与日常生活中器皿相似的器皿，但它们被制作出来不是为了用作容器，也不是为了用作钟和石琴，它们不能发出声音因为它们没有被钩在柱子上。

因此，礼教文本中“如”（comme si）的重要性和重复性就是可以理解的了：人们必须不断站在刀刃上，站在将死者视为真的已死并被彻底埋葬（正如《礼记》中孔子所说，这缺乏人性 / 仁）和将死者视为仍是生者世界不可或缺之一部分（据孔子所说，这是不合理的）这两者之间细微的边界上。因此，“如”是必须的，但仅仅是“如”其已故父母仍然在那里，为的是使得对他们的记忆保持鲜活以及对他们表达其应得的感激，但与此同时必须要明确指出，人们生活在这样的“如”之中，以便让生者的生活能够继续下去，而无需承受死者生活的全部负担。

因此，马塞尔·莫斯（Marcel Mauss）有理由在中国观察到这一点：“死者的生活充斥着生者的生活。”我们甚至可以说，丧礼使得死者的生活时刻有完全吸干生者之生活的危险。类似的，在孝的实践中存在着完全吸干子女之生活的风险，这种实践在根本上奠基于赡养父母的义务，在他们活着的时候以物质的方式，接着在他们死后，以象征的方式，正如《礼记》中一个通过韵脚来强调的并列结构的句子所总结的（《祭义》§4）：

> 君子生则敬養，死则敬享。
>
> 法译：这位善良的人，在他父母活着的时候，向他们致以全部的尊敬并赡养他们，在他们过世后，给他们献上牺牲祭品。

在中国传统教育中，从童年开始的对孝的反复灌输有时会导致让·弗朗索瓦·毕来德形容的“强迫性的甚至是病态的形式”。引用“二十四孝”就足够了，这是元朝（13 到 14 世纪）郭居敬编的一个集子，用于教化后代。这个集子有着明确的说教目的，它包括了一系列各个时代的轶事，展现出那些虔诚的儿子们，他们做好准备采取最痛苦的过激行为来为年老的父母提供喜爱的菜肴。它已成为广为流传的众多故事版本的主题，尤其是插图。事实上，这一主题现在又重新回到了官方媒体的头版，急于给孝的意义恢复名誉，据他们所说，孝是所有中国人所独有的“文化基因”的一部分。事实上，供养年老父母的义务几乎毫不掩饰地是用来缓和退休制度的失灵，尤其在如今中国这样的人口老龄化情形中。

人们几乎忘了，儒家礼教文化在尽孝上的极端化是 20 世纪初现代知识分子革命性的偶像破坏运动的主要靶子之一。陈独秀（1879—1942）是 1919 年 5 月 4 日的偶像破坏运动（或译：反传统运动）的领导人之一，并且是中国共产党在 1921 年的共同缔造者，众所周知，他宣称孝是诸多病症中最坏的一个并且是所有恶的根源。伟大的作家鲁迅（1881—1936）在其发表于 1927 年的文集《朝花夕拾》中就致力于做出对《插图本二十四孝》的文本批评。《狂人日记》于 1918 年发表于由陈独秀创办的《新青年》杂志，在里面鲁迅赋予儒家虔敬一种残酷和幻觉性的视野：“古来时常吃人，我也还记得，可是不甚清楚。我翻开历史一查，这历史没有年代，歪歪斜斜的每叶上都写着‘仁义道德’几个字。我横竖睡不着，仔细看了半夜，才从字缝里看出字来，满本都写着两个字是‘吃人’！”

同类相食的主题继续萦绕于中国现代文学，并再次出现在莫言近来的作品中，他在 1999 年的一次访谈中，这早在他 2012 年被授予诺贝尔文学奖之前，就明确地承认了存在于中国古代甚至是当代的类似同类相食的习俗。倘若这个主题可以被视为一种纯粹的文学幻想，那么它实际上就触及到了让·勒维关于丧葬习俗的那种言论，将死者与生者之间的连续性的礼教逻辑推至了让·弗朗索瓦·毕来德所强调的从未被明确禁止的人殉。与这种“神圣压抑”结合在一起的困境导致了一种强烈的内化进程，这种进程仍然存在于“儒家人道主义”这一巨大冰山的水下部分。

如果对连续主义（continuisme，译注：指亡灵世界与生者世界之间的连续性）中的过度、负面性和事与愿违的结果的谴责有任何理由如此彻底，那么这就是孝大概一直就是儒家对世界和社会的看法中的主要和核心特征，它事实上被认为是儒家所宣称的普遍性中的主要因素——中国式的普遍性。使得孝成为一种普世价值（在这个词本来的意涵上，译注：具有普遍性的价值）的文本资料毫无疑问就是《孝经》这本致力于其研究的权威书籍。这部由反复推敲过的和重复性的箴言所组成的短小作品完全丧失了文学性，它在传统上被归于曾子所作，曾子是孔子的一位弟子，被誉为孝的典范。该书的断代，就像之前被研究的大多数礼教概略一样，是一个有争议的话题，但现在大多数历史学家都同意将该书的编订时间定位在汉代（公元前二世纪到公元后二世纪）。有些人甚至认为它完全是帝国时代奠基阶段的一部伪书，并且纯粹由意识形态的考虑所驱动。

无论如何，是《孝经》给予了“孝”一个形而上学的维度，等价于“道”（译注：之前把 la piété filiale 译作“孝”、“尽孝”，而非“孝道”，是为了区分“孝”和“道”；在这里，因为作者已经讨论了“孝”和“道”的等价关系，所以在后文将视具体语境选择性地把 la piété filiale 译为“孝道”）。在《三才》章（法译：Les trois puissances，三种力量），孝与三个一组的宇宙论图式“天—地—人”（这问题也在荀子致力于研究“天”的《天论》章中被提及）有关：

> 子曰：「夫孝，天之經也，地之義也，民之行也。」
>
> 法译：孔子说：“孝造就了天的恒常，地的正义，人的善行。”

除了在宇宙和人世之间的以及在生者和亡者之间的连续统之外，还有必要强调将家庭维度和政治维度在更大程度上勾连起来的那个连续统。事实上，父子之间的血脉联系——最重要的就是这种有机的联系——是国君与他的臣下之间政治关系的原初范型。因此在汉代，建立起了这两者间的同源性，一方面，是被视为用来刻画父子关系的孝，另一方面，是应该奠定臣下与他的国君之间理想关系的忠。参见《孝经·广扬名》：

> 子曰：「君子之事親孝，故忠可移於君。事兄悌，故順可移於長。居家理，故治可移於官。是以行成於內，而名立於後世矣。」
>
> 法译：孔子说：“好人侍奉其父母的孝，能够转变为对国君的忠。他侍奉其年长哥哥们的态度，能够转变为对长者的恭顺。他安排家事的方式，能够转变为在行政职务任上的良好治理。因此，私人操行上的完善，造就的是其在子孙后代那里的名望。”

孝道并不满足于作为所谓权威作品中的排他性主题，它还在汉代成为了首要的基本德性，覆盖了新的帝国秩序中社会、宗教、政治和制度生活的各个方面。王朝编年史把“孝”这个修饰词放在了汉代皇帝们死后的谥号前。更为普遍的，孝的名声对于一个人及其家庭来说相当于最高级别的政治和社会奖励。在整个东汉，获取官职最好的方式就是举“孝廉”，这是一个创立于公元前 134 年的头衔，它使得生活在边远地区的寒微之士能够脱颖而出并走上仕途。

因此，由礼法仪轨所界定和限定的文明世界是由连续性的关系所编织而成的密集网络所构成的，这些关系在各个方面相互交叉。贯穿全部网孔的主要丝线中的一个，就是孝。它通过成为与“天—地”活动具有同源关系（homologique，译注：天人感应）的人类活动的推动者本身，并且通过在所谓“自然”事物的秩序中奠定政治秩序，而呈现出一种“宇宙—政治”维度。孝道事实上构成了父子之间血缘的有机纽带，是臣下和国君之间政治关系的模板。在这儿也存在一种连续统，它使得父子关系可以无缝隙地转变为君臣关系，忠就是孝的政治性转译，或者如果人们更情愿这么说的话，是它把对父亲孝的情感扩展到了对待国君。这个扩展过程在一个连续统中完成，但它历经了处在同源性（homologie）关系中的不同阶段，也就是说，所有这些阶段都是基于同一个范型，但却处在不同等级上，正如《孝经》中《孝治》章所指出的：

> 子曰：「昔者明王之以孝治天下也，不敢遺小國之臣，而況於公、侯、伯、子、男乎？故得萬國之歡心，以事其先王。」
>
> 「治國者，不敢侮於鰥寡，而況於士民乎？故得百姓之歡心，以事其先君。」
>
> 「治家者，不敢失於臣妾，而況於妻子乎？故得人之歡心，以事其親。」
>
> 「夫然，故生則親安之，祭則鬼享之。」
>
> 「是以天下和平，災害不生，禍亂不作。故明王之以孝治天下也如此。」
>
> 「《詩》云：『有覺德行，四國順之。』」
>
> 法译：孔子说：“过去，正是通过孝道，散发着他们德性之光的王们统治了普天之下的世界，他们绝不会冒冒失失地蔑视那些弱小附庸国的臣子，更何况是对待那些公爵、侯爵、伯爵、子爵和男爵了！因此，他们获得了万国的热情拥戴，以维持对他们的先王们的崇拜。”
>
> “那些统治了一个国的人，绝不会以傲慢态度去羞辱鳏夫和寡妇，更何况是对待士人和普通民众？因此，他们获得了百姓（人民）的热情拥戴，以维持对他们的先君们的崇拜。”
>
> “那些做一家之主的人，绝不会有忽视其仆人和姬妾的念头，更何况是对待其妻和子？因此，他们获得了家族成员的热情拥戴，以侍奉他们的父母。”
>
> “在这些条件下，（父母）在活着的时候，生活在由他们家族成员所保障的安全之下，（在死后）他们的亡灵享受着进献给他们的祭品。”
>
> “因此，普天之下的世界处在了和谐和平静之中，灾难和损害就不会发生，祸事和混乱就不会出现。所以，那些有着德性之光辉的王们，通过孝道来统治

世界。”

“正如《诗经》里说的：‘面对一个有着明智和德性举止的人，四方的国都会出于完全的自愿而臣服于他。’”

大量从古典时代晚期到帝国时代早期的文本资料都显示出了这样一种三层递归（la récurrence des trois niveaux），那就是，天下、国、家。与外表相反，这三层之间在等级上的差异并不那么多地取决于空间或地理秩序，而首要地是由礼法所决定。这点明确出现在《礼记》中的一段话，其中涉及到一个虔诚的儿子的报仇责任，他的父亲或母亲被谋杀，并且在孝道的名义下，他有想方设法杀死凶手为死去的父母报仇的责任。参见《檀弓》A § 53：

子夏問於孔子曰：「居父母之仇如之何？」

夫子曰：「寢苫枕干，不仕，弗與共天下也；遇諸市朝，不反兵而鬥。」

曰：「請問居昆弟之仇如之何？」

曰：「仕弗與共國；銜君命而使，雖遇之不鬥。」

曰：「請問居從父昆弟之仇如之何？」

曰：「不為魁，主人能，則執兵而陪其後。」

法译：弟子子夏问孔子：“一个儿子面对杀害了他父亲或母亲的凶手该怎么做？”

孔子说：“他应该睡在稻草上并且拿他的盾牌当枕头，他不应该担任公职（以保持完全的空闲并时刻准备着履行报仇的责任），为的是不与凶手共享天底下的这同一个世界（译注：不共戴天）。如果这个儿子在市集或朝堂（在这儿，原则上讲，人们没有武器）上遇见了这个凶手，他不应该折返回去取他的武器，而是应该立刻向凶手发起搏斗。”

子夏问：“面对杀害兄长或幼弟的凶手采取什么行为？”

孔子回答说：“他应该担任公职，但不应该和凶手在同一个国。如果他被他的国君派遣（到凶手所在的国）去出使，那么即便在那里遇见了这个凶手，他也不应该向凶手发起搏斗（换言之，只要凶手在另一个国，就没有报仇的义务）。”

子夏问：“面对杀害叔伯或堂兄弟的凶手采取什么行为？”

孔子回答说：“他不应该主动带头去报仇。如果主要当事人（也就是叔伯或堂兄的儿子）能够这么做，他所做的仅限于拿上自己的武器跟在后面。”

在这里，这三个层级（天下、国、家）由一个人与他被谋杀的亲人之间亲缘关系的程度而决定：如果是父亲或母亲，他与凶手不共戴天（换言之，他会无休无止地通过杀死凶手来为父亲或母亲之死报仇，无论凶手身在何处）；如果是兄弟，他可以让凶手活着，但凶手必须是在另一个国；如果是一个堂兄弟，这就是一桩单纯的家族事务，并且得由堂兄弟的儿子主动带头去报仇。因此在这儿我们已经在极端礼教化的形式下（在这儿我们能够注意到，礼教并不排斥暴力和流血，而是恰恰相反）有了一种在别处被人们称之为仇杀（vendetta）的做法。礼法认可说报仇是一种和孝道联系在一起的道德义务，并且这种义务的程度直接与谋杀受害人和为他报仇的人之间亲缘关系的程度成正比，确实在葬礼和丧礼的模型中，这些礼法必须被有效地遵循，直至实施复仇。在此情形下，报仇紧密地与丧礼结合在一起，报仇替代了丧礼或者说它构成了丧礼的条件，在这儿报仇也决定了亲缘关系的接近程度。

这三个层级（天下、国、家）之间的区分，在报仇这一礼教责任的情形中，是由亲缘关系的程度所决定的，这种区分一再出现在《礼记》中别的段落里，我们从《礼运》章（法译：Evolution des rites，礼的演进）第 3 段着手讨论：

> 「故聖人以禮示之，故天下國家可得而正也。」
>
> 法译：“既然圣王们已经把礼展示了出来，那么天下、国、家就可以在正道中被治理了。”

也参见《中庸》章第 9 段：

> 子曰：「天下國家可均也，爵祿可辭也，白刃可蹈也，中庸不可能也。」
>
> 法译：孔子说：“人们能找到那些足够圣贤可以治理帝国（译注：天下）、治理一个诸侯国（译注：国），或者治理一个大夫的领地（译注：家）的人；找到那些足够无私可以拒绝官爵和俸禄的人，或者找到那些足够勇敢可以踩在裸露的剑锋上的人；人们却找不到一个可以遵循不偏不易（译注：不偏之谓中，不易之谓庸）的人。”

同样的三层社会政治秩序等级，被统合在了《孟子》中的一个单一表述里（《离娄上》第 5 段）：

> 孟子曰：「人有恆言，皆曰『天下國家』。天下之本在國，國之本在家，家之本在身。」
>
> 法译：孟子说：“人们有这样的惯用表述：‘天下、国、家’。天下的根本在

于国，国的根本在于家，家的根本在于（家主的）人格。”

这种分层（天下、国、家）也能在非儒家的、甚至是反儒家的资料中被找到，比如《老子》，参见第54章：

> 善建者不拔，善抱者不脱，子孫以祭祀不輟。
> 修之於身，其德乃真；
> 修之於家，其德乃餘；
> 修之於鄉，其德乃長；
> 修之於國，其德乃豐；
> 修之於天下，其德乃普。
> 故以身觀身，以家觀家，以鄉觀鄉，以國觀國，以天下觀天下。
> 吾何以知天下然哉？以此。
> 法译：被（竖立）建造得很坚固的东西不会被连根拔起，被怀抱得很严实的东西不会被脱去夺走，而子孙的血脉不会断绝，是多亏了（他们进献给已故父母的）祭祀。
> 一个人在其自身的人格中去养成这一点，他的德性将会是真实可靠的。
> 一个人在其家中去养成这一点，他的德性将会是充盈有余的。
> 一个人在其乡间去养成这一点，他的德性将会长久。
> 一个人在其国中去养成这一点，他的德性将会是丰盛硕大的。
> 一个人在全天下去养成这一点，他的德性将会普惠四方。
> 因此，必须要从自身出发去观照自身，从家出发去观照家，从乡出发去观照乡，从国出发去观照国，从天下出发去观照天下。
> 那我如何知道天下会如此这般呢？就如是这般！

这些引文在《大学》同样著名的首段那里产生了回响，《大学》原本是《礼记》中的一章，但它后来因其自身之故而获得了权威文本的地位。在儒家经典中，《大学》当然是被评注得最频繁和最广泛的文本之一，不仅是在时间上（在从十一世纪到今天超过一千年的时段中）同样也是在空间上（已经成为韩国、日本和越南的大量重要评注的主题）。这三个层级（天下、国、家）最终是将根基置于君父（souverain/père）的“身”（法译：personne，人格）上的，这个想法在《大学》开端处的详尽展开中被阐述，并且为所有儒生所熟知和记诵：

大學之道，在明明德，在親民，在止於至善。

知止而後有定，定而後能靜，靜而後能安，安而後能慮，慮而後能得。

物有本末，事有終始，知所先後，則近道矣。

古之欲明明德於天下者，先治其國；欲治其國者，先齊其家；欲齊其家者，先修其身；欲修其身者，先正其心；欲正其心者，先誠其意；欲誠其意者，先致其知，致知在格物。

物格而後知至，知至而後意誠，意誠而後心正，心正而後身修，身修而後家齊，家齊而後國治，國治而後天下平。

自天子以至於庶人，壹是皆以修身為本。其本亂而末治者否矣；其所厚者薄，而其所薄者厚，未之有也！

法译：大学的道，在于使德性昭彰，在于把民众当成亲人一样去接近（译注：该法译对“亲民”的理解与通常注本不同，这里将“亲”理解为了“亲近”而非“新”），在于让自己停止在最高的善那里。

知道应该在哪里停止才能够确定；能够确定，才能够心不妄动；而心不妄动将导向安稳，安稳将导向考虑周详，考虑周详才能够达成其目标。

所有物都有其根本和枝蔓，所有事都有其开端和终点。知道了先后次序，这就接近于道了。

在古时候，为了在天下彰显德性，一个人先从治理好他自己的国开始着手。为了把他自己的国治理好，他先从安排好他自己的家开始着手。为了安排好他自己的家，他先从完善他自己开始着手。为了完善他自己，他先从使自己的心正直开始着手。为了使得他自己的心正直，他先从使他自己的意图真诚开始着手。为了使他自己的意图真诚，他先从推进他的知识开始着手；为了推进他自己的知识，他先从研究事物开始着手。

正是通过研究事物，而后知识才能达到其最大的扩展。当知识被扩展，意图才变得真诚；当意图真诚了，心才变得正直。正是通过让心变得正直，而后他才能够完善他自己。正是通过完善他自己，而后他才能安排好他的家；正是通过安排好他的家，而后他才能治理好他的国；当国被治理好了，全天下才能实现伟大的和平。

对于上天之子以及对于普通人来说，根本要务都在于完善其自身。让根本要务陷入混乱却同时还期待把细枝末节治理好，这是不可能的；忽视对你来说重要的东西而同时却重视并不重要的东西，这种事情从未见过。

《大学》的成功诚然可以通过其简明扼要（全文在一页纸上就可以打印出来）而

获得解释，然而悖谬地，这也是因为引言部分的诸多重复表达和联锁推理结构（“如果A，那么B；如果B，那么C；等等”）的缘故：“古之欲明明德于天下者，先治其国；欲治其国者，先齐其家；欲齐其家者，先修其身；等等等等”。这种结构的目的显然是为了有助于记忆，有助于产生一种连续性和有序相继的效果。文本开篇把大学的道路描述成一个通过诸多阶梯的逐步的进程，圣王的个性发展通过一个个同心圆扩展到家的尺度，然后是国，最后是天下，由此在修身（la culture de soi，自我教化）的道德维度和治国（la gouvernance du monde，治理世界）的政治维度之间建立起了一种连续性的关系，这种连续性是这段文本的核心范式。随着国君自身成长为了一种道德性的存在，国君的道德影响会通过越来越大的同心圆或者说同心波浪而展开和流溢，这样的一幅图景，展现出了对于在精英的道德教化和社会躯体（corps social，译注：作为躯体的民众与作为头部的精英相对）的政治控制之间的那种连续性的想象。这条在《大学》开篇处被展现出来的从“内圣”到“外王”的无缝通道，支撑了至今仍然被华裔美国学者杜维明所激赏的儒家理想主义：

> 就像是自我必须克服利己主义以真正成为人道的，家必须克服任人唯亲以真正成为人道的。类似的，社群必须克服乡土观念、国必须克服种族中心主义、以及世界必须克服人类中心主义以真正成为人道的。根据儒家包容性的人道主义，这个被重构后的自我，超越了利己主义、任人唯亲、乡土观念、种族中心主义和人类中心主义，以“与天、地、万物形成一体”。

在这里，杜维明重申了不断变大的同心圆之中的国君其个人道德持续发展所要经历的不同阶段：自我、家、社群、国、世界，并对儒家人道主义无所不包的普遍主义特征给出了结论。引文最后的“与天、地、万物形成一体”这句话所暗示的是明代大思想家王阳明（1472—1529）在其《大学问》中的箴言：

> 大人者，以天地萬物為一體者也，其視天下猶一家，中國猶一人焉。
>
> 法译：伟大的人，他把天地和万物构想为是一个身体。他把世界视为是一个家庭，把中央之（诸）国视为是一个人。

不过，王阳明的这个句子本身，是参照的已经引用过的《礼记·礼运》中的一段话（18段）：

> 故聖人耐以天下為一家，以中國為一人者……

法译：因此，圣人拥有足够大的心灵将世界视为一个家庭，将中央之（诸）国视为一个人……

令人印象强烈的是，我们观察到在20世纪，在中国现代性的头面人物蔡元培（1868—1940）的笔下仍然可以找到如此正统的提法而且它比以往任何时候都更为鲜活生动，在蔡元培一篇发表于1936年鼓动性的反抗日本入侵的呼吁中，其标题是“中国为一人，天下为一家”。这篇短文（译注：《大学》）仍然深刻地留存于人们的记忆中，这证明了一种“宇宙—政治”图式从古代到现代的持久性，这种图式出现在同一个句子里，处在“中国”和“天下”的类比并列之中，从而将中国所同时要求的“中央之国”（Pays du Milieu）的中心性和“普天之下”（tout sous le Ciel）的普遍性联合了起来。

（冯力　译）

上帝道德化？回到人类，世界和平之境况

保兰·翁通吉（Paulin J. Hountondji）
（贝宁共和国国立大学）

一、一个巨大的问题

和平所面临的威胁是为数众多且多种多样的。宗教极端主义是这些威胁之一，也是不安全感最古老的来源之一。因此说，宗教极端主义是一个巨大的问题。我们时常以上帝的名义做善事，甚至尽善之事。而同样以上帝的名义，我们时而也会做非常恶劣的事。我们杀人，甚至会滥杀无辜——这些被屠杀的人丝毫无关于我们所欲捍卫的信仰，亦无关于我们所欲捍卫的“正义事业”（所谓正义的事业）。出于这一原因，“上帝道德化”——也就是说，仅仅对我们利用上帝这一行为进行道德化——在我看来是件紧迫之事，甚至可以说迫在眉睫。会有这样一些神，他们在经过真正的再生、重新反思、再创造、再发明、再调整并且符合人的道德——仅人的道德而已——即得到了改善。而正是依据这一重新发现的人性，我们不仅逐渐学会了公正全面地看待我们各自的信条，而且，如果可能的话，将这些信条相对化，以至于我们的宗教选择不会阻碍作为人类的我们去面对自己并且与自己交谈，也不会导致精神、意识形态和智性身拘羑里。看到别人和听到别人的能力的欠缺是一个悲剧，造就了既聋又瞎的人们。

二、信仰的权力

没有人能够斥责人们信仰上帝或者他们各自的神明。很多人感受到一种曾经

将其创造并无时无刻确保其持存的高级力量的存在，并且感受到受这一力量的支持——这是没有人能够斥责的。自己脆弱的情感，对不可见的能力的依赖，距离感以及对超验的呼唤，必定不会为所有人所感受到，但是，见证并且表达了上述这些的人有权得到尊重，而非嘲笑——那些在自然现象背后处处看到诸神，并且力图通过种种礼仪来取悦诸神的人们亦是如此。在生存的苦难面前，人们所有的一切均遭褫夺，多神论者、一神论者、真正的或者所谓的无神论者，人人平等，概莫能外。

然而，这并非全部。存在着多种版本的多神论和一神论，也有不同形式的泛神论。宗教是复杂多样的，每一种宗教内部都有不同的教派、教堂，以及由亲和力所聚集起来的信仰团体。任何一种宗教都不应该认为自己优于其他。任何一种宗教都不应主张否认其他宗教存在的权力。

考虑到不论在何种情况下，我们都要学会重新发现我们的基本身份，考虑到团结一致必然要求我们具有这种身份、这种共通的人性、这种共享的苦难，和这种除非共同迎对便不能克服的挑战，唯一令人满意的态度就是宽容，就是接受他人如己，就是接受不同。

三、宗教语言

因而，我们的顾虑被消除了：我们此处的目的并非要得知上帝是否存在。我们的问题毋宁为：如果您信仰上帝，借助这样的信仰，您要如何行事？这样的信仰对您的行为举止，对您与他人和社会的关系又有何作用？

事实上，我认为要证明上帝的存在是不可能的；要证明其不存在，在我看来同样是行不通的。所有关于其存在的证据都直接或间接地建立在形而上学讨论的基础上。我们可以仅仅回顾一下康德在《纯粹理性批判》中所作出的公允论断——存在不是谓述词。另外，我还观察到，从圣安瑟尔谟到笛卡尔，上帝是否存在这一问题仅仅被置于关于造物主的论题之中，并且，仅仅在一神论者那里才具有意义。在这样的论题中，我们是能够关注于这些引人注目的形而上学问题的。

然而，我更愿意提出的一点是：**一位有德性的无神论者绝对好于一个不道德的虔信者。如果一个不信仰上帝的男人或女人，知道不可杀人，不可欺骗，不可偷盗，不可害其邻人，并且依其良知，全身心致力于使自己成为对他人和对社会有用的人，那么这样的一个人，虽则不信仰上帝，也绝对好于一个无时无刻不将上帝挂在嘴边，颂其德传其道，却对欺骗、偷盗、杀人和千方百计侵害他人的行为毫无顾忌的人。**

宗教语言无法使任何人得到赦免。它不能抹除一个人的所作所为之中可能存在的任何应受斥责的那部分。宗教语言通常仅是一道烟幕。我们应该知晓，要穿过这道烟幕，恰如其分地认识到彼此实际行动的价值。因为，上帝不是，也绝不能够作为借口。

相反，当好的事情发生时，当幸运向我逐一或同时降临时，当功成名就为我的努力奋斗加冕时，或当机缘巧合令我逃脱了可预见的灾难时，目睹了上帝之手和源自仁慈力量的行动断非无稽之谈，但我要是因此就认为命定如此，仿佛我比其他人更值得拥有这一切，那就太夸张了。在我所来自的那个国家，从90年代初开始，政治环境、经济环境和社会环境的混乱状况开始得到改变；我们摆脱了一个所谓的马克思—列宁主义的残暴独裁，逐步顺利地且不流血地迎来了多元民主的制度。从那时起，人们习惯于“上帝爱贝宁”这样的老生常谈。当然，没人会反对这一点。但是概而观之，广袤世界之中，哪个非上帝所爱？即便那些或是战火肆虐，或是面对火山爆发、海啸席卷这样的自然灾害，只能眼巴巴看着却无能为力的国家，哪一个能声称其非上帝所爱？

在这种情况下，不如直接考虑眼前的事情，并且去理解实在的机制。与其满足于口号，不如回到实际行动，试图解释清楚，并吸取教训，以改善世间人类的境况。我希望从这个反思中得出如下这一守则：**节制**（*le précepte de sobriété*）。在人们相互交流看法或沟通之时——如果他们真的这样希望的话——若有人能尽可能少地谈及上帝，并将宗教的因素缩减至最小，那么此人必将获得更大的尊重。**有节制地使用上帝这一概念**（*économiser le Dieu*），在某种程度上，恐怕正是黄金法则。

四、上帝：何种上帝？

事实上，神是多种多样的，而这确实是个悲剧。一神论本身就是复数的（pluriel）。经书宗教（les religions du livre）必定公开主张唯一的上帝，并且是容易证明的。即使在异教那里，众多被认可的偶像崇拜的对象也是参照唯一的上帝的。但是这个唯一的上帝却以多种不同的方式被接近和崇拜，被构想、想象、定义为大相径庭的面貌。福音中的上帝并非旧约中的上帝，圣经中的上帝亦非古兰经中的上帝。而从古至今，因教派之形形色色，这些经典中的任何一部都是具有多重解释空间的。

不过，上述这些并非全部。这一以不同方式感知到的上帝却吩咐众人。他规定了行为举止与活动。他下达命令，而其清规戒律可能是好的，也可能是坏的，可能是正确的，也可能是人力所不能及的。这些经典的读者将一直需要最小程度的清醒，以替换神圣命令之历史、社会和文化背景——这些背景事出偶然，却是可被认为是本质的（essentiel）。

但是，事情远远更为严重。在经典的另一端，在那些自己阅读经典并评判其中内容的特定的群体之外，神圣的清规戒律被一众神圣的意愿所指派的传道者与解经者以及真正的头目灌输给普罗大众，而前者能够根据不同情况，将其信徒们引向笔直的达到，或者恰恰相反，将其信徒们带入崎岖难行的恶行之路。神父、牧师还有伊玛目，在某些情况下，他们会成为正直良善、有德行的带路人，也可以成为为所欲为的操纵者。正是他们，应当将其责任放在首位。正是面对他们，我们应当说——同时也对信众们和潜在的牺牲者们说：如果你的神要求你去做坏事，那就去告诉他。比如，倘若神要求你冒着生命危险，去摧毁位于纽约的世贸中心双塔，同时令数以千计无辜的人的生命形同累卵，那么，这个神可称得上是不道德的。倘若这个神如同其在中世纪时所做的那样，命令你去奔赴十字军东征前线，去对抗中东地区的异教徒，那么，这个神也绝不是最好的。倘若你的神要求你去夷平廷巴克图坟墓，那么这个神必须经受改造才行。

五、回到人类！

我们知道胡塞尔（Husserl）的一句名言：*Zurück zu den Sachen selbst!*——回到事件本身！在哲学的玄思之外，这位现象学的奠基人同样将这句话用于我们关于事物的直接经验。他尤其要求回到我们关于数目和数学中一般的理想存在的直接知觉，超越关于它们的心理学起源和它们在人类心灵中的建构的学术解释，而在它们的客观性和直接意义中认识它们。

我希望能够套用这句名言来写出自己的一句话：“回到人类！”尽管宗教信仰多种多样，其规范各不相同，我们仍然需要回到人类，仅仅回到人类。在投身这样或那样的宗教信仰之前，我是属于人类的。在这个意义上，我与其他所有人是相互关联的，并且同他们一样，需要服从一个自然法。这一自然法是根据如下几个因素的要求来决定，即，我们的共同生活，群体的蓬勃发展，自不待言，还有我们的来世。宗教规范本身应当受到这种自然法的评判。宗教规范之好坏，可接受与否，有道义与否，都视其是否与这一自然法相符合而定。

此时此刻，我仅能够重复我在其他地方说过的话。我劝告大家警惕如下这一倾向：这就是，希望在信仰的基础上——例如基督教的信仰、福音的戒律——建立起来一个普世包容的对话。我相信，在我们所希望的普世的对话中，我们从中必须能够找到真正意义上世俗的语言，能够找到无需他人对我们的信仰和宗教信条的赞同为前提的概念与术语。一般概念是超越于我们个别的宗教和信仰的。仅当我们不试图将伦理局限在信仰的讨论中时，伦理才可能是普遍的。在这一点上，康德无疑是正确的：道德应该能够自我挺立，无需寻找任何支点，不论这支点来自天上抑或地上。①

简而言之，伦理世俗化对我们来说是裨益颇多的。我们必须质疑我们的宗教习俗，将我们关于上帝的观念与基本的道德要求进行比照，换言之，从某种意义上来说，将上帝道德化。在我们个别的宗教之外，在那些宗教所及的礼仪和信仰之外，我们必须听到"良知的声音"，必须在这一基础上建立起所有人都能够接受的规范与价值——如同全世界人们都会同意的世俗十诫。只有这样，我们才能够取代那些很多人视为绝对的种种东西——五花八门的神权政治，千奇百怪的伊斯兰教法，个别的宗教启示下的规范。

一言以蔽之。在我们那个蹒跚学步的民主国家里，我们已经意识到"公共生活道德化"的必要性了。从今往后，打击腐败，反对专制、不公正和侵犯人权都列入了议程，即便在绝大多数时间里，这些漂亮的话还仅仅是虔诚的愿望。我在这里想要提议的是，我们还需要在其他领域推行道德化：政治生活，经济生活，司法实践，宗教实践。总之，为了和平与和解，一切绝对之事都是应当受到质疑的。如果我们的上帝经受得住每一位信徒的考验，如果我们的上帝是普遍概念的另一个名字，如果我们的上帝非但不会致使我们陷入狂热主义，或将我们限制在短视的本位主义，反而令我们向世界敞开，帮我们理解他人，只有这样，我们的上帝才是真正的上帝。

（佚名　译）

---

① "然而，哲学被置于一种批判的背景中，我们是这样看待哲学的：哲学必须找到一个坚固的位置，而无需——既不在天上也不在地上——依附物或支撑点。"（I. Kant, *Fondements de la métaphysique des mœurs*, 2ème section. Trad. Victor Delbos, Paris, Delagrave, 1966, p. 145）

从“学以成人”到“学以通达”

赵敦华

（北京大学）

女士们，先生们：

作为会议组织单位北京大学的一名教授，请允许我说一句在中国举办国际会议时常用的好客话：“有朋自远方来，不亦乐乎！”这句来自《论语》第一章的话，很多中国人在童蒙时就会背诵。我现在引用这句话，则是按照今天大会“传统”的主题，讲一个关于传统起源的故事。孔子被认为是儒家传统的创始者，《论语》是孔子门徒们记录的孔子言论集，似乎只是一堆不相联系的语录。但我可以说，《论语》的开端和结束语至少保持了一部哲学理论著作必备的序言和结论。

《学而》篇开始引用孔子的三句教诲，交代了这本书的宗旨和缘由。第一句“学而时习之，不亦说乎”[①]：年年日日习诵领悟所学的诗书礼乐，岂不倍加自乐吗？第二句“有朋自远方来，不亦乐乎”[②]：各地的同学们来访，岂不更加欢庆吗？第三句“人不知而不愠，不亦君子乎”[③]：即使外人不理解我们的学说，我们也不怨怼，岂不更显

① （清）刘宝楠撰：《论语正义》（中华书局 1990 年版）：“《说文》：‘时，四时也。’此谓春、夏、秋、冬。而日中晷刻亦得名‘时’。引申之义也。”又解释《集解》所取“诵习”之义，称“此注专以‘诵习’言者，亦举一端以见之也。《说文》：‘习，鸟数飞也。’引申为重习、学习之义。”（上册，页三）（梁）皇侃撰，高尚榘校点，《论语义疏》（中华书局 2013 年版）：“‘习’是修故之称也。言人不学则已，既学必因仍而修习，日夜无替也。‘亦’，犹重也。言知学已为可欣，又能修习不废，是日知其所亡，月无忘其所能，弥重为可悦，故云‘不亦悦乎’。”（页三）

② 《论语正义》：解释《集解》“同门曰朋”之说，称“同门者，谓同处一师门也。”（上册，页四）《论语义疏》：“同处师门曰朋，同执一志为友。朋犹党也，共为党类在师门也。……今由我师德高，故有朋从远方而来，与我同门，共相讲说，故可为乐也。……招朋已自可为欣，远至弥复可乐，故云‘亦’也。”（页三）

③ 《论语正义》：“‘人不知’者，谓当时君卿大夫不知己学有成举用之也。”另承《集解》之言：“愠，怒也。凡人有所不知，君子不怒。”（上册，页四）《论语义疏》：“此有二释：一言古之学者为己，已学得先王之道，含章内映，而他人不见知，而我不怒，此是君子德也。有德已为可贵，又不怒人之不知，故曰‘亦’也。又一通云：‘君子易事，不求备于一人，故为教诲之道，若人有钝根而不能知解者，君子恕之而不愠怒之也，为君者亦然也。’”（页四）

君子之德吗？这个序言寥寥数语，刻画出《论语》的写作经过：孔子弟子们回到家里，念念不忘老师的言传身教；不时有同门弟子来访，交流各人聆听和思考的学问，举办类似于今天的研讨会；会议记录包括孔子孜孜不倦的教诲和师生间对话，以及大伙陪同孔子周游列国的经历：无论受到公侯们礼遇和误解，还是被各种人士所鄙视、责难，甚至被围攻，孔子都荣辱不惊，不矜不愠，不怨天，不尤人，下学上达，以之为天命。在这些场合，弟子们出场的时机不同，他们的领悟不同，构成了不同见闻记录的合集，这或许可以解释为什么《论语》缺乏统一的叙述结构。不过，即使有不同的心口相传来源，《论语》的编撰者仍在尽量突出孔子思想的一致性。

而《论语》的最后一篇《尧曰》，可以看作是全书的结论。该篇概括了孔子继承和融合先贤治国传统的主张。《尧曰》首先彰显了尧舜禹文武的政治德性，随后借由子张问从政，孔子提出了“尊五美，屏四恶”（《论语》20:2）。这里请允许我冒昧插句话，这个回答堪与柏拉图《理想国》的政治主张相媲美。

通过合适的理解和翻译[①]，不难设定“五美”与柏拉图的“美好城邦”德性之间的对应：“惠而不费，劳而不怨”（《论语》20:2）之于“正义”[②]，“欲而不贪”（同上）之于“节制”，[③]“泰而不骄”（同上）之于“理性”[④]，“威而不猛”（同上）之于“勇敢”[⑤]，皆有“书不尽言”的意义相似[⑥]。“四恶”与《理想国》中四种不正义城邦，也有某种程度的相似：“不教而杀”的“虐”（同上）之于“僭主制”[⑦]，“不戒视成”的

① 本文中《理想国》中译文参考郭斌和、张竹明译本（商务印书馆2002年版），顾寿观译、吴天岳校注本（岳麓书社，湖南长沙2010年版），并参照英文译本作少许修改。

② 《论语正义》：解释《集解》所取“利民在政”之义，称“政在养民，故当顺民之性，使之各遂其生”。又引（宋）邢昺《疏》：“民居五土，所利不同。……人君因其所利，使各居其所安，不易其利，则是惠爱利民在政，且不费于财也。”（下册，页七六七）参照《理想国》：“我们大家并不是生下来都一样的。各人本性不同，适合于不同的工作”（II. 370b）；“正义的原则就是每个人在国家里执行一种最适合他天性的职位”（Ⅳ433a）；“我们的护卫者只为他们所维持的而工作，而不能得到额外的报酬，因此，他们不能离开城邦因私旅行，不能给情人任何东西，也不能像那些被人们看作幸福的人那样随心所欲地花费”（V. 420a）。

③ 《论语义疏》：“欲有多途，有欲财色之欲，有欲仁义之欲。欲仁义者为廉，欲财色者为贪。言人君当欲于仁义，使仁义事显，不为欲财色之贪，故云‘欲仁而得仁，又焉贪’也。”（页五二二）参照《理想国》：“节制是一种秩序，对某些快乐和欲望的主宰，如同人们说‘作自己的主人’或类似的话所指的那样。”（IV. 430e）

④ 《论语义疏》：“能众能大，是我之泰；不敢慢于寡少，是不骄也，故云‘泰而不骄’也。殷仲堪云：‘君子处心以虚，接物以为敬，不以众寡异情，大小改意，无所敢慢，斯不骄也。’”（页五二三）参照《理想国》：“一个真正好的城邦护卫者的天性里把爱好智慧和刚烈、敏捷、强力等品质结合起来”（II. 376c）；“理智的工作应该是统治，因为它是智慧的，整个灵魂的利益而谋划的，激情应该服从它和协助它。”（IV. 441e）

⑤ 《论语义疏》：“望而畏之，是其威也。即之也温，是不猛也。”（页五二三）参照《理想国》：“护卫者应该对自己人温和，对敌人凶狠”，“要是两者缺一，他就永远成不了应该好的护卫者。”（II. 375c）

⑥ 本段和下一段所称“书不尽言，言不尽意”，借用《周易》所引孔子的两句话（《系辞上》之十二）。

⑦ 《论语义疏》：“若不先行教而即用杀，则是酷虐之君也。”（页五二三）参照《理想国》：“没有一个城邦比僭主统治的城邦更不幸”（IX. 576e）；“僭主无法无天，无论杀人越货还是亵渎神灵，什么事都敢干”（IX. 575a）。

“暴”（同上）之于“荣誉制”①，“出纳之吝”的“有司”（Ibid.）之于“寡头制”②，“慢令致期”的“贼”（Ibid.）之于无限制的“民主制”③，皆有“言不尽意”的相关性。而《尧曰》最后一段讲到，君子知命知人，以礼而立（《论语》20:3），不禁令人联想到柏拉图“哲学家王”的理想④。

我之所以不吝时间解释《论语》序言和结论，还与《理想国》相对照，是为了说明：一个传统起源于经典的诞生，而经典是教师和弟子们的共同创造，不独儒家传统如此，其他传统全是如此。雅斯贝尔斯提出是什么原因造成东西方伟大传统都起源于公元前800—前200年这个“轴心时代”的问题，但他把古代文明起源的探讨转变为轴心时代的意义问题。⑤我愿意回到事物本身，并将事物本身看作经典形成的过程。这或许可以说明不同传统起源于轴心时代并非时间上的巧合。人类文明经历了长期演变，在一个相对短暂的时期，出现了比较便利的文字，得以把流传久远的老观念和当时兴起的新思想编修成书，这些最早的经典开启了不同地区的不同文化—语言共同体的精神传统，并且为后世准备了可资利用发展的丰富遗产。比如，

---

① 《论语义疏》：“为君上见民不善，当宿戒语之，戒若不从，然后可责。若不先戒勗，而急卒就责目前，视之取成，此是风化无渐，故为暴卒之君也。暴，浅于虐也。”（页五二三）参照《理想国》：“荣誉制里仅有一个特征最为突出，那就是好胜和爱荣誉”（VIII. 548c）；“他们比较自信和比较缺乏文化……对待奴隶的态度是严厉的……他们爱荣誉，但想靠战功和自己军人的素质达到这个目标”，“由于失去了最善的保障，向善之心也不纯了”（VIII. 548e-549b）。

② 《论语义疏》：“人君若物与人而吝，即与库吏无异，故云‘谓之有司’也。”另引述孔安国之言：“谓财物也，俱当与人，而吝啬于出内惜难之，此有司之任耳，非人君之道也。”（页五二四）参照《理想国》：“寡头贪得无厌地追求尽可能大的财富”（VIII. 555b）；“在寡头制国家里，统治者使人民处于水深火热之中，他们自己养尊处优。他们的后辈变得娇惯放纵”，“他们养成习惯，除了赚钱，什么不爱。对于道德简直不闻不问。”（VIII. 556c）

③ 《论语义疏》：“与民无信而虚期，期不申勑丁宁，是慢令致期也。期若不至而行诛罚，此贼害之君也。”（页五二三至五二四）《论语正义》：“《说文》训‘慢’为惰，凡怠惰，则致缓也。王氏樵《绍闻编》：‘……今也慢其令于先，而刻期于后，以误其民，而必刑之，则是贼之而已。’”（下册，页七六八）参照《理想国》：“民主制对奠定我们城邦基础的崇高原则是不屑一顾的”（VIII. 558b），“不顾一切过分追求自由的结果，破坏了民主社会的基础，导致了极权政治的需要”（VIII. 562c）。

④ 《论语正义》：“《汉书董仲舒传》对策曰：‘……明于天性，知自贵于物，然后知仁、义、礼、智，安处善，乐循理，谓之君子。故孔子曰：“不知命，无以为君子。”此之谓也。’”（下册，页七六九）《论语义疏》：“孔子知命，故不为政也。命，谓穷通夭寿也。人生而有命，受之由天，故不可不知也。若不知而强求，则不成为君子之德，故云‘无以为君子也’。”“礼主恭俭庄敬，为立身之本。人若不知礼者，无以得立其身于世也。”（页五二四）参照《理想国》：“一个人如果不是天赋具有良好的记性，敏于理解，豁达大度，温文尔雅，爱好、亲近真理、正义、勇敢和节制，他是不能很好地学哲学的”，“这样的人，在他的教育完成了，年龄成熟了之后，不是只能把国家托付给这样的人吗？”（VI. 487a）但是，“精灵的声音”阻止苏格拉底从事政治（参见《理想国》476c，《申辩》31c-32a）。“如果有一个城邦服从他，他可以在这里实行其全部理想制度，虽然眼下这个制度还没人相信”，“他既成了那里的统治者，把我们描述的那些法律和规则制定出来，公民情愿服从，这的确不是不可能的”（VI. 502b）。

⑤ 参阅 Karl Jaspers, *The Origin and Goal of History*, trans. M. Bullock, Routledge, 2014, pp. 13-21。我要用事实本身而不是意义来解释轴心时代的原因这一事实。

柏拉图著作记载的主角是苏格拉底，而荷马等诗人、前苏格拉底哲学家、同时代作家和活动家都参与苏格拉底的对话，栩栩如生地再现希腊和周边地区多种文化的过去和现状，由此成为希腊理性主义传统的源头活水。怀特海甚至把欧洲哲学的传统都概括为柏拉图著作的脚注系列。[①] 在中国，孔子自称"述而不作，信而好古"(《述而》)；他对三代制度的评价是"周监于二代，郁郁乎文哉，吾从周"(《八佾》)。孔子对三代器物兼收并蓄，主张"行夏之时，乘殷之辂，服周之冕，乐则韶舞"(《卫灵公》)。孔子删定的六经，和记录诸子思想的《论语》、《道德经》、《庄子》等经典一道，开创了中国思想传统。

世界上多种多样的传统何止万千，我很遗憾只能以自己熟悉的孔子和苏格拉底为例说明中西传统的起源。至于人类传统一般，我愿意说三点：第一，传统能为人所知，是因为它们有文字记载；第二，传统能遗留至今，是因为它们在变化；第三，传统能对人类文明发生重要影响，是因为它们的变化彼此汇合。第一点涉及传统的起源，第二三点关系到传统的维持和流传。相比而言，后两点更加重要，重要到中外古今所有史书几乎都要论述传统的流传，我只能简要讲几句。

让我仍然从孔子谈起。照传统说法，孔子是《周易》的编订者。《周易》的核心思想是"变"，包含很多中国人耳熟能详的格言，如"一阴一阳之谓道"(《系辞上》)、"生生之谓易"(《系辞上》)、"穷则变，变则通，通则久"(《系辞下》)、"上下无常，刚柔相易，不可为典要，唯变所适"(《系辞下》)。冯友兰认为，《周易》的哲学体系"特别表现在《系辞传》中"[②]。问题是，那些格言如何能表现一个哲学体系呢？冯友兰后来解释说，《周易》的哲学是"宇宙代数学"，即"《周易》本身并不讲具体的天地万物，而只讲一些空套子，但是任何事物都可以套进去"[③]。如果把《系辞》的哲理当作传统之变的形式，并将其与当今学者表述传统的历史、经验和变革等内容结合起来，对我们今天理解古今中外传统的特征和趋势，或许不无启发。

传统之变是历史的变通。《系辞》传说，卜占而来的卦象源于上古，《易经》作于中古，"作《易》者其有忧患乎？"(《系辞下》)[④]"故其辞危"[⑤]，"惧以终始，其要无

① Alfred North Whitehead, *Process and Reality: An Essay in Cosmology*, eds. D. R. Griffin and D. W. Sherburne, Free Press, New York, 1978, p. 39.

② 冯友兰：《三松堂全集》，第七卷，河南人民出版社 2001 年版，第 451 页。

③ 同上书，第十三卷，第 412 页。

④ （清）李道平《周易集解纂疏》引述《汉书艺文志》"人更三圣，世历三古"之说，并用孟康对此说的解释："伏羲为上古，文王为中古，孔子为下古。"又言："下《传》云'《易》之兴也，其当殷之末世，周之盛德邪。当文王与纣之事邪'。《明夷象传》曰'内文明而外柔顺，以蒙大难，文王以之'。《传》谓'作《易》者，其有忧患乎'，正谓文王。"（页六六〇）

⑤ 《周易集解纂疏》："文在纣世，囚于羑里。蒙难坚贞，尝有危亡之患。故于《易》辞，多以危亡为戒。"（页六七八）

咎，此之谓易之道也”[①]（《系辞下》）。历史证明，任何一个传统在历史中都会遭遇障碍和危机，只有变通才能长久，否则就要衰落和灭亡。历史趋势是检验传统的试金石，顺之者昌，逆之者亡。当代法学家伯尔曼把传统理解为“过去和未来之间持续的历史连续性”[②]，并引用历史学家帕利坎的话说，“传统主义是活人的死教条，而传统则是死人的活信条”[③]，又引用社会学家希尔斯的话说，传统“不是来自过去的僵死的手，而毋宁是园丁的手，培养和引发不能从自身中出现的强健趋向”[④]。按照传统变通的历史观，现在流行的历史传统其实形成于“轴心时代”的起源期之后。11—13世纪基督教世界为了应付内外危机，整合了希腊理性主义、希伯来宗教精神和罗马法制度这三种不同传统，培育出现在被称作西方传统的新开端。而在中国大致相同时期，儒释道这三个传统，也变通合流为现在被称为中华文化的大传统。

传统之变不等于历史流变，传统的原意是遗产，遗产既是继承也是排斥，还是积蓄。任何一个有活力的传统，都要把适应生存和发展需要的经验教训保存下来，传递下去。在此意义上，《系辞》传说生生不息的变易是“富有”“日新”（《系辞上》）[⑤]，“开物成务”（《系辞上》）[⑥]，“原始要终”“唯其时物”（《系辞下》）[⑦]，这些话可以读作传统的历史沉淀与经验活动的辩证法。我们可用现代思想家的几个比喻来刻画这些格言。维特根斯坦把经验比作河流，把“分辨真伪的传统背景”比作“思想的河床”，包括“坚硬的岩石”和“淤积的泥沙”，但河水与河床没有绝对界限。[⑧]杜威说，“经验”是“具有两套意义的字眼”，既指“开垦过的土地，种下的种子，收获的成果以及日夜、春秋、干湿、冷热等等变化，这些为人们所观察、畏惧、渴望

① 《周易集解纂疏》：“盖‘惧以终始’，三百八十四爻皆然，而其要归于无咎。‘无咎者，善补过者也。’天道福谦，故‘危者使平’。‘地道便盈’，‘人道恶盈’，故‘易者使倾’。”（页六七九）

② Harold J. Berman, *Law and Revolution, II: The Impact of the Protestant Reformationson the Western Legal Tradition*, The Belknap Press of Harvard University Press, Cambridge, Mass., 2003, p. 3.

③ Op. cit., p. 385: See Jaroslav Pelikan, *The Vindication of Tradition* (New Haven, 1984), p. 65.

④ Op. cit., p. 385: See Edward Shils, *The Virtue of Civility: Selected Essays on Liberalism, Tradition, and Civil Society* (Indianapolis, 1997), p. 107.

⑤ 《周易集解纂疏》：引述王凯冲之言：“物无不备，故曰‘富有’。变化不息，故曰‘日新’。”又言：“坤广生为‘富’，一消一息，万汇丰殖，故‘物莫不备，而曰富有’也。……以乾变坤，以坤化乾，故‘变化不息，而曰日新’也。”（页五六一）

⑥ 《周易集解纂疏》：“陆绩曰：开物谓庖羲引信八卦，重以为六十四，触长爻册，至于万一千五百二十，以当万物之数，故曰‘开物’。圣人观象而制网罟耒耜之属，以成天下之务，故曰‘成务’也。”（页五九五）

⑦ 《周易集解纂疏》：疏解崔注：“言《易》之为书，原穷其事之初始，《乾》初九‘潜龙勿用’，是‘原始’也。又要会其事末终，若上九‘亢龙有悔’，是‘要终’也。言《易》以原始要终，以为体质也。此潜龙亢龙，是一卦之始终也。诸卦亦然。”又疏解虞注：“六爻有阴有阳，故云‘阴阳错居称杂’。‘刚柔者，昼夜之象也’，故‘时阳则阳，时阴则阴’。‘乾，阳物也。坤，阴物也’。阴阳错杂，有时有物，故曰‘唯其时物也’。”（页六六九至六七〇）

⑧ Ludwig Wittgenstein, *On Certainty*, ed. G. E. M. Anscombe and G. H. von Wright, trans. D. Paul and G. E. M. Anscombe, Harper & Row, Publishers, New York, 1972, sections 94, 97, 99, p. 15e.

的东西；它也指这个种植和收割、工作和欣快、希望、畏惧、计划、求助于魔术或化学、垂头丧气或欢欣鼓舞的人”[①]。如果说传统是历史河流堆积的土地，那么人们的耕种收获就是经验的创造，不同传统世世代代的积累和淘汰，造就了人类物质、精神和制度的文明。正如英国诗人乔叟所吟唱：“在旧田地上，年复一年种出新谷；在古老的典籍中，老老实实钻研出新学问。”[②]

《周易》如同一个饱经沧桑的老人，说了不少“否”极“泰”来、“革”故“鼎”新、“既济”“未济”的故事和道理。其他伟大传统何尝不充满变革呢？传统的变革是信仰体系、价值观和判断真假的标准的根本转变。如果是渐进，那就是演化或改良；如果是突变，那就是革命了。对人类文明有重大影响的变革在历史上寥寥可数，近几百年来，社会和思想变革的速度加大了。马克思 1848 年说：“资产阶级在它的不到一百年的阶级统治中所创造的生产力，比过去一切时代创造的全部生产力还要多，还要大。”[③]从那以后的一百五十多年里，发达工业社会从蒸汽机时代变革到电气化时代、自动化时代，直到当前的智能化时代，全面改变了世界的面貌。传统变革的速度之快，人类知识日新月异，令人困惑。

本届大会的主题是“学以成人”，而“人”不是一成不变的，人随着传统的改变而改变。我们不但要学习如何改造传统世界，而且要学习改变自身；不但要学习自己的传统，更重要的是学习他者，包括其他传统、其他文化、其他专业，用以改变我们自身。我们这些爱智慧的人相互学习，立己达人，岂不更加幸福吗？

① 杜威：《自然与经验》，傅统先译，商务印书馆 2014 年版，第 12 页。

② *The Riverside Claucer*, 3rd., ed., L. D. Benson, Houghton Mifflin, Boston, 1987, p. 385.

③ 《马克思恩格斯文集》第 2 卷，人民出版社 2009 年版，第 36 页。

玛雅文明中关于人、世界和时间的思考

梅塞德斯·德·拉·加尔萨（Mercedes De La Garza）
（墨西哥国立自治大学）

前　言

玛雅人曾定居在今天墨西哥的尤卡坦州、坎佩切州、金塔那罗奥州、塔巴斯科州和恰帕斯州部分地区，还有中美洲的危地马拉、伯利兹、洪都拉斯西部和萨尔瓦多，这是一片相连的土地，总面积大概四十万平方公里。

玛雅文明包括约三十个族群，每个族群都有自己的语言，比如尤卡坦玛雅语（yucateco）、琼塔尔语（chontal）、索西语（tzotzil）、泽套语（tzeltal）、基切语（quiché）、卡克奇奎尔语（cakchiquel）、苏都伊语（tzutuhil）、马梅语（mam）和伊西尔语（ixil）。所有玛雅语言起源于同一个祖语，构成玛雅语族。

玛雅文明所在区域地理环境多种多样。有的地区气候湿热，雨林植被茂密；降水丰沛，有辽阔的沼泽地带；格里哈尔瓦河、乌苏马辛塔河等流量较大的河流流经这片区域。有的地区则气温较低，有连绵的火山山脉，山峰高达四千米，湖泊广阔，林木繁茂，玛雅人在丛林中修造了各类重要的建筑。

然而，有的地区地势平坦，河流、降水稀少，植被稀疏，不过有数不尽的地下河和地下湖，也叫“溶井”（玛雅语为“dzonot”）。一直以来“溶井”是玛雅居民的主要水源，并且玛雅人把“溶井”视为通往下界（inframundo）的入口，有着重要的象征意义。

在这里，生物种类的丰富程度同样令人惊奇。有猴子、鹿、野猪、貘等哺乳动物。丛林里住着多种多样的昆虫、爬行动物和鸟类。值得一提的是克查尔鸟，据说这是最为艳丽的鸟类，还有热带响尾蛇，这些动物都像至高无上的天神。美洲豹也很突出，唯独人类可以狩猎它，美洲豹是太阳的显现，它能辅助太阳通往下界。

要想了解玛雅文化，我们不能脱离孕育它的神奇的自然环境，因为玛雅文明的宗教和艺术创造中，随处可见被象征化的动植物形象；此外，大自然的力量、谷地和山川都激发了玛雅人去思考宇宙的起源和世界的运作，思考如何在城市中心构建神圣的空间，将这些空间当作微型宇宙。

宇宙起源神话中的人类

殖民时期，古代玛雅人从西班牙传教士那里学会使用拉丁字母，他们用拉丁字母拼写自己的语言，抄写成册，不同版本的宇宙起源神话就这样被留存下来。在前西班牙时期，这些神话已在多个玛雅族群中流传。不同的起源故事尽管在形式上有所区别，但都建立在同一核心思想之上，即宇宙是神灵为人类创造的住所，宇宙会重复创造和毁灭的过程，在这个过程中一些重要元素、动物、植物、星体会陆续出现。而人类作为这个进程的核心，在每一个阶段都会经历一次更新换代，变成神灵所需要的生命形态，可以更好地崇拜和供奉神灵，这是因为人类是唯一拥有意识的生命。这说明神灵不是亘古不变的，如果神灵死去了，神灵所支撑和供养的整个宇宙都会跟着死去。这么说来，世界存亡就在人类手中，守护它、维系它的存在是人类最主要的责任。

危地马拉基切玛雅人的《波波尔·乌》一书是用基切语写成的，按拉丁字母拼写，它所记载的玛雅宇宙起源神话是最完整的版本。

《波波尔·乌》从诸神创造宇宙开始写起，人类是生命的中心。创世纪的目的是为生命创造一个居所，创造出来的生命将以崇拜和供奉神灵为职责。

造人经历了几个创造和毁灭的过程，分别对应不同的宇宙时期。值得注意的是，在这个进程中我们可以看到动植物被当作天神造人的材料，或者一类生物被变成另一类生物，神话里这么说并不是为了消除人和动植物的区别，而是突出一种共享的思想。西方科学将动物、植物、矿物分门别类，这一点和印第安人很不一样，对他们来说，人类与世界上的其他物种、一切有灵魂的生命并无不同。

神话里说，一开始诸神用泥土造人，但泥人没有生命，很快就被洪水破坏殆尽。（如图所示）这是西班牙殖民时期留存下来的三部手抄本之一。

诸神继续寻找更加坚固的材料。后来，诸神用木头造人。尽管木头人既会说话，也能繁衍后代，但他们没有意识，没有血液，形容枯槁，走起路来跌跌撞撞，不懂崇拜和供奉神，无法满足神的需要。因此，木头人被变成猴子，木头人的世界消失在一场燃烧的大火中。

基于玛雅人对木头人的不足之处的描述，我们可以推测，基切玛雅人认为哪些是导致木头人没有人性的关键因素：没有意识，没有心脏，没有血液，没有湿度，踉踉跄跄。进一步说明仅仅有人形、能存活、会说话、会繁衍是不够的，不足以被称为人类。使人（hombre）得以成为人类（humano）的是灵魂，这里指的是理解力和记忆；而与灵魂紧密联系的生命要素是：血液。于是，玛雅人说意识只存在活人身上，他们有心脏、血液和湿度，换句话说，灵魂是否存在的关键在于躯体是用何种材料制造的。《波波尔·乌》认识到身体和灵魂不是两种迥异、分离的物质，而且对人类来说站立的姿势也很重要。

最后，在各种动物（草原猫、丛林狼、鹦鹉和乌鸦）的帮助下，诸神找到了一种神圣的材料——玉米。神用玉米创造新人类，新人类感激神灵，愿意承担自己在大地上的使命。

卡克奇奎尔人的《索罗拉编年史》（*Memorial de Sololá*）也记载了这个神话，据说造人的玉米面团里添加了貘和蛇的血液，它们都是与水有千丝万缕联系的神圣动物。这意味着人类将植物和动物纳入自己的生命中，通过这种方式加深人和自然的情谊，表明世界上所有生命从根本上来说是生息与共的。神话反映了玛雅人的观念，即人与自然是共通的，共同形成一个整体，这是我们爱护和尊重世界的基础（这种观念也表现在许多雕塑、刻有象形文字的碑铭、神话传说和典仪上）。

神话观的核心是新人类承认他的创造者，对创造神心怀感激。他们知晓一切，洞察一切。但是，正因为新人类如此完美，特别是有完美的视力，诸神灵决定模糊他们的双眼，让他们无法立马看清万物，因为人类一旦拥有智慧，他们就会不再繁衍后代和崇拜神灵。总之，以两种特定的方式理解人类，略有区别：一方面他们拥有非凡的大自然，另一方面他们的生命是偶然的、有限的，他们是神灵的侍者。

据说，最先被创造出来的是四个男人。神灵创造了女人，限制了女人获得知识的能力，让她们陪伴男人，为男人繁衍后代。玉米人拥有意识，他们懂得尊重和守护由神灵维系的自然界。人类向神灵供奉的主要是血液，因为血液里蕴含着生命的活力，这种神圣的物质是人类对神灵的回馈。在玛雅的宗教思想中，神灵是不可见、不可感的力量，这种力量借助动植物显示出来。关键是神灵本身是不完全的，若没有供奉品，他们也会饥饿而死，继而无法维系世界的运转。因此可以说人类是宇宙的原动力。

《波波尔·乌》里神神秘秘的、关于人类的概念构成典礼仪式的基础。典礼仪式是前西班牙时期玛雅人的主要活动，出现在部族生活中的方方面面，包括那些最“世俗”的活动，比如贸易和战争。

至今玛雅部落里仍保留着这类典礼仪式，并且不断丰富它在日常生活中的运用形式，人们相信在那不可见的无限空间里住着某些神圣的力量。

今天玛雅人对人类的思考[①]

如今，许多玛雅族群还保留前西班牙时期宇宙起源观的核心思想，比如关于宇宙周期性重生和毁灭的想法，但是增加了玛雅—基督教相互调和所产生的新含义。在《波波尔·乌》中，人是神灵和世界的维系者，但现在这种想法已不复存在。

今天的玛雅人持有另一种独特的关于世界和人类的想法，在此基础上形成自己特有的文化。从根源上来说，这种想法也是源自前西班牙时期。宇宙观是这套完整的世界观中的一部分，玛雅人将宇宙看作由不同领域构建而成的现实：日常生活中便于察觉的可见可感的事物和与之共存的另类空间，另类空间里充斥着无穷的超能力和非物质，这些能量和力量对宇宙存亡来说至关重要，人类可以通过自身非物质的那部分进入这些另类空间。

从古至今玛雅人认为，不管从外形上还是从生物行为上看，动物都是和人类最为相似的生命。此外，动物是有表达能力的生命，这让我们有了与它们亲密交流的可能性。就这样，人与动物建立起了联系，这不仅是自然界中生存斗争的产物，局限于控制与服从的关系，还有友谊、爱、共存共通，甚至是亲缘关系。因此，动物也是玛雅世界里的德穆革（demiurgo，即创造神），介于人类和另类存在之间，或曰那些最遥远和奇异的存在：神秘的天堂、下界、生命和死亡。

接下来，我将着重介绍玛雅文化中的两个想法，都是有关人与动物之间的兄弟之情。这两个想法源自前西班牙时期，流传至今：一个是“分身”（*alter ego*）；一个是萨满祭司能变成动物。[②]

现代玛雅人认为人的灵魂是由几部分组成的。一部分由可见的材料组成，比如躯体；另外几部分由不可见、不可感的材料组成，或是某些精细的材料，处在躯体的不同部位。最主要的材料要属灵魂（玛雅语为“pixán”），它存在于脑中（据尤卡坦玛雅人），或者说是“ch’ulel”，这个词的意思是“身体的另一处”（lo otro del cuerpo），它存在于心脏里（玛雅语为“tzeltales”）。其他精细的、不可见的材料被称作“ol”，它是心脏和血液中的生命力，还有“伴侣精灵”（玛雅语“wayjel”或

① 参见 De la Garza, 1987, pp. 15-86。

② 参见 De la Garza, 2012。

“wahy”），它住在人类的“动物分身”中。需要强调的是，现代玛雅思想中躯体—灵魂共存的观念不同于西方思想主张的二元对立观点。玛雅人认为人本质上是一个整体，同时也是一种多元的生命形态，由精细的材料组成，这些材料处在躯体的不同部位，当一个人的意识处于特殊状态时，这些材料会被投射到身体之外的地方。

分身（alter ego）

从人诞生之时起，伴侣精灵（wayjel）就住在动物身上，这些动物往往是未经驯化的。这只动物与人共享命运。伴侣精灵不是永生的：它会随着动物或人类躯体一道死亡。由于它住在未驯化的动物身上，伴侣精灵远离人类的社会生活；它代表人类无意识、非理智和冲动的一面，所以它住在原始的大自然里，不过在那里它会受到祖先神的守护和控制。因此，每个人都是“合二为一”（uno-doble）的生命，即人和动物。动物部分将决定一个人的性格，如果这只动物是害羞的，那这个人也会是害羞的；如果它是凶猛的、聪明的，那这个人也会是如此。①

印第安人认为在灵魂的世界里，有一座神圣的山，形如金字塔，共十三层（与天的层级数相同）。在那里自然和超自然世界里的灵魂会共同在场。圣山等同于肉体世界里的精神。在那里一切都是“ch’ul”，即没有可触可感的物质。圣山不同层级上住着不同的“动物分身”，从最强壮到最羸弱的都有。住在那里的祖先神将这些动物伴侣豢养在圣山上特制的笼子中，保护和饲养它们，因为它们构成了人类非理性和冲动的一面，应该被控制起来。如果一个人犯了疯事，比如违反社会和道德准则，他的动物伴侣将被赶出笼子，迷失在森林中，任由其他“动物分身”杀死或吃掉它。

此时，“灵魂失常”的重病患者需要通过吟诵咒语、巫术获得治疗，草药疗法也很有效，这样他们才能寻回自己的动物伴侣，把它们送回圣山的笼子里。

伴侣精灵的想法让人在一定程度上得以控制那未知的、充满威胁的、人类无法到达的世界。兽形的“动物分身”将人和自然紧紧联系在一起。人通过这类动物与自然界通灵，将自己的灵魂融入依附在动物身上的自然界。作为自然界中最接近人类的生物，这些野生动物就这样完成了使命。

萨满祭司（Chamanes）②

普通人通过做梦，灵魂脱离肉体，自然而然地进入“另一世界”；萨满祭司则是通过梦境和迷狂（éxtasis）进入那里。萨满拥有与生俱来的天赋，能通过一场或多场梦从神灵那得到指示，进而投身于各类活动，比如治病和占卜。他们通过禁食、失

---

① 参见 Holland, 1978。

② 参见 De la Garza, 2012。

眠、吃斋、放血式自我献祭等苦行僧般的修炼，或者服用精神药物，如愿进入另一处现实。

萨满超自然的能力会伴随个人年岁的增长变得越来越强大，比如他可以控制梦，通过练习获得“精妙的梦”，或者意识到自己在做梦，还可以按照自己的意愿变成动物，或变成他的十三只“动物分身”中的某一只。正如许多画作和雕塑、殖民时期印第安古文献中所记载的那样，这种信仰源自前西班牙时期，如今仍流传在所有玛雅部落中。

时间观[①]

天文时间

对生命意义和人性的思考也是前西班牙时期玛雅人时间观的一部分：一类是由天文运动控制下的日常现实时间，一类是其他时间，是人类精神所在的另一处现实世界，圣灵也在此处活动。

在玛雅时间观中，时间并非抽象的概念，它是空间的变换，空间按照既定法则进行周期运动。不管是空间现实的活力，还是宇宙的变换，其动力主要都来自玛雅宇宙观的轴心：太阳（在玛雅语中为“K’ in”，这个词也是“日子”和“时间”的意思），正是源自太阳这一圣体的运动。人们认为太阳绕地球循环运动，分日周期和年周期，年周期有 365 天。

二分点和二至点是太阳运动年周期的关键，这些日期在玛雅时间中是十分精确的，就像我们在危地马拉的乌瓦夏克顿（Uaxactún）E 组的建筑群中看到的那样。站在地球上看，太阳的轨迹明显在地球上产生了各种变化（白天和黑夜、丰沃和干旱、寒冷和酷热）。因此，时间被认为是周期性的运动，由日出日落、其他星体运动来衡量：月亮、金星，或许还有水星。

与此同时，太阳的运动轨迹将空间分成了四个片区。许多部落中都有这种概念，并被玛雅人写在他们的古籍抄本中。

对于玛雅人来说时间是空间显然和永恒的活力，赋予生命多重质感和意义，有时甚至是矛盾的，这取决于不同时刻神圣的力量对世界产生了什么样的影响。但是这种运动不是随意的，而是遵循固定的法则，比如自然周期和人类生命的法则。对

① 参见 De la Garza, 2015, pp. 223-258。

于玛雅人来说“时间是宇宙运动的秩序”。

令人震惊的是，玛雅人在人类历史上（约公元前一千年）首次将“零”运用到计算中，且计算符号在不同位置上有不同意义，有三个符号：零、圆点（代表1）、横线（代表5），是二十进制，二十由一个点加一个零表示。对于天文测量来说数学是必不可少的工具。

基于天文学和数学知识，玛雅人建立了完整的历法体系，包括太阳周期（365天）和宗教周期（260天），它们就像组成历法循环（Rueda Calendaria）的齿轮，一个周期52年。此外，玛雅人创造了零日（fecha era或día cero），它是历法计算的起点，方便玛雅人准确记录日期。零日开始于伯克盾-13（Baktún 13）结束的时候，记作“4 Ajaw 8 Cumkú”，换算成格里高利历是公元前3114年8月13日。这个日期自然是被记录在了玛雅神话时间中，穿插在编年史时间线中，根据玛雅文明中与宇宙起源相关的宗教思想，这个日期标志着现行宇宙纪年的开端；他们认为这个日期之后将持续周期性的创造和毁灭。选定这个日期是因为对于玛雅人来说13是个特别神圣的数字，它对应天界的层级数。

这个历法系统被称作长纪历（Cuenta Larga），或初始系列（Serie Inicial），分不同时期，从一金（即一日，“K’in”），到一阿托盾（约6400万年，“Alautun”），在二十进制的体系中按照二十的倍数增长变化。总之，数以百计的石碑上铭刻着一串串记载历史事件——特别是古典时期（公元300—900年）——的数字，这些数字是从伯克盾——400年一周期——这一单位开始计历的，在历法循环里这一天是确定的，它正是太阳历和宗教历的会合日之一。

长纪历的意义在于赋予时间更多层含义。时间不单单是朝向出发节点的永恒的回归，还可以用来衡量过去和未来。正是由“零日”的存在，长纪历既保留了时间周期的概念，又让其处在螺旋圈中，避免重复。就这样，循环时间观和线性时间观并存。

随着时间的数字化系统化，时间被人类掌握在手中，瞬时性得到控制，大循环使得神秘的初始时刻得以周期性、仪式性地回归，宇宙获得重生，宇宙无限存在下去。

时间被用来衡量“零日”前后的时期，他们确定了一些令人惊讶的日期，那是人类和宇宙存在前几百万年，说明这些伟大的智者对宇宙“生成”（devenir）问题颇有兴趣。

人们甚至可以控制无限性，时间循环的概念扩伸到过去和未来，蕴含着宇宙是永恒的观点。再也不会有时间完结和世界末日的概念，而是永恒的再创造。

这种空间—时间观念着实令人震惊，它展现了玛雅人非凡的观察力、直觉力和知识水平，他们没有器械和技术，但有扎实的数学基础，因而具有感知和解决宇宙

“生成”问题的能力。

其他时间

除此之外，玛雅人还掌握着其他时间，介入其他时间层面和其他“生成”空间中，摆脱星体循环的规律。其他时间指的是：一、展开神圣的故事或神话的时间；二、现实中其他空间所在的时间，那是神灵和祖先神居住的地方，有些人类（比如萨满祭司）在某些特殊的意识状态中可以到达那里。神话时间、梦境时间、迷狂和死亡时间都包括在这个时间维度中，与编年史、世俗时间——或日常现实时间——交织在一起。

神话时间

神圣的故事——如我们所谓的神话——在不同时间层面中展开。故事中角色长着人的模样，但超越普通人生命的可能性，可以活得很久。另外，正如在梦境、迷狂、死亡状态下，神话时间里过去、现在和未来也是同时存在的，主人公在三者之间自由穿梭，但实际上它们是同一个时间整体。

神话时间是“另一种”时间。比如帕伦克的古文献中记载了宇宙起源的神话，从其中提到的日期看来，很多故事是超人类的。一方面文献中描述了以“零日”起始的新一轮循环，基于此发展出宇宙起源神话。但是除此之外，文献中也提到了起源之前的其他世界，那是过去1246826年前，当时创始天神刚刚登上宝座：它是“长有方形鼻子的蛇”。这就是典型的神话时间。

就这样，神话时间和日常现实时间交错、并存；与此同时，人们可以借助仪式再现原初时间，同时“度过”神话时间和日常现实时间。

关于时间，我想强调的是玛雅人通过将宇宙时间、神话时间、其他世界里的时间与周期性的时间联系起来，引导宇宙一步步“生成”，对抗有限性、混乱和死亡问题。

结　　语

在这里，我提到玛雅思想中的三大观点：时间是一个和谐的整体；人类需要为世界负责；时间是无限“生成”的过程，是世界和人类的主导。

正如我所强调的，自前西班牙时期开始，玛雅人就对自然界表现出特殊的尊重之情，类似于兄弟情谊。人与动植物之间有着最为丰富的联系，这类联系既不是人类所固有的，也不是人类的杰作。对玛雅人来说，所有的生灵，包括人类创造出来的对象，都有和人类相似的灵魂。

这说明玛雅人有“人—自然”的整体意识，并将其扩展到宇宙的整体意识，这一直以来都是玛雅文化的精髓。从玛雅人关于人类的神话和信仰中可以看出，在人与自然生灵互动的过程中，二者产生的是兄弟般的情谊和共通共存的关系，这不仅发生在人与动物之间，还在人与植物之间。

玛雅人意识到宇宙是一个生机勃勃的整体，人类有责任爱护它、保护它，这是玛雅文化的特色。对他们来说，崇拜和尊重星辰、植物、动物、无机界是至关重要的，他们已经超越纯粹的物质世界，意欲发现、表达更深刻、更相关的意义，发掘真正和谐的宇宙。

这种整体的意识将人与人密切联系起来，更好地尊重另一种生命。玛雅人的观念可以点亮如今被暗淡和无望笼罩的世界，开辟保护地球的道路。

西方传统抛弃人与自然的联系，欧洲人在大自然面前不再表现出惊讶、赞叹和崇敬之情，这些人相信他们可以充当世界至高无上的主人，为一己之私利用自然，最终造成毁灭性的灾难。

对生命奇迹的敬意和对人在世界上的地位的认知——只是其中的一部分，而不是作为主人，使得人们保护和维护自然界，就像玛雅宇宙起源神话所说的那样，这是维护宇宙中的自我意识和人类责任的一个突出例子。

西班牙入侵给宗教带来了决定性的变化，殖民者以暴力强制推行基督教，然而部分玛雅神话、信仰和传统不仅没有丢失，反而留存了下来，只是在历史演变和新的政治社会环境中获得了新的含义，被边缘化、受压迫的原住民注定要在原本属于自己的土地上过着贫困、耻辱的生活。

他们被夺走最好的土地、自己的宗教、原来的生活方式和灿烂的文明，却依然坚守在那里，使用自己的语言，保留风俗习惯，信仰“调和”过的宗教，虽然其中尚存一丝印第安原始宗教信仰的痕迹，但他们祖先创造的伟大文明已了无踪影。在前人的废墟里，人们曾借各种典礼仪式悲痛地回忆辉煌的过去。

最后，我想以两段玛雅人的文字结束。就在西班牙征服美洲之后几年，玛雅人写道：

> 每轮月亮、每个日子、每段年岁、每阵风……依旧走过经过。每滴血液依旧抵达它的宁静之地，如同抵达它的权位和宝座……在计量过的时间里，人们感受得到太阳的善。在计量过的时间里，人们看得到头顶上星星的铁栅，透过那儿，神灵凝视着他们，为之彻夜不眠，这是些被囚禁在星星里的神灵……当

时一切安好，当时万物会被摧毁……（《契兰·巴兰》，p.58）

最后是一段今天萨满祭司的祈祷词，它含义深刻，表现了玛雅人与自然不可分割的联系，也反映了如今印第安原住民困顿、贫瘠的悲剧生活。

有的树木在生长
有的树木在冒芽
有的树木在发苗
随它们去吧。
它们如此幸福地冒着芽！
也许会变成鸟儿的栖息之所，
也许会变成欢声笑语之地，
也许会变成爱巢。
可是我们伐倒它。我伐倒它。
磨尖砍刀后，我伐倒它。
但它何罪之有？
树木无需担负罪责。
它如此美好地生长着！
满怀生长的欲望。
它究竟犯了何等罪行？
只是我内心渴望
食物和饮品……
一切都是胃的过错。
树木无需担负罪责。
它满怀生长的欲望，
随它去吧！
（Colby y colby, 137）

参考文献

Colby, Benjamin N. y Lore M. Colby, *El contador de los días. Vida y discurso de un adivino ixil*, México, Fondo de Cultura Económica, 1886.

De la Garza, Mercedes, “Los mayas. Antiguas y nuevas palabras sobre el origen”, en *Mitos cosmogónicos del México indígena*, pp. 15-86, Jesús Monjaraz-Ruiz, Coordinador. México, Instituto Nacional de Antropología e Historia (Col. Biblioteca del INAH), 1987.

De la Garza, Mercedes, *Sueño y éxtasis. Visión chamánica de los nahuas y los mayas*, México, Centro de Estudios Mayas, Instituto de Investigaciones Filológicas/Fondo de Cultura Económica, 2012.

De la Garza, Mercedes, “Los mayas y la trama de los tiempos”, en *El tiempo de los dioses-tiempo. Concepciones de Mesoamérica*, Coordinadora. México, Universidad Nacional Autónoma de México, Instituto de Investigaciones Filológicas, Centro de Estudios Mayas, 2015.

El Libro de Chilam Balam de Chumayel, Trad. Antonio Médiz Bolio, Prólogo, Introducción y Notas de Mercedes de la Garza. México: Secretaría de Educación Pública (Serie Cien de México), 1985.

Hirose López, Javier, *Sujuy Máak: Las concepciones sobre el cuerpo y la persona entre los mayas de la región de los Chenes*, Campeche”, México, Universidad Autónoma de Campeche, 2015.

Memorial de Sololá, Anales de los cakchiqueles, en Mercedes de la Garza, *Literatura maya*, Compilación y Prólogo. Venezuela, Biblioteca Ayacucho 57, Caracas, 1980.

Pitarch, Ramón Pedro, *Ch'ulel: una etnografía de las almas tzeltales*, México, Fondo de Cultura Económica, 1996.

Popol Vuh, Las antiguas historias del quiché, Trad. Adrián Recinos, en Mercedes de la Garza, *Literatura maya*, Compilación y Prólogo. Venezuela, Biblioteca Ayacucho 57, Caracas, 1980.

（曾琳　译）

二　专题会议论文

仁、团契、爱、心

善待所用之物
——对“仁”与“乌班图”的超越

葛瑞汉·帕克斯（Graham Parkes）
（维也纳大学）

如果我们要在“仁”这一概念的意义上成为一个完全的人，一个进路是把对家人的爱推及到其他人身上。据我所知，这一过程与非洲哲学中的“乌班图”观念是一致的。对于克服人性中野蛮的好战特质，这些都是很好的点子。但考虑到我们给这个星球上的其他生物施加了暴力和毁灭性的伤害，而其中一些生物恰恰维系了人类的生存，很明显，超越“仁”和“乌班图”这样的人道主义观点所提供的对人类繁荣的理解，于我们更有益处。

当然，为了维系人类这一种族，我们必须持人类中心主义，正如其他任何物种一样，为了维系物种的繁衍，也必须以物种自身为中心。但如果我们的关注点过度局限于人类领域，那么人类中心主义很可能会让我们走向毁灭，正如我们长久以来与我们赖以生存的自然生态系统的整全性相妥协所显示的。如果我们希望能繁荣发展的话，那么我们需要超越自身的人类中心主义，不再仅仅关注我们自身以及我们的下一代，而是要关注我们之外的他物，关注那些我们在每日生活中使用的“无生命的存在物”。

其实我们当下面临的环境危机，如温室效应、空气、土地和水质污染、滥砍滥伐、鱼类过度捕捞、野生动物濒临灭绝，在某种程度上都源于我们与周遭事物的关系处于深度失调状态。我们倾向于疏离自然事物，同时，我们也被城市化以及信息技术的屏幕所隔离，而我们与人造物的往来关系同样是那么贫乏。

我们破坏其他生命形式的一个因素是塑料，这是在不显眼的情况下暗中起作用的。对于我们的生活形态而言，一个不显眼的因素具有潜在的影响力：塑料。塑料制品持续不断地增加，致命的废品不停堆积。塑料微粒无处不在。鲸、鱼类、海鸟以及大多数食用海味的人的胃里都存在着这种微粒。塑料产量的预期稳定增长将会对全球的生态系统造成进一步的破坏。[①]

一般而言，我们对塑料的依赖是我们与他物关系失衡的重要标志。我们几乎从未关注过这些，积累的数量也远远超出了我们的所需，最后以丢弃它们而告终。如果我们能更多地关注这些事物，把关注点推及到它们身上，更好地体恤它们，难道我们的生活不会得到升华么？遵循以上原则的一条进路在于停止生产任何合成产品，如塑料和其他一切无法进行生物降解，从而破坏自然生态系统的合成品。

如果我们对这一低迷状态背后的思想作一番回溯性的追问，将发现罪魁祸首在于一个将物理世界视作无生命之物的观点。这一世界观将动物视为缺乏灵魂或人格之物，将诸如草、花和树木等植物看作缺乏意识之物，把如石头、工具等物品看作无生命之物。这些物按照我们的目的被使用与操控，而且也仅仅当它们对我们有用时，我们才会关注到它们。很明显，对于我们这些现代人来说，善待他物的观点是不同寻常的。

通常认为西方传统中的第一位哲人，米利都的泰勒斯，曾说过“整个世界是有灵的”，并且将灵魂归给“无生命”之物——部分原因在于镁矿石和琥珀能够移动铁。[②]柏拉图在《蒂迈欧》篇中提出了他的宇宙论。他将世界视为一个被赋予了灵魂和智慧的真正的活物，由一种被新柏拉图派的传统称作“世界灵魂”（*anima mundi*）的东西所推动。[③]

然而，在柏拉图之前，一种源自萨满教的独特的人性论也在希腊文化中缓缓显露出来。人们将其称为“奥尔弗斯—毕达哥拉斯”传统。这一观点认为，人类的灵魂优先于身体而存在。灵魂是永恒的，从而是更真实的。而身体被视为灵魂的坟墓和监狱，只有当死亡来临时我们才能最终脱离这一禁锢。[④]后来基督教哲学对这一二元论做了进一步的阐发，将肉身看作是堕落的，是原罪的标志。这最终使得我们将整个物理世界视为无生命之物。

在 17 世纪的科学革命进程中，哲学发生了巨大的转向。笛卡尔及其理论的追随者将灵魂从物理世界中剥离开去，认为动物是没有灵魂的，而没有考虑到它们的名称。他们认为，只有人类才能作为能思维的实体，因而才是有灵魂的。物质世界是一个巨大的机器，其中运动着的都是死气沉沉的无机物。至此，二元论发展到了极致。

---

① Robin McKie, ‘Plastic now pollutes every corner of Earth’, *The Guardian*, 24 January 2016; Jan Zalasiewicz et al., ‘The geological cycle of plastics and their use as a stratigraphic indicator of the Anthropocene’, *Anthropocene*, http://dx.doi.org/10.1016/j.ancene.2016.01.002 (accessed 24 Jan 2016).

② G. S. Kirk and J. E. Raven, *The Presocratic Philosophers: A Critical History with a Selection of Texts* (London: Cambridge University Press, 1957), 93-95.

③ Plato, *Timaeus* 30b-c, 34b.

④ E. R. Dodds, *The Greeks and the Irrational* (Berkeley & Los Angeles: University of California Press, 1962), chapter V.

到了 19 世纪，这种思维方式成为了主流思潮。研究原始文化的西方人类学家们开始思考他们的学科用以体验世界的方式。文化人类学领域伟大的先驱者，E. B. 泰勒在他具有里程碑意义的著作《原始文化》中提出了“万物有灵论”这一术语，并在“野蛮人”这一独特的意义上来应用它，这类人群倾向于将他物拟人化。泰勒所秉持的是后笛卡尔主义的科学观，将物质看作无生命的存在。如果原始人认为世界充满着具有灵魂与灵性生命的自然现象，那么他们必然下意识地将自己精神生活的方方面面投射到周遭的无生命的世界之中。①

“万物有灵论”这一思想，即原初思想将灵魂投射到物质之中，指涉了一个从 17 世纪以来的明显现象。其实，只有当人们沉浸在北欧地区的地方观念和笛卡尔主义的身心二元论（这对中国人而言，并不存在）时，才需要一个诸如“万物有灵论”的术语来表示人类情感和人文素养对无生命之物的保护。对于人类历史上的大多数人而言，这个世界从一开始就将它自己呈现为一个有生命、有灵魂的存在。②

当下，科学世界观已然对自然环境造成了毁灭性的破坏。我们应从唯人类才有灵魂的极端思想中抽身。尽管如此，提倡和拥护“热爱大自然的本性”以及深层生态学的西方人士虽然将他们的关注点推及到了所有的生物，但他们还是在“生物中心论”的层面上陷入了僵局，没能将山石等矿产资源领域涵盖进来，也即排除了无生命的有用物。

我们真的能够如此确定那些“无生命”之物当真是死气沉沉、毫无生机的么？在最糟糕的时候，当我们对着工具大声呵斥时（通常是我们的粗心所导致的），我们是否能回归到一种原初的信仰系统，抑或是否存在一种类似于便携式电脑之类的高科技产品能了解我们的情绪？毕竟，如果我们转向中国的高度复杂的哲学传统，我们将发现有生命之物与无生命之物之间的区别相对而言是无关紧要的。

当儒家学者把礼仪视为增进社会和谐的进路，这要求个体在人与物的相互作用方面有精心培养。我们不仅要做到衣着与场合相宜，同时还要留意着衣的方式：我们必须关注帽子的角度以及袖子的拂动。行礼的过程要求我们对这些细节尤为关注，并且将此推及到对其他事物的使用上。

道家哲学家认为，超越人类本位说的方式在于推广儒家对“恕”的实践，推己及人，把自身放在动物、植物以及其他的万物的位置上。推及这一活动建基于将世界理解为气的观念之上。庄子曾对“比形于天地而受气于阴阳”的过程做过说明。

---

① Edward Burnett Tylor, *Primitive Culture: Researches into the Development of Mythology, Philosophy, Religion, Art, and Custom* (New York: Cambridge University Press, 2010), vol. 1, 260-261, 267, 431, 452.

② Think of *prāṇa* in the Indian tradition, for instance, or *pneuma* in the Greek, the Hebrew *ruach*, Amerindian *orenda*, Polynesian *mana*, and *qì* energy for the Chinese.

从稀薄的、不可见之物（如气息）到密集的、可触碰之物（如岩石），都是一个连续的统一体。在这一过程中，气化育着万物。

> 人之生，气之聚也，聚则为生，散则为死……故曰："通天下一气耳"。(《庄子·知北游》) ①

气不单单为有生命之物提供了能量，而是所有个体的能量之源。同时，气还构成了河流和石头，正如气孕育了动物和植物那般。而河流和石头在西方文明中被视为无生命之物。一言以蔽之，气是芸芸众生，是整个世界。

这一观念同样出现在古希腊时期。在孔子所处时代之前不久，前苏格拉底时期的一位哲人阿那克西美尼提出了极为相似的观点。他认为，所有事物的本质是无限的一，即气。气遇热时扩散为火，遇冷时则凝聚为风，进而成为云、水、土地、岩石等等。阿那克西美尼同时将灵魂比作气，"万物生于气，最终又消融为气。气将整个宇宙包围，正如我们的灵魂持守并管束着我们的生命"。气作为万物统一的本质，永远处于运动之中。这与中国文化中"气"的哲学思想十分一致。②

中国哲人认为，气源于一个交互感应的过程，正如弦与弦之间的和谐共鸣那般。同类事物之间会发生相互的作用。在彼此相隔一定距离时，物类之间存在着影响与回应。这一过程缺乏有形可见的介质。也可以说，这一过程以最精纯之气作为介质。③ 交互感应的过程在同类事物之间是最强烈的。但这一过程同样超越了物类之别，发生在人类与无生命之物之间。打一个比方，专业工匠与工具、材料可以产生如此深入的交融，使得制成品被赋予了某种神性。歌德将此称作"魔性"。④

《庄子》中有一个脍炙人口的故事。庖丁出神入化的技艺源于他以"神遇"。在解了很多年的牛之后，庖丁不再凭借他的感官来觉知牛的身体，而是以神遇。在意识经验之下，庖丁能够直觉到所触之物的天性。文本并没有提及这一术语，而庖丁的游刃有余基于与无生命的牛的身体所生发的共鸣，因此，庖丁解牛十九年之后"刀刃若新发于硎"。

《庄子》另一个故事中的梓庆削木为鐻的技艺出神入化。"鐻成，见者惊犹鬼

① *Zhuangzi*, chapter 19, *Zhuangzi: The Essential Writings*, trans. Brook Ziporyn (Indianapolis/Cambridge, MA.: Hackett Publishing, 2009), 69; chapter 22, 86. See also A. C. Graham, *Disputers of the Tao: Philosophical Argument in Ancient China* (LaSalle, IL,: Open Court, 1989), 328.

② Aetius, Hippolytus, in Kirk & Raven, *The Presocratic Philosophers*, 158, 145. See Graham, *Disputers*, 356.

③ *The Annals of Lü Buwei*, John Knoblock and Jeffrey Riegel, trans (Stanford: Stanford University Press, 2000), 13/2.1 (p. 283); 9/5.2, 5.4 (219, 221).

④ See A. C. Graham, *Chuang-tzu: The Inner Chapters* (London: George Allen & Unwin, 1981), 18, 35, and chapter 3, 63.

神”。有人问他是如何做到这一点的，他解释道，自己未尝敢以耗气，必齐以静心，摒除一切思虑与希冀，这样一来，他才能观木之天性。对木的雕琢经历了长期的磨练之后，让他身体的天性与有着独特纹路的木的天性相合。[①] 另一个关于谐和共鸣的例子是，技艺炉火纯青的人往往能将工具当作他们身体的延伸物，通过他们制作的器物和他物发生共鸣，然后与之交相融合。

庄子的思想对中国第一个佛教思想家僧肇产生了十分独特而深远的影响。僧肇生活在第五世纪。他提出的最基本的哲学观点是“一气化万物”[②]。之后中国的佛教思想便从“一气”或佛性的角度将万物理解为一个整体。佛性也成为中国佛教思想理解万物的重要角度。佛性使万物得以苏醒，从而参与到相互依存而展开的世界之中。[③]

佛教众多学派的思想都认为众生皆有佛性，而不单单是人有佛性。草木皆可成佛。最后，他们认为，佛性存在于万物之中——存在于大地、土壤和微尘之中。[④] 如果我们接触的任何事物都有佛性，那么它们理应受到我们的关注和尊重。这一观点使得万物逐渐成为了近亲和伙伴。

数个世纪之后，理学家邵雍在气的哲学中详细阐释了庄子的非人类中心的世界观。在这一哲学思想中，与他者的和谐共鸣使我们能够更好地欣赏他者。

> **圣人之所以能一万物之情者，谓其能反观也**，所以谓之反观者，不以我观物也。不以我观物者，以物观物之谓也。(《观物内篇》)
>
> 以物喜物，以物悲物，此发而中节者也。(《观物外篇》)[⑤]

感应的观念有助于我们强调理解的情感维度。理解并不是在一个抽象的认识论的框架之中去认识事物，而是体物之情，对物有同情的理解。

最后一位理学大师王阳明通过使用“一体”的术语来强调人类和他物的相互依赖关系。

> 盖天、地、万物与人原是一体……风、雨、露、雷，日、月、星、辰，禽、

---

① *Zhuangzi*, chapters 3, 19.

② See, for example, Sengzhao, in Wing-Tsit Chan, *A Sourcebook in Chinese Philosophy* (Princeton: Princeton University Press, 1963), 351; also Shao Yong, 488, 493; and Wang Yangming, 685.

③ *Buddha Nature Treatise* (*Fo Xing Lun*) 788c, in Sallie King, *Buddha Nature* (Albany, NY: State University of New York Press, 1991), p. 32; 793c, 35; 787b, 40.

④ See my essay ‘Kūkai and Dōgen as Exemplars of Ecological Engagement’, in J. Baird Callicott and James McRae, eds, *Japanese Environmental Philosophy* (New York: Oxford University Press, 2017), 65-86.

⑤ Shao Yong, in Chan, *Sourcebook*, 488, 493 (emphasis added).

兽、草、木，山、川、土、石，与人原只一体。(《传习录》)[①]

这一观点认为，在气之域中，人类禀受了一个独特的形体。从随后的几个世纪直到今天，万物与人一体的思想仍旧是中国哲学的精髓。

我们不能因为气的观念在科学上无法核实就将其抹杀，因为这是一个哲学观念而不是一个科学观念。尽管“气”的概念的确促进了中国自然科学传统的发展。实际上，“气”的观念构成了中国文化其他几个关键维度的基础，如治国之道、传统中医、风水、武术、运动、书法、美术、建筑以及园艺。以上维度紧密结合在一起。将某一事物看作和自然之物及所用之物同属一体，这将改变我们对此物的感受和经验，进而改变我们和该物的相互关系。

如果我们在做事情时使用更少的、同时也更合适的物，我们将会更容易体会到与物一体。我们能够在日本的禅宗佛教中发现这一思想。日本禅宗佛教脱胎于中国的佛教禅院，并进一步发展为一种悉心照顾他物的实践。生活在 13 世纪的一个伟大的禅学思想家道元鼓励在寺庙厨房工作的僧人们用日文中的敬语来指称他们技艺所需的材料，“要使用动词中的尊称来描述和大米、蔬菜、盐以及酱油相处的过程，不要使用平白随便的语言”[②]。他同样建议要以一颗谨慎待物之心来对待厨房中的容器和调料。

将适于处于高位的器物置于高位，将适于处于低位的器物放在低位。在高位之物将安于高位，在低位之物将安于低位。[③]

让厨房井然有序的章法并不是来源于厨师头脑中的计划，而是源自对物之所宜的关注。这使得我们将事物置于它们所宜居之处，因此可以避免倾倒和破损。

当我们开始烹饪时，我们将发现这一活动、器具和调料之间发生着创造性的相互作用。道元将这一过程称作“在随物流转的同时转动事物”[④]。我们既需要感知事物是如何流转变动的，这样我们才能更好地调试自己，同时我们又需要感知我们的流转反过来如何影响着过程的推进。在这一过程之下，最理想的是，在手、器具和调料之间有一种自然的相互作用。

---

① Wang Yangming, *Instructions for Practical Living*, in Chan, *Sourcebook*, 685.

② Dōgen Zenji, 'Instructions on Kitchen Work', in Kazuaki Tanahashi, ed., *Treasury of the True Dharma Eye* (Boston & London: Shambhala, 2010), 2:764.

③ Dōgen, 'Instructions for the Tenzo', in Kazuaki Tanahashi ed. and trans., *Moon in a Dewdrop: Writings of Zen Master Dōgen* (New York: Farrar, Straus & Giroux, 1985), 55.

④ 'Instructions for the Tenzo', 56.

如果我们试图把这一类型的活动变为一种家务，那么我们将从手段—目的的角度来界定它：为了更高效地烹饪和吃饭，我需要把厨房收拾整齐。而更高效地做饭和吃饭，为的是腾出时间来处理真正重要的事，无论这些事可能会是什么。我们惯于以这种思维方式来整合日常经验与活动，区分出我们希望实现的目标和为了实现这一目标必须处理的繁琐的杂务，这使我们陷入繁重的劳役之中。当然，为了生存下来，我们的确需要手段—目的的思维方式。然而，超越于这一思维方式，如果我们把事物从被目标捆绑的奴役状态中解放出来，那么我们与事物的往来关系会得到改进。

举个例子：之前我和我的妻子曾在日本生活过一段时间。在日本生活意味着每天早上在起床之后必须把床从榻榻米地板上移开，一整天都要把它存放到房间一侧的拉门背后的支架上。最终我们意识到，如果我们不希望每一天的第一个任务成为繁重的家务，那么我们可以把它转变为更类似于舞蹈的活动。刚结婚时，我们似乎永远无法成为下一个阿斯泰尔和罗杰斯，但是收拾寝具非常没有竞争性。

在折叠被单时，当你的动作和与你一同折被单的人同步时，这一相互作用带来了一种参与的快乐。仅仅关注行动的效率，将使我们避免那些不必要的同时又会产生张力的消耗和姿势。那一动作更加轻易和流畅。在寒冷的早晨，这些活动往往能产生令人愉悦的暖意，同时也有益于身体健康。

如果我们学着让自己的活动不仅与伴侣的活动相协调，同时还与我们所折叠之物的尺寸、重量和质地相协调，作为对被单和毯子这清晨舞蹈的第三个参与者的回应，那么这种愉悦感将会更加丰富充沛。

当存放蒲团成为一种更具自发性的活动时，你将不会感到自己在以旁观者的视角来执行某些机械的行为，而是感到活动以参与者为中心的自然展开。你知道折叠了的蒲团属于哪个位置，相比起你把它们扔去随便某个地方，这明显要更好。

关于这一主题还有很多可以进一步阐述的，但是时间有限，在结束时我只能做一个小小的预测。如果我们能够庆祝“在随物流转的同时转动事物”，那么我们将会更享受这一过程，并不是作为社会和人际交往的替代物，而是作为社会和人际交往的丰富补充。

（黄子洵　译）

亲亲、爱的秩序与共同体

——儒家与舍勒的共通与分歧

张祥龙

（中山大学珠海校区哲学系）

儒家讲“亲亲而仁民，仁民而爱物”（《孟子·尽心上》），又讲“一家仁，一国兴仁；一家让，一国兴让”（《大学》章9）。为什么有这种从“亲亲”到“仁民”，从“一家”到“一国”的道德迁移？这种迁移是被教化出来的，还是人原本就有这种倾向，因而是一种良知或良能？儒家一直努力发现、阐发和维护这种迁移，但是是不是说明了它的哲理机制了呢？似乎还很有一些再努力的余地。而这种说明就关乎儒家在当今和未来的哲学气运。

舍勒（Max Scheler）的现象学伦理学可以帮助我们从哲理上理解和阐明这种迁移的根源和方式，尽管两边的分歧也是避免不了的。以下让我们先领略舍勒那些可以有助于理解儒家的地方，再来观看两边在一个问题即共同体问题上的分歧。

一、亲亲可以有先天伦常价值

舍勒受到胡塞尔意向性现象学的启发，看出我们的意识经验一上手就已经含有原初的构造了，不是经验主义者讲的只是被动地接受感觉印象，然后通过联想将印象结合成事物观念。意向性学说主张，我们首先看到的已经是包括原可能性的“事物本身”了，比如这个杯子、这个柜子，而不只是它们向我直呈的映射面。换言之，我的杯子知觉已经将我可以从后边、下边、里边等等角度再看这只杯子的“可能的看”蕴含于其中了。我听一段乐曲，听的每一瞬间就不会只听到那个物理时间点的声音，而势必同时听到刚刚过去和马上要到来的声音，这些从物理角度说在场和不在场的声音，现实的声音和可能的声音的共存并在，才让我听到了旋律而非杂音。因此，在看这只杯子、听这段曲子时，我看到听到的不只是现成的“这一个”，而是可能的、包含“虚构”的这一个，所以从这一个，可以哪怕潜在地迁移到可能的那一个，乃至许多个。这就是从“感性直观”到“范畴直观”或“本质直观”的可能性所在。

但胡塞尔将这种从个别到普遍（可普遍而非实在普遍）的迁移限制在价值中性的客体里了，因而与亲亲这种情感经验无关。按照他的经验分层说或“现象学的户口制”，必须先有表象、判断提供的客体或“存在户口证明”，然后才有情感或其他精神能力赋予价值的可能。如果是这样，那么亲亲的价值迁移就不可理解，因为这里边冒出了一个棘手的问题，即承载价值的客体如何能把这价值转移到另一个、许多个（可能是陌生的）客体？每个客体都有自己的独特性，它为什么会接受别的个体承载的价值呢？总之，客体在先、赋值在后使得价值从个别到一般的转移困难重重，而胡塞尔后期面对的说清主体间性如何可能的困难，也与这种客体优先论导致的主客分离乃至主体与主体的分离有关。康德的形式主义或普遍主义式的说明道德本性的方案，则从一开头就排除了亲亲经验。

舍勒把意向性学说对传统经验论的突破用来突破客体优先论。既然感觉印象对客体的直观优先地位不成立，为什么客体对价值的直观优先就成立呢？我们感受到的价值直观性毫不逊于感知到客体的直观性。当我们吃一只香蕉时，我们是先吃到香蕉的物理客体，然后通过情感赋值给它以美味价值呢，还是一口下去就直接吃到了香蕉的美味呢？用王阳明的话说就是，我们是见了“好色”（好看的女孩子）之后，再立个心去好她呢，还是一见这好色就好之了呢？“恶恶臭”也是如此（《传习录》卷上）。阳明当然认为“见好色”与“好好色”、“闻恶臭”与“恶恶臭”是同时发生的，不分先后，无所谓客体基础和上层价值之分。舍勒也是如此，还有过之，甚至认为价值先行于客体。我们对世界和事物的感知，难道不以原本意义上的好恶价值为底色吗？既然感知从头就是意向性的，不是完全被动的接收印象，那么它怎么会不受基底价值（比如习惯、风俗、流行时尚、生存目标等等）的潜在影响和导向呢？意向性其实就是向意性，而向意性说到底是向义性，而价值是意义最动人的形态，怎会不引领我们的意向化感知呢？

如果人与他人、与世界的关系是舍勒讲的这样，以价值为先天，引导着对客体的感知，那么“亲亲”中的价值转移到“仁民”，朝向更多的更外在的人们乃至事物（“仁民而爱物”），就说得通了。按照舍勒，价值的本性是动态的，由好恶爱恨的方向造成的差异构成，被我们直接感受（fühlen）到。所以价值不同于相关的感受状态（Gefühlszustand），它有强烈的非对象性的一面。饥饿是身体的感受状态，食欲是构造感性价值的行为。人们一般认为饥饿造成了食欲，但舍勒说，对于有的人，在某些时候，饥饿时可以没有食欲，如厌食症，而不饥饿时可以很有食欲，导致肥胖症。[①]《礼记·檀弓》和《孟子》里都有“宁死不吃嗟来之食”的阐述。可见，价值或价值的行为有其独立的构造力，可以超出价值的对象。我们爱一个人，可以不在乎他或她爱不爱我，或不在乎他或她是否还存在，可见爱只要真诚纯粹，就有非对象的自行能力、漫溢能力。亲亲是世间最真诚纯粹的爱，它当然有这种价值的流溢性、自行性，因此它必不会只限于爱对象化的亲人，而有向其他人流淌的先天倾向。由此，“亲亲而仁民，仁民而爱物”就得到了哲理上的初步论证。

舍勒讲的价值先天性，不意味着这价值与后天经验无关，而只意味着这价值不被经验对象或经验状态所决定，它有自己的独立天地，与人的天性相关。亲亲当然是经验，可以说是最亲近的经验，但因其至诚无伪，这种亲爱不依靠爱的对象而自构价值，是为孟子所谓“良能”也。

二、价值、人格和爱的内在秩序

如果价值来自好恶制造的差异，伦常价值来自爱恨差异，那么价值的要害在于差异而不在于载体和对象，因而所有价值就都预设了差异。如何理解这种差异呢？它源自哪里呢？结构主义认为是语言符号结构形成的差异造成了语言意义（索绪尔），在舍勒这里，原初的意义就是价值，那么价值是由什么差异造成的呢？舍勒似乎没有向深处探索这个问题，如像胡塞尔、海德格尔那样在现象学时间或时间性中找到原初的差异结构，而只是用“人格”（Person）来指示这个结构。对于人格，舍勒很有见地断言它是完全不可对象化的（当然！），它是不同种类的本质行为的统一。[②]他已经洞察到它与差异有根本性的关系，所以不可被对象化、理念化、实体化，因此善恶——它们是人格价值——也不可作为观念对象或意义目标来把捉，只能在伦常行为的“背上”被顺带出来，不然就会造成伪善或欺罔；但他似乎对于此要点缺少特别痛切、到底的体会，以至于还是用“存在统一”来概括它。

---

① 马克斯·舍勒：《伦理学中的形式主义与质料的价值伦理学》（简称“《伦理学》”），倪梁康译，北京：生活·读书·新知三联书店，2004年，第252页（给出的页码是该书的边页码，也就是德文版的页码）。

② 舍勒：“人格是不同种类的本质行为的具体的、自身本质的存在统一，它自在地（因而不是为我们的〔προς ημας〕）先行于所有本质的行为差异（尤其是先行于外感知和内感知、外愿欲和内愿欲以及爱、恨等等的差异）。人格的存在为所有本质不同的行为‘奠基’。”（马克斯·舍勒：《伦理学》，第382—383页）

这种思想的夹生有一些后果，其中之一就是价值本身的等级划分。价值由差异造成，但这不意味着各种不同价值有上下高低的固定等级。这样的等级划分恰恰违背了价值的差异构造原则。

舍勒将价值分为四个等级：感性价值，生命价值，精神（内含美感、伦理和认知）价值，神圣价值。从中可见柏拉图和基督教的影响。区分不同的价值是必要的，但将它们排成价值种姓等级——有固定的上下之别——就丧失了价值的原意。比如神圣价值已是顶级，它凭借什么差异来赢得自身的价值呢？只靠与低等价值的差异吗？那么它就只有靠它的实体自性才能维持这个差异，而这就违背了价值只生于差异的原则。当舍勒说人格是本质不同的行为的统一时，他的原意或许是强调所有价值，包括神圣价值都是在一个差异结构中发生出来的，但他的价值等级固化则等于将这个差异结构统一到了神圣价值或他心目中的最纯粹人格中来。这样，原本完全非现成的人格——它或许曾影响了海德格尔的“Dasein”的思路——就开始被最高级化，或在这个意义上现成化、格式化了。

为什么感性价值（而非感受状态）就一定是最低级的呢？在王阳明心目中，恐怕“好好色，恶恶臭”这种感性价值行为与“见父自然知孝”这种伦常价值行为虽有差异，但在知行合一的本体上是没有固定的等级高低的吧。“好好色”的齐宣王，如果能与他人共之，即让他人好好色的感性价值冲动也得到满足，这感性价值行为——它让齐宣王感受到自发的价值构成，为他理解别人的相似行为打下价值基础——就可升华为伦常价值行为。生命价值为何一定低于精神价值和神圣价值呢？道家是不会同意这种等级固化的。为了一个神圣或精神的目标或判断，比如上帝对人类堕落的判断和提升世界价值等级的目标，就去用洪水、烈火来毁灭生命（《旧约·创世记》），一定可以得到辩护吗？

但是，说爱有其内在的秩序是对的，问题只是该如何理解它？爱（恨）和它创造的价值靠结构差异而成，但这种差异不一定是固定的等级差异，它也可以是远近差异、时间差异。仁者“爱人”（《论语·颜渊》）。这爱一定源自差异，也一定有其内在秩序。仁爱必源自亲爱，这就是仁爱内含的先天秩序，以亲疏之别为前提；亲爱则来自代际时间差异，以生命时间特别是人类特有的深长生存时间为前提。可见，舍勒讲的爱的秩序——它以价值排序为根——是垂直的，层级化的和本质上静态的，以上帝或神圣人格为顶端；而儒家主张的爱的秩序基本上是横向的，有流动方向和落差的。有其源头，但没有现成的最高级，即使仁人和圣人也不能超越这源头。

舍勒也想减少人格和爱序的僵化，除了以上提及的对于人格的非对象化强调之外，他还主张人格与价值行为的互须互补。人格被这种行为不断地重塑，而行为之所以有价值可言，因为有这个人格的存在。所有价值都生于差异中的意义流动，所以都涉入一个“抗拒着最终性”的“本质无限的过程”[①]。此无限过程性“在单纯的享乐满足是加速变换对象，在最高的个体之爱则是益发深入‘这一位’上帝之增长着的丰盈”[②]。所以“最高”级，无论表现为最高价值、人格、爱序，都以上帝为极，而这上帝又不能是实体化的，而只能是这个爱。[③]但爱只是试图将所爱“引入自己特有的价值完美之方向”，是一种“营造行为和构建行为”[④]，她自己却不能完全占有和垄断这个“完美之方向”。这个方向永远带有一个缘发的维度，不可能通过一个固定极点而获得，因为这个极点中再无差异。这是中国古代特别是先秦哲理的见地，于是就要讲“无极而太极”、“太极本无极”；而通过阴阳来讲太极和爱之理，就是以非实体的、纯生成和“解构”的方式来领会终极的一种方式。

按照胡塞尔、海德格尔的研究，被我们直接体验到纯时间流本身就有意义，或就在生成原初的差异和意义。这是一个重大的哲理发现，与东方的比如奥义书、佛教和儒、道的基本见地相合。用舍勒伦理学的话语来讲，就是意识时间、生存时间本身，无论多么纯粹、本然，也具有价值，也在构造着价值。其实，通过这种时间流域来理解他讲的人格，要比通过一个最高级的上帝更合适。据说，舍勒后来放弃了天主教而改持泛神论，估计与他的上帝观中的这种矛盾有关。如果他后来也离开了现象学，那么其中一个原因恐怕就是他没有机会充分了解和消化胡塞尔的时间思想和后期的发生现象学。

儒家会完全赞同胡、舍、海的现象学见地，因为它或它们为其“亲亲而仁”的道统命脉做出了发生学的说明。亲亲是代际时间差异造成的意义或爱意生成，而且这爱意之流不是单向的，而是因其“时晕”本性前后叠加、纠缠或回旋着的。所以孝爱——对于慈爱的“回爱”（Gegenliebe）[⑤]——是可能的，这一点将人类与动物区分开来。而且这亲亲之爱，因其最为原发和真诚，一定会明见地生成那些朝向良善的伦常价值行为，有助于健全人格的形成。特别是孝爱，因其是爱意的回流，是被动中潜藏和引发出的主动，是现象学时间晕结构的体现，所以最鲜明地体现出爱的构造伦理价值的先天能力（良能），由此受到儒家的极度器重，被视为“德之本”、“教之所由生”。

与舍勒讲的人对上帝的爱或上帝对人的爱——圣爱——相比，亲爱（包括慈爱和孝爱）的特点是离人的实际生命体验最切近，因而最为原发，最具有胡塞尔讲

① 舍勒：《爱的秩序》，引自马克思·舍勒：《爱的秩序》，孙周兴、林克译，北京：北京师范大学出版社，2017年，第108页。

② 同上书，第109页。

③ 同上书，第105页。

④ 同上书，第103页。

⑤ 马克斯·舍勒：《伦理学》，第524—525页。

的直观明见性或舍勒讲的伦常明察性。实际上，亲爱还处在人生时间流的晕圈之中，亲子双方都不是独立的个体，而是参与构成生存意义和价值晕圈的留滞与前摄，或保持与预持（Retention und Protention; retention and protention）。因此，列维纳斯（E. Levinas）视家庭为“时间之源”①。而其他的爱，都可以看作是由亲爱衍生出的，已经不是爱意在原初意义（即“晕圈”意义）上的当场构成和呈现，而是再现。人要从亲爱中原本地知晓（良知）爱意和她构造的原价值，然后才能适当地爱他者，比如其他亲戚、邻里、乡人、国人，乃至神和上帝。而舍勒的爱序实际上要求人从爱上帝或感受到上帝之爱开始，由此明了什么是真爱。“每种爱都是一种尚未完成的、常常休眠或思恋着的、仿佛在其路途上稍事小憩的对上帝的爱。”②这是悖谬的，势必引出欺罔（Täuschung），即将本不在场的东西当作实际在场的，因为人不能带有明见性地直接体验到上帝之爱并产生相应的回爱，而只能通过经文、神父的讲解、教会的团体凝聚和其他经历来间接地体验它。这就为欺罔的出现、教会的操纵和团体的裹挟留下巨大空间。每个讲爱的学说、流派和社群都面临欺罔或伪爱的威胁，儒家也不例外，所以孔子对乡愿之儒、小人之儒非常警惕，《中庸》、《大学》、《孟子》都以各自的方式来“格物致知，诚意正心”，而亲亲之所以绝不可失，无论在任何时候和对于任何人，就是因为只有这种亲爱是最少有伪爱和欺罔可能的，是君子致诚的不二之道。

三、共同体中与共同体间的他者

舍勒将社群单位（Sozialeinheit）也划分为四级，即大众、生命共同体（Lebensgemeinschaft）、社会和人格共同体（Personsgemeinschaft）。③这个分级粗略地对应于价值的四分。需要注意的是，它们都不是现实的社团，而只是组成社团的社群单位，所以一个现实社团比如一个乡镇或社区中，可以同时存在几个乃至全部社群单位。这四个单位有两个“共同体”，即生命共同体和人格共同体。生命共同体的典型例子是“家庭、氏族、民族”，它的形式首先是“婚姻、家庭和家乡团体”。④而

① 列维纳斯:《总体与无限》，朱刚译，北京：北京大学出版社，2016年，第299页。列氏在那里写道：“作为人的时间的源泉，家庭让主体性置身于审判之下的同时又保持说话。它是一种在形而上学上不可避免的结构。”

② 舍勒:《爱的秩序》，第104页。

③ 舍勒:《伦理学》，第六篇的B部分第4章第4点，第515页起。

④ 舍勒:《伦理学》，第535、537页。

人格共同体的典型例子是基督教教会。他当然（或想当然地）认为人格共同体最充分地体现了人格，因而是四个社群单位中最高级的。它的主要特点就是让个体人格（Einzelperson）和总体人格（Gesamtperson）共存，互不干扰，甚至相互促进。一个共同体如果有共同的爱恨经历并形成了共同体验中心，而且符合人格定义（不同本质行为的存在统一），就算有了总体人格。社会由契约构成，只有个体人格但无总体人格。按照这种看法的逻辑，生命共同体应该有总体人格而无个体人格，而大众则谈不上有人格。但舍勒对生命共同体更严苛，视之为既无个体人格也没有总体人格，只有某种凝聚性（Solidarität）。而大众乃临时聚合，没有凝聚性。

这种对生命共同体或是家庭和亲亲关系的歧视，是西方文化特别是柏拉图主义和基督教神学的特点。而舍勒贬低家庭和生命共同体的要害是否认它们有个体人格，因而它们的凝聚性也是打折扣的或“可代替”的。于是，他对生命共同体的一个指责就是“缺少任何对我的体验（Meinerleben）和你的体验（Deinerleben）的区分”[①]。换言之，这种共同体内因缺少独立的个体人格，所以没有人格意义上的我与你或我与他者的区别。而在舍勒看来，没有个体人格的共同体也不可能有总体人格，所以他也否认生命共同体的总体人格[②]，实际上是否认了生命共同体具有人格。

这一指责不成立，首先因为以家庭关系为领头的生命共同体中并不缺少个体人格。让我们看《孝经》中的一段话：

> “曾子曰：‘……敢问子从父之令，可谓孝乎？’子曰：‘是何言欤！是何言欤！昔者，天子有争臣七人，虽无道，不失其天下；……父有争子，则身不陷于不义。故当不义，则子不可以不争于父；臣不可以不争于君；故当不义则争之。从父之令，又焉得为孝乎！’”（《孝经·谏诤章第十五》）[③]

亲子关系是最重要的家庭关系，其中不只是命令、教导和听从、顺应（这种认“孝顺”为“盲从”的误解在当代新儒家中也常见），而是有“义”的构成。“故当不义，则子不可以不争于父。”“义”（義）字的正体中有一个“我”，表明义行必发自于我本人，“义者，我也；……义必由中断制也。”（段玉裁语）[④]此引文中的“义”，就是在这个意义上使用的。而且，孔子的话既是在要求儿子要为义而争于父，同时

① 舍勒：《伦理学》，第515页。

② 同上书，第517页。

③ 与之类似的记载还见于《礼记·内则》。孔子在《论语·里仁》里讲：“事父母几谏。见志不从，又敬不违，劳而不怨。”

④ 《说文解字注》，（汉）许慎撰，（清）段玉裁注，上海：上海古籍出版社，2011年（1988年版），第633页。

又是从事实上肯定了这种义孝或孝义的确（可以）存在于家庭伦理关系中。从我们自己对家庭生活的体验和观察中，也可以肯定，孝子——深爱父母并与之共同经历伦理生活的子女——的“为义争于父”之举与孝子的身份有内在关联。真爱父母者是爱其人格，最不愿看到的就是父母人格在“无义”中的沦丧，因此当其不义时就必有诤，尽管是极其委婉几微的诤，促成的是家庭和社会的“美善”（“義”字中“羊”的含义）而不是亲子关系的破裂。这就说明，与父亲同处于家庭关系中的孝子，是肯定具有舍勒意义上的个体人格的，是它使得这孝子能够直接感受到“义”，因而要努力使父亲“不陷于不义”。

孔子还说道：“人之其所亲爱而辟［偏（好）］焉，之其所贱恶而辟［偏（恶）］焉，……好而知其恶，恶而知其美者，……此谓身不修不可以齐其家。”（《大学》章8）人的对象化的喜爱和嫌恶不给好恶以独特性、自由性和自知之明，所以人对其所亲爱者就欺罔地偏好之，对其所贱恶者就欺罔地偏恶之；但原发的爱恨则赋予好恶以独立客观的精神价值，也就是喜爱一个人的同时却知其恶处或缺陷，而厌恶一个人的同时却能知其美善之处。通过“修身”，就能去除亲爱的失其本性的对象化倾向，也就是沉沦于“所亲爱”里的倾向，而确立这亲爱中已经潜在的价值行为的先天独立地位，由此还亲爱一个原本面貌，使家得以齐。《大学》就是这么看待“修身”的，于是写道：“此谓身不修不可以齐其家。”修身之“身”中所明确具有的个体人格——它不同于个体性——保证了家的总体人格，而家的总体人格或家人格也引导着修身，使之区别于道家的、墨家的或基督教的“修身”。

可见舍勒指责生命共同体“缺少任何对我的体验和你的体验的区分”，在这个肯定家庭关系中有个体人格的结论面前，就是完全站不住的了。家庭共同体中的确有他者意识，不然“子争义于父”如何可能呢？又由于家庭是我们这种人类的原凝聚方式，绝不缺少凝聚中心，表现为家风、家教、族谱、族规等等，所以这不乏个体人格的家庭共同体肯定是有总体人格的，是为家人格或家庭人格。由此，“一家仁，一国兴仁”也才说得通，因为家与国之间不是对象性的小集合与大集合的关系，那样的话，部分中的仁爱迁移为整体的仁爱就没有根据；而将这里讲的家与国看作是家人格与国家人格的关系，从家到国的价值迁移之路就顺畅了，因为人格是非对象性的和具有价值传染性的。

另一方面，舍勒对以基督教教会为例子的人格共同体的赞美——“爱的共同体”、“最完美体现了人格性”——也有过誉之嫌。如前所述，圣爱的遥远高邈使得它需要解释，而教会和教义则占据了这种解释的核心地位，导致了这样一种非现象学化的情况，即信徒在没有自明的爱体验直观状态下的盲从。所以，教会或人格共同体尽管有超越性的精神追求和爱的内部凝聚，但一旦涉入教义解释和教会领导权的分裂时，则凝聚的爱就转变为凝聚的恨，比如基督教教会内部对异端的残酷迫害，新教出现后导致的长期教派战争；又比如基督教教会与其他人格共同体（犹太教、伊斯兰教）之间长期的甚至还在继续的相互敌对、歧视和血腥冲突。所以舍勒本人在《伦理学》结束部分也谈到一种人格共同体（“最完善的、具有最高价值的和善的有限人格之间”）的“本质悲剧”。[①]这说明，在舍勒所谓人格共同体之间，缺少他者意识及相应的伦理价值的构成，表现为宗教间没有或缺乏真实的宽容。

而儒家共同体因其扎根于无欺罔或少欺罔的亲爱及其人格关系中，所以反而有着共同体间的他者意识。历史上，儒家与其他宗教的关系，除了一些小摩擦之外，基本上是和平共处的，唐宋之后甚至有儒释道三教互补的倾向。这在西方宗教史上是不可能出现的，也不是近代以来由于政教分离而产生的某种宗教间宽容可以比拟的。我们遗憾地看到，“‘文明’冲突”还在继续。关键就在于：从现象学角度看来，亲爱与圣爱有不同的经验素质或体验结构，即：亲爱与亲爱之间无根本冲突，而切断了与亲爱关联的圣爱与圣爱之间就有根本冲突。由此，就出现了一个需要我们认真思考的问题：未来的人类共同体究竟要以哪种共同体，是亲爱共同体还是人格共同体，为自己生存的典范呢？

---

① 舍勒：《伦理学》，第 575 页。

Ubu-ntu 和仁：成人就是有伦理地爱

M. B. 拉莫斯（Mogobe B. Ramose）
（南非大学哲学系）

摘要：本文探讨了非洲和中国哲学中的两个关键概念，即*ubu-ntu*和仁。这些概念的哲学意涵是多种多样的，但却有共同的诉求，即在生活的复杂统一性中寻求真理。根据这些哲学理念，真理被理解为一种复杂的关于爱的生活实践经验，用于寻求关于个体和包括所有生命在内的所有其他人类的正义与和平。如果没有将其他个人作为一个本体论的对等对象而实际接受下来，那么关于他人的爱、与他人的爱以及献给他人的爱都是不可能的。这是通过坚持真实来公正地对待自身。这意味着接受一种伦理诫命：在日常生活实践中放弃自我欺骗。这种放弃的基础是承认对自己的爱是毫无意义的，除非它接受与他人的关系，与他人接触，以此作为实现真理、正义与和平的基石。因此，*ubu-ntu*和仁的基本论点是，作为人就是去完成伦理上的爱；它是一种"不忍"——一种人道的心灵（*goba le pelo*）——通过和其他人一起寻求真理、正义与和平来寻求爱。为了说明这一点，*ubu-ntu*和仁将在本文中被放置于一种对话的语境中。

问题的语境

由于许多原因，人类来自非洲的这一科学发现，特别引人注意。首先，它提出了一个问题，即为什么从非洲出走到世界其他地方的人们，似乎促进了通过人类之间的差异而对身份进行肯定。通常，对差异的关注导致并且仍在导致人类之间有时会发生致命的冲突。这种持续致命的冲突似乎忽视或忘记了当代科学的发现："在DNA 水平上，我们 99.9% 都是相同的（identical）。无论您从世界各地选择哪两个人进行比较，这种相似性都适用。因此，通过DNA分析，我们人类真正成为一个家庭的一部分。”（Collins, 2007: 125-126）作者使用“相同”的概念很重要。这突出了人性的同一性（oneness）。

其次，“关于发现的学说”（the doctrine of Discovery, Miller, 2011）通过发明虚假的本体论等级来强调人类之间的差异，这种等级基于那种具有粉红色肤色的、在符号上被指称为白人的虚构的种族优势。结果，大部分人类被奴役并被迫进入结构性和系统性贫困。通过微妙的强制和操纵使这种情况正常化，现在它已经偷偷地获得了自然的状态。今天占主导地位的经济模式以“贫困”、“发展”以及“就业”和“失业”之间的紧张关系为名，关注这一境况。尽管在世界许多地方正式废除了奴隶制，但认知性奴役——“关于发现的学说”的原始认识的活生生的残余——继续加剧了广泛的全球经济和社会不公正。没有认知正义，社会正义就不可能完整。

今天，北方富国表示他们面临着“移民”和“难民”这两方面的问题。他们中的许多人似乎完全没有注意到他们过度热情地吸引和吸收来自外国的“移民”进入他们自己的国家，特别是在第二次世界大战之后。这种热情的目的是让“移民”作为工人参与到重建被战争摧毁的经济之中。然后，“移民”成为解决经济重建问题的方法。经济重建与社会福利之间的关系不言而喻。这不需要特别的抗辩说明。经济重建的成功使许多国家进入了社会福利国家。

各种复杂的原因加在一起促使北方富国采取政策遣返愿意返回原籍国的“移民”。进入富裕的北方国家的“难民”的快速浪潮加剧了与“残余分子”分享财富的“问题”（Francis, 2013：第53段）——人类作为人类在本体论上的首屈一指的地位——后者被占主导地位的全球经济模式无情地抛弃。这个“问题”出现在大多数富裕的北方国家的人口正在减少的时候。他们有自制的人为问题，称为婴儿短缺。从道德的角度来看，这个人为问题可以通过欢迎“移民”和“难民”来解决。但是这个解决方案很少被认真思考。相反，他们正在主要从这样一种立场处理这种“危机”，认为应该加强努力，说服“移民”返回原籍国，并确保最低限度的“难民”获得庇护。

在这场“危机”中，对于居住在南方许多贫穷国家的北方富国的众多经济难民却完完全全保持沉默。这些经济难民的到来是掩盖在“外国投资”这样的幌子之下的。它们以多种形式出现，如沃尔沃、福特、雷诺、捷豹、宝马、劳斯莱斯、阿尔法罗密欧、标致、菲亚特、梅赛德斯奔驰以及其他技术和“服务”。他们在南方国家存在的不变和主要目的是赚取经济利益，从而增加财富。在南方贫穷国家宽恕这些经济难民的存在，同时却不欢迎作为被北方的富国所主导的全球经济模式的结构性的和系统性产物的“移民”和“难民”，这样做的伦理基础是什么？

上述问题必须从这样一个前提得到回答：这不是第一次对金钱的无限和无节制的热爱导致了西方文化史上的道德堕落和颓废。“斯巴达人的钱非常特别。它是由铁制成的，并且非常重，以至于强壮的牛只能携带一点点。我们被告知，吕库古（Lycurgus）把钱铸造得很重，目的在于让任何人都不会喜欢它，因为吕库古坚信金钱是万恶之源。”（Ogan, 1938: 575）意识到他那个时代社会的道德堕落，西福德（Seaford）[的著作中]曾经引述，索伦观察到“人们对于财富[的欲求]显得总是没有节制。[即使]对于那些拥有最多财富的人来说，他们[依然]渴望[自己的财富可以]翻倍”（Seaford, 2004: 165）。他建议“适度”作为随后道德堕落的补救措施。（Seaford, 2004: 166）但伦理被道德盲目性所打败，这种道德盲目性因强烈要求不惜一切代价增加一个人的财富而加剧（Arnsperger, 1996: 12-13），包括随时准备好的蓄意的集体自杀战略：灭绝性的核武器战略，它被贴切地公认为**疯狂**（MAD）——确保相互毁灭（Mutual Assured Destruction）。因此，在古希腊开始生成的这种“恋钱癖”（*pecunimania*）[①] 成为我们这个时代的一种疾病，影响和感染人类生活的各个方面。

“恋钱癖”继续受到那种关于“竞争”的错误观念的不断推动，[在这种错误的关于“竞争”的观念中，“竞争”被视为是]寻求对抗“他人”。（The Group of Lisbon, 1995:90）这已经把人类变成了无情地吞噬彼此的狩猎中的野狼。富裕的少数人拥有经济权力，以此在为无限的金融利润服务的过程中，将大多数人强制[变成]伦理麻痹[的人]。因此，在我们这个时代，恰恰正是“货币的主权”（Vandevelde, 1996: 481-483）偷偷摸摸地替换掉了民主（Herz, 2001），而以勋阀政治（timocracy）[②] 取而代之。但没有伦理的世界永远不会成为人类的家园。

第三，被约束了的推理（bounded reasoning）构成了如下一种盛行的理解的基础，这种盛行的理解认为，人类创造出来的物质和文化的界限就是要将在这些界限之外的他者排除出去。被约束了的推理就是创造边界的认识论的诫命，其目的在于为我们周围存在的东西推导和附加意义。被界定在边界内的东西通过与位于边界之外的东西相分离而宣称其独特性。这种观点也支持了国家作为政治实体的概念。国家主权是当代国际政治的公理，但实际上是其教条。被约束了的推理在认识论上是建构个人和集体认同所必需的，但在人类共存的构建和构成中可能却不具有伦理的决定性。这一附带条件将通过《月球条约》来例示说明。

根据联合国《关于国家在月球和其他天体上的活动的协定》（1979 年，俗称《月

① 恋钱癖（*pecunimania*）在这里是指以计成本式地追求利益或利润为动机的、对于金钱的疯狂的热爱和迷恋。——校者

② 勋阀政治（timocracy）指的是一种以资产资格来作为参政标准的政治制度，在这种制度下，只有资产的所有者才能够参政。——校者

球条约》)，人类已经表明，国家主权间的分裂对于建设和构成人类共存而言，在伦理上并不必要。这是通过对于月球（包括其他“天体”）的任何部分的任何主权管辖权主张无条件的、全面的和综合的放弃来完成的。在这种情况下，人类选的是基于平等原则的公共的、多元［经济］的非所有权（non-ownership）。（Westen, 1982: 547-548）通常与疯狂相关的月亮，却应该为基于平等的、寻求正义与和平的人类关系的组织提供理智、清醒和坚实的伦理推理的灵感，这似乎听上去是悖谬的。特朗普总统最近宣布美利坚合众国打算拥有“太空武力”，这无疑是对由清醒却疯狂的推理所带来的伦理条件的威胁。（Ramose, 2016: 78-81）

关于《月球条约》的关键点在于，它的伦理维度原本应该在这个地球上的人际关系领域得以实施。地球母亲是所有出生于她身上者的偶然的本体论的面包篮（the contingent ontological panarium）。没有一个人是地球母亲的陌生人、“移民”或“难民”。即使是没有签证的鸟类也会迁移到世界任何地方。毕竟，边界可以被理解为形成流动而复杂的整体的可穿透的交叉线条。这种理解为人类寻求回答世界上人类意义的问题开辟了道路。我们现在转到我们刚刚描述的背景下来考虑这个问题。我们的考虑将集中在非洲关于 *ubu-ntu* 的哲学以及中国的关于仁的哲学上。求助于这些哲学便是承认跨文化哲学是我们这个时代的道德要求。

跨文化哲学

今天非洲和中国之间的贸易并不是一个新现象。它也发生在遥远的过去。（Needham, 1975: 170-190）人们可能会认为交易并不仅限于商品，可能还有文化交流。鉴于此，让 *ubu-ntu* 和仁进行对话的做法也并不奇怪。*ubu-ntu* 和仁之间的对话是跨文化哲学的重要进步。要理解跨文化哲学作为我们时代的伦理诫命，就应该承认理性并不会由于不可避免的必然性而导致人类对同一组问题给出相同的答案。因此，关于思考和行为方式的差异就出现了。人类存在的这种状况对于寻求在一个星球上共同生活的“道”——一种真理的道路——构成了一种挑战。

与 ubu-ntu 和仁的哲学一致，我们认为“真理”是多元经验的复杂构造，具体化为关于实在的特定方面的特定时间和可变观点。因此，“真理”并不是一种形而上学的永恒存在，它不能先验地、独立于鲜活的人类的具体存在经验而存在。（Bohm, 1993: 16-17）真理之道是在给定的存在条件下对于最佳伦理结果的不懈追求。寻求道（Chang, 1958: 51），即寻求真理的道路，是挑战对于物质的、精神的和文化的边界的理解，这些边界作为不可渗透的孤立的封闭存在并不关注其他被排斥的人类，但是为了那些边界中人的幸福可以允许这些被排除之人重新被包含在内。

跨文化哲学或世界哲学多元化所必需的条件之一是要预设所有人都有理性的力量。这一点至关重要，因为它并不总是被预设的——例如，在西方的哲学传统当中［上述条件就不是总是被预设的］。（Williams, 1990，Isaac, 2004: 35-37，以及 Wrenhaven, 2013: 10-21）如果不这样的话，那么教皇保罗三世就没有必要发布 *Sublimis Deus* 训令。（Hanke, 1937: 71）该训令开头的句子就是："所有人都是理性的动物"，这一点很重要。同样地，西方的哲学传统中的女性也并不总是被赋予理性的力量。（McMillan, 1982: 1-15; Spelman, 1983: 17-30）

对于一些人来说，差异的突然出现［可以］被解释为反对。反对的逻辑经常遵循压制的道路，甚至是通过对差异的破坏，来维持一个人的原初立场。然而，面对差异的反对逻辑既不是必要的，也不是理性必须提供的唯一答案。理性的力量还规定，差异可以被解释为与另一个人进行辩证和批判性接触的邀请，而另一个人仍然可以学习自己和他人。这是转型学习。实现转型学习不可或缺的条件是愿意倾听。（Kimmerle 和 van Rappard, 2011: 12）这必须基于认识到一个人的思维和行动方式与另一个人的思维和行为方式处于同一水平，因此可以进行比较。从这个前提开始的比较是非预谋的（Healy, 2000: 64-65），因为它的目的不是建立思维方式的层次结构，而是与道德评估相结合。这里的根本问题是在没有事先和巧合地认可比较的方法或目的的情况下进行比较的有效性问题。暂停对比较方法和对目的的判断是至关重要的，因为它为辩证和批判性讨论提供了空间。

上面讨论的"可比较的有效性"（Healy, 2000: 65）的条件必须得到以下原则的补充：人类在作为人的本体论地位上是平等的。生物学、生理学、经济、政治或社会地位所产生的差异是不能被用来使这一原则无效的。因此，本体论平等原则成为参与世界哲学多元化的不可或缺的条件。连同前几段提到的两个条件，这一原则使对话能够在平等的基础上进行（"对话的平等"）。（Healy, 2000: 65）前述所提到的所有三个条件共同构成了跨文化哲学的伦理基础。（Wimmer, 2002; Kimmerle, 2002; Kimmerle, 2009; Leezenberg, 2010: 38）

Ubu-ntu 和仁

Ubu-ntu 是自远古以来，非洲班图族人民的哲学（Ramose, 2005: 35-46）。与中

国哲学一样，它特别强调哲学的实践意义和生活体验。*Ubu-ntu* 是一个行动词或者动作词（a doing word）；它是一个概念上类似于 *umu-ntu* 或 *mo-tho*、与人类有关的动名词（a verbal noun）。作为一个抽象的动名词，*ubu-ntu* 通过活动找到具体的表达，更具体地说，通过人类的伦理行动（即 *umu-ntu*）[而获得具体的表达]。*Ubu* 和 *umu* 遵循相同的逻辑，即它们是无限的抽象概念，表示普遍性和不确定性的最高水平。只有当它们与后缀 *-ntu* 组合时，它们才会假定一个特定的字符，即 *ubu-ntu* 中的动名词和 *umu-ntu* 中的具体名词。与 *ubu* 和 *umu* 相关的不确定性强调了对作为一致性的本体论理解，因为运动被认为是存在的原则。在这个推理中，表现出整体性（Bohm, 1980）的存在的多样性被认为是受到变化、时间性和消逝的影响。

此外，将运动识别为存在的原则是 *ubu-ntu* 的流变模式语言的基础；一种适应关于存在——作为在其各种各样具体表现中不断运动中的存在——的哲学观念的语言。流变模式语言与任何主义性的推理是不相容的，因为这种推理倾向于通过教条固定思想来声称不变性和永恒性。*Umu-ntu* 作为一个具体的接受者产生了一种认识论。认识论是 *umu-ntu* 道德出现的理由——我们毫无疑问地认识到它与本体论的同时性。这种道德称为 *ubu-ntu*。只要 *umu-ntu* 继续成为正在进行的本体论的具体化，*ubu-ntu* 的伦理就围绕着 *umu-ntu*。

根据我们在前两段中的解释，人性是 *ubu-ntu* 的核心意义。通过肯定性承认他人在本体论上与自己平等，通过由此而来肯定自己作为一个人的道德行为，它是过一种道德生活的条件。在这里，我们注意到 *ubu-ntu* 和仁之间具有重要的相似性。用孔子的话来说："己欲立而立人，己欲达而达人。"道德生活是通过与他人分享善良和生活必需品来追求共同福祉，不断学习成为人。

已经有人注意到，在许多文本中将仁描述为"人性"。我们要特别强调这种"人性"概念，因为它同意我们对 *ubu-ntu* 作为人性的理解。这是一个重要的概念，不允许在先的、对任何伦理原则的教条性的迷恋，这在如下时刻显得尤为关键，即：那时候的生活现实可能需要修改或完全放弃现有原则从而让位于能够更好地响应给定情况的新原则。

"促进生命，避免杀戮"（Bujo, 1998: 77）是 *ubu-ntu* 伦理学的出发点。它派生于存在的所有领域。其持久的原则之一是：*mo-tho ke motho ka batho*。这意味着每个人都是道德的价值试金石。因为这一点，人类行为应该在生活的各个方面都是道德的。与伦理相反的人类行为在隐喻意义上使相关个体沦落到非人类的境地。在这一点上，据一种班图语方言，在这种情况下，北塞索托语：*gase motho selo se*；含义：这个人已经贬低到了非人类的水平。与这种指定相关的蔑视表明了对所讨论的不道德行为的强烈谴责。

中国哲学中的“气”的概念与非洲哲学中的“非洲生命”或“非洲生命学”密切相关。（Nkemnkia, 1995: 165-70）在中国哲学中，“气”被理解为分别由男女也就是阴阳之道组成。这两个原则之间不断的相互作用产生了不断的变化，这种变化挑战着人类寻求真理的道路。（van der Leeuw, 2010: 118）在本文中，挑战仅限于分配正义问题。这个挑战的基础是人的政治层面。中国哲学中的王道将与非洲的“生命互助”哲学、北索托班图语中的 *letsema* 或加纳阿寒语中的 *obra ye nnoboa* 一起考虑。（Wiredu, 2002: 293）接受这一挑战是在我们已经描述过的背景下，给出仁和 *ubu-ntu* 哲学的共同的回应。

“不忍人之心”照亮了通往正义的黑暗之路

孟子作为孔子教义的传播者和转化者之一，有这样的说法，“人皆有不忍人之心。先王有不忍人之心，斯有不忍人之政矣”（Fung Yu-lan, 1983: 119）。为了不让人遭受痛苦、为了不对这些痛苦做被动的旁观，“不忍人之心”寻求预防、消除或减轻痛苦的方法。在 ubu-ntu 哲学中，“不忍”被传达为 *goba le pelo*，意思是，拥有一颗人道的心。拥有人道心灵的人类会被其他人类和其他生物的痛苦所打动。这个 *motho wa pelo*（具有人道心灵的人类）是通过做必要的能够促进生命和避免杀戮的行动来积极响应的。我们对杀戮的理解是，它是一种可以终止另一个人生命的物理行为。它也可以是一种心理行为，例如酷刑，或者对人精神的破坏。

“不忍”是人际关系领域的伦理诫命，[它同样也适用于]更广泛的政治领域。这不仅仅是宣言，最重要的是，这是一种愿意在必要时为了挽救别人生命而牺牲自己生命的意志。赋予他人生命最终是为了在正义的具体历史斗争中，捍卫真实性（Kung, 1968:36）。在人际关系和政治领域，真实性和真理是实现正义和实现和平所不可或缺的。具有“不忍人之心”的政府才是管理分配正义的恰当的政府。

重要的是，“不忍”[在英文中]被翻译为“unbearing”（“不可忍受”）。这里的关键是“仁”这个词。[①]“仁”是构成“人性”的四个基本原则之一。其他三个是义（正义）、礼和智。（Chang, 1958: 45）仁是一种整全性美德的名字。它要求一个人将

① 在这里，作者似乎混淆了汉语当中“忍”与“仁”这两个字，即使在作者所引用的《论语》的相关英语翻译当中，其实“不忍”和“仁”也是有所区分的，前者被译为“*pujen*”，后者被译为“Ren”。因此，论文作者在这里的由“不忍”（特别是将“忍”由“不忍”当中拆离出来）进行引申，进而讨论“仁”的处理方式，难免有望文生义之嫌。——校者

五件事付诸实践。五件事是：恭、宽、信、敏、惠。“恭则不侮，宽则得众，信则人任焉，敏则有功，惠则足以使人。”（Fung Yu-lan, 1983: 73）伴随上述五种实践，一个人还必须具有五种儒家美德，即，仁、义、礼、智、信。（Fung Yu-lan, 1983: 27）这种“人性”的承载者就是圣人（Fung Yu-lan, 1983: 117）并且应该成为统治者。

作为“人性”构成要素的“不忍”的各个方面的理解，翻译到*ubu-ntu*伦理学中就是：*kgosi ke kgosi ka batho*；国王通过与被统治者在王国中寻求正义与和平而获得王权地位。反对这一目标的国王不被视为圣人，应该被免职。（Davidson, 1973: 195,197,204）从非洲和中国哲学两个角度来看，圣人都是必须追求政府“王道”的人。

王道或王道政府：“letsema”

在中国古代，井田或“井田”系统［原本意在］使贵族阶层受益（Fung Yu-lan, 1983: 10-11）。孟子将其转化为对农民和农奴有利的“一种具有社会主义意涵的经济制度”（Fung Yu-lan, 1983: 118）。这种转变显示出与Julius Nyerere的“Ujamaa”思想的惊人巧合。（Nyerere, 1975: 512-15）虽然冯友兰将其描述为“社会主义的”，但从非洲哲学的观点来看，它将被描述为“共产主义的”。在这种背景下，*letsema*制度是非洲分配正义管理的“王道”。*letsema*的非洲哲学基础是生命互助论（*obra ye nnoboa*）。

土地确实分配给个人用于自用，以确保生存。土地的种植不是家庭的唯一关注点。相反，其他家庭参与了耕种土地，这是基于他们的土地也将由社区的其他成员耕种这种理解。此外，公共耕地也是社区共同关注的问题。土地的收益是为了居住在塞谢戈（*seshego*）的人。国王根据他的议事者的建议，根据需要向社区分发收益。这个机构的基础仍然是合作，并且这是为了所有人的福祉。最后的效果是和互相抱团行为的最初动机相反的。在这种情况下，中国古代人民和一些当代非洲人民能够生活，这样便“是使民养生丧死无憾也”（Fung Yu-lan, 1983: 119）。

前一段所描述的情况的特点是将每个人和所有人的福祉置于优先地位。这肯定了*ubu-ntu*道德的另一个格言，即*feta kgomo o tshware motho*。这意味着无论何时人们在保护另一个人的生命，从而促进其福祉和积累财富之间做出选择，那么都应该选择保护人类生命。因此，金钱——如果有的话——在尊重、保护和促进每个人的生活和福祉方面发挥了微不足道的作用。与今天不同，恋钱癖则是最偏远的可能性。

社区的构成基于这样一种理解，即，家庭在事实上先于人们通过聚集在一起而形成的社区、联邦或国家。［社区、联邦或国家］这些人类的人为聚合体是为了达成如下目标：确立确保个人和集体福祉的最佳条件。上述目标的无法达成就构成了拒绝联合的理由。（*Rerum Novarum*，第 10 段）今天，《月球条约》就是和平拒绝国家的活生生的例子。

结　论

在我们这个时代，以金钱为万物衡量标准的财阀政治取代了王道政治。为了少数人的利益而牺牲了大多数人的利益的结构性的、全体的和系统化的——历史的三位一体的——贫困化正滋养着经济全球化的持续的、激烈的进程。这种情况是对古代中国和当代非洲某些地区所理解和实践的关于分配正义理念的挑战。这是在我们这个时代变化的条件下，在寻求"不忍人之心"之"道"时，调用 *ubu-ntu* 和"仁"的原因。

地球母亲提供的饮用水是为每个人准备的，她提供的面包也是如此。地球母亲是所有人类的食物，人类可以作为一个家庭共同分享和一起食用。这需要彼此相爱，而不是靠经济祭坛上的利己主义，这种经济坚持强制排斥他人并产生暴力。非洲智者 Ogotemmeli 通过双关语提醒我们道德与爱的智慧："每个人都给予所有其余的人，所以他也从所有人那里得到了。人与人之间永久交换，无形的流动不断运动。如果要遵守普遍秩序，这一定必须如此。因为给予和接受生命的力量是好的。"（Griaule, 1965: 137）这就是 ubu-ntu 道德的流变模式。 Ubu-ntu 和仁最适合单独描述或共同描述为"爱的哲学"（*philosophiae amoris*）。

参考文献

Arnsperger, C., Competition, consumerism and the "other" ; a philosophical investigation into the ethics of competition, *Institut de Recherches Economiques*, Louvain-la-Neuve D/ 1996/ 3082/ 14: 12.

Bohm, D. (1993), *The undivided universe: An ontological interpretation of quantum theory*, London: Routledge and Kegan Paul.

Bohm, D. (1980), *Wholeness and the implicate order*, London: Routledge and Kegan Paul.

Bujo, B. (1998), *The ethical dimension of community*, (trans.) Cecilia N. Nganda, Nairobi:

Paulines Press Publications.

Chang, C. (1958), *The development of Neo-Confucian thought*, London: Vision Press Limited.

Collins, F. (2007), *The language of God: A scientist presents evidence for belief*, London: Pocket Books.

Davidson, B. (1973), *The Africans*, Harmondsworth: Penguin Books.

Fung Yu-lan (1983), *A history of Chinese philosophy*, Volume 1, Princeton: Princeton University Press.

Francis, Pope (2013), *Evangelii Gaudium*, Rome: Vatican Press.

Griaule, M. (1965), *Conversations with Ogotemmeli*, Oxford: Oxford University Press.

Hanke, L., Pope Paul III and the American Indians, in *The Harvard Theological Review*, Volume XXX, 1937, pp. 71-72.

Healy, P., Self-other relations and the rationality of cultures, in *Philosophy and Social Criticism*, vol 26 no 6, pp. 61-83.

Herz, N. (2001), *The silent takeover: Global capitalism and the death of democracy*, London: Arrow Books.

Isaac, B. (2004), *The invention of racism in Classical antiquity*, Princeton, New Jersey: Princeton University Press.

Kimmerle, H. (2002), *Interkulturelle Philosophie zur Einfurhung*, Hamburg: Junius.

Kimmerle, H. and van Rappard, H. (2011), *Afrika en China in dialoog*, Antwerpen-Appeldoorn: Garant.

Kimmerle, H. (2009), *Der Philosophiebegriff der interkulturellen Philosophie*, Nordhausen: Verlag Traugott Bautz.

Kung, H. (1968), *Truthfulness*, London: Sheed and Ward.

Leezenberg, M., Wereldfilosifie als project en als belofte, in Van Rappard, H. and Leezenberg, M. (ed.) (2010), *Wereldfilosofie*, Amsterdam: Uitgeverij Bert Bakker, pp. 11-42.

McMillan, Carol, *Women Reason and Nature*, Oxford: Basil Blackwell Publisher.

Miller, R. A. (2011), Syposium: The future of international law in indigenous affairs: The doctrine of Discovery, the United Nations, and the Organisation of American States, *Lewis & Clark Law Review*, Volume 15:4, 847-922.

Needham, J. (1975), *Science and civilisation in China*, Volume 1, Cambridge: Cambridge University Press.

Nkemnkia, M. N. (1995), *African Vitalogy*, Nairobi: Paulines Publications Africa.

Nyerere, J., Ujamaa – the basis of African socialism, in Mutiso, G. C. and Rohio, S. W., (ed.) *Readings in African political thought*, London: Heinemann Educational Books, pp. 512-515.

Ogan, E. (ed.) (1938), *The Wonderland of Knowledge, an up to date illustrated Encyclopaedia*, Volume II, London: Odhams Press Limited.

Ramose, M. B. (2016), Toward the betterment of human relations, *Dialogue & Universalism*, No. 4, pp. 69-85.

Ramose, M. B. (2005), *African philosophy through ubuntu*, Harare: Mond Publishers.

Seaford, M. (2004), *Money and the early Greek mind*, Cambridge: Cambridge University Press.

Spelman, Aristotle and the politicization of the soul, in Harding, S. and Hintikka, M. B. (ed.) (1983), *Discovering reality*, Dordrecht: Reidel Publishing Company, pp. 17-30.

The Group of Lisbon (1995), *Limits to competition*, Cambridge, Massachusetts: The MIT Press.

Vandevelde, T. (1996), Appropriation and the sovereignty of money, in Fleerackers, F., van Leeuwen, E and van Roermund, B. (ed.), *Law life and the images of man*, Berlin: Duncker & Humblot.

Van der Leeuw, K., China, in Van Rappard, H and Leezenberg, M., (ed.) (2010), *Wereldfilosofie*, Amsterdam: Uitgeverij Bert Bakker, pp. 113-145.

Westen, P. (1982), The empty idea of equality, *Harvard Law Review* 95, Number 3, pp. 537-596.

Williams, R. A. (1990), *The American Indian in Western legal thought: The discourses on conquest*, Oxford: Oxford University Press.

Wimmer, F. M. (2002), *Essays on intercultural philosophy*, Chennai: Satya Nilayam Publications.

Wiredu, K., The moral foundations of an African culture, in Coetzee, P. H. and Roux, A. P. J. (ed.) (2002), *The African philosophy reader*, Cape Town: Oxford University Press Southern Africa (Pty) Ltd., pp. 287-296.

Wrenhaven, K. (2013), *Reconstructing the slave: The image of the slave in ancient Greece*, London: Bloomsbury Publishing Plc.

（陈昊　译）

爱、激情和关系：中世纪拉丁传统的贡献

艾琳·C. 斯威尼（Eileen Sweeney）

（波士顿学院）

本文试图阐明中世纪基督教传统对理解爱和激情做出独特贡献的方式。尽管受到柏拉图、亚里士多德和斯多亚派的古代西方解释的影响，我们依旧在这些拉丁基督教思想家中发现这些元素在欲求和合一于作为人类生活的超越和个人目标的上帝的更大结构中的转变。其中一个结果是，关系变成了“成为人意味着什么”的核心，这不仅是因为个人与上帝的关系而且因为它渗透到所有人类关系之中。再者，因为人类所关联的上帝绝对地超越于他们的理解，所以情感被视为高于认知，它是与作为至爱的上帝的合一的唯一方式。与外在于并且超越于自我的上帝的合一不能被当作某种我们所做之事被获得，而是被当作我们接受的某事（或某人）被获得，并且因此，最终达成于狂喜而非自控或者自足。

一、奥古斯丁和爱的核心性

奥古斯丁对基督教伦理学中爱的核心性做出了最重要的基本主张。奥古斯丁通过将斯多亚派的诸原则置于一种爱的伦理学中来转换它们。奥古斯丁接受了斯多亚派的原则：一个人不应去爱违背自己意志之物，他甚至接受了这个原则：违背自己意志之物的种类不仅包括物质财富、自己的身体、健康和福祉，而且包括我们可能爱的其他人。[①] 这变成了利用（uti）和安享（frui）之间的区分，即为了自身缘故被

① Augustine, *De libero arbitrio*, Bk. 1, chapters 12-16. English edition, Peter King (ed, and trans.), *On the Free Choice of the Will, On Grace and Free Choice and Other Writings*, Cambridge: Cambridge University Press, 2010.

爱的东西和为了其有用性被爱的东西之间的区分。正如奥古斯丁的《论基督教教义》明确指出的，唯一能够安享之物，为了自身缘故被爱之物，是上帝，一切其他之物都仅仅是利用即对爱上帝的目的有用。尽管这似乎削弱了我们的激情、人类之爱和关系（正如其所是）的世界，但是它仍然将爱和关系放在了人类生活的中心。其所界定的关系是和上帝而非他人一起，但是最终的根基是情感性的，它与理性和斯多亚派美德的独立自足的生活相反。

我们在奥古斯丁《忏悔录》中非常清楚地看到打开而非关闭情感的故事。当然，《忏悔录》充满了情绪和情感性的依恋——除了奥古斯丁对性欲的依恋和他的朋友对表演中的暴力的着迷之外，还有奥古斯丁对他的朋友和母亲的强烈情感以及对巨大的和有吸引力的爱和悲伤的体验。这些关系和感情在那种保留了对上帝之爱的基督教化的斯多亚主义中是成问题的，但是也明确在另一个层面上被奥古斯丁承认为情感性的体验，其目的不仅是为了被用来当作朝向超越的垫脚石。学者们为奥古斯丁辩护，认为他视人类关系本身仅仅是一种手段而非目的，他们尤其引用了他关于《约翰福音》的布道词，在其中奥古斯丁评论了爱、上帝作为爱以及互爱的诫命。在布道词中，奥古斯丁明确表示，对邻人之爱意味着为了他们的好处而非我们的利益去爱和行动。这一点也在亚里士多德身上发现了，但是显然，对于奥古斯丁来说，爱的语言实际上取代了美德的语言。奥古斯丁对异教美德的批判将异教美德视为傲慢的和自私的。与异教美德相反，对奥古斯丁来说，不论是对上帝还是对邻人的爱都集中在他人而非自己。这是这样一种伦理学，在其中情感既是首要的也是表面上受控制的。这种概要性表述将在接下来的几个世纪中逐渐被充实起来。

二、安瑟尔谟的友爱和情感

情感的向心性在坎特伯雷的安瑟尔谟的著作中找到了进一步的表达。在其祈祷、沉思和精神指引的信中，安瑟尔谟在创造强烈的个人的和激情的灵性方面遥遥领先于他的时代。安瑟尔谟以其只信赖理性的主张而闻名，但他同样是他那个时代最情绪化的、个人的和复杂的祷文的创造者，他不是专注于冷静地说服理智而是唤起朝向上帝之爱的激情和意志。与哲学家通常平复激情的做法不同，祈祷搅动起爱、望、渴望和悲伤的情感。祈祷要求宣读者加入到基督受难的苦难中并且描述罪人寻求从耶稣、玛利亚和圣徒身上获得的爱，这种爱是通过人类之爱来达成的——这种人类之爱存在于爱人们、父母和孩子、兄弟和兄弟、保姆和女佣。[①]

在安瑟尔谟的信中可以发现［他对于］情感生活的重视和强调。不同于在亚里士多德和卡西安那里的友爱并且更加不同于西塞罗的友爱，安瑟尔谟的信表达了激情的渴望和分离中痛苦的悲伤，且使用身体性的悲伤和渴望的语言。引人注目并且与奥古斯丁信中的修辞学截然不同的是安瑟尔谟对个人的强烈的爱，他将所有幸福放在了他们的在场中并且在他们消失时会绝望。[②]“我的眼睛渴望[*concupiscunt*]看到你的脸，我的至爱；我的双臂伸向你的拥抱；我的嘴为你的吻喘气；我生命中剩下的一切都欲求你的交谈，这样我的灵魂就可以在来世中与你一起享受完全的喜悦。”[③]正如后来的浪漫之爱观念一样，这种爱的强烈性至少部分地解释了它如何能够永远地持续下去而不用考虑彼此双方的分离。[④]安瑟尔谟不仅借用了他关于来自身体性的和性欲之爱的渴望和热爱的语言，而且他使用了对**为自身缘故**而非作为一种手段的某物之爱的语言，将那些人类关系视为安享而非利用。[⑤]

在他的信中，安瑟尔谟最终回归到一种更为奥古斯丁式的模式，在这种模式下，对他人的爱不是作为激情性的或特殊的［情绪］而是作为对上帝之爱，安瑟尔谟论证说，依恋（attachment）如此完美，双方既不需要语言也不需要身体性的存在，甚至这种强烈而明显的特殊之爱也能够毫无损失地传递给共同体的任何一个修道士。但是，完全引人注目的是，安瑟尔谟开始于一种看起来与奥古斯丁/本尼迪克特模式相反的友爱模式。像在祈祷中唤起母亲和孩子、兄弟和兄弟、保姆和婴儿之间的亲密之爱那样，安瑟尔谟的信承认和确证人类对这种强烈的、特殊的和排他的依恋的欲求。虽然安瑟尔谟告诉修道士们要抛弃他们的家庭、规劝他们不要离开隐修生活去帮助外部的家庭成员、敦促丈夫和妻子放弃他们的婚姻关系去加入隐修生活，但是安瑟尔谟没有贬低那些家庭关系旨在满足的诸欲求。相反，他论证道那些最亲密

---

① See Eileen C. Sweeney, *Anselm of Canterbury and the Desire for the Word*, Washington, D. C.: The Catholic University of America Press, 2012, 13-37.

② Cf. Augustine's correspondence with Nebridius as a possible analogue to Anselm's letters to his fellow monks. However, the rhetoric of Anselm's letter is *much* more extreme than anything between Augustine and Nebridius, which is much less effusive and is without the kind of appeal of physical longing and grief found so frequently in Anselm. Moreover, the letters between Augustine and Nebridius move almost immediately after opening greetings of affection into discussions of philosophical and theological matters; their main topic is *not* the relationship itself, as it is in so many of Anselm's letters. Augustine and Nebridius are engaged in philosophical dialogue. See letters 3-13 of Augustine's correspondence, in Augustine, *Letters*, Roland Teske, trans., John E. Rotelle, ed. *The Works of Saint Augustine: A Translation for the 21st Century*, pt. 2, vol. 1, Hyde Park, NY: New City Press, 2001, 19-43.

③ Anselm, Epist. 120, ed. Schmitt, vol. III, p. 258, ll. 8-12. My translation.

④ Anselm, Epist. 75, ed. Schmitt, vol. III, p. 197, ll. 7-10. My translation.

⑤ Augustine, *De Doctrina Christiana*, I, 3, 3. English edition, *Teaching Christianity*, Edmund Hill (trans), Hyde Park: New City Press, 1996.

的、特殊的、具体的和身体性的欲求在修道院生活的完全灵性关系中得到实现。

安瑟尔谟在奥维德那样的诗人中结合了更早的古典友爱和性爱形式的元素，将古典友爱的道德基础和稳定性与爱欲之爱中的渴望和欲求的强度放在一起，从而描述了先于 12 世纪浪漫之爱到来的人类关系模式。当然，为了更高的爱而对爱欲之爱的语言的借用的先例出现在柏拉图关于灵魂的上升和甚至更接近安瑟尔谟的基督教神秘主义的论述中，在后者那里对合一和将自身合一于上帝的渴望被用爱欲的术语加以描述。然而，为了他的爱和对同伴修道士们的渴望，安瑟尔谟使用了这种神秘主义者为上帝之爱所使用的语言。安瑟尔谟让他的语言不只是从爱欲之爱“向上”达到人类关系，而且也是从神秘的合一“向下”来到人类关系。关于神秘的渴望与合一于人类关系（乃至于修道院的灵性关系）的语言的重新应用，将激情的人类关系置于人类生活的中心；它们既不是美德生活的可选择的装饰，也不是通过被理性的仔细管理来得以刻画。直接受到安瑟尔谟的影响而在 12 世纪出现的是情感的灵性以及对宫廷爱情（courtly love）概念的发展。

三、12 世纪——情感高于理智

相比于 11 世纪的安瑟尔谟或 13 世纪的阿奎那或者甚至波纳文图拉，圣维克托的休格（1141 年）更多地在西方基督教传统下对于人类生活中爱的性质和角色方面做出了一些最重要的创新。休格的短篇著作《关于灵魂的订婚礼物独白》是灵魂和自我的内在对话，它探索了灵魂为自身和作为自身专一被爱的欲求。正如我们所看到的，安瑟尔谟采纳了那种欲求并且试图论证它在修道院共同体的爱中得到实现，而这种爱是所有修道士彼此拥有的，但是对于安瑟尔谟来说，关于每个修道士和其他修道士一样在其中被爱的爱，仍然存在某些一般的东西。休格没有试图改变或升华对特殊爱的欲求，他只是试图展示它如何在上帝之爱中被实现的。在对话中，灵魂抗议被造物的天赋被给予了爬行动物、蠕虫和有罪的人，因此不能满足被唯一地爱的欲求。[①]“自我”尝试做出回应，即共同持有一些天赋之物比自己单独拥有所有这些礼物要好（比如，与其他人类分享自然世界要比孤独地专有它要好），但是灵魂坚持单独为自身中寻求天赋之物。[②] 自我的回复，存在于对于根据上帝对于个体灵魂的

① Hugh of St. Victor, *Soliloquim de arrha animae*, English version: *Soliloquoy on the Betrothal Gift of the Soul*, in *On Love: A Selection of Works of Hugh, Adam, Achard, Richard and Godfrey of St. Victor*, ed. Hugh Feiss, O.S.B., New York: New City Press, 2012, sec. 21, p. 210.

② Hugh, *Soliloquoy*, sec. 31, p. 214.

独一无二的爱达成的创造和救赎的历史的描述。上帝给个人的天赋礼物首先出现于［其］存在的形式之中，以及由此而来的形式的美之中："以前，当你不存在时，他爱你，所以他造了你。后来，当你污秽之时，他爱你并由此使你变得美丽。"朝向耶稣基督的行动和关系同样通过特殊之爱得以解释："你的配偶，你的爱人，你的救世主，你的上帝，拣选并偏爱你。他在所有人中拣选了你并且从所有人中抬起你，爱你胜过所有人。"①灵魂只有这样才得到满足，并且做出回应："上帝所做的一切就是为我提供救赎，在我看来，他忙于看护我的程度是如此地彻底以至于忘记了所有其他人，他自主选择来为我一人而奔忙。"②

这篇小论文结束于对灵魂的关于某种它知道不是什么的东西的经验（the soul's experience of something it knows not what）的描述——灵魂发现自己"完全被疏离于［其］自我并被移走"。"（我）看到我自己在别处，［但是］我不知道［那是］在哪里。"但是［灵魂］"在爱的怀抱中拥有某物"③。灵魂问道，这是被爱者（the beloved）吗？自我回复道，是的，［那被爱者］"来触碰你，却不被你看到"，"来感动你，却不被你把握……"④通过"被触碰"和"被感动"（而非"被看到"和"被把握"），休格描述了与上帝的关联，［在这种描述中］休格指出了他的另一个重要贡献，即，以情感的（而非理智的）语词来达成关于神秘合一的转换。

后者在休格关于伪狄奥尼修斯著作的有影响力的评论中是显然的，它将伪狄奥尼修斯［作品］中的纯粹是理智的新柏拉图主义的上升转换到完满于爱（而非知识）的上升，因为炽天使炽热的爱超越了对基路伯较低秩序的理智把握。在伪狄奥尼修斯的《神秘神学》中，摩西只有通过对其全部理智能力的否定来上升到与上帝的合一，这是迄今为止被描述为"不可知的"的超越认知的经验。正如保罗·奥雷姆仔细的分析所揭示的，伪狄奥尼修斯没有解释炽天使在爱方面的炽热性；［相关解释］却被发现［被］添加在司各脱·爱留根纳关于这个文本的评注中，而休格在接受爱留根纳关于炽天使中的爱和基路伯中的知识的语言时，他做了进一步重要的主张，即炽天使的爱超越了基路伯的知识。⑤休格在其评论中，有一段岔开话题的讨论，详尽探讨了炽天使，将他们炽热的爱和诗篇中夫妻之爱的形象嫁接起来，他使用了相互渗透的语言来描述爱人的合一，总结道："爱［*dilectio*］胜过知识，比理智更伟大。他［被爱者］与其说是被理解，还不如说是被爱，爱［能够］进入和通达的地方远

---

① Hugh, *Soliloquoy*, sec. 50, p. 219.

② Hugh, *Soliloquoy*, sec. 65, p. 226.

③ Hugh, *Soliloquoy*, sec. 69, p. 227.

④ Hugh, *Soliloquoy*, sec. 70, p. 228.

⑤ Paul Rorem, "The Early Latin Dionysius: Eriugena and Hugh of St. Victor," *Modern Theology* 24:4 (Oct. 2008), 609.

在知识之外。”博伊德·泰勒·库尔曼关于托马斯·高卢的研究，将这种对于情感性的狄奥尼修斯主义的进一步的详述和传播，追溯到波纳文图拉和方济各传统。合一于被爱者的最终狂喜要求从对理智的主动寻求转移到**停滞**（*enstasis*）（与狂喜相对）的任务上，它是一种延展和掏空，以便于一个人能够**接受**（*receive*）其无法主动把握的被爱者。[①] 这种对被动性和接受性的肯定与古代西方思想中的标准的（如果不是普遍持有的）观点相反，[古代西方思想中的标准的观点是把]被动性贬低为阴性的。美德更多地是在阳性的音调中表现为主动性和自足性，而施爱者和被爱者的角色则被设定成对立的，施爱者是阳性和主动的，而被爱者则是阴性的和被动的。但是，维克托派主张，所有的人都是神圣之爱的**接收者**，更令人惊讶的是，合一是在**相互的**留置中被铸造的，正如伴侣彼此被对方所接纳一样。在对爱和情感的看重和重新配置中，休格和高卢不仅强化了狄奥尼修斯的解释，而且正如库尔曼指出的那样，他们表达了“关于人类在最为基础的意义上是如何构造的以及在最为根本的意义上又是如何与上帝联系在一起的信念”[②]。

在方济各传统中，情感性甚至可以给出一种“理解”，并且[可以给出]一种不同于科学[确定性]的确定性。在 13 世纪方济各派的《亚历山大小兄弟会大全》中，神学被描述为对于情感（而非理智）的完美化且以此作为真正的智慧（*sapientia*），因为它是依据味觉（*sapor*）（而非视觉）的认知。[③] 在承认科学具有更大的理智确信感的情况下，作者区分了情感的确信感和理智的确信感。后者是“通过视觉的模式”，但是前者，情感的确信感是“通过坚持的模式（the mode of adherence），也就是通过意志或爱的模式”[④]。《亚历山大小兄弟会大全》的作者们（例如，波纳文图拉）采取了这样观点，即这种情感性的理解更高，不仅因为它是关于更高的事物的，而且因为它指向了实现善的行动，它使我们变善而不是仅仅成为对它的知者。[⑤]

四、托马斯·阿奎那——激情和亚里士多德的转换

在托马斯·阿奎那这里，维克托对情感性的描述的要素使其走出神秘神学——它在神秘神学中被解释为对上帝之爱的特征——从而进入关于感觉欲望的激情的论

---

① Boyd Taylor Coolman, “The Medieval Affective Dionysian Tradition,” *Modern Theology* 24: 4 (Oct. 2008), 623.

② Coolman, “Medieval Affective Dionysian Tradition,” 616.

③ *Summa fratris alexandri*, q. 1, cap. 1, cor. in *Doctor irrefragabilis Alexandri de Hales ordinis minorum summa theologica*, ed. Pacific Perantoni, 5 vols., vol. 4, Quarrachi: Collegii S. Bonaventurae, 1924-48, p. 2.

④ *Summa fratris alexandri*, q. 2, M. 3, cap. 5; vol. 4, pp. 35-36.

⑤ *Summa fratris alexandri*, q. 1, cap. 1, cor.; vol. 4, p. 2.

述。虽然艾伦诺尔·斯顿普已经论证道阿奎那伦理学在激情和关系的更重要角色方面偏离了亚里士多德伦理学，但是她是基于来自于“圣灵的礼物”的神学概念和神学美德的阿奎那思想要素做出那个论证的，我试图认为我们能够在阿奎那对激情的解释中找到这种转变的证据。[①]

这发生在两种不同的运动中。第一种是对朝向实现的自然运动方面的激情的理解，这种运动被描述为运动的三个阶段：首先，朝向包含在自然中的目的的倾向；其次，朝向目的的运动；最后，在那个目的中的静止或实现。阿奎那采取了这三个时刻并且普遍化了它们；自然朝向其形式的完全现实化（橡子成为橡树的运动）的原初倾向成为一切自然趋善避恶的运动。他将十一种主要激情映射到这一基本轨道上。因此，爱是朝向善的倾向；欲求是朝向它的运动；希望是朝向作为可达到但是艰难的目标的运动；绝望是对无法实现的善的远离；愉悦或快乐是在拥有的善中的休息。因此同样的，仇恨是对恶的嫌恶；厌恶是远离恶的运动；恐惧是来自于躲避而非打败艰难的未来的恶的运动；勇敢是朝向恶的趋势，其目的在于打败而非臣服于恶；悲伤是在对恶的臣服中的休息；愤怒是在向已做的恶复仇中朝向恶的运动。[②]对于阿奎那来说，所有激情在某种程度上都可以归约为事物寻求适合它们本性并且逃离其反面的倾向，所有这些激情都是预设相似或适合于朝向它们倾向的那个事物的运动。[③]以这种方式，当被指向的是真实的（而非［仅仅是］表象的）善的时候，阿奎那就把自然的模型及其实现用作一种将激情确认为自然善的方式。

当阿奎那考虑激情自身是道德上善的还是恶的时，他反对斯多亚派而赞成漫步学派的观点，即激情不是恶和对灵魂或自然的搅扰，除非它不受理性控制。[④]但是他走得更远，通过引用奥古斯丁，他认为激情自身是善的，如果它转向真正善的东西并且远离真正恶的东西。[⑤]这种奥古斯丁式的主张被反复用来作为将讨论的方向转移到对善之爱上来的枢纽。[⑥]作为朝向善的倾向的爱的向心性成为可能并且激活了这一图式；在一个重要的意义上，爱是所有其他激情的原因并且始终是它们被分析和解释的根据：“目的是每个人所欲求和爱的善。因此，显而易见的是，不论是哪种类型的行动者都去做不论是来自哪种类型的爱的行动。”[⑦]阿奎那不仅反对斯多亚派拒绝将

① Eleanore Stump, “The Non-Aristotelian Character of Aquinas’s Ethics: Aquinas on the Passions,” *Faith and Philosophy*, 28, n. 1 (2011): 29-43.

② Thomas Aquinas, *Summa theologiae*, part I-II, q. 23, a. 1.

③ Thomas Aquinas, *Summa theologiae*, part I-II, q. 25, a. 2; q. 26, a. 1; q. 27, a. 4.

④ Thomas Aquinas, *Summa theologiae*, part I-II, q. 24, a. 1.

⑤ Thomas Aquinas, *Summa theologiae*, part I-II, q. 24, a. 4, ad 2.

⑥ Thomas Aquinas, *Summa theologiae*, part I-II, q. 24, aa. 1 & 2, sed contra.

⑦ Thomas Aquinas, *Summa theologiae*, part I-II, q. 28, a. 6. English translation from the Fathers of the English Dominican Province edition (Benzinger Brothers, 1948, repr. 1981).

快乐作为善的做法，而且反对那种认为没有任何快乐能够成为**最大**善的柏拉图式观点，他断定人类的最大善存在于最终目的的快乐 / 喜悦中。[①]

然而，伴随着对于以自然的模式来理解激情的强调，一种对爱和激情的说明开始出现，这种说明不太容易包括在如下的一种亚里士多德的模式当中——［这种亚里士多德的模式认为］运动的方向是实际地变成某一事物潜在所是的东西。从朝向一个事物自身自然本性的实现 / 完成的运动转变为朝向善的运动，这其中存在一个微妙的转变——善不仅涵盖了［自然中］所包含的东西，而且［还涵盖了那些］超出自然［的东西］。这个转变在考虑爱的“结果”的问题中是巨大的。仅仅是文章的标题就告诉了我们，我们已经离开了亚里士多德，加入了维克托派：阿奎那询问的是，爱人和被爱者的合一、“相互的置留”和狂喜以及爱人的热情和伤害是否都是爱的“结果”。阿奎那思考的是，“伤害”如何能够采取“融化”、“安享”、“倦怠”和“热情”的形式——所有［关于“融化”、“安享”、“倦怠”、“热情”等的］语言都出自诗篇，并且被用来描述那些作为寻求与被爱者共同感受的亲密知识、满足、占有和确认的结果。[②] 这个问题作为一个整体奠基于如下两个源头：诗篇和伪狄奥尼修斯，圣维克托的休格和维克托派神学家也恰恰与上述这两个源头紧密相关，它们共同塑造了如下的新主张：情感是人类生活的核心。

在这些篇章中，亚里士多德式的欲望，即导向于自然本性的实现的目的，被替代为神秘之爱，在神秘之爱中对象外在于并且超越自我，而其目的则是合一于那个他者而不再追求对于自我的实现。阿奎那解释说，爱以如下三种方式是狂喜的：首先，因为被爱者存在于施爱者的心灵之中；其次，在性欲中，不再被一个人拥有的善所满足，而是寻求外在于自我的善；最后，完全沉浸在友爱之爱中，在那里，“情感走出自身并且完全地”意愿以及去做那些为了朋友的好的善事。[③] 阿奎那同样认为基于对上帝的敏锐欲望的被动之爱比基于理性的爱更加“与神相似”，他解释说：“对于人来说，藉着爱倾向于上帝是可能的，正如人被上帝被动地吸引比人根据理性被吸引朝向他要多那样，它属于爱的本性。”[④] 因此，阿奎那重复了维克托派的主张，即认为情感高于认知以及接受性和被动性高于主动性，但是他不是在神秘体验的背景下，而是在敏锐（sensitive）欲望的激情中进一步表达了那个观点。很清楚地，尽管阿奎那认为敏锐的或身体的欲望次于（inferior to）更高的 / 理智的欲望，后者是对非身体性的善的欲望（因为它总是需要改变和补充），但是，在对敏锐激情的说明中，阿奎那通

① Thomas Aquinas, *Summa theologiae*, part I-II, q. 34, a. 3.

② Thomas Aquinas, *Summa theologiae*, part I-II, q. 28, aa. 1-3.

③ Thomas Aquinas, *Summa theologiae*, part I-II, q. 28, a. 3.

④ Thomas Aquinas, *Summa theologiae*, part I-II, q. 26, a. 3, ad 4.

过对一般性的欲望之积极特征的勾勒，通过与神秘合一的联系来提升欲望，阿奎那给予欲望的在人类生活中的价值和地位已经超出［我们在］亚里士多德那里［可以］发现的。他甚至发现，在这种情况下，敏锐欲望在其诸如被动性和非理性本质等方面，更适合于对上帝之爱，因为上帝作为对象超出了我们的理性能力。

五、简短展望：中世纪晚期和早期近代的发展

胡安・路易斯・维韦斯（Juan Luis Vives）在其论激情的著作中将托马斯主义观点的诸方面带入到近代时期，在对善的爱作为我们情感性生活中的基本力量方面重申了更古老的新柏拉图主义和托马斯主义的自信。但是维韦斯明白，虽然对善的爱可能是我们情感性生活的根基，但是其枝条在许多混乱的方向上繁衍生息。与其说他试图恢复对象的多样性，不如说他试图将激情的炼金术式的混合物简化为爱善厌恶的简单性，正如阿奎那所做的那样，维韦斯似乎看重那些在其多样性中的情感性反应。他轻视斯多亚派对怜悯和同情的排斥，不仅因为当我们感受到他人的遭受时，我们更愿意去帮助他们；而且因为“将你的灵魂屈伸于他人的痛苦”本身减轻了他人的痛苦和遭受。“没有比这更受欢迎和更有效的帮助”，他总结道。[①] 同情是人类对彼此的爱和依恋的结果，而没有它就是无人性的。[②] 维韦斯将爱的多种多样和变化无常视为激情的主要源泉，但是最引人注目的是他的结论：“爱创造了我们、成全了我们并且使我们幸福。”他指的不仅是圣爱而且是圣爱在其他对象上的许多分散和排列。他的结论是惊叹于“（爱的）不可思议的和无穷无尽的力量和神秘性”[③]。他表达了一种对一切有趣的、微不足道的、反常的和意义深远的东西的欣赏，而非一种柏拉图式的将爱转向唯一真正善的呼唤。维韦斯发表的对激情唯一全面的谴责是对那些产生于明显的恶而非明显的善的激情的谴责；他说，这些情绪“使人残忍和堕落”[④]。一种重视积极情绪的倾向，不论其对象的真正价值，后来出现在笛卡尔论激情的著作中，笛卡尔在那里注意到尽管我们的爱和欲求的短暂或出错的特征，但是我们的爱胜于恨、欲求胜于恐惧。在此，对于柏拉图、亚里士多德和阿奎那来说的激情的明确道德特征消失了：作为被追求的**真正的**善的对象（或者被避免的恶的对象）

---

① *DAV*, III N 46.

② *DAV*, III N 46-47.

③ *DAV*, III N 37.

④ *DAV*, III N 60.

被替换成对激情（至少是积极的激情）自身的看重，而不再考虑激情的对象［是什么］。不去爱（不论是［爱］什么对象）就不能成为人。

笛卡尔的论证比这些更早的人物更具斯多亚派特点，他的《论灵魂的激情》一方面建构了一种管理激情的程序。但是另一方面，笛卡尔也试图在宽容的地方结束，他注意到由于我们不能总是避免在一个对象的真正善或恶上被欺骗，所以我们应当寻求爱和喜悦的积极情绪并且避免仇恨。最后，他发现激情、甚至消极的激情拥有一种甜蜜，它们赋予人类生活一种没有它们将欠缺的完满性。① 笛卡尔得出结论：智慧教导我们“用这种独创性来管理［激情］，即它们引起的恶能够被轻易地承受，我们甚至从它们之中获得喜悦”②。正如许多女性杂志封面和许多自助书籍书页所证实的，没有什么比这些结论更现代的了，而且没有什么比这更清楚地起源于中世纪。

六、结论

关于情感性、爱的重要性和作为人类生活中心的特殊关系的中世纪解释在浪漫之爱的西方理想中落到我们身上。我的结束建议是，在查尔斯·泰勒的传统中，我们将爱和关系的价值带回到它的中世纪道德源头，不是为了试图在任何意义上回到中世纪，而是为了深化我们对它的理解并且可能深化我们生活在其中的方式，而不是在个人主义和真实性的西方理想之外不幸福和不一致地生活。正如泰勒展示了真实性的西方价值那样，它不可能被实现在一个被剥夺了与他人的关系和分享人类善观念的生活中。正是为了自身缘故对爱和激情的重视，对唯一、真正和永恒的浪漫之爱作为人类生活的目标和救赎的完全不切实际的重视需要一些重新思考。这些中世纪基督教来源（sources）向我们展示了这个理念的起源，提醒我们［注意］这一理念与接收（receiving）而非拿取（taking）的联系、这一理念与内在于人类条件的脆弱性（这种脆弱性不应视为可以通过力量的积累而可以避免的）之间的联系、这一理念与超出我们实现能力的欲望之间的联系。我们在它们之中发现一种爱的模式在它所赋予的角色上比古代或近代画面更少两极化和性别化，并且它揭示和肯定了我们对爱与合一的欲望的深度，这些欲望显然超出了任何一个人满足的能力。对这些来源的考察可能会驱使我们远离私人的和个人的救赎的欲望，而在“真爱”中朝向一个更广阔的他人的共同体，［在那里每个人］既是爱［人的］又是被爱的。

---

① *PA* II, 140, 142; *PA* III, 212.

② *PA* III, 212.

表达性、对话、可译性

文化，对话和好的生活

——在一个互联的全球化世界中走向人之为人的学习

保罗·希利（Paul Healy）
（斯威本科技大学，墨尔本，澳大利亚）

摘要：文化是否如此无可更改地不同，以至于我们不可避免地面对着一种“文明冲突”？或者，是否文化间有充分的亲缘关系以促进富有成效的跨文化理解和学习？在对后一种（而非前一种）可能出现的情形的捍卫中，我主张，通过证明富有成效的跨文化学习是可能的——而且实际上是必然的——一种解释学上有见地的对话模式有着特殊的价值，同时它也超越了不可通约性、二分法思维和歧视性比较的陷阱。一个进一步的长处是，就像“好的生活”这一概念中所体现的那样，作为文化理性的一种量度，且因此作为跨文化交流和学习的试金石，它规定了人类福祉和繁荣的理想。在描绘其构成性特征之后，我从古典东西方哲学中汲取了核心洞见，来阐明西方与东方之间的对话如何能够引发关于过一种好的生活是什么的扩展性理解，从而为在一个紧密互联的全球化世界中学习人之为人提供一种有效激励。

导　言

文化间的真正对话是否可能？或者，文化是否如此无可更改地不同，以至于我们不可避免地面对着沿亨廷顿（1993）所预示的线索的一种“文明冲突”？在对跨文化对话的可能性（而非不可更改的误解和冲突）的捍卫中，我主张，通过证明跨文化交流与学习的可能性，一种解释学上有见地的对话模式有着特殊的价值，同时它也超越了不可通约性、二分法思维和歧视性比较的陷阱。在说明了其长处和构成性特征之后，我从古典东西方哲学中汲取了核心洞见，来阐明东西方之间的对话如何能引发关于过一种好的人类生活是什么的扩展性理解，从而**为在一个紧密互联的全球化世界中学习人之为人**提供**一种有效激励**。[①]

跨文化对话：一种解释学—对话式的进路[②]

在规定跨文化对话时，一种解释学—对话式的进路提出了文化间通过发现和建立共识来相互理解和学习的可能性。但是就像温奇式的理性辩论所证明的那样[③]，这一目标受困于许多障碍，最显著地受困于不可通约性、二分法思维和歧视性比较的威胁。而尽管有全球化的影响，然而最近已有人主张，仍存在“一种东西方之间的知性鸿沟”，它归因于“东西方在知觉、概念和表征方式之间的巨大差异”，并引起一种“主要说来对抗性的范式”，这一范式“将东西方差异看作一系列二分法”（Gu and Guo 2015, 299-300）。不过，顾和郭同意，“文化许可和互惠丰富”的概念仍为跨文化对话的一种可行理想，它有着强化每种文化传统（312）和助力发展“一种新意识”的能力，这将“有益于并丰富全世界的所有文化”（298）。

但是，导向相互理解和学习的跨文化对话事实上是否可能？或者，是否文化间的明显差异致使它们不可通约，以至于用早期库恩的话说，不同文化的居民实际上生活在“不同的世界”且他们之间并无公度（cf. Kuhn 1970, 150），就如“文明冲突”论也假定的那样？例如，支撑传统中国文化的道家、儒家和佛家的本体论是否致使其与西方文明的古希腊传统之间不可通约？对于那些继续将东方作为“西方的终极对立面”（cf. Gu and Guo 2015, 300）或者反之亦然的人，答案势必是肯定的。幸运的是，根据进一步分析，强不可通约论并未证明其强有力。

超越不可通约性

因此，首先，就如 G. E. R. 劳埃德所指出的：“经验上，并不存在这样的人类社会，即与其交流被证明完全不可能，不论相互理解有时会有多困难……。”（cited in

① 参见吉尼翁 1999：“好的生活这一问题目的在于确定最富成就感、最具意义、最令人满意的生活，这种生活对人类来说是可能的，它可以被描述为欣欣向荣的、繁荣兴旺的以及……‘福佑的’……我们回答这类问题的能力直接影响到我们理解我们作为一个共享世界中的成员的义务的能力。”(vii-viii)

② 简言之，“解释学—对话式的”这一术语意指一种进路，这种进路被汉斯-格奥尔格·伽达默尔的哲学解释学所奠基，它希求公平对待人类理解的对话特征、其历史—文化的情境性以及对其他文化传统的敞开性。

③ 关于这一辩论中利害攸关的议题，尤见于温奇的“理解一种原始社会”（Winch 1970），其回应另收于威尔逊 1970。

Zhang 2010, 347）哲学层面，这一论点相配于强有力的论证，即，在不必然地预设另一种文化的概念图式和世界观与我们的［概念图式和世界观］在重要方面重合的情况下，我们便不能融贯地将那种文化看作是一种发挥功能的人类文化（cf. Davidson 1973, Fay 1996, 80-84, Healy 2013, 269-270）。此外，就如温奇著名地主张的那样（1970,107），"生、死、性关系"的"限制性概念"提供了关于文化间联系和交流的持久的点；且这一清单可以轻而易举地被扩充。相关地，针对强不可通约论所源自的约束性的"框架的神话"（Bernstein 2010），一种解释学—对话式的进路提供了一个富有成效的替代性选择。在挑战将文化视为相互不可渗透的那种内在地有缺陷且限制性的概念化时，它把文化视野和边界设想为语言地构成的，且因而是易变的、流动的且内在地对彼此敞开的。[①]它从而提供了一个理论上基础牢固的替代性选择，这一选择更复杂、更不具体，并相应地对我们的经验而言更真实。而且，在合并了一个人类关系的内在对话性概念的同时，它也体现了一种潜在可能，即担保不同文化传统间相互理解和学习的富有成效的可能性，尽管仍有着潜在障碍。确实，根据这一进路，与差异的遭遇能够为跨文化理解和学习提供一种强大激励，而远非构成一个棘手障碍。

但如果这样，即使在一个越来越全球化的世界中依然弥漫于我们关于其他文化的思考中而且使得"我们 / 他们"的二分法更加可信的二元论该怎么办呢？比如，当西方典型地被描绘为稳定的个人主义、人类中心论、掌控、自我中心、分离的客观性和脱离语境的理性，东方相应地被刻画为稳定的互联性、宇宙中心论、和谐、自我超越、仁慈、"心性"（Shun 2004）和智慧。正如不可通约论，概念性缺陷又一次在于假设二分法必然彼此排斥。如此而被排除的是这样一种辩证的认识，即，表面上看来极端化的选择"事实上是深刻地互联的"，且因而这些差异可以既被保留又被超越，通过在"一个更大框架中的张力"（Fay 1996, 224, 234）中被动态地把握。

超越二分法

作为对于这种极端化的"非此即彼"思维的矫正，一种对话的（或"辩证的"）进路派上了用场（Fay 1996, 223-224）。因为在拥抱"既这也那"而非"非此即彼"的思维时，这种进路可以公平对待这样一种认识，即，就像辩论双方那样，一种貌似二元论的两方措辞皆可具备有效性，并且或许事实上都被需要用来概述争论中的复杂性。同样，这样一种认识，即看上去完整的答案不仅片面且要求"其出于完整性而被假设的对立面"（Fay 1996, 223），坚持敞开这样一种可能性，即，人们所认

① 就如伽达默尔自己所言，"就如言辞上构成的那样，每一个如此这般的世界总是自行敞开向每一个可能的洞见并因此敞开向每一种其自身世界图景的扩展，且于是对于他者是可及的"（1989, 447）。

为的二元论可以让位于对互补性的洞察，从而为相互理解和学习提供一种强大激励。但是这样一个结果仅仅在特定条件被满足的情况下才得以可能，它始于这样一种要求，即另一种文化基于平等而被接洽（Gu and Guo 2015, 305, Ru 2014, 186）。

尽管平等也许看上去是对话的明显前提，然而温奇式的理性辩论恰恰阐明，克服假设自己故土文化具有高人一等的理性那种种族优越倾向有多难。要纠正这一点，一个真正对话式的方向必须公平对待其他文化的丰富性和完整性，其作为意义的复杂仓库，与我们自己的文化在重要性上可以相提并论，这样它就能够提示我们重估我们自己认为理所当然的价值、标准和前提。（Healy 2013, 271-273, cf. Kögler 1996, Taylor 1994）

拥抱可比较的有效性和对话的平等

为了这一目的，一种解释学—对话的进路假设可比较的有效性和对话的平等性的原则是构成性条件，这要求我们允许其他文化做出一个严肃声明以要求我们的关注，并认识到它或许具化了看世界及对它进行思考和推论的方式，这些在有效性方面都与我们自己的文化可相比较，我们可以从中有益地学习。相关地，我们给予它以自己的措辞清晰表达其自我理解的权利，同时也小心谨慎地注意在本体论、认识论和评价性预设方面的根本差异，准备好根据我们因此所学习到的东西修改我们现存的先入之见。简言之，作为针对民族优越感和歧视性比较的解药，这些假定迫使我们要承认其他文化成员是跨文化探究的共同主体，并且，除此之外，也是增进理解和跨文化学习过程中的平等伙伴，从而将我们自身敞开向这样一种可能性，即，关于过上一种值得过的人类生活意味着什么，我们或许还有许多要向其他文化学习。同样显著地是，这一立场不仅被伦理的、也被认识论和本体论的考虑所推动，这些考虑源于这样的认识，即，我们需要使进“我们作为成熟人类的发展，这种成熟人类既认识到我们与他者的区别之处也认识到我们与他者的内在关联”（Fay 1996, 237）。

对前述假定的认可假设了真正敞开向其他文化学习的承诺，在此意义上，我们准备好允许它对我们关于如何最好地过上值得过的人类生活的先入之见提出挑战。向着相互理解和学习的真正敞开性因而对于跨文化对话来说构成了一个进一步不可缺少的条件。对于这一条件来说，必不可少的是维持一种开明的、质疑的态度的意愿，这种态度指向揭示其他文化自我理解的本体论、认识论和评价性基础，以向其长处学习为目的（Healy 2013, 274-76，cf. Ru 2014, 186）。这转而蕴含了在关于一致和差异的看法之间进行定位的需求。因为一个跨文化学习的真正过程预设了这样一个时刻，它既包含“熟悉化”亦包含“陌生化”，这样“不仅‘它们’可能对‘我们’而言变得更熟悉，而且我们很可能对于我们自身而言变得更‘陌生’”（Simpson

2001, 89, cf. Kögler 1996, e.g., 199, 213, 245）。在告知我们自身世界观的局限性和其他世界观的相应长处的同时，这有可能推动一个整体的学习过程，并在一种潜在变革性的“视域融合”中达到顶点（Gadamer 1989），借此我们学会“进入一个更宽广的视域，在其中，我们以前认为理所当然的作为评价背景的东西，可以作为一种可能性与原本不熟悉的文化的不同背景相伴”（Taylor 1994, 67）。

当然，设想中的结果并非是一种生活方式替代另一种，而毋宁是一个互补学习的过程，借此，每一种世界观都通过与其他文化的接洽“可以变得更有教益、更精妙且更复杂”①。因此，一个对话地与另一文化接洽的承诺同时是一个在了解它们的过程中了解自身的承诺。（cf. Fay 1996, 229）此外，既然没有能够决定我们应当如何阐明不熟悉的文化语境中的不同假设和“认识论方向”（Kögler 1996,165）的运算法则，这一过程就“总是危险和脆弱的”且依赖于“那种对解释学的敏感性和想象力的培养”（Bernstein 1991, 92-93）。

通过东西方对话学以成人

作为这次世界大会的主题，学以成人所提出的挑战提供了一个对于跨文化对话而言尤为值得且可辩护的目的。作为多维度和整体性的，它超越了刻画早期理性辩论的一维性量度所显示的不足，从而使得我们反而得以重获那种温奇式的关切，这种关切涉及到向其他文化学习过一种值得过的人类生活的可能性（cf. Healy 2013, 276-278）。以这样一种方式，它直接有助于增强我们关于做一名好的全球公民意味着什么的理解，随之也有助于世界性的人文主义的发展②，这些都是一个紧密互联的全球化世界中已然变得日益重要的因素（cf. Jia and Jia 2016）。③

① 因此，“在这种对话中每一个解释立场都可以保持其特异性；这也有助于发展和丰富他者，并转而被他们发展和变革”（Warnke 1992, 132）。

② 就如这里所设想的，这样一种世界性的人文主义将会为做一个好的世界公民意味着什么提供哲学基础并体现其典型特征。在《脆弱的“我们”》一书中，劳伦斯·沃格尔提供了某些有关“真正与他者在一起”的“世界主义解释”的发人深省的反思，这些反思有助于其发展（see further, Vogel 1994, ch. 4, especially pp. 69-71）。

③ 从一种新儒家视角提出这一主题的同时，贾和贾（2016）强化了学以成人和学习做好的世界公民之间的相互联系、“共同人性”概念的重要性（2016, 34f.）以及他们称作“相关的”和“互补的”理想（45）的“整体人文主义”（37f.）。他们也强化了认识到“反向力”是互补性的（由于其是“辩证法地和互惠地互联的”及“相互联系的”（39, 43））的需要；并提醒我们，远非是一次性事件，对这些理想的追求是一个“无休止和无止境的过程”（44）。尽管他们的进路和解释学—对话式进路有许多密切关系，然而就像这里所呈现的，后者的焦点仍然是“世界主义的”而非“天人合一的”。

那么，让我们通过考虑一些例证来总结，这些例证有关传统东西方哲学之间的对话如何能够通过使我们超越表面的二分法并识别共性和互补性来丰富我们关于人之为人的理解，尽管描画这种高阶对比有着危险性和局限性。[①]

对话性学习显然是一个双向过程，不过我在这里聚焦于简要描绘传统东方哲学如何能够为某些根深蒂固的西方式先入之见提供一个所需要的对应物。就如已经强调的那样，这种对话式的迫切需要之物并非要否定这种差异，而毋宁是要在动态的张力中保持它们。

互联性 vs. 个性化

因此，首先，对互联性的东方式强调能够针对那种典型刻画了有关人类福祉和繁荣的西方式概念的个人主义提出强烈挑战，这样“宇宙万物”就被理解为“相互联系且相互依赖的”（Gu and Guo 2015, 302）。虽然两种传统中有着明显的交叉[②]，在道家、儒家和佛家传统中各自不同地显现了涉及互联性的东方式关切背后深层而特定的本体论基础，而与这种基础的遭遇产生了陌生化的过程，这一过程应该警告我们，在西方，为成为更好的全球公民起见，拥抱作为对个性化过度注重的对应物的这一维度是有好处的。

自我超越 vs. 自我中心

相关地，针对趋于自我中心的西方倾向，东方对他者-关联的普遍强调能够提供一个有益对应物（cf. Joshanloo 2014, 482）。例如，儒家对“自我的关系性和集体性方面”（Joshanloo 2014, 483）的着重强调保证了这一关切并非关于个体自我本身，而是关于作为一个永远扩展中的关系集合之中心的自我（Tu 1997, 8-9），这一集合最终包含整个地球村（Jia and Jia 2016, 44）。从这一视角看，“自我利益和自私自利［只不过］是不成熟心灵的体现，其未能意识到他者就是其自身的延展”（Joshanloo 2014, 478）。那么，这里我们又一次看到，与差异的遭遇所产生的学习过程应当警告我们这样一个事实，即做一个好的世界公民意味着达到自我中心和自我超越之间的

① 我们显然需要谨慎描绘这种宽泛的和高阶的对比。做比较哲学是“难的”（Wong 2017），本质上由于存在着无数误解其他文化和突出文化间对比以致忽视密切关系与交叉点的方式。而且，很容易忽视这样一个事实，即（假定地）形成鲜明对比的两极也典型地在文化内部（而不仅在文化间）被表征，也很容易忽略持续内在的解释冲突。此外，普遍性的程度越高，分析越简缩，错误表征的危险就越大。尽管如此，当涉及描绘富有成效的、如果必要的话十分普遍的比较和对比，对这些危险的理解不应如此以至于引起麻痹。

② 因此，例如，在西方的斯多葛学派中我们找到了一种对（宇宙的）互联性的深切觉察（e.g., Hadot 1995, 229），与此同时儒家则保持了对个体的重要强调，尽管儒家意义上的个体本质上与共同体有关（e.g.,Tu 1997, 11-12）。

明智平衡。[①]

宇宙中心论 vs. 人类中心论

同样地，传统东方哲学的宇宙中心定位能够提供一个我们需要的、针对西方人类中心论的平衡。因此，挑战了将人类看作是“特权生物”的传统西方倾向，在东方哲学中人类长期以来被理解为“宇宙的一小部分”，鉴于其“在宇宙等级中无关紧要的位置”（Joshanloo 2014, 484-485），人将会很好地认识到其与宇宙的其余部分之间逃脱不掉的内在关联和对它们的依赖。这对我们与自然界之间关系的影响特别明显。因为“所有生物体，包括人类、动物、植物乃至无感觉的存在，都被看作一个根本统一体的部分”，“掌控或征服自然那样的想法与［东方］传统不容”（Joshanloo 2014, 485）尽管一种宇宙的定位决不缺席于西方传统[②]，然而在传统东方哲学中这一主题的突出性又一次为如下一种需要提供了有力提醒，即，要达到宇宙中心和人类中心之间的适当平衡，以便我们人类可以成为真正的“存在的牧人”（cf. Heidegger 1998）。

和谐 vs. 掌控

传统东方哲学也能纠正对于掌控的培根式注重，它经常被视为西方人类中心主义的一个相关物，这样我们人类相信自己有资格控制“创造物的其他方面”，而且“原生态的自然”尤其是“一种有待控制和屈从的力量”（Joshanloo 2014, 484）。这里又一次我们看到，对话地进行着的、遍及传统东方哲学的那种和谐的理想能够提供一个有益的对应物，就如特别在道家对宇宙与自然和谐（e.g. Chen and Liu 2014, 206, Ru 2014, 184-185）的强调，以及在儒家关于社会和谐的关切中（Joshanloo 2014, 481，Ru 2014, 183）所显示的那样。[③] 因此，一种对与环境、与他人、并最终实际上和宇宙（Chen & Liu 2014, 217-218, Joshanloo 2014, 485）之间和谐的关切，必须也被认为是一种世界性人文主义不可缺少的标志，它以对资源的良好管理努力平衡人类福祉的提升。

---

① 然而，这里，更密切的对话式交会将警示我们注意交叉点和共性，而我们此前仅仅了解到了其中传统之间的差异。例如，变得更清楚的是，一种有关自我超越的关切对于传统西方哲学而言决不陌生，而毋宁是被古代西方学派诸如斯多葛和享乐主义所劝诫的自我培养（或者“精神练习”，就像哈多对它们的说法）实践的具体对象（Hadot 1995, e.g., 102-103, 242）。

② 例如，就像斯多葛对需要调谐于“包括万象的逻各斯”（宇宙理性）的强调所显示的那样（Hadot 1995, 242, cf. 268, 272）。

③ 尽管和谐这一主题决不缺席于西方传统（Hadot 1995, 266）——尤其像毕达哥拉斯影响的范围所显示的那样（e.g. Ru 2014, 186）——在古典东方传统中与它一致的优先性又一次及时提醒我们注意它对我们同时应付自然的和社会的世界的当代意义（cf. Chen & Liu 2014, 209-213）。

仁爱 vs. 自我利益

更进一步，对仁爱（儒家的仁）和同情（佛家的慈悲）的东方式强调能提供一个我们需要的，对自我利益趋于分离的、自我中心的计算的那种西方式倾向的矫正。虽然诸如黄金律和反对作恶的不公正的苏格拉底式禁令等戒律为西方的我们所熟悉，但这些并没有像其东方对应物那样有同等的普遍显著性或力量。尤其是，作为最高的伦理理想和充分实现的人类或圣贤（君子）的至上美德，儒家的仁作为一个对应物可以提供许多［贡献］（e.g., Jia and Jia 2016, 38f., Joshanloo 2014, 481, Shun 1997, 140-141）。在调节我们对待他者的所有行为的同时，它提供了一个及时的提醒，即，对仁慈的练习不能仅仅是一种来自普遍的自我中心的偶然的、博爱的插曲，相反它必须交织进我们的存在的特有构造中。相关地，就像同心圆向外延伸那样，从家庭和朋友到共同体、国家并最终到世界（Jia and Jia 2016, 43-45），它可以被看作是要拥抱整个地球村，以一种使它变得对于一种可行的世界性人文主义的构成必不可少的方式。

智慧 vs. 理性

最后，虽然东方和西方的传统最初似乎聚焦于它们对一种好的人类生活而言不可或缺的智慧的规定，然而，这里我们又一次看到，鉴于这种迫切需要之物如何被概念化这一点存在变种，对于相互学习来说仍有重大空间。因此，西方传统中对智慧的追求已经典型地被等同于理性的演练（e.g., Cooper 2012, 6-7, cf. Guignon 1999, xiv）。这对苏格拉底来说也是如此，他是经典的西方人物，或许最为贴切地反射了关于有智慧的人或圣贤的东方设想，他也举世闻名地声称无知对于他所认为的智慧来说不可或缺。相比之下，东方传统典型地规定了看上去更加整体的、直觉的和体验性的智慧（cf. Chen 2005, 28-29, Cheng 2002, 310-311, Tu 1997, 10-11），其源于将人们的理解调谐至宇宙的节律与和谐，而这正是辨识人类生活之恰当行为的意义的一个基础，就如被道家、儒家和佛家的圣贤各自不同地体现出来的那样（see, e.g., Ivanhoe 1997, 157-158, 163-164, Rosemont 1997, 176）。显然，仍有许多我们西方人需坚持从这种更整体、“心性”的传统中学习的东西，如果我们要成为更好的全球公民和存在的真正牧人的话。①

① 更见于“比较视角中的智慧”特刊，《中国哲学学刊》33（3），2006。在他为这一特刊所写的导论中，姚教授简洁地将一种比较视角的意义总结如下：“智慧是可比较的，不仅在这样一种意义上，即全面的知识只有在哲学之间的对话语境中得到检验方可被获得，而且也在这样一种意义上，即智慧在不同的文化传统中被解释，而且，没有将智慧放置于这些附带条件的可比较结构中的话，掌握其真实意义和功能对我们而言就是不可能的。”（Yao 2006, 320）专门关于儒家视角的详尽分析，见于姚 2006a, b。

参考文献

Bernstein, Richard J. 1991. "Incommensurability and Otherness Revisited." In *Culture and Modernity: East-West Philosophic Perspectives*, edited by Eliot Deutsch, 85-103. Honolulu: University of Hawaii Press.

——. 2010. "The Specter Haunting Multiculturalism." *Philosophy and Social Criticism* 36 (3-4):381-394.

Chen, Weiping. 2005. "Metaphysical Wisdom and Lifeworld." *Contemporary Chinese Thought* 37 (1):24-33.

Chen, Xia, and Yan Liu. 2014. "Four Aspects of Hé (Harmony 和) in Daoism." In *Intercultural Dialogue: In Search of Harmony in Diversity*, edited by Edward Demenchonok, 207-220. Newcastle upon Tyne: Cambridge Scholars Publishing.

Cheng, Chung-Ying. 2002. "Editor's Introduction: On Comparative Origins Of Classical Chinese Ethics And Greek Ethics." *Journal of Chinese Philosophy* 29 (3):307-311.

Cooper, John M. 2012. *Pursuits of Wisdom: Six Ways of Life in Ancient Philosophy From Socrates to Plotinus*. Princeton, N.J.: Princeton University Press.

Davidson, Donald. 1973. "On the Very Idea of A Conceptual Scheme." Proceedings and Addresses of the American Philosophical Association.

Fay, Brian. 1996. *Contemporary Philosophy of Social Science*. Oxford: Blackwell.

Gadamer, Hans-Georg. 1989. *Truth and Method*. Translated by Joel Weinsheimer and Donald Marshall. 2nd ed. New York: Continuum.

Gu, Ming Dong, and Jianping Guo. 2015. "How Can We Cross the Intellectual Divide between East and West?" *Philosophy East & West* 65 (1):298-315.

Guignon, Charles B.(ed.). 1999. *The Good Life*. Indianapolis, IN: Hackett.

Hadot, Pierre. 1995. *Philosophy as a Way of Life*. Oxford: Blackwell.

Healy, Paul. 2013. "Overcoming Incommensurability through Intercultural Dialogue." *Cosmos & History* 9:265-281.

Heidegger, Martin. 1998. "Letter on Humanism." In *Pathmarks*, edited by William McNeill, 239-276. Cambridge: Cambridge University Press. Original edition, 1946.

Huntington, Samuel. 1993. "The Clash of Civilizations?" *Foreign Affairs* 72 (3):22-49.

Ivanhoe, P. J. 1997. "Human Beings and Nature in Traditional Chinese Thought." In *A Companion to World Philosophies*, edited by Eliot Deutsch and Ron Bontekoe, 155-

164. Oxford: Blackwell.

Jia, Yuxin, and Xuelai Jia. 2016. "The Anthropocosmic Perspective on Intercultural Communication: Learning To Be Global Citizens Is Learning to Be Human." *Intercultural Communication Studies* 25 (1):32-52.

Joshanloo, Mohsen. 2014. "Eastern Conceptualizations of Happiness: Fundamental Differences with Western Views." *Journal of Happiness Studies* 15 (2):475-493.

Kögler, Hans Herbert. 1996. *The Power of Dialogue: Critical Hermeneutics after Gadamer and Foucault*. Cambridge, MA: MIT Press.

Kuhn, Thomas. 1970. *The Structure of Scientific Revolutions*. 2nd ed. Chicago: University of Chicago Press. Original edition, 1962.

Rosemont, Henry, Jr. 1997. "Chinese Socio-Political Ideals." In *A Companion to World Philosophies*, edited by Eliot Deutsch and Ron Bontekoe, 174-183. Oxford: Blackwell.

Ru, Xin. 2014. "'Harmony in Diversity' and Dialogue among Cultures." In *Intercultural Dialogue: In Search of Harmony in Diversity*, edited by Edward Demenchonok, 181-190. Newcastle upon Tyne: Cambridge Scholars Publishing.

Shun, Kwong-loi. 1997. "Ideas of the Good in Chinese Philosophy." In *A Companion to World Philosophies*, edited by Eliot Deutsch and Ron Bontekoe, 139-147. Oxford: Blackwell.

——. 2004. "Conception of the Person in Early Confucian Thought." In *Confucian Ethics: A Comparative Study of Self, Autonomy, and Community*, edited by Kwong-loi Shun and David B. Wong, 183-199. Cambridge: Cambridge University Press.

Simpson, Lorenzo. 2001. *The Unfinished Project: Toward a Postmetaphysical Humanism*. London: Routledge.

Taylor, Charles. 1994. "The Politics of Recognition." In *Multiculturalism: Examining the 'Politics of Recognition'*, edited by Amy Gutman, 25-73. Princeton, NJ: Princeton University Press.

Tu, Weiming. 1997. "Chinese Philosophy: A Synoptic View." In *A Companion to World Philosophies*, edited by Eliot Deutsch and Ron Bontekoe, 3-23. Oxford: Blackwell.

Vogel, Lawrence. 1994. *The Fragile "We"*. Evanston, IL: Northwestern University Press.

Warnke, Georgia. 1992. *Justice and Interpretation*. Cambridge: Polity.

Wilson, Bryan, ed. 1970. *Rationality*. Oxford: Blackwell.

Winch, Peter. 1970. "Understanding a Primitive Society." In *Rationality*, edited by Bryan Wilson, 78-111. Oxford: Blackwell.

Wong, David. 2017. “Comparative Philosophy: Chinese and Western.”*The Stanford Encyclopedia of Philosophy*(Spring 2017 Edition), Edward N. Zalta (ed.), URL = <https://plato.stanford.edu/archives/spr2017/entries/comparphil-chiwes/>.

Yao, Xinzhong. 2006. “Introduction: Wisdom in Comparative Perspectives.” *Journal of Chinese Philosophy* 33 (3):319-321.

——. 2006a. “From ‘What Is Below’ to ‘What Is Above’: A Confucian Discourse on Wisdom.” *Journal of Chinese Philosophy* 33 (3):349-363.

——. 2006b. “Knowledge, Virtue, and Joyfulness: Confucian Wisdom Revisited.” *Dao: A Journal of Comparative Philosophy* 5 (2):273-292.

Zhang, Longxi. 2010. “The Complexity of Difference: Individual, Cultural, and Cross-Cultural.” *Interdisciplinary Science Reviews* 35 (3/4):341-352.

（蒋薇　译）

表达、对话、可译性
——传话游戏和哲学翻译

迈克尔·比内（Michael Beaney）
（阿伯丁大学，伦敦国王学院）

表达清晰、思路明晰

如果一个想法是值得思考的，那么，这个想法也值得清晰地言说；而且，如果这个想法被清晰地言说了，那么，它会让其他人的思维更加清晰。正如我在我的《分析哲学：一个简单介绍》（*Analytic Philosophy: A Very Short Introduction*）一书的前言中所说，上述观点深深影响了我的教学和写作。但是，“清晰陈述”说起来容易、做起来难。“清晰”与话语语境相关，尤其是与预期或者预想中的听众有关。的确，如果清晰表达是为了让他人思路明晰，那么思路明晰的程度就成了评判表达清晰度的标准。

如何让人思路明晰呢？我（在《什么是分析哲学？》一文的第25页）首次提出了本文的第一句话，以此给亚历山大·蒲柏在《批评论》（第二部分II，297—300行）中的名言做了注解：

> 真正的智慧是保持自然最佳状况，
> 常常想到，但无人表达得这么恰当。
> 它的真实，我们一看就信服，
> 因为它与我们脑海中的形象无误。

关键是要把他人曾经有过的、但从未被很好地表达出来的思想清晰表达出来——这种方式会让人们立即意识到，自己曾经有过这种思想，但是却没有以恰当的方式清楚表达出来。“结晶”这一绝妙隐喻一直让我印象深刻，因为它包含了类似的过程：我们的思想就如液体一样，其中所有想法和思考以一种初期或者半成熟的状态到处流动，这就要求加入合适的晶种使其结晶，使思想更为成熟。“真正的智慧”就是为结晶过程提供晶种，这是达到“清晰”的一种方式。

该隐喻的使用预先假定：形成结晶的晶种和液体元素“相匹配”或者二者存在某种同质性（homogeneity）。传达我们想法和思考的媒介是语言，那么液体就是一种特别的语言。真正的智慧能够让同种语言使用者的思想变得更为明确。那么我们如何让不同语言的使用者思想相通呢？答案当然是通过翻译。对于母语一致、文化相同的人来说，要想明确他们的思想，找到正确的词语描述即可；而对于说着不同语言，来自不同文化的人来说，要想找到正确的词语来明确彼此的思想，这比前者难上好几个数量级。然而翻译工作却被大大低估了，不仅在学院哲学如此，综观全球也是如此。我们想当然地认为，字典、“专业”译者和（近来出现的）在线翻译工具的存在是理所应当，他们可以不用“真正的智慧”就能或多或少、自然而然地做好翻译工作。

谷歌翻译

全球在线翻译工具的典范是谷歌翻译。世界哲学大会有七种官方语言：英语、德语、法语、意大利语、西班牙语、俄语和中文。那么让我们来看看，把这篇文章的开头语依次翻译为德语、法语、意大利语、西班牙语、俄语和中文，然后再译回英文，会是什么效果。2017 年 12 月我第一次做了这样的尝试，得到了如下结果：

If an idea is worth thinking, then it is worth saying clearly; and if it is said clearly, then it will crystallize thinking in others.

Wenn eine Idee es wert ist zu denken, dann ist es wert, sie klar zu sagen; und wenn es klar gesagt wird, dann wird es das Denken in anderen kristallisieren.

Si une idée mérite d’être pensée, cela vaut la peine de dire clairement; et quand il est clairement énoncé, il cristallisera la pensée chez les autres.

Se un’idea merita di essere pensata, vale la pena di dire chiaramente; e quando è chiaramente affermato, cristallizzerà il pensiero degli altri.

Si una idea merece ser pensada, vale la pena decir claramente; y cuando está claramente establecido, cristalizará el pensamiento de los demás.

Если идея заслуживает того, чтобы ее задумали, стоит сказать ясно; и когда он будет четко установлен, он будет кристаллизовывать мысли других людей.

如果一个想法值得怀疑，那么值得一提的是，明确的时候，就会明白别人的想法。[Rúguǒ yīgè xiǎngfǎ zhídé huáiyí, nàme zhídé yī tí de shì, míngquè de shíhòu, jiù huì míngbái biérén de xiǎngfǎ.]

If an idea is doubtful, then it is worth mentioning that, when it is clear, you will understand the ideas of others.①

最终的结果很棒。"an idea being worth thinking"② 变为了"an idea being doubtful"③（是只有令人生疑的想法才值得思考，还是值得思考的想法才会令人生疑呢？），"the aim of crystallizing thinking in others"④ 变为了"the aim of understanding their thinking"⑤。我尤其喜欢这一点：通过试图阐明我自己的想法，我能够理解其他人的想法——的确，阐明一个存疑的想法，我就能理解所有其他人的想法了！这很值得一提。（现在我理解了莱布尼兹的单子论。）

之后我几次在谷歌翻译里输入我的句子，得到了不同的结果，示例如下：

If this idea is doubtful, it is worth mentioning that when it is clearly established, it will form ideas in other areas.⑥

If an idea is worth thinking about, then it is worth mentioning that when it is clearly stated, it will reflect the thoughts of others.⑦

我可以说，以上所有结果都没有抓住要领——更别说比我希望自己能阐述的有更好的表达了；这些结果在明确其他有趣的想法时，其错误的智慧产生了趣味，但这无所谓。不过谷歌翻译在很多情况下都显示，欧洲语言间的翻译结果几乎很少变化，至少在英语、德语、法语、意大利语和西班牙语间的翻译是这种情况。而在俄语翻译时出现了较大变化。不出所料的是，欧洲语言和中文的翻译中结果变化尤其

① "如果一个想法令人生疑，那么值得一提的是：当这个想法明确以后，你就会理解其他人的想法。"——译者

② "一个值得思考的想法。"——译者

③ "一个令人生疑的想法。"——译者

④ "澄清他人的想法的这一目标。"——译者

⑤ "理解他人的想法的这一目标。"——译者

⑥ "如果这个想法是可疑的，值得一提的是，当其被清晰确立时，它就在其他领域形成想法。"——译者

⑦ "如果一个想法值得思考，值得一提的是，当其被清晰地陈述时，就可以反映他人的思想。"——译者

大。的确，如果我们直接将英语句子翻译为中文，然后译回英文，会得到如下结果：

> If an idea is worth thinking about, then it is worth saying clearly; if it is clear, then it will reflect the idea in others.①

这表明，“结晶”（crystallize）这一隐喻的翻译是关键难点。人们一般认为，术语的隐喻使用尤其难以翻译。

传话游戏

孩提时期，我喜欢玩“传话游戏”（Chinese whispers，直译为“中文耳语”）。我们会站成或者坐成一圈，一个人开始对着下一个人的耳朵轻声传话，这个人再把自己理解的信息传给下一个人，以此类推，直到我们都听到最后一个人所得到的信息。结果总是令人捧腹，与最初的信息大相径庭，相差千里。这个语言游戏有很多版本，当然在不同文化和语言里有不同的名字。在法国，它被称为“téléphone arabe”，德国叫作“stille Post”，在意大利称为“passaparola”，还有些别名，比如“断线电话”（broken telephone），或者就叫“电话”（telephone）、“信使游戏”（the messenger game）、“秘密传闻”（grapevine）、“俄罗斯丑闻”（Russian scandal）。可能有的名字流露出了种族主义倾向，不过“Chinese whispers”这一说法对我来说听起来没有什么恶意，就像一个人搞不明白的时候会说“这个我可一窍不通”一样。该游戏玩法要将信息连续翻译为不同的语言，而英文和中文的翻译又尤其困难，所以我在本文使用“Chinese whispers”这一术语。

传话游戏的各种版本表明，信息在传递过程中非常容易受到曲解，或者在翻译中被遗漏。不必多言，这十分常见。但我们可以用传话游戏给“清晰”定一个标准：成功完成传话游戏的就算清晰。既然我们应该允许“清晰”可分成不同的等级，我们可以这样做：思想表达要清晰到可以容易翻译成其他语言的程度。分析哲学一向十分重视清晰（即使不是所有的［分析哲学的］从业者都展示出［“清晰”］这一美德）。分析哲学在全球广受欢迎，大获成功，我对此给出的一个（社会-语言学）解释是：其中许多关键的文本相对而言比较容易翻译成其他语言，或者是其英语原文

① “如果一个想法值得思考，那它就值得清晰的说明；如果说明清晰了，它就能反映其他人的想法。”——译者

（或德语原文）比较容易让非母语人士所理解。人们只需要将伯特兰·罗素（或戈特洛布·弗雷格）和黑格尔、海德格尔的著作进行比较，就可以理解这一点了。

重　述

这与我在教学中强调的一点有关：你对所听和所读的内容要理解透彻，透彻到能够在之后场合恰如其分地表达出来的程度——以你的理解，用你的话转述出来，解释给你的母亲听，在评估时进行复述，在考试时对其重新进行描述，等等。仅仅重复老师的话语或者书里的语句并不算是真正的理解。例如，我对短信里“我现在到这儿了”这句话的理解，只有在我能换个说法的时候才算理解了这一句，比如告诉自己，我的女儿哈丽特已经到柏林舍内费尔德机场了。当然，我刚刚试图阐释的道理（用自己的话表述出来）是我认为儒家里最基本的原则：如果你能教授或者践行所学，才是真的学透彻了。有什么能比这件事更让人心满意足呢？

在分析哲学中，我们常常被教导说，只有将命题（表达思想的语句）以逻辑（量词逻辑，在必要时还可拓展）的形式展现出来，才能达到清晰的表述。命题的形式化（Formalizing）展现了它的逻辑形式，而理解逻辑是理解命题的必要条件。但逻辑语言需要学习，就如学习其他语言一样；要达到清晰，我们只需要理解逻辑形式。意识到形式化本身就是一种翻译，能帮助我们理解：每一种翻译，无论是译成形式化的语言还是另一种自然语言，都能让命题的含义更加明晰。在英语国家的很多大学学院里，基础逻辑是哲学系一年级学生的必修课，我十分赞同这一做法。不过我还认为，所有哲学系学生应该学习至少一种外语，或者提高运用这一外语的能力，二者同样重要。思考如何将语句翻译成另一种语言的过程，也可以让人进一步理解其含义；来源语言和目标语言的差异越大，从中获得的启发也会越大。如果我们来到下一个十年，西方世界终于认可了中国哲学的研究意义，想必在那时中文学习就是哲学系学生的必修课了。虽然现在还不会实现，但无论如何，这是我 2020 年的愿景。

哲学翻译

然而，学外语学到流畅掌握的程度还不够。就像我们教人们如何用富有逻辑的形式表达语句和论点，我们也要教人们学会翻译，这两种情况都需要多多练习。哲学翻译尤其有技巧上的要求，它探索深层的哲学问题，而我不知道哪里有这样教授哲学翻译的。在第一次翻译弗雷格的《弗雷格读本》（*The Frege Reader*，于 1997 年出版）时，我开始尝试哲学翻译，收获颇丰。回首当年，我意识到当时自己对翻译的看法很天真，现在才发现哲学翻译十分困难，要采取以及要运用的翻译原则也很难判定。我知道其他人亦有类似经历，但却鲜有人探寻哲学翻译以及相关哲学问题的本质和实践。我自己写了一篇论文，题目是《弗雷格作品中“Bedeutung”的翻译：翻译史和翻译哲学中的案例分析及警世录》。在这篇论文里，我基于自己翻译弗雷格作品的经验，探讨了过去 120 年里“Bedeutung”有哪些译法，以及为何有这么多种译法。

当然也有例外，最出名的是 *Vocabulaire européen des philosophies: Dictionnaire des intraduisibles*[①]。这本巨著由芭芭拉·卡桑编辑，于 2004 年出版；后翻译成（是的，翻译了！）英语 *Dictionary of Untranslatables: A Philosophical Lexicon*，英译本里有所增删，于 2014 年出版。译本刚出版不久，我就在剑桥一家书店偶然发现了它，并把它买回了家。《辞典》有三种词目：一是“基于词语”的条目，如“不可译”（例如 Geisteswissenschaften、phronêsis），以及术语，例如呈现概念网络的“理智”；二是“主题”条目，例如翻译主题；三是“指向型”的条目，例如“时间”方向上的就会指明其他与此相关的条目。卡桑在前言里写道，它们的出发点“就是反映哲学翻译的困难”（2014，p. xvii）。辞典里的 150 万个词语足以穷尽一生去研究。

“道”的翻译

原版《辞典》关注的是欧洲语言。英译本的书名抹去了欧洲指向，为之后的版本带来了更多可能性，扩大了范围（2014，p. ix）。本文将会呈递给在北京举办的世界哲学大会，那我就举中国人耳熟能详的例子，来阐释这一辞典给人带来的思考和启发。我已经提到过儒家奠基之作《论语》的开篇了，现在我再来分析一下道家两部奠基之作之一——《道德经》的开篇：

> **道可道非常道。名可名非常名。**
> *dào kě dào fēi cháng dào; míng kě míng fēi cháng míng.*

① 《欧洲各国哲学术语：无法翻译的词汇辞典》。——译者

“道”显然是道家里的核心思想，而在《道德经》的第一句话里，“道”既是名词（第一个和第三个“道”），也是动词（第二个“道”）。名词“道”在英语里很自然地被译为“way”（我很快会讲到这点），但动词“道”有“说”、“讲”、“传达”和“交流”的含义。“可”是“可以”，“非”是“不是”，“常”是“恒常”。第二句的“名”也既做了名词，又用做了动词，就像英语里的“name”一样，“name”用于翻译此处出现的“名”是完全匹配的。不过，在翻译这两句话时，最大的问题不在于如何翻译汉字，而在于如何展现不存在的东西（这是个有趣的道家式反讽）。众所周知，中文没有定冠词和不定冠词，名词可以理解为单数，也可以是复数。所以第一次和第三次出现的“道”到底是一种道，某种道，还是多种道呢？与之类似，“名”是“一个名”，“某个名”还是“多个名”呢？下面是《道德经》开篇两句话的三种译法，分别由刘殿爵（D. C. Lau）（1963）、菲利普·艾芬豪（Philip J. Ivanhoe）（2001）和雷敦和（Edmund Ryden）（2008）翻译：

（1）The way that can be spoken of is not the constant way; the name that can be named is not the constant name.

（2）A Way that can be followed is not a constant Way. A name that can be named is not a constant name.

（3）Of ways you may speak, but not the Perennial Way; by names you may name, but not the Perennial Name.

（1）加上了定冠词，（2）加了不定冠词，（3）让第一个“道”和第一个“名”成为了复数，然后给第三次出现的“道”和“名”加上了定冠词。

罗素在其分析哲学的奠基之作之一——《论指示》（1905）里首次提出摹状词理论，我们由此了解定冠词和不定冠词的区别在逻辑上的重要意义。这一区别不仅仅关乎语句正确逻辑形式的理解，它还有形而上学的含义。译法（1）和译法（3）用的是“某种道”，这表明，存在这么一种基本的“恒常的”道，我们道不明说不清。诚然，《道德经》后面的篇章看起来确实在讲“某种道”，它不可名状、神秘莫测、不可言喻、让人费解，好似暗涵深刻的宗教或者精神真谛。但同样，单从这两句话来看，讲的也可以是更普通的道理；换言之，但凡我们能说出来的道都不是“恒常”的道。（可能的解释是：任何名的使用都可能很快被扩展至相关命名活动中原本没有指明或者设想的情况。）对道家的解释涉及到对“神秘主义”的理解：道家究竟是自然、普通、日常的神秘主义还是超自然、非凡、异常的神秘主义。上面两句名言的不同翻译就有此体现——加不定冠词 a、定冠词 the 还是用复数，实则反映的是不同理解。路德维希·维特根斯坦在《哲学研究》中所言就是很好的例子："大片哲学之云能浓缩成语法之雨滴。"（"心理哲学——一个碎片"，§ 315）

我们确实还可以进一步浓缩。译法（1）和（2）（3）之间还有个区别容易被忽视——"Way"的首字母是否大写。首字母大写的"Way"相对来说赋予了"道"更崇高的地位，让我们好奇"道"到底指的是什么。在基督教传统中，我们将"God"首字母大写，那么在道教里是出于精神的合理性而将"Way"大写吗？（还是说应该写成"W-y"）对于"恒常的名"来说，这尤其有趣。哲学是否可以企及，可以用终极表达使别人的思想更加清晰（是否有可能）？当然，德语中所有名词都是大写。我一直想知道，德国哲学听起来更加高深，是不是就是因为德语名词都是大写的。构成哲学之云的雨滴正是大写。而我们所致力的表达不仅限于大写，那么暴风雨和飓风又在酝酿什么？这真是一个谜。

翻译时为了让哲学听起来更加高深，还有比大写更有效的做法，就是不翻译，这看起来有些自相矛盾。以下是《道德经》开篇的第四种翻译，出自詹姆斯·理雅各（1891）：

> （4）The Dao that can be trodden is not the enduring and unchanging Dao. The name that can be named is not the enduring and unchanging name.

虽然把"道"英译成"way"最为自然，但是不翻译反而能显得更加神秘、妙不可言。"道"的概念显然是中国哲学的核心（不仅在道教如此），而西方哲学里没有对应的说法，所以不翻译是合理的做法。

翻译之道

2018年是弗里德里希·施莱尔马赫诞辰250周年。施莱尔马赫在其经典论文《论翻译的方法》里，对比了我们后来熟知的"归化"和"异化"翻译：也可以称其为翻译的两种道。第一种方法"尽量不打扰读者，而让作者靠近读者"，第二种方法"尽量不打扰原作者，而让读者靠近作者"（1813，p.9）。施莱尔马赫（他的名字可以译为"面纱制造者"）倾向于异化，因为他认为这种方式可以丰富目的语读者的语言。如果核心概念出自于完全不同的哲学传统，与其交织的理念和实践也不同，那么异化处理会比较合适。引入新术语有助于明晰新思想，进而帮助理解不同的哲学传统。

就《道德经》开篇的翻译而言，这对我们意味着什么呢？现有的（或者尽可能多的）翻译有助于人们看到对此句的解释，进而可以更加了解其真正内涵。当然我们也需要重视全文，以及更宽泛的文本背景。与此尤其相关的是大家对道教语言特点的普遍怀疑（例如《道德经》32 章和整篇《庄子》所言）。出于这种考虑，我基于自己对句意的理解，倾向于这样翻译开篇的句子，仅供参考：

> A dao that can be spoken of is not a constant dao; a name that can be named is not a constant name.

英语使用者日益倾向于将名词动词化（中文就是如此），那么可以将翻译更加异化：

> A dao that can be daoed is not a constant dao; a name that can be named is not a constant name.

如果（但愿不会如此）我是雅克·德里达，用庄子喜欢玩的文字游戏，我会发现插入小“t”是难以抗拒的：

> A dao that can be daoted is not a constant dao; a name that can be named is not a constant name.

表达、对话、可译性

不论最佳翻译是什么，我们在《道德经》开篇看到的思想，与本篇论文开头阐释的思想实则相反。可以对此换个说法：

> A thought that can be crystallized is not a constant thought; a formulation that can be formulated is not a constant formulation.

如果本篇论文诠释的是传话游戏，那么我们有很好的例证证实翻译后的含义会与初始含义相去甚远。我们最开始探讨的是具有分析哲学特点的观点——存在一种清晰表达能让别人思路清晰。不过在道教看来，不仅是所谓的规范表达，任何思想的表述方式都不可靠：永远无法充分地表达思想。表达可能是分析哲学和道教共同面临的问题，二者间可以就此进行建设性对话。但这两种哲学传统似乎从根本上是对立的，导致无法进行卓有成效的交流。

调和两种立场的关键在于儒家理念，正如之前提到的——你对某事越了解，你越能用自己的话进行阐释，并传授给他人。但这并非说不存在一种规范表述或者多多少少受欢迎的表达，它在所有其他表述方式里占据中心地位，在考虑、进行表述时使思想变得凝练、具体化，尽力做到了准确、贴切。矛盾的是，你考虑越多其他表述，你会发现最佳表达的高明之处也愈发明显——就像你看了一篇文章不同的翻译版本一样，我希望这会帮助你找到最合适的译法。

本文将被译为其他六种语言。我期待看到自己清晰的表达（若有的话），以及在思想和表达之道上的进步和收获。当然我知道，我还设置了一些有趣的挑战，我很好奇论文的翻译会是什么样子。砰砰！救命哇！我曾暗示（开个玩笑哦），本文自身可能被解释为一种传话游戏，但读到文末，其实本文讲的只有一种道：如果该想法值得思考，那就值得被翻译出来；如果翻译巧妙，就能助力跨文化交流。

参考文献

Beaney, Michael, ed., 1997, *The Frege Reader*, Oxford: Blackwell.

____, 2013, "What is Analytic Philosophy?", in M. Beaney, ed., *The Oxford Handbook of the History of Analytic Philosophy*, Oxford: Oxford University Press, pp. 3-29.

____, 2017, *Analytic Philosophy: A Very Short Introduction*, Oxford: Oxford University Press.

____, forthcoming, "Translating 'Bedeutung' in Frege's Writings: A Case Study and Cautionary Tale in the History and Philosophy of Translation", in P. Ebert and M. Rossberg, eds., *Essays on Frege's Basic Laws of Arithmetic*, Oxford: Oxford University Press, pp. 603–651.

Cassin, Barbara, ed., 2004, *Vocabulaire européen des philosophies: Dictionnaire des intraduisibles*, Paris: Le Seuil; tr. E. Apter, J. Lezra and M. Wood as *Dictionary of Untranslatables: A Philosophical Lexicon*, Princeton: Princeton University Press, 2014.

Ivanhoe, Philip J., tr., 2001, *Laozi ("The Daodejing")*, in P. J. Ivanhoe and B. W. Van Norden, eds., *Readings in Classical Chinese Philosophy*, 2nd edn., Indianapolis:

Hackett, pp. 161–205.

Lau, D. C., tr., 1963, *Tao Te Ching*, London: Penguin.

Legge, James, tr., 1891, *Tao Te Ching*, London: Trubner.

Pope, Alexander, 1711, *An Essay on Criticism*, London: W. Lewis.

Russell, Bertrand, 1905, "On Denoting", *Mind*, 14: 479-493.

Ryden, Edmund, tr., 2008, *Daodejing*, Oxford: Oxford University Press.

Wittgenstein, Ludwig, 1953, *Philosophical Investigations*, tr. G. E. M. Anscombe, Oxford: Blackwell; 4th edn. 2009, tr. rev. by P. M. S. Hacker and J. Schulte.

（周一帆　译）

翻译的两个含义

安德烈·斯米尔诺夫（Andrey Smirnov）
（俄罗斯科学院哲学研究所）

考虑以下证明 1：

1.		A =(P¹)=> B
2.	*因为，且只因为*	B =(P²)=> C
3.	*以及*	D =(P²)=> C
4.	*因此*	A =(P¹)=> D

“A =（P¹）=> B”表示：“A”通过过程“P¹”连接于“B”，例如，亚瑟（“A”）喜欢（P¹）比阿特丽斯（“B”）。这样，证明 1 可以诠释如下：

1.		亚瑟喜欢比阿特丽斯	A =(P¹)=> B
2.	*因为，且只因为*	比阿特丽斯喜欢诗歌	B =(P²)=> C
3.	*以及*	戴安娜喜欢诗歌	D =(P²)=> C
4.	*因此*	亚瑟喜欢戴安娜	A =(P¹)=> D

我们可以随意在上述证明 1 的形式表述中诠释 P¹，P²，A，B，C 和 D。只要满足该证明的所有要求，我们将始终并且不可避免地得出真结论。我的意思是，只要我们处理的是两个过程及其四方（每个过程两方）：两个行动者和两个接收者，并且“因为，且只因为”条件得到满足，那么证明 1 就像亚里士多德的范畴三段论一样完美无缺：它永远不会失败。这意味着证明 1 普遍有效。

例如，考虑以下对证明 1 的诠释：

1.		水壶煮沸水	A =(P^1)=> B
2.	*因为，且只因为*	水传导热量	B =(P^2)=> C
3.	*以及*	牛奶传导热量	D =(P^2)=> C
4.	*因此*	水壶煮沸牛奶	A =(P^1)=> D

等等，现实本身就说明了这种三段论的有效性。然而，与亚里士多德的三段论及其逻辑不同，证明 1 对实体及其属性一无所知。它们不存在于证明 1 的世界中。证明 1 适用于一个非常不同的实在：过程之实在，而不是实体之实在。或者，我们可以说，它涉及行动，而不是存在。

现在让我们考虑证明 2："所有人都是要死的，苏格拉底是人，所以苏格拉底是要死的"。这个三段论涉及实体（人，苏格拉底）及其属性（必死性）。它告诉我们关于存在的重要事项，而不是关于行动。这个证明 2 也普遍有效："所有'B'都是'C'，'A'是'B'，所以'A'是'C'"。无论我们如何解释"A"，"B"和"C"，我们总能得出真结论。

因此，我们有两种绝对确然的证明：证明 1 和证明 2。它们都是普遍有效的，并且两者都可以形式化地呈现。两者都完全符合实在：它们不需要任何人为的本体论，它们都在描述和解释我们周围的实在世界。它们之间的区别在于证明 1 适用于行动，而证明 2 适用于存在。我们甚至可以说证明 1 将存在还原为行动：例如，我们不关心"水壶"或"水"是什么，我们关心它们如何行动。反之亦然：在证明 2 中我们将行动还原为存在。我们不在乎苏格拉底是否死亡，我们关心他作为必死者的存在。

这是两种绝对确然的证明之间一个非常重要的形而上学差异。二者的另一个差异在于我们（不如说：我们的意识）承认它们各自的有效性时所进行的基本认知操作。

为什么我们相信证明 2 的普遍有效性？欧勒圈（又名 Venn 图）给出了答案：

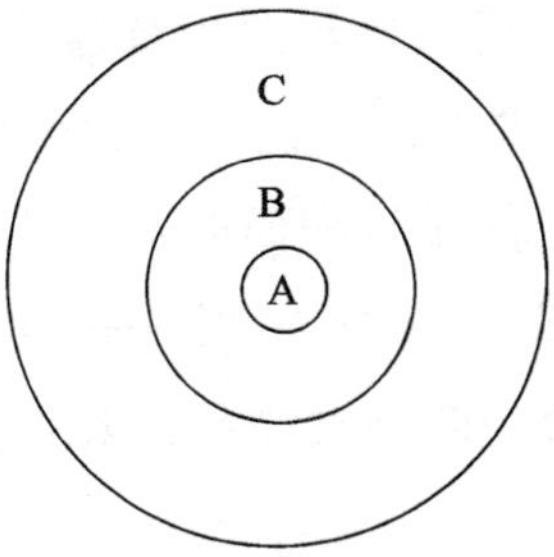

图 2

圆圈“A”内的任何点因此也在圆“B”和“C”内——不可能有任何例外。这很明显，没有人可以怀疑。当我们说“‘A’是‘B’”，“苏格拉底是人类”时，我们暗示“‘A’在‘B’里面”，“苏格拉底在人类中”，好像“人性”是一种包含“苏格拉底”的量。实体拥有某种属性就意味着它被这样一种更大的量所容纳，而系词“是”的含义就可以归结为命题的主语被其谓词的量所包含。

因此，图2是亚里士多德的实体—属性形而上学以及任何使用系词“是”的命题的完美认知模型。它完全解释了证明2的普遍有效性。但是，它并没有以任何方式解释证明1。为什么？因为证明1谈论的不是实体和属性，表述它的命题也不用系词“是”。我们需要一个完全不同的认知模型来图示证明1：

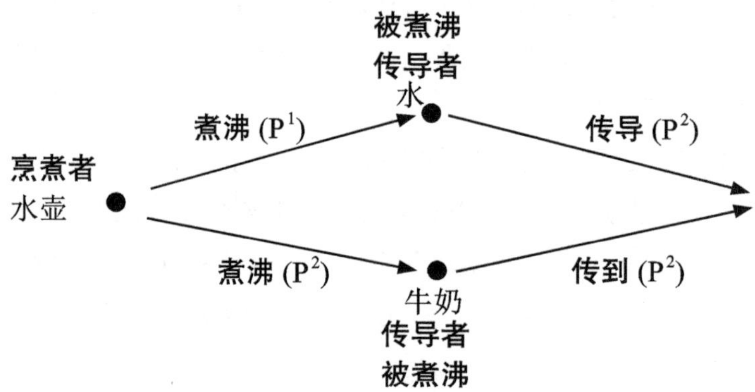

图 1

我们在这里处理的是行动者，行动和受动（接受者），而非实体和属性。正是这种三方架构至关重要。我们的水壶是“煮沸”了“被煮沸”的水的“烹煮者”。水不仅是第一行动的被动侧（P^1），而且是第二行动的主动侧（P^2）：水作为“传导者”“传导”着“被传导”的热量。这两种行动，即煮沸行动和传导行动，是由于水在两种行动中共同起作用而联系在一起的：水在 P^1 中是被动的，而在 P^2 中是主动的。通过这个单元将这两个过程联系起来的事实在证明1中反映为“因为，且只因为”这一分句。

这解释了图1的上部。两个箭头表示两个过程，即“煮沸”（P^1）和“传导”热量（P^2）。注意，在证明1的背景下，它们是过程（=不变的，有规律的行动），而不是实体的属性。除非我们处理的是过程而非实体及其属性，否则证明1是无用的。证明1的关键点是通过公共单元——即“水”——将两个所述过程联系起来。如果没有这样的联系，证明1则无效。两个被联系起来的过程（P^1+ P^2）构成了一个包括两步（由两个箭头组成）的线。

现在来看图1的底部。这里我们向相反方向移动，通过新的共同单位“牛奶将

“传导”热量的第二个过程（P^2）连接到“煮沸”的第一个过程（P^1）。“牛奶”在 P^2 中扮演主动的角色，在 P^1 中扮演被动角色，与“水”一样（在图 1 的上半部分）。

由于牛奶像水一样传导热量，因此热传导过程与煮沸过程就被联系起来了：水壶会像煮沸水一样煮沸牛奶。这个模型的决定性因素在于这一连接环节：在导热方面，牛奶的行为与水一样，因此当它在水壶中（和通过水壶）被煮沸时，其行为方式也一样。实体并不重要，我们考虑的是行动。

图 1 和图 2 所示的两种认知模型完全不同，可以说是互为替代。他们预设的形而上学也是不同的、或者说互为替代：图 2 的存在形而上学和图 1 的行动形而上学。因此，证明 1 和证明 2 是两种不同的、或者说互为替代的证明类型。一般化地讲，可以说这是两套不同的逻辑：存在的逻辑和行动的逻辑。它们是相互不可化约的，因为它们从互为替代的形而上学假设出发，使用不同的认知模型，并被形式化为两种不同的、彼此不可化约的证明类型。

证明 1 是我对 fuqahā’（伊斯兰法学家）所使用的被称为 qiyās（即共同测量）的证明程序的形式化。证明 2 在阿拉伯—伊斯兰世界为 falāsifa（亚里士多德和新柏拉图学派的追随者）所使用。它也被称为阿拉伯的 qiyās。这提出了一个有趣的问题，即在两种情况下如何翻译 qiyās；我将在本文的最后部分回到这一问题。

Fuqahā 曾对证明 1 做出详细阐述，但据我所知，他们在其著作中从来没有像我一样给出形式化表述。然而，我认为我对证明 1 的形式化表述——这一表述是绝对确然和普遍的——完全符合一系列著名理论家在 ’uṣūlal-fiqh（“法理学的根源”，关于伊斯兰法学的理论基础的科学）中对这一主题的详细阐述。这些理论家从 al-Shāfi‘ī（767-820）开始，包括 ’Aḥmad b. ‘Alī al-Rāzī al-Jaṣṣāṣ（917-981），al-Bāqillānī（ум. 1013），al-Juwaynī（1028-1085），al-’Āmidī（1156-1233），Fakhr al-Dīn al-Rāzī（1149-1209），Ibn al-Ḥājib（ум. 1249），al-Taftāzānī（1322-1390），al-Zarkashī（1344-1392），等等。

现在让我们提出以下问题。鉴于（1）证明 1 不能被化约为证明 2，并且（2）证明 2 是基于图 2 类型的认知模型的思考的理想证明形态，那么如果我们坚持图 2 类型的认知模型（量中的量，包含其他类的类）并且不切换到图 1 类型的认知模型，我们是否可以表达证明 1 的有效性？反之：以图 1 为模型的思维领域中，证明 2 的有效性又将获得何种评价？

（关于伊斯兰法学的）现代西方学术史为第一个问题（在由图 2 认知模型塑造的视角中如何看待证明 1）提供了一个答案。现代西方学术将 fuqahā’ 的 qiyās 翻译为“类比”（analogy），与此相应，将其视为劣于“真正的”、或绝对确然的证明 2。①

① Cf.: Schacht, J. *The origins of Muhammadan jurisprudence*. Oxford: Clarendon Press, 1950. p. 99; Schacht, J. *An introduction to Islamic law*. Oxford: Clarendon Press, © 1982. p. 60; Coulson, N.J. *A History of Islamic law*.

正如 W. Hallaq 所说：

> 将类比归入 qiyās 这一做法不仅无可争议，而且已经占据主导地位，事实上，绝大多数现代学者认为 qiyās 这一术语仅仅指涉类比①。

W. Hallaq 指出，qiyās 一词有可能指其他类型的论证，但这并不意味着对“类比”和 qiyās 等同之可能性有任何疑问。② 他认为，qiyās 作为类比可以通过以下方式形式化③：

表 1

A 具有特征 X，Y ……

B 具有特征 X，Y ……

A 服从规则 J

X，Y …… 是得出 J 的相关属性

因此，B 必须服从规则 J

表 1 是基于图 2 的认知模型构建的，而不是图 1 的认知模型。我认为它未能也不能充分解释 fuqahā’ 的 qiyās。W. Hallaq 和其他学者都认为 fuqahā’ 使用的是类比而不是希腊语的三段论，因此使用了不完美的论证，而非绝对确然的论证。

他如何解释几个世纪以来如此大量的伊斯兰理论家的这种显然“奇怪”的行为？他只是说他们别无选择，只能接受一个不完美的 qiyās—类比论证：

> 穆斯林和普通法律师虽然意识到了其缺点，**但别无选择，只能接受它。**④

（接上页）Edinburgh: Edinburgh university press, 1978. p. 239; Hallaq, W. *Law and legal theory in classical and medieval Islam*. Aldershot, England; Brookfield, Vt.: Variorum/Ashgate, 1995. pp. 85-91; Weiss, B. G. *The search for God's law: Islamic jurisprudence in the writings of Sayf al-Dīn al-Āmidī*. University of Utah Press, ©2010. p. 542 ff.; Rosen, L. *The anthropology of justice: Law as culture in Islamic society*. Cambridge, New York: Cambridge University Press, 1989. p. 41; Wegner, J. R. Islamic and Talmudic Jurisprudence: The four roots of Islamic law and their Talmudic counterparts // *The American Journal of Legal History*. 26 (1982). p. 44.

① Hallaq, W. *Law and legal theory in classical and medieval Islam*. Aldershot, England; Brookfield, Vt.: Variorum/Ashgate, 1995. p. 288.

② Ibid.

③ Ibid, p. 85.

④ Ibid, p. 86 (italics by me. – *A.S.*).

这听起来像一个未被证据支持的主张。我认为，证据恰好反对这一主张。奇怪的是，在对 fuqahā 的 qiyās 的研究中没人指出这一点。与 W. Hallaq 所说的相反，fuqahā’确实曾在证明 1 和证明 2 之间做出明确的选择，并且他们拥有构建证明 2 的所有必要前提。这在西方学术中通常被忽略，但其实非常明显。

让我参考伊斯兰作品中讨论的 qiyās 的标准例子 ’uṣūalal-fiqh（“法理学的根源”）。它涉及两种饮料，khamr 和 nabīdh。阿拉伯人在前伊斯兰和伊斯兰时代早期生产和饮用名为 khamr 的红葡萄酒。然后 khamr 被古兰经禁止了。除了 khamr，阿拉伯人还制造 nabīdh。这是一个更宽泛的术语，事实上指的是从任何东西产生的各种非酒精饮料和酒精饮料：谷物，水果等。酒精类 nabīdh 怎么样呢？伊斯兰教法是否禁止它们？自从穆罕默德去世后，fuqahā’必须自己解决这些问题。

逊奈明确无疑地（1）禁止 nabīdh（例如，al-Bukhārī，①’Abū Dawūd al-Sijistānī②）以及（2）禁止**任何致醉饮料**。所有“六书”（逊尼派最权威的逊奈文本）都强烈而明确地强调了这一全面禁令：al-Bukhārī 4087, 4088, 4110, 4111, 5773, 6751③, etc., Muslim 1733, 2001-2003④, ’Abū Dawūd al-Sijistānī 3679⑤, Ibn Māja 3388-3394⑥, al-Tirmdhī 1861-1864⑦, al-Nasā’ī 5092-5102⑧ 等。有三种说法最常被用来表述对所有致醉（酒精）饮料的禁止：kull muskir khamr“任何致醉之物等于 khamr”，kull muskir ḥarām“严格禁止任何致醉之物”和 kull khamr ḥarām“严格禁止任何 khamr”。它们虽然有时被单独使用，但通常成对出现。首选组合是第一个加第二个（kull muskir khamr，kull muskir ḥarām“任何致醉之物等同于 khamr 并且是严格禁止的”）。

---

① Al-Bukhārī. *Al-Jāmi‘ al-Ṣaḥīḥ al-mukhtaṣar* [The Concise “Ṣaḥīḥ” by al-Bukhārī]. Al-Yamāma-Bayrūt: Dār Ibn Kathīr, 1987: in 6 vols. V. 5. p. 2122.

② ’Abū Dāwūd al-Sijistānī. *Sunan ’Abī Dāwūd* [The Sunna by ’Abū Dāwūd], ed. Muḥammad Muḥyī al-Dīn ‘Abd al-Ḥamīd: in 4 vols. N.p.: Dār al-fikr, n.y. V. 3. p. 330.

③ Al-Bukhārī. *Al-Jāmi‘ al-Ṣaḥīḥ al-mukhtaṣar* [The Concise “Ṣaḥīḥ” by al-Bukhārī]. Al-Yamāma-Bayrūt: Dār Ibn Kathīr, 1987: in 6 vols. V. 4. p. 1579, 1588; V. 5. p. 2269; V. 6. p. 2624.

④ Muslim. *Al-Ṣaḥīḥ* [The “Ṣaḥīḥ”], ed. Muḥammad Fu’ād ‘Abd al-Bāqī: in 4 vols. Bayrūt: Dār ihyā’ al-turāth al-‘arabī, n.y. V. 3. pp. 1585-1588.

⑤ ’Abū Dāwūd al-Sijistānī. *Sunan ’Abī Dāwūd* [The Sunna by ’Abū Dāwūd], ed. Muḥammad Muḥyī al-Dīn ‘Abd al-Ḥamīd: in 4 vols. N.p.: Dār al-fikr, n.y. V. 3. p. 327.

⑥ *Sunan Ibn Māja* [The Sunna by Ibn Māja], ed. Muḥammad Fu’ād ‘Abd al-Bāqī: in 2 vols. Bayrūt: Dār al-fikr, n.y. V. 2. pp. 1124-1125.

⑦ Al-Tirmidhī. *Al-Jāmi‘ al-Ṣaḥīḥ Sunan al-Tirmidhī* [The Sunna by al-Tirmidhī], ed. Aḥmad Muḥammad Shākir et al.: in 5 vols. Bayrūt: Dār iḥyā’ al-turāth al-arabī, n.y. V. 4. pp. 290-291.

⑧ Al-Nasā’ī. *Al-Sunan al-kubrā* [The Great Sunna], ed. ‘Abd al-Ghaffār Sulaymān al-Bandārī and Sayyid Kasrawī Ḥasan: in 6 vols. Bayrūt: Dār al-kutub al-‘ilmiyya, 1991. V. 3. pp. 212-213.

在 Muslin 2003[①] 和 Ibn Māja 3390[②] 那里，我们可以发现将第一个和第三个结合起来的三段论：kull muskir khamr，kull khamr ḥarām “任何致醉之物等于 khamr，且任何 khamr 是严格禁止的”。只须说“nabīdh 致醉”就够了（而这来自经验）：nobīdh 致醉，所有致醉之物等于 khamr，而 khamr 被严厉禁止，因此：nabīdh 被严厉禁止。

上面引用的例子仅适用于逊奈“六书”中明确规定的对所有致醉的饮料的一般禁令。我们可以补充说明其他许多不同的禁止案例，以及在逊奈的其他部分中的相同或相近的传统。这些大量权威文本毫无疑义地表明，要想以证明 2 的方式绝对确然地论证对所有和一切致醉饮料的禁止，逊奈提供了所有必要的材料。这就是 al-Ghazālī（1058-1111）——杰出的 faqīh 和亚里士多德逻辑和支持者——的主张，他认为亚里士多德的三段论**可以**被用于得出所需的结论：

> 任何 nabīdh 都是致醉的，所有致醉之物醉人都是 ḥarām（被禁止的），因此任何 nabīdh 都是 ḥarām（被禁止的）[③]。

另一位杰出的 faqīh，Ẓāhirī 学派的领袖 Ibn Ḥazm（994-1064）讲得更为清晰、有力。他不遗余力地责备和羞辱那些没有注意到这一点的同事。谈到大多数 fuqahā’ 所接受的 qiyās 的定义，以及著名的 al-Bāqillānī（与他同时代的 Ash‘arites 的领袖和马利克派的 faqīh）的提议，Ibn Ḥazm 称之为“杂乱的”（khabṭ），“一个妄想”（takhlīṭ），“结结巴巴”（lukna wa‘iyy），并强调它什么都没说，而且即便它说了什么的话，也只是未经论证的错误主张。[④]

Ibn Ḥazm 不止一次激烈地（pathetically）说：你根本不需要 fuqahā’ 的 qiyās（证明 1），因为**任何**致醉饮料都是逊奈禁止的饮品，因为任何这样的饮料都可被纳入三段论“任何致醉之物等于 khamr，而任何 khamr 都是严格禁止的”[⑤]。至于这种饮料是由什么制成的——枣，无花果，谷物等——则无关紧要，而且 khamr 在被禁止之

---

① Muslim. *Al-Ṣaḥīḥ* (The “Ṣaḥīḥ”), ed. Muḥammad Fu’ād ‘Abd al-Bāqī: in 4 vols. Bayrūt: Dār ihyā’ al-turāth al-‘arabī, n.y. V. 3. p. 1588.

② *Sunan Ibn Māja* [The Sunna by Ibn Māja], ed. Muḥammad Fu’ād ‘Abd al-Bāqī: in 2 vols. Bayrūt: Dār al-fikr, n.y. V. 2. p. 1124.

③ Al-Ghazālī. *Al-Mustaṣfā min ’uṣūl al-fiqh* [The Select in the Roots of jurisprudence], ed. Muḥammad ‘Abd al Salām ‘Abd al Shāfī. Bayrūt: Dār al-kutub al-‘ilmiyya. 1413 h. P. 31, 280-281.

④ Ibn Ḥazm. *Al-Iḥkām fī ’uṣūl al-aḥkām* [Perfection in the Roots of legal norms]: in 8 vols. Bayrūt: Dār al-’āfāq al-jadīda, n.y. V. 7. pp. 53-54.

⑤ Ibid., v. 5. p. 106; v. 7. pp. 199, 201.

物中毫无特殊之处[①]。律法已然提供了得出任何必要的新结论所须的一切，我们不必发明 fuqahā’ 的新 qiyās。换句话说，根据 Ibn Ḥazm 的说法，只要逊奈中有了证明 2 和所有必要的前提，我们就不需要证明 1。

情况非常清楚，且与 W. Hallaq 声称的完全不同：fuqahā’ 在逊奈中可以找到证明 2 的所有必要前提，而且，逊奈几乎逐字逐句地使用了这种论证方式。fuqahā’ 完全知道 Ibn Ḥazm 和 al-Ghazālī 这两位有影响力的人物支持证明 2。证明 2 对他们来说不是秘密，而是人所共知的。然而他们几乎一致选择了证明 1 而不是证明 2。证明 1 他们必须从零开始建构，而证明 2 是一个现成的工具，在伊朗地区的前伊斯兰和伊斯兰的国家中，以及后来在巴格达和其他伊斯兰国家积累了几个世纪的学术和教育，完善了这一工具。证明 2 源于希腊，从语言上说可见于希腊语、叙利亚语和阿拉伯语，从地点和居所上来说则是伊斯兰的。我的意思是，证明 2 唾手可得，而 fuqahā’ 必须有非常非常强大的理由来选择证明 1（毋宁说，选择去构造一种新的证明，在几个世纪的努力和论辩之后这种新证明将称为我们所说的证明 1）并忽略证明 2（而这是随时可用的）。

他们为什么这样做？我的答案是：他们选择了基于过程的认知模型（图 1）。这是唯一合理的解释。

作为这一解释的语境，我们首先要提到 Mu‘tazila，他们发展了有关时间和空间的惊人而复杂的理论以及过程（af‘āl, 单数是 fi‘l）形而上学。对他们来说，行为或过程（af‘āl）而非实体构成了基本实在。理性地解释世界对他们来说意味着将其多元性缩减为由行动者做出且服从理性规则的若干有规律行动。后来，这一思路由 Ibn ‘Arabī 等杰出的苏菲派思想家进一步发展成了一套高度复杂的形而上学。这种非亚里士多德的、阿拉伯—伊斯兰思想传统完全依赖于基于过程、而非实体的世界观。长话短说，在这里，我只能说证明 1 完全符合这种思想和这种形而上学。

其次，我们要提到作为思想载体（从而也是实践图 1 所示或图 2 所示认知模型的载体）的阿拉伯语。图 2 的认知模型依赖于使用系词 “to be” 将谓词和主词连接起来。关于阿拉伯语的惊人事实是，这种语言（1）不使用系词 “to be”，（2）根本不使用任何系词，且（3）没有 “to be” 这一动词。此处无法详述，我在我的文章[②]中展示了所有相关证据（这些证据乃是基于古典阿拉伯语言学的丰富遗产的），并且对 F. Shehadi 提出的阿拉伯语确实使用了 “一种 to-be 类型的系词”[③] 主张给出了充分

① Ibid., v. 7. p. 201.

② *Smirnov A.V.* “To Be” and Arabic Grammar: The Case of *kāna* and *wujida* // *Ishraq: Islamic Philosophy Yearbook*: 2016. No. 7. Moscow, 2016. pp. 174-201.

③ Cf.: Shehadi F. Arabic and ‘to be’ // The Verb ‘be’ and its synonyms; philosophical and grammatical studies. (4) Twi, Modern Chinese, Arabic / Ed. John W. M. Verhaar. Dordrecht: D. Reidel, 1969, pp.112-125; Shehadi F. *Metaphysics in Islamic Philosophy*. Delmar, N.Y.: Caravan Books, 1982.

回应。我在这里只能说，从 al-Khalīl 的 *Kitāb al-'ayn* 开始的所有古典阿拉伯语词典和从 al-Khalīl（d. 776-791）和 Sībawayhi（d. 796）开始、贯穿整个古典和后古典时代的所有阿拉伯语言学传统都支持上述三个观点。阿拉伯的语言学家在这一问题上非常一致和绝对清楚，完全排斥任何 Shehadi 类型的猜测。

由此可见，对于母语为阿拉伯语的人来说，图 1 的认知模型优于图 2 的认知模型，因为它（1）不需要与系词“to be”的使用联系在一起的认知操作（量中之量的等级关系）且（2）与被称作 isnād（“依靠”）的阿拉伯语的主谓语联动载体相一致。我并不是说语言为思维编程，但在语言和思想之间的首选认知模型的某种相关性是不可否认的。

说到语言，我们会想起 Mattā 和 al-Sīrāfī 在 al-Tawḥīdī 的 *Kitāb al-imtā' wa-l-mu'ānas* 中的著名对话。[①] 杰出的逻辑学家和希腊逻辑文本的翻译家 'Abū Bishr Mattā 和阿拉伯古典学家 al-Sīrāfī 看法不同。Mattā 认为，亚里士多德的逻辑是完美的论证工具。al-Sīrāfī 则认为希腊逻辑在希腊语范围之外没有任何用处，而阿拉伯语语法是阿拉伯语使用者的逻辑。如果我们根据“系词 / 系词功能”问题并根据图 1 和图 2 所示的认知模型来考虑这些争论，我们也许会同意而不是反对 al-Sīrāfī。无论如何，fuqahā' 选择了证明 1 而非证明 2，这似乎表明他们确实同意 al-Sīrāfī。

在结束之前，还有一个问题需要解决。众所周知，fuqahā' 将他们的 qiyās 归类为“意见”（ẓann），而 falāsifa 认为他们的 qiyās 产生了“确信”（yaqīn）。“意见”是一个承认其反面也为可能的命题（例如，“明天会下雨”），而“确信”是一个排除其反面的命题（例如“北京是中国的首都”）。由于意见不如确信，fuqahā' 的 qiyās 不如 falāsifa 的 qiyās。但是，我们必须提出这样一个问题：为什么 fuqahā' 将他们的 qiyās 归类为“意见”而不是“确信”？

在证明 1 中，证明的关键点是 P^1 和 P^2 两个过程的连结。此连结乃是由“因为，且仅因为”这一分句建立起来的，fuqahā' 称之为 'illa“理由、原因”。如果没有它，P^1 将不会与 P^2 相连结，整个证明也就散架了，不再是一个三段论。而 fuqahā' 面临的最大问题在于，“理由”没有在权威文本、即在“古兰经”和“逊奈”中得到清晰无歧义的表述。这意味着 faqīh 必须自己弄清楚神圣禁令，要求或法律的任何其他“规范”（ḥukm）的“理由”。因为 faqīh 像任何其他人一样永远无法确定他的决定是否符合上帝的意图，也就是说，他在 qiyās 中使用的 'illa 是否就是上帝所暗示的 'illa，faqīh 必须说他的 qiyās 只是“意见”而不是“确信”。但这完全取决于证明 1 中使用的知识的性质，而丝毫不影响其过程。这种差异非常重要；不幸的是，它在

① Al-Tawḥīdī. *Kitāb al imtā' wa-l-mu'ānasa*. Part I. The 8th night. Bayrūt: Dār al kitāb al 'arabī, 2004. pp. 65-87. The dispute took place in 326 H. = 937/8 C.E. (Ibid, p.67).

西方学术中被忽视了。形式证明 1 的证明过程毫无瑕疵。fuqahā’他们自己也充分明白这一点；他们说并说 qiyās 蕴含着法律之规范的“必然性”（awjaba）。①

那么，我们该如何翻译 fuqahā’使用的 qiyās 这个词呢？我们看到，fuqahā’用这个词来指称在他们看来是完全确然的（除了在证明过程中用到的、被称为‘illa“理由”的初始知识）证明类型，但在西方学术看来是不确然的、有缺陷的，因此被翻译为“类比”（analogy）。翻译是一种认知过程：它包含在源语言方面的意义解构以及在目标语言方面的重新构建。当我们解构 qiyās 这个词的含义时，我们得到了什么？这是问题所在。如果我们与 W. Hallaq 及其他学者一道使用图 2 的认知模型结构 qiyās 的意义，那么我们就会把 qiyās 形式化成表 1 那个样子并将其翻译为“类比”。如果我们用的是图 1 的认知模型，我们就会将其翻译为“证明”，“绝对确然的证明”等等。词语的选择是其次的，首先是认知模型，它在意义设定中起着至关重要的作用。在第一种情况下，我们认为 fuqahā’的 qiyās 是一种不完美的证明（就其过程、而非前提中用到的知识的性质而言）。在第二种情况下，我们认为，就其过程而言，它是一个完美的绝对确然的证明，其任何可能的缺陷都来自于初始知识（在这里即是‘illa“理由”）的性质。认知模型不仅影响翻译，还影响我们的分析和判断。最后，我们讨论的两种认知模型预设了不同的形而上学和逻辑体系：一种以行动为中心，另一种以存在为中心。

（佚名　译）

---

① Al-Zarkashī. *Al-Baḥr al-muḥīṭ fī ’uṣūl al-fiqh* [The Ocean of knowledge in the roots of jurisprudence], in 6 vols. Vol. 5, ed. by ‘Abd al-Sattār ’Abū Ghadda. Al-Kuwayt: Dār al-ṣafwa, 1992. p. 14.

理性、智慧、善的生活

喜乐*、财富和智慧
——早期儒家文本中美好生活的伦理范式

姚新中

（中国人民大学）

摘要：本文旨在基于早期儒家文本而建构一种儒家特有的美好生活范式。为了充分理解这一范式，笔者将探究美德和智慧如何在生活的喜乐中汇聚，财富和友谊在美好生活中扮演什么样的角色，以及为什么说喜乐来自于美德和智慧，却能充分利用后者。

关键词　美好生活；智慧；喜乐；儒家哲学

不同于以主观性与客观性相分离为理论基础的现代哲学，古代希腊和中国的哲学家把概念分析和推理作为通向美好生活的路径。这种实践取向的最著名的例子可以在亚里士多德那里找到，他声称人类的繁荣或幸福（*eudaimonia*）是智力活动的最高目的，这始于"所有的知识和每一种追求都以某种善为目的"，以及"最高的实践的善"是"幸福"，以"活得好或做得好"为标识。①

"活得好"需要的不仅仅是一般的知识，而且无法在缺失智慧的指导下实现。因而，哲学作为追求智慧的智力活动，成为任何美好生活范式的必要部分。虽然活得好是一个多维度多层面的复杂体，但就个人而言，通常会从三个相互关联的视角来考虑：关于一个人是否感到满意的内心视角（例如自己和自己的生活条件），考虑满足自己需要的恰当手段的外部视角（例如财富和友谊），还有寻求洞察人类本性和命

---

*　原文在探讨关联于德与智的儒家之乐时，使用的英文词是 joy 而非 pleasure，有强调其精神性的意蕴，因此译回中文时选用的词汇是"喜乐"而摒弃了"快乐"。但需要注意，"喜乐"在中文语境中经常指神学或基督教文化中与神相关联之乐，本文并无此含义。——译者

①　*The Ethics of Aristotle—The Nicomachean Ethics*, translated by J. A. K. Thomson, revised with notes and appendices by Hugh Tredennick, introduction and bibliography by Jonathan Barnes, Penguin Books, 1976, p. 66.

运的终极视角（例如智慧和信仰）。[①] 在这三种视角中，内心满意通常被作为一个人感知美好生活的首要尺度。

因此，美好生活经常被称为“幸福”。在不同的文化和不同的哲学传统中，对幸福的理解是不同的，但一般来说，幸福被更多地解释为对多层次和多结构的需要的满足[②]，而不仅仅是情感满足和感官快乐。[③] 在希腊哲学中，它经常与智力活动联系在一起，正如我们在亚里士多德那里看到的。在儒学中，幸福对于美好生活也是重要的，但与希腊哲学不同，其中心不是精神或智力，而是美德与智慧，它们互相作用并为喜乐生活提供基础与指导。为了理解儒家对美好生活的观点，我们将探究美德与智慧如何汇聚于生活的喜乐中，以及为什么说喜乐源自美德和智慧，但又能充分利用后者。换句话说，我们在本文中基于儒家的早期文本意图建构一种儒家特有的美好生活范式。[④]

美好生活的两个维度

古希腊哲学的美好生活由灵魂[⑤]、逻各斯或理性[⑥] 的活动来促进，与其不同，早期儒家思想中，美好生活通过两种力量而成为可能，智慧（*zhi* 智）的智识力量以及仁爱或慈悲（*ren* 仁）的道德力量。这两种力量以不同的方式贡献于美好生活，汇聚为内心的满足，使喜乐（*le* 乐）发生。尽管取向和重点不同，但一个智慧与仁爱兼具的人的特点是全心全意地享受生活的愉快。孔子对这两种理想人格的评论被记录下来，声称：

---

① B. D. Robins, “What is the Good Life? Positive Psychology and the Renaissance of Humanistic Psychology”, *Humanistic Psychologist*, 2008, 36 (2): 96-112.

② Abraham Maslow, “A Theory of Human Motivation”, *Psychological Review*, 1943, 50 (4): 370–96; *Motivation and Personality*, New York, NY: Harper, 1954.

③ 尽管得到许多经验主义哲学家的支持，如杰里米·边沁主张“大自然将人类置于两位君主的统治之下：痛苦和快乐”（*An Introduction to the Principles of Morals and Legislation.* Dover Publications, 2009, p. 1），大多数哲学家要么完全不把感官快乐当成幸福，要么把它当成与快乐的质量更相关的东西。

④ 早期儒家文本指先秦时期公认的经典著作，尤其是孔子（551-479 BCE），孟子（371?-289？ BCE）和荀子（fl. 298-238 BCE）的文本，以及其他两个被称为“大学”和“中庸”的短文。

⑤ 例如，柏拉图相信，最卓越的生活是由哲学家领导的，真正的美德与美德的模仿或影子是有区别的，前者被称为智慧，而后者被激情、欲望或情感所支配。他还说“哲学家的灵魂从这种情感中获得平静；它遵循理性，并永远与其一起思考真与神圣，这不是意见的对象。由此孕育了，它相信一个人只要活着，就应该以这样的方式生活，死后到达同源和同类的地方，并逃离人类的邪恶。”（非多篇 84a-b）

⑥ 亚里士多德认为，人的功能是逻各斯或理性，人越彻底地过理性的生活，其生活将越幸福（亚里士多德 1976, pp. 75-76）。

智者乐水，仁者乐山；智者动，仁者静；智者乐，仁者寿。[①]

这段诗文给我们描绘了一幅图画，一个智慧的人和一个仁爱的人在其中表现出了喜乐这一鲜明特征。二者的区别是趋向于从不同的形象中获得喜乐。智者从水中发现喜乐的刺激源，而仁者在山的形象中感到高兴。他们在态度和成就方面表现出不同特征。一个喜欢活动（如流水），另一个喜欢安静（如静止的山），但最终他们都是喜乐和满足的人，因为智慧使人充分享受丰硕的人生，而仁爱使人长寿和健康。

欣赏喜乐对儒家的美好生活范式有着根本的影响。在儒家文本中清楚地表明，喜乐不仅来自于身体需求的满足，因为只有智慧和美德才能保证美好生活。智慧和美德产生了喜乐。它们相互作用，相互补充，相互加强，从而成为喜乐的源泉，而喜乐既是智慧与美德的结果，也是通达智慧和美德的良好途径。对儒家而言，一个人越智慧和道德，也就越幸福；反过来，一个人越享受生活的丰富与充实，越可能攀登智慧的阶梯并成为一个有道德的人。

虽然早期儒家并不认同感官愉悦的幸福，但他们拒绝了这样一个悖论，要想过上美好生活，一个人必须放弃享受或忍受痛苦。他们一般对内心满足持积极态度，并肯定其对美好生活的价值。这使他们相当反对那些消极看待幸福的人。[②]孔子把长寿置于喜乐之上，但对他而言，年龄增长是增加知识和理解的过程[③]，而对生命的真正理解自然会带来喜乐和幸福。

在现实世界的道德化中，儒家认为，在道德生活之外没有美好生活，这由一个人的智慧使其成为可能并维持。通往美好生活的方式有两个维度，谨慎认真地履行符合礼仪的责任[④]，以及一个人所经验到的喜乐与喜悦。在与学生的对话中，孔子为其智慧观打上了明显的喜乐标记，也即，智慧意味着带来喜乐或在本质上有关愉悦，相信智者是明智的，因为他们可以在一切时代的所有活动中获得喜乐。当孔子描述自己的性格时，他特别提到自己在学习中的喜乐：

---

① *The Analects*, 6: 23. 所有《论语》的引文适度地来自于《孔子：论语》（*Confucius: The Analects*），D. C. Lau 译并写有导论，企鹅出版集团 1979 年版。这个段落的翻译如下："智者在水中发现喜乐；仁者在山中发现喜乐。智者是活跃的；仁者是平静的。智者是喜乐的；仁者是长寿的。"（p. 84）

② 幸福"真的并在本质上是消极的"。A. Schopenhauer, *The World as Will and Representation*, Dover, 1969, Vol. I, p. 319.

③ "因此，年龄是秩序与次序的原则。儒家伦理的一个显著特征是接受资历作为建立社会等级的价值。" In Wei-Ming Tu, "Probing the 'Three Bonds' and 'Five Relationships'", see *Confucianism and the Family*, edited by Walter H. Slote and George A. De Vos, State University of New York Press, 1998, p. 127.

④ 例如，孔子最小的弟子，曾子描述了其生活态度："战战兢兢，如临深渊，如履薄冰。"（论语，8: 3）根据孔子的说法，为仁的唯一方式是"非礼勿视，非礼勿听，非礼勿言，非礼勿动"（论语，12:1）。

其为人也，发愤忘食，乐以忘忧，不知老之将至云尔。[①]

孔子最喜爱的弟子之一，颜回（521?-480 BCE）因其学问、良知和美德而受到高度赞扬，因为“他如此热爱学问以至于‘一箪食，一瓢饮……回也不改其乐’”。在后来的儒家传统中，这种喜乐被认为是智慧和善良的人（xian zhe 贤者）的决定性品质。

喜乐的智慧

为什么喜乐或幸福——而非严肃或压力——是智慧概念的特征？在这一问题上，早期儒家考察了幸福的本质，澄清了智慧与喜乐的互动互补关系。[②]对他们而言，智慧是对生命的本质与终极意义的洞察力，只有走过道德的生活轨迹并通过学习和自我修养的过程，才能获得这种洞察力。用荀子的话来说，学习是人类远离动物的手段：“为之，人也；舍之，禽兽也。”[③]有效地参与学习对美好生活至关重要。然而，只有在享受学习的同时，人才能不断地追求它，正如孔子曾经说过的：“知之者不如好之者，好之者不如乐之者。”[④]孔子强调，在人的道德意识和活动中，喜乐与智慧是关联在一起的，智慧给人带来喜乐，并使人能够面对苦难。

喜乐本质上与恐惧和忧虑相反。儒家的美好生活智慧旨在解答因社会条件的复杂性与模糊性所造成的困惑。他们声称智慧能使人免于对错好坏的不确定性，并指出“智者不惑”[⑤]。孔子相信，要摆脱困惑与烦恼，一个人必须修身养性。自我修炼是儒家通达自由与勇气的基础，这也通向喜乐与智慧，因为自由与智慧标志着一个人对自我有限性的突破。孔子说，经过七十年不懈学习和实践，他获得了完全的自由，从心所欲而不逾矩。[⑥]如此解释，儒家修养不再是枯燥乏味的“工作”，而是喜乐与快乐的个人道德成长过程，它将带来极大的喜乐与对美好生活的价值与意义的深刻洞察。

喜乐的智慧有不同的种类或类型。在内心，当一个人的心不再被模糊和困惑

---

① *The Analects*，7:19，参见 Confucius, 1979, p.88。

② 就智慧与喜乐的关系而言，我们发现儒道思想有共同点。都把喜乐置于更深的智慧中，而非浅表的知识中。道家学者也高度重视智慧的喜乐。行道并非痛苦的旅程。这是个人经历。“同于道者，道亦乐得之；同于德者，德亦乐得之。”（道德经，23）儒家和道家都强调满足于自己所有的重要性，相信这是幸福生活的保证。

③ 《荀子》，John Knoblock 译，中国经典文库，湖南人民出版社和外文出版社，1999 年，卷 I，第 13 页 (Xunzi, 1.8)。

④ *The Analects*, 1979, p.84（论语，6: 20）.

⑤ “智者不惑，仁者不忧，勇者不惧。” *The Analects*，1979，p. 100.（论语，9: 29)

⑥ *The Analects*, 1979, p. 63.（论语，2:4)

所困扰，喜乐的智慧就可以实现。获得真正喜乐的过程包括许多步骤，每一步都是“学以成人”的连续链条的一个重要环节。根据《大学》，这个过程从探究事物和事务开始，扩展自己的知识，然后旨在建立真诚的意志，从而使一个人心思正确。一个经过纠正的心灵没有忧虑和焦虑①，因此充满喜乐。孔子注意到，只有通过审视自己，找不到什么可以责备自己的时候，一个人才会免于忧虑和恐惧②，而孟子声称“万物皆备于我矣。反身而诚，乐莫大焉”③。

对儒家而言，喜乐的智慧源自一个人的道德成就与意识。根据孟子，君子有三乐。父母俱在，兄弟无故，一乐也；仰不愧于天，俯不怍于人，二乐也；得天下英才而教育之，三乐也。④然而，儒家的喜乐不仅仅是我们所谓的个人满足。它将延伸到人类共同体，并“乐以天下”⑤。有人认为，修身则能齐家、治国、平天下。孔子认为，这是喜乐、幸福和智慧的最高境界。

儒家把长期的喜乐与短期的喜乐区分开来，把前者定义为智慧和有德性的喜乐。对他们而言，长期的喜乐来自仁爱与智慧，因此是持久和彻底的，而不道德和不明智的活动带来的感官愉悦则是暂时的和肤浅的。正是在这个意义上，孔子说只有智者和仁者能够拥有真正的持久的喜乐，而“不仁者，不可以久处约，不可以长处乐”⑥。作为智慧的喜乐与作为个人愉悦的喜乐的对比是通过君子之乐与小人之乐的差异来说明的。前者持久而后者转瞬即逝。⑦

贫穷、财富和美好生活

喜乐的智慧使人对自己的生活方式感到满意。不同于犬儒主义“轻视财富”和“蔑视传统礼节”⑧，儒家大师们意识到，一定程度的财富或占有足够的物质来满足自己（及其家人）的需要是美好生活的必要保障，而贫困往往导致扭曲的性格和悲惨

---

① Wing-tsit Chan (eds. and trans.), *A Source Book of Chinese Philosophy*, New York: Columbia University Press, 1963, pp. 86-87。

② *The Analects*, 1979, p.113（论语，12.4）.

③《孟子》，D. C. Lau 译并做导论与注解，伦敦：企鹅出版集团，1970 年，第 182 页（孟子，7A:4）。

④ 同上书，第 185 页。

⑤ 同上书，第 63 页。“为民上而不与民同乐者，亦非也。乐民之所乐者，民亦乐其乐；忧民之忧者，民亦忧其忧。乐以天下，忧以天下，然而不王者，未之有也。”（孟子，1B:4）

⑥ *The Analects*, 1979, p. 72（论语，4: 2）.

⑦ “[未来的]敬其所敬并爱其所爱，而普通人享其所享并从其有益的安排中受益。这就是为什么他们在去世后也不会被遗忘的原因。” Wing-tsit Chan, 1963, p.88。

⑧ Anthony Kenny, *A New History of Western Philosophy*, Oxford: Clarendon Press, 2010, p. 80.

的生活。因此，从《大学》中读到："富润屋，德润身"[①]，还有孟子的话"富，人之所欲"，而极端贫困的人则无家可归[②]。虽然后期儒家经常把智慧和美德当作"灭人欲"，但在早期儒家经典中，满足身体需要和拥有体面的物质生活是美好生活不可或缺的一部分，为了达到智慧，其中也需要经过节制的激情。[③]

财富不仅为我们提供必要的生活条件，防止我们遭受饥饿和寒冷，而且是一个值得尊敬的社会生活的重要条件。哲学传统中有一些普遍接受的观点，财富会腐蚀人的精神，而贫穷可以产生良好的品质，与此相反，儒家大师倾向于证明其论点：财富本身并不必然导致邪恶或不道德的态度，贫穷也非美好生活的必要部分。

孔子的确曾说，不患贫而患不安[④]，《孟子》也引用阳虎的话："为富不仁矣，为仁不富矣"[⑤]。这被视为早期儒家相信富人与贤者直接对立的证据。然而，在《孟子》的一些部分中也指出，"有恒产（永久性财产）者有恒心"，并确认，一定的财富是必要的，以确保对美好生活的追求。孔子反复说，富和德并不一定构成矛盾，穷不一定导向善，因为贫穷会妨碍人们有德："贫而无怨难，富而无骄易。"鉴于此，他很自然地向统治者建议善治，其对人民的首要任务应该是"富之"[⑥]。

追求适当的生活条件不仅在社会上是合理的，而且在道德上是正当的。孔子明确说，"富而可求也，虽执鞭之士，吾亦为之"[⑦]。追求财富的道德问题不在财富本身，而在于致富手段不当。孔子背弃不道德的致富方式，并宣称"不义而富且贵，于我如浮云"[⑧]。虽然他承认，"富与贵，是人之所欲也"以及"贫与贱，是人之所恶也"，但他明确认为，除非以正当的方式获得财富与地位，否则他不会流连于此，而即使他能以不正当的方式摆脱贫贱，他也不会去做。此外，孔子在善与恶的社会制度和政府措施下探讨了德性与财富失衡的深层原因。对他而言，道德上可允许的致富手段在一个管理良好的社会更容易获得，而人们在混乱的社会中，更常使用不正当的致富手段。虽然我们无法决定我们所生活的世界，但我们的确有选择余地，并且我们的选择会带来不同。在这个意义上，孔子评论说："邦有道，贫且贱焉，耻也；邦无道，富且贵焉，耻也。"[⑨]

---

① Wing-tsit Chan, 1963, p. 90.

② *Mencius*, 1970, p. 138.

③ "喜怒哀乐之未发，谓之中（*chung*, 中心, mean）。发而皆中节，谓之和。中也者，天下之大本也；和也者，天下之达道也。"（*Zhongyong*, 1; in *A Source Book in Chinese Philosophy*, p. 98.）

④ 论语，16:1。

⑤ *Mencius*, 1970, p. 97（孟子，5:3）.

⑥ *The Analects*, 1979, p. 125（论语，14:10）and p. 120（论语，13.9）.

⑦ 同上书，第 87 页。

⑧ 同上书，第 88 页。

⑨ 同上书，第 94 页。

财富不仅要通过道德手段获得，而且其使用也必须完全符合伦理要求。在任何一个存在着贫富两极化的社会，可以通过一种明智而有道德的方式来通达安全与和谐，即富人对穷人慷慨并减轻其生活的贫穷。①孟子引用诗经说："哿矣富人，哀此茕独"，并将"慷慨"定义为"与他人分享财富"②。

为什么有些人变得富有而有些人贫困呢？贫穷或富有的原因是什么？儒家给出的答案涵盖从社会结构的形而上学前提到人们实际使用的工具。对孔子而言，人与人之间的智力差异是自然的，贫穷可能来自无知与对智慧教育的漠视。虽然致富是所有人的愿望，但由于人们出生和生活的情况不同，并不是所有人都能致富。作为穷人并不可耻，但使用不道德手段致富和太懒惰以至于不能努力改变其悲惨情况，却是一种耻辱。至于一个穷人是否可能致富的问题，荀子的回答是积极的，他相信贫穷可以克服，而穷人可以通过"学习"③来逆转境况。然而，儒学不是简单的知识积累。事实上，知识本身未必带来富有和繁荣的生活，因为很明显，"尽管他们知识渊博"，一些人"由于嗜好诽谤而沦落为贫困"④。更重要的是，一个人有良好的品格并过一种有美德和智慧的生活。

由于社会条件和个人环境的复杂性，一个人可能无论怎么做都仍然贫穷。然而，智者和蠢人对待贫穷的态度却形成鲜明对比。智者不会允许贫穷扭曲其生活，而蠢人会被可怕的生活境遇淹没。孔子对比了在贫困中行如君子的君子以及在极端窘迫中抛弃一切束缚的小人。儒家对美好生活的智慧是这样的，人不应该允许贫富状况损害人格的完整性，而孟子赞扬圣人，富贵不能淫，贫贱不能移。⑤面对富人与穷人，荀子建议的正确态度是，对富贵者不傲慢，在穷人和谦恭者面前不自卑。⑥

美好生活与友谊

作为社会存在者，人类生活在人际网络中。因此，对美好生活而言，除了避免

---

① "当好运降临时，保持与他人的和谐与良好的秩序；当不幸降临时，保持内心的平静和秩序。富有时，表现出慷慨；贫穷时，使用节制……如果你这样，可能会被成为'幸运者。'" *Xunzi*, 1999, volume I, p. 153.（荀子，7.5）

② *Mencius*, 1970, pp. 65, 103（孟子，5.4）.

③ "我欲贱而贵，愚而智，贫而富，可乎？曰：其唯学乎。"（*Xunzi*, 1999, volume I, p. 175; 荀子，8:7）

④ 同上书，第 69 页（荀子，4:2）。

⑤ *Mencius*, 1970, p. 107（孟子，6.2）.

⑥ *Xunzi*, 1999, volume I, p. 67（荀子，3.14）.

不必要地冒犯别人，拥有一些亲密伴侣和朋友也是非常重要的。在所有哲学传统中，如何交友和引导人们处理人际关系，都是美好生活的伦理范式的重要组成部分。[①]儒家也把朋友之间的互动原则作为五种普遍的逻各斯（达道）之一，而荀子明确地定义了君子的行为方式："君子隆师而亲友。"[②]

儒家重视人际关系对美好生活的重要性，不提倡与所有类型的人交往，而是要求学生慎重选择与之交往的人。如何远离愚蠢的人和不值得交往的人，以及如何作为智者和贤者的朋友，不仅是智慧的重要组成部分，而且是美好生活的基本内容。儒家承认财富与友谊的相互影响，但却明确认为贫富不应该作为择友标准，因为财富和友谊之间没有必然矛盾，一定程度的财富在交友时是必要的。儒家首要关注的是，一个人应该与具有人格和美德的人交往。孔子教导学生，为了从友谊中受益，必须慎重选择自己的伙伴，即那些有道德上的善和在道德修养上更先进的人。[③]荀子解释说，朋友即那些与之有共同利益的人。因此，一个人必须选择与自己行为方式一致的人为朋友，因为"匹夫不可不慎取友。友者，所以相有也。道不同，何以相有也？"[④]这与孔子所说的"道不同不相为谋"[⑤]一样。很明显，对儒家而言，拥有朋友或选择合适的人作为朋友的重要性来自于友谊所能带来的（道德）利益。孔子建议听众"居是邦也……友其士之仁者"[⑥]。原因是他们能从仁者那里获得益处。他甚至进一步定义了三种有益的人和三种有害的人：

> 益者三友，损者三友。友直，友谅，友多闻，益矣。友便辟，友善柔，友便佞，损矣。[⑦]

真正的友谊不仅有益于我们的社会和道德生活，而且可以使我们的生活更加愉快。《论语》的第一句话经常被引用，"有朋自远方来，不亦乐乎？"[⑧]但如果我们不以正确的方式培养友谊，喜乐的事情很容易变成苦痛。儒家智慧的一个重要部分是关于如何欣赏和维持友谊的讨论。儒家智慧是以道德的态度和行为促进和增进友谊。虽然在友谊中有互（物质）利元素，但儒家主要将其定义为一种伦理关系。因此，当我们与他人交友时，我们决不能依赖于从他们身上获取物质和社会优势。更确切

---

① 例如，亚里士多德断言"没有人会选择没有朋友的生活，即使他拥有其他所有的善"。Aristotle, *Ethics*, p. 258.

② *Xunzi*, 1999, volume I, p. 22（荀子，2:1）.

③ *The Analects*, 1979, p. 99（论语，9:25）.

④ *Xunzi*, 1999, volume II, p. 915（荀子，27:102）.

⑤ *The Analects*, 1979, p. 137（论语，15:40）.

⑥ 同上书，第 133 页（论语，15:10）。

⑦ 同上书，第 139 页（论语，16:4）。

⑧ 同上书，第 59 页（论语，1:1）。

地说，无论是否把别人当作朋友，唯一的考虑必须是他的美德。维持友谊也是这样。在朋友之间建立信任是很重要的，因为没有信任，他们很容易失去对彼此的信心。孔子的许多亲密弟子都把“信”作为维护友谊的唯一标准，而孟子首先把朋友之间的“信”提升到物种永恒的美德（五常，Mengzi, 6:4）的层次，这已经成为中国道德教育中最重要的一个方面。

喜乐、美德和智慧

在早期儒家文本中，产生于美德和智慧的喜乐首先并非感官快乐。虽然在感知美好生活中并不排斥身体享受，但儒家明确揭示了一种追求智慧和满足自己物质需要的快乐之间的张力。他们充分意识到，虽然智慧能使勤奋的人富裕，但寻求感官快乐往往导致愚蠢和贫穷。儒家看到了这种张力，承认生活不必担心衣食是必要的，而占有大量物质财富也未必带来喜乐，正如孟子指出的：“富，人之所欲，富有天下，而不足以解忧。”[①] 在喜乐可能带来的后果方面，孔子区分了有益的喜乐和有害的喜乐，前者给自己和他人带来益处，而后者给自己和他人带来伤害。对他而言，益者三乐，损者三乐。乐节礼乐，乐道人之善，乐多贤友，益也。乐骄乐，乐佚游，乐宴乐，损矣。[②]

喜乐来自对事物和事情的欣赏。对一些人而言，一些事情往往是喜乐的，但可能对另一些人而言，同样的事情是不愉快的。儒家美好生活的智慧是使人看到事物的喜乐本性，并在各种生活情境中找到喜乐。儒家列出了人类可以正确欣赏喜乐的两个条件。首先，成德是享受的前提，而事实上唯有德者能有真正的喜乐。一个有高尚品格的人充满智慧并享受快乐的生活，而一个品格恶劣的人则充满忧愁和焦虑，因此永远不会有真正的快乐。当讨论什么样的人会真正享受自然美时，孟子认为，“贤者而后乐此，不贤者虽有此，不乐也”[③]。只有贤者和智者可以享受美，否则即使拥有美物也无法欣赏。其次，个人的喜乐不能与他人的喜乐相矛盾。孟子以古圣先贤的典范反对当时的统治者，并赞誉先哲为真正喜乐的人，而且称其为真正的王，因为他们与人民分享其喜乐，并且当所有人也喜乐和高兴时，他们才全心全意地高兴。[④]

---

① *Mencius*, 1970, p.138（孟子，9.1）.
② *The Analects*, 1979, p. 140（论语，16:5）.
③ *Mencius*, 1970, pp.49-50（孟子，1.2）.
④ 同上书，第 63 页（孟子，2.4）。

通过以上研究，我们可以清楚地看到，早期儒家通过三个关键词——喜乐、财富和智慧，构建了美好生活的伦理范式。美好生活的智慧不仅意味着使人以道德正当的方式过着幸福而富裕的生活，而且还将他们的个人满足和财富与他人和整个人类共同体的满足和财富联系起来。这使其美好生活范式本质上是道德的：只有那些喜乐、有德和智慧的人才能过上真正的美好生活。

（黄子洵　译）

若自由，则因你是生产者

——试论理性、智慧和美好生活

毛里奇奥·费拉丽斯（Maurizio Ferraris）
（都灵大学）

一、解开劳动之谜

在过去的十多年间，我们已经见证了我所说的“文件媒体革命”（documedia revolution）。我用这个词来指代发生在商业、通信和媒体领域以及通常而言的劳动领域中的一系列变化。一方面，文件性（documentality）（我定义为每一个人类社会所赖以生存的正式和非正式文件①）的范围正以前所未有的速度扩张：文件正在被自动生产出来，并且是以无与伦比的数量。另一方面，媒体传播不再是垂直走向，而是横向扩展的：每一个信息的接收者都通过社交媒体成为潜在的信息**生产者**。

曾经只与少许文件打交道的人类现在拥有了过剩的文件。这是我们这个时代真正的资本，它也使得曾经的资本形式的本质得到阐明，后者同样是类文件式的——过去的诸世纪中，资本总是一种形式特殊的档案（archive）。而当下，所有社交互动都可以被归档，我们显然正在目睹社交互动的资本化——我称之为“动员”（mobilization）②，意即一个我们在网络中行动的系统。文件媒体革命，就如每一次技术革命和社会革命一样，为自人类文明起源以来就存在着的基本结构的涌现预留余地。这种背景下的有效政治行动需要具备足够的理论意识，而为了拥有这些理论意识，对文件媒体革命中涌现的资本本质予以关注颇为重要。

尤其是，文件媒体革命已经通向了马克思所谓“商品之谜”的谜底。商品乃是人与人之间的一种关系，这个事实早已不是什么神秘的谜题——鉴于今日真正有价

① M. Ferraris, *Documentality. Why it is necessary to leave traces*, New York, Fordham University Press, 2013.

② M. Ferraris, “Total Mobilization”, *The Monist*, Volume 97, Issue 2, 1 April 2014, pp. 200-221.

值的商品（由于它们具有充足的信息）是由人类的活动化（mobilization）创造出来的，这是非常明显的，尽管机器也仍在承担生产制成品的任务。今日的我们自己已然是商品的生产者。不过出乎意料的是，这似乎不是问题的所在。马克思玩弄了一个小把戏，他定义了资本主义经济的典型，而没有强调我们在文件生产中起到的积极作用，我们把对后者的关注度牵扯到私密性上，仿佛这只是一个礼节问题。但对于那些（超过世界一半人口）在社交网络上发表内容的群体，和那些（几乎是全世界的人）授权使用小型文本文件（Cookies）、迫不及待去做手头之事的人来说，私密性显然只构成一个最小的问题。私密性既非我们所面临的最大客观问题，也非被活动化者——他们可是更大的一部分人类群体——的主观忧虑。一个非雇佣人员在多大程度上关心其私密性呢？想想大多数乞丐都拥有智能手机吧。他们是更乐意自己的私密性被保护，还是其活动化也被看作是一种劳动，从而从中获取一些报酬？

一旦你解开了商品之谜，你就在互联网利益再分配的框架下解开了劳动之谜。人们常说，我们是产品，因为我们并不处在一种奴隶经济中，这种声称的确是种概念错误。不过，主张我们是生产者却非错误：我们（无偿）劳动，并为生产的手段付费，以网络为手段生产文件，正如曼彻斯特纺织厂的工人通过纺织机生产纤维织物一样。现在，我们可能并不知道如何使用那些文件，并且倘若没有巨型互联网企业，它们甚至都不可能被收集起来。可是，倘若没有我们，那些文件同样也无法存在。这种现象和资本与劳动力间的经典关系并无不同，但却有着一项非常重要的变化——如今的劳动力根本是无偿的，更糟糕的是，这一点甚至都没有被意识到。

二、文件媒体资本

金钱与记忆。在讨论劳动之前，我们需要厘清一些资本相关的事项。资本的本质总是一种归档，这在早前的几个世纪中并未明显地显露，因为人们可能会设想档案因包含金钱而变得富于价值。美国经济学家柯薛拉科塔（Narayana Kocherlakota）于1996年强调过这个观点，他提出“金钱即记忆”①。记忆是某位行动者关于她曾与之发生直接或非直接接触的所有行动者的行动的知识；金钱不像商品，它是无法自我制造、也无法以稳定数量进行供应的客体；可是，这些金钱的总量以某种方式补充了人类记忆的局限，表现为一种人工信息贮存，并产生了一种原始记忆的形式：

① N. N. Kocherlakota, “Money is Memory”, Federal Reserve Bank of Minneapolis, Research Department Staff Report 218, October 1996.

不是记录一个交换行为，而是创造出一个通用的、普遍可接受的文件，从而匿名地替代记录本身（这对于缉毒警察和黑手党来说尤富趣味）。

正如我之前所说，文件媒体革命目前正以最清晰的可能方式展现资本的类文件属性。在柯薛拉科塔的文章发表后四年，经济学家埃尔南多·德·索托[①]发现资本的本质在于贮存信息。而在他之前的1967年，哲学家雅克·德里达[②]以惊人的前瞻目光预言了我们这个时代的根本标志将会是写作的急剧繁荣，也即我精确概念化过的文件性的双曲线发展——精确之处在于道出了文件媒体革命之后将会出现什么。今天，我们非常清楚档案何以如此宝贵，因为它包含了文件，后者比金钱更有价值。文件能够记录人类的每一个行动，而这些行动又能通过算法得到解释，算法可说是转化了一座巴别图书馆——亦即某种无意义的混乱——它使关于人类行动的知识和预言得以可能。

文件金钱。要抓住这个点，我们须免除许多人在直觉上拥有的幼稚金钱观。在他们看来，金子的价值是天赋的，然后金钱再转化为硬币，转化为钞票。最天真的那部分人相信，钞票总是能同金子交换（事实上它们只能同其他钞票交换，倘若它们被损毁了，或货币更换了，诸如此类）。稍不天真一些的人相信，钞票无法与金子交换，钞票的价值是依据习俗而来的，金子的价值却是内在于其自身的。两种情况中，我们都在处理一种非理性观点，但在社会环境中，我们常常以非反思的方式行事：我不必成为经济学领域的专家就能支付我的打车费，就好像我不必成为物理学专家就能驾驶自行车。

文件视角追随的是一条与推理相反的路线。[③]任何记录信誉、促进交换并建立价值的方式都将经历：奶牛、盐和纸。这甚至在严格意义上的货币出现之前也仍然适用（一种与之相近的思考认为，终极意义上的金钱从未形成，我们总是在通往金钱的路上）。金子是尤其便利的，因其内在的珍稀性、可锻性和抗腐蚀性。纸是金子的替代品，而不是像盐或贝壳那样的金钱的可选取代品，这种说法约在两个世纪前被提出，当时银行必须说服大众接受纸之类的看上去稀松平常的事物（专家则不需要此类保证）。

通用的黑板。如果金钱的作用是保证信誉、促进交换并建立价值，那么它的本质就是一块通用的、人人都可见的黑板，上面呈现着所有的债务、交换和累积。与这块理想构想的黑板相似的是曼哈顿国家安全塔，或更确切地来说，区块链。就这

① H. De Soto, *The Mystery of Capital: Why Capitalism Triumphs in the West and Fails Everywhere Else*, New York, Basic Books, 2000.

② J. Derrida, *Of Grammatology*, Baltimore, John Hopkins University Press, 1997.

③ 更详细的解释，见 J. R. Searle – M. Ferraris, *Il denaro e i suoi inganni*, ed. by A. Condello, Torino, Einaudi, 2018。

个层面而言，比特币并非金钱本质的一种变形或衍生品，倒不如说是其实现。诚如我们所见，金钱的本质乃是记录；金钱因而成为对文件的基本规则作出响应的社会客体，亦即，社会客体 = 被记录的行为。这就是说，一个社会客体是一个社会行动（至少有两人参与，或一人与授权机器参与，或两台授权机器参与）的结果，这种社会行动具有被记录于某些媒介上的特性。

若然如此，文件即显现为超级–金钱，因其分享了金钱的特性，并加入了金钱所缺乏的诸多属性。因此，文件资本比金融资本更为强大也不足为奇。资本，正如我所说，可以以一个记录了所有社会行为（至少是发生在两人之间）的通用黑板的形式展现出来，它不会被抹除，并且能够为每一个人所通达。如果这样的黑板是可行的，我们就不需要文件了，也不需要我们称为金钱的那种特定文件形式。

文件作为超级–金钱和绝对商品。文件媒体革命还没有产生出通用的黑板（后者可能从未被实现过，它比巴别图书馆复杂很多），但它却将金钱的作用边缘化了。金钱只是情报匮乏的文件，它是档案的不完整的表征，现在已然被档案本身所取代。如今——正如研究文件的理论家们所预言的那样[①]——任何从心跳到宗教实践的事物事实上都能成为文件，因为每一次行为都能被记录。这样看来，我们的网络交流活动所产生的产品不仅是大数据，还是富数据（rich data），它们绝对比金钱有价值得多。

由互联网创造的文件，其承载的知识不仅包括某人的资产情况，还包括他们的政治观念、身体状况和个人偏好。这种对个体信息的掌握程度在历史上是从来不可设想的。几个世纪以来，人们都认为个体不可知，唯一可知的仅仅是种类、阶级或物种。同理，现代商业产品也只着眼于标准化的大规模生产，而不是与之相对的个性化产品。如今后者再次在经济领域中崭露头角、成为可能，就如同在前工业时代中那样。这对于传统工业和使用 3D 打印机并运用个体化参数的数字匠人（digital artisan）都是毋庸置疑的事实。这也是史上第一次，个体完全变为可知的。

个体的可生产性和可知性的碰撞使得文件比金钱更为强大。传统的金钱只能承载其自身的价值信息；电子货币承载了一系列交易购买信息；富数据则承载了人的信息。而且，富数据还同样具备金钱的传统功能：记账单位（其价格更近似于综合体而非一串数据）；交换媒介（我能够以数据交换货品或服务，倘若我愿意，也能交换到金钱）；以及价值贮存（没有比文件媒体资本更为强力的资本）。

① S. Briet, *Qu'est-ce que la documentation*?, Paris, Édit 1951.

三、剩余价值与剥削

民粹主义。为何关心智慧与美好生活的哲学家应该对这一切怀有兴趣？请让我代表我所在的边缘地区发言。欧洲民粹主义运动从未思考过文件媒体革命，而是攻击不存在的敌人——移民、银行、欧洲——为完全站不住脚且已过时的民族主义发声。不过我们倒先将政治分析搁置一旁。最为要紧的是，民粹主义正像他们所谓的反对者那样误解了一个核心要点：问题不在于金融资本，而在于互联网的剩余价值。

把过于贫穷者（移民）或过于富裕者（银行）当作民族利益的敌人来攻击，在我所处的欧洲小地区譬如说意大利，看来是极为讽刺的。说讽刺的原因有很多。首先，经济上出现的问题并不源于欧洲的银行业和财政，而是源于逃税现象和集团犯罪，后者纯粹是民族性现象。甚至就算我们不加考虑这些因素，意大利乃所有欧洲国家中拥有最高银行储蓄的国家，这也是不争的事实——它的银行储蓄可比德国、法国和英国的还要高。因此，为何在责备银行的同时还拼命地借钱给它？民粹主义时常发生，它是对某个问题作出的反应，但对于这个问题，它却从来忽略其原因，它仅仅是对原因感到不适：由网络产生的新剩余价值。

这并非知识的经济。我们有必要对当前话题的一些基本要点予以说明。先不管通常意义上如何说，也不管个体拥有的知识和绝对知识本身有什么实际的相似之处。总之，文件媒体经济并非知识经济。我们需要记住眼前正在处理的问题是活动化问题。活动化的价值，就文件产生知识的角度而言，是既不能被被活动者（互联网的用户群体）、也不能被那些通常被指派为“知识工作者”的群体（教师、管理者）所完成的。

这就是为何工人阶级的解释无法奏效的原因[①]：我们在活动化中所提供的并非知识，而是关于我们自己的信息（我们自己甚至都未能时常意识到）。概念上讲，资本和劳动力间的经典关系是再创造：被活动者，就如同工厂中的工人一样提供其劳动力。资本提供的并非生产手段，而是解释手段：数据间的关联性和数据的意义。工人不必再像在工厂中那样，受制于单调而令人疲惫的任务，但他们也不得不为这些生产手段买单，譬如说为网络终端付费。生产在最底层，而知识在最上层：被活动者可以通达知识（如通过书本或百科），但越是这么做，他们就越贡献出关于他们自己更为深远的、更为个体化的知识。

一种不公平的交换。如此看来，这是不公平的交换：资本给予被活动者普遍且

---

① M. Hardt – A. Negri, *Assembly*, Oxford University Press, 2017.

公开化的知识，可活动化却贡献给资本个体化的、可以为资本所利用的知识。就如前马克思主义的经济学者们没有看到工人仅获得其劳作的一部分报酬，今天我们也不会想到，活动化仅仅由互联网所提供的免费服务支付了部分报酬。

在这里，给予和拥有之间的不对称性是很难被忽略的。档案为被活动者提供的是极为普遍、每一个人都能接触到的文件，因此这些文件显然并未带来任何具备竞争力的利益。被活动者提供给档案的却是个体性的、只能为归档者所拥有的信息，因此被活动者贡献出极大的竞争利益。作为用户，我只得到了这一优势的负面环节，即我不得不为根据我个人习惯而测算出的那些概率性预言买单。另外，正如我之前提到的，被活动者为其生产手段付费，譬如技术性设备和网络订阅平台（就好比某人在 Airbnb 平台开放的房子，或在 Uber 平台开放的车）。

综上，我们便得到了马克思曾经分析过的，以剩余价值为载体的资本主义生产。可能有人反对说，只有接受劳动价值理论的人（价值是生产商品的劳动力的结果，文件的生产也同此理）才会持有如此看法。但在这里，这种反对却并不站得住脚。劳动价值是正确的，并且具有本体论依据，否则我们将顺从“并无价格，只有解释”的思路，产生最激进的建构主义——一个和哲学领域“并无事实，只有解释”口号雷同的经济学概念。

认为经济概念的产生完全是基于某种武断性和虚构设想（这是你一旦抛弃劳动价值理论就会发生的情况），即意味着采取了某种虚无主义态度。虚无主义丝毫不能反映经济和作为整体的整个社会世界的具体事实。很显然，价值源自活动化间的相互碰撞，活动化产生了文件，还产生了用于收集文件、使之能够被分析的投资项目，并且还建立起吻合用户偏好与市场供应的模型（反之亦然）。

四、承认活动化是一种劳动

活动化就是劳动。与其挑战劳动价值这样一个不容置疑的事实，我建议换个角度思考问题：产生价值的，正如我们的网络活动化过程中所发生的，客观上来说就是劳动。尽管就主观视角出发，我们并不太有这样的感觉。为了减弱近来的经济不平等，对资本实行普遍的累进税[①]不太可行，因其预设了明显不可企及的全球政治共识。

另一些人所强烈建议的缩短劳动时间[②]，在法国和德国得到了施行，然而也没有

① Th. Piketty, *Capital in the Twenty-First Century*, Harvard UP, 2014.

② D. De Masi, *Il lavoro nel XXI secolo*, Einaudi, 2018.

达到他们所预期的增加新职业的效果。此外，不应通过增加（少数）互联网公司员工的数量来增加工作。这只会使得网络更加不盈利，并降低其效率。我们也永远不能认为互联网工作者的数量应该与农民或工厂工人的数量等同，因为普遍流行的逻辑是，活劳动应该逐步并且最终彻底消失。像比尔·盖茨提议的建立“机器人税”更是不合时宜的，虽然在他看来这似乎可以使得人类工作更为得益，可事实上这只会成为一种限制发展的保守主义（这也是为什么政府并不接受此类提议的原因）。

至于公民收入的提议，则是就经济角度而言站不住脚的，尤其是在意大利这样一个有三分之一的工作都未经申报、五成税收收入都被规避掉的国家，除此之外它还背负着巨额的国债。因而，和目前的这些提议不同，我更相信重新分配大部分在网络活动化中显现出来的隐藏劳动力是更好的方式。这种活动化就和消费主义一样，作为人与自然、而今日是人与人所用的机器间的互动，它是工作概念中的必要元素。

在 18 世纪，托马斯·潘恩基于重农主义的设想，提出以人类作为整体的收入来替代针对穷人的慈善事业，他的想法衍生自对于地球的共同所有权——公民权收入某种程度上也衍生自这个概念。在我看来，为活动化提供薪资的想法远比公民收入更为明智，因为这项提议体现的不是人们对于社会的抽象从属，而是认可活动化在财富产生中的有效产量。

活动化是一种生物政治劳动。人通过人的生产方式不但是精神世界的独特产物，不单是席勒意义上的现实化了的人性，如旅行、俱乐部、餐厅、酒、高级料理、时尚、极致的性爱、毒品——这些一只海狸决不会去欲求的事，道德家们斥责为消费主义或堕落退化了的事，事实上它还重新定义了我们时代最大的商业企业。

活动化薪资。真正的政治行动——已经调和过的欧洲式策略——不该在民粹主义那些毫无意义的主张上浪费精力，而应致力于识别出我们每个人在互联网上生成数据的劳作，后者才是我们这个时代真正的财富。这将促使我们对巨型互联网企业的利润进行重新分配。

理想的解决方式就是发现被活动者与这些企业间的直接联系，但这在技术层面上实施起来颇为复杂，它会给那些已经足够富裕之人带来收益，却只给那些没有工作、冒险从事违法活动以谋生的群体带来很小的收益。而且，不管怎样它都会产生一项严重的副效应——如果用户能够通过其在线活动按比例获得收入，为了赚取更多，他们将人为地增加这些活动，但增加出来的活动便不再反映他们的真实兴趣，真实兴趣才是互联网公司想要掌握的。因此，似乎通过欧盟实行新税是更好的方式，同时这些税收将重新分配到那些低于贫困线的欧洲公民身上。

然而为何巨型企业应当接受这项新税？答案很简单。说服他们同意的理由源于这样一个事实——欧盟的人口众多。欧洲一直以来都以精神文明极为拔萃的大陆著称。胡塞尔之后不到一个世纪，海德格尔和瓦雷里也作出了相似的断言，这个断言看上去好像是无用而可笑的。即使欧洲不再像从前那样是精神文明上的垄断者，它仍是一个有力的文件生产者。我们拥有五亿人口，是继中国和印度之后的第三大地理政治实体。所以，我们乃是利益相关的，我们创造信息和价值。让我们为我们的活动化规定价格吧。

（佚名　译）

从美德到幸福：新柏拉图主义的转变

保罗·卡利加斯（Pavlos Kalligàs）
（雅典大学古典哲学教授，德尔菲欧洲文化中心主任）

古希腊哲学思想最显著的特点之一是其独特的多样性。当一个人看看它从公元前6世纪开始到公元6世纪最终灭亡的发展史时，他会惊讶于各种哲学学派在这一广阔的时期所提出的方法和立场的多种多样性，虽然他们中的大多数人都对这种哲学思考所处理的主要问题采取一种明显的传统主义态度。更令人惊讶的是，大多数古典思想家们似乎对古代哲学讨论的一个核心主题达成了一致，即人类生活的终极目的是什么这一问题，这个终极目的是每个人在其一生中都要以自己的方式试图实现的目标。

一种考察它的方式是通过遵循一种由弗拉斯托斯（G. Vlastos）几年前在其备受赞誉的论苏格拉底的著作（《苏格拉底：讽刺作家和道德哲学家》，剑桥大学出版社，1991年，第203页）中提倡的方法：基于柏拉图的一段话，他重构了A和B两个人之间的一段想象的对话。在这种交流中，A问B做某事的理由，B回答道这样做是为了得到别的东西。A坚持自己的提问，直到获得这样一种观点，即B回答："因为它将使我幸福"；然后询问停止，因为在那之后重新开始询问将是毫无意义的。因此结论是，幸福事实上是我们所有行为的目的（*telos*）。然而，这"并不是说，当我们在日常生活中选择做什么的时候，这是我们总是或经常思考的东西，而是说，这仅仅是我们能够给予的最后一个理由，如果我们被迫给出选择做任何事情的理由的话——这个唯一的理由，如果它被给予的话，将使得对于进一步理由的追问变得无意义"。因此，它被弗拉斯托斯命名为"幸福主义公理"，正如他所指出的："一旦它被苏格拉底［在公元前5世纪］标识出来，它就几乎成为古代所有后来的古典道德家的基础。"用弗拉斯托斯的话来说，这条公理指出："幸福作为所有人类理性行为的终极目的被所有人所欲求。"

另一方面，如果我们重新审视各种学派理解幸福（*eudaimonia*）概念的方式，尤其是要达到这一终极目标的手段，我们立刻就会面临一种观点和立场的令人困惑的多样性，它代表了在这个问题上的哲学见解的众说纷纭，正如它们在这一时期所发展的那样。然而，如果我们从一开始就指出，*eudaimonia* 术语表达的概念并不完全符合我们今天倾向于理解的幸福概念，那可能会有所帮助。

首先，*eudaimonia* 通常被描述为一种关乎个人事务的客观状态，这种状态不必然包括个人对自身状况的情感，或者甚至一个人的状态符合令某人幸福的标准的意识。在索伦和吕底亚国王克罗修斯的著名讨论中，历史学家希罗多德所举的作为 eudaimonia 典范的例子包括一个在为他的国家而战的战斗中牺牲的雅典公民和一对在他们将其女祭司母亲带到一个她应当履行神圣仪式的神庙的努力中牺牲的兄弟。这些例子没有提及任何与这些人在那些事件中已经经历的情感有关的东西，因为，很显然，后者被视为与这个事实无关，即由于他们的行为，所谈及的个人实际上已经达到了真正的 *eudaimonia* 必然所是的至福状态。

正如上面提及的例子已经指出的那样，实现这种完美幸福状态的基本手段通常被认为是德性或美德（*arete*）。现在需要再次说明，人们需要清楚古希腊语中的 *arete* 术语的含义并不完全符合现代美德概念的含义，因为它主要代表某人（或者甚至某物）能够——以一种更有效和合适的方式，即以一种考虑到人的（或物的）特殊任务或功能（*ergon*）的方式，正如它被特殊共同体或社会团体感知到的那样，该共同体决定一个人是否已经成功实现抵达 *eudaimonia* 的终极目标——完成他 / 她的（或它的）特殊任务。然而，人们应当牢记，美德或 *arete* 的运用几乎不取决于盲目地遵循某种外在权威所规定的任何特殊行为准则，不论它是宗教的还是世俗的，或者遵守任何既定法律或道德标准规定的规则。它被认为通常代表个人的内在倾向和道德态度，并且是人的自由和审慎选择的结果。毫无疑问，美德的行为有时候或者甚至大多数时候都倾向于符合或反映某个特殊社会所承认的人类卓越的标准，然而，这些标准绝对不可能仅仅基于它们遵守任何神圣地或社会地施加的规则而决定一个行为或一个有美德的人或其他的品格。

在公元前 5 世纪到前 4 世纪的雅典古典时期，*arete* 的观念逐渐开始有了新的含义，这主要归结于苏格拉底非凡的个性对这一方式的影响，即人类生活的目标和幸福观念的精确内容成为可感知的。因为人的卓越不再被视为必然包含一个人被其社会环境承认在社会或者甚至政治和军事层面上是成功的——英雄时代的英雄曾经被这样承认，而是被视为一种完全与人的自我引起的行为准则相一致的状态，这些准则取决于人们对自己的信念和行为方式持续的理性审视，而且不受非理性冲动或其他不符合和不能够承受理性审视的动机的影响。这种审查被认为是完全无偏见的，它超越了盛行的或者甚至是早已确立的那些观点的限制，并且只有在其牢固立足于真理的基础上才能够成功地指导一个人的行为。以这种方式，真理，因此探究真理的哲学研究，成为了人类卓越的必要组成部分，此外它也是一个人自信地走向 *eudaimonia* 之路的不可或缺的先决条件。

正如人们所期待的，本文讨论的主要问题之一是美德和幸福或 *arete* 和 *eudaimonia* 之间的精确关系。这似乎是一种描述它的合理方式，即通过说美德是人类藉此能够获得幸福的一种手段，也就是说，一个人通过行使美德可能希望达到其存在的终极和最高目的，即变得幸福。在一个著名的寓言中——通常被归于智者凯阿岛的普罗迪思，英雄赫拉克勒斯被要求决定在十字路口前选择走哪一条路，其中一条道路是美德之路，另一条道路是邪恶之路。这两条道路基于它们提供的利益而被评估，最终美德获得胜利，因为她能够证明，尽管存在一切干预的困难，她仍能独自引导英雄达到其所欲求的结果，即对幸福生活的享受。另一方面，柏拉图似乎已经在努力建立一种美德，例如正义，它作为某种可欲求的善，其目标在自身之内而非作为一种手段从而导向超越自身之外的东西，也就是说，它本身就是某种值得追求的东西，无需进一步考虑它可能对执行正义行为的个人所产生的影响，或者甚至对执行这种行为的任何被给定的社会感知或做出对所谈论的特殊正义行为的评估的方式所产生的影响。

柏拉图的学生，亚里士多德，接受了这一挑战并且同样认为一个符合美德的行为是某种具有内在价值的东西，这不是因为它产生了某种可欲求的结果，而是因为它自身是值得追求和拥有的。的确，对于亚里士多德来说，最完美的美德是理论智慧或智慧（*sophia*），并且行使它的方式是通过理智活动或沉思，因此，人们可能认为这种活动应当足以使某人达到其终极目标并因此而幸福。但是，亚里士多德有一个众所周知的常识，即他意识到沉思无法单独满足人们对幸福的追求。他承认有其他的需求，它们与人性的复杂本性相关联，它不仅涉及到设定自己需求的身体，而且涉及到拥有符合其公共生活的需求、一个人与他人在某个有组织的社会中一起存在的事实以及这些需求的实现在令某人真正地和完全地幸福方面扮演着重要作用的事实。这意味着，除了通过沉思实现的至善之外，还存在一些次要的目标也在实现完美幸福方面起到了一定的作用。此外，仅仅拥有美德，即拥有在特定情况下有德性地行动的道德倾向，并不足以允许某人激发其道德潜能以达到完全的能力。一个人需要进一步被给予机会在适当的环境中行动，该环境为他的道德品格提供必要的行动时机，并且因此激发他的道德能力，直到它们让他胜任去实现其存在的最高点，正如他就是这样一个人，他以这种方式实现幸福的最充分形式。这意味着必须有一些先决条件才能使得一个人的道德能力得到适当地行使，从而作为美德行动者的本性得到其充分的成全。根据这个观点，美德的行使不仅被视为实现幸福的终极目标的手段，而且被视为幸福生活的关键组成部分，它与其他贡献的因素一起构成和带来了过其一生和获得幸福的完美方式。

亚里士多德之后，在所谓的希腊化时期，一种通过美德的行使来追求幸福的生活方式的主要哲学倡导者是斯多亚学派。然而，他们的立场在认为美德是实现这一目的的唯一要求方面比亚里士多德的立场更坚定和不妥协。因为，根据他们的观点，除了美德之外，没有什么东西拥有真正的价值（*axia*），美德是诸如人类的理性行动者唯一值得追求的善，而所有其他的关注对象，不论是完全没有价值的还是无差别的（*adiaphora*），都不影响一个人获得真正幸福的自然冲动。因此，根据对人的动机的斯多亚派分析，人的行动的唯一理性道路是对美德的坚定不移的努力，而使得个人从实现这个唯一值得的目标上分心的任何别的追求被视为包含了错误判断，对于斯多亚派来说，这种追求等同于他们所称呼的激情（*pathe*）。这些并不对应于行动者身上的任何真实行为，因为它们并不代表一个人只关注真正善的事物的真正意愿，而是仅仅标识一个人服从于外在力量强迫他或她去以一种远离其真正意愿幸福的方式而行动，并且它们只能把一个人推向悲惨和灾难的道路。这种行为驱使人远离唯一能使人幸福的理性之路，而且它使人降低到非理性野兽的位置，不能控制自己的行为并且使之符合真正有益和值得追求的唯一道路，即由理性统治的美德之路。对美德坚定不移的追求是人的理性建构的必由之路和真正幸福的生活方式的不可分割的组成部分。其次，通过完全以理性原则和考虑为指导的行动的美德实践不仅仅是获得幸福的方式，而且事实上等同于幸福本身，因为没有其他有贡献的组成部分被要求来实现人的存在的终极目标，即合理性地活着（*homologoumenos zen*）。

最后轮到伊壁鸠鲁派，古代最著名的享乐主义者，他们视快乐为提供幸福的至善，从而对美德采取纯粹工具性的态度。他们认为美德对幸福的贡献仅仅在于它帮助行动者实现各种各样的快乐，这些快乐主要是社会性的，其方式在于获得那些与他人在一个志同道合的、相互支持的共同体中合作的好处。

从对关于迄今为止的人类存在的终极目标话题的古希腊哲学观点的简要考察来看，美德几乎被一致认为是幸福生活的必要组成部分，没有人能够被视为享受至福的存在，除非他能够实现自己的道德倾向——通过相应的行动，即在生活中遇到的各种情况下展现德性活动，并且在最大程度上发挥自然赋予个人的潜能，即完成理性指定的目标。虽然美德不单单是实现幸福的手段，但美德的行使是对任何渴求实现幸福的最高目标的生命来说不可分割的成分。后者被认为不可能脱离于这样一种活着的方式：在其中，美德，远非保持一种纯粹意向性的态度，而是恰恰相反抓住机会去在行动中通过执行不仅符合道德行为的外在施加的标准而且实际上展示了由行动者自身单独在自己的理性考虑基础之上自由地建立起来的指导规则的行为来实现自身。在这些情况中，一个人通过坚持这些法令纯粹按照自己的意愿去行动，这些法令是由人的理性思考和对于这条将带领他走向幸福之所——正如其他人最密切欲求的——的适当之路的选择颁布的。在这个意义上，智慧的人，即能够清楚辨别出真正有助于终极目标实现的选择和决定的正确链条的人，的确是自主的和自由的，因为在每一个被给定的环境中，他都处在做出正确选择的位置上，他是那种使人更接近其最热切欲求之物的人。由于美德行动是必要的部分，也是通往幸福的必然道路，因而没有给其他取代它的替代物留下余地。

当我们转向古代晚期，即古希腊哲学最后阶段繁荣的时代，我们现在通常称之为新柏拉图主义的时代，我们发现一条解决这个问题的方法，尽管它毫无疑问地代表了基于一些之前展示的观点的发展，但是它也似乎标志着一种重要的转折，对于它，人们甚至可以讨论一种对指导着先前思想家的某些基本前提的根本性转变。在我看来，最根本的突破已经能够在所有新柏拉图主义者中最早的普罗提诺的教学中被发现，他出生在埃及，但是在公元 3 世纪中期活动于罗马。尽管他的教学展示了其与一些前辈尤其是斯多亚派的若干表面上的相似性以及尽管事实上他通常把教学作为无非是对柏拉图的注释或澄清，但是在实际上，他的方法代表了一种根本上新的态度，也许我们值得把它带入现代讨论的前沿。

统治和决定普罗提诺在伦理学领域所有理论创建的基本原则是，每个人渴求的终极目标是与神相似（*homoiosis theoi*）。该原则基于苏格拉底在柏拉图对话《泰阿泰德篇》（*Theaetetus*）中的一段话，而且它似乎在普罗提诺之前柏拉图伦理学的发展中的一段时间之内起了一定作用。普罗提诺很快在（一方面）实现与神相似和（另一方面）实现美德之间建立起了紧密的联系，通过辩护二者的亲密联系而明确指出，前者是不可实现的，除非人们遵循后者指示的道路。在一篇著名的段落（《九章集》II 9.15.38-39）中，他指出，没有美德的话，神无非就是空洞的名字。换句话说，除了道德的行动，没有别的道路能实现与神的相似。另一方面，他主张一种美德的等级安排：从最实践的（或他所谓的“政治的”）美德到最高层的或理论的美德，即能够使个人更接近行使最适合于神圣存在的活动，也就是理智沉思。这并不令人惊讶，因为对普罗提诺来说，那个 *eudaimonia*，即幸福或福祉，是与理智活动的最高秩序相一致的，它完全只关涉占据纯粹柏拉图式的超验世界的超感性实在。

普罗提诺坚定的理智主义立刻产生一个问题，即在严格超越的神那里不可想象的诸如勇敢、节制或正义的实践美德的行使如何与幸福的实现相关联，如果后者被认为仅仅关联于灵魂在对更高的纯粹理智实在的沉思中的理论参与的话。这是因为他把幸福或福祉等同于生活的最高形式，也就是说，等同于非物质的理智在理解认知的特殊对象中的活动。后者与柏拉图所设想的没有什么不同，它被设想为复杂的交互关联的存在物，等同于理智本身，因此它持久地从事于对于自身的自我反思和自我建构的沉思。这似乎没有给实践美德留下空间来为 *eudaimonia* 的实现提供任何帮助。实践性的关切和活动只能分散智慧的人对其理智活动的注意力，因此只能妨碍他享受参与这种高层次的生活形式。

的确，普罗提诺在一些段落里似乎劝诫人们不要参与任何形式的实践活动，即使后者可能服务于某个高贵的目的，比如帮助一个人的同胞，或者甚至拯救国家免于灾难。然而，这似乎违背了我们先前引用的他的话，即在不实践美德的情况下谈论神是完全没有意义的。我们必须在此面对一个明显的矛盾吗？

为了解决这一难题，我们必须更加仔细地考察普罗提诺关于实践行动或行动（*praxis*）的相当独特的观点。在其《论沉思》一篇中，他明确宣称所有实践事务都是不值得一个智慧的人关注的东西，智慧的人的注意力应当总是并且专一地专注于仅仅对理智实在的沉思。但是，在这些实在中包括了一些据说是理念的原型的实在，虽然它们不能被恰当地描述为美德，但是各种美德是基于这些原型而建立起来的。这些包括理念的形式，比如据说是智慧之原型的理智（*noesis*）、自我控制之原型的自我专注、已经在柏拉图哲学中构成正义本质的对自己事务的关注（*oikeiopragia*）、被视为勇敢的基本方面的对自己的完全专注（《九章集》I 2.7.3-7）。这些可知的形式被认为错综复杂地交互关联，从而建立起一个统一的相互支持的真理整体，但是它们进一步对沉思它们的灵魂产生影响，使得灵魂必然会在其自身暂时确定的存在模式的层面上反映它们的一些特征。这在灵魂活动的不同层面产生了一系列反思，它也下到了实践行动的最低区域。这就是普罗提诺将行动（*praxis*）描述为弱类型的沉思的原因。他在一个著名的段落（《九章集》III 8.4.31-47）清楚表明了自己的立场，该段落值得被全文引用：

> 人类，当他们沉思的力量减弱时，就把行动作为沉思和推理的影子。因为沉思对他们是不够的，因为他们的灵魂软弱并且他们不能充分地理解沉思对象，因此他们没有被它充满，但是仍然长时间看着它，所以他们被带到行动中，才能看到他们不能用理智看到的东西。因此，他们之所以制作某物，这是因为他们想要看到他们自己的对象并且也是因为他们想要其他人意识到它和沉思它，当他们的计划在实践中尽可能好地被实现时。无论在哪里，我们都将发现制作和行动要么是对沉思的一种弱化，要么是沉思的一种结果。是一种弱化，如果行为者或制作者仅仅限于知道所做的事情；是一种结果，如果他有一种比其所做之事更好的事先考虑的沉思对象的话。因为，如果他能够沉思真正实在的东西，谁会有意去追求它的影像？笨拙的孩子们也是这方面的证据，他们不会学

习和沉思的研究，从而转向技艺和手工工作。

这是一个完全独特的段落，它似乎认为一切实践活动，不论是道德的还是非道德的实践活动，充其量只是对一个人的生活中更重要的方面，即对纯粹理念形式的沉思活动的模糊反映。我们在普罗提诺关于艺术家活动的观点中发现了相关的讲法，根据这种讲法，艺术家执行或履行他的工作并不是为了其自身的缘故而是作为其真正目标的模糊反映，其真正目标是对表现纯真的可知之美的纯粹形式的理智把握。

这样的陈述可能产生这种印象：在普罗提诺看来，实践活动对某人的道德生活来说几乎是完全无意义的，因为它没有自主的道德意义，它是一个人理智参与超感性实在的模糊的“影子”或纯粹的伴随物，或者甚至是一个人试图通过直接的理智沉思建立这样一种参与而造成的副作用。实践行动似乎被视为一种权宜之计（*pis aller*），或者甚至被视为通过纯粹理智的手段达到幸福状态的努力失败了的结果。与其说实践美德对某人实现至福产生贡献，不如说它看起来像是一种分心，将一个人的注意力从其适当的理智目标上转移到自身不具有内在价值的低级任务上。以这种方式，实践美德可能显得是一种对某人努力实现真正幸福的干扰或者甚至是阻碍。

然而，这是对于普罗提诺在这个问题上的立场的严重误解。因为它完全忽略了包含在这一模式下的人类活动的两个层次之间关系的积极一面。在普罗提诺的哲学中，理论知识针对实践美德的至高无上性是无可争议的。但是这不应当掩盖这样一个事实：即使作为沉思的模糊的影像，实践行动仍然具备和沉思的某种重要的相似性，因此它展示了某些更高贵的特征，尽管是在一种减弱和弱化的模式下。正是由于这个原因，比如一件艺术品，尽管它缺少作为艺术家渴求的理念的完美的可知之美，但是它仍然可能呈现出使其美丽引人入胜的某种迷人的特征。以同样的方式，道德行为仍然可能反映其原型的善，正如已经说过的，该原型属于可知领域，因此我们能证明道德行为是既有价值又有益的，尽管它在一些其他方面是欠缺的。

此外，我们在此有必要意识到，存在于沉思和实践活动之间的联系既是必要的也是片面的。它符合遍布普罗提诺思想各个哲学领域的一种模式，即原本与其形象或痕迹的关系。形象作为（*qua*）形象必然在某些方面不同于它的原本，虽然它同时也反映了原本的某些特征，以相同的方式，道德行动由于牵涉到外在世界的偶然性而不同于理论思考，但是它同时也与理论思考分享了某些更高层次的特征，比如对当时看来善的东西或行动的最佳路线的渴求。这里需要注意的是，这种联系的必然性使得以下结果的发生成为不可避免的：在理论层面对于实践行动领域的统摄（至少是以行动之意图的形式）之表达，因为，正如我们已经看到的那样，任何行为的最终结果至少在某种意义上是不可判定的。换句话说，从事永恒真理沉思的智慧的人必然总是以道德的方式去行为，至少在关乎统治特殊行为的意图方面。这不是因为他希望遵从任何外在施加的行动规章或准则，而是因为他在自身内贯彻了道德行为的原则，并且意识到一个人只有根据这些原则才能是自由的，这是因为只有这种遵守才能为他提供他最热切渴求的东西，也就是幸福生活。

当然，外在的偶然性有可能阻碍一个特殊行为实际试图达到的东西的完全实现，但是这绝不会撤销它的美德特征，也不会影响其与先在于可知领域的准则的一致性。另一方面，智慧的人不可避免地会选择根据这些准则去行动并且以这种方式努力使得这个世界成为一个更好的居住之所。但是人们需要清楚地知道，这不是智慧的人行动的真正目标。因为他或她真正关心的只是沉思并且因此遵从属于可知世界的不可变的实在，这些实在的存在超越了一切尘世的偶然性。这就是为什么一个人并不关心也并不困扰于其行动的最终结果，因为他或她应当意识到这个事实，即，这一点不可避免地依赖于完全不受其控制的多个外在影响。换句话说，就其对给定的尘世环境所产生的实际影响而言，行动总是被极端的欠缺所困扰。

重要的是更深入地考察这一欠缺的原因。普罗提诺在《论自由意志》(《九章集》VI 8.5.1-21）一篇中的一段话在这方面最具有启发性：

> 自我决定和掌握自我的力量，这仅仅存在于思考自身的纯粹理智之中吗，还是也存在于灵魂之中，当它根据理智而是主动的并且根据美德从事实践行动的时候？现在，如果我们把它赋予从事实践行动的灵魂，那么首先它不应当通过参考成就而被赋予；因为成就不是我们负责的。不过它是通过参考以好的方式（finely）行动和做一切来自于其自身之事而被赋予的，这么说可能是正确的。但是这一点如何在我们的力量之内？比如，如果我们勇敢是因为有战争；我的意思是，这种活动如何在我们力量之内，因为当战争没有爆发时，我们就不可能执行这种活动了？但是它同样与其他根据美德的行动一样，因为美德总是被驱使去做这个或那个行动来应对发生的事情。当然，如果某人给予美德自身一种选择：是否为了变得主动从而展现勇敢，它会希望有战争，是否为了能够界定什么是正义和有秩序地安排事物而希望有不正义，是否为了展示自己的大度而希望有贫困，抑或是愿意选择保持安静，因为一切都是好的，因而它会选择搁下实践活动而去休息，因为没有什么东西需要它的治愈行动，好像一个医生，比如希波克拉底，会希望没有人需要他的技艺。

从这段文本可以得出，困扰一切实践努力的主要欠缺是它们发生的外在环境的不确定性和一个人生活中决定其选择对他人有好处或有利的事件状态的偶然性特征。

可感世界由于其质料性的构成而具有内在的欠缺，实践美德就是为了尽可能地修复它们。然而，对这些欠缺的处理并不总是依赖于个人行动者的意志，并且它们被他或她设想为对个人自由选择的外在束缚。只有其活动指向可知世界时，一个人对于幸福的追求才是完全自由的，沉思主体和沉思对象之间的内在稳定性和严格同一性是对于享受不受搅动的至福的一种保证。没有什么比分享遍布于可知领域的永恒生命更幸福的事情了。

我们现在看到这种关于幸福概念的新方法是如何以一种极端的方式转变了我们在更早期思想家那里遇到的幸福和美德的联系。美德不再被视为实现幸福的手段，甚至不再被视为幸福的组成部分，而是被（人们可能会这样说）弱化为对真正幸福的享受的单纯伴随物或副作用的状态。这就是为什么它不代表个人的一种暂时的或异想天开的意向性态度，而是代表了灵魂深处的固有状态，该状态反映了它坚持对可知真理的把握和不被仅仅通过在命运和偶然事件的圈套中迷惑它的方式来限制它的外在关心或暂时激情所改变的决心。以这种方式，显然，决定一个人是否能够获得幸福的主要因素是一个人的自主性，也就是说，一个人自己决定他是否遵从属于可知世界的善并且因此获得真正幸福的能力。因为一个人只有在他或她完全自由地追求属于其存在的最深处的核心部分的永恒真理时才能是完全幸福的。该核心是理性的基础，而正是理性允许一个可死之人变得与神相似，从而尽可能地分有神的神圣永恒至福。

（佚名　译）

认识胡塞尔与海德格尔的善

托马斯·J. 内农（Thomas J. Nenon）
（孟菲斯大学）

引　言

长期以来，人们在“表象主义者”胡塞尔与更具前瞻性的海德格尔之间进行了鲜明的对比——后者的方法与我们现在所认为的关于“知识与实践”的“能动论”（enactivist）理论[①]更为接近——，或者说是在被海德格尔本人称之为胡塞尔的“反思现象学”与他自己的“实际生存的解释学”（hermeneutics of factical existence）之间进行对比。德雷福斯（Dreyfus）和弗勒斯达尔（Føllesdal）都身处前一种对比的著名支持者之列；冯·赫尔曼（Friedrich Wilhelm von Herrmann）最近在对后一种对比进行详述。[②]在今晚的演讲中，我不打算试图解释为什么我认为这些对立不仅具有误导性，而且还忽视了早期海德格尔和中期胡塞尔（即大约 1919 年至 1927 年）两者之间的密切关系。相反，我打算根据我认为在这一时期使两者区别开来的最基本和最根本的差异，这个差异涉及了哲学自开端以来一个最古老和最根本的问题，即善的本性以及我们如何去认识它的问题。

如果人们通过浏览海德格尔从 1919 年至 1927 年出版《存在与时间》[③]在弗莱堡

---

① For a recent refutation of this position as an accurate picture of Husserl, see Dan Zahavi, *Husserl's Legacy* (Oxford: Oxford University Press, 2017), pp. 51-76.

② For a summary of this description and my objections to it, see my review of Wilhelm-Friedrich von Herrmann's *Hermeneutics and Reflection: Heidegger and Husserl on the Concept of Phenomenology*, in: *Notre Dame Philosophical Review: An Electronic Journal*, July 2014.

③ Martin Heidegger, *Sein und Zeit* (Tübingen: Max Niemeyer Verlag, 1972), abbreviated in the following as SZ. All citations will be listed according to the page numbers in the Niemeyer edition, which are also listed in the margins of both of the published English translations.

和马堡这段时期的讲座课程中他关于胡塞尔的讨论，来了解他自己对他们两人这阶段关系的记述，那么很明显，在最初的几年里，他们把自己看作两个研究伙伴，他们每个都把现象学作为——使用海德格尔的话讲——“关于自在生命的原初科学”（“*Ursprungswissenschaft vom Leben an sich*”）（GA 58,1）[①]或简称为关于精神（Geist）的原初科学（GA 58,19）来追索，不仅是在并行不悖的意义上，而且是在相互合作的意义上进行追索。海德格尔对胡塞尔密切认同，其部分原因不仅是因为，从1909年他大学研究生涯开始阅读《逻辑研究》所获得的基本洞见[②]；同样也是因为在胡塞尔遇到狄尔泰之后其著作发展轨迹的改变，例如这种变化在《观念II》[③]的第三部分以及他的讲座《自然与精神》[④]中得到了表达。特别的一点在于，《观念II》显而易见是海德格尔事实上在《存在与时间》里的那个著名脚注中所想到的主要文本，他在那个脚注中感谢胡塞尔的“深入的亲自指导，以及非常慷慨地托付他那些尚未公开出来的探索，从而使［自己］得以熟悉现象学研究至为多样化的领域”（SZ 38）。在这里，胡塞尔已经认识到，我们并不是作为单纯的理论上的观测者和感知者与世界进行首要和日常的接触（approach），而是作为这样一种从事于自己计划的人，并与那些我们在社会框架、历史框架以及交流框架中领会与认识的其他人一起，与我们周遭的东西一起来和世界打交道，这些被我们直接把握为用具和文化对象（cultural objects）的东西主要是根据实践与审美上的意涵（predicates），即根据它们对我们的计划与价值的关联性（relevance）而被构造起来的。就胡塞尔与海德格尔来说，对它的另一种表述方式是，我们的日常生活是在一个实践环境（Umwelt）中进行的，这个环境既是历史的又是公共的。

在同一时期，胡塞尔曾围绕个人性（personhood）这个健全的概念开设伦理学讲座，并且开始追问我们如何能够将自己的生活过成一种本真的生存，这也使他更接近那些我们在早期海德格尔那里非常熟悉的主题。

然而，一种根本性差异不仅仍然保留，而且还在这一时期更清楚地浮现出来了。

---

① Martin Heidegger, *Grundprobleme der Phänomenologie* (Wintersemester 1919/20), ed. H.-H. Gander, *Gesamtausgabe,* Band 58 (Frankfurt/Main: Klostermann Verlag,1992). References to Heidegger's works other than *Sein und Zeit* will be cited according to the *Gesamtausgabe*, listing the volume number, followed by the page number.The English translations of the lecture courses list these page numbers at the headers of the translation text.

② As reported in his own account of his life from the Foreword to his *Frühe Schriften* from 1972 (GA 1, 56).

③ Edmund Husserl,*Ideen zu einer reinen Phänomenologie und phänomenologischen Philosophie. Zweites Buch, Husserliana,* Band IV (den Haag: Martinus Nijhoff, 1952 References to Husserl's works will be cited using the volume number from the *Husserliana* series in roman numerals followed by the page number in Arabic numbers. These page numbers are normally listed in the margins of translations into other languages, including English.

④ Edmund Husserl, *Natur und Geist. Vorlesungen Sommersemester 1919*, *Husserliana. Materialien*. Band IV (Dordrecht: Kluwer, 2002).

在 1923—1924 年的课程中，海德格尔借助“胡塞尔的迄今为止发展最成熟的现象学研究立场，即‘纯粹现象学与现象学研究的观念’”（GA 17, 47）来介绍了现象学的研究对象。他引用胡塞尔对现象学的描述，即“关于纯粹意识的描述性本质科学”（同上，139），但他批评胡塞尔假定哲学必须是一门科学（同上，79-82）以及过分强调理论知识是经验整体的范型（同上，82-83）。在最早的弗莱堡讲座和马堡课程之间，海德格尔逐渐看到胡塞尔与他自己在基本工作方向上的一个区别。他没有把胡塞尔对可证实真理所确定的方向看作对他眼前各种问题是有所帮助的。“人们应该首先注意到这种真理，只要它被解释为有效性，就会遮蔽此在决定性的疑难。问题在于，对于一般的历史认识，把真理解释为有效性是否还有意义。[这种解释]在哲学认识方面更成问题，在艺术和宗教‘真理’方面[这种解释]最不可能[成立]”（同上，98）。他强调说：“……胡塞尔关于明见性所讨论的内容远远超过其他所有关于明见性所讨论的内容，并且他首次将这个问题放在稳固的基础之上”（GA 17,272-273），而且他承认——在没有提到《观念 I》对此影响的具体段落的情况下[①]——“……胡塞尔认为每个领域的对象都具有与其内容相应的特定的明见性……”（同上，273），但又补充说，“……相比之下，从最基本的意义上来说，明见性真正的问题只能与如下问题一同开启，即关于通达存在和揭示存在者的特定明见性，以及保持和保留已经可通达的存在的特定明见性的问题。理论明见性只有在以这种方式被把握的现象中才具有其地位”（同上）。海德格尔说，《观念 I》没能走得足够远，以超出近代哲学中的倾向，即对包括意识本身在内的一切东西都进行范畴上的划分（categorize），以及用科学的方式进行规定。他认为，成问题的是将生命确定为被视为个别事实的经验整体的计划，而不是“**在其本真存在中理解生命本身**并对**其存在特性的问题**进行回应”（同上，274-275）的计划。

在其本真存在中，生命的根本特性就是他所谓的“时间性”，“时间性”现在首先意味着与一个人的有限性的相遇，并且意味着生命是一种必须被理解为“召唤”的施行（*Vollzug*）。生命不是一个事实，而是某种必须被完成的东西。这种对事实的依赖就是上面引用的段落中海德格尔所谓的“有效性”。这种对作为有效性之真理的批判暗示，海德格尔现在认为胡塞尔的筹划被他的假定所妨碍了，即假定这类在艺术和宗教真理中的关键问题可以用直观来回答，这种直观可能会为理论问题提供同样的确定性和普遍有效性。

海德格尔的立场最终将在《存在与时间》中的著名宣言中达到顶点，即必须被直面的最根本问题是意识到在一个人生命意义之来源这一问题上没有任何东西能够

---

① Namely §§ 138-139 (Hua III, 321-24).

为此在提供答案，而且对本真的此在而言勇于面对相关回应的这种不确定性是至关重要的。因此，在课程结束时的评论中，他将现象学的任务描述为“在其存在中阐明此在”（同上，278）和“此在本身的展示（Aufweis）”（同上，279）。海德格尔所谓的“历史”不是一系列事实，而是一个决断的关键时刻。他对胡塞尔的批评——主要是对胡塞尔著作中，甚至是他关于伦理学的著作中仍然存在的主流倾向的批评——在于，他的理性导向以对认识的探求为范型，不足以处理这些问题。①

最晚在1925年，海德格尔已经得出如下结论，即尽管胡塞尔对现象学有所贡献，但他的方法仍然过于强烈地依赖于理论认识的范型和一种不适合表达“艺术真理与宗教真理”的真理概念。他还声称，胡塞尔的方法不足以完成现象学的主要任务，此即“在其本真存在中理解生命本身并回应关于其存在特性的问题”（GA 64，274-275），生活不是认识的对象，而是必须施行和完成的东西。

但海德格尔说这些话是什么意思？我的观点是，[两者的]根本差异在于他们在对伦理学进行奠基的可能性这一问题上有不同看法，如果伦理学指的是研究由某些善好的观念引导的正确行为的本性与基础。胡塞尔认为，理性的本性涉及一种隐含的主张，即所有类型的立场设定（position-takings），包括关于正确行为的决断，都指向一种直观、一种经验的可能性，它们以一种与意识整体的意向/充实结构相一致的方式能够对该立场的有效性进行确认或反驳。相比之下，海德格尔认为这种讲法与那个规定了行动之最终根据的基本问题并不配套，而且他认为这种观点是对理论理性这一范型的非法依赖。他认为，本真的此在认识到，此在自身必须承担为生命提供意义的责任，但“没有人，也没有什么东西”可以减轻这种选择的负担——这就是为什么在本真的此在这里，那召唤人们勇于面对这一事实的良心的声音[只能]沉默地言说，因为它无法告诉你什么是正确的选择。我将用来突出这些差异的主要原始文献是海德格尔的《存在与时间》与胡塞尔在1920—1924年题为《伦理学导引》（*Einleitung in die Ethik*）的讲座，后者在几年前作为胡塞尔全集（*Husserliana*）的第XXXVII卷出版。②

---

① If one wants to try to identify a “turning point” in this gradual development, a good candidate would be the lectures on *Phänomenologie des religiösen Lebens* (GA 60) in which the guiding model is the early Christian issue of the “conversion” to a whole different dimension of temporality—the time of eternal life versus the time of mundane existence—as articulated in the Pauline epistles. See on this issue Ted Kiesel, *The Genesis of Heidegger's* Sein und Zeit (Berkeley: University of California Press, 1993), 176-227.

② Edmund Husserl, *Einleitung in die Ethik, Vorlesungen Sommersemester 1920/1925, Husserliana* Band XXXVII,ed. Henning Peucker (Dordrecht: Kluwer, 2004).

海德格尔论无根据的根据（the Groundless Ground）

根据早期讲座中形成的思路来阅读《存在与时间》会非常清楚，当海德格尔批评早期的哲学家没有能提出存在（Being）之意义的问题的时候，存在不是指居于世界中的事物之存在，而是作为一系列可能存在方式的世界本身之存在，以及在他看来已被忽视了的此在之存在。如果根据《存在与时间》中对死亡、良知、决断以及时间性做出的非常全面的讨论来阅读早期讲稿，会使读者更好地理解，当海德格尔用一种对这些论题的简短讨论来结束在本章第一部分所引用过的 1925 年讲稿时，他在想些什么。当他谈到，"在此在的每个瞬间（*Augenblick*）去面对（*Vorlaufen*）死亡意味着，此在在抉择自身的意义上将自己从常人（*Man*）[状态] 中挽救出来"（GA 20, 440），以及"在面对他的死亡时，此在能够在绝对的意义上为自己负责"（GA 20, 440-441）。认为《存在与时间》的主题是建立一门伦理学的可能性，这种看法至少是有争议的，甚至可能具有挑衅性，但这一论题正是我在下面的论述中将尝试解释与辩护的。[①]

在某种方式上，根据那些提供了《存在与时间》的这一背景的早期讲稿，会更容易明白《存在与时间》的计划是如何能够被适当地描述为一种无形而上学奠基的伦理学。总而言之，人们可以看到，那个随后将会显示为存在者整体与此在 [这一特殊存在者] 之存在意义之追问的问题，以及它与原初时间性的关系，这两者都会在如下这种追问的背景下浮现出来，即对那种作为实践事务、作为人们必须为之负责的某个选择的适当生活的追问。尽管在术语上有所变更，但我认为，相同的追问仍然是《存在与时间》中成败攸关的根本议题。

当然，我们记得海德格尔并没有以一种对此在本身的分析来开启《存在与时间》。相反，在《存在与时间》的第一篇中，海德格尔通过分析世界之中的物件（objects）是如何在日常生活中向我们显现来介绍世界这个概念的。这一分析所展示的根本特点是，它们本性中的一部分就在于，它们在某种方式上具有与我们的 *Bewandtnis*（亲缘性）或关联性（relevance）。"关联性"指明了两个方向：某事（在世界之中的物体）与做某事或完成某事（某项活动）相关。因此，"世界性"（worldhood）之为我们所了解，正是通过展示在日常生活中我们遭遇到的那些东西

---

① It is, however, not completely new; for instance, Francois Raffoul claimed something quite similar at OPO II in Lima and made a good, but slightly different case for it compared to the description I will lay out here.Francois Raffoul, "Heidegger and Ethics," *Selected Essays from North America. Phenomenology 2005*,Volume 5, eds. Lester Embree and Thomas Nenon (Bucharest: Zeta Books 2006), pp. 501-522.

是如何以它们适应于我们的目的的方式被组织起来的，以及它们又是如何或好或坏地帮助我们去完成我们想做的那些事情，海德格尔将它们称之为“此在的可能性”。如此一来，“世界”就不再是世界或物体所置身于其中的时空范围中的客体（object）之集合，而是此在一系列的可能性，它构成了世界中的物件如何向我们显现的背景。

此外，海德格尔也指出了这一事实，即这些“此在的可能性”，它们作为对我们在生活中所遭遇到的那些事情进行处理或做出反应的方式，自身被整合在相互联系的“意蕴关联体”（*Bedeutungszusammenhänge*）中，并且在各个层次的意义之间存在着等级关系。在此关联体中，物件并不只是依照着它们那些作为朝向某种目的——这些目的就是此在的可能性——之手段的功能而被整合起来的（锤子是为了钉钉子，而房子则是作为生活的场所）；相反，这些可能性自身被整合到手段/目的的关系中（钉钉子是为了建造房屋，拥有房屋是为了提供庇护、进行好的投资或给朋友们留下深刻的印象），在这样的关系中，每个手段（一种何所用 *Wozu*）——无论它是物件还是活动——都指向另外某种活动（在最宽泛的意义上甚至在你身上有什么事情发生也是一项活动），一种存在方式（*Seinsweise*）或一种“此在的可能性”，它对我们具有意义，并且正是从此在的可能性之中它才获得了它所拥有的意蕴（significance），直到人们最终遇到这样一个可能性，它在自身之中就具有意义，而不为自身之外的其他任何目的（SZ 84）。这就是 *Worumwillen*（为何之故），即“为了某某原因”（for-the-sake-of-which），人们可以将之称为终极目的或最高优先级，其他的所有事情与活动正是根据它才获得了它们对此在的意蕴（significance/*Bedeutsamkeit*）（同上）。

但是，这个为何之故（*Worumwillen*）又是从何而来？为之提供辩护的又是什么？海德格尔对沉沦（fallenness）的分析表明，在日常生活中，意义似乎只存在于世界中的东西“里”（in），或者说它们都是社会习俗，这些习俗的实在性（substantiality）（用黑格尔的术语来讲）在于，它们像明亮坚硬的钻石一样牢固而客观，这是由于它们的起源不能被追溯到任何一个个体那里，因而没有人能轻易地废除它们或它们的权能（power），纵然他或她愿意如此为之。

如海德格尔所描述的，畏（anxiety）所揭示的就是这种实在性是一个幻象（SZ 188-184）。在畏之中，事情丧失了它们的意义，它们的关联性变得可疑或者直接消失。如果事情确实如它们原本看上去那样实在的话，那么这将不再可能。这并不就必然意味着，关于什么才是真正的善好这个问题没有一个或对或错的答案，当然这也不是说你选择哪个答案都无关紧要。与世界上的其他任何事情一样，人们所接受的答案对于一个人是谁以及这个人的一生将如何发展具有决定性作用。畏所揭示的就是，没有哪件事情或哪个人能告诉你答案，告诉你什么才是真正重要的，告诉你对生活来说终极的目的、最高的优先级应该是什么。如果有哪件事或哪个人能告诉你这样的答案（这个答案不是人们早已接受的某项规则，根据这项规则某些事情会被当作答案），那么事情将再一次恢复它在畏中错失掉的意义。但如果没有谁能告诉你答案，那么也就不存在做出决断的坚实根据。然而，由于每个生命都总是明确或隐含地被某种意义上的对此生命的终极目的或最高优先级所引导，因此人们不可能等到这样一个坚实的根据出现后才做出决断。

也许在海德格尔所描述的畏的体验之外，还有其他可能获得这种洞见的方式，但即使果真如此，基本论点仍保持不变。没有谁能告诉你生命的终极规范（norm）应该是什么，或者讲得更清楚点，除了我们已经接受为有效的目的或优先事项之外，没人能告诉你在生命的终极规范、最高的优先级这个问题上应该去听谁的。如果这些确实是成问题的，那么这确实是一个令人相当不安的体验，特别是当你想要拥有一些牢固而实在的东西来告诉你，什么是好的以及什么是重要的，从而提供一个可靠的行动指南。

在日常生活中，看起来答案已经确定，或者至少有一些解决问题的坚实基础。我认为在本真与非本真自身存在之间主要区别之一是，在本真的自身存在中，人们知道在自身之外是没有坚实的根据的，即那个人们可以诉诸它来找到对生命而言的终极目的或最高的优先事项应该是什么的根据。对于海德格尔来说，善的问题就等同于生命中重要的东西是什么这个问题。我们再一次记得，早在第一部分海德格尔就已经表明，没有人（常人 the They）也没有任何事情（除了我们根据那种附加给此在可能性的意蕴——它或是助益或是阻碍此在的可能性——来赋予它以关联性之外，没有任何世内存在者或它们的任何特征）可以告诉我们答案。事实上，即使是海德格尔视之为召唤起本真存在的良知之呼唤，也正是因为这个原因而只是“沉默地”言谈（SZ 277,296）。如果良知可以告诉我们答案，那么在我们自己之外，而非在此在或此在本身之外的一种力量将是意义和方向的来源。

所以，如果存在答案，那它就必然是我要为之负责的答案。即使我选择了那个我从某人或某处——启示宗教，我的伦理背景的传统，或我的家庭，我的朋友，我的老师——得来的答案，那么也不过是我而不是其他任何人在这样进行选择。这个事实，即我是接受这个答案的那个人，这个答案确定了我生活中总体的优先事项，还在世内的事件和事物对我的意蕴这方面拥有一定的看法，海德格尔将之称为——我并不认为是不合适地——“自由”（SZ266；参见 *WdGr* 51），而且并不是通常而言的自由，而是“朝向死亡的自由”。

他为什么将它称为“朝向死亡的自由”？我想指出，这与如下方式有密切关系，即此在通过采用某个为何之故（*Worumwillen*）而是它选择的根据，准确地讲，这是由于此在是终极的、不能以其他任何东西为基础［的存在者］。除其他外，它还是自由的，因为它涉及了一个选择，因为没有人也没有什么事情可以为此在决定这个选择。它被恰当地称为“自由”，因为它关乎一个选择，它关乎的是一个无法在此在之外被决定的选择。它确实具有本体论的意义，因为它确定了事情得以作为它们所是的那类事情显现出来的语境（context），但是由于它首先关注的是此在自己一生的“为何之故”（*Worumwillen*），这不是理论分类的事情，就好比是关于什么事情重要，什么事情不重要，以及它们如何重要——它们是被接受还是被回避，被重视还是被避开。它不仅具有实践的意涵，而且如果这一点正确的话，那么正是这个首要或原初的选择决定了什么［事情］是应该做和必须去做的。如果只是从此在的日常活动中简单地获取“去存在的方式”（ways to be）的例子，那么人们所描述的那种实践关切就是类似于“建造一座房屋”或“成为一名化学家”这样的东西，它们的价值是被预设好的，而且世内物件的谓词就只具有简单的实用-特性。但在本真的此在这里，如果人们认识到问题在于是什么赋予了生命以意义，那么这个问题就远在实用之上，而且对争论来说重要的就不只是如何最好地实现既定目标，而是什么才是对于生命整体而言的真正目标。

说它是“朝向死亡的自由”，这是对被他在《根据的本质》（*Wesen des Grundes*）中称为人类自由之“有限性”的另一种表述。在那篇文章中，有限性与如下事实相关，即自由是“我们偶然撞到的”（happens to us）事情，而且我们的选择是“有限的”。例如，我并没有选择出生在现代技术时代，就像古希腊人没有选择不在这个时代出生一样，然而我们的可能性却截然不同，并且在关乎根本的优先事项上，我们都必须在各自那些不同的背景中做出选择。这就解释了为什么他说自由不仅是“地基”（ground），同样也是此在的“*Ab-grund*”［深渊］（abyss），它是 *Ohnmacht*［无能为力］（powerlessness），因为此在无法控制这个原初事件是否会发生。此在进行筹划（*entwirft*），去设想（envisages）一个 *Worumwillen*，但第一个限制就在于它是作为被抛（thrown）的此在而如此为之。此在无法决定它的出发点或境遇。此外，此在也没有不去选择的自由，此在无法决定是否要为自己设定一个最高的优先级；而且在本真决断到来的任何一个时刻，此在都发现无论他知道与否，他都已经在进行着这个根本的决断。在《存在与时间》中，我存在的这种有限性，或者说展现在每个时刻的有限性（他称之为“向终结而在”（being-towards-the-end）或“持续死亡”（constantly dying））都被如下说法所引出，即“此在的不可能性”或者我存在的“不之状态（不的）根据”（*das (nichtige) Grund-sein einer Nichtigkeit*）（SZ285）。最后，为生命设定目的或目标并不就必然意味着人们将要实现这一目标。

自由的有限性也意味着沉沦并非偶然，因为所谓生活就是在一个具体的情境中行动，这个情境涉及了世内事物（它们并不由我完全控制）与他者之间的相互作用。它不仅涉及如此来保持可能性之开放，而且还必须将这些可能性中的一个不仅仅是理解为一种可能性，还要理解为实际的优先事项，这种优先事项会指导我采取行动与制止行动，从而它也成为具体事情的一部分——或者如果没能这么做的话，那么保持开放的可能性这一抽象选择就是我最高的优先级，这一选择使我无法抓住这些可能性中的任何一个，而这一抽象选择本身就是我所选择的行动或“无所作为”的一项具体方针。

如果我将这种而非另一种生活方式作为我的终极优先事项，有什么方法可以知道将会发生什么吗？对于海德格尔来说，答案是否定的。有人能告诉我答案吗？同样，答案是否定的。这正是每个个体都必须为之负责的事情。世界上有没有什么事实可以告诉我，什么才是要紧的事情，是什么让生活变得有意义？这对于海德格尔来说是最重要的问题，而我们一直在指明的是，这里的答案再次是否定的，然而在这里最重要的问题是这样一种决断，即关于什么才是意义重大之事的决断，这一决断是在世界上——亦即在一个人的一生中——发生的事件和事情之所有其他意蕴与关联性的基础。这就是为什么我一直认为，对于海德格尔来说，伦理学中最重要的问题在于，当人们认识到此在是世界上所有意义之无根据的根据（the groundless ground）时，认识到那些被认为是正确与错误的东西都是由此在对某种特定生活方式——它只是众多可能性中的一个——之善好的坚决承担（resolute commitment）（他称之为“筹划”）来决定时，人们只能本真地去正视这一点。这决不是一个理论问题，任何“事实”、理论上的理由或者任何与之类似的东西，都无法为这个问题的答案提供解决或建立根据。

胡塞尔论伦理学的终极根据

相比之下，胡塞尔在他的讲座《伦理学导引》（*Einleitung in die Ethik*）中的计划是，展示道德和伦理推论（reasoning）是如何以平行于理论推论的方式发挥作用的。因此，胡塞尔伦理学的总体纲领可以被描述为程序性尝试（programmatic attempt），它要表明的是，在实践领域与价值论领域内存在着一些理性结构，它们类似于理论理性领域内的理性结构，而且在讲稿中，他还提供了一个关于这种平行关系的相对确切的例子，它值得我们全文摘引：

> 事实上，我们已经多次谈到我们称之为感情的评价行为的情感行为领域内的区别，这种区别与对意见的判断和基于被把握为真理的明见的判断这两者之间的区别完全相同。我们只需要强调的是，这些并非被动地把握价值，而是由自我所实行的行为。我们可以说所谓的价值把握［活动］——据说这是一种对价值的爱的把握（loving grasping of value），在这种把握中价值本身被理解和拥有——是通过意识行为［对价值进行的］原初获得，这种行为与某种单纯地看待其价值的行为正好相反；这个自我的爱的行为（act of loving）期待着某些他认为是值得期待的东西等等，认为这些东西是值得爱的（lovable），但这种行为并没有以原初的方式以及在其自身中占有价值——或者在相反的情况下，它经历了拒绝、失望，即当自我在试图原初占有时体验到曾经有价值的东西实际上并不是什么令人满意的东西，曾经被认为是美丽的东西是一项令人生厌的媚俗作品，如此等等。以同样的方式，在意愿领域存在着一种新的用于实践抉择的动机引发行为（motivating acts），就像也存在着对信仰行为的动机引发行为，以及在价值行为中的动机引发行为。（XXXVII, 120）

因此，实践领域中的“理性”不单纯是什么理论推测（calculation）或理智（intellect）的事情。正是自我对一些适当体验和直观的指导，才能够对审美领域中所谓的美好或有价值，或者是伦理领域中的善好提供确认。同样清楚的是，理性是如何没有处在感情的对立面的。相反，它是对适当的行为感受与心境（disposition）的寻找。对于胡塞尔来说，并不是所有的情感都是被平等地创造，并不是每一种情感都在（康德意义上的）病理学上是自成一类（*sui generis*）。对他而言，问题不在于如何让纯粹的实践理性胜过我们所有的倾向，而是如何从不适当的倾向中挑选出适当的倾向。事实上，胡塞尔认为所有行为都由情感而促发的：“单纯的理解是与实践无关的。只有情感可以决定行动”（XXXVII, 170），再者：

> 人类的实践行为显然是由情感决定的。如果我们试图从人类的心绪（breast）中消除所有情感，那么诸如目的与手段、善与恶、德行与恶行这些概念，以及所有从属于它们的概念都将失去其意义。人类将不再是奋斗着、意愿着、行动着的存在者。这时，我们就必须诉诸情感，必须更严谨地研究它们，以便能够澄清伦理概念的意义并将人类作为伦理存在者进行探讨，［进而］澄清人类道德行为的独特性，并为那些对道德行为进行解释的伦理法则提供基础。（XXXVII, 148）

甚至当康德承认对道德法则之强制性特征的意识会生起了一种敬重感（the feeling of respect），而这种敬重感促发一个人以符合法则的方式行事时，他认识到了情感必然在伦理生活中发挥核心作用；但是胡塞尔想要认识的是一些接受范围更广的情感，这些情感是合理性行为适当的促发因素。他提到赞成和不赞成，但也提到了爱——对自己的爱与对他者的爱——和“幸福”（*Seligkeit*），这两个概念是他从费希特那里继承而来的，他其他的一些例子似乎指向诸如骄傲、成就感之类的情感，而剩下的那些也可以成为伦理行为的合法理由。

尽管在关于情感在进行道德抉择中的作用与范围这一问题上，胡塞尔与康德意见相左，但胡塞尔确实同意康德的一个观点，即伦理生活作为理性的生活，其最根本的概念是义务，而这种义务涉及的是任何理性行为人在这些具体情境下原则上都应当能酌情接受的抉择。胡塞尔不是形式主义者，这除了其他原因外，还因为他认为具体情境和限制在伦理抉择中非常重要，但他认为，一个行为人将自己特定的目的或看法放在比其他理性行为人的那些目的或看法更高的优先级上是不符合道德的。在这里他再次看到了一种与理论真理相对应的情况。人们经常对一些相当基本的事实持有异议，并且通常都拥有他们自己关于这些事实的独特见解，但在胡塞尔看来，这并不意味着他们都是正确的或他们中没一个是正确的。因而，在道德领域中，道德应然或义务的观念也意味着：

> ……每一个道德判断不仅表达一种主观感受，甚至不仅表达了这样一个普遍事实，即每个普通人实际上都倾向于以这种方式感受和行动，而且根据其意义，道德判断还包含了如下主张，即相关的实践行为是正确的或不正确的行为……正如每个数学判断和其他所有判断一样，道德真理包含有这层意思，即任何以此方式进行抉择的人——不管是在道德上、数学上或是任何其他方面——，其抉择都是正确的；正如谬误包括有这层意思，即任何以这种方式进行抉择的人，其抉择都是错误的、都是要遭受谴责的。（XXXVII, 149）

对胡塞尔来说，理论理性与实践理性之间的相似之处是清晰明确的。正如在理论领域内，理性对胡塞尔来说是普遍的。从消极的意义上讲，这意味着任何通常无法与其他自由人之意愿相容的东西都要被排除在外。从积极的角度来说，这意味着任何理性的人都应该能够同意，那种在类似情境下进行的实践抉择的正确性。胡塞尔很看重情境，这些情境包括历史和文化背景——本真的自我行为（它包括评价行为和意愿行为）正是在这些背景下进行——，因此不同的人才会以合乎情理的方式进行不同的选择，在特定背景下使我们做出正确抉择或进行正确行动的东西，不是被个体决定的而是由个体发现的。人们在关于这种东西的问题上可以有正误之分，而且进一步的经验过程或者与他人的反思或讨论可以对之进行证实或否定。尽管并不是理论明见来单独甚至首要地指导实践行动，但胡塞尔在理论理性领域那里找到的作为理论判断之合理性根据的意向与充实结构，它与正确评价［活动］和正确行动的讲法（notion）是相似的，这些评价［活动］与行动通过进一步的经验过程也会得到证实或否定。

结　论

之前的评论一直在试图表明，海德格尔正确地确定了他们［指海德格尔与胡塞尔］之间的一个根本而重要的区分之处。当他指出胡塞尔过于依赖科学和理论领域的模式，以至于没能够恰当地处理关于艺术真理和宗教真理的问题时，我建议真正需要解决的问题是关于实践和行动之最终原则的问题，以及是否能够以与理论信念的证明相类似的方式来证明这些原则的合理性。海德格尔［对此］持否定态度；胡塞尔则认为它们必定能够如此［被证明］。对于胡塞尔而言，通过对普遍性的敬重并且通过由适当体验或直观所提供的确证来对积淀价值和行动倾向的不断复查，责任涉及的就是对实践理性之限制进行批判性反思与顺受。对于海德格尔来说，责任意味着认识到这些是根本的选择，没有任何东西能够为之提供辩护，这些选择必须被坚决地正视为此在之“筹划”。这就是本真的未来所要承担的东西，以及为什么他会将人类生存（existence）之未来称为原初的时间性。海德格尔不仅注意到了这些差异，还声称胡塞尔是错的。有什么来裁决［两者的争论］的办法吗？

胡塞尔的观点似乎表明，存在着这样一些标准或经验，它们可以要求在基本的优先事项或根本善方面达成普遍的一致。这一点在我看来似乎是错的。或许这就是为什么胡塞尔本人未能提出一种规范伦理学——除了敬重他者之类的形式原则外——的一个原因，以及通过赞扬艺术的优点或了解其他更为“卑下的”（base）活动，他要沿着这个方向走向何处，他为那些标准或经验找到的事例似乎没有什么说服力，似乎更多地是代表在特定时间（19世纪末20世纪初）特定社会（德国）的共识，而非普遍的原则。

然而，与此同时，当胡塞尔作如下强调时，我确实认为他是正确的，即他强调我们不是因为偏爱某个东西，所以我们相信它是更合意的，而是由于我们发现某个东西更合意，所以我们会偏爱它。我认为这属于将某些东西看作是好的或有价值的那种现象，我们觉得自己是在认识，而不是行事（making）。我认为我认识到了持续学习的好处，而且我觉得其他人却没能认识到这点。他们确信他们正了解着身体上的吸引力或可观的财富的重要性，而这些却是我没有认识到的。我们拥有不同的优先事项，这是因为我们看待事情的方式不同。我认为，这就是胡塞尔在谈到对价值和善好的认识是“直观”时的意思。从人们对其一生进行“选择”这一视角来看，他们选择它是因为他们把它看成是最佳的［选择］。

问题在于，思考关于最终善或最基本善的问题的答案是否有意义，这不仅是按照意向与充实的普遍结构的方法来思考，而是说理论领域的充实（或失实）模式在这里是否还适用，特别是一个人所学和所经历的内容能否以这样一种方式被概括为（generalizable）一般的经验，这种概括方式类似于在相似情境下理论领域中的充实为每个人所拥有的那种方式。我自己的观点是，当海德格尔做出如下声称时，他是正确的，即他声称最终目标是在某种方式上根本性的，这使得它们与关于理论事态的主张，以及甚至与关于手段和目的的实践判断的主张有很大不同。我认为，在特定情境下被我或其他任何人视作一生中适当的优先事项的东西，似乎并不总会甚至通常都不会对其他人具有吸引力。但是，我仍然不同意海德格尔把这些最终的优先事项描述为单纯的“筹划”，而不是描述为那些作为各种见解向我们呈现的东西。即使不一定期待他人来分享我的见解，我也相信这些见解是有效的，我自己的经验保证了它们的有效性，因此它们并不完全在意向/充实的结构之外运作。并非所有人都分享这些见解这一事实，并不会使这些见解对拥有它们的人有更少的吸引力。我将证明，这些见解在如下方面上类似于理论见解，即能见（the act of seeing）、行思（noesis［意向行为］）——在前者这里是对有价值和善好的确认——朝向的是所看、所思（noema［意向对象］）——在前者这里是真正的价值与善好。我们更喜欢这样的生活，因为我们确实认为这种生活更有价值、更好——或许是一种彻底的柏拉图式立场。但是，尽管柏拉图可以声称，对善好的认识是一种理观（*theorein*），因为在那里有一些东西可以被看到，但如果最终目的（用海德格尔的话讲）不是世界上的任何东西，而是构造世界本身之意义的东西的话，那么就很难想到一个对最终目的进行确认或否认（这些确认或否认近似于理论意向）的例子。

（李茂功　译）

在边缘处的哲学：控制、自由、团结

边缘处的哲学问题：在真理、团结与正义之间

查尔斯·罗曼·马伯利（Charles Romain Mbele）
（雅温得第一大学高等师范学院）

从古代到现代，边缘处的哲学一开始曾经是传统西方形而上学中的一个问题。它近来成为了南方的[①]新社会科学和哲学的口头禅，尤其是那些1960年代初生于印度的人，后来传播到了拉丁美洲、加勒比海和非洲。在这里也涉及到对斗争和历史性震荡的一个回应。因而后者的关键仍然在于经济、文化、审美、伦理政治、认识论和形而上学。这就是为什么人们后来向南方宣扬"杂多中昏暗的多样性"而非"透明的普遍性"[②]，为的是边缘地带和边缘人群的利益[③]。这将是存在的居所（lieux de l' être），在这里，历史中积累的苦难将有机会在广阔的神性放弃（kénose/kenosis，译注：基督从道成肉身直到受难，暂时放弃神性从而显得与人相似）中得到救赎。[④]

一

在存在的中心与边缘之间，始终有一种形而上学张力在运作。我所理解的形而上学，在古希腊的意义上，是对如此这般存在和存在者之总体的一种哲学反思。从

---

① 南方指发展中国家。——译者

② Édouard Glissant, *Discoursantillais*, Paris, Gallimard, coll. « Folio », 1997, p. 14.

③ V. Y. Mudimbe, *The Invention of Africa: Gnosis, Philosophy, and the Order of Knowledge*, Bloomington, Indiana University Press, 1988, p. 5; Dipesh Chakrabarty, *Provincialiser l'Europe*, Paris, Editions Amsterdam, 2009, p. 53; Jean-Godefroy Bidima, *La Philosophie négro-africaine*, Paris, PUF, coll. « Que sais-je ? », 1995, p. 124; « La philosophie en Afrique », in: Jean-François Mattéi (sld), *Encyclopédie philosophique universelle*, tome IV: *Le Discours philosophique*, Paris, PUF, pp. 814-821; *L'Art négro-africain*, Paris, PUF, coll. « Que sais-je ? », 1997, pp. 8, 111.

④ Jean-Marc Ela, « Les voies de la renaissance africaine », in: *Le Monde diplomatique*, juin 1998.

这个视角出发，对存在之边缘的完全拒绝——甚至在其否定性的目的之中——仍然是形而上学的一部分：对存在之边界、边缘、界限、界标、限度、范围、边缘和缝隙进行评价，仍然是一种对（社会、审美、伦理政治）存在秩序之限定性和倾向性的哲学反思。

这是柏拉图所遇到的争论，紧接着巴门尼德提出存在之边缘处的可感性和杂多之后。柏拉图把这个争论带入了《巴门尼德篇》，并在《智者篇》中继续。他用统一与差异的措辞将这一问题概念化，而非痴迷于去否认矛盾，正是这种痴迷构成了把可感事物当作杂多领域加以拒斥的基础。不过，对于柏拉图来说，指出就其自身而言（译注：就其本性而言）的不相似和就其自身而言的相似、并得出结论说感性存在者分有了存在的诸对立形式，就足够了。柏拉图区分了五种主要类型：存在，运动和静止，他者和自身。这些通种以一种精确的方式互相沟通，因为每个存在者都是其所是，而不同于其所不是。这等于是说，就每个存在者都不同于其所不是者而言，他者就是非-存在者。他者——非存在——分有了存在，并且因此，是存在的。他者和存在渗透进了所有种类之中并且互相渗透："非存在并不比存在本身存在得更少；因为它并不是它（用语言）所表达的存在之对立面，它单纯就是异于存在的东西。"[①]用"第三方的存在"或"第三存在"[②]、"第三空间"[③]、"间质性空间"[④]、"缺乏形式"、"尚未"、"存在之终结"[⑤]这些措辞来构思一种存在之边缘处的形而上学，这只是把自己置于中心形而上学的另一个视角，而边缘化的目标是"推动存在坚持存在"[⑥]。

事实上，不置身于总体之中，就无法置身于其部分之中。不认识总体，就无法认识其部分，反之亦然。这就是为什么对于帕斯卡和对于谢林来说，对片段的关切所指向的是更好地认识总体。[⑦]某种意义上说，吉尔·德勒兹仍然是关于那个"一"

---

① Platon, *Sophiste*, 258 d, cité par Marcien Towa, dont nous suivons l'analyse, dans *Identité et Transcendance*, préface de Joseph Ndzomo-Molé, Paris, L'Harmattan, coll. « Problématiques africaines », 2011, p. 126 *sq*.

② Bourahima Ouattara, *Penser l'Afrique*, suivi de *L'Afrique fragmentée*, Paris, L'Harmattan, 2002, pp. 44-45.

③ Homi Bhabha et Jonathan Rutherford, « Le tiers-espace », traduction de C. Degoutin et J. Vidal, entretien in : *Multitudes*, n 26, automne 2006.

④ Homi K. Bhabha, Les Lieux de la culture. Une théorie postcoloniale, traduit de l'anglais (Etats-Unis), Paris, Payot, coll. « Rivages », 2007 [Titre original: The Location of Culture @ 1994]; cf. Marie Cuillerai, « Le tiers-espace, une pensée de l'émancipation », in: *La revue internationale des livres et des idées, novembre-décembre*, 2009, pp. 33-35.

⑤ Jean-Godefroy Bidima, *Théorie critique et modernité africaine. De l'École de Francfort à la « Docta spes africana »*, Paris, Presses de la Sorbonne, 1993, pp. 240-241.

⑥ *Idem.*

⑦ Lucien Goldmann, *Introduction à la philosophie de Kant*, Paris, Gallimard, coll. « Idées/NRF », 1967, notamment le chapitre II, « La catégorie de la totalité dans la pensée kantienne et dans la philosophie en général », pp. 61-70; *Le Dieu caché. Étude sur la vision tragique dans les pensées de Pascal et le théâtre de Racine*, Paris, Gallimard, coll. « Tel », 1992, notamment le chapitre premier: « Le tout et les parties » ; pp. 13-31.

的思想家，他将自己置身于这样一种视角之中，他将哲学混同于存在论，而存在论自身又被混同于“存在的单义性”（l’univocité de l’être），也即这样一个事实：“有一个单一和同一的存在：与那些杂多和差异的、总是由选言综合（synthèse disjonctive）所产生的、它们自身是不相交和离散的、分散碎片式的存在者相反……它是对于其所有形式的唯一的存在……”[①]

二

直到晚近的现代，哲学依然置身于一种中心的、基础的、原理的、总体的形而上学之中（帕斯卡、康德、黑格尔）。作为在场的存在（l’ être comme présence），其规定性应该被理解为关于起源和终点（开端和目的）、本质、实存、一和全部（谢林）、真理等等的一种立场。

它已经导致了一种对于用“无产者”（马克思、恩格斯）术语来思考的“社会历史存在的本体论”（卢卡奇[②]、卡斯托里亚迪斯）、对于“全世界受苦的人”（法农）、对于“走投无路者”（马尔库塞）、对于“没有股份的人”或“穷人党”（朗西埃）、对于“贱民”（Varikas）、对于“非法移民”（Balibar、Mezzadra 和 Caloz-Tschopp）、对于“失业者”（托塞），甚至是对于“多余的人”（鲍曼）的确认。形而上学，在这里被限定为对存在者的总体性和所有部分的一种考虑，它意味着一个实践性的公设：现代“哀怨意识”（黑格尔、谢林）分裂性的种类和形象，是由存在之音域中的不平等和支配性的位置所引起的。它们必须在平等的调和下在历史有效性中被克服。造就一个真理、团结和正义的共同世界，必须以对“存在的单义性”[③]和对一种寻求包括了自然、必然性、自由系统、实践理论的真理的知识工作（柏拉图、斯宾诺莎、康德、黑格尔、谢林、马克思）的考虑为前提。

---

① Gilles Deleuze, *La logique du sens*, Paris, Minuit, coll. « Critique », p. 210 *sq*. ; cf. Alain Badiou, *Deleuze. « La clameur de l’être »*, Paris, Hachette Littératures, coll. « Pluriel », 1997, notamment le chapitre « Univocité de l’Être et multiplicité des noms », pp. 31-47.

② Georges Lukács, *Prolégomènes à l’ontologie de l’être social*, traduit de l’allemand par Aymeric Monville et relu par Didier Renaut, Paris Editions Delga, 2009.

③ Alain Badiou, *Deleuze. « La Clameur de l’être »*, Paris, Hachette Littératures, coll. « Pluriel », 1997, p. 31 *sq*.

三

与“断裂事件”这种由形而上学批判所构建的视野相反，尼采用游戏、解释和符号（那些没有现成真理的符号）概念来代替存在和真理概念；弗洛伊德批评了对自我而言的在场，也就是对自我而言的意识、主体、同一性，以及对自我而言的亲近性或属性；海德格尔摧毁了作为在场的存在之规定性的存在论神学（l'onto-théologie）。[①] 这种批评和罗森茨威格想要超越黑格尔“总体哲学”的意愿是同时代的，他所依赖的是克尔凯郭尔、叔本华和尼采，其目的在于为了人或个人之故而提升“世界价值”，而他们（人或个人的）生命的价值是不可估价和不可计数的。实现这样的目标，其代价是要质疑“本质”（“客观价值”，“某个事物的价值”——无论这个事物是什么，“世界的意义或目的”），其目标就是使得“全部可知世界”相对化。[②]

最近这几十年所浮现出来的语言的优先性——它本身是与真理探究被“意义的逻辑”所替代这一事件同时代的。[③] 真理（aletheia，无蔽）被形而上学的废墟、尤其是“柏拉图主义的颠倒”[④] 所削弱，为的是终结逻各斯和中心。

四

南方国家当前哲学中的边缘形而上学的起源和功能可以追溯到西方理论意识（面对“人文科学”的知识本质）深处的去中心化（décentrement 或 décentration）的形而上学。对于雅克·德里达来说，它们本身与诸多断裂是同时代的，这些断裂一方面与对形而上学的批评联系在一起，另一方面与以前被支配、被剥削、被边缘化的民族的反殖民主义斗争联系起来，他们需要通过确认普遍性、团结和正义的广度和深度来自我中心化：“人种学只在去中性化能够被实施的时刻才能够作为科学而诞生：在这一刻，欧洲的文化——以及由此也包括其形而上学及其概念的历史，已经从它的位置那里被拆除、被驱逐，不得不停止被视为参照。这个时刻首要地并不是

---

① Jacques Derrida, *L'Ecriture et la Différence*, Paris, Seuil, coll. « Tel Quel », 1967, p. 411 *sq*.

② Franz Rosenzweig, *L'Étoile de la Rédemption*, traduction de l'allemand par Alexandre Derczanski et Jean-Louis Schlegel, entièrement revue et annotée par Jean-Louis Schlegel, préface de Stéphane Mosès, Paris, Seuil, 2003, pp. 19-45.

③ Gilles Deleuze, *Logique du sens*, Paris, Les Editions de Minuit, coll. « Critique », 1969.

④ Gilles Deleuze, *Logique du sens*, *op. cit.*, p. 292 *sq*.

哲学和科学言说的时刻，它同样是一个政治、经济、技术的时刻……。批判种族中心主义是人种学的前提条件，这在系统和历史的意义上与对形而上学历史的摧毁是同时代的。这两者都属于同一个时代。”[①] 去中心的观念所牵涉到的不仅是哲学的经典资源，而且也牵涉到西方世界的物质生活，因为这是“作为形而上学的历史——就像作为西方历史”[②] 的一部分。这些历史就是“作为在场（在这个词所有意义上）的存在之规定性。我们可以指出，根基、原理或中心所有这些名字总是表示关于一种在场的不变性（理念、开端、目的、现实化、在体（本质、实存、实体、主体）、无蔽、超越性、意识、上帝、人）”[③]。一个理论事件——结构主义语言学的出现——使得对于形而上学的批评倍增：结构不再能够被“一种姿态，这种姿态给予它一个中心，把它与一种在场、一个固定起源相联”[④] 所抵消。这依赖于语言的优先性：“那么这就是语言入侵到普遍问题域的时刻；这也是中心或起源缺席的时刻，一切都变成了言说……，也即这样一个系统，在这系统之中，中心的、原初性的或超越的词义永远不是在差异性系统之外的绝对在场者。超越性词义的缺席将含义的场域和游戏无限延伸。”[⑤] 结构主义语言学把说话的主体及其话语抽象化，从而将语言的功能视为抽象符号的系统，这些抽象符号不是指一种能够确保其稳定性和相关性的超语言学词义，而是通过一系列基于对立和差异的互惠关系来互相引用，因为符号的抽象性导致其差异性。[⑥] 符号对其自身的终结，导致了实在世界的整体文本化，这意味着对于所有在场性的无定和根本的差异化过程——既不存在意谓中的分明词义，也不存在给意谓游戏中置入方向（目的）的主体的在场。

五

因此，在我们当代，去中心化的观念和存在秩序中的不稳定性观念，同时被建立起来。接下来，通过讨论“可靠的根基”或“一个建立于奠基性的不变性和可靠

① Jacques Derrida, « La structure, le signe et le jeu dans le discours des sciences humaines », in : *L'Ecriture et la Différence, op. cit.*, p. 417.

② Jacques Derrida, « La structure, le signe et le jeu dans le discours des sciences humaines », in : *L'Ecriture et la Différence, op. cit.*, p. 410.

③ *L. c.*, p. 411.

④ *L. c.*, p. 410.

⑤ *L. c.*, p. 411.

⑥ Pierre Aubenque, *Faut-il déconstruire la métaphysique ?*, Paris, PUF, collection de métaphysique/Chaire Étienne Gilson, 2009, p. 57.

的确定性的有根据的游戏”①，德里达非常明确地指出中心化结构问题的实存维度：一切中心的目的都对应于物质焦虑的目的，而这对应于对工业秩序的掌握——“将柏拉图理性主义之梦付诸行动”②。发展一种边缘处的形而上学，以便终结根基、中心、起源和目的，对于我们的人民来说就不能想着要摆脱稀缺性。最终，欧洲中心的相对化，被作为与旧式西方知识的决裂而得到强有力地确认：我们把作为“哲学的欧洲概念”之规划的欧洲中心主义视为“来自欧洲史中偶然成功的空想规划”③而加以废除；我们将现代性事业（实现进步，并且期待理性对于一切蒙昧主义形式的决定性胜利）视为失败。事实上，与启蒙运动及其所倡导的东西决裂，促进了对世界的去中心化理解，以便在西方现代性的排他性框架之外，让普遍意识的其他形式得以浮现。④

简言之，面对总体性的时空，这种总体性拒绝那些在存在之边缘和缝隙处的人民和个人，如同是通过耻辱的奉还，哲学努力将这种边缘化视为“被征服者创造其历史的机会”⑤而加以理论化和肯定。在某些南方哲学中，这走向了“社会”形而上学的形式，将妇女、孩子、精神病人、残障人士置于边缘处之中，也即，置于散布于传统与现代之间的“居间空间”之中。⑥

“差异的建构”⑦或社群差异性（简言之就是与作为排他性和总体性工程的国家相对立的种族、宗教、部落）、“总体性的限度”、“辩证法的破碎图像”、“逻各斯的碎片化”、“否定性思想”、多样性、“颂扬差异”想要将中心概念作为谎言而加以谴责，这概念也就是，统治者对于那些破抹布和废物的胜利；这个胜利被认为是属于一、本质或实体的，它把真理和错误、客观和主观、有限和无限、内和外对立起来，它是通过损害有限、边缘、边界、溢出、分叉区域、临界点（这些简言之就是边缘处）⑧的方式来获得实现的。这场智识和哲学攻势的目的在于参与到“对总体性和那

① *Idem*, p. 410.

② François Châtelet, « Platon », in : *La Philosophie de Kant à Husserl*, Paris, Marabout, t. III, 1979, p. 27.

③ Cornelius Castoriadis, « Les Mouvements des années 60 », in : *La Montée de l'insignifiance. Les carrefours du labyrinthe,* tome IV, Paris, Seuil, coll. « La couleur des idées », 1996.

④ Achille Mbembe, *De la postcolonie. Essai sur l'imagination politique dans l'Afrique contemporaine*, Paris, Karthala, coll. « Les Afriques », 2000, p. 27.

⑤ Jean-Godefroy Bidima, *Théorie critique et modernité négro-africaine. De l'École de Francfort à la « Docta spes africana »*, Paris, Presses de la Sorbonne, 1993, p. 241.

⑥ Valentin Yves/Vumbi Yoka Mudimbe, *The Invention of Africa: Gnosis, Philosophy, and the Order of Knowledge*, Bloomington, Indiana University Press, 1988, p. 5.

⑦ Mamadou Diouf, *L'Historiographie indienne en débat. Colonialisme, nationalisme et sociétés postcoloniales, op.cit.*

⑧ Sur tout ceci lire, Jean-Godefroy Bidima, *L'Art négro-africain*, Paris, PUF, 1997, p. 8; *La Philosophie négro-africaine*, Paris, PUF, coll. « Que sais-je ? », 1995, p. 124; « La philosophie en Afrique », in: Jean-François Mattéi (sld), *Encyclopédie philosophique universelle*, tome IV : *Le Discours philosophique*, Paris, PUF, 2000, p. 72, note 2, p. 68.

些概念集的解构”[①]这一“新纪元”之中。将逻各斯视为来自阴茎的理性话语、视为男性性别而加以批判，以及把中心视为意义的源泉[②]而加以批判，其目的在于摆脱那种让身体、性别、儿童、妇女、混混、残疾人、新性别者、地区知识[③]——尤其是魔法、炼金术、超常热情、占星术这些被笛卡尔、莱布尼茨和康德所批评的“错误科学”——边缘化的哲学话语。

这个目的在于终结那个发端于批判理性的概念视野，因为逻各斯不再是开端，这个目的也在于反对总体和碎片，系统和边缘必须要获得实现，这是为了碎片化、去奠基化、去总体化、多重性和多样性对于“具有涵摄作用的同一性”[④]（identités subsumantes）的优先性之故。我们宣布了一切意味着一个统一世界的关于在场性的存在论的终结。捍卫中心价值（在这里所有人都能够相互辨认）、维护共同生活的规则、对共同行动怀有信心，这些都不再是个问题。

事实上，新的哲学方向是对发端于万隆会议和解放斗争的那些解放哲学的一个批评，因为这些哲学将自我中心化（auto-centration）视为规训我们实存的规范。

六

我们作出结论。南方哲学中边缘形而上学的概念语法既不展现为一个航向，也不展现为一种涉及到每个人原初价值之基本伦理原则的指南针。

摆脱理性之必要性，和质疑那个与效益原则相关的新的我思之必要性——冒着无宇宙论（acosmie）以及超出历史性或者说自我放逐于普遍历史之外的风险——在没有融贯性和没有综合的情况下被结合起来。

我们这里并没有意愿在深度和广度上去解决关于平等的政治问题和关于尊严的伦理问题。某些思想家甚至为了生产力和原始积累的目的梦想通过创造性毁灭来构建不平等和排斥。这样的做法，违反了康德实践哲学所认为的尊严、人格完整性、

① Bouharima Ouattara, « Figures ethnologiques de la pensée de l' être », in : *Cahiers d'Études africaines*, n° 157, XL-1, 2000.

② Jean-François Mattéi, *L'Homme dévasté*, préface de Raphaël Enthoven, Paris, Grasset, 2015, pp. 241-242.

③ Ramon Grosfoguel, « Vers une décolonisation des « universalismes » occidentaux: le « pluri-versalisme décolonial », d' Aimé Césaire aux zapatistes », in : Nicolas Bancel, Florence Bernault, Pascal Blanchard, Ahmed Boubeker, Achille Mbembe, Françoise Vergès (sld), *Ruptures postcoloniales. Les nouveaux visages de la société française*, Paris, La Découverte, 2010, pp. 119-137.

④ Jean-Godefroy Bidima, « *La philosophie en Afrique* », in : Jean-François Mattéi (sld), *Encyclopédie philosophique universelle*, tome IV : *LeDiscoursphilosophique*, Paris, PUF, pp. 814-821.

民主、真理、正义是绝对不能讨价还价的看法。它们可能会在利益增长或更大数量好处的名义下被牺牲掉。

身处边缘，并非某种拣选的迹象[①]，尽管边缘处的奥秘是其中之一。受难和下降并非救赎。被排斥者必须抵制任何对于受难的属灵需要，他必须为了实现另一个城[②]而斗争，在那里，他将不再身处对象形式下的边缘，而是身处中心，在一种追求人类平等和博爱的秩序之下，忙于生产他所需要的东西。

（冯力　译）

---

① 上帝的拣选。——译者

② 上帝之城。——译者

团结与社会风险

萨莉·J. 舒尔茨（Sally J. Scholz）
（维拉诺瓦大学）

摘要：“团结”一词，如“正义”一样，通常带有积极性的含义，它一般指包容性的、公共性的、协作性的集体联合及事务。团结呼唤着公共精神，并提醒个体注重与他人道德上的联系，这种道德联系同时也要求分担社会风险。然而，社会风险常常被不平等地分配、不公正地限制，或者被策略性地压制了。本文主要讨论的是集体社会中社会危机的不平等分配问题。在社会危机范围内，个人的生活福利以及权力的得失、日常决定都与他人密切相关。对社会危机的分析，着重强调个体损失（如饥饿、伤病）而非个体福利的社会分配方式。基于保护个体生活福祉而建立的自由民主社会，其结构能够将社会风险最小化。（在这种社会中，）集体期待每个个体都能至少承担一部分社会风险，由此，每个个体的福祉都与他人相联系，从而也与整个集体相联系。但有时候，社会风险的不平等分配导致部分个体不得不承受社会结构本身带来的损害。在这种情形下，团结（联合）对一些社会成员来说就是有害的。对社会风险的承担意愿是如何被阻碍的？如何在结构影响下被不均分配的？揭示这一点有助于剖析公民团结的集体道德义务。此外，本文还将讨论，在一种普适性的团结模式下，如何确保社会风险的公正分配，以便为保障人权提供导向原则。

团结与社会风险

“团结”一词，如“正义”一样，通常带有积极性的含义，它一般指包容性的、公共性的、协作性的集体联合及事务。团结呼唤着公共精神，并提醒个体注重与他人道德上的联系。全球化改变了社会面貌，每一种公共的相互依赖形式同时也是全球性的。

不过，全球性的相互依赖关系既带来了积极的可能性，也隐藏着诸多潜在的危险。

正在发生的国际难民危机就是一个典型的例子。在现存国际秩序下，已经无家可归的难民由于失去了国籍和国家保障，将会遭遇更大的社会风险。

联合国儿童基金会（UNICEF）估计，“在今天，有5000万左右的儿童迁移到他国或者被迫离开家园”①。2015年的儿童难民数量与2005年相比增长了一倍。②难民（尤其是孩子）的流离失所已经成为一个全球性的问题，这让世界各地的弱势群体处于极大的危机之下。针对导致这一危机的原因，UNICEF给出了可能的解决方案：

> 当迁移的决定被做出之时，得到最多和失去最多的往往都是孩子们，因此他们理应也参与决定。当孩子们和他们的家庭获得安全的、合法的迁移路线时，迁出的孩子们和他们即将加入的社区都将迎来巨大的机遇。相反，如果移民没有安全的迁移路线，旅途将充满危机，而在这一过程中最容易受到直接伤害和影响的也正是孩子们。③

诸如此类的问题，需要的是全球性的合作和协调。同时，普适性的人权法则与全球性的责任、参与和行动也至关重要。在解决国际危机和国际日常交流中，联合国和各个主权国家无疑是最重要的行动者，但地区性团体、非政府组织、过渡性及社区性组织乃至个人，同样负有责任。

本文展望了全球性公民团结的前景，而全球性的公民团结机制也要求社会风险的分担。本文也提供了一些社会风险分担的概念化设想和可能的模式。另外，社会风险常常被不平等地分配、不公正地限制，或者被策略性地压制了。本文仅仅讨论第一点，即社会危机的不平等分配问题。对社会风险的承担意愿是如何被阻碍的？如何在结构影响下被不均分配的？揭示这一点有助于剖析公民团结的集体道德义务。本文还将对作为人权基础的公民团结进行考察。

从公民社会到公民团结

（当前，）全球性的稳健的公民社会已经形成。传统的公民社会是由各式各样的非

① 联合国儿童基金会：《迁离：难民危机的恶化以及儿童移民》，2016年9月。

② 同上书，第6页。

③ 同上书，第14页。

政府组织和机构构成的，这为公民个人积极参与社会事务、表达意愿及实现政治理性提供了空间。政府机构以外的公民参与行动，为个体表达道德和政治诉求创造了积极的、推动性的机会。从全球范围看，跨国的行为网络以及非政府组织将个体联接成集体，由此，信息和思想得以分享和讨论，多层次的行动得以实现，国际性问题也得到了关注和解决。一般来说，公民社会组织基于自己的任务而独自行动，有时，两个或多个组织会有正式或非正式的联合行动，但这其中仍保留了很大程度的自主性。

公民团结[①]与公民社会在某些重要方面有重叠，但它指向一种特殊的道德义务关系，即要求在不同层次的参与者和集体之中保障每一个公民的权利。通过社会保障性收入、失业保险、健康保障、消费者保护及环境保护等事务，公民团结将自身与福利国家联系起来。正如下文将要讲到的，公民团结具有更深的根基，因此不能仅仅被限制为福利国家的组织。公民团结要求联合的责任，要求对需要的人实施帮助，以及需要之时从他人那里获得帮助。全球性的公民团结，则将公民社会组织、个人和国家都看作是应当联合的对象。

卢梭在他的社会契约中提出了公民团结可能遭受的挑战。处于自然状态中的人类会达到一个个人自由与集体冲突的节点。作为个体，人们希望有一种集体的力量确保生存的延续。卢梭问道，既然每个人的自由和力量是维持自身生存的基本工具，那么他如何保证在不损害自身的情况下，让渡这种自由和力量？[②]也就是说，集体联合似乎与个人的自身生存和自由状态相矛盾。为了解决这一问题，卢梭提出，“需要寻找一种这样的组织，它将以集体的力量保障每个人的安全和利益，并且，处于集体联合中的个体仍然能遵从自己的意志，并保持之前的那种自由状态”[③]。卢梭意识到，作为集体的一员会面临一定的风险，他所提倡的这种契约社会，很可能会转而奴役个人。然而，当这种风险被每个人平均地分摊了，社会就允许个人拥有实际的自由，同时享有各种公民的、政治的、经济的以及社会的权利。

卢梭的见解为思考全球公民团结提供了借鉴。卢梭认为，“向所有人让渡自我，也就意味着不必向任何人让渡自我”[④]。个人之所以会放弃一部分权利，正是因为他能够期望社会和集体会以某种形式来保障他不受来自组织结构的伤害。卢梭的契约社会是基于尽可能减少社会风险而组织的。每个人都承担一定的社会风险，从而将自己的福祉建立在对他人和集体的依赖上，集体中的每一个其他人也这样做，从而共

① 在《政治团结》（宾夕法尼亚大学出版社，2008）一书中，我提供了一个关于公民团结的更广泛的描述。

② 让-雅克·卢梭：《社会契约论》，选自《社会契约论和其他政治论文》，Victor Gourevitch 编辑，剑桥：剑桥大学出版社，1997 年，第 49 页。

③ 同上书，第 49 页。

④ 同上书，第 50 页。

同减轻社会风险。全球公民团结基于对个体、组织和国家在集体之中相互依赖关系的确认。在这之中，没有任何国家能例外（尽管当前现实并非如此），而一些国家能够例外实际上是霸权的体现。在全球公民团结中，每个决定都是自主做出的，但在道德义务关系之中与他人密切相关。以下粗略考察全球公民团结中存在的利处。

第一个好处是，全球公民团结能够把相互依赖关系转变成一种责任。某一组织做出的决定与其他组织或个人密切相关，通过揭示这一点，全球公民团结强调全球责任分担的重要性。当集团以这种联合模式运作时，他们实际上认可了社会风险的分担（比如当他人需要时，自己必须做出援助）。同样地，当我们转变观念，将主权国家看作是有责任提供保护的，而不是独立的、不该被干涉的，那么公民团结就该被看作是有义务提供帮助的，而不仅仅是保障基本权利。这是一个细小的转变，有争议的是，保障权利的同时应该要求能够提供帮助，尽管按照常识来说，主动提供帮助必然意味着能够保障基本权利。正如保护的责任一样，公民团结假设：人权之所以存在，是因为全球性的相互依赖关系以及人与人之间相互保护的集体承诺。[①]当卡尔·威尔曼（Carl Wellman）提到所谓的"第三代人权"时，他分析道，"不幸的是，面对全球人权和福利所遭遇的威胁，并不是所有国家都会尽全力承担起自己的那一份责任。因此，急需建立一种联合责任框架来约束所有国家，并要求某些国家承担更多的责任，从而确保国际社会总体做出的努力足够应付（相应问题）"[②]。理想情况是，每个国家都能完全承担自己属于自己的那一份（责任）。全球公民团结，可以成为这种约束所有国家的责任框架，某些国家承担更多，是为了帮助需要中的他人。这一框架的理想前景是（尽管不太可能实现）：当社会风险被平均承担，所有联合体中的国家都能够在社会和自然威胁面前得到保护。

风险一般是指个人在物质、身体或地位方面的损失。尽管大多数风险是个人为了其他目的（如娱乐）而主动承受的，但也有一些是被动受到的伤害（如自然灾害）。这些风险是安全和生存的威胁，而人的依赖性又要求我们生活在社会之中并依靠社会。由于我们生活在日益复杂的社会之中，社会性的风险由此也日益分化。在人与人的交往中，一些剥削性的风险就被创造和扩大了。每个人的弱点不同，其所可能遭遇的风险水平也不同，并且，随着环境的变化，新的威胁将会出现，从而导致一些人承受更多的风险。

由于社会结构、体系、价值观以及个体生活环境的特殊实际，弱点也被社会化了。社会化的弱点包括：社会经济的不平等、资源占有不平等、环境伤害、信息不对称、系统的排外性，以及相同环境中某些更易受到影响、从而丧失民主和政治自

① 通过这种方式，人权变成了一种责任。

② 卡尔·威尔曼:《团结、个体与人权》，载《人权季刊》22, No. 3 (2000), 651。

由的个体或群体。

大卫·米勒（David Miller）认为，“保护集体成员免受风险的意愿（包括风险的分配、公平的保障、相互信任）”①是团结的重要益处。显然，这是一种对福利国家目标的典型解释。公民团结被理解为一种风险分担手段，藉此个人在政治、社会、经济方面的利益就不会被其弱点所拖累。“公民团结并非要消除所有的不平等，而是要防止这些不平等对个人的社会参与能力产生影响。”②这种形式在福利国家得到了最好的诠释。

基于权利的正义仅仅考虑个人的权利以及个体与国家之间的权利义务关系，与此不同，上述路径则关注个体的弱点和可能遭遇的风险。公民团结主要考虑的是如何满足阶层社会中最容易受到威胁的那些人的需要。责任设定了合适的义务和权利框架，这为理解责任本身提供了维度。③

公民团结中社会风险的分担，有点像保险计划中的风险分担。在保险中，“每个人只需要缴纳一小部分保费，而所有人缴纳的总额则足够应对风险”④。当然，保险公司也是有自身利益的第三方。但在公民团结中却没有第三方，尽管联合国可能会代表一种调停力量。

基于风险平均的原则，公民团结力图避免一种主导型的结构。尽管部分国家在某些场合有更多的权力，但彼此承诺要求它们将这种权力运用在为集体服务之中，而不是在集体中获取利益。通过风险分担，个人和团体能够在相互信任的行为中巩固自由和团结。通过考虑弱点而做出的决定，主导霸权被避免。联合的团体会关注同伴们的自由和自主决定，而不是寻求彼此占便宜。

团结的一个特点是，联合中的个体都认可基于彼此承诺而可能遭遇的后果。这种特征在共同的命运、做出牺牲的意愿和拒绝特权利益中体现出来。正是这一特征，使得公民团结与其他形式的风险分担区分开来。

与分担命运不同，公民团结分担的是面临命运不确定的威胁时相互帮助的意愿。它所强调的是双方的共同利益，而不仅是某一方的权利。此外，公民团结的建立，使得整体构建于个体之上，整体利益依赖于个体自决，反过来，个体的利益同样依

---

① 米勒的具体描述可参见：《承诺的张力：多元社会中团结的政治资源》，Keith Banting & Will Kymlicka 编辑，牛津大学出版社，2017 年，第 35 页，米勒自己虽然并没有这样定义风险，但他的论证显然是支持这一点的，参见《承诺的张力》中“团结及其资源”这章。

② 萨利·舒尔茨：《作为人权的团结》，2014.3。

③ 艾瑞斯·杨（Iris Young）在《正义的责任》（牛津大学出版社，2011 年）一书中讨论了另一种基于社会联接模式的责任。杨的这种社会联接，是一种得与失的关系，如社会结构性的不平等、非正义劳动等，我则认为相互依赖才是一种更广泛的、基于责任的联接模式。

④ Turo-Kimmo Lehtonen and Jyri Liukko, “Producing Solidarity, Inequality and Exclusion Through Insurance,” *Res Publica*, 21(2015), 158.

赖于整体，在这一模式中，离开了对方，个体本身就很难生存。

最后，正如开头所表明的那样，全球性公民团结将面临危险的所有联合体（包括个人、组织和国家）的责任都包含在内。在这一模式中，个人让渡自己的代理权；国际社会组织提供问题话语权、针对国内政策的地区性和国际性机制、对某一国家的批评以及各种运动的联合动力；积极分子和倡议组织敦促各国保障人权；主权国家则仍然作为国际关系的核心。总之，公民团结使得各方的作用都能充分发挥。①

全球公民团结的阻碍

全球公民团结所遭遇的最主要的阻碍，是某些国家会为放弃自己的利益、将自己的命运与他国联系起来而感到犹豫。建立有能力保障个体、人群和国家避免遭受社会风险的国际性团体，需要［做出］重大的承诺，这正是很多国家不愿意合作的原因。在这一点上，《京都议定书》是一个极好的例子。这一协定清楚地表明，人类行为造成的气候变化已经成为全人类（尤其是弱势群体）的威胁。《京都议定书》在很多方面都体现了全球公民团结的原则，谈判过程和最终达成的协议都表明，主权国家对自己所负的责任（包括对人类集体的责任和对他国的责任）都有清晰的认识。然而，只有当所有的国家都愿意分担风险时，这一协定才是坚实的。显然，联合国富有远见地把关乎全人类福祉的气候问题置于主权国家的国内经济之上。公民团结要求我们就什么才是优先的达成共识，正如卢梭所说，集体会表现出整体的力量，但同样确保个体的自由。离开了风险分担，这一点是无法实现的。②

此外，也有人会反对说，全球公民团结与团结权利、第三代人权有某些共同点，卡雷尔·瓦萨克（Karel Vasak）认为，团结权利考虑跨国界的威胁，并且要求"来自个体、国家和组织的各方努力"③。卡尔·威尔曼解释说："为了实现全人类的共同发展，防止我们共同的生存环境的恶化，需要建立一种新型的国际秩序，一种对所有国家都有义务约束力的组织。只有基于团结精神的共同行动才能保障人类的福祉和基本生存。"④威尔曼认为，没有必要强调团结权利，因为联合义务可以"直接从每个

① 卡洛·古尔德（Carol Gould）提出了一种基于同情、关心的网络的"网络团结"或"超国家团结"，参见 Carol Gould, "Transnational Solidarities," *Journal of Social Philosophy* 38, no. 1 (2007): 138-164。

② 当然，美国官员可能会反对说，那些拒绝签署协议的发展中国家并没有分享同等的风险。在这种情况下，对风险的定义是有争议的。如果与最容易遭受威胁的国家站在一起，显然对美国官方的反驳不利。

③ Wellman, 652.

④ Wellman, 651.

人的人权之中得出”[①]。按照这一观点，目前由联合国维持的人权框架已经足够了，全球公民团结没有存在的必要。

这种反对意见在很多方面看起来都是很有依据的。人权应该服务于所有成员的政治自由和社会平等，现实的国际问题也需要依赖主权国家，因此主权国家是国家人权法则的参与者。如果主权国家不作为，或者无法保护其公民，地区性和国际性组织就有介入的责任。[②]基于全球公民社会的公民团结，能够通过扩大责任、为各方参与者提供道德的而非法律的渠道来为当前框架做出贡献。

结论：重新讨论难民危机

在世界舞台上，人口的迁移是一种特殊的社会隐患。在内战、迫害和暴行导致的人口迁移中，分担风险对富裕民主地区的个人、组织和国家意味着什么呢？全球公民团结能为那些被迫离家的五千万儿童做些什么呢？UNICEF 在 2015 年通过的六条建议为解决儿童难民问题中各方应当承担的责任提供了优秀的典范。[③]举例来说，第四条倡议写道：

> 让所有的难民儿童有机会学习，生活质量和健康有保障。为此，需要政府、社区和当地人的共同努力，来为孩子们提供教育、医疗、住所、水源以及合法的物质和精神援助的途径。这不仅是共同的责任，也是每一方的利益所在。孩子的迁移过程不应该伴随着基本生活的无可着落。[④]

这一倡议中明确提到国际社会中各方的“共同责任”，并且将这一责任的实施与各方利益联系起来。也就是说，只有关注最弱势群体，整体才会变得更好。这一精神在 UNICEF 的“不要失去下一代”活动中再次得到体现。这一运动展现了这样的前景：“在受到保护的同时，孩子们还应该受到合法的、有质量保证的教育。应该支持成年人和孩子们一起为当地的生活、和谐做出贡献，并在法律允许范围内为当地

---

① Wellman, 651.

② 这里的主权，是基于责任的主权，即不是不受干涉的主权，而是能够保护其公民、改善其福祉的国家主权。

③ 联合国儿童基金会：《迁离：难民危机的恶化以及儿童移民》，第 4—5 页。

④ 同上书，第 5 页。

创造更多生活机遇。”[①]

最后，让我们再回顾一下商业保险的类比。莱赫托宁（Lehtonen）和柳科（Liukko）认为，商业保险的排外性是一种不平等的形式。“将各国公民看作是风险的特殊群体意味着，由于没有普遍包容的集体，所以谁能够或者必须被包含在集体中就成了一个政治问题。第一世界的国家已经建立了完善的福利体系，来保障他们本国的公民……换句话说，那些被排除在保障之外的人被迫独自承担风险，他们作为独立的个体或家庭，与他人进行任何形式的分担都是充满风险的。”[②]全球公民团结拒绝这种具有排外性的集体，不应该排除任何人，让他们独担风险。流离失所的孩子是最弱势群体之一，全球公民团结要求作为个体、市民、组织成员以及全球大家庭一员的所有人担负起责任，分担风险。如果我们没有风险分担的意愿，我们实际上就默认了一种强权的存在，从而使得一部分人面临更大威胁，也让每个人的政治、社会、经济权利和基本人权受到制约。

（佚名　译）

---

① 见 UNICEF 网站：https://nolostgeneration.org/。

② Lehtonen and Liukko, 166.

权利、责任、正义

“哲学与法中的责任”

尤利安·尼达-鲁莫林（Julian Nida-Rümelin）
（柏林洪堡大学，慕尼黑大学）

I

英国的法哲学家哈特（H. L. A. Hart）曾在一篇后来成为经典的文章中论证说，用于描述行动（Handlung）的语言表达（抑或句子）的最重要的功能在于把责任归属给施行或完成行动的人。他因此把法律实践中的责任归属，譬如法庭判决或诉讼等，同日常生活中的责任归属紧密地联系在了一起。由此，若我们在日常生活实践中将某些行动归属于某个人，这种归属也会变得在类似于法律诉讼的意义上可以争辩。①

不少具有影响力的法哲学家或分析哲学界的行动理论学者支持这一进路，然而它也受到了不少批评。② 这些批评在其中一点上获得了一致的意见，亦即认为虽然哈特提供了一种有趣的想法，但他至少忽视了两个严重的问题：其一是行动理论视角下的谬误，哈特的批评者认为，尽管在行动与责任间存在着紧密的联系，但这种联系更多是在行动的宏观层面，而与具体个别的责任并无关联；其二是法哲学视角下的谬误，即哈特错误地认为在法律实践中的责任归属标准与日常规范下实践的责任归属标准之间存在着紧密的对应关系。后来的批评者指出，把行动归属与责任归属联系在一起已经是错误的做法，因为责任归属的标准仅仅是在欧洲启蒙运动之后才开始出现，并且是同启蒙运动对主体以及理性生活的概念的强调相关联的。③ 既然行

① 参见 H. L. A. Hart, “The Ascription of Responsibility and Rights”, in: *Proceedings of the Aristotelian Society* 49 (1948/49), pp. 171-194。

② 例如 Joel Feinberg, “Action and Responsibility”, in: idem., *Doing and Deserving*, Princeton, New Jersey 1970 或者比其更早十年的文章：George Pitcher, “Hart on Action and Responsibility”, in: *Philosophical Review* 69 (1960) 等等。

③ 参见 Ludger Heidbrink, *Kritik der Verantwortung. Zu den Grenzen verantwortlichen Handelns in komplexen Kontexten*, Weilerswist, Velbrück, 2003 或 idem., „Definition und Voraussetzungen “ in: idem et al. eds., *Handbuch Verantwortung*, Wiesbaden, Springer, 2017。

动的概念很古老而责任的概念很新近，那么试图在两者间建立逻辑联系的行动哲学便自然会问题重重。对哈特更具同情心的诠释者则指出，哈特并没能成功地论证他想要的结论。尽管确实存在着行动归属与责任归属相关联的情况，但这毕竟仅限于特殊的情形，例如当某种规范被违反的时候（参考 Feinberg），而且这种把法律实践中的责任归属类推到生活实践中的做法也仅限于适用刑法的情形，并不包括适用民法的情形。① 在本报告中，我将采用一种与这些批评相反的进路，论证在行动与责任之间确实存在着一种不容解除的相互联系，而适用于法律责任和伦理责任的规范性标准也具有着一种统一性。哈特本人的论证是从法律实践出发并试图将其类推到生活世界。但我的论证将与哈特不同，在考虑伦理与法的规范性标准时，我会将日常生活实践中的责任归属作为论证的出发点，并指出这一出发点已经隐含了规范性标准的统一性，因为只存在着一种规范性的应然概念。一直以来，将规范性系统地分割而隔离在不同的领域之中被当作一种理性认识上的进步和收获，而我认为这一做法是有害的，实际上，从其整体后果来看可以说它是对人类实践的规范性本质的一种破坏。卢曼（Niklas Luhmann）的社会系统理论为此提供了有力的证明。这里涉及到的两个学科——哲学和法学——不会在我的报告中得到同等篇幅的处理。本文分析的重点是关于责任的哲学及其在行动理论中的基础，至于其在法学理论中的意义和后果本文只能略加提及。换句话说，本文意在提出一种纲领性的建议，寄希望于这一纲领能在法学的专门领域得到具体实现。某种意义上来说，我接下来要探讨的内容也可以看作对我近年来在实践哲学领域的工作的一种修正。所谓修正的意思并不是指迫不得已的重大改动，而是说我们需要对自己接触到的为各种理由所支持的不同立场进行审视，考察它们是否前后一贯并且包含着有趣的新视角。② 哲学在一定意义上总是纲领性的，因为它并不是一门可以在范式上被固化并预设一定的经验方法的具体学科。或者换句话说，每当这种固化出现的时候，相关的研究领域就会变成一门具体的学科从而从哲学中分离出去。当然，如果本文所探讨的内容会在一门

---

① 参见 Christine Windbichler, „Freistellung unternehmerischer Entscheidungen von persönlicher Haftung" in: Ulrich Immenga et al. eds., *Wirtschaftliches Risiko und persönliche Herausforderungen*, Baden-Baden, Nomos, 2006。

② 我曾在一本小型的专著中对责任概念进行了阐释。在其第一部分中，我描绘并论证了责任的主体和客体，讨论了为什么我们对我们所具有理由的一切，亦即行动、信念、和（情感）态度等，都负有责任。参见 JNR, *Verantwortung,* Stuttgart, Reclam, 2011（第一至第三章）。在其第二部分中，我对责任的不同形式进行了分析：包括对于后果的责任，合作式责任，政治、科学及道德责任（第七至第十二章）。这本专著仅仅是我称之为"结构性合理性"（„Strukturelle Rationalität "）的更大的一项课题的一部分。这一课题又是我对后果主义的批评的建构性的一部分。参见 JNR, *Kritik des Konsequentialismus*, Oldenburg, De Gruyter, 1995; *Strukturelle Rationalität,* Stuttgart, Reclam, 2001; *Structural Rationality and Other Essays on Practical Reason*, Dordrecht/Heidelberg/New York, Springer, 2018 (in print)。以及最后更大的哲学课题：*Eine Theorie praktischer Vernunft*, Berlin, De Gruyter (in preparation)。

具体学科（在这里也就是法学）那里得到实现，我将感到欣慰。

我们对什么负有责任呢？不论如何，我们对自己的行动负有责任。我们对自己的所有行动都负有责任。当一件事情被视为某人的行动时，那个人就对其负有责任。行动和责任是两个彼此紧密联系的概念。不存在一种无须负责的行动，也不存在一种对于没有行动属性的行为（Verhalten）的责任。如果要反驳这一观点，我们需要举出例子，看看有哪种行动人并不需要对其负责。可能的例子包括了在胁迫下，以及在酒精影响下所做出的行动。现在让我们来考察这两个例子。设想一下有一名游客在里约热内卢的深夜在科帕卡瓦纳被一名持刀的年轻男子所威胁，要求他交出他的钱包。当这名游客回到酒店，他受到了妻子的数落，认为他并不该把钱包交出去。那么，他是否可以回答他的妻子说"我对此并不负有责任，因为我当时是被胁迫的"呢？我认为答案是否定的。我们可以想象那名游客拒绝交出他的钱包并最后被劫犯刺伤，回到酒店他的妻子也许会对他说："你为什么不把你的钱包交出去？在这种情况下那是唯一理性的选择。"显而易见，当游客被逼着交出他的钱包时，他并不是在没有其他任何选择的情况下做的。在受到胁迫时，他依然有不同的选择，尽管其后果有可能是灾难性的。因此，不管是选择交出钱包还是选择不交出钱包，他都在同样的意义上对他所做的事负有责任。认为在胁迫下做出的行动是无责任的行动，实际上是混淆了两件事：一方面，如果我们把一种行动看作是在威胁下做出的反应，那么我们依然必须能够对这种行动做出不同的判断，好比在威胁并不存在的情况下那样；另一方面，如果一个行为是毫无选择的，那么它就不具备行动的属性。事实上，很多人都支持这一观点，亦即一种行为只有在存在着其他选择的情况下，也就是说只有当当事人有可能做出其他决定的时候，才可被视为行动，而外在的胁迫并不蕴含这种选择不存在的意思。决定预设了当事人的斟酌，亦即对各种支持或反对相关行动的理由进行斟酌考虑。斟酌因此又预设了我可以做出不同的行动。只要我有着不同的选择，只要我的行为是一种无论多么简单的斟酌的结果，我就对其负有责任。在这一承诺的基础上，我们的行动当然会在不同的情况下被判定为是好的抑或坏的、是理由充分的或是不理智的、是道德上可被接受的或是不道德的。一个人在受到威胁时做出某种行动，与在并不存在威胁时做出该行动相比，当然会根据其情况的不同得到不同的评价。在受到威胁时，当事人并不需要对他所做的事负起所有责任，因为其不同的判断标准蕴含着不同的后果。

与之相比，在酒精影响下行动的情形则完全不同。根据醉酒程度的不同，当事人会被认定为对其所做的事仅仅负有部分责任，或者不负任何责任。在法律辩论中，人们会使用所谓限制责任能力的概念。在这种情况下，当事人无须对其所做的事负有责任。在有些时候，当事人的责任可能会在法律意义上被限定在把自己灌醉的行为本身上，因为在此前的某一时刻当事人终归是处于清醒的状态，并在使自己进入醉酒因而不负责任的状态时做出了相应的决定，譬如在明知自己会进入有限的“行为驾驭能力”（Steuerungsfähigkeit）的情况下继续饮酒。当这种“行为驾驭能力”退化，其责任的范围也相应地减小。因此，在法律上，我们往往可以为承担完全责任和免除所有责任的情形设定相应的阈值，一旦超过这个阈值，责任的归属会变得不同。但在现实情况中，这显然是一种连续的变化。当醉酒程度不断加重时，责任范围也在不断地减小。不过，当醉酒程度不断加重时，究竟是什么发生了变化？到底是什么导致了当事人的责任的范围减小？一个严重醉酒的人很少能够对其行动的后果进行思考。因此，他对行动理由的斟酌缺失了很关键的一部分。根据我们的经验，这样的一个醉酒者往往也是相当冲动的，换句话说，他不会在其行动前进行充分的斟酌，而是立刻对眼前的情形做出反应。而他的人格也会发生变化，往往会退行至一种比较幼稚、情感不成熟的状态，其意志力与对挫折的忍耐力显著下降。因此，我们往往援引当事人控制力的减损来论证其在酒精的严重影响下对其所做的事仅仅负有部分或不负责任。这种控制力并不仅仅是指对身体运动的协调性，而更重要的是指像成熟而负责的人那样行动所必需的复杂的心理过程。有这种控制力的人能够将其单个具体的行动放在更大的有关其行为和生活的整体结构的语境中去考察究竟如何行动。在对理由进行斟酌和援引时，他并不是仅仅相对于一时一地进行优化。援引理由来对自己所做的事进行辩护，意味着承诺在类似的情况下总要做出同样的行动。接受某种理由意味着为自己的生活赋予某种结构。也是在这种对结构化的缺乏的意义上，醉酒者的行动是前后不一致的。对责任的担负要求对行为具有控制力。而这种控制力并不是仅限于一时一地出于情绪对眼前的情况做出反应，而是在人的实践的生活以及驾驭这种生活实践的思虑的整体语境中而言的。而这也解释了一种乍看上去颇不寻常的现象，亦即在法律意义上只有当一个人成年后才会担负全部责任。事实上，十七岁的青少年在多数时候有着比很多成年人更高的智商，而他们也强调自己是独立于父母一辈的影响的，并且对自己的日常决定承担着责任。尽管如此，我们依然认为完全法律责任仅在较晚的年龄才开始适用是合理的，因为责任不仅仅与计算能力、在经验中建立联系的认知能力，以及与经济独立相关，而是取决于更多的条件，特别是对理由的前后一贯的斟酌能力和规划人生的能力。而这种能力又主要体现在一个人是否可以坚持一项长期的目标，是否可以克制短暂的冲动，以及是否充分地减少了依赖于他人的判断的情形，以使自己能够在即便面临阻力的时候也坚持自己的信念。而具备完全责任、充分的自我强度（Ich-Stärke）以及充分判断力所需的关键性条件，确实是仅在较晚的年龄才会得到发展。也许这并不会像西方工业化国家青春期延长的趋势所显示的那么晚，但总之并不是与青少年的智力和知识同时成熟的。对完全责任的归属是在确实比较苛刻的条件下进行的，而这种条件在醉酒的成年人那里已经不再具备了。这些条件的核心内容便是对理由进行斟酌并将其在具体情形下加以运用的能力（判断力）、依照斟酌的结论相应地完成行动的能力（意志力），以及前后一致地行动和生活的能力（自我强度）。[①]

II

费因贝格（Joel Feinberg）针对哈特的理论提出了严厉的批评，认为他不仅错误地将英国的所有权概念扩展到了其他法律领域，而且更是错误地将其扩展到了人们责任归属的一般实践之中。当然，对哈特来说，"可废止"（defeasible）的概念扮演着重要的角色。我们可以假定，某一诉讼的反方提供了一系列当事人未能履行其责任的理由，而且这些理由足够有力，以至于辩护一方必须回应并且驳倒这些理由。这种理由便是可废止的，哈特将这种理由称之为表面证据（prima facie Beweis）。我们也可以说，它给出了一种拒绝指控的辩护，亦即论证说当事人对其被指控的错误行为并不负有责任，因此指控中的行动并不能被归属于当事人。费因贝格则认为，尽管这种包含了表面证据以及对表面证据的驳倒的复杂程序在法律中扮演着重要的角色，但它在日常生活中并非如此。如果我们指控一个人对另一个人造成了侵害，我们的确可以在法庭上抑或在日常生活中驳倒指控的理由，比如某种手势（击打对方的额头）属于无意而为之，或者实则出于另外的理由，即其行动是伴随着其他的意图，因而与典型的试图造成侵害的意图有所不同（比如擦伤对方的额头本意是想向对方指出一只鸟）。如果我们接受这样的一种法律实践和日常生活实践的类比，那么我们关于责任的概念将的确不得不变得明显过于狭窄：它仅涉及将某种可归罪的错误行为归属给某个人，或者，（当支持指控的理由被驳倒时）取消这种归属。我们的责任将仅仅涉及可能的错误行为。如此，行动归属和责任归属之间的紧密联系将会不复存在。我们日常的语言实践似乎也支持这样一种行动和责任归属间的分离：假如某个人坐在钢琴前面弹奏一首肖邦的曲目，我们似乎确实不会说她对她的行动，亦即在钢琴上演奏一首肖邦的曲目，负有责任。不过，现在让我们设想一下她的邻居假如抱怨说她打扰了他周六下午的宁静。那么，我们确实可以说他要求他的邻居为她的破坏安静的响动负责。而这种责任恰恰预设了所谓的破坏安静的行动，不管

① 本节中对于行动责任的刻画来自于 § 6 JNR, *Verantwortung*, Stuttgart, Reclam, 2011。

是否事实如此，是可以被归属给当事人的。在日常的语言运用中，人们是被要求对其行动的后果负责，而非对其行动本身。然而，我们是否可以在不要求一个人对其行动本身负责的情况下要求他对行动的后果负责呢？在语言运用中，当我们要求一个人负责的时候，我们一般的确是意指其行动的后果，然而这恰恰是因为在行动与责任之间存在着紧密的联系，以至于在一般情况下我们并不会提问一个人是否会对其具体的行动负责。只要一种行为具备着行动的属性，那么人们就对这种行为及其所有可预见的后果负责。我们只有在少数情况下会针对一种行为本身（而非其后果）的责任发问，亦即在我们对该行为是否具备行动的属性存有疑问的时候。当我们将一种行为认定为行动的时候，从其本质上来说，我们已经将行动的责任及该行动可预见的后果与这一行为联系在了一起。恰恰是这种行动与责任间的紧密联系解释了为何在一般条件下探讨关于行动本身的责任问题显得并不那么有意义，因为它更像是一种赘述：行动本身恰恰是指我们行为中需要对其负责的那一部分。

行动与责任之间如此紧密的对应关系仿佛会导致一些违反直觉的后果。当我们对一种行为不负责任的时候，仿佛这一行为便不具备任何行动的属性。不过我仍希望坚持这一观点：我们将某一行为认作是某人的行动而将其归属给他，当且仅当我们要求他对其所做之事负责。这种对责任与行动的同步的归属只有在一种渐变的理解下才是有意义的。负责有程度高低之分，行动的属性也有程度强弱之别。一个青少年仅部分或者完全不会被追究法律责任。他在法律的意义上仅部分或完全不会是需要负责的。不过我们依然要求他负起责任并对自己的行动提供辩护，而这看上去是个合理的要求，恰恰是因为他已具备斟酌理由的能力。然而，他的驾驭一种独立生活的能力、他的自我强度，以及他的为其日常生活赋予结构的意志力，却并未充分地发展成熟。因而，他依然仅在有限的程度需为其所做之事负责，他有进行斟酌的能力，并且在这一限度内是需负责的。这里，我认为将这种真正的对行动的责任等同于道德责任的做法是比较勉强的（虽然这种做法在文献中总是出现），因为道德理由和非道德理由之间的区分是有问题的。存在着一些形式的责任，它们或者包含着对行动的豁免（譬如儿童的行为不会被认定为犯罪行为），或者其本身并不预设行动的属性（父母的法律责任涵盖了其子女的行动，政府部门首长的政治责任涵盖了其工作人员的行动，等等）。我们可以将这些形式的责任称作制度性责任，从而将其与真正的（道德）责任区别开来。因而，行动概念与责任概念之间不容解除的联系并不涉及责任的所有形式。是一个行为的意向性的特点使之得以成为一个行动。这种构成行动的意向性表现为一种在先的意图，而后者通过行动而得到实现。我们将这种形式的意向性称之为决定。一个决定构成了对理由的斟酌或思虑的结束。我针对我的决定做出承诺。我停止了思虑的过程，并通过在某一时间的一种相应的行为来实现我的在先的意图（实现我的决定）。而这一行为必须在一种最小的意义上也是意向性的，在控制下有意完成的。因而我们的行动概念有着两种本质的要素：为了实现行动的行为中的意向性，以及标志着（不论多么基本的）思虑过程的完成的在先的意图。在先的意图是通过行动本身得到完成的。而激发行动的意图（die Handlung motivierende Absichten）则并不是通过其行动本身，而是通过其后果或结果来得到完成的。这一由激发行动的意图、在先及伴随性意图所构成的复杂体构成了赋予我们生活以结构的意向性网络的一个侧面。一个能动者的行动越是显得不那么孤立，他的行动便显得越理性（或者不如说：越前后一致），而其负责程度便显得越是鲜明。

如果说我们恰恰是需要对我们行为中我们具有理由的那一部分负责的话，这里便产生了一个疑问，亦即是否我们也需要对其他我们具有理由的东西负责。比如说，我们对自己的信念也是具有理由的。然而信念并非是一种行动。当然，对信念的表达可以被看作一种行动（言语行动）。那么我们是否对信念仅有间接的责任呢？是不是只有当我们表达自己的信念，亦即完成一种言语行动的时候，我们才对该行动具有理由并因此对其负责呢？在我看来，这属于一种刻意窄化责任概念的做法。思虑和斟酌理由的能力使得我们成为理性、自由和负责的存在。我们是在人的意义上对理由进行斟酌的。在对理由的斟酌过程中，我们人格同一性的（理性）内核也得到了表达。我们可以对我们在自身中观察到的愿望、感觉及态度加以拒绝。这种拒绝在不同情况下体现在我们拒绝赋予这些愿望、感觉及态度任何行动上的有效性。在同一意义上，我们却无法同自己的思虑疏离开来，因为思虑是在一种很强的意义上属于我们的，我们在人的意义上将自己同自己的思虑等同在一起。由理由所引导的信念也是属于我们的，而我们也无法在不改变自己人格同一性的前提下同自己的信念疏离开来。从这一视角来看，由理由所引导的信念与行动有着相同的角色，它们都构成了我们的人格，而这一构成性的角色首要地表现为我们在人的意义上对这些信念和行动负有责任，并需要在面临批评时对其进行辩护。因此，我认为将由理由所引导的信念从我们需要为之负责的对象的范围中排除出去是完全错误的做法。与行动相比，信念更加没有疑义地例示了理由与责任和自由之间的联系，因为意志软弱的问题在信念中相对更少出现。我对自己的思虑的结果负有责任，因为我们自己的思虑构成了（“造成了”在这里并不是一个合适的表述）我们行动中的控制。

我们并不能将对于信念的责任等同于对于行动的责任，因为一个信念的持有所需要的理由与信念的表达所需的理由并不相同，后者属于实践理由。在有利的情形下，对这两种不同类型的理由的一致的斟酌导致了我对自己信念的表达是诚实的。而在不利的情形下，对这两种类型的理由的斟酌会导致不同的结论，在这种情况下我是理性但不诚实的。这种不诚实也可能是出于某些道德理由，比如由于顾虑对方的感受等等。不过一般来讲，信念的表达仅是理论地而非实践地被理由所支持的。换句话说，一种对被表达的信念的好的辩护也便是一种对信念的表达的行动本身的好的辩护。当然，这仅仅体现了关于诚实的规则是自明的（因而对于语言交流来说也是构成性的[①]），以至于对于信念的理论上的辩护在日常交流的普遍条件下包含了对于该信念的表达的实践上的辩护。在一些情况下，这种自明性也可能并不存在，譬如在政治力量或经济体之间的谈判过程中，抑或被告在法庭上的辩护中，等等。语言交流在这些情形下是"策略性"的，即便当某一信念本身是有充分理由支持的，对该信念的表达却并不会因此被视为是为理由所充分支持的。

在人格同一性的概念与责任的概念之间存在着紧密的联系。负有责任的存在者恰恰也就是我们认定具有人格同一性的存在者。人格同一性预设了责任。具备理由的存在者——包括关于行动的理由，关于信念的理由，或关于态度的理由——也具有人格同一性。那些不具备理由的存在者依然有可能具有某种同一性，但并不具有人格上的同一性。如果一个存在者具备理由，那么他也就具有责任。因此，有着人格同一性的存在者也即是负有责任的。

一场可怕的罪行发生了。作案人在面临指控时并没有否认他做了那样的事，相反，他辩解称那件事对他来说是完全无法解释的。他无法解释，为什么他会那样做。也许他会进一步说他已经无法回忆起整个事件的来龙去脉了。这里，作案人所谓的解释指的是事情的理由而非原因。所谓事情对他来说是无法解释的，也就是说他无法理解自己的行动（或者伪称自己无法理解）。只要他知道自己是一个人（或者认为他知道自己是一个人），他便无法为那样的行动给出任何正当的理由。这种记忆上的断档进一步指向了一种对连续性的破坏。在罪行发生的时候，某种意义上是另外一个人在行动，而那个人的行动是出于某些对于当事人事后而言显得完全陌生和错误的理由。也许他会认为，现在他已经完全变成了另外一个人，而对他来说那场罪行就好像是别人犯下的一样。

这样的表述是否会被法庭所采信在这里是次要的。也许法庭会认定当事人遭受了某种控制力的减损，因而存在着可以减轻罪行的情节。如果作案人的表述是诚实的，那么我们的确可以说，从其本来的自我视角来看他的确遭受了某种控制力的减损。当然，作案人在当时也可能是富有控制力的并精心策划了这场罪行，他的行动并非是由于一时冲动。那么，其所谓控制力的减损便会是在某种深层的意义而言，亦即他可能是失去了对构成其人格的行动理由的控制，而这种人格是他一直以来生

① JNR, *Strukturelle Rationalität*, Stuttgart, Reclam, 2001, Chapter 6.

活中通过其特有的态度、信念和行动所表现出来的。他能够在伦理意义上负责地行动，正如他可以对他所做的事提供令人信服的理由。这些理由之所以令人信服，需要在两个维度具备融贯性：我们必须保证这些参与思虑的理由的整体在任一时刻都是融贯的；同时，我们也必须保证在历时过程中这些理由的结构所发生的变化本身是可被理解和辩护的。如果一个人毫无章法地在某一时刻援引某一理由，却在类似情况下在另一时刻援引另一种理由，那么他就无法令人信服，并且会显得不负责任。我们会要求他进一步解释这些自相矛盾的观点。而如果他无法为此给出解释，他就会变得令人费解。如果这样的现象反复出现，那我们最终会将其从我们理解与互动的共同体中排除出去，因为我们不再能够理解我们究竟是在跟什么样的人打交道，在我们面前的人究竟是怎样的。人是由足够融贯并且在历时过程中足够前后一致的理由所构成的，更确切地说，人是由自身和彼此间融贯（intra- und interkohärent）的理由所构成的。这些理由构成了我们一般称之为人格的内核，并塑造了我们的态度、信念和行动。

在法律中有诉讼时效（Verjährung）的问题。在实用角度，这既可以被视为一项法律条款，也可以被解读为一种对于伦理责任限度的表述。当时间的跨度持续地增加，当事人当下的责任也相应地减少，因为他与当时的作案人已经有了较大的不同。随着时间的流逝，构成人格的理由也相应地发生变化。当这种变化发生得足够缓慢，我们并不会要求他提供理由（或元理由）来为这种变化进行辩护。责任的连续性与人格的连续性类似，也是渐变的。

（佚名　译）

不正义的体系与抵抗的场合

萨莉·哈斯兰格（Sally Haslanger）
（麻省理工学院）

不正义

这世界充斥着不正义——无论是局部地区还是全球，无论在我们周遭还是国际经济上皆是如此。我们该如何着手解决各种各样的不正义？我们该如何改变这种情形？

对这些问题的哲学探索通常始于讨论何为正义这个规范性问题。我们提出这个问题，以便更好地辨别各种形式的不正义，并为改变这种局面提供指导。这个观点听起来很有道理：倘若我们不知道什么是正义，我们该怎样判别某些情形是否违背了正义？而且如果我们不了解正义，那么当我们想要实现正义时，我们又该朝哪个方向去努力？然而，我相信我们不该将这个规范性问题作为我们的出发点。

从历史上看，分析政治哲学所采用的研究方法是先从一些清晰简明的例子出发去把握我们持有的正义概念，然后在此基础上（先验地？）发展出一套理论。对这种研究路径抱有怀疑的人们担心：

- 这些清晰简明的例子常常不是最重要、最值得被理解的现象；
- 我们用于理解这些例子的工具存在偏颇，无法被扩充或调整以适用于理解整个社会现象；
- 那些真正重要的现象被束之高阁，它们的重要性要么遭到低估，要么等待着“以后哪天”（等我们有了成型的理论时）再来研究；
- 会被选择出来作为清晰简明的例子进行讨论的，常常都是处在某个社会（优势）位置的个别研究者觉得有说服力或者熟悉的例子，这一点可以从比如大部分政治哲学里都没有关于照护工作和残障的讨论看出；

• 主要依赖先验方法来发展理论，并认为它可以被简单地应用在需要的场合，这就如同认为所谓的“应用”伦理学就只需要往功利主义或义务论上添加些经验细节就能完成一样。这种做法似乎在方法论上存在问题。

当然，在这个领域有很多合法问题可以提出。反思不同的正义观也的确对我们有帮助。但从另一个角度出发，我们可以提出新的疑问：我们怎么解决我们此刻正面临的某个具体问题？这个问题可能产生于我们与世界或他人的互动中，也可能是在自我反思时产生。我们想要解决那些在当下掌控生活的过程中所形成的问题。理想化的例子和理想理论对于解决这些问题既非必要，也无帮助：我们需要（借助实证研究来）理解我们面临的情况有多复杂，并对问题进行诊断；我们可以在不知道理想中的正义是什么的情况下，在解决问题上取得进展；在处境和行动者都不甚理想的情况下去试图实现理想通常是个错误。

那么哲学家能在这个过程中提供些什么？我建议我们首先考虑两个洞察和理解的来源：（i）受到不正义对待的境遇认知者（situated knowers）（他们本身也可能是哲学家！），（ii）社会理论。

社会理论旨在说明社会如何运作：不同的实践、制度、结构之间如何互动，个体能动性在构成和维持这些社会要素的过程中又起了什么作用。

当然，由于不同社会存在不同的运作方式，社会理论存在着不同程度的普遍性。我们的理论能够或者应该有多普遍，这是个实证问题。

无论是在地方还是其他更广的层面上，都有许多经验上适当（empirically adequate）的方式来描述“社会如何运作”。然而，一种**批判的**社会理论的目的要更加明确。它试图去展示不正义发生的场合以及来源。它通过吸取弱势群体和那些反抗统治的人们的洞察来做到这点。比如，批判社会理论与女性主义者联手去表明社会规范如何导致女性比起男性更容易受到强奸的危害。它与工会组织者联手去暴露不受监管的资本主义会如何剥削工人。它与反种族主义积极分子联手去揭示由法律和文化所带来的种族隔离如何引起持久的经济分层。批判社会理论不试图用价值中立的方式描述社会。它立足于哲学，来扩充境遇认知者所具备的重要资源，并挑战存在于统治系统中的偏见。

但你可能会问，批判社会理论家如何决定什么是不正义的？一些对社会分层的解释是有缺陷的，比如将分层解释为是自然存在的，或是由于上帝的意志，或是由于穷人都很懒惰。消除这些有缺陷的解释后，我们将会了解哪些场合存在着社会压迫。我们同样可以从遭到不正义的人（以及那些同情他们的人）那里了解不正义。正义理论对此而言并不是必需的。

这种广义的批判社会理论对于解决不正义有着以下几方面的价值：

- 由于它认真对待关于现实中出现的不正义的论断，而非将它们视为从属于某个理想的理论，因此它避免了某些形式的民族中心主义和概念帝国主义（conceptual imperialism）；
- 由于它对产生社会分层和社会动荡的过程做了说明，这个说明有着牢固的经验基础，因此它能够更好地辨别出哪些对于社会弱势或优势的解释是有缺陷的，同时更好地确认在哪些杠杆点（leverage points）展开行动将最有效果；
- 由于它提供了一套用于自我理解的替代框架，因此它能够激励个人去参与集体行动。

体　　系

我已经建议哲学家可以有效地利用社会批判理论来着手解决不正义的问题，同时我们还应该关注社会体系的运作过程。某项人权遭到侵犯，自然意味着某个人遭到不当的对待。如果这种侵犯是一个孤立的不当行为，那么我假定解决方案应该着眼于这个不当行为的实施者以及对受害者的补偿。但即使在这里，更广的社会分析对于理解为什么这样的不当行为会发生、什么样的判决方法是恰当的，以及什么能算作对受害者的充分补偿等问题而言仍然是必要的。而且，大多数不正义的产生都有着体系上的缘由。个人通过作为某个群体里的一员或者通过占据某个特定的社会位置，从而遭遇到不正义或从不正义中得到好处。产生这些好处或遭遇的过程一般都相对庞大臃肿，不直接受任何人的掌控。这些过程包括了掌管教育、运输、医疗保健、劳动、家庭形成与解体、食物生产及分配、执法和保护等方面的制度和实践。

事物经由社会结构和实践而被赋予价值或遭到贬值。实践虽然由个人所实施，但同时还受到法律、政策、社会规范、文化和（物理、地理、生物、建筑等）物质条件的指导。在美国，有毒废料被倾倒在贫穷黑人社区边，好学校则被建造在白人居住的郊区里。当然，这些实践都不是随便产生的；我们毫不意外这些优质资源最终将流向哪里。但是这些益品（goods）的分配并非由于大多数人相信它们该怎样分配而有了现在的结果，相反，恰恰是由于人们生活在一个只有某些特定群体会获得优质资源的世界里，才使他们拥有了有种族歧视和性别歧视倾向的信念。我们通过观察我们周边的现象，来习得关于种族的信息，不同的种族和性别“应得的”是什么，或者什么对他们而言是“最好的”。这个世界如今已被塑造成如下模样：任何我们被预期去持有的信念，都能在这世界上得到确证。

我认为，将社会模拟为类似生态系统的结构是有帮助的（当然，社会本身就处在更大的生态系统中）。在一个生态系统中，许多相互依赖的部分共同运作来维持这个系统的稳定运行。当其中一个部分发生变化时，其他部分也会发生改变以适应这种变化。虽然生态系统趋向均衡状态，但它们总是在动态中，并且会随时间而演变。这些对于社会而言也是如此。

就像生态系统中的稳定状态一样，理解持续的不正义的最佳方式是将其视作动态内稳态（dynamic homeostasis）（Mallon 2003, Boyd 1999）。在一个存在明显分层的社会里，有一些机制将社会群体依照某些维度置于不同阶层。内稳态解释了这种阶层差异如何**得以为继**：当系统的某部分发生变化时，这种变化将受到系统其他部分的调节以便整个系统得以保持现状。这个事实令人绝望。而系统**处在动态变化中**这一点又给我们带来了一线希望：虽然系统相对稳定，但还是有一些历史发展发生——存在于系统内的调节过程并不总是将系统精准地返回到最原初的状态，而是允许系统转变为稍有不同的阶层结构。但这并不保证每次变化都会使系统更趋向正义（例如奴隶制→吉姆·克劳法案→美国监禁制度的演变）。

政治哲学家倾向于去关注能促进变化发生的法律和政策。由于专家在诊断和解决问题上起了主要作用，有人将这称作社会变迁的“医学模型”（Shelby 2014, 256）。然而在我看来，文化——我称其为“文化技艺”（*cultural technē*）——和物质条件才是对维持不正义体系的稳定性至关重要的因素，因此它们也必须得到妥善处理。处理文化和物质条件的最佳手段是通过社会运动来为弱势群体赋予权力。

社会运动

如果说社会结构是个内稳态系统，那么社会变革存在困难这件事也就在我们意料之中了。既然如此，社会变革又是如何可能的？以下三个理由解释了为什么哲学论证和理性思辨不足以促使这样的系统发生社会变革（第一点是理论问题，后两点是实践问题，但它们之间相互关联）：

（1）文化技艺限制了个人的经验、价值和推理能力。受文化所影响的推理通常会欠缺进行自我批判的空间，仅凭借逻辑的普遍法则还不足以使个人超越文化所带来的影响。

（2）即使大多数人都确信有某种更好的方式是必需的或更加正义的，受秩序影响所产生的压力仍然会阻碍变革。

（3）我们的物质条件被塑造得支持现今的统治结构，这些条件牢固地阻碍了变革的空间。

但如果不靠理性论证，（除了暴力革命以外）我们又有其他什么推动变革的方法呢？我们如何改变世界？实际上，我们还有多种社会运动进行实践干预的方式。就像安德森（Anderson）指出的：

> 在暴力与纯粹的论证之间还有着一连串不同的抗争行为，它们都能或多或少地瓦解既定的生活方式。这些行为从请愿、公共宣传、戏剧表演、烛光守夜、诉讼、政治宣传等较温和的手段到街头示威、抵制、宣讲会、静坐示威、纠察（picketing）、罢工、占领建筑物等比较激进的手段。（9）

当然道德论证在这方面还是有关系的，因为它揭示了我们日常信念和实践中的张力，并且为我们提供了潜在的解决方法。（12）

文化的核心目的之一是为我们提供沟通和协作的共同基础。促进批判反思和带来转变的第一步是要改变现有局势，让人们逐渐对那些存在问题的社会意涵和背景预设产生怀疑，使社会系统无法达到预期的协调。拒绝遵循现有的文化技艺及其规范足以使我们对这一文化技艺是否恰当产生疑问（Anderson 2014, 10）。

社会运动还可以通过改变产生实践所需的物质条件，来打破现有的秩序。街头示威使人们无法使用公路；罢工使工作无法“如常”进行。但不是所有对物质条件的改变都需要这样大张旗鼓地挑战、打破或者颠覆什么。我们同样可以用温和的方式去改变现状，例如改变房间的座位安排、为平时被隔离开的群体创造非正式交流的新空间，或者为从属群体创造不受干涉和管控的聚会场所。

当然，我们必须承认，不是所有的社会运动都是正当的，也不是所有的社会运动都引导我们往正义的方向发展。变革并不总往好的方向变化。我们如何能有信心地说运动总是带来进步呢？

安德森提出了两个标准。首先，起主导地位的社会实践依赖于来自有权力者的认同和执行。但他们支持的那些实践本身是否正当？判断实践是否进步的标准之一是认识层面上的反思：如果这些有权力者错误地把他们所支持的不正义实践看成正义的——比如他们的偏见使他们错误地将个人利益的满足视作其他人有义务承担的职责——那么我们就有理由去寻找其他替代的实践。有些社会运动还会依赖于有偏颇的、错误的言论来瓦解合法权力，比如新纳粹运动就是如此。在这种情况下，我们应该抵制这类运动，因为它无法成为道德改善的来源。研究社会理论可以从实证上反驳那些有权力者或那些误入歧途的社会运动参与者所提出的言论。

安德森的第二个标准是实践层面的。社会运动不仅要瓦解既有的不正义结构，它还必须提供能够代替它的结构。她赞同密尔的观点——道德观点需要通过**生活实验的形式**予以检验："衡量道德进步的最终标准是必须批判地反思社会运动带来的结果，反思那些生活在社会运动所建立起的新秩序下的人们所具有的经验。"（15；参见 Anderson 1991）。简单地说，我们会形成关于如何生活的新观念，并努力去以新的方式生活。然后我们会考虑：这是种改善吗？安德森建议：

> 使得一个关于善好（the good）的观念具有经验基础的，是它让自己可能遭到基于那些试图按照这种观念来生活的人的感受经验所做的批评……一个人相信什么是有价值的，与他通过经验来体会到哪些东西是感人的或者有价值的之间可能存在冲突。这种冲突为他相信的善好理论（theory of the good）存在错误提供了初步的证据。为这个冲突提供的解释则为另一个能够代替它的善好理论提供了初步的证据。（1991, 26）

但新政权下产生的经验什么时候具有道德权威？由于变化可能大得超出了我们可以掌控的范围，或者由于我们还不能摆脱掉过去心灵和行动上的习性，因此我们可能会感到挣扎。新的社会结构也可能会延续过去的意识形态，导致从属群体甘愿去参与其中而罔顾它的不正义。

我们要怎么详细展开这第二个标准呢？我之前论证过，在不正义的系统里，很可能有一些人在承受着不正义，并且知道这种承受是不当的。正是他们的经验——以及由此产生的道德主张——构成了抗争政治（contentious politics）的基础。如果通过一场有效的社会运动，新的生活形式和新的社会实践得以形成，那么衡量这场运动是否成功的标准之一是去看那些曾经遭受不正义的人是否还在继续遭受着不正义，以及是否现在只是换了另外一批人在遭受不正义。

然而，我们在这里应该谨慎，因为道德知识的初步说明并非单纯地把任何受苦的言论视为权威，同样，我们也应该在将这些主张接受为道德评价的基础这方面设置一些条件。我们需要一种（自然化的）道德认识论，使我们能够辨别在哪些情形下，经验最有可能提供给我们道德知识。

我们已经知道有些基本条件必须得到满足。尤其是，社会语境必须为批判性反思和认知能动性提供工具。罗宾·塞利凯茨（Robin Celikates）（2006）这样说：

> 对意识形态的批判……可以因此理解为是在反对这样封闭的社会条件和符号表征。这些社会条件和符号表征阻碍了人们在社会实践中使用批判能力和判断能力，阻碍了人们将天赋转化为能够熟练运用的能力，阻碍了人们作为判断和行动的主体在实践中实现自我理解。(35)

在塞利凯茨看来，对认识实践的批判与对意识形态的批判是并行不悖的，这是因为批判者必须保持道德中立。然而，在我看来，道德批判和认识批判之间存在着一种辩证关系：我们批判认识条件（以及影响它们的社会制度），以使道德知识得以实现，进而获得对能动性、知识和福祉的更加丰富的理解，为进一步的道德批判提供基础。道德批判可以促进社会变革，推动我们在道德上前进，同时也揭示了其他需要受到认识批判的认识障碍等等。

因此，在我看来，我们可以依靠一个社会运动（是否需要依靠则因情境而异）(a)对那些受益于和维持现有社会结构的人所持的偏见提出合法挑战，(b)为现有实践提供替代方案，(最终？)在认识方面和道德方面都允许的条件下接受检验，而不是反过来被拒绝或强制执行。实践是依赖合作而进行的共同事业，如果合作各方有充分的理由认为他们受到了不正义的对待，或者他们所关心的价值受到了破坏，那么所有相关的各方都（至少）有理由去重新考虑实践。在未经各方同意的情况下强调合作是一种强迫，而且是一种初步看起来错误的做法。这是抗争政治的规范基础。然而，我们无法事先判断如何解决争议。正义是路径依赖的，并对社区参与、过程规范和历史负责。面对不正义，我们的责任是团结一致共同行动，赋予最易受伤害的人权力，提供重要资源以瓦解民众对走上歧路的权威的信心，并在我们都能接受甚至投身其中的新生活形式中共同试验。

（蔡伟鑫　译）

差异性、多样性和共同性

如何对待差异？
——关于同一性、差异性与重叠性的逻辑

拉姆·A. 玛尔（Ram Adhar Mall）
（德国弗里德里希·席勒·耶拿大学）

一、开场白

本文旨在讨论和辩护的中心论题如下：人们面临的问题不在于如何消除差异，而在于如何正确地对待差异。如果哲学理性或哲学思考这类概念指称的是某种具有普遍约束力的东西（毫无疑问，至少在作为一种典型哲学活动或作为一种规范性观念的层面上的确如此），那么它也就不能也不应该被唯一地等同于某种具有西方或者非西方特质的事物。因此，对于哲学理性的正确理解应该是将其视为一种立场中立的工具而非任何人的独有事物。

我们目前迫切需要的是关于自由的、哲学多元主义的逻辑基础，这种需求事实上亘古有之。而简单的二值逻辑不能适当地处理逻辑模型的广阔领域。

二、关于同一性、差异性和重叠性的逻辑

当涉及到不同的逻辑模型时，有三个范畴以各种形式显示出其在概念上的优先性，它们分别是：同一性、差异性和重叠性。有关同一性和差异性的问题一直占据着各种哲学传统的核心位置，不论是西方的还是非西方的。印度的吠檀多主义者和佛教徒、中国的道家和儒家、希腊的赫拉克利特和巴门尼德都例示了这一点。

在同一性、差异性、重叠性之间进行的三分形成了诠释学上的三分，即关于同

一性的诠释学、差异性的诠释学、重叠性的诠释学。

捍卫同一性的人倾向于接受一种诠释学的本质主义，这就赋予“同一性”概念一种过分的优先性。进而形成了一种以完全可通约性为目标的、关于同一性的诠释学。理解变成一种对其自身理解的复制。这种同一性逻辑的支持者提出了一些始终如一的理念，例如真理、知识、道德、正义等。作为本质主义者，他们相信普遍的、不变的原则。而在政治领域倾向于接受某种形式的绝对主义。

正是这种同一性逻辑（在某些方面仍然如此）在以欧洲为中心的哲学史否定其他非西方传统的哲学思想过程中发挥了重要作用。它主要通过下述方式来实现这一效果，即将自身的哲学方法（如果曾有或仅有一种为所有哲学家，哪怕是西方哲学家所采取的方法）作为一种普遍有效的哲学思考模式。

差异性的支持者是反本质主义者，他们倾向于接受一种蕴含了不可通约性的、关于彻底差异性的诠释学。而这种诠释学使相互理解变为不可能。这一理论的支持者相信所有存在的一切都是历史性的。他们在哲学问题上倾向于接受某种形式的相对主义。

关于重叠性的逻辑强调那些并非彼此排斥的视角（perspectives）的经验呈现。尽管应当在适当的意义上承认差异，但它们的确又共享一些重叠的内容。这种重叠性逻辑可以帮助我们避免相对主义和绝对主义之间的僵局以及完全通约性和彻底不可通约性之间的僵局。在这里起作用的论证逻辑强调，相互对立的论证（arguments）依然是论证，即便它们是相互对立的甚至有时是相互矛盾的。这里概述的诠释学方法有助于一切人类活动中的相互理解和合作。

为了和平地面对不同的逻辑模型，请允许我在寻找一个重叠框架的答案过程中提出两个问题：其一，逻辑模型要达到何种层次的相似才具有可比性；其二，逻辑模型要达到何种程度的不同才完全不具有可比性？如果我们坚持完全可通约性的观点，比较就是几乎不可能的事情。存在一种基于错误根据的诠释学分支，它将诠释学定义为“自我理解的复制”。而**主张彻底差异性的诠释学**在扮演翻转［上述理论］的角色上犯了相同的错误。举个例子，A 告诉 B，如果你不能用我理解我自己的方式来理解我或者你不能用我想让你理解我的方式理解我，那你就没有理解我。但是，假若观点的同一性定义了什么是理解，那么我们在努力理解他人的过程中就基本上没有乐趣和挑战可言。完全的同一性使得理解变得多余。如果另一方面，A 对 B 说，你不能理解我是因为你的观点和我的观点完全不同，以至于理解变得不可能。A 不想面对在准备理解时出现的麻烦，他宁愿从他关于彻底差异的先验性立场推断出理解失败的结论。至少在之前民族学的相关研究中证实了这一点。即便像黑格尔和胡塞尔这样伟大的哲学家都同意上述观点。

更好的方式就是第三种选择，即寻求重叠的路径。上述两个框架都不能为我们提供一种作为“对比基础”的中介性概念。我们在寻求跨文化重叠框架的过程中实际上试图回答下述问题：两个思想框架（即便非常不同）如何可能找到一些共性，从而都能够被合理地看作是框架。出路似乎存在于中间的某个阶段。如上所述，我们应该拒绝关于完全同一性（可通约性）和彻底差异性（不可通约性）的这两种虚假前设，而是要寻找可作为对比基础之真正依据的中介性重叠。这里既有一定程度的相似性也有一定程度的差异性，重叠性承认差异性并能够运用相似性。当然，我们应该避免一种倾向，即把差异性或相似性当作本质。这里似乎有某种维特根斯坦式的家族相似性在起作用。的确，人们心中有一个根深蒂固的愿望，即以一种包罗万象的模式开始或结束。但是，如果这一做法将其单一化或绝对化，将不利于任何交谈逻辑的产生。

人们对相对主义有一种强烈的恐惧。当然，相对主义通过将真理的首字母变成一个大写的“T”使其仅仅相对于某种哲学格式塔（为真），由于其单一化或绝对化而变得专横独裁。我们必须拒斥这种相对主义，因为它无助于文化内和跨文化的哲学理解。相对主义和绝对主义在这里似乎纠缠在一起，代表了一个硬币的正反两面。这样，绝对主义不就成为了某种普遍化的相对主义吗？

但是另一方面，假如相对主义意味着包括哲学家在内的人类对真理、知识、逻辑、论证的确有着不同的观点、见解和信念，那么，我只想知道如何避免成为一个相对主义者。此外，这种相对主义是不争的、宽容的、开放的，有利于跨文化之间的和平对话。这进一步表明，今天任何一种高高在上的立场都不再具有说服力。德国哲学家赫尔穆特·普莱斯纳要求我们保持自我警醒并培养一种放弃绝对主义的美德。

三、在面对多种逻辑模型时，逻辑作为逻辑代表什么？一种方法论上的立场：关于一阶与二阶的逻辑学

逻辑思维在采用二值逻辑、七值逻辑、多值逻辑、次协调逻辑等特定形式之前，它是一种能够为人类思想和行为提供理由的有意识的步骤。这是逻辑思维对所有人都具有约束力的普遍方面。我们可以从其对所有参加对话的人具有普遍约束力的方面称其为关于一阶的逻辑（logic of the first order）。相较于二值逻辑、多值逻辑而言，关于一阶的逻辑并不是什么特殊的逻辑形式。而关于二阶的逻辑是一种特殊而具体的逻辑形式。关于一阶的逻辑是一种原生的逻辑态度，一种元逻辑取向，它拒绝将任一逻辑看作是那个［唯一］逻辑（*the* logic）的绝对主义主张。

关于一阶的逻辑一旦获得了具体形式，就成为二值逻辑、多值逻辑等。这才是将不同逻辑模型区分开来的东西。不同逻辑模型之间可能有所差异，但它们仍旧是逻辑模型。这一结论同样适用于典型的论证逻辑理论。尽管它们有时相互对立甚至相互矛盾，但是对立的论证依旧是论证。备选项作为备选项应该被承认和尊重。

这里概述的重叠性逻辑本身并不是某种特定的、具体的逻辑模型的名称。而是一种非常类似于数学上对树木、人等具体事物进行计数的思维的形式文化（formal culture）。这种关于一阶的逻辑的本质特征之一便是它兼具普遍主义的和特殊主义的方面（universalistic and particularistic aspects）。

正确理解我们所说的重叠逻辑需要将其视为一个涵盖了所有不同的逻辑模型并能使我们相互交流的规范性逻辑形态。因为重叠逻辑允许各种逻辑模型的多个形态，所以各种逻辑模型之间跨越差异的对话成为可能。

这里所概述的重叠逻辑呼唤一种哲学上的多元主义。在这一模型中有足够的空间容纳多样化的推理，同时不会忽视同一性和差异性。这并不意味着“关于一阶的逻辑”概念本身是语境敏感的。语境敏感性适用于关于二阶的逻辑。这解释并证明了为什么不同的逻辑模型，即使它们有时相互对立或甚至相互矛盾，仍旧是逻辑模型。印度哲学文献中用梵语“purvapaksa”（前宗）（一部哲学著作的作者所设想的对手）代表一种潜在的反对意见。这保证了思维方式的多样性，反过来又为我们提供了许多可靠的形式，为逻辑模型和人权进行说明与辩护。

回答“是什么使哲学逻辑实践合理化”这一问题的关键在于，我们确信重叠性的逻辑承认多种思考方式，不能也不应该简化为任何单一的、无所不包的、全面整合的模式。因此，重叠性的逻辑在其他诸如同一性的逻辑和差异性的逻辑——这两种对立的逻辑之间发挥了调和的作用。

当我们比较不同的逻辑模型时总是需要一个“第三者（tertium）”即第三要素，它使我们能够承认并比较相似性和不相似性，而不必将任何一个特定的逻辑模型绝对化。这就是作为第三种观点的重叠性逻辑的应有之义。例如，当我们将五元印度三段论理论与三元亚里士多德理论进行比较时，我们比较了两个模型，并将第三个比较结果作为“比较基础”所代表的逻辑推理。[①]

我们在这里概述的重叠逻辑强调重叠内容的重要性。我们会问这样一个问

---

① Arindam Chakrabarti 和 Ralf Weber 在我们的比较活动中区分了四个要素：1）比较通常是由某人 P 所做出的；2）至少有两个事物 A 和 B 被比较；3）被比较的事物依据某个标准 F（比较基础）进行比较；4）因而比较的结果至少涉及到四元关系，即两个比较项，基于某个方面 F 被某人 P 进行比较。当然，黑格尔将印度与中国哲学家当作绝对理性朝向进步的辩证运动发展过程中初期的不成熟阶段，而到了他自己的思想中才逐步成熟并达到顶点。因此他的比较是**荒谬至极的**。With Hegel as P, In : *Comparative Philosophy without Borders*. Eds. A. Chakrabarti and R. Weber. London: Bloomsbury Academic, 2015, pp. 1ff.

题：两个人、两个事物或两种逻辑在什么时候是不同的，什么时候又是极端地（radically）不同的。例如，汤姆和杰克是两个不同的人。但他们又是同一个生物学概念“人”的例示。他们之间的区别在于，他们分别是杰克和汤姆，而作为“人”这一生物物种他们又没有区别。当我们把这一分析应用于不同的逻辑模型时，就会发现它们作为逻辑模型是不同的。如果我们说二值逻辑是真的，那么其他模型就都不是逻辑模型，这样它们就是完全不同的。在很长一段时间里，西方哲学家否认世界上除欧洲之外的其他地方存在哲学和理性的、逻辑的思维。这个论证经常表现为：如果欧洲之外的哲学观点类似于欧洲哲学的观点，那么它不过是对欧洲哲学的复制。另一方面，如果欧洲之外的哲学与欧洲哲学完全不同，那么它根本就不是哲学。

西方哲学传统中一个古老的“咒语”便是重复其自制的格言：哲学是西方的且仅是西方的。很显然，这犯了“乞题谬误”（petitio principii）。

四、印度耆那教七值逻辑及其对我们的启示：一种对耆那教逻辑的应用以及七值逻辑非单边性（non-onesidedness）方法论的尝试

我在提出跨文化导向的“重叠逻辑”概念时引用了许多资料。比如休谟、胡塞尔、利科、普莱斯纳、莫汉蒂、马提拉尔、加内里等，其中，最佳的方式是耆那教关于多边性（many-sidedness, anakantavada）、条件句谓述（conditional predication, syadvada）和观点（standpoint, nayavada）的理论。这一方法论没有本体论和本质化倾向，可以很好地满足我们当前关于跨文化和跨宗教交往的需求。另外，耆那教的方法论对将特定立场视为绝对真理的做法进行解构。耆那教思想家在当时印度哲学和宗教背景下所做的事情，我想在现在全球化的背景下通过重新语境化、重新概念化依葫芦画瓢。

耆那教指出，不同立场之间的相互承认是进行跨文化交流和理解的最好方法之一，它们不是相互排斥的而是相辅相成的。支持众望所归的跨文化诠释学的最有力方法论论证是耆那教所认为的，即便两种立场可能是对立的甚至是矛盾的，但它们仍然有理由被视为立场。正是在这一点上，差异性范畴成为了支持跨越边界进行对话的约束力量。这并不是说一定要有一个具体的立场，有时特定的立场会阻碍哲学之间的和谐对话；它是一种倾向，防止我们将自己的立场绝对化。这样的洞见使我们认识到胡塞尔关于重叠内容的思想，并且也变成超越完全通约性和彻底差异性这两种虚构前设，进而产生对话逻辑的来源。

当我们把某种特定观点普遍化时，就会被带进一个错误的观点，这不仅在实践层面可能是粗暴的而且也暗含着某种理论方面的简单粗暴。

真正的跨文化精神借助它的座右铭得以体现，即**理解的愿望**和**被理解的愿望**是并驾齐驱的，是“跨文化的解释学”这枚硬币的两面。只想理解他人的渴望可能会变得空洞，而只想被他人理解的渴望可能会变得盲目。由于文化上、宗教上、政治上长期的殖民统治，殖民者对于自己的逻辑被理解的渴望是最强烈的，而不愿理解被殖民者的逻辑。

在全球联系日益紧密的背景之下，如果我们发现自己处于前途一片光明的跨文化交流地带之内，那么，我们就有责任为它的成功做出贡献。当然，只有当我们放弃自我中心主义和绝对真理的主张时这才有可能。耆那教逻辑学家给我们提供了一个在承认不一致性的同时进行理性思考和行动的逻辑模型。当我们能够认识到一种陈述的真理性是相对于其所在的立场而言时，这种不一致就显得不那么重要了。

为了支持他们的多维性理论，耆那教逻辑学家用七个谓词组成了一个逻辑模型。尽管没有被形式化，但这些谓词和真值非常相似。[①]我在此遵循 12 世纪的耆那教学者 Vadideva Suri 在他的著作 *Pramana-naya-tattvalokalankarah* 一书中第四章第 15—21 节的说法。[②]“这七个谓词代表了有关句子的七个陈述，全部以条件谓词‘syat’作为前缀，它们组成了肯定句与否定句，可以是共时性的也可以是历时性的而不包括矛盾。”我引用了加内里的著作《印度逻辑读本》中的第 53 页。

1. 可论证地（arguably），某物存在。第一个谓词与肯定陈述句有关。

2. 可论证地，某物不存在。第二个谓词与否认陈述句有关。

3. 可论证地，某物存在；可论证地，它不存在。第三个谓词属于两个具有历时性关系的肯定陈述句与否定陈述句。

4. 可论证地，某物是不可断言的。第四个谓词属于两个具有共时性关系的肯定陈述句与否定陈述句。

5. 可论证地，某物存在；可论证地，它是不可断言的。第五个谓词是关于一个肯定陈述句、共时性关系的肯定陈述句与否定陈述句。

6. 可论证地，某物不存在；可论证地，它是不可断言的。第六个谓词是关于否定陈述句、共时性关系的肯定陈述句与否定陈述句。

7. 可论证地，某物存在；可论证地，它不存在；可论证地，它是不可断言

① 参见 Ganeri, J.: *Indian Logic: A Reader*, Curzon, London, 2001, Chap. 5。

② Vadideva Suri: *Pramana-naya-tattvalokalamkara*, ed. and transl. by H. S. Bhattacharya, Jain Sahitya Vikas Mandal, Bombay, 1967.

的。第七个谓词涉及具有历时性关系的肯定陈述句与否定陈述句、共时性关系的肯定陈述句与否定陈述句。

所有这七种可能性都可以通过一个非常流行的水壶的例子来证明。

不同于二值逻辑的两个真值，耆那教的七值逻辑开始于三个基本值。它们是：真、假和不可断言。前三个谓词和第四个组合而成了七个谓词与肯定陈述。

对耆那教逻辑的恰当使用能够使我们摆脱对相对主义的恐惧，并去除我们关于绝对主义的主张。理由在于，如果没有某种观点作为参照就不会产生断言。当两派进行对话时，就会产生相互对立甚至矛盾的观点。但是两派依然有理由支持他们的主张。所以，当我们按照耆那教逻辑精神进行辩论时，理性和不一致性是如影随形的。这就为我们提供了哲学以及之外的多元主义的逻辑基础。自古以来不同的哲学（不仅仅是哲学）观点、理论、体系就存在冲突。加内里写道："耆那教想到的情况是一个普遍不一致的命题，即全部哲学话语被划分为若干子集，而每个子集内部是一致的。任何主张可能获得同一子集中其他人的支持。同时，一个命题的否定命题可能出现在一个截然不同的、却有所**重叠的子集**（笔者强调）中，并且还可能得到其中其他命题的支持。"[①] 如果我们以耆那教逻辑精神和方法论进行哲学对话，就会发现哲学观点只不过是观点，哲学争论就会以一种和平的方式解决。我们所要做的就是避免将特定观点绝对化。

耆那教的七值逻辑支持的多维性的观点可以帮助我们在承认差异的前提下进行交流。耆那教逻辑想让我们在声称拥有一个大写的真理概念时变得谦逊，因此它是集自由主义、多元主义、开放和宽容为一体的哲学模型。耆那教有关立场（nayas）的理论是非常有价值的元哲学理论。

我们已经看到，每一个 naya- 陈述都是从特定观点得来的，它有一个真值，只不过是有条件的。在此意义上，对每一种哲学的正确理解便是 naya。从逻辑上、方法论上甚至是本体论上来看，耆那教哲学因其多维性理论、七值逻辑使所有的自我中心主义、排除主义与绝对主义方法论、形而上学与本体论都赋予人性。这反过来又教会我们在所有理论和实践活动中考虑人性。七值逻辑真正揭示了事物的全部意义是"情境依赖的"。这再次使我们避免陷入任何理论上的暴力。

---

① 同上书，第 51 页。

五、跨文化导向的多值逻辑蓝图

我想获得的是一种具有重叠的相似性和具有启发性的差异逻辑。这将使我们能够在人类事业的所有领域保持开放、宽容、谦虚的态度。

逻辑思维就其作为解释模型和辩护模型而言区别于其他思维，并具有某种普遍性和特殊性。虽然存在差异，但从二值逻辑到多值逻辑的各种逻辑模型都是逻辑。我们已经区分了一阶的逻辑和二阶的逻辑。二者之间具有重叠的因素。我们关于重叠性的逻辑呼吁在不一致的逻辑模型之间进行理性对话，体现为一种元逻辑的方法。因为胡塞尔的“重叠内容”概念介于绝对主义和相对主义之间，所以它在方法论上有很大的帮助。

西方的逻辑思维经常抱怨，东方的逻辑思维（例如，印度的思维）没有给予矛盾律和排中律足够的重视。这一指责是不公平的，因为印度逻辑思维接受矛盾律，尽管不是完全的和无条件的。二值逻辑的模型只有在我们将整个话语体系分为两个相互排斥的对立阵营时才会发挥作用。这可能是许多逻辑学家想要提出某种逻辑模型的原因之一，即排斥矛盾或允许出现矛盾，例如次协调逻辑。

维特根斯坦在这一问题上是态度鲜明的。他没有问如何去除矛盾而是说如何对待矛盾。他写道：“矛盾不应该被视为一种灾难，而应被视为一道使我们不能再前进的墙。我不会问太多这样的问题，如‘为了避免矛盾我们必须做什么’。我会问，‘当我们碰到矛盾时，我们应该做什么？’为什么矛盾要比同语反复可怕得多？”①

正是著名的数理数学家卢卡西维茨发现亚里士多德的矛盾律不仅不能令人满意，而且不具有普遍有效性，这是因为它预设了本体论上的同一性。在佛教思想中，A不可能同时是A和非A，这不是因为A的同一性在这里受到威胁，而是因为这里没有完全同一的A。因此，佛教哲学家与亚里士多德、赫拉克利特、巴门尼德的理解既相互一致又相互区别。

对于哲学史的细致考察能够使我们发现，哲学所走过的道路充满了对立的甚至是矛盾的思维方式和行为。希望摆脱矛盾的哲学渴望使我们必须学会应对各种哲学传统和流派中的模糊不清。所有希望通过摆脱矛盾而消除矛盾的人都忘记了这一做法本身面临着哲学上的质疑。在哲学讨论之外的任何观点都无法帮助其做出

① Wittgenstein, L.: *Über Gewissheit*. Suhrkamp, Frankfurt. a. M. 1984, S. 436. “Der Widerspruch ist nicht als Katastrophe aufzufassen, sondern al seine Mauer, die uns anzeigt, dass wir hier nicht weiterkönnen. Ich möchte nicht so sehr fragen ‘Was müssen wir tun, um einen Widerspruch zu vermeiden’?, als ‘was sollen wir tun, wenn wir zu einem Widerspruch gelangt sind?’ Warum ist ein Widerspruch mehr zu fürchten, al eine Tautologie?”

抉择。

六、基于我们的重叠逻辑而提出的一些要求，以及帮助我们在所有生活方式中学会谦逊

1. 尽量避免陷入两种哲学上虚构的立场：完全的同一性和彻底的差异性。

2. 记住，差异的范畴先于同一的范畴。

3. 尽管没有形成共识，但仍要想方设法找出沟通的途径和方法。

4. 记住，无源之见实际上无处可寻。

5. 避免所有将比较基础局限于特定的哲学传统的做法，无论是西方的还是非西方的传统。

6. 区分唯一性和绝对性。

7. 记住，对于你和那些像你一样思考的人来说，你的思维模式的绝对正确性并不意味着他人思维方式的错误性。

8. 记住，学会谦逊意味着尊重和认可不同的观点，当然，那些违反这一规则的观点除外。

9. 记住，问题的关键不是如何消除差异，而是如何对待它们。

10. 容忍宽容者并将其视为宽容的信条。

11. 反复阅读以确信一致性和差异性是有意义的、共在的事实。这不仅使得哲学成为一种思想方式，也成为一种生活方式。

我们在此概述的重叠性的逻辑具有跨文化哲学取向与逻辑上、哲学上重新表述的多元主义认识论以及重新情境化的逻辑思维的（特征），通过诉诸某种“原型逻辑精神”，它在同一性逻辑和差异性逻辑这两种片面的和对立的选择项之间寻求解脱。这是一种有前途的理论和实践方法，有助于我们在各种人类活动中“学会谦逊”。

（喻郭飞　部　凡　译）

多元文化世界中的儒学

陈素芬（TAN Sor-Hoon）
（新加坡管理大学）

儒学曾一度被打倒，散落在风中，被冷落为博物馆里的学问，甚至被降格为“游魂”。然而在当今中国，无论在学术研究领域还是个人教育领域，甚至在普通大众的日常生活领域，儒学都正在强有力地复兴。一方面，这样的复兴与中国的文化民族主义有关，它将儒学视为中华文化的一个关键甚至决定性的部分。另一方面，对于复兴的支持者而言，他们认为儒家哲学也提供了一种适用性不仅限于中国社会的、优于西方政府社会模式的替代性伦理政治理念。儒学准备好成为新的普遍主义了吗？它的传播是否等价于全球范围内的中国化呢？我将会论证：通过关注儒家传统内部的文化多样性，并且规避容易走向霸权主义及帝国主义径路的文化优越性，这些不可取的可能性可以被避免。《论语》中强调文化多样性、规避文化优越性的这些理念，可以作为思想资源被熔铸于一个适合于多元文化世界的基于互相尊重的文化互动模式。

自从孔子将自己的命运与“斯文”相关联以来（《论语》9.5），儒家一直把保存和宣扬他们的文化看作自身使命中的重要部分。孔子和他的弟子是礼的专家，而礼在他们的时代对于界定文明而言非常重要，礼可以使他们把自己与环绕着他们的东夷、西戎、南蛮、北狄等[①]蛮夷们区别开。“barbarian”这个术语是对中文文献里“夷”、“蛮夷”、“夷狄”最常见的翻译。在早期经典文献中，《尚书》、《礼记》和《春秋左传》都提到了“华夷之辨”、“夷夏之辨”。所谓“华夷之辩”指夷狄部落与居住于“中央王国”的中华的区分，它也常常被理解为文明（华夏）与野蛮的区分。

长久以来，一些非常著名的儒者持有民族中心主义甚至种族主义的观点。孟子曾称许行为“南蛮鴃舌之人”（《孟子》3A.4），唐代的韩愈宣称“人者，夷狄禽兽

① 孟子中还提到了“西夷”，见《孟子》1B11；4B1；7B4。

之主也”，并且建议他的读者“人其人（蛮夷），火其书，庐其居。明先王之道以道之”①。在他著名的《谏佛骨表》中，韩愈谴责佛教是“夷狄之一法”。佛“与中国言语不通，衣服殊制”和佛教的教导“与古代圣王之道不符”这两件事都使得韩愈困扰。②在清朝，王夫之对文化意义上的他者的态度也很极端，他曾说过：“夷狄者，欺之而不为不信，杀之而不为不仁，夺之而不为不义者也。”③一方面我们或许可以把这些话语当作论战，因此要在它们所处的特殊历史情境下来理解。另一方面，它们也不该因此而被轻易忽视。虽然这些言论只是在中国文化和儒家道路面对严重威胁的压力下才出现的，但是注意到这类民族中心主义趋势以及它们得以产生的条件也是重要的，在我们文化日益多元的当今世界，这种注意可以成为儒学规划未来发展图景时的重要预警。

孔子本人很珍视文化多样性吗？或者换句话说，他本人是一个民族中心主义的同化主义者吗？在《论语》中，有一些例子能够证明孔子认为其他文化比华夏礼仪文明低等。

> “夷狄之有君，不如诸夏之亡也。”（《论语》3.5）④

然而，与韩愈和王夫之不同的是，孔子并没有把这些蛮夷排除在他的伦理关切之外。

> 子欲居九夷。或曰：“陋，如之何？”
> 子曰：“君子居之，何陋之有？”（《论语》9.14）

蛮夷文化上的低等并不是内在固有的，因此，能够教导他们正确生活方式的君子可以转化蛮夷，蛮夷也就可以变得文明。然而，不论这种跨越民族认同和文化差

① 韩愈：《韩昌黎全集》，上海：中华书局，1935年，第131页。英译参见 *Sources of Chinese Tradition*, ed. William Theodore de Bary and Irene Bloom (New York: Columbia Univ. Press, 1999), 2nd ed., vol. 1, p. 573（译者按：作者所给 Williams de Bary 书所译为《原道》，然而“人者，夷狄禽兽之主也”（论文原文作：“humans are the masters of barbarians and beasts”）一句并不出自《原道》，而是出自《原人》）。

② 韩愈：《论佛骨表》，见《韩昌黎全集》，第333页。英译参见 William Theodore de Bary and Irene Bloom, pp. 583-584.（译者按：论文原文作“Buddhist teachings ‘did not concern the ways of [Chinese] ancient kings.’”，此句 William de Bary 书译为“His sayings did not concern the ways of our ancient kings”，所对译的韩愈原文为“口不言先王之法言”。）.

③ 王夫之：《读通鉴论》，上海：世界书局，1936年，第607页。

④ “The Yi and Di tribes with rulers are not as viable as the various Chinese states without them.”对《论语》的翻译来自 Roger T. Ames and Henry Rosemont, Jr. (trans.), *The Analects of Confucius: A Philosophical Translation* (New York, Ballantine, 1998)。

异来传播伦理教导和改善每个人生活的意愿是多么善好，这样的态度都是民族中心主义的，并且常常导向同化主义的政策。历史地看，文化影响力的扩散往往伴随着强迫与霸权的程度不同的领土扩张和政治控制，即便其侧重点在伦理或救世维度时亦是如此。中国的文化民族主义者试图强调“出口”儒家文化的意图是纯粹和平的，然而，即便如此，从其他文化的角度看，这也并不会让这种行为的民族中心主义立场更淡，它依旧是一种威胁，而且，如果儒家文化成功转化了其他文化的话，这依旧是不正义的。

在他们的历史中，中国一直以来沉迷于不同程度的帝国主义征服，然而，也有一些学者强调中华朝贡体制（Chinese “tribute” system）和 20 世纪之前欧洲国家的殖民活动的差异。梁启超和钱穆都看到了儒家对天下的伦理关切对于民族主义的排外倾向有一些限制作用。[①] 最近，赵汀阳提出了一个天下体系，以期作为一个更好的国际关系模式，它对于全球问题采取世界视角而非基于国家的径路。[②] 将天下等同于世界是有问题的，因为它混淆了这个概念的描述性含义（descriptive meanings）与规范性含义（normative meanings）。当孟子论述说“治于人者食人，治人者食于人”是“天下之通理”时，他是在提供一种经验性观察还是一种规范性方案？[③] 正如宋代儒学大师朱熹解释的，理既是所以然，也是所当然。天下视角的应用并不能让我们在涉及全球问题的时候搞清楚世界真正需要什么，毋宁说它是一种风险，即，天下视角或许会造成把一些被视为普遍的规范强加于人，但是其实这些规范仅仅是有权势者所偏爱的，或者是某个一元主导文化的相关习俗。不论某国的哲学与文化遗产如何，所有当代强大的国家都有潜力去强迫他国及本国公民，并对他们实施霸权。当强迫与霸权的施加者相信他们掌握了一种普遍性真理，并且正在依据普遍性规范而行动时，这样的强迫与霸权对于受众而言就会更糟，因为施加者由此而获得的文化优越性会为他们对他人生活方式的干涉行为辩护开脱。

被蛮夷部落所环绕包围的是多种不同的人群，“华夏”这个词在任何意义上都不指一个单质的（monolithic）文明。事实上它所指涉的是一个只能被大致确定的地区，

---

① 钱穆：《中国文化史导论》，北京：商务印书馆，1994 年，第 23 页。Liang Qichao, *History of Chinese Political Thought During the Early Tsin Period*, L.T. Chen (trans.) (New York: AMS Press, 1969), p. 7.

② 赵汀阳：《天下体系》，南京：江苏教育出版社，2005 年。Tingyang Zhao, “A Political World Philosophy in Terms of All-under-Heaven,” *Diogenes*, no. 221 (2009). 另见干春松：《重回王道：儒家与世界秩序》，上海：华东师范大学出版社，2012 年。

③ 《孟子》3A4。同样的质疑也适用于 2B2（爵、齿、德作为三“达尊”）；4A7（关于“天下有道”和无道时事态的不同状态）。对比“三年之丧，天下之通丧也”（《论语》17.21）。作为一个经验性陈述，夷狄并不会实践三年丧，根据《孟子》3A1，甚至鲁国国君都没能实行。作为一个规范性陈述，它则成为一个被应用于整个世界的普遍性方案。（译者按：此处论文原文为“it is tianxia’ s common *li* 理 (pattern or principle)”，然而《孟子》原文为“天下之通义也”。）

而它的大致确定有赖于一个由多个在不同历史时段各自独立发展的文化区组成的联盟。[①]有一种论述认为，“中华”文明自其成立以来就是多元文化的。自那以后，儒学就被描述为东亚社会共同的生活方式。事实上，一方面孔子关于如何在我们不同的家庭成员、朋友、政府官员和他者关系网中进行自我修养的教导，确实在东亚社会中呈现出一些显著的相似性，但另一方面，东亚人却并未分享一种独一的文化和独一的生活方式。如果我们把多种不同的东亚社会，如中国、韩国、日本、越南都界定为儒家的，那么儒家生活方式就不是单一的，而是多样的。如果我们认为在文化的层面上，儒家哲学可以体现于不同的实践中，那么儒学就不能等同于中国文化。在儒学之外，中国文化还包括很多其他内容。对于韩国、日本、越南文化而言，除了与中国文化共同的儒学遗产以外，也同样有很多其他内容，这足以将它们与中国文化区别开。东亚儒学传统的多元文化维度使得儒学在过去的传播不至于成为一种中国化。也只有采取这种多元文化形态，儒学才有可能成为一种面向未来的全球性哲学，我们才有可能提出类似于朝鲜儒学、日本儒学那样的波士顿儒学，甚至美国儒学。

承认儒学传统的文化多样性并不足以避免文化霸权。文化霸权的危险还来自于一个被假定的优越性，它常常会导致致力于“转化”世界的文化或伦理活动。文化间的互相尊重是对文化霸权与帝国主义最好的免疫，然而这种优越性却与文化间的互相尊重并不相容。一方面，在实践中儒者或许会对这种优越性感到愧疚，另一方面，这种优越性也不是儒家哲学的内在固有特点。这一点通过对《论语》中师生关系的再检讨可以得到最好的阐明，因为被部分儒者追捧的文化转化很大程度上是一种教育活动，也即教化。通常意义上，我们认为儒家的师生关系是一种阶层权威模式，而且，其中只存在对于向学生传授知识与智慧的老师的单向度尊敬。但是我会论证在《论语》中还有另一种师生关系模式：老师并不是不能被质疑的权威，作为老师的孔子展现的是谦逊、向学生学习的开放性、乐于被质疑甚至被更正、留意并且尊重学生的个人性格与状况等品质，所有这些合起来构成了一种互相尊重的师生关系，这与容易恶化为压迫关系的单向度尊敬完全不同。

《论语》记录了很多孔子弟子质疑老师的例子。当颜回不问问题、不提出反对意见时，孔子甚至会忧虑。（《论语》2.9）他甚至会抱怨说：“回也非助我者也，于吾言无所不说。”（《论语》11.4）孔子期待他和学生们的交流是一种交互式的意见交换，一种教学相长，而不是一种单向的他把知识灌输给学生。他期待当他为学生“举一”的时候学生能够“反三”。（《论语》7.8）其实，在给定一个确定的角的情况

① Chang Kwang-chih, *The Archeology of Ancient China*, 4th rev. ed. (New Haven: Yale Univ. Press, 1986). 另见费孝通：《中华民族多元一体格局》，北京：中央民族学院出版社，1989 年。

下，如果方形的面积不同，那另外三个角也会不同。当孔子“举一”的时候他心里是否已经有一个确定的方形甚至都是不一定的，故而在每一个场合，孔子的心里或许都不仅只有一个固定的答案。

孔子从不认为他自己在知识水平上比别人优越，他不止一次承认自己不知道。（例如《论语》3.11；5.8；5.19）当子贡承认自己比不上“闻一知十”的颜回时，孔子回应说“我和你都比不上他”。（《论语》5.9）他的好学（《论语》5.28）、谦逊、乐于承认自己的学生比自己优秀这些特点，都显示出孔子对于学生反馈的新鲜想法持一种开放性的态度，并且乐于从中学习。

> 子夏问曰：“‘巧笑倩兮，美目盼兮，素以为绚兮。’何谓也？”
> 子曰：“绘事后素。”
> 曰：“礼后乎？”
> 子曰：“起予者商也！始可与言《诗》已矣。”（《论语》3.8。另见1.15）

除了在教学相长中获得比老师原来知道的更多的知识，《论语》6.2还为我们提供了另一个例子，在这个例子中，一位学生发现老师的看法并不成立并且提出了一个与老师所持有的看法不同的意见。

> 仲弓问子桑伯子，子曰：“可也简。”
> 仲弓曰：“居敬而行简，以临其民，不亦可乎？居简而行简，无乃大简乎？”
> 子曰：“雍之言然。”（《论语》6.2）

孔子对于学生们无意间对自己的行为或话语的批评也很在意，他会耐心地解释（《论语》17.5；17.7），如果确实是他自己犯了错误，他会承认。

> 子之武城，闻弦歌之声。夫子莞尔而笑，曰：“割鸡焉用牛刀？”
> 子游对曰：“昔者偃也闻诸夫子曰：‘君子学道则爱人，小人学道则易使也。’”
> 子曰：“二三子！偃之言是也。前言戏之尔。”（《论语》17.4）

在强调孔子与学生关系的这些侧面时，本文的目的不是要证明孔子不如他的学生，显然，学生们之所以愿意向孔子学习、愿意持守所有显示他们对老师的尊敬的礼，正是因为承认孔子更优秀。孔子承认自己在某些方面不如一些学生并且向他们学习这一事实，也不意味着孔子和学生之间是一种平等关系下的互惠互利。本文想要强调的是，即使一个人更优秀，或者至少被他人认为更优秀，作为一个典范性的老师，这个人也不应该有一种傲慢的态度，而是应当本着分享自己的知识和技艺的态度让想向自己学习的学生也共同参与教学过程。如果他的态度是他在仁慈地帮助他者，那么他就做不到上面说的那一点，相反，只有当他认为通过分享他自己也有所收获，并且在这一过程中自己也能学到东西，才能做到。

孔子这种教学相长的谦虚态度是对他者的尊重，对此的强调有两重含义。其一，老师要意识到学生进入教学进程是自愿的。从《论语》(12.1）里我们显然可以发现，孔子知道学习是不能被胁迫的，任何胁迫他人学习或者接受老师教条的行为即便是可能的，也是对学生的不尊重。即使孔子显然不同意宰我对三年丧的态度和他的巧舌如簧，孔子的回答依然是："女安则为之！"（《论语》17.21）其二，每个学生的个体特殊性意味着每个人都会有他自己的学习方式和目标，尊重个体特殊性就要求去发现适应于每个不同学生的方法，以便指导和帮助他的学习。孔子本人就曾用过不同的方法，并且能够依据学生的个体特殊情况，说有针对性的不同的话，以至于他在同一个话题上有时甚至持有看似矛盾的观点。(《论语》11.12)

上面提到的《论语》中师生间互相尊重的关系模式意味着，如果儒家的文化传播和文化转化过程被理解为教育活动的话，它应当奠基于不同文化间的互相尊重。虽然儒者一直以来都很愿意，甚至渴望把孔子的教导分享给所有有兴趣学习的人，然而，是否愿意，以及在多大程度上愿意学习儒家文化，却是受众自己的事，不论受众是一个个体还是一种文化。这种分享的过程是一种文化间相互交流的过程，这意味着一个期待他人学习、接受儒学的儒者同时也要有一个向他人学习的开放态度，并且愿意在人类经验的多样性面前质疑和重新检讨自己的儒家信念。接受他人的选择以及和目标、兴趣、成就有关的个体特殊性，并且愿意了解他人、向他人学习，所有这些都要求交流的技艺和美德。就像孔子与其学生间的交流形成了《论语》中一系列的对话与交谈一样，文化的相互学习进程也可以被看作是文化对话。

通过一些欧洲哲学的概念和范式框架，比如伽达默尔的哲学诠释学，跨文化比较和跨文化互动的对话方法已经被广泛地发掘了出来。①《论语》同样提示我们，在向他人学习的过程中一些学习的技艺和美德非常重要，普遍而言，这些技艺和美德包括要了解你遇到的是怎样的人、怎样的事，以适当的方式问合适的问题，细心、同情、投入的聆听，设身处地地用他人的视角看问题（恕，《论语》15.24）。当涉及

① 最近出版的一个杰出范例是 James Tully, "Deparochializing Political Theory and Beyond: A Dialogue Approach to Comparative Political Thought," *Journal of World Philosophies*, vol. 1 (2016)。对于真正的跨越政治思想与实践的不同传统所进行的对话，它们的阻碍与条件为何？借助于欧洲的对话哲学传统，尤其是伽达默尔，Tully 对此进行了探索。

我们和他者应当有怎样的关系时，多种儒家美德都包含交流的维度，因为交流对于人与人之间的理解和人际关系而言是基础性的要素。“仁”这种美德要求我们把更多的他者接纳进我们的伦理关切中，作为这样一种美德的“仁”必然既要求我们去聆听他者以便对他们的需求有更好的理解，又要求我们留意他者的经历、环境以便更有效地帮助他们。作为美德的“义”不是对施加于他者的某种超越性正义原则的崇尚或强调，“义”这一美德的题中之意是合宜地与他者建立关联，这种合宜的关联也即一种意义生成的互动过程，一种发现什么对他者有意义、分享有意义的东西的互动过程，以及通过共同参与这样的关系来合作创造对彼此都有意义的全新经历的互动过程。作为儒家礼仪的“礼”这一美德包含了对他者的尊重，它要求以体现尊重的互动式规则来对待他者，当然，在其他特定场合也要表达相应的其他情感，并以此培育和谐的关系。其他儒家美德，比如“诚”和“信”，也与交流、理解他人、帮助他人了解自己等道德相关，与一种可以用儒家概念重建的交流性伦理相关。

我想简单讨论一下交流中的恶，以此结束这篇文章。孔子警告我们不要“固”，而对它的避免与学习明确相关。

> 子曰：“君子不重，则不威；学则不固。”（《论语》1.8）

“不固”指不顽固地坚持教条的和机械的看法，不被自己的习惯所禁锢，它强调了一种对于理解和接受新知识至关重要的开放性和接受性。随着真正的学习和理解而来的自我转化因此是可能的。这一点在儒家思想中的重要性是显而易见的，通过孔子对“固”之恶的反感可以明显看出。

> 子绝四：毋意，毋必，毋固，毋我。（《论语》9.4）
>
> 微生亩谓孔子曰：“丘何为是栖栖者与？无乃为佞乎？”孔子曰：“非敢为佞也，疾固也。”（《论语》14.32）

即使孔子迁居于九夷，他也不会像一个无所不知的圣人那样把自己的知识散布给所有人，并且期盼夷狄放弃自己的文化而接纳中原文化。孔子虽然是老师，但是他首先也是学生，他真正对于他者的观点、生活方式感兴趣，并且愿意没有偏见地对新情况、新事物获取更深入的了解，也就是说，如果他新学到的知识更正确的话，他愿意修正自己之前的信念和实践。

> 子曰：“君子之于天下也，无适也，无莫也，义之与比。”（《论语》4.10）

"……我则异于是，无可无不可。"（《论语》18.8）

希望我们可以期待一个我们可以从中发现在相互学习的文化交流方面有同样灵活性的儒学的新时代。

（陈斯一　校）

“明同异”：中国古典语境中的多样性、差异性和共同性

王中江
（北京大学哲学系）

探讨“差异性”、“多样性”和“共同性”等概念有不同的视角和方法，它可以是哲学上的、宗教上的和文化上的，也可以是历史上不同传统中的，如西方的或东方的。当前的倾向和趋势是，人们偏重于文化上和宗教上的差异性与共同性，注重差异、多样、多元的意义和价值，对“普遍性”、“共同性”有明显的距离感和疏离感，文明和文化中包含的共同性概念及其价值被笼罩在文化差异性的浓雾之下。①“我们”退隐了，由象征性符号“他者”、“谁的”、“身份”表达出来的文化相对主义②，越来越具有影响力。

事实上，正如事物不是只有“共同性”那样，它也不是只有“差异性”和“多样性”。文明和文化整体上都是差异性、多样性和共同性的复合体。在它们的可公度性中存在着差异性，同样，在它们的差异性中也存在着可公度性。中国古典语境提供了这方面的证言，在那里你可以看到并存着的差异性、多样性和共同性的概念；在那里你也可以知道儒家的立场不能被描述为单一的“特殊主义”。利用这一机会，我要向大家呈现一下中国古典语境中多重的差异性、多样性和共同性概念。毫无疑问，差异性、多样性和共同性等概念是我们现在一般使用的词汇，中国古典中表达

① 比如塞缪尔·亨廷顿（Samuel P. Huntington）断言文明是对立和冲突的。参阅其《文明的冲突与世界秩序的重建》，北京：新华出版社，2010年。又比如从历史上寻找类似物，认为儒家是特殊主义等。

② 有关文化的共同性、普遍性与差异性和多样性论辩，参阅赵敦华的《为普遍主义辩护——兼评中国文化特殊主义思潮》（载《学术月刊》2007年第5期，第34—40页）、Zhang Xianglong(张祥龙)的 The philosophical feature of Confucianism and its position in inter-cultural dialogue: Universalism or non-universalism（*Frontiers of Philosophy in China*,Volume 4, Number 4, December 2009, pp.483-492）、乌尔里希·贝克的《多元文化主义或世界大同主义：我们如何描述和理解世界多样性》（载《国际社会科学杂志（中文版）》（岳友熙译），2011年第2期，第82—86页）、阿拉斯戴尔·麦金太尔（Alasdair Macintyre）的《谁之正义？何种合理性？》（万俊人等译，北京：当代中国出版社，1996年）。

类似概念使用的词汇主要是“同”和“异”，同两者相近的词汇还有“共”与“殊”、“一”与“万物”等。下面，我就来考察中国古典语境中的“同异”等概念，看看它们都表达了什么样的差异性、多样性和共同性思想。对其中的每一维度的讨论，我都从一个例子入手并展开。

一、“心同”、“理同”：世界中的“共同性”

中国古典语境中多重“同异论”的第一个重要维度和层面是它对世界“共同性”的认知和认同。有一个例子很适合用来引出中国“同异论”的这一层面。哈佛大学燕京学社所在的红砖小楼一层有一个休息室，在这个休息室里悬挂着一副对联：“文明新旧能相益，心理东西本自同。”这副对联是中国清末的一位官员陈宝琛（1848—1935年）在84岁高龄时为哈佛燕京学社题写的。在晚清官员中，陈宝琛以敢于直谏而闻名，晚年他担任过溥仪的老师。按照陈宝琛的这副对联，不同的文明虽然有古今、新旧的差异性和多样性，但它们彼此之间的交流能够相互受益。因为不管是在东方还是在西方，人们的“本心”，天下的“道理”原本都具有“共同性”。陈宝琛活跃在中国的晚清并经历了民初，这是中国古老文明同西方新文明开始发生接触并相互吸取和融合的时期。陈宝琛从自己的亲身经历中认识到，不同文明的接触总是有益的，它根源于人类的共同本性和宇宙的共同法则。①

陈宝琛的“心理东西本自同”这一根本信念，其来有自，它体现了中国古典语境中的“同异观”对世界“共同性”的高度认知和认同。陆九渊年轻时沉思“宇宙”的无限性和人跟宇宙的关系时悟出了一个真理，人类具有共同的本性（“心同”），万物具有普遍的法则（“理同”）。这也是儒家的一个基本信念。就“心同”而言，儒家相信人类具有“共同”的“本性”。孔子虽然认为人的智能有高低不同，但他肯定人性都是类似的（“性相近”），人都有意志自由，都能够追求道德价值，成就自我。孟子承认事物的差异性，但他明确肯定人都具有共同的善性和良知、良能，就像人们具有共同的感官欲求（“同嗜”）那样。陆九渊、王阳明和他们的弟子们充分发展了孟子的人心共同论和人性善良论。王阳明十分肯定人具有共同的先天道德本性和能力（“良知”、“良能”），人只要充分发挥自己的良知和良心，他就能做天下第一等

① 20世纪20年代罗素以他在中国的经历和感受提供了这方面的论证。参阅罗素的《中国问题》，上海：学林出版社，1996年，第146—156页。

人，做天下第一等事。程朱理学一般被认为不同于陆王心学，但程朱理学也肯定人先天具有共同的善性（“天地之性”）和共同的善心（“道心”），具有不纯粹的“气质之性”和不纯正的“人心”。

不管儒家说的人的本性是什么，儒家的大传统是肯定人具有共同的本性和共同的心灵，肯定人人都可以成就自我。儒家没有印度的种姓意识，也没有古希腊的奴隶观念。儒家的人性共同论，同时也是人性平等论。中国佛教相信人人都具有共同的佛性，相信人人都可以成佛，就像慧能主张的“明心见性”那样，一般认为这是中国佛教的突出特征之一。道家和道教也是如此。老子和庄子认为人类具有共同的“德性”，黄老学认为人类具有趋利避害的先天“性情”，道教认为人人都具有共同的“道性”。这都表明中国古典语境中广泛地存在着“人心”相同的概念。

同样，中国古典语境中也有普遍的“理同”概念。陆九渊的“理同”概念，是中国宋明新儒家“理同论”的一部分。这一时期的新儒家存在着各种派别，但它们有一个共同点，即皆肯定宇宙和万物具有共同的“天理”或“理”（或“道”）。这从它们所说的“理一分殊”的“理一”这一概念可以明显看出，这也可以解释它们为什么会认为万物是统一体（“万物一体”）。“万物一体”是将宇宙看成是一个最大的共同体，它是张载“民胞物与”论断的普遍表述，它超出了早期儒家经典《礼记·礼运》中的人类“大同”理念。往上追溯，儒家的“理同”在孟子那里主要是指“人心”都具有共同的伦理价值，它是人类“心同”的基础；荀子的“理同”，是指天地和人间都具有的普遍秩序，是在差异（“杂”）和多样（“万”）中存在的共同性（“类”）和统一性（“一”）。同样，人类历史中也存在着这种连续性的“一”，伟大人物的作用就是掌握和运用这种“一”。

在广泛的意义上，中国思想和文化相信人类和宇宙具有共同的“道理”和共同的“道德”。这两个词中的两个字一开始都是分开说的，也有儒家和道家之不同，但经过复杂的演变，两者又成了合成词，既是指普遍法则，也是指普遍的价值。宋初，宋太祖问赵普一个问题：“天下何物最大？”赵普沉思之后回答说：“道理最大。”宋太祖很满意赵普的这个答案。他们两位都是天下最有权力的人，但他们都信奉道理，把“道理”看成是高于“权力”的根本价值。[①] 道理和道德现在仍是中国人精神和价值意识的共同基础。中国语境中的“心同”“理同”我们就谈到这里。

① 参见宋沈括的《梦溪笔谈·续笔谈》。

二、“差异性”和“多样性”的创造力

中国古典语境中“同异论”的第二个重要维度和层面是认为事物的差异性和多样性具有强大的创造力。对于这一维度，我想从《庄子·则阳》篇中的一个重要文本说起。《庄子·则阳》篇用虚拟的手法塑造了两个有强烈对比性的人物和他们的对话。这两位人物，一位是知识贫乏的“少知”，另一位是能够高谈阔论的“大公调”。大公调回答了少知提出的什么是习俗和公共舆论（“丘里之言”）问题，然后对事物的“同异关系”提出了一个重要论断，说将不同和差异的东西统合起来就是“共同”，将共同的东西分散开就是差异（“合异以为同，散同以为异”）。更重要的是，这段文本下文强调，差异性和多样性是造就整体性和共同性的力量。为了说明这一道理，文本列举了一些具体的例证，如，卑下的土层对丘山之高，众多支流和河水对江河之大等。根据这些例证，事物的整体性和共同性力量，都是由多样性、差异性造就的。没有事物的差异性、多样性，没有事物各自的作用，就没有创造性，也没有事物的整体力量。

事物的多样性具有创造力这种思想，公元前8世纪（即西周晚期）时中国的一位名叫史伯的太史官就提出了。[①] 他认为融合多样性的东西就能产生出新的东西；只是一种东西的单纯累加，最终它还是那种东西。“和”这个词包含了事物的多样性以及对它们进行“调和”、“融合”的双重意义。正如史伯解释的那样，将不同的东西加以调和并使之平衡，这叫作“和”。“和”之所以能够造就新的事物，是因为它基于事物的多样性，基于用一些事物去结合和平衡另外一些事物，基于使事物之间达到一种最好的关系。相反，“单一”的东西及其纯粹数量上的累加没有创造力，它产生不出新的事物。史伯的“多样性和谐及创造”的思想，后来被发展为大家熟悉的中国思想中的“和而不同”智慧。

它的一个重要发展者是春秋时期齐国一位著名政治家晏婴。晏婴用多味的带汁食物（“羹”）向齐国君主（景公）说明什么是“和”以及它跟“同”在本质上的区别。美味的羹要用多种食材（肉、蔬菜等）合理搭配并加上不同的佐料才能烹制出来。《诗》中就有“和羹”一语。若只有一种东西，如水，无论如何也做不出美味。这是“和”在烹饪上的一个运用。音乐是能说明“和”的创造力的又一个很好的例子。“和”的本义就是“音乐的和声”。美妙动听的音乐是多样音声的巧妙结合而创造出来的。政治生活中同样，君臣之间如果能够通过不同意见甚至正反意见的互补，

---

① 参阅《国语·郑语》。

那就能够促成一个非常好的决策，这叫作君臣之间的“和”。

史伯和晏婴的“尚和非同”思想被孔子概括为“和而不同”。在孔子看来，这是君子区别于小人的地方之一（“君子和而不同，小人同而不和”——《论语·子路》）。政治上的包容更不容易也更为重要。《联邦党人文集》第五十一篇说：“用相反和敌对的关心来补足较好动机的缺陷，这个政策可以从人类公私事务的整个制度中探究。”① 这是中国“和而不同”的现代表达。社会的和谐建立在差异性和多样性的基础之上，而不是消除差异性和多样性的结果；建设性和创造性的智慧来源于不同的意见和看法，而不是依靠单一的声音和主张。

三、“同异交得”：事物同异关系的相依和相成

中国古典语境中“同异论”的第三个重要维度是认为事物的“同异”相互依赖、相互依存和相互成就。《墨经·经上》的一个说法——“同异交得”，对于我们认识这一维度很有帮助。这句话的原文是“同异交得，放有无”（《墨经·经上》）。对“同异交得”没有具体的解释，它举了一个例子，将“同异交得”的关系“比方”为“有无”关系。“有”与“无”是彼此对待和依存的概念，“同异”概念也是如此。有“同”就有“异”，有“异”就有“同”。反过来说，没有“同”就没有“异”，没有“异”也就没有“同”。《墨经·大取》篇提供了重要的佐证，它说事物有“异”，是因为它们有“同”；反过来说同样，事物有“同”，是因为它们有“异”（“有其异也，为其同也。为其同也异”）。

《墨经》中其他地方对“同异”的说法，也进一步证明事物的“同异”是互依和互成。《墨经·经上》（还有《墨经·大取》篇）将“同异”分为四种。一是事物的“类同”和“类异”。这是指个体和事物属于同一类的“共同性”的“同”和不属于同一类的差异性上的“异”，都共存于事物之中。如一块石头有硬度，有颜色。石头的硬度属一类，它的颜色属于另一类，但两者的同异都存在于这块石头之中。种属关系上的同异也是如此。

二是“体同”与“体异”。这是指事物的部分相互联系而成为整体的“同”（“不外于兼，连同”）和各部分又有各自的不同作用的“异”。这种“同异”涉及到的是事物的整体与部分的相互关系。从事物的各个部分都属于事物的整体来说，它们相

① 汉密尔顿（Alexander Hamilton）等：《联邦党人文集》，程逢如等译，北京：商务印书馆，1980年，第264页。

互联系，相互连带。比如一个人的四肢等各个部分作为一个人的整体不能分离，彼此相互依存和相互促成，构成事物的整体。这是事物的部分在“一体”上的“同”，是“整体大于部分”的意义，也是整体被认为是“有机”的根据。但作为事物整体的各个部分，又各有自己的作用。手的作用，不同于腿的作用。这是各个部分的“异”。不管如何，事物的整体和部分的同异，都存在于同一事物之中。同是同一事物中的同，异也是同一事物中的异，两者相互依存，相互促成。一个完整性的事物，就是它的整体的同和它的部分的异保持了最好关系状态的事物。

三是事物自身的“同”与非自身的“异”。这是指事物个体的“同异”关系。每一个个体都是唯一的，它只是它自己，而不是其他任何一个个体，这是它自己的“同一性”的“同”；但只要是两个个体，它们就是不同的（“异”）。所谓树上没有完全相同的两片树叶，就是指两个个体的异。每个个体对自己来说都是自身的“同一”，对别的个体来说它就是他者的“异”，这是同中有异，异中有同。多样性和差异性的创造力，在这种同异关系中，就变成了事物自身的创造力和每一个他者各自的作用。尊重自己，就是肯定自我，肯定自我的创造性；尊重“他者”，就是尊重其他的每一个个体和他们的创造性。

四是事物存在于同一个空间中的“同”和事物不存在于同一空间中的“异”。这是指事物在“空间上”的同异关系。这种同异使事物在空间上既有相同性又有不同性。事物存在于空间中，就像它们都存在于时间中那样，这是事物的空间特性。事物存在空间的相同和不同，对事物有程度不同的影响。事物多样性的空间，具有不同的活力和创造力。生物的多样性，在很大程度上就来源于地球空间的多样性；文化的差异性，部分原因来自于文化存在空间的不同。

四、人的偏好和协同：“多元”与“共识”

中国古典语境中“同异论”的第四个重要维度是认为人既有各自的偏好和不同倾向，同时又有一定的共同立场，用现在的话说这叫作“多元”与“共识”。我从荀子的一句话说起。这句话说：“天下之人，唯各特意哉，然而有所共予也。”它出自《荀子》中的《大略》篇。《荀子》这部书中的大部分篇章都是严格论题下的论述体论文，但《大略》篇则不是，它是荀子的零散言论的汇集。其中有的可谓是名言，并有附带的说明。荀子的这句话就是如此。它的意思是，世上的人们，对人对事都有各自不同的看法和主张，都有自己的不同偏好，但他们又有共同认可和赞同的东西。

荀子说的"特意"和"共予"类似于"多元"和"共识"概念。根据前者，荀子承认人们对事物的看法和立场上的多元性、差异性；根据后者，人们对事物又有"共识"。荀子关注的是社会政治共同体的治理。他认为中国历史上的制度、礼乐是三代圣王的伟大创造，应该保持它的稳定性和连续性，如果不加传承，擅自改变，就是破坏"共予"、"共识"和"认同"，就是破坏秩序，它离毁灭只在须臾之间。因此，国家必须珍惜人们的共识和制度。

荀子谈到的其他意义上的"特意"和"共予"，一是指万物共同存在于一个宇宙中，但它们是各自不同的个体并具有不同的形体；它们虽然不是事先确定要适宜于人，但对人都是有用的。[①] 二是指人类共同生活在一个世界上，他们都有共同的欲求和价值追求（同、认同），但他们满足欲求的见识（"异知"）和追求价值的方法又不同（"异道"）。这是荀子更关注的"特意"和"共予"关系。

中国古典中多元与共识概念表现在社会共同体的不同方面。墨子的思想偏向了政治上"尚同"的单一性。但早于墨子的春秋时代的郑国著名政治家子产，两千多年之后明清之际的黄宗羲，在此都有高明的多元和共识的主张。由于子产的开明和包容，郑国人常常汇聚到乡镇的学校里议论时政。郑国大夫然明担心这会对郑国的政治秩序产生不良影响，于是他向子产建议拆除这所学校。但子产拒绝了他的建议。他说人们朝夕在学校议论执政的好坏，表达他们的意愿。他们肯定的我就接受和履行，他们批评和否定的我就改正。这是教诲我的地方，怎么可以拆除呢？郑国的这所乡校，可以说既是一个教育场所，又是一个公共舆论空间。子产加以包容，使郑国社会有了自由和多元的空间。孔子听说了这一故事，肯定子产说："以是观之，人谓子产不仁，吾不信也。"（《左传·襄公三十一年》）

明清之际的黄宗羲在《明夷待访录·学校》中也提出了类似的多元和共识概念。儒家经典中说的"天下同归而殊途，一致而百虑"（《周易·系辞传下》）、"万物并育而不相害，道并行而不相悖"（《礼记·中庸》），都承认社会的多元和共识是良性互动的关系，都认为只有通过多元的"殊途"，才会有真正的共识——"同归"；只有通过多元的"百虑"，才能达到真正的共识——"一致"。

在现代社会，"多元"与"共识"概念被广泛运用在不同的方面和领域。但政治上和文化上的多元与共识则至关重要，它同自由和秩序、开放与认同具有密切关系。[②] 中国古代语境中的"同异论"中也包含有多元与共识的某种意义。

---

① 这种意义上的同异用荀子的话说是"万物同宇而异体，无宜而有用为人，数也"（《荀子·富国》）。

② 有关多元社会与秩序和共识的概念，参阅林毓生的《什么是多元社会？——再答梁国枢教授》，见林毓生：《政治秩序与多元社会》，台北：台湾联经出版事业公司，1989 年，第 147—165 页。

结　语

美国哲学家大卫·库尔珀（David Kolb）指出："哲学上的全球化相遇可以为我们开启关于统一性和多样性的一些新类型。统一性和差异性的问题出现在世界哲学中。"① 中国古典语境中的"同异"话语以及对多样性、差异性和共同性的认知，对于开启共同性和多样性的新类型应该能够发挥出一定的建设性作用。我们正处在高度联系在一起的全球化时代，我们的命运越来越多地被联系在一起，因此，我们需要有全球的共识和认同，需要将每一个自我都变成共同的自我，并采取一些共同的行动；但现在的世界也越来越复杂，越来越多样，人们的情趣、愿望、偏好也越来越不同，因此我们也需要多元和差异，以使每一个自我又能成为他者的自我。我们要在共同的世界中充分享受共同性，也要在不同的世界中尽量分享差异性，就像怀特海所说的那样："人们需要邻人们具有足够的相似处以便互相理解，具有足够的相异处以便引起注意。"②

---

① 〔美〕大卫·库尔珀（David Kolb）：《纯粹现代性批判——黑格尔、海德格尔及其以后》，臧佩洪译，北京：商务印书馆，2004年，第8页。

② 〔英〕A. N. 怀特海（Alfred North Whitehead）：《科学与近代世界》，何钦译，北京：商务印书馆，1989年，第198页。

心灵、大脑、身体、意识、情感

一种互连心灵、身体、意识和情感的自然主义方案（Scheme）*

阿弥塔·查特吉（Amita Chatterjee）

（印度加尔各答，贾达普大学哲学与认知科学学院荣誉教授）

让我们从一个虚构的场景开始。假设你在一张纸上或一块白板上看到五个离散的点。你会立即开始思考“为什么是这些点？”你内在的好奇心不会让你停在这里。接下来你会问，它们意味着什么？如果某个知识渊博的人告知你它们所代表的对象的名字，你又将提出下一个问题，继而再提出下下一个问题，一个接一个……它们是哪一类的对象？它们如何运作？我们该如何处理它们？这些点能连接起来吗？假若有很多种可能的连接方式，我们该选择其中的哪一种？它们能否放诸一个综合的或包罗的框架之下？只有在得到对最后一个问题的肯定回答后，你可能才会稍稍打住。在这里，我们用五个概念替代这五个点——心灵、身体、大脑、意识和情感——顺带一提，所有这些概念都还未得到一个没有争议的定义。哲学家和科学家们试图以不同的方式将这些概念联系起来，为它们下一个最初的定义。在我的演讲中，我将从一组具有广义自然主义信念的印度思想家所持有的立场出发，对这些概念的内在联系提出一些思考。

自然主义世界观具有如下特征。①（a）自然是同质的，由物理或物质的事物及其性质所构成；（b）物理事物间的相互作用由似律则的（law-like）规律所支配；（c）自然主义的解释通常在本质上可还原，例如，更高层次的规律能够通过更低层次中物质组成的因果作用得到解释，直到达到基本层次（basic level）；（d）当处于基本层次时，我们通常能够说明该层次上的事物如何相互联系，但无法说明何以如此；（e）虽然基本层次不固定，基本现象却有望吻合同一层次的描述。后实证主义科学坚持认为物理现象所处的层次是基本层次，因而任何非物理事物都不能被划归为基

---

* 此文部分印度宗派名词翻译参考自梁漱溟《印度哲学概论》。——译者

① Todd Moody, 'Naturalism and the Problem of Consciousness', *The Pluralist*, Vol. 2, No. 1, 2007.

本的。那么，一般的自然主义者便更倾向于将精神和意识视为像“无理数”（surd）一般的对象。[①]

为何我将此次演讲的主角们称为广义的自然主义者？最简单的回答是，因为他们对自然的理解相当广泛。如果查看他们的本体论，我们就会发现，他们在自然之中包括了不同种类的实体。换句话说，他们赞同的是一种多元主义的本体论。因此，他们可以很轻易地通过这些不同种类的事物来思考它们之间似律则的因果关系，甚至是思考心灵状态和身体行动间的联系，思考那些在现代西方哲学看来几乎是悖逆常理的话题。他们以我们的生活经验为基础，来区别并解释这些概念。他们是从个人层次（person-level）而非物理或神经科学的层次上建立针对这些概念的学说，使用的都是最贴近人类经验表达的日常语言词汇。他们设定了一个内在的感觉器官 *manas* 来解释心灵的一些机能——认知的、意动的和情感的，却对大脑的显著作用不甚了解。不过这并不对我们构成困扰，因为尽管大脑机能限制了我们的心灵与身体状态，我们个体层次上所经历的经验仍和心脑的神经关联存在着解释鸿沟。除个体层次的现象和神经现象的描述层次不同，我们的主角也没有求助个人层次以下的脑功能对我们的心灵和身体经验予以解释；他们的解释更多地依赖于主观的内省和其关于异质现象学的（hetero-phenomenological）证据。

他们的主要反对者来自所谓的“有灵论”。有灵论立足邬波尼煞昙斯派一元论（Upaniṣadic monism），后在吠檀多派（Vedānta）的不同学派支持者中发展起来。有趣的是，哪怕是最核心的那部分有灵论体系同样也承认身体和身体属性在我们经验存在中发挥的重要作用。然而所有这些体系，包括 19 世纪邬波尼煞昙斯派一元论的诸多变体，显然都在尝试超越我们经验存在的身体限制，从而进入永恒极乐的崇高生活。例如，室利·阿罗频多[②]（Sri Aurobindo），他在关于突现演化（emergent evolution）的叙述中把物质 / 身体、生命、心灵、精神及其更高形态的超精神（Supramental）合为一体。这一整体的本质即是存在—意识—极乐。当人类心灵攀越一个又一个高峰，以自我为中心的情感便被消除，为体验存在之愉悦的崇高情感腾出空间。这套体系中的心灵、大脑、意识、情感相互联系、相互依存。毫无疑问，这些概念中的每一个都具有自己的价值。不过，精神或意识仍然是创化论（creative evolution）的源头、终点及指引原则。

---

① 通常来说，有理数都可以被简化（simplified）或者被归约（reduced）为两个整数之比率，而无理数则不能满足上述简化或者归约的操作。文章作者在这里是借用“无理数”作为一种比喻，比喻精神与意识像无理数一样不能归约、简化或者还原。——校者

② Sri Aurobindo, *The Life Divine*, Dutton, New York, 1951.

K. C. 巴特查里亚[①]（K. C. Bhattacharyya）是公认的殖民时期最具独创性的印度哲学家，他同样也完全从印度哲学的视角出发，提供了一套将身体和身体属性与意识、情感和主体性相互关联的体系。遵循吠檀多派（Vedanta）的传统，他描绘了意识的分级，以及通过分离的过程以实现"绝对"（the Absolute）的多种方式。在他看来，我们对身体的感觉源自身体主体性的内部，它通过自身与周围其他事物的分离使我们初尝自由的滋味，同时也成为更高一级主观性的基础。我们通过内省而能达到的心灵主体性，促使我们将精神 / 心灵状态从它们的意向内容——即想象、理念、思想这些占据类客体性（quasi-objectivity）的内容——中分离开来。他区分了内省的不同种方式，以显示它们中的每一种都能引向自客体性而来的更大自由。巴特查里亚坚称，处于这种感觉中的某人完全可以从客体性中解放，他将经验到作为自由的主体，而不受任何客观约束。巴特查里亚认为主体性能通过感受"精神主体性"实现，因为他相信经由客体性获得绝对自由乃是一种精神要求。因此，通过将意识从各种客体性中逐渐分离出来，某人就达到了主体性的最终阶段——被感受到的自由。诚然，巴特查里亚的体系使得心灵、身体、大脑、意识和情感都成为重要的参与者，但在达到自由身体的最高形式时，身体性的因素却最终被他抛除在外。

另一位邬波尼煞昙斯派一元论的支持者，是我们的诺贝尔奖得主、诗人罗宾德拉纳特·泰戈尔，他强调身体在人类向完美行进，向实现更好更丰富的统一、爱和自由行进时发挥的作用。泰戈尔虽深受达尔文进化论的影响，但他在 1930 年希尔伯特讲座上的发言[②]却提出了人类超越物理进化的设想，他认为通过回应深藏于人内心之中的永恒精神的呼唤，即可实现这种超越。它激励人们在其自我中心主义的生活方式中产生一种至高的牺牲精神。在进化的早期阶段，生存斗争主要由身体大小和力量决定，直到人类出现，他们依靠自己的聪明才智统治了整片栖息之所。人体和大脑的进化足以摘取并食用知识之树的慧果。"正是人类极富创造力的品格中的那道意识，引领着一切进入了生命王国的新政制……这种意识体现在科学、哲学、艺术、社会道德以及所有能在其自身体现其最终价值的事物上。"泰戈尔认为，所有生物中，只有人生活于无尽的未来，而我们当下的一切仅仅是其中的一小部分。"从个体到群体，从群体到宇宙，从宇宙到无限——此即灵魂的行进常态。"因此泰戈尔也将意识和灵魂置于比大脑和身体更高的层次。

另一方面，我们的主角们则是从具身心灵的概念出发，也从具身心灵终止。具身心灵要求心灵与身体紧密地联系在一起。在他们的形而上学中，他们列举了不同

① Bhattacharyya, K. C., *The Subject as Freedom*, The Indian Institute of Philosophy, 1930.

② Rabindranath Tagore, *Religion of Man*, *The English Writings of Tagore*, Volume 3, Sahitya Akademi, New Delhi, 1996; reprinted 2002.

种类的实体——灵魂/自我（*ātmā*）、身体（*śarīra*）、感觉器官（*indriya*）、经验对象（*artha*）、知识/意识（*budhhi*）、内在感觉（*manas*）等。一个关于所有这些形上实体的总结[①]说明，所有这些类型的可知对象都是相互关联的。在这里，个体灵魂（*ātmā*）是万物的限制，万物的享用者，它认知，它经验。个体灵魂与任何物质对象的区别在于，前者通过其自身的具身存在就能单独地获得意识。因此意识是灵魂的偶然性质，它并不位于身体任何特殊的部位。身体是所有认知或情感意识、包括苦乐的集成之所。感觉器官是获得知识和享乐的手段。*manas* 是内在的感受器官，通过 *manas*，我们得以内省自己的内在状态。它的本质是物理性的，并且只有原子大小。身体是效力、感觉器官、愉悦、伤痛的基底。"努力"［或"尝试"］（effort）指自主的行动，如某人为了获得其欲求对象、或逃避其所不欲对象而采取的行动。意志（*pravṛtti*）则促成物理或心灵行动。情感、厌恶和愚蠢则被列为错误（*doṣa-s*）。轮回（*pretyabhāba*）指的是一系列的出生和死亡。每一个灵魂都要经历轮回之旅，直到获得超脱。出生意味着灵魂与一整个身体、感觉或诸如此类事物的连结；而死亡意味着它们的分离。因此，倘若没有身体，灵魂就不能分化为一个个体。活动的结果主要有两种——快乐和痛苦，它们同样也受身体所限。亦即，我们的身体主动将个体的生命塑造成形。从生死循环中解脱出来的方法则是正确认识那些使得我们把自我与非我区分开来的不同实体。从上述说法中可见，个体之卓越在于其知识、知觉和逃避痛苦之时所作的尝试——它决不能是一种抽象本质——灵魂正拼命地减去其身体的陷阱。它必须是一个自我躯体连续沉浸的过程，同时也是一种对生命的有意义的追逐——在其通往解脱的旅程中，通往完全免除其所有痛苦的路途中。

即使脱离了身体，个人精神生活的前景也取决于其与身体关系的偶然性。据说欲望（*rāga*）是受身体条件约束决定的——人类拥有具有人的欲望的身体，而其他动物拥有其他种类的身体，这些身体又具有不同的动物性欲望。[②]这一立场可能会遭到某种反驳。[③]因为我们的主角们相信轮回，理论上来说人类婴儿可能生来就具有去过其曾经的非人类生活的倾向。如果它曾经生活在大象的身体里，那么它就不会有人类的欲望，转而去渴求幼象通常渴求的东西。这种反驳很快会被驳斥回去，因为儿童的欲求取决于他当前所在的身体，而不是他在过去生活中曾经历的幼象身体。盖内瑞（Ganeri）认为[④]，这种观点预见了夏皮罗（Shapiro）在《心之化身》（*The Mind*

① Vātsyāyana, *Nyāya-sūtra-bhāṣya*, ed. Anantalal Thakur, Indian Council of Philosophical Research, New Delhi, 1997.

② *Vaiśeṣika-Sūtra* 6.1.13, 'Desire (rāga) is also determined by the particular biological kind.' Ed. Muni Sri Jambubijaya, Gaekwad's Oriental Series 136, Oriental institute, Baroda, 1961.

③ Vācaspati on the *Nyāya-sūtra* 3.1.26., *Nyāya-Vārttika-Tātparyaṭīkā*, ed. A. Thakur, Indian Council of Philosophical Research, New Delhi, 1997.

④ Ganeri, J., *The Self*, Oxford University Press, Oxford, UK, 2012.

Incarnate）中提出的“具身心灵”理论——“心灵深刻地反映了容纳着它的身体”。

即便如此，灵魂 / 自我和身体之间的关系比简单的容器包含关系要亲密得多。身体是感觉等事物的所在地 / 住所（*adhiṣṭhāna*）或家（*āyatana*）。感觉则是经验的工具（*bhogasādhanam*）。这意味着当一个人想要得到他所欲求的东西时，身体即是行动发生的所在。身体也被看作是感官的所在地，因为感觉因身体获益而获益，因身体受伤而受到伤害。也就是说，无论是内在或外在的感觉器官，倘若没有身体，就不能展现它们的功能。这种说法可以通过（视力）知觉的例子来证实，扩展到任何其他类型的知觉、直到 *mānasa* 也同理。此外，知觉是所有其他种类认知的基础，这意味着人类认知不能脱离身体基础而存在。

诚如上文所述，我们的主角们认为知觉者或者认知者都是具身的灵魂。在他们对知觉的因果描述中，他们认为对世界的感知取决于三重接触——灵魂 / 自我与 *manas*（内在感觉）相接触，*manas* 与相应的外部感觉器官相接触，感觉器官又和对象相接触，在这之中，最直接的结果是知觉。因此，知觉是自我—*manas*—感觉器官—在世界中的对象协同作用的结果。知觉不仅不是一个作为信息上被封装起来的（informationally-encapsulated）进程的意义上的模块化进程，相反，它必须依赖于知觉者的意向与感觉能力。当我们的视觉器官接触到水时，我们首先对水和水性（water-ness）有着不确定的感知，而在下一个时刻，我们就对其形式有了确定的知觉——“这是水”。在感知到水之后，如果知觉者觉得口渴，他便会开始饮用它。但在这个行动发生之前，却必须具有确知这水可以饮用并且能够解渴的知识。但这位认知者如何确定他所知觉到的水是可欲求的呢？他是能够知道的。因为他先前的经验告诉他，清澈透明的水是可饮用的。然而，倘若知觉者并不口渴，他可能会置之不理，也不采取任何行动。如果被知觉到的水看起来是浑浊且不可饮用的，知觉者就会避免饮用它。因而知觉总是引导着行动。再有别的例子，比方说假设一个人碰巧发现了一块闪闪发光的金箔，但他却误以为那是枚银币。如果这位知觉者急需用钱，或者生性贪婪，那么他就会去捡起这块硬币，否则他将直接无视。因此，似乎知觉者总是以他所处的境况——心灵的、生物的和文化的——来引导其行动。

可能会有人反对这一点，并说“所以呢？”。没有人会不愿意承认我们的知觉是依赖于我们的身体结构和身体能力的，但这根本微不足道。我们是否可以说，不仅行动和引导行动的基本知觉是依赖于身体的，更高层级的知觉和心理属性以及我们的情感也同样如此？我们的主角们将会毫不犹豫地肯定我们的知觉经验、更高层次的智性活动以及我们的情感态度——所有这些都根植于我们的身体能力。

支持具身意识的证据可以从我们惯用的语言中获得，后者充满了空间关系的概念和身体性的隐喻。空间关系并不像物理对象那样被看到。例如，我们不能看到远近，我们只是看到一些物体的位置，然后再根据一些地标来描述远和近。这表明，我们通过直觉和身体系统得到空间关系。“这里”和“那里”是日常语言中常常出现的两个副词。“这里”表示知觉者或行动者当下的位置，而“那里”则表示和知觉者或行动者有一定距离的地方。我们知道，空间只有一个且无处不在。为了方便考虑，我们在其中引入一些概念区分。我们的主角明确认为“在……的东边”和“在……的北边”是相对的，它们只由一些被指称的点所决定。例如，东边只是接近太阳从地平线上升起的那个点的区域。“在……前面”和“在……后面”从字面意思上来看，分别指“面向知觉者”和“背向知觉者”。这两个表达式包含了“正面”和“背面”两个词。没有正面或背面的事物在和我们发生联系时，同样也能具有这些属性。以一棵树为例，面对我们的一侧被称为树的前面，离我们较远的一侧被称为树的背面。在讨论非物质的灵魂时，我们同样也遭遇了容器包含关系的隐喻。例如，我们的主角相信，在个体获得解脱之前，寓于灵魂的功过甚至在其非具身状态下也同样存在着。一套起源—道路—终点的纲要（schema）将在对所有个体灵魂的目标的描述中实现。一个灵魂即便是无限大的，也会在某个时刻遭受身体的限制，这个时刻即被看作是某一个体的诞生，某个人生命旅程的起点。这段旅程以死亡告终，但任何生命的最终目的都是从痛苦中解脱出来。不断累积的功与过乃是通向解脱之路的阻碍，因为这些功过复又将个体拖入生与死的循环。

现在，是时候公布我们主角的身份了。他们是尼耶也—吠世史迦派（Nyāya-Vaiśeṣika）哲学家。历经两千年的变化，该哲学流派仍然存在。我们发现，他们的观念与当代具身理论非常相似，尽管尼耶也派（Nyāya）理论和当代具身认知理论也有显著不同。首先，尼耶也派的论见丝毫不受进化论的影响。其次，根据标准的解释，尼耶也派（Naiyāyika-s）是直接的实在论者，他们承认既定世界的存在，因而必定主张外部世界和内部世界的区别。再者，尽管他们没有察觉到需要一个作为中间媒介的表象，但严格来说，他们并不是生成［主义］的理论学家（enactive theorists），因为在尼耶也派的世界中认知者与被认知者的关系并非是一种依赖于共同起源的关系。最后，尼耶也派也丝毫没有意识到大脑的神经水平。唯一一个涉及个体以下层级的概念是 *manas*，即内在感觉的运行。尼耶也派关于具身的理论是现象学式的，而非神经科学式的。其现象学的取向解释了为何我们的范畴和概念与我们解释世界的方式吻合得如此到位。

尽管灵魂和身体在尼耶也派的体系中联系紧密，灵魂也不能还原为身体，心灵属性也不能被归因于身体。尼耶也派的经典文本提供了支持这种非还原论的五条论证。盖内瑞[①] 将这些论证命名为统一、空间性局部、持存性、自我知识和自我指称论

① Vide Ganeri, 2012.

证。统一论证的关键在于，统一我们的经验数据需要一个单独的统一者。空间性局部论证和持存性论证试图证明心灵属性和物理属性在其时空发生模式上有着本质区别。知识论证和自我指称论证则指出心灵和物理属性在认知和指称方式上具有不对称性。这些论证确立了两个要点：（a）栖居与认可（endorsement）的关系是拥有第一人称立场的关系，和一个样例与其所指称之物的关系有着根本的不同；（b）身体、身体状态和身体过程并非自主性的（*paratantra*），它们由具有自主性的（*svatantra*）灵魂 / 自我所支配，然而自我在某种程度上是依赖于身体的，因为它不能以非具身的形态实现其目的。

不仅我们的道德承诺深植于我们的具身性，我们对自己及他物（无生命和有生命的对象）的存在的态度也同样深植其中。Praśastapāda[①] 和婆差耶那派（Vātsyāyana）都认为，我们心灵的意识状态通过一套对照、自我监察的选择性注意力、信息检索和行动指导的无意识机制随附于身体的物理状态。*Manas* 在这些无意识过程中斡旋调停。第二个重要的方面——关于行动者参与性的主张，在他们对身体上被奠基的（bodily-grounded）情感的描述中显露出来。根据尼耶也—吠世史迦派哲学家们的说法，情感的核心属性是一种评估，一种行动的倾向，和一种被感觉的能力——所有的这些都不能在非具身状态下实现。例如，愉悦感是由对某样可喜或快乐的事物进行评估而来的，它表现为一种想要与其所欲对象维持长久联系的倾向。欲望是由对某件事物的评估引发的，这个事物目前并不在手，某人却有能力去获得。它体现为一种想要与其所欲对象创造联系的倾向。快乐是稳定的状态，是一种接受、并想要和某人所处环境中的某物持续发生互动的状态。痛苦是不稳定的状态，是一种与不可忍受的事物发生互动的状态。由此，情感所引发的感觉会塑造出某人行动的意志，以使自己与那些感觉相分离，更重要的是将它们一并摧毁。因而情感往往将某个主体的承诺、价值、偏好和意图统一起来。“因此，确切地说，让一个状态被拥有，即是让它通过潜在性参与到某人的整个存在中去，为其他任何被拥有的状态设立规范性要求：这就是赋予栖居、参与和认可的想法以实质性内容，它们都在个体的所有权中体现。所有权则引出具身性，因为所有这些要求只能在行动中被满足。”[②] 所有权由此成为认可性的规范概念，预设了作为参与者的自我的连续性。这是第一人称立场的典型特征，它意味着某人认可其心灵状态，并为这些状态负责；他绝不仅仅是这些状态的观察者或见证者。因而单从第一人称立场出发，我们就足以解释我们的决定和行动。

由上述分析可知，痛苦本身具有效用和工具价值。之所以要根除它，不是因为

① *Praśastapāda-bhāṣya*, ed. J. Bronkhorst, Motilal Banarasidass, New Delhi, 1994.

② Ganeri, 2012, 12.

它令人难受或在形而上意义上就是坏的，而是由于它影响了整个系统的稳定性和一致性。盖内瑞认为，消除不一致是消除痛苦的正确途径，而不仅仅是压抑痛苦本身。通过提倡对痛苦的消除，印度的解脱理论为具有一致性和稳定性的心灵生活赋予了特别的价值。尼耶也—吠世史迦派哲学家认同痛苦之可能性乃是任何完整心灵不可或缺的一部分。这种看法是正确的，因为导致不一致的错配始终可能存在。这也是为什么尼耶也—吠世史迦派的哲学家们主张完全脱离了痛苦之可能性的状态将导致彻底的无知觉。

在尼耶也派的文献中，非具身状态的解脱被获准为一种正式的可能性。然而在非具身状态下，所有的心智能力都消失了；也不存在任何意识活动、知觉或智性活动，因为灵魂与身体之联系是所有认知和情感的一般原因。

尼耶也派的解脱即在于自我的纯粹存在（*svarūpa-sthiti*），当自我的纯粹存在从所有的独特性质（*viśeṣa-guṇa*）中——包括意识、知觉这些自我在其现象性存在中被赋予的性质——分离开来时，它就得到了解脱。那么，自然而然地，处于解脱状态的自我变得完全无知觉，无能动性，也无道德承诺，无苦无乐，无知也无不知。根据尼耶也派哲学家的观点，自我的生活就在于能够获得心灵状态和心灵属性。若其超脱，弃其肉身，自我性也就丧失了。这个观点也间接引出了与丢弃肉身相反的理论，即伤害一个人的身体就等于伤害他的自我性，这为培育起自尊、尊重他人和同情所有存在之物的思想提供了充足的理由。

人们常常怀疑自然主义会损害道德的规范性。为反驳这个观点，我想提出一个更加激进、也并不常见的尼耶也派论见，此论见由潘迪特·巴德利·纳特·舒克拉①（Pandit Badri Nath Shukla）发展而来，或许它将给予具身理论最大程度的可信度。舒克拉将他的主张称为 *dehātmavāda*（一种关于身体作为灵魂的理论），并赞同不必安放一个永恒自我或 *ātman* 的非标准尼耶也派实践理论。拥有 *manas* 的身体概念已足以满足传统的尼耶也—吠世史迦派哲学家安放自我的意图。活着的人类身体可以是认知 / 意识、欲望、愉悦、痛苦，甚至是累积的功过等属性的根基，这些属性不能是身体的特定性质。然而，没有任何东西能妨碍它们成为固存于身体的一般性质（*sāmānya guṇa*）。一般性质并不必须由构成身体的同种物质元素构成。因而它们也并不通过其构成成分的转化过程而从物质演化出来。它们也不需要与物理 / 身体属性相似。这样看来，物理和心灵属性都可以被归因于一个具身的个体，这使我们想起斯特劳森对于人的 P- 被谓述者和 M- 谓述词的归因。其实，舒克拉主张的是，与形式（*rūpa*）的一般性质相同，意识（*buddhi*）等物同样也固存于身体之中——只要

① ‘Dehātmavāda or the Body as Soul’, *Journal of Indian Council of Philosophical Research*, New Delhi, 1991.

身体是一直持存的。这毫无疑问是自然主义的主张。然而，这不并引出自然主义就是和规范性无关的。由于这种观点并没有带来对于未来生活的任何许诺，它便具有独特的优势去鼓励人们过一种值得称道的无私生活。一个人所期望的所有进步和卓越，都能在这种生活中被寻得。舒克拉总结说，在 *ātman* 学说中，放弃善行并将它留给另一段生命去完成的诱惑是非常强烈的。一个人倘若遵从有灵论体制，则比遵从 *dehātmavāda* 更可能追求卑鄙而自私的生活。因此 *dehātmavāda* 不仅更为理性，也更为道德。因而，统一心灵和身体，以及意识、情感、行动——这种方向的自然主义将会驱使我们渴求当下的人生之卓越，并朝着这个方向努力奋进。

（佚名　译）

神经再使用及具身化的认知*

肖恩·加拉格尔（Shaun Gallagher）
（美国孟菲斯大学哲学系，澳大利亚伍伦贡大学法律、人文和艺术系）

引　言

根据传统认知主义者（即，计算主义者 / 内在主义者）的理论，大脑是中枢神经系统的最中心的部分，在那里，所有有关认知、行动、自我意识和我们与他人的关系的重要的东西都会发生。Michael Gazzaniga（1998）提供了一个在众多认知理论中都发挥作用的想法的好样本，即心理过程可以归结为神经过程，他预测心理学是属于过去的东西，它将被神经科学所代替：

> 我对大脑如何工作的看法，植根于一种进化的观点，即我们的精神生活反映了许多，或许是数十到数千种神经装置（devices）的活动，这些装置是我们在工厂里的大脑所内置的。这些设备为我们做着重要的事情，从管理我们的行走和呼吸到帮助我们进行三段论推理。（Gazzaniga 1998, xiii; 参见 Gazzaniga and Gallagher 1998）

Alvin Goldman 和 Frederique de Vignemont（2009: 154）提出的相关主张，即“心灵（mind）的中央系统［……即］大脑是大多数的（如果不是所有的）心灵事件的座位（seat）”，代表了一个相似的观点。根据这个经典的正统理论，大脑是情感发生的地方：它是意图之形成和行动之准备的地方；它是我们对他人的理解成形的

* 致谢：这篇论文的研究得到了洪堡基金会的 Anneliese Maier 研究奖和澳大利亚研究理事会（ARC）补助的支持。*Minds in Skilled Performance.* DP 170102987。

地方。

在思考认知（cognition）、自我（self）、能动性（agency）、自由意志（freewill）、自主性（autonomy）、社会认知（socialcognition）和心灵的其他方面时——以及在思考在这些领域（如精神病理学）中何时事情会出问题时——神经中心主义（或神经本质主义）是标准的。在哲学中，神经中心主义作为一种内在主义的形式，以众所周知的“缸中之脑”思想实验为代表，这个实验除了作为思维实验之外，有时也作为一种模型被提出，以帮助我们更好地理解事物事实上是如何运作的。

> 某种形式的内在主义肯定是正确的，因为没有任何别的东西可以做这工作。大脑是我们为了表征（representing）世界所拥有的全部东西，我们所能使用的一切都必须在大脑内部。因为我们每一个人都恰恰是一个缸中之脑，我们的每一个信念都必须对于作为缸中之脑而存在的对象是可能的（Each of our beliefs must be possible for a being who is a brain in a vat because each of us is precisely a brain in a vat）；这缸是一个头盖骨，且“信息”的到来是通过对神经系统的影响而来的。（Searle 1983: 230）

神经中心主义可以被描述为一种对于认知的“窄的”（narrow）视角。“窄”是心灵哲学中的一个专门术语。它指的是包含在“头脑”中的过程——例如，基于大脑的表征过程和表征内容。窄心灵的观点受到了“宽的”（wide）“E-方法”[①]的挑战——即，对于认知的具身化的、嵌入的、拓展的、生成的、生态学的方法，这些方法以不同的方式认为，解释的单元应该是大脑—身体—环境。在这种外在主义者的观点下，大脑没有被当成对于理解认知、行为、情感、人类经验等的不重要的东西；而是被去中心（decentered）且被给予部分的，尽管还是重要的角色，与身体和环境因素一同发挥作用。

在这篇论文中，我将讨论这样的想法，即我们需要重新思考我们的理解，我们对于在大脑—身体—环境的更大的系统中大脑如何工作的理解。我将专门着眼于此，以种系发生学（phylogeny）以及神经再使用假说概念的视角。

---

① 这里所谓的“E-方法”就是对应于其后所列举的具身化的（embodied）、嵌入的（embedded）、拓展的（extended）、生成的（enactive）、生态学的（ecological）这些方法，这些方法的英文单词的首字母均为字母“E”，因此，在这里被作者概括为“E-方法”。——校者

大脑，身体以及超越

神经再使用假说是一个对于我们如何理解大脑发挥功能（function）的洞见。正如 Michael Anderson（2010）所解释的那样，最初为一种用途而建立的神经回路可以被再使用（reuse）或再部署（redeploy）到其他用途上，同时仍然保持其原有的功能。他的假设最初被理解为一种可塑性和扩展适应性（exaptation）的进化概念："某一特性或特定机制的进化过程中发生的变化，这些特性或机制后来被再使用以服务于新的目的和功能。"（Gallese 2014: 6）一个很好的例子是人类大脑中布洛卡（Broca's）区域。猴子的相应区域包括运动功能。经由进化的改变，它保留了这些原始功能——运动准备、行动序列和动作模仿（Binkofski & Buccino 2004）。但是，在人类中的这一区域被涉及语言和动作识别功能的附加功能所扩展适应（exapted）了。它在语言生产中的作用早已为人所知并很好地被建立了（Broca 1861）。这个区域的镜像神经元的存在将其与动作认知（action recognition）联系在一起（Rizzolatti et al. 1996）。镜像神经元是再使用的另一个例子：最初运动神经元参与到运动控制（motor control）中，在进化过程中它们被扩展应用以服务于社会认知（social cognition）。

这种再使用的想法被一个紧缩的、内在主义的"弱的"（weak）具身化的认知（EC）概念所重视。根据弱的 EC，物理的身体自身（它的解剖学，活动，姿势的身体—图示的过程）和环境对于认知来说都没有重要的贡献。而是，对弱的 EC 来说重要的是身体—样式的（body-formatted）表征以及那再使用的假说。身体—样式的表征是非命题的内感受器的或"一个人自己的身体状态和活动的"运动的表征（Goldman 2012: 74）。这些身体—样式以"纯净化"的神经表征为其特征（Goldman & Vignemont 2009），有时在"大脑中的身体（body in the brain）"（例如，Berlucchi & Aglioti 2010）的标题下被讨论。在弱的 EC 的观点中，再使用的假设如下所述地被使用：按照这种定义，任何使用身体—样式表征的认知任务（或者是在其原始功能中，或者是在其扩展适应的 / 派生的功能中）都是一种具身认知的形式。例子不仅包括镜像神经元和它们在社会认知模拟中的作用，还包括 Pulvermüller（2005）的语言基础假说——如**舔**、**挑**、**踢**的动作词分别激活涉及舌头、手和脚的皮质运动区。在这种情况下，运动区域和内感受的、身体—样式的运动表征为了语言加工而被再使用。沿着这同样的线路，通过模拟或隐喻，我们可以解释抽象的思维的具象的根源（Barsalou 2008; Lakoff & Johnson 1999）。因此，"高阶思想根植于运动行为的低层次表征"（Goldman 2014: 94）。

再使用的进化原理可以被重构为一个发展的原则，例如，Stanislas Dehaene

（2005）的“神经元循环”假说。根据这一假说，当一个人学习阅读时，视觉皮层的“视觉语词形成区”（visual word form area）会发生变化。Goldman 也将再使用的概念应用于个例的（token）神经激活和认知事件。例如，他提到“再使用或再部署身体样式以执行一项基本的非身体的认知任务”（Goldman 2012: 83），其中一个例子是镜像神经元的激活，这是“在新的、认知的个人之间的任务中，运动神经样式（motoric format）的一种再部署”（2012: 79）。

我曾经论证过（Gallagher 2015 b; 2018），接受对于再使用假设的应用的扩展（包括 Dehaene（2005）的神经回路假说以及 Pulvermüller（2005）的语言基础假说）实际上削弱了对认知的纯粹内在主义的描述——横跨全部时间尺度（timescale）：进化的，发展的以及日常行动的时间尺度（timescale）。

实际上，接受神经元再使用的概念意味着一种 EC 的**强**看法。在进化的时间尺度上，再使用与身体有关——包括它的形态学特征，它们被弱 EC（Goldman 和 Vignemont 2009）作为微不足道的东西而清除。具体地说，且很明显地，人类的大脑和人体一起进化。身体在进化中的改变容许（allows for）直立姿势，这导致颅骨和下颚的重组，容许更大的大脑，也有利于语言的发展。这些变化伴随着许多涉及手、脚等的其他形态学变化。所有这些变化推动了大脑的进化的变化，并促进了再使用。

无论是从进化的角度来看，还是从发展的角度来看，不仅仅是身体，而且还有物理的、社会的和文化的环境，对任何对神经再使用和神经元再生的理解而言，都是重要的因素。大脑进化和大脑发育都不是在试管中（in vitro）或一个缸中发生的。例如，在发展的背景（developmental contexts）中，文化环境的作用直接相关。这仍然是未明确说明的，但暗含在即使是 Goldman 对 Pulvermüller 的神经语言学工作的讨论中——“这是一个很好的例子，它重新部署了一个旧的（运动神经的）系统，以一种身体样式（bodily format），以帮助执行语言理解任务”（Goldman 2014, 103）。为了语言和概念的加工处理（process），感觉神经或运动神经区域的激活不仅仅是大脑可塑性的结果，而是文化上的实践或学习。文化和背景（包括身体的实践和环境的因素）的作用，同样意味着特定的事件。例如，与在一个句子的上下文中的语词的加工处理相联系的运动神经模拟，比通过外在于一个句子的抽象东西所表现的意义要更加丰富（Naumann 2011）：人们会在句子“比尔挑起（pick up）面条”对比“比尔举起（pick up）杠铃”之中期待一种不同类型的神经的激活。——既然因为在拿 / 拿起（picking up）上存在差异，故在神经的和身体的激活中存在差异。重要的是，神经的激活不会仅仅依靠于知道涉及到的一个杠铃是什么，或者知道涉及到的一根针（或什么种类的针——缝纫针，罗盘针，皮下注射针）是什么，而且在某种程度上也依靠一个人对这些项目的使用史以及一个人的技能水平，一个人的身体实践（考虑一下新手对专家女裁缝或举重运动员）。

这些东西不仅是神经的，而且还涉及身体、社会和文化因素。这里涉及的可塑性不仅是神经可塑性，而且是超塑性（metaplasticity）（Malafouris 2013）；不仅是大脑，还有身体和环境，以及社会实践和文化实践都经历了变化，这是由于它们持续的、动态的相互作用，跨越所有相关的时间刻度。

> 不仅仅是进化（在严格的达尔文主义意义上的自然选择下的变异），我们一直在通过制造和改变材料——通过这种方式我们参与到世界中——改变着我们自己的发展路径（包括我们自己的大脑）……心灵的可塑性内嵌于文化的可塑性，与文化可塑性密不可分（Malafouris 2015, 351）。

对再使用假设的充分考虑，直接引导我们到身体和环境的角色，包括文化背景。解释的单位不只是大脑，不只是身体，不只是环境，而是大脑—身体—环境（Gallagher et al. 2013）。在进化论的术语中，大脑按它的方式运作，因为它是一个有手的有机体的部分，手可以特定的方式去够到和抓，有眼睛被构造而能专注，有一个直立的姿势，有一个自治系统等等，所有的这些演化发展以应对特定类型的环境和应对其他人。个人身体的、环境的或经历过的社会文化的背景的任何组成部分的变化都会引发作为整体的系统的反应。正如生成主义者（enactivist）所认为的，我们应该将大脑不再理解为内在的心理表征或信息计算，而是要把大脑作为参与系统的整体行动的整体系统来理解（Gallagher 2017b; Hutto & Myin 2013; Thompson 2007）。

结　论

自 20 世纪 90 年代以来，认知科学当中的那个假设一直是，在某个时间点上神经科学将取代心理学，我们也将相应地调整我们的心灵哲学（Gazzaniga 1998）。相应的期望曾经是，对大脑功能最好的解释将用神经科学的词汇做出。相比之下，我想表明，大脑功能的最好的解释可能在具身化的（embodied）、情形化的（situated）认知的、发展心理学的、生态心理学的、动态系统理论的、应用语言学的以及可供性理论的词汇表中建立起来，伴随着在讨论中发现的、从文化生态位到物质交互的概念的人类学洞见。这里涉及到一个方法论问题：神经科学是否可以开始说这种不同的语言，并进入这种正确的对话。还有一个实质的（substantial）问题：大脑是如何在互动的复杂和动态的组合中运作？这些互动包括感知、移动、做手势、行动、产生情绪和表达身体。

> 这种看法是传统的，即将神经系统设想成一个监视监听身体、激发身体的器官而非一个被身体所控制的器官……然而，身体对神经系统的影响对有机体的重要性正如神经对身体支配的重要性。（Purves 1988: 1）

本质上，身体通过与环境的动态行为互动来限制和“推动”大脑的组织，这点已经被 G. E. Coghill（1929）在《解剖学和行为问题》一书中很好地证明了。在其1957—1958 年关于自然概念的讲座中，Merleau-Ponty 受 Coghill 思想的启发，将动态解剖学的原理作为严格的决定论的反面而提出，并给出了恰当的结论。

> 神经系统从前神经的动态中显现出来。因此，当神经兴奋发生时，它不能在神经系统的组织中发挥重要作用。这个组织与其说是由于神经元的功能，不如说是由于整个有机体的生长。整合的前神经系统“跨越”神经功能，当它出现时它不会停止。所以神经系统不是最终的解释。然后我们必须承认生长的内在潜力，一个动态的系统对它的环境做出反应，就像一个有机体一样。它，作为结果而非系统的原理，取代了传导的功能。（Merleau-Ponty 2003: 192）

参考文献

Anderson, M. L. 2010. Neural reuse: A fundamental reorganizing principle of the brain. *Behavioral and Brain Sciences* 33: 245-266.

Barsalou, L. W. 2008. Grounding cognition. *Annual Review of Psychology* 59: 617-645.

Berlucchi, G. and Aglioti, S. M. 2010. The body in the brain revisited. *Experimental Brain Research* 200(1): 25.

Binkofski, F. and Buccino, G. 2004. Motor functions of the Broca's region. *Brain and Language* 89(2): 362-369.

Broca, P. 1861. Remarks on the seat of the faculty of articulated language, following an observation of aphemia (loss of speech). *Bulletin de la Société Anatomique* 6: 330-357.

Coghill, G. E. 1929. *Anatomy and the Problem of Behaviour*. Cambridge University Press.

Dehaene, S. 2005. Evolution of human cortical circuits for reading and arithmetic: the "neuronal recycling" hypothesis. In S. Dehaene, J.-R. Duhamel, M.D. Hauser, and G. Rizzolatti (eds.), *From Monkey Brain to Human Brain* (131-157). Cambridge, MA: MIT Press.

Gallagher, S. 2018. Building a stronger concept of embodiment. In A. Newen, L. de Bruin and S. Gallagher (eds.), *The Oxford Handbook of 4E Cognition* (353-67). Oxford: Oxford University Press.

Gallagher, S. 2017. *Enactivist Interventions: Rethinking the Mind*. Oxford: Oxford University Press.

Gallagher, S. 2015. Reuse and body-formatted representations in simulation theory. *Cognitive Systems Research* 34-35: 35-43.

Gallagher, S. and Daly, A. 2018. Dynamical relations in the self-pattern. *Frontiers in Psychology* 9:664. doi: 10.3389/fpsyg.2018.00664.

Gallagher, S., Hutto, D., Slaby, J. and Cole, J. 2013. The brain as part of an enactive system. *Behavioral and Brain Sciences* 36 (4): 421-422.

Gallese, V. 2014. Bodily selves in relation: Embodied simulation as second-person perspective on intersubjectivity. *Philosophical Transactions of the Royal Society B: Biological Sciences* 369: 20130177. http://dx.doi.org/10.1098/rstb.2013.0177.

Gazzaniga, M. S. 1998. *The Mind's Past*. Berkeley: University of California Press.

Gazzaniga, M. and Gallagher, S. 1998. A neuronal Platonist: An interview with Michael Gazzaniga. *Journal of Consciousness Studies* 5: 706-717.

Goldman, A.I. 2014. The bodily formats approach to embodied cognition. In U. Kriegel (ed.), *Current Controversies in Philosophy of Mind* (91-108). New York and London: Routledge.

Goldman, A.I. 2012. A moderate approach to embodied cognitive science. *Review of Philosophy and Psychology* 3(1): 71-88.

Goldman, A. and de Vignemont, F. 2009. Is social cognition embodied?. *Trends in Cognitive Sciences*13(4): 154-159.

Hutto, D. D. and Myin, E. 2013. *Radicalizing Enactivism: Basic Minds without Content*. Cambridge, MA: MIT Press.

Lakoff, G. and Johnson, M. 1999. *Philosophy in the Flesh: The Embodied Mind and its Challenge to Western Thought*. New York: Basic Books.

Malafouris, L. 2015. Metaplasticity and the primacy of material engagement. *Time and*

Mind 8(4): 351-371.

Malafouris, L. 2013. *How Things Shape the Mind*. Cambridge, MA: MIT Press.

Merleau-Ponty, M. 2003. *Nature: Course Notes from the College de France*, ed. R. Vallier. Evanston: Northwestern University Press.

Naumann, R. 2016. Dynamics in the brain and dynamic frame theory for action verbs. In L. Brunel, R. Versace, and D. Brouillet (eds.), *The Sensory Nature of Knowledge. Proceedings of the SMCLC-11* (109-130). Düsseldorf, Germany: Düsseldorf University Press.

Pulvermüller, F. 2005. Brain mechanisms linking language and action. *Nature Reviews Neuroscience* 6: 576-582.

Purves, D. 1988. *Body and Brain: A Trophic Theory of Neural Connections*. Cambridge, MA: Harvard University Press.

Rizzolatti, G., Fadiga, L., Gallese, V. and Fogassi, L. 1996. Premotor cortex and the recognition of motor actions. *Cognitive Brain Research* 3(2): 131-141.

Searle, J. R. 1983. *Intentionality: An Essay in the Philosophy of Mind*. Cambridge: Cambridge University Press.

Thompson, E. 2007. *Mind in Life: Biology, Phenomenology, and the Sciences of Mind*. Cambridge, MA: Harvard University Press.

（佚名　译）

心灵、身体、大脑、意识、情感

伊万多·阿伽西（Evandro Agazzi）
（*热那亚大学*）

一些本体论的思考

“心灵”、“身体”、“大脑”、“意识”、“情感”这些语词表示什么样的实体？为了回答这个问题，我们可以诉诸众所周知的传统的本体论概念，例如，实体与偶性的概念，也许倾向于坚持身体和大脑是实体，因为它们是存在于空间和时间中的、且可以被很好地个体化的具体的事物，而意识和情感似乎更适合限定为偶性，因为它们没有表现出某种自主的存在，而是某种具体存在实体（例如，一位人类个体）的属性或状态。尽管它具有常识上的合理性，但这一论证其实很肤浅，因为在这一论证当中，这些语词的指称对象都被认为是独立于任何语境而持存的实体。但是，当我们将它们“联合”起来考虑的时候（也就是说，让它们以某种相互关联的方式出现于某一话语语境之中），我们就很容易理解，它们的指称对象并非是零散的现实片断或不相关的“事物”，而是通过直接涉及其**存在方式**的那种**关系**联系在一起的。因此，真正具有某种**实体**的定义性/界定性特征的东西（即，存在于其自身中的事实，而不是存在于其他位置的——例如，作为其他事物的属性或部分或组分的——事物），是单一的个体，而**其**身体、**其**大脑、**其**手、**其**腿、**其**意识、**其**情绪都没有独立或自主的存在，而只能是“在个体之中”存在：“在个体之中”这个说法也并非是在粗糙的空间意义（也就是说，处于它“里面”）上的，而是在一种正确的本体论意义上成为那个单一个体的**构成**的部分。正是基于此种理由，它们具有了**偶性**的限定性本质。

我们的上述说法并不排除相同的语词可以表示在其他语境中的自主的指称对象。

例如，“物体”[1] 在物理学中被用来表示具有质量并位于空间和时间中的任何实体（物理物体）；而在解剖学中，人体则仅就其“自身”而被加以思考，并且通过一种以忽略它与构成生命个体其他构成组分之间复杂关系的方式被加以描述。出于类似的理由，大脑有时可能被看作是一个物理实体（例如，当我们测量它的质量时），或者（拓宽其被思考的语境的时候）大脑也作为解剖学或生理学研究的对象，在神经科学的研究路向中，借由大脑与意识和情感的关系，在现今被深入地认真检视。然而，这并不妨碍心理学把认知、意识和情绪的现象作为自主的“对象”来加以研究。

上述的反思可以概括为，那些“部分”中的每一个都将其自身表现为一个**复杂的**个体实体，这个实体被赋予了一种由其各自部分之间的**相互关系**所构成的内在**结构**。通过这种方式，这个个体实体显示出某些属性与功能，这些属性与功能将其刻画**成为一个整体**，并由此区别于其内在部分所具有的属性与功能。然而，这一个体实体接下来则被嵌入到与其具有类似的内部复杂结构、而且具有其特定属性和功能的其他个体实体的复杂关联网络中，通过这种方式，它们“共同地”构成一个更高级的复杂实体，而这一更高级的复杂实体则被赋予了与其组成部分不同的其他属性与功能。在通过使用日常语言的普通概念而表达出来的这种话语中，不难认识到关于**一般系统论**的本体论的描述：每一个个体实体都是一个**系统**，也就是说，它是一个由**子系统**结构组成的**复杂整体**，而且被赋予了特定的属性和功能，而它接下来又是更广泛的超级系统的子系统，它通过接收输入而支持和引导自身的属性与功能，又凭借其属性和功能为更高的系统提供特定的贡献。关于这种**多层次的等级序列的本体论**的思考蕴涵了一种方法论的态度：当一项研究或者话语的**被意指的指称对象**是某一特定系统的时候，大量的知识可以来自将它作为子系统和超级系统的思考，然而，进行相关思考的条件是，要保证这种考虑免于**还原主义**，也就是说，要避免通过其子系统或超级系统的属性与功能将**被意指的指称对象**的特定属性“解释掉”的那种诱惑。这一告诫将引导我们的焦点从本体论进入到认识论。

一些认识论的评论：指称对象的统一、归属特征的多样

伽利略通常（并且正确地）被认为是现代科学的“创始人”之一，这不仅是基

① 注意：作者在此段当中的讨论中，所涉及到的不同学科领域当中的对象（例如，“物体”、“人体”、“身体”等）都可以在英文当中以“body”来加以指称，这也是为何作者在此处将不同学科的研究对象罗列在一处加以考虑的原因。——译者

于他对机械力学学科初期的独创贡献，而且也是基于他对某些基本认识论和方法论标准的明确表述和应用。在这些标准中最具决定性的就是选择放弃了支配着从柏拉图、亚里士多德直至中世纪后期西方文化的**科学**的关键建构原则：如果通过事实性确证方法所获得的分散的**真语句**，通过逻辑**演绎**显示出它们是某类物质实体**本质**特征的合乎逻辑的必然结果，并由此而获得了**辩护**的话，那么，关于该种物质实体的知识就会获得成为科学的最大荣耀。进而，上述说法中涉及到的**本质**则被期待由**理智直觉**的过程所把握。

如下的主张不但由伽利略明确肯定，而且标志了现代自然科学诞生的决定性转折点：伽利略声称，对于“自然的物质实体”，通过玄思来把握它们的“密切本质”（“intimate essence”）的计划是一项没有希望的事业，然而，如果满足于对“它们的某些作用（affection）[①]”[②]的理解，我们就可以获得可靠的知识。在经院哲学的术语中，作用是某种偶性，而本质是“实体”的根本含义之一。因此，伽利略的大胆举动在于扭转了古典范式：关于偶性而非本质的可靠知识是可以获得的。

当然，一种实体有很多偶性，即：属性、关系、功能，我们将之简称为**归属特征**；这就意味着，对于特定的归属特征（总是有限且实际上很小）集合的任何选择都不过是关于实体的**部分的**（尽管可能是精确而严格的）知识。这就是伽利略、牛顿及其追随者实际所做的事情，而且，通过应用那个本体论和认识论的选择而实现出来的宏伟的物理学大厦证实了这种方法的丰硕成果。我们可以称这种方法是采用了一种关于实在的特定的**观点**或者特定的**视角**，并且，由于这种方法相当于只关注那些通过特定方法可获得的真实属性，因此，这其中并没有任何主观主义的味道。当然，显而易见的是，也可以通过使用其他合适的方法和研究工具来选择和研究许多其他的归属特征的集合，这些方法和工具将刻画出关于同一实体的不同“观点”或“视角”，其中许多可能会产生真正的不同科学。这些不同的方法不是相互“矛盾冲突的”，而是“相辅相成的”，而理智挑战则在于如何在某种综合的观点中找到它们之间是如何相互关联起来的，也正是在这种综合的观点中，不同科学提供的部分的知识被视为是同一实体不同**方面**的知识。

这种方法在理解像人类这样复杂实在的努力中特别富有成效，尤其是因为在这一努力中，我们仍然面临着将“自然科学”与“人文科学”恰当地相互关联起来的

---

① “affection”一词现在的日常语境当中通常被翻译为“喜爱”、“爱情”等，而即使是在经院哲学语境下，根据上下文关系的差异，也可以翻译为“作用”、“作用倾向”“（灵魂受到作用时的）感受”等不同的汉语语词，在此处，我们采取一种泛指层面的译法，将“affection”译作“作用”。在此特别感谢吴天岳老师就相关概念给予的帮助。——译者

② 参见伽利略写给马库斯·韦尔瑟（Marcus Welser）关于太阳黑子的第三篇信函（Galilei 1895, 187-188）。

困难。这种困难是如下方式的末期遗产：这种老式的“古典”方式是根据其正在研究的实体的种类（而不是以科学意图研究的相关**归属特征**的种类）来划分科学的。因此，那些想要反对物质主义、试图拯救精神实体的实在性以及人的精神维度的学者几乎无法抗拒地被引导到赞成笛卡尔所极力主张的“实体二元论”：这种“实体二元论”主张，存在着物质实体以及非物质或精神实体，自然科学对于前者的研究具有不被约束的能力，而关于后者的调查研究则是形而上学和神学的唯一任务。人类个体不是实体，而是两种独立实体的联合体：属于物质实体类别的身体和属于非物质思维实体类别的精神。因此，在关于人类身体的研究中，全部的调查自由留给了自然科学，并暗含着对人的“最高部分”（即，其精神）仍然处于哲学和神学的胜任能力之内的理解。神学很快就被现代文化所特有的世俗化趋势所边缘化了，而哲学被认为是研究精神的适当学科。

不同的科学如何可以研究同一指称对象

不同的科学如何用不同的方法和工具研究同一个指称对象，而同一指称对象又如何以相关方式成为每种不同科学的**对象**？这个问题并没有被传统认识论所忽略，这种认识论引入了关于科学的“实质对象”和“形式对象”之间的区别。实质对象是**事物**，是主题，是研究**所基于的**论题，而形式对象则是考虑这个事物时**所要通过的**特定观点或方法（或者，更好地说，它是仅“就其通过”该特定观点来考虑的那个东西）。很明显，同一个实质对象可以成为多个学科的形式对象，而每个学科都通过其具体的研究方法来确定其形式对象。我们之前的论述提供了这种老式学说的一种改进方案，我们认为每个学科只考虑实在的某些归属特性，这是其特定的“观点”或视角（我们可以说，给定的科学的**特定对象**就是该科学所考虑的**归属特性的结构化集合**）。因此，如果某一给定学科所呈现的某事物某些归属特性被以某种特定的观点加以考虑的话，那么这个**事物**会自动成为这门学科在其**有限的方面**所加以描述和研究的**对象**。最后一点非常重要：事实上某个事物可以作为给定科学的指称对象，是因为它例示了进入这一科学的对象定义中的谓词，这并不意味着后者**足以**提供关于这个东西的总体的诠释和解释：在这个科学中，由特定的“客观对象化”过程所忽略的归属特性可能对于另一科学的观点（或者非科学的观点）而言依旧具有重要的意义或者相关性。这些评论一视同仁地适用于指称对象是一个单独的实体（如天文学中的太阳系或历史编纂学中的拿破仑）或是“自然类”（如动物学中的哺乳动物或政治科学中的议会民主）的时候。

我们在这里所发展出的概括性话语特别适用于关于**人**的研究，我们所考虑的“人”不是一个单独的个体，而是一种“自然类”，这一自然类是由全部人类个体所例示的、类似于理想的实体那样的东西。人类通过大量显示的归属特性而被加以刻画，这些归属特性被分组在一些根本的簇中，（根据口语言说的方式）这些簇则描述了人类某些“部分”或“组成部分”，如身体、心灵、心理、情绪，而我们可以更好地将其视为关于人类全面构成的一些**方面**。进而，这些簇又可以按照普遍性递减次序和专业化递增次序的方式由其子簇所构成，在其中某些点上表现出“归属特性结构化集合”，它们则（正如我们所见的那样）构成科学学科的研究对象。恰恰是这种归属特性结构化集合的多样性——对应于人类知识中的各种视角——是这些方法的特异性和自主性的基础，同时，是促使我们寻找这些方法的某种“统一性”的刺激源头，当我们在考虑到它们是涉及同一个个体指称对象（或者传统表达的“材料对象”）这一事实的时候。

还原主义

寻求一种关于**多样性统一**的实现方式是人类智力的根本需求，并且是传统意义上的**哲学**根源。然而，同样的需要也存在于单一的科学之中，并且与如下的“扩展”的努力相对应：也就是说，扩展这个科学的（原本是**部分的**）范围直到与**整体**相一致。通常，这个项目被命名为“还原主义”，我们必须理解其动机和界限。[①]

每个科学都试图从“其自身的观点”尽可能地诠释和解释实在，这是非常自然且合法的，这常常相当于是声称某种“基础”科学 F 能够“通过”自己的概念与法则诠释和解释构成一门不同的科学 S 所研究的“对象”的归属特性和事实。这种过程通常称为**还原**，并且通常是说科学 S 可以被“还原为”科学 F。逻辑—认识论研究表明，其全面达成的条件是相当苛刻且难以获得的。但是，即使忽略这些困难，我们也可以问一个更简单的问题：我们是否真的准备好要坚持将天文学“还原”到天体力学，将声学或光学“还原”到弹性体力学中的章节，将热力学“还原”到关于气体的动力学理论？如果“还原到”应该意味着“仅仅是（除了……之外什么都不是）”，那么，也许没有人会做出上述的声称，因为这是基于如下显然［是正确的］

---

① 关于还原主义论题的更为细致的讨论，参见 Agazzi 1991。

评断，即：所述科学中的研究、发现、实验是通过**特定的**方法和仪器设备来进行的，这些方法与仪器设备是适合挑出某些**特定的归属特征**的，而这些归属特征则相异于质量、空间—时间位置以及力等纯粹机械归属特性。这意味着，在最好的情况下，在其他科学所研究的现象中存在着某些“机械方面”；或者在不太有利的情况下，可以找出所研究现象的“机械类比”，这些类比并不蕴含着相应对象的**本体论身份**。

乍看上去，人们可能认为还原主义仅仅依赖于方法论上的错误，即，通过武断地声称刻画形式对象的部分视角实际上穷尽了实质对象的刻画，将（用前述已经提到的传统术语来说）**形式对象**与**实质对象**相混淆的事实。在某种程度上，这是真的，但不幸的是，它不仅仅是疏忽的问题，因为它是**本体论观点**的结果，这种观点认为只有整体的**实在的**归属特征才是“基础”科学研究的对象。因此，还原主义归根到底是一种**形而上学的立场**，因为它声称，**实在本身**或**实在的本质**只是由某些归属特征构成的。捍卫这一立场是合法的，但是，明确地认识到这是一个形而上学的立场之后，我们也因此必须通过形而上学的论证来捍卫这一立场。而且，正如我们所看到的，这与由伽利略规定所开创的现代自然科学的精神相悖，科学不应该试图把握事物的**密切本质**，而只能是研究被限定的归属特征。还原主义远不是一种受到科学启发的融贯的态度，其本身就是一种教条式的形而上学原理，它是科学研究的理智自由的**先天**限制。①

指称对象的统一体②

正如我们所看到的，指称对象是一个思想、一条话语、一项认知行为所“指称”的实体，其本体论地位只与允许我们指称该实体的标准相关联。指称对象是通过有限的一簇归属特征加以“识别出来”的，我们称之为“指称性归属特征”。它们不需要特别重要或深刻。在某一给定对象存在于其中的共同体里面，指称性归属特征不过是必须**充分满足**能够将该指称对象无歧义地识别出来即可，因此，它们通常是相当简单的、描述性的甚至是“肤浅的”。但是，这并不妨碍人们从其他角度研究被如此识别出来的指称对象，也不会妨碍人们研究这一指称对象所拥有的其他归属特征的簇，其中也可能出现“更为本质的”归属特征。

一个指称对象本身就构成了一个**统一体**，一个由其所有归属特征所共同组成的

---

① 关于系统论理论与还原主义问题的相关性，参见 Agazzi 1978。

② 对于如下讨论的更为详尽的发展，可以参见 Agazzi 2011。

统一体，一个（即使从认知的角度来看）先于单一归属特征被识别之前的［归属特征所共同构成的］整体。例如，当我知道一个桔子时，我并不是说我感知到一个球形、一种特殊的颜色、一种甜美的味道、一种令人愉快的气味、一种特定的触觉粗糙度，然后将这些归属特征“打包”在一起，然后才说我知道一个桔子。恰恰相反，我首先对一个单独的实体有一个全面性的理解，也就是说，我将一个对象“识别”成桔子仅当：我生活于一个相当熟悉桔子的共同体之中，然后我可以进而分析这个实体（实际上是这种自然类）的归属特征，并且可能发现它具有的某些“隐藏的”德性（例如富含维生素 C）。关于桔子的知识的进步来自于从植物学到生物化学的不同科学的贡献。最富成效的趋势是从纯粹的**多学科**方法（其中不同学科分别提供各自的具体贡献）转向**交叉学科**方法，在交叉学科方法中，这些贡献是相互关联的，并试图在其相互关系中反映所指对象的**本体论的统一**。交叉学科方法在如下情形下尤为必要：指称对象显然是一个**系统**，即，该实体被赋予特定的全面的属性和功能，而这个实体又是由作为其相应部分的**子系统**所组成的，而子系统本身又由特定的属性和功能加以刻画，但在同时子系统的存在和运作又依赖于整个系统的良好运作。

大脑与心灵

大脑是神经科学的主要“物质对象”，并且由于这些科学的数量并不小，我们必须说这个物质对象可以成为几个学科的“形式对象”，每个学科都有自己的标示特征的具体的方法：仅以它们中的很少一部分为例，不仅解剖学、生理学和病理学从它们各自的观点来研究大脑，而且生物化学、电动力学、控制论、信息论、计算机科学都提供了各自的成果并提供了它们在关于大脑的研究中的方法和建模的可能性。所有这些由其特定的认知路向和方法来明确限定的不同科学往往会（在其一般领域内）产生一个以“神经”为前缀来加以刻画的子领域，之所以会出现上述现象，是因为如下这一事实：它们的话语是特别地定向于一个特定的**指称对象**，即，由大脑作为最重要的组成部分所构成的神经系统。上述这些思考清楚地表明，“指称对象的统一”是这些学科蓬勃发展和交叉融合的基础。

人类大脑的“指称性归属特征”是什么？也就是说，哪些归属特征可以让人们自发地，并且几乎最为直接地将某些事物识别为大脑？对上述问题一个似乎很自然的回答就是，这些归属特征是作为一个生命有机体内的**器官**的性质，被定位于**头部**，与几乎所有其他每一项器官都存在着大量的**物理联系**（称为**神经**）。（从“nerve”

［“神经”］的希腊词源“neuro”［“神经的”］派生出“神经学”、“神经学的”和“神经科学”等词。）因此，大脑是一个具有某种特定结构和功能的**系统**，它是有机体的一个**子系统**，并与其他子系统之间保持着相互的明显的**关联**。这个系统可以作为一个孤立的实体进行研究，例如，从解剖学的视角，为了描述它的配置和结构［对其加以研究］，在这种情况下，大脑就像“死亡”了一样，而对其（生理学）功能的研究不得不采取如下的方式来进行：将大脑与有机体的其他部分进行系统化的连接。特定技术上取得的巨大进步使得监测或“观察”活体大脑或神经系统各部分的结构和行为成为可能。确切地说，人们不能说大脑是活的或者死的，因为只有整体的有机体才能是活的或者死的。这清楚地表明了有关大脑的论题的系统性本质。当然，由于某些特殊的原因（与器官移植的实践有关），“脑死亡”的概念已经被创造出来了，但是，更为重大的是，这一做法是为了让大脑活动的终止作为人类个体死亡足够的充分的指标，尽管某些基本的“生命功能”依旧可以人为地持续一段时间。

如果我们想一想在神经科学门类中的话语所使用的概念，我们很容易看出它们都是“物理主义的”这一本质。如果我们简单地认为这些科学是生物学领域的话语在大脑研究中的应用，而现代生物学又是通过对于那些派生自化学和物理学知识、概念和理论的广泛运用而被加以刻画的，那么，上述的观察是绝对明显的。然而，我们想要［对上述说法］提出一个问题。任何系统通常都是更大系统的子系统，而这个更大的系统接下来又是一个更广泛的系统的子系统，我们已经看到人类大脑是整个人类有机体的子系统。现在，这里的一个问题就是：“以大脑作为其子系统的有机体真的是一个‘整体’吗？”对这一问题的回答一定是否定性的：正确地被理解的“整体”其实是**人类个体**，这个人类个体并不限于**其**有机体。［我们只要］思考一下那些不能被定位于有机体之内的该人类个体的其他的子系统（例如，由其信念、思想、情绪、计划、道德原则、自由选择等构成的系统），就可以充分发现前述说法绝非悖谬。这些事物的**实在**是绝对不可否认的，每位正常的成年人都可以在与其他人类成员的交谈中**指涉**它们。它们的**本体论地位**是可以质疑的，［而且］在哲学史上也曾经多次被质疑过，但是，可以肯定的是，它们的本体论地位是不同于我们有机体及其部分的本体论地位的。（在英语中）可以指示这一系统的整体的恰当的术语是“the *mind*”［“**心灵**”］。在这里，［我们］不要进入过于错综复杂的问题［的讨论］，我们可以简单地说，心灵（即，可以被简单地理解成由我们经常所说的“心灵状态”所构成的那个系统）是人类的一个子系统，它［一方面可以再］被清晰地表达为［进一步的］心灵的子系统，［另一方面］它又会与构成有机体的其他非心灵的子系统相互关联起来。“心灵—身体”问题［即，身心问题］讨论的是构成了人类个体的两“大”子系统之间的相互关联，而“心灵—大脑”问题［即，心脑问题］则是研究那些存在于大脑和（那些跟大脑活动特别相关的）心灵的某些子系统之间的更直接的关系。

人类的系统统一体

系统性的观点摆脱了那些错误的二分法（例如，二元论 / 一元论），这些错误的二分法引发出无数关于心灵—身体或者心灵—大脑关系的争论。暗示性的与隐含性的错误预设认为，心灵和身体是两种独立的**实体**。如果是这样的情形，它们如何可以彼此交流和相互作用在我们看来就是成问题的。请注意，物质主义一元论也是这同一预设的囚徒，而它只是试图通过将心灵作为是身体的简单产物的理解来消除或"解释掉"心灵。正确的立场似乎是，心灵、大脑、心脏、肺、手等都不是实体，因为它们只是整个人类个体的子系统，而只有人类个体才是实体。只有对于一名人类个体，我们才可以说，他拥有"他的"思想、信念、大脑、双手、心灵等等；然而，那些说大脑有"它的"感觉或思想，或者说牙齿有"它的"疼痛，则是不合适的。因此，那种认为一个人不能违反因果关系的"物理封闭"原则的观点似乎是基于因果关系的形式的武断的推论，[而因果关系的形式其实是] 特定针对某一子系统而言的，其目的是为了涵盖全部可能的**次级系统的**因果关系和**系统间的**因果关系的方式。前述的这种所谓的方法论的规定是那么地武断，[其武断的程度] 可以轻易地通过 [与] 如下思考 [的对比来加以] 显现出来：每名人类个体都是一个被嵌入其他一些系统中的系统，而所有的这些系统一同构成了该人类个体的"全面的环境"或者其**生活世界**或者其**存在情形**。其心灵的内容、结构和动态变化是相互关联的，甚至在**因果上**（不完全地，但肯定是部分地）依赖于这种环境，这种依赖关系远远大于对于其大脑的依赖。我们的想法、概念、价值和判断标准几乎直接由我们从如下场景中获得的东西来构成：我们的文化历史环境、我们的教育、关于我们的反思—决策—承诺的内在动态关联。我们不需要诉诸任何大脑的功能来**理解**和**解释**上述这些丰富的心灵的内容。当然，如果没有一个运作良好的大脑，即使在最有利的存在环境中，我们的心灵也不能很好地发挥作用。这 [不过] 意味着大脑是心灵发挥功能的**必要条件**，同样真实的情况是：从整个有机体当中被孤立出来的大脑，作为无法与**人类**生活世界进行交流和互动的动物有机体的所有物，它绝不可能"产生出"心灵。

参考文献

Agazzi, Evandro. “Reductionism as Negation of the Scientific Spirit.” in *The Problem of Reductionism in Science*, edited by Evandro Agazzi, 1-29. Dordrecht/Boston/London: Kluwer Academic Publishers, 1991.

____. “Some Epistemological Remarks: Unity of the Referent, Diversity of the Attributes, Specificity of the Scientific Approaches.” In *Moral Behavior and Free Will: A Neurobiologial and Philosophical Approach*, edited by Juan José Sanguineti, Ariberto Acerbi, José Ange, 25-45. Morolo: IF Press, 2011.

____. “Systems Theory and the Problem of Reductionism.” *Erkenntnis* (1975-) 12, no. 3 (1978): 339-58.

Galilei, G. 1895. *Opere. vol. 5*. A. Favaro *et al.* (eds.). Florence: Barbera.

（佚名　译）

做一个有诗意的自由人

张世英
（北京大学哲学系）

一

我今天讲的题目是“做一个有诗意的自由人”，首先一个问题是，何谓自由？

一句大家都熟悉的话：“自由是对必然性的认识。”但这句话是否全面地、深切地界定了“自由”的含义呢？此句来自对斯宾诺莎思想的概括。斯宾诺莎认为，“一切现实的事物都受必然性支配，每一事物都依存于其他事物。人只有认识了这种必然性，按必然性行事，才是自由的”（斯宾诺莎：《伦理学》，商务印书馆 1958 年版，第 206 页）。“纯依理性的指导而生活的人”（同上）就是“认识了必然性，按客观必然性行事的人”（同上书，第 202 页）。“理性的本性在于认为事物是必然的。”（同上书，第 77 页）这也就是说，自由乃是把外在的、被迫的必然性，通过认识，转化成为自觉自愿的内在的必然性。自由人乃自愿服从宇宙必然法则，自愿按宇宙自然法则行事之人。

通过知识而获得自由，斯宾诺莎的这一思想，当然有其合理之处。但他完全否定了人的精神领域中的自由意志，这却是片面的。罗素指出，古希腊哲学家伊壁鸠鲁“不是一个决定论者”，“虽然我们要服从自然的威力（这是可以科学地加以研究的），然而我们仍然有自由意志，并且在某些限定之内，我们乃是我们自己命运的主人”（罗素：《西方哲学史》上卷，商务印书馆 1963 年版，第 312、313 页）。伊壁鸠鲁的思想告诉我们，在科学研究——科学认识的“自然威力”即必然性必须“服从”之外，我们还有完全由我们自己做主的自由领域。自由并非只是“对必然性的认识”，并非只是自愿服从自然的必然性。

古代向中世纪过渡时期的基督教教父奥古斯丁，是最早明确提出自由意志论的哲学家，他认为人有自由行动的能力，即是说，人的行动可以不为外在的条件所决定，而完全出于自己的意志。通过自由意志，人从自然的必然性规律中解脱出来。正因为人有自由意志，所以人才应该对自己的行动负责。使一颗美德之心失去其美德而作恶的唯一原因——最终原因，乃是人自己的自由选择。奥古斯丁说："我意识到我有意志，犹如意识到我在生活一样。因此我愿意或不愿意，我确知愿或不愿的是我自己，不是另一个人；我也日益看出这是我犯罪的原因。"（奥古斯丁：《忏悔录》，商务印书馆1963年版，第116页）尽管奥古斯丁在晚期转变为一个神学决定论者，认为人的行为都由先在的条件所引起，最终可追溯到上帝，但他一直承认人的行为有其自由自主的空间，即使一个行为有其外在的条件，但仍然是人自己内在地由己意引起的。奥古斯丁更深层的意思在于强调人类必须为自己的恶行负责，强调自责。

文艺复兴使人从神权束缚下解放出来，获得了一定的自由，但文艺复兴之后的这种自由还只是限于"认识必然性"的自由，实际上，人受制于因果必然性。康德在文艺复兴之后，第一个系统地、详细地说明了人的自由意志的哲学理论基础。康德认为，人有两重性：一重是自然方面，一重是自由意志方面。自然方面的属性受因果必然性支配，例如人需要衣食住行，还有男女之欲，这是客观自然条件决定的，不以人的主观自由意志为转移。但是人还有另一方面，就是独立自主、自我决定的方面。（康德：《道德形而上学探本》，商务印书馆1959年版，第67页）

人的两重性来源于"现象"与"本体"的对立：人平常经验到、认识到的事物都是"现象"，现象界中的每一事物都与其他事物有着必然的因果联系，人的认识能力中的"知性"环节，只认识这种必然性现象，故无自由可言；但"现象"只是表象，只是作为"物自身"之"整体"表现于外的多样性事物，不是"物自身"。人的认识能力中较高级的"理性"环节，则进一步要求认识"物自身"，即认识不受必然性限制的"本体"或"整体"（"大全"），但"理性"又达不到这种认识，"理性"有这种要求，但达不到，故"物自身"（本体、整体、大全）是不可认识的；康德认为这不可知的"物自身"却可为"信仰"所把握。"信仰"是一种理性的"公设"，此种"公设"不是幻想、梦幻中的东西，而是真实的，我们相信确有其事，是一种出于理性的"假设"，也可以说是我们人的理性要求有一个作为"物自身"的"整体"。现象界的一个一个的个体事物，都在因果必然性的链条之中，唯有作为"本体"、"物自身"的"整体"，它之外没有外物限制它，所以它是独立自由的。故主体的主体性只有作为"物自身"——"整体"而存在。（参阅康德：《实践理性批判》，商务印书馆1960年版，第102页）康德说：人作为道德的主体，具有自由，"这个主体""意识到他是一个'物自身'"，"是不受时间条件所支配的"（注：意即不受必然性支配）（同上书，第100页）。康德最终把这种出自"整体"（"本体"、"物自身”）的自由意志归结为人的“良心”（同上书，第100—101页）。有“良心”的“主体”“作为物自身”（“整体”、“本体”），是“绝对命令”，它完全“自发性”地产生道德行为，此“自发性”是不能用物理学的必然性加以说明的（同上书，第102页）。

康德对人的自由本质的上述这些分析，完全否定了所谓自由不过是对必然性的认识的论调，明确提出了自由在于超出必然性的学说，在西方哲学史上为人的自由本质第一次做了细致的、系统的论证，这是康德的一大贡献。

康德哲学明确告诉了我们，做一个超越必然性的自由人，就是做一个凭道德良心之“绝对命令”行事的人。但康德的论述抽象晦涩，他把自由放在超验的领域，尤令人感到脱离现实，至于把道德行为看成完全自由的看法，我个人认为也有不周全之处，这一点，我下面还会作点专门论述。

无论如何，康德以至伊壁鸠鲁和奥古斯丁，他们关于人有超越必然性之外的独立自由思想的观点——一种与“自由是对必然性的认识”相反的观点，是对自由之本质的更深刻的界定，也是人之为人的深层本质和尊严之所在。即就我们日常的意识经验来看，我们每个人也都会亲身意识到，我们的思想是不依赖外物的限制而独立自由的，例如，我可以随意想到我像鸟儿一样展翅飞向天空，尽管在现实中这是不可能之事。你说这是幻想，是空想，是主观，但空想、幻想、主观，也毕竟是人的自由之想。主观上想了，与客观上实现不了，这是两个层次、两个方面的问题，后者限制不了前者。莎士比亚的哈姆雷特有一句名言：“即使把我关押在果壳里，我也可以认为我是一个拥有无限空间的君王。”思想之自由的空间多么无限啊！人的身体可以被关押，但思想是无法关押的。法国哲学家德里达认为人甚至可以有不合逻辑的思想，例如，“设想方形的圆，也是有意义的”。

二

当然，话说回来，思想主观上的自由还只是人生的一个方面，人生的另一个方面是，人生活在客观现实世界之中，人时时刻刻都必须与现实事物打交道。而现实事物，诚如上引斯宾诺莎之所言，“都受必然性支配，每一事物都依存于其他事物”。这样，人在与客观现实事物打交道时，主观的思想自由就受到了阻碍，人只有认识了这种必然性，按必然性行事，才是自由的。人的认知能力——一般意义下的科学认识，其所给我们带来的自由，就是这种自由，只不过这种“认识必然性”的“自由”，如前所述，只是顺从外在的事物，而非出自内心的独立自主之自由意志。

那么，人要怎样才能既生活在现实中，与现实事物打交道，又拥有超越必然性限制的独立自主的自由呢？

人在自我发展过程中，逐渐由认识事物之必然与非必然，更进而达到人有“好”与“坏”之别的意识，以至达到对他人负有责任和义务的意识。这就由认知意识达到了道德意识。心理学家认为达到这一水平的“自我”，既然有了责任感和义务感，那也就意味着人有了自我选择、自我决定的自由，他“把自己看作是命运的主人”（〔美〕简·卢文格［Loveinger］：《自我的发展》，韦子木译，浙江教育出版社 1998 年版，第 18—20 页）。

但是，仅仅有个人独立自我的自由意志。还不足以达到完满的、高级的“道德境界”。欲达此境，还必须进一步有尊重他人的自由意志、独立自主性的意识。

我认为，宇宙是一“万有相通”的网络整体，此网络整体不是超验的，超时空的，而是现实的，在时空之中的；它是无限的，在时间上、空间上是无穷尽的，但又是可知的。人处此网络整体中，既可从具体事物的观点观察具体事物，也可从整体的观点观察具体事物。前者导致万物皆具必然性，无真正自由可言；后者因整体之外无他物限制，故导致完全独立自主的自由意志。道德意志，其来源就在于从“万有相通”的整体的观点观察事物。按此观点观物、观人，则不仅重视我个人的独立自主的自由意志，而且能把他人，他物也看作是构成我之为我的、不可须臾分离的因素，看作是我的骨肉，达到一种“民吾同胞，物吾与也”境界——一种超越主客二分的、万物与我融合为一的境界，从而尊重他人的独立自主的自由意志。这正是道德的内涵。

可以看到，从“认知”到“道德”，就其根源上来看，乃是从以物观物（从具体的事物的观点观察具体事物）的观点开始进入以整体观物的观点、从主客二分的观点开始进入主客融合为一的观点的转变，其结果便是从“认识必然”之自由开始进入“超越必然”之自由的升华。这种“超越必然”之“自由”，显然不再是前述脱离现实的主观空想之自由，而是以整体观点看待现实事物的主客合一的自由。

但是，“道德境界”尚非自由的最高层次，亦非做人之极致（如康德之所言）。其一，黑格尔说：“道德的观点是‘关系’的观点，‘应该’的观点或‘要求’的观点。”（Hegel, *Werke*, Suhrkamp, 1986, 第 206 页）“应该”、“要求”、“关系”，都是说的主观理想与客观现实之间、主体与客体之间，尚存在着一定的距离，尚未完全融合为一整体，故精神的自由，仍有一定的局限性。就说道德讲“应该”，这“应该”就有强制之意，尽管道德境界的“应该”是自愿的强制。其二，“道德境界”终究要讲为他人谋福利，那种完全脱离福利的道德意识是不切实际的。讲福利——讲功利，就含有以外在的对象为服务于人的工具之意，就含有必然性，这就意味着“道德”

还未完全脱离主客二分的模式，还有主体受客体限制而不自由的因素。

人生的最高精神境界是“审美”。“审美”比起“道德”来更深入地进入了“超越必然性的自由”之境。首先，“审美”超越了“认知”中的认识关系，它不再着重注意认识到某具体对象“是什么”这种主客彼此外在的关系（这里总有必然性的限制）而是把对象融入自我之中，从而达到一种情与景交融的境界，主与客合二为一（或者借用中国传统语言来说，叫作“天人合一”），主体之外没有客体之必然性的限制而完全独立自由了。王阳明说：无人心则无天地万物，无天地万物则无人心，人心与天地万物“一气流通”，融为一体，不可“间隔”，这个不可间隔的“一体”是唯一真实的。我看山间花，则此花颜色一时明白起来，这“一时明白起来”的“此花颜色”，既有人也有天，二者不可须臾“间隔”，不可须臾分离；在这里，我与此花的关系，远非认识上的关系，我不是作为一个植物学家去思考、分析、认识此花是红或是绿，是浅红或是浅绿，等等。我只是在看此花时得到了一种“一时明白起来”的意境，这意境既有花也有心，心与花“一气流通”，无有“间隔”。这里的心不是认识、思维，而是一种感情、情绪、情调或体验。我们说“意境”或“心境”、“情境”，这些词里面都既包含有“境”，也包含有“心”、“情”、“意”，其实都是说的人与世界的交融或天人合一；审美意识正是一种天人合一的“意境”、“心境”或“情境”。中国诗论中常用的情景交融或情境交融，其实都是讲的这个道理。南朝梁刘勰《文心雕龙·物色篇》：“情以物迁，辞以情发”，这里已有情景合一的思想。唐皎然认为诗人的真性情须通过景才能表现，情景合一才能构成诗的意境。唐司空图主张“思与境偕”。明清之际的王夫之关于情景合一的理论更有系统性。他说：“情不虚情，情皆可景；景非虚景，景中含情。”（《古诗评选》卷五）这就是说，无景之情和无情之景皆不能形成审美意象。

第二，与上述论点相联系的是，“审美境界”也超越了“求知境界”和“道德境界”中的实用关系。黑格尔说：“在审美中，欲念消退了”，对象（客体）作为“有用的工具”这种“异己的目的”“消失了”，那种“单纯应该”的“有限关系”也“消失了”（Hegel, *Werke*，第 155 页）。“由于这些，美的关照就具有自由的性质，它使对象成为人自身自由的和无限的东西，而不再作为有用于有限需要和意图而满足占有欲和功利心的东西。”（同上书，第 155—156 页）

总之，审美既超越了欲念、功用的限制，也超越了“应该”的限制，而成为完全超越物之必然性的自由自在之境。人之爱美、追求美，出于“自然而然”，而非出于“应然而然”，此乃“审美”之所以高于“道德”而成为人生精神之最高境界的关键。审美之高于道德，并非不讲道德，而是包括道德在内，审美境界之人必然合乎道德，必然做道德上应该之事，但他是自然而然地做应该之事，而无任何强制之意。

由此观之，做人，不是像一般的宣传那样，做一个按道德教条（“应该”如何如何，“要”如何如何）行事之人，而是要提高精神境界，做一个有“审美境界”、自然而然地做应该之事的人。

其实，18世纪后半叶的德国美学家席勒就明确主张，做人要做一个“审美的人”，只有“审美的人”才是“完全的人”、“自由的人”。他认为，人的单纯性的“感性冲动”使人受感性物欲的“限制”，单纯的“理性冲动”使人受理性法则（包括作为道德法则的义务）的“限制”，两者皆使人不自由，人性的完满实现在于超越二者的“限制”以达到“无限”，这种无限的“自由活动”，他称之为“游戏冲动”，即“审美意识”。席勒说，“审美直观”中既有感性形象的东西，又有思想性、理性的东西，“审美直观”把两者结合起来，从而使感性的欲望不会因缺乏理性的尊严而占统治地位，理性法则（包括道德义务）也不会因缺乏感性欲望而令人有强迫接受之感。这样，在“审美直观”中，单纯“感性冲动”和单纯“理性冲动”所给人的限制、强迫感便“都被排除了”。“游戏着的人”（“审美的人”）是获得最高自由的人（席勒：《审美教育书简》，第23、15封信）。

美有感性美（声色之美）、典型美、意象美（显隐之美）等高低不同的多种层次，究竟是哪一种美才能使人成为完全自由之人？

我在多种论著中，都谈到，中国传统的“意象”美是美的最高层次，这里不再赘述，这里只想着重说明“意象”美的诗意，如何能启发人做一个完全自由的人。

宇宙这一“万有相通”的网络整体中的每一个交叉点（每一事、一物、一人），都既有其当前呈现的状态，又有其背后无穷尽的联系为背景。用中国美学的语言来说，前者叫作“秀”，后者叫作“隐”，用西方哲学的语言来说，前者叫作“在场的东西”，后者叫作“不在场的东西”（海德格尔称前者为“显现”，后者为“隐蔽”）。是后者构成前者、形成前者、成就前者。后者是前者之源、之母。宇宙间的任何一事一物一人，皆“在场”与“不在场”的统一，“显”与“隐”的融合。

中国传统美学所讲的“意象说”，主张“美在意象”：美在“象”外之“意”，言外之情；还有所谓“状溢目前曰秀，情在词外曰隐”，都是说的美乃对隐在背后的母源——“情”、“意”的追寻，美乃对显隐合一之整体的回归。

任何一件美的作品，其本身或为声色，或为言词，都是有“象”的（“在场的东西”）。“意象说”告诉我们，能体悟到“象外之意”、“词外之情”，即“不在场的东西”，就是一种美感。此种美不只是低层次的感性美，而是深层次的意境美、精神美。但为什么要深入到象外，才能达到此种美的境界呢？我认为，原因就在于，任何一件美的作品都是全宇宙网络整体中的一个交叉点，一点当前的“在场的东西”，其形成的母源在于它与其背后无穷尽的网络整体有着不可分离的有机联系。换言之，任何一件美的作品，都是作者凝聚了作品背后无尽的联系之网（包括其他无数的交叉点）的结晶。这背后无尽的联系之网，说得通俗具体一点，就是指形成作品本身的背后的人和事物，社会历史背景等等。我们对一件作品的欣赏，不过是把凝聚在作品这一点“在场的东西”中无尽的内涵（“不在场的东西”）展现在想象中，加以玩味；不过是回归到形成作品的母源整体，从母源整体中，我们对作品获得了一种“原来如此”的醒悟，从而产生了一种自由自在的满足感。这也就是我们通常所说的“美的愉悦”、“美的享受”。这种愉悦和享受不是感官的娱乐或感性的满足，而是精神上的满足，思想上的满足。梵·高的画“农鞋”，为什么能引起人的美感？海德格尔做了生动的说明：是农鞋这点“在场的东西”引发观赏者回归到了其背后一系列“不在场的东西”——农夫为了面包而日日夜夜地在崎岖的道路上奔波，一年四季风风雨雨对农夫的摧残，以至社会的贫穷、落后、不公，等等，这些都是构成农鞋上几个破洞的母源。观赏者正是从这一回归中获得了某种醒悟，从而也得到一种精神上、思想上的自由自在的满足。苏轼的《临江仙》：“长恨此身非我有，何时忘却营营。夜阑风静縠纹平。小舟从此逝，江海寄余生。”挂冠远离俗世的自由自在、自满自足之情意，溢于言表。

中国传统文化重含蓄之美，其实就是把作者的情或意隐藏在作品的表面形象或言词背后，让鉴赏者自己去领会、体悟出这被隐藏在作品背后的“不在场的东西”，亦即上述宇宙这一联系之网的情或意，从而获得一种醒悟的满足感。

我们经常爱用“玩味无穷”这样的字眼来形容我们对一件优秀作品的欣赏。“玩味”之所以能达到“无穷”的地步，其根源就在于隐藏在作品背后“不在场的东西”是“无穷的”。当然，“玩味无穷”之味短或味长，这不仅决定于作品本身水平之高低，也决定于鉴赏者的文学修养之深浅。审美意识，原是作者与读者融合为一的产物。

对美的态度，可以是为美而美，也可以是把美深入到生活中去，实现美的现实化，艺术的生活化。我国文化发展的当前现实，需要后者。审美现实化、艺术生活化，不是简单地对现实生活中感性方面的打扮、装饰，更重要的是要像“意象”美学思想所讲的那样，以审美的高远精神境界——以显隐相统一的整体观，看待日常生活中的事事物物：不死盯住眼前的这点事物，束缚在眼前的这点有限之“象”中斤斤计较，而放眼于隐蔽在其背后的母源整体——无限之“意”，让胸襟开阔起来，优游于自由自在的境地。康德和黑格尔都强调审美、诗意具有解放的作用，我以为，中国传统的“意象”之美的诗意的确可以最好地起到这种作用。我们不可能要求每个人都成为诗人，但我们要求做一个多多少少有点“意象”之美的诗意之人，或者说得再简单、再通俗一点，要求做一个从高远处、以整体观看待日常事物的人，则应该是可行的。进入如此境界之人所获得的自由，既是面对现实的，又是独立自主的。

人类、非人类、后人类

超人类主义与人类增强的生物政治学

慎尚揆（Sangkyu Shin）
（韩国梨花女子大学）

人类增强指的是，使用科学技术来完善或增强人类的智力、情感、身体和心理方面的能力，包括延长健康寿命或消除老化。超人类主义支持这种人类增强。Nick Bostrom 曾把超人类主义定义为"通过应用理性，尤其是通过发展与制造广泛的可用的（available）技术来消除老化和极大地增强人类的智力以及身体和心理能力，肯定从根本上改善人类条件的可能性与可欲求性（desirability）的智力和文化运动"[①]。现在已经出现了各种增强技术，如整形手术、假体、情绪改善药物以及生殖系遗传干预。预计未来的增强技术将比现在强大得多，而人类改造的程度也将更大。人类的剧烈变化可能导致后人类这种新物种的出现，它们与现存的生物意义上的人类物种区别开来。

日常语言中的"增强"一词意味着一个积极的评价，即沿着一个理想的方向改进某事物。由于这个原因，这种表达主要由超人类主义者使用。然而，在学术讨论的语境下，当我们使用"人类增强"一词时，我们需要更加注意其含义。如果我们只看表达，增强的对象是人类本身，由此看来，人类的改善（betterment）似乎是结果。但许多人认为，人类增强并不使人类变得更好。科技增强的只是人类的各种能力。人类能力的增强并不必然导致更好的人类生活或人类的改善。一个更聪明、身体更强壮的人并不一定是一个更好的人。为了带来更好的人类或更好的人类生活，人类增强需要更多的东西吗？

我认为人类的改善意味着人们比现在过更为道德的［或更为伦理的］生活。伦理或道德基本上是关于我和他人之间的关系。在人类共同体团结的条件下，当他人的尊严得到承认而共同繁荣能够被提升时，伦理关系就成为可能。当人们能够按照

① Bostrom, N., "Transhumanist FAQ v2.1.", p. 4.

他们的价值观生活，同时维护与他人的伦理关系时，人类就变得更好。记住这一点，我认为我们需要改变讨论人类增强的领域。迄今，争议主要集中在是否允许人类增强。我认为，如果争论被视为以自主和平等为根据的左翼与右翼之间的对峙，将更为有成效。在本文接下来的部分，我将解释两个超人类主义观点的差异，自由意志主义者和技术进步主义者的超人类主义，并通过聚焦于自主和平等的关系来支持技术进步的观点。

一、人类增强的生物政治学

道德和新兴技术研究所（IEET）主任 James Hughes 认为，对政治观点的分析应该以三维的方式进行，这为文化政治和经济政治增加了生物政治维度。[①] 从生物政治学角度看，人类增强的辩论前沿可归纳为表 1。

表 1　人类增强的生物政治学

技术进步论者 IEET, James Hughes	自由意志主义的超人类主义者 Extropy Institute
左翼生物保守主义 Sandel, Harbermas, Fukuyama	右翼生物保守主义 Leon Kass

表格第一行由支持人类增强的超人类主义者占据。第二行代表反对人类增强的生物保守主义。迄今，激烈争论的主要阵线形成于超人类主义者和生物保守主义者之间。他们争论的关键在于是否允许人类增强，重点在于是否有一些反对人类增强的原则性的理由。

生物保守主义者对人类增强的各种批评大致总结如下。

（1）人类增强可能导致意外的风险或不良的结果。

（2）人类增强可能恶化社会公正或不平等。

（3）人类增强将扮演上帝的角色，这反映了人类的傲慢或狂妄自大。

（4）人类增强将暗中破坏后代的自主性。

（5）人类增强威胁着人类道德的状况并且破坏各种重要的人类价值。

这些批评可根据其特点被分为两大类。（1）和（2）是基于人类增强可能导致的

① https://ieet.org/index.php/IEET 2/biopolitics.

不良结果的经验性反对。之所以称其为经验性的，是因为至少在表面上，预期的不良结果是否发生乃是经验事实问题。当然，这些异议也适用于诸如社会公正、平等和安全的规范性概念，但这些价值是否遭到亵渎仍然有待经验判断。同时，（3）至（5）试图通过概念分析或先验论证来表明，人类增强本质上与重要的规范价值或原则相冲突。

到目前为止，关于增强的争论主要集中在（3）至（5）。这是因为争论主要集中在超人类主义者和生物保守主义者关于人类增强是积极的还是消极的问题上。一旦以这种方式进行辩论，就明显限制了中心问题或相关考虑。生物保守主义者想要证明人类增强是不可接受的。因此，他们需要做的是至少提出一个决定性的理由，来证明为何增强是不可接受的。然而，对未来发展的经验性预测总是伴随着不确定性。这意味着很难根据对未来的预测来提出一个压倒性的理由。因此，生物保守主义者被迫在规范原则的层面寻找反对理由，他们关注的是本质上的或以概念的方式从人类增强演绎出来的对规范价值的侵犯。

生物保守主义者通常诉诸如人类尊严、自主、人的狂妄自大、生活的真实性以及“生命是［天赋］礼物（gift）”等观念。例如，哈贝马斯认为，父母对孩子进行基因设计将会威胁孩子的自主性，而他们应该是其生命的唯一作者。[①] 通过生物技术干预，儿童不是偶然出生的，而是根据父母的需要和目的所创造或生产的，因此，他们被简化为满足父母野心的手段。

超人类主义者处理问题的概念框架由自由意志主义词汇构成，诸如自主、宽容以及密尔式的［或穆勒式的］伤害原则（Millian harm principle）。他们认为，人类增强本质上是这样一个事务，一个应该通过个人的自主选择来决定，而非依赖社会判断和国家干预。只有直接危害他人时，社会或国家权力才可以制约个人的自主选择；否则，国家或社会应尽可能尊重个人选择。

超人类主义通常以自由优生学为特征。美国自由意志主义哲学的辩护士罗伯特·诺齐克提出的“基因超市”[②] 概念抓住了提倡超人类主义的自由意志主义传统的基本观点。判断一个人改善基因的结果不是政府的责任，而自由社会的政府的合法行为是保证这些过程完全出于个人的自由选择。

Nick Bostrom 认为，每个人都可能会想要或可能会拒绝使用技术来提升自己，而超人类主义尊重这些个人选择。他还认为，超人类主义是现代人文主义或启蒙运动的延伸，而超人类主义者尊重理性思维、自由、宽容和民主的价值。超人类主义只是更多地关注我们能成为什么样的可能性，以及那些能够计划和选择其生活的个

① Habermas, J. (2003), *The Future of Human Nature*, Polity: Cambridge.

② Nozick, R. (1974), *Anarchy, State, and Utopia*, Basic Books.

人的自主性。据他说，“并非我们人类的身形或当代人类生物学的细节，而是我们的抱负和理想、我们的经历以及我们所引领的生活方式，定义了我们有什么价值。对一个超人类主义者而言，进步发生于越来越多的人能够根据自己最深的价值观来塑造自己、自己的生活以及与他人相处的方式”[①]。

二、自由意志主义的超人类主义和技术进步主义

由于辩论的框架，与增强有关的问题只有一些被突显，而其他需要更仔细关注的问题则被忽略了。我认为人类增强可能造成的社会公正和不平等问题正是我们迫切需要解决的。自由意志主义词汇如自我选择生命的自由、密尔式的伤害原则对于解决人类增强的社会政治问题是不够有效的。我认为，目前关于人类增强更重要的问题不是允许还是禁止它，而是如何调节和控制人类增强技术的发展和应用。

为了促进对这个问题的讨论，我们需要为辩论设置不同的框架。在超人类主义者和生物保守主义者的对抗中，争议趋于集中在以概念方式与人类增强发生关联的规范性价值和原则。在这个框架下，超人类主义者被迫提倡个人选择的自由原则。另一方面，由于这种争论方式，人类增强的伦理问题趋于被简化为个人的伦理选择问题。

然而，增强技术的增生不仅是个人选择问题，而且是一个需要在社会层面被讨论的政治问题。这尤其是由于增强技术所可能导致的不平等。当然，这并非意味着社会不平等或公正问题没有被讨论，但它需要被认为处于比现在更核心地位。我们可以采取的一个选择是把辩论的重点重置于左右对立，尤其是在自由意志主义的超人类主义者和技术进步主义者之间。一旦辩论以这样的方式重置，我们就能够以更恰当的方式讨论如何使用或控制增强技术来提升社会平等或公正。

所有的超人类主义者都在原则上同意为了人类增强而使用科技。然而，根据其政治取向，他们可以被大致分为以下两组。首先，有自由意志主义的超人类主义者。在生物政治学层面接受超人类主义，而在文化和经济层面采取自由意志主义立场。他们反对国家或政府干预，相信增强技术所带来的风险管理或不平等能够被市场所调节。可以说，他们的立场是市场导向的资本主义立场。

另一方面，还有技术进步主义者。虽然他们支持增强技术的使用，但他们认为

① Bostrom, N., “Transhumanist FAQ v2.1.”, p. 4.

需要同时增强民主。他们认为，增强技术的风险管理或增强可能带来的利益的社会分配不能交给市场解决，而政府或社会以民主治理的方式进行的干预和控制是需要的。他们聚焦于增强技术的伦理使用和由此获得的普遍的人类福利的提高，他们相信对技术的民主控制是实现这些目标所必需的。①

即便都是超人类主义者的立场，两种观点之间也存在差异。尤其是，他们在确保增强技术的安全和利益分配方面采取非常不同的立场。将关于增强的辩论的前沿转移至二者的边界是重要的，其原因如下。

第一，人类增强更多是社会结构问题而非个人选择问题。推动现有技术发展的根本动力来自于以经济激励为基础的资本主义竞争机制。增强技术的发展不是由人类生命价值的任何远景所驱动的，而是通过全球资本主义体制的竞争压力。另外，现代社会过度竞争的生活方式，为市场效率和竞争的价值所主导，迫使个人“自愿”接受各种形式的增强。对于竞争所驱动的个人来说，没有多少选择余地。即使科学家和工程师也看似并不非常关心他们所创造的强大技术的社会、政治和文化意义。科学家个体很难掌握技术对社会结构的长期影响的全景。科学家和工程师追求新发现和发明的短期快乐。

第二，人类增强技术有可能给人类生活带来各种潜在益处。然而，如果我们以超人类主义者和生物保守主义者之间的利弊之争来讨论增强技术，将会极大限制其可能提供的许多益处。生物保守主义者区分治疗和增强，认为科技应该只用于治疗目的。然而，治疗和增强的区分并非十分清晰，各种被归类为增强的案例已经被广为接受。增强技术可以提供治疗身心方面的疾病与紊乱的手段，如果一开始就被禁止，这些疾病是无法克服的。增强技术也能够打开公共福利的更多可能性。在这种情况下，我们需要更积极地讨论以良性方式使用增强技术的各种可能性，例如减轻现存的社会和遗传不平等。

第三，人类增强的禁止不仅难以实施，而且难以通过规范的考虑来辩护。如前所述，增强的反对者通常试图提出一个禁止增强的理由，通过表明其削弱了如人类尊严和自主性的道德价值。然而，人类增强似乎没有本质上的错误，而且看起来几乎不可能基于规范的考虑来证明它。如果禁止增强技术的使用是不可能的，而且如果发展或应用这些技术在实际上是不可避免的，那么寻求避免它们所造成的可能伤害的现实策略就是审慎的。

---

① 参见 https://ieet.org/index.php/IEET2/biopolitics 关于在不同问题上两种立场的不同。

三、不平等问题

我们之前已经区分了人类增强和“人类的改善”，也追问了人类改善的必要条件。在这点上，超人类主义者和生物保守主义者之间的争论需要注意，他们的争论基于人类生活的规范性价值，这使我们重新思考为什么人类物种的存在是重要的。

生物保守主义者反对人类增强。这实际上是声称人类物种应该被保存和维持在目前状态。如果有这样做的理由，那是什么？这被归结为为什么“人性”是重要的，或人类的存在为什么有意义。我能想到的最佳答案是，“我们人类是道德存在者”。作为自然存在者，人类不得不受到本能私欲的限制。然而，当道德义务和私欲冲突时，人类可以通过选择道德行为来超越自然的限制。这是一个通过道德行为的超越时刻。使人类道德行为得以可能的生物机制可能起源于进化的历史。但道德义务和私欲之间产生的行为选择的规范性却决不能归结为这样的生物学起源。

桑德尔（M. Sandel）对人类增强的批评关注于道德实践条件的恶化。他说：“一方面是关于增强的道德风险的争论并非熟悉的自主和权利范畴所能充分涵盖，另一方面是对成本和利益的算计。我对增强的关注并不是出于个人恶习，而是思维习惯和存在方式。”[①] 他认为，增强揭示了对完美和征服的冲动，阻碍了我们对人类力量和成就的天才人物的欣赏，由此改变了我们道德景观的三个主要特征，即谦虚、责任和团结。他的批评的主旨所关心的是我们对人类增强的态度将会恶化我们道德实践的条件。

然而，即使增强可能导致如此糟糕的结果，如果这不是由于增强技术的本性而是由于建立在新自由主义政治秩序之上的资本主义生活方式，又会怎么样呢？换句话说，如果增强技术本身不会侵蚀我们的道德和实践道德的条件，还存在反驳它的理由吗？我认为，桑德尔所说的负面结果并非增强本身的结果，而是我们现在所维持的生活方式的结果。然后，一个对桑德尔的合适回应是，对使用增强技术来避免如此负面的结果给出措施。这些措施将与改变我们的生活方式有关，包括政治和经济结构的改变。我们真正需要担心的是保证人类增强技术不以违背人类道德和尊严的条件的方式来使用。

构成我们道德的价值是什么？我们追求的道德价值不一定是超越时空的绝对价值。我们做出道德判断的语境是我们当下所处的环境。所以，我们应该问的重要问题是，在今天的背景下，什么道德价值是重要的，以至于我们可以同意在今天的背

---

① Sandel, M. (2007), *The Case against Perfection: Ethics in the Age of Genetic Engineering*, Belknap Press, p. 96.

景下维持它。我们今天面临的一个道德挑战是通过同情他人的痛苦来建立与他人的团结，以及创造使尽可能多的人过上有尊严的生活的社会经济条件。增强技术应该以承认他人尊严和促进人类共同体团结的方式来使用。

社会公正和不平等问题是这一挑战的核心，而我认为对不平等的关注应该是人类增强讨论的核心。人类增强带来的社会公正问题关乎一种可能性，即新增强技术所带来的益处将会首先被分配于少数富裕而有权势的人身上，从而恶化现存的不平等。当前的资本主义生活方式在全世界运行，人类增强技术很可能带来不平等的新形式，至少在短期内是这样。除非采取社会措施来应对这一问题，否则财富、收入、健康、教育和医疗方面的不平等就会积聚起来，导致严重的不公正，如过度支配和对他人的系统剥削。

四、对自主概念的再思考

所有的超人类主义者，无论自由意志主义的还是技术进步主义的，都同意选择增强的个人自由优先于宗教限制、不愉快的感觉或令人厌恶的因素。然而，假定诸如风险管理和利益分配问题能由市场解决，则太过自以为是。这是自由意志主义的超人类主义者的政治观点。我相信即使选择或自主的个人自由被认为是最高价值之一，对增强技术的社会干预和控制仍然是公正的。为了支撑这一结论，我首先考察自主概念并解释为什么限制个体的自主性是合理的。

“自主”的字面意思是支配或控制自己。过一种自主的生活，在支配自己的生活的意义上，就是过着符合自己的基本愿望、价值观或理想的生活。忠于自主价值就是增加根据你自己的价值取向来生活的程度。根据自由意志主义的超人类主义者，增强技术的使用应该被留给个体自由选择的领域。这是因为这增加了个体享有的自主性的程度。然而，使用增强技术反而降低了个体应该享有的自主性的程度，这是不可能的吗？

我认为，当增强技术被广泛接受并应用于社会的时候，可能对人类整体的自主性产生负面影响。这至少可以通过两种方式发生。首先，尽管看起来增强是出于个人的自由选择，真正的（真实的）自主性却可能被抑制，因为它可能是出于服从压迫性并有问题的社会规范。其次，增强可能恶化阶级间的分配公正，从而降低社会自主性的整体水平。这是因为，即使受益于增强的人的自主性可能得到提升，但未受益者的自主性却可能被降低。也即，一个人的自主性的提高意味着另一个人的自主性的减少。

为了更详细地考察这些问题，让我们区分自主概念的两种含义。[①] 首先是作为权利的自主性，因自己的选择而受到尊重，并且不会遭到他人的干涉。让我们称其自主性 1。这是传统自由主义原则所支持的权利。正如密尔式的伤害原则所描述的那样，个人意志的自主性不能被国家或社会的力量所干预，除非其对他人造成（直接的）伤害。反对个人意志的权力的合法行使只能是为了预防对公民共同体的其他成员的伤害。这种意义上的自主性可以被理解为由外部强制所保护的消极权利。自由意志主义的超人类主义者对自主性的提倡是在这个意义上的对个人自主的辩护。

另一方面，我们可以把自主视为一种能力，区别于其第一种意义。让我们称其为自主性 2。这种意义上的自主性意味着一种过自己选择的生活的能力，而非出于服从他人的控制。自主性 2 根据个人据其价值取向而自我选择生活的程度来衡量。它具有积极价值属性的特点，应该尽可能加以推广。自主性 2 取决于各种因素，如个人的社会背景、环境条件、教育水平，以及他 / 她的基本认知，身体、情感能力和态度。

自主的两个含义会导致对同一情况的相互矛盾的判断。可能自主性 1 受到保护而自主性 2 被减少，或相反，自主性 1 被侵犯而自主性 2 得到提高。例如，哈贝马斯批评生物医学的提高侵犯了后代的自主性。哈贝马斯认为，通过基因干预来选择或改善孩子，侵犯了自主和平等原则。那些被基因工程的遗传程式干预的人不能把自己视为其生命历史的唯一作者。遗传干预也破坏了平等的基础，因为它把孩子的生命附属于父母的单方面和不可置疑的意图，从而破坏了世代之间的自由和平等的人的本质性对称关系。[②]

哈贝马斯的论点关心后代的自主性。通过选择孩子将具备的特征，父母将会剥夺孩子决定自己生活的重要事情的权利（自主性 1）。然而，就生物增强而言，父母想要孩子改善的特征通常是身体特征，如外表和健康或智力和人格等心理能力。一般而言，父母想要孩子具有的特征是社会看重的特性或能力，除非社会结构在根本上发生改变，这些特性或能力的改善将会提高孩子在其生活中的选择能力。这将会提升作为一种能力的自主性 2。因此，父母对孩子的生物技术干预导致两种自主性相冲突的情况，其中自主性 1 将被侵犯而自主性 2 将会提高。

---

① 我从 Niklas Jude 关于自主性的两种意义的区分的论文得到了很多帮助。参见 Niklas Juth, “Enhancement, Autonomy, and Authenticity”, in Julian Savulescu, Ruud ter Meulen & Guy Kahane eds., *Enhancing Human Capacities*, Wiley-Blackwell, 2011。

② Habermas, J. (2003), *The Future of Human Nature*, Polity: Cambridge.

五、自主的真实性（authenticity）

如果正常成年人使用人类增强技术来提高自己的能力，又会怎么样呢？至少在表面上，增强技术的应用似乎不会破坏正常成年人无论在权利还是能力方面的自主性。我们看起来应该尊重选择提高自己的人的自主性1，因为没有侵犯他人的权利或对他人造成伤害。另外，在竞争性的社会结构中，如果个人提高其认知和身体能力，过一种符合其价值观的生活的可能性会增加，所以个体的自主性2也提高了。

但情况并不如此简单。从表面上看，通过增强提高能力给人们提供了他们想要的东西，并使他们的生活有了更多选择。然而，这也可能通过使其生活在远非他们真正想要的生活中，侵蚀个人的自主性。我们已经说过，过一种自主的生活就是过一种符合一个人自己的价值观的生活。只有一个人忠于其真正想要的东西时，这种自主性才会实现。然而，通过科技来增强并不总是保证这一点。

考虑下面的情况。今天我们生活在前所未有的竞争性社会中。我们被驱使进入一种生活方式，必须在无限竞争中靠自己生存。我们努力以各种方式提高自己的能力，以免在竞争中落后。在这种情况下，如果增强的社会阻力减少，人们开始使用增强技术获得竞争性优势，增强将迅速扩散到全社会。如果增强技术以这种方式广泛传播，它将成为迫使人们采用增强技术的强大社会压力。最后，选择通过增强来提高自己，即使是出于自己意志的自愿决定，也完全不是自主选择，而是来自社会的外部压力的结果。

人们可能会批评这种关于真正的（genuine）自主性的观察，认为是对自主性条件的过于严格的要求。有人可能会说，如果自主意味着纯粹源自我的东西并且没有任何社会影响，那没有人能够拥有自主性。我们并非出生于真空，而是在盛行某种价值和规范的文化或社会中诞生。通过家庭养育和学校教育，我们把那些价值或规范内化于心。这并不意味着我们所有的思考和行为都是非自主的。自主的真实性应该符合显而易见的事实，即在我们成长过程中听到和学到的各种价值和规范是形成我们人格的重要因素。

为恰当应对这种批评，我们需要进一步澄清什么是真正的自主。首先，如果价值观和规范的内化是单方面的和不可逆的，那这等同于文化灌输或洗脑，远非真正的自主。如果你的行为和判断仅仅是盲从于社会的条件或意识形态的结果，我们不能称这种选择为“真正的”自主选择。那么，应该增加什么条件才能实现真正的自主？至少，除了为自己而判断和选择这一事实外，我认为对所接受的价值观和判断标准的批判性反思是必要的。如果根据你最好的知识或信息，批判性地检查了那些价值观和标准，你仍然维持原来的选择，那么我们称其为真正的自主选择。

然后，经过批判性反思，如果有人认识到选择增强是社会压力的结果，但仍然愿意做出同样的选择，我们应该始终尊重其为一个自主选择？我不这么认为。并非所有选择或判断仅仅只因为它们是自主的，就都应该被尊重。影响个人做出选择或判断的意识形态的对错可能是一个问题。

人们有不同的世界观和价值观，他们对同一问题做出非常不同的判断。民主社会最基本的原则之一就是容忍差异。尊重个人的自主选择毕竟是这种宽容的外在表现。但这无法为选择有道德问题的压迫性规范和价值观做出辩护。我们需要问，促使我们追求增强的社会实践或意识形态的本质是什么。如果推动增强的社会压力是压迫性或有道德问题的规范的表现，那么对这种压力的顺从态度永远不能以自主选择的名义进行辩护。这仅仅有益于加强有问题的规范。桑德尔的批评似乎指出了这一点。桑德尔担心，追求增强所内在的“思维习惯与存在方式”将导致道德实践条件的恶化。

增强真的有助于传播或加强压迫性或不道德的规范吗？尽管有争议，为了进一步的讨论，请考虑以下情况。在我们的社会中，不仅女人的性吸引力，而且智力、商业能力，甚至个性都往往是通过外表来判断。这是非常男性中心和性别歧视的实践。让我们假定，许多女人接受整容手术的主要原因是为了让男人看起来更有吸引力，不仅增加浪漫的机会，而且增加社交机会，否则这些就不会被给予。在这种情况下，对整容手术的广泛依赖将进一步增强性别歧视的实践和规范。这可能是个人层面上的必然选择，但在社会层面实践这种规范是不正确的或至少在道德上是有问题的。

但这里还要考虑一件事。它关涉增强和压迫性规范之间关系的本质。如果特定的增强方式和压迫性规范之间存在内在关联，并且对这种增强的追求总是导致这种规范的增强，那么这种增强方式永远不会被提倡为个体的自主选择。桑德尔似乎认为，通过生物技术的增强表现了对完美的渴望，必然会恶化道德实践的社会条件。但是我对增强和压迫性规范之间的内在关联表示怀疑。

我不认为增强必然导致道德实践的社会条件的恶化。二者之间的关系是外在的和偶然的，取决于构成社会的各种因素的相互作用，包括我们的生活方式。这种情况下，应该归咎于我们的生活方式鼓励使用这样的技术来强化压迫性的规范，而非归咎于增强技术本身。如果增强和压迫性规范之间的关系是外在的和偶然的，一个更合理的回应是批评性地检查和改革我们的生活方式，而非把所有的责任都转移于增强技术。

六、自主和不平等

我们也可以把这个结论应用于增强所可能导致的社会不平等问题。人们批评增强有助于加强和传播社会不平等。这是因为只有富人才能获得增强技术而社会弱势群体享受的利益有限。此外，增强导致的不平等的扩展不仅剥夺了一些人可能的利益，而且也使他们处于半永久的不利地位，从而使他们成为容易被支配或剥削的目标。一些增强技术具有显示地位的商品属性。因此，它们只提供竞争优势，没有对人类社会做出积极贡献。在这种情况下，如果像一些自由意志主义者宣称的那样，增强被视为个人选择而政府或社会的作用被局限于安全规则，很可能出现一种新型的阶级社会。

为了恰当解决这个问题，有必要从之前区分的自主的两种含义重新评价自主和社会不平等的关系。自由意志主义的超人类主义者主要主张聚焦于作为权利的自主性 1，这意味着不被他人干涉的自由。另一方面，作为实现去过那种符合自己价值取向的生活的能力的自主性 2 相对被忽视。在自由意志主义个人主义的道德框架中，个人的自主性 1——即选择自己生活的权利——被认为是最高价值。因此，他们通常把人类增强处理为个人选择问题。然而，只强调个人选择的权利的自由意志主义语言不足以处理增强问题，例如对社会公正的负面影响或道德实践条件的恶化。

为了解决这种情况，我们可以将密尔式的伤害原则应用于自主性的第二种含义。换言之，如果对他人的自主性的违反被认为是直接的伤害，那么个人的自主性 1 可以受到社会和政治的限制。在社会生活中，智力、抱负和态度等各种因素影响着个体的成功。假设有可能通过技术，人为增强这些能力。但如果只有少数人能够负担得起，那么那些已经在社会和经济优势地位的人将会更有优势。而绝大多数无从受益的人将比之前更没有竞争力。这最终会剥夺他们可以选择的各种生活道路的机会。也意味着不平等的永续。

这增强了那种结构，在其中家庭的社会经济背景很大程度上决定了个人的未来。对一个人所开放的生活道路由如此的背景所决定，这是不可取的。人类增强很可能使这样的结构更加稳固。如果我们无条件承认选择人类增强的权利（自主性 1），大多数人过符合其愿望和价值观的生活的能力（自主性 2）将显著下降。换言之，一个人的自主性 1 以减少他人的自主性 2 为代价。这可以被视为对他人权利的严重侵犯，也是国家和社会干预的正当理由。

我们可以容忍的不平等和我们不可容忍的不平等，以及社会可接受的不平等的标准取决于其政治、经济和文化发展的水平。我相信，一个人的背景（包括其天生的能力）影响其生活的机遇越少，则文明水平越高。从这个意义上说，我们需要以分配正义的方式达到自主性2。

许多人认为，如果每个人都得到公正的机会，这种情况造成的不平等会相对可以容忍得多。我们通常评估，公正的机会是通过教育还是培养来给予。然而，也有一些情况下，天生的能力阻碍了机会公平的可能性。不幸的是，一些不幸者由于其天生能力的缘故，在竞争中处于不利地位。他们甚至可能没有机会来选择生活。从某种意义上，人们天生具备智力、个性和天资，就像赢得基因彩票。过去，我们对此无能为力。但如果发展了干预的潜力，我们的选择是什么？如果在人类增强技术的帮助下，我们能提高这些人的自主性2，又会如何？我们需要更开放地看待新的福利和机会平等的可能性，这将通过科技发展而成为可能。

七、结语：增强技术和民主治理

社会不平等问题并没有提供足够的理由来禁止增强。如果你这样认为，这是承认某种增强技术的例外论。几乎所有技术都有恶化现存不平等的潜力。回顾人类历史，我们可以容易地证实这一点。人类历史上读写能力一直是定义社会阶级或权力关系的最重要因素之一。即便如此，禁止使用文字是愚蠢的。相反，我们应该采取的可取的态度是使尽可能多的人有能力读写以及丰富其生活。我认为对于增强技术同样如此。在这方面，社会不平等问题可以被认为是提供了以民主方式管理和控制增强技术的好理由。

制定政治和社会措施的需要是迫切的，以确保用透明和民主的方式对增强技术的发展和应用进行控制，同时给予社会不平等问题以更多关注。我们早些时候指出，增强技术本身并不确保更好的社会或生活，也不会造成人类的改善。那么，我们为什么仍然应该追求增强？这是我们应该追问的关于增强的最重要的问题。我们的挑战是使人类增强有益于人类生活的价值和人类共同体的幸福。我们必须使用人类增强技术来提升人类共同体的团结并增加全人类的幸福和福祉。如果通过我们的努力，能减少天生能力所造成的不平等，那我们应该认真探讨如何实施。这将包括通过减少遗传巧合所决定的个人能力的差异，来提供每个人以尽可能平等的机会。这难道不是更好的人类或更好的社会吗？在这方面，增强技术需要通过包括政府、社会组织和公民参与的民主治理的方式来监督和管理。我们需要更多的社会审议，关于我们想要的人类共同体和人类增强如何能够有益于此。

（黄子洵　译）

成为人（Being Human）

拉斯·史文德森（Lars Fr. H. Svendsen）
（卑尔根大学）

康德著名地宣称，一种世界公民的精神中的哲学（philosophy in a cosmopolitan spirit），可以用三个问题来概括：（1）我能知道什么？（2）我应该做什么？（3）我能够希望什么？然后，他认为这三个问题包含在第四个问题中：人是什么？（*Was ist der Mensch?*）[①] 然而，对于这第四个问题给出一个合理的答案可不是一件简单的事情。

我们是人类这一事实显然对我们来说很重要，它是我们自我理解和社会实践的基础。然而，要解释这个所谓的事实究竟存在于什么东西之中（what this alleged fact consists in）是出了名的困难。我们对人的意义的思考往往是相当混乱的，这篇论文也不例外。

一方面，存在着与所有其他动物进行划界的问题：什么——如果有这样东西——是人类特有的那一个或一些标志呢？另一方面，目前关于后人类主义的争论似乎表明，从某种意义上来说，人类的本性可以被超越，我们可以通过技术手段进化到这样的程度——恰当地讲，产生的生物不再是人类。"后人类"（"posthuman"）意味着什么？

人类 vs. 非人的动物

在日常生活中，区分人类和非人类动物对我们通常没有什么困难，但如果我们被挑战，要明确做出这种区分，我们通常会不知所措。在哲学人类学中，人们一直

① Immanuel Kant: *Logik*, in Preußischen Akademie der Wissenschaften (ed.): *Kants gesammelte Schriften*, Vol. IX, Berlin/New York: de Gruyter, 1902-, pp. 24f.

在寻找一种人类的属性（property），这种属性将我们与其他所有动物区分开来，并且人们预设，以正确的方式把我们与它们分开，并赋予人类一种特殊的地位的肯定是一种重要的属性。

许多属性都被认为是人类和非人类动物的本质差异，如自我意识、语言、概念能力、使用工具、制造工具、认识自己的有死性、元认知、道德性等等。歌德开玩笑地宣称，无聊的能力就是那本质属性，如果猴子可以无聊，我们将不得不承认他们是十足的人。[①] 事实上，有充分的理由认为猴子**会**感到无聊，然而我始终不认为它们是人类。**那**不是分界线，但很难说分界线在哪里。

许多被认为是人类独有的实践和能力已经在其他物种中被发现，例如工具使用和工具制造。也有许多属性，对于它们我们无法确定其是否存在于人类物种之外。例如，很难判断除了人类以外的任何其他生物是否有自我意识，因为对自我意识最常见的测试——能在镜子里认出自己——是有严重缺陷的。在比较人类和非人的动物时，我们将对动物的行为进行解释，看看我们是否有理由将特定的属性归于它们。这种归因总是有些不确定。

有任何仅仅属于人的东西吗？脸红是一个强有力的候选者。达尔文把它称为“所有表情中最奇特、最人性的”[②]。然而，脸红的能力几乎不可能是我们要寻找的明显标志。这可能是只有在人类中才会被发现的一种现象，但我们很难理解为什么脸红会成为赋予人类一种特殊地位的本质属性。也可能是这样的情况，即没有这样的明显的属性，因此人们会徒劳地寻找一个。在一个不重要的（trivial）意义上，人类当然是独一无二的：没有其他物种恰恰像人类一样。所有的物种在这个不重要的意义上都是独一无二的：除了猫以外，也没有其他物种恰恰像猫一样。问题是，在重要的（nontrivial）意义上，人类是否是独一无二的。有比脸红更强有力的候选者存在，比如具有道德主体（moral agency）和语言的能力，就我们所知，人类典型地拥有这些属性，而非人类并不拥有。

达尔文认为，人类和高等哺乳动物的精神生活没有根本的差异。但是存在一些很重要的差异，达尔文自己也承认了这一点，比如他坚持认为只有人类才有资格作为道德主体。[③] 但也许另一种道德的物种会进化出来。毕竟，动物之间肯定存在原始道德行为，也许一些物种会在某个时候跨过门槛，成为适格的（proper）道德主体。

---

① Johann Wolfgang von Goethe: *West-östlicher Divan, Epen. Maximen und Reflexionen*, *Goethes poetische Werke zweiter Band*, Stuttgart: Cotta’sche Buchhandlung, 1950, p. 791.

② Charles Darwin: *The Expression of the Emotions in Man and Animals*, Cambridge: Cambridge University Press, 2009, ch. 13.

③ Charles Darwin: *The Descent of Man and Selection in Relation to Sex*, Vol 1, Princeton: Princeton University Press, 1981, pp. 88f.

那几乎不可能会让他们成为人类，即使这肯定会改变他们的道德地位。另一方面，有些人不够格作为道德主体，但我们不会仅仅因为那原因就把他们排除在人类之外。

我相信除了人类之外没有其他物种拥有一种适格的[①]语言，但当然，它们的确会交流。即使是最精心训练的黑猩猩和大猩猩，以使用符号的方式，来表达的东西，也远远不能达到我们通常所认为的语言的适当的使用。这只名叫尼姆的黑猩猩是这一领域的明星之一，它用下面这句话作了迄今为止最长的连续陈述："给橘子我给吃橘子我吃橘子给我吃橘子给我你。"（"Give orange me give eat orange me eat orange give me eat orange give me you."）[②]相比之下，一个两岁大的孩子通常能以语法正确的方式使用名词、动词、介词等等。两岁大的孩子们也可以谈论除了此时此刻摆在他们面前的事情以外的其他事情。其他灵长类动物在某些时候会发展出一种适格的语言吗？为什么不呢？这是完全可以想象的，例如康德推测，猩猩和黑猩猩也许有一天会发展出这种能力，尽管是在一场"自然革命"[③]之后。即使一只猩猩说话了，它也不会是一个人，而是会说话的猩猩——或者更确切地说，是一只"后猩猩"，因为拥有语言将会是这样一个改变游戏者，以至于在这只猩猩和它的祖先之间会有质的区别。另一方面，并不是所有我们将之确认为是人类的生物都拥有语言，仅仅因为他们没有语言，就把他们排除在人类种族之外似乎是不合理的。

那用我们的 DNA 来解答呢？问题一方面在于人类之间的基因变异，另一方面在于其他物种和我们自身之间的遗传连续性。你在哪里画线？DNA 本身并不能回答这个问题：在"人类"这个词不再适用之前，我们能容许多大的变异。你必须缩小范围，比如，当且仅当他的或她的 DNA 包含一个特定的序列才声称其是人类。当然，问题是，即使我们把它缩小到那个序列，也可能会有变异，而且绝非不可想象的是，会有我们很容易将之确认为人的生物，但是在此这个序列有点不同。DNA 就其自身而言并未告诉我们很多东西。有很多的序列只在人类中被发现，但人们仍然能问为什么这些序列应该与回答人类是什么特别地相关。要是在另一个物种中也能发现这样的序列呢？这是否可以保证这个裁决，即这个物种实际上是人类，即使它拥有很少的那些我们在其他情况下认为对于人来说是核心的属性？

有些人可能会说，从基因的角度来看，人类的基因并没有什么特别之处，因为我们有大约 98.5% 的 DNA 与黑猩猩相似，但这是一种颇带误导性的说法。这些百分

---

① 本文的 proper 指，有资格的，合格的，恰当的。因本文主要指有资格和合格，统一译为"适格"。——译者

② 参见 Kevin N. Laland: *Darwin's Unfinished Symphony: How Culture Made the Human Mind*, Princeton/Oxford: Princeton University Press, 2017, p. 178。

③ Kant: *Anthropologie*, in Preußischen Akademie der Wissenschaften (ed.): *Kants gesammelte Schriften*, Vol. VII, Berlin/New York: de Gruyter, 1902-, p. 328n.

比并未告诉我们太多，因为最后的 1.5% 的 DNA 可以产生不一样的世界。和黑猩猩分享 98.5% 的 DNA，让你变成 98.5% 的黑猩猩，就像和香蕉分享大约 50% 的 DNA 让你变成“半香蕉”一样。你的表现型（phenotype）肯定不是 50% 的香蕉，我们必须依照这里的表现型的特性。

我们通常把某些属性仅归于人类，但它们对于成为人（being human）而言，既非充分条件也非必要条件。这里我说的是复数的诸属性，因为它们不能被简化成一个本质属性。有道德、自由意志、语言、自我意识、脸红等等。仅仅在理性思维的能力中去寻求人类的“本质”是错误的。虽然人类的情绪是特别与其他哺乳动物有很大的重叠，但人类的感情仍然不同于其他动物。我们甚至可以把孤独、悲伤、无聊这样的高级情感归于许多动物，但动物的孤独、悲伤和无聊与人类的孤独、悲伤和无聊是不同的。在如恐惧一般的基本情绪的情形中，这也许可以看得更清楚：在人类和例如在老鼠那里，恐惧的神经生理学非常相似，但是人类的恐惧仍然与老鼠的恐惧截然不同，因为我们还栖息于一个符号化的宇宙，因此我们可以害怕某人，而这人实际上我们从来没有也永远不会遇见。你不能把任何特定的属性——语言、理性、社交、情感等等——挑出来，作为那让我们成为人类的东西。我们的人性在于它们的相互关系。我们的情绪与我们的语言、理性和社交能力密不可分。至于我们的理性，它也与我们的语言、社交能力和情感息息相关。其他亦如是。

也许用生物学的术语来定义人类最好的办法是这样说，如果你有人类祖先，你就是人类。“拥有人类祖先”难道不是一个充分必要条件吗？毕竟，所有人类都有人类祖先，且没有非人类有人类祖先。问题是，这样的答案是相当空洞的，因为它没有增加我们对通过称某人为“人”我们意指什么的理解。

人类和他们的非人类的祖先之间的差异是渐变的，但仍然是重要的。有些属性典型地是人类生活所有的，在其他物种中没有被发现，比如对自己的有死性的意识，能够使用适格的语言，能够选择过一种生活而不是另一种生活。当然，还有脸红。尽管这些属性典型地是为人类所有的，但也有一些人并不拥有它们。

人类 vs. 后人类生物

“后人类”一词有不同的用法，例如指一种不同的人类概念或指人类的继承者。我将在后一种意义上使用它。正如已经指出的，物种之间存在着显著的连续性。尽管如此，就我们所知，有一些性质只在人类中被发现，而且我们可以用它们在人类和在动物王国中非人类之间画一条界线——一条有点模糊的界线。在人类和后人类之间画一条类似的线似乎更成问题。我们可以对人类和其他动物的属性进行比较，但我们不知道后人类的属性是什么，仅仅因为它们不存在。

我们用“后人类”这个词意指什么呢？[①] 如果我们仅指着人类将继续进化，那么我们所说的平淡无奇地是真的。显然，我们所意指的比那更多。我会这样理解“后人类”一词所意指的东西，我们的进化——无论是自然的还是技术上的，这本身就是一个成问题的区分——造成了一种与我们所知道的人类如此不同的存在物，他们无法等同于人类，反之亦然。下一个问题是，需要什么样的进化才能导致这样一种人类的相互承认的崩溃。

这样说是吸引人的，即当后代产生了，且缺乏人性的本质属性，或者拥有一种无人拥有的新的本质属性之时，后人类将成为现实。我们所说的本质属性，是指没有了它们，生物就不能是一种特定**种类**的存在，比如人。如果有一种语言是成为人的本质属性，那么所有人类都将拥有语言，没有一种无语言的生物会是人类。事实上，拥有一门语言并不是人性的本质属性，因为我们很容易就能把语言之前的婴儿识别为人类，对那些丧失语言能力的人来说也是如此。正如我们在之前关于人类和非人的动物的讨论中所看到的那样，要找到一种人性的根本属性的看似合理的候选者是出了名的困难，因为我们要么在其他动物身上发现了这种属性或者颇类似的东西，要么发现某些人类缺乏它。

为了这表达中的“人类”部分有意义，“后人类”必须是人类的后代；但另一方面，为了让“后”有意义，“后人类”必须不再是人类。我们可以假设这样的生物会在未来的某个时间出现，仅仅凭借自然进化，就像早期的物种有如此不同的后代以至于我们认为它们属于不同的物种。从这个意义上说，很明显，只要人类种族不灭绝，总有一天后人类会产生。提到像后人类这样的生物，类似于把人类称为后猴子。这一过程可能至少需要几十万年。当讨论后人类时，通常假定这个过程会快得多，并且会通过技术手段进行。

如果我们，用后人类去指一种情况，即技术作为人体的延伸，从根本上改变人的存在，那么从来没有一个时代，人类不是已经且一直是后人类。在人类技术发明之前，有一些技术是由祖先发明的，我们不太会把它们就看成是人类，通过这些技术的出现——比如石斧——人类的进化成为可能。从那个意义上说，我们并非发明技术，而是被技术发明，因为这些技术的存在使得人类的出现成为可能。这也是为什么“超人类主义”的概念似乎有些多余。如果我们所说的超人类主义指的是通过

① 原文为 What do even mean by the term “posthuman”？even 疑为 we 之误。——译者

技术来增强人类的项目，那么人类一直就已经是超人类了。从这个意义上说，“超人类”是一个矛盾修辞法。

半电子人呢？身体内的技术的结合，与身体外部的或身体表面的整合相比，几乎没有什么区别。无论是植入物还是某种更容易分离的东西，不会有多大区别。与戴外置假体相比，将人体的某些部位整合在一起并没有太大的区别。如果我要扔掉眼镜，装上人工晶状体，那对我的人性不会有丝毫影响。要是我把身体的所有部分都换掉呢？我想，只要我的精神生活完好无损，我还是会是我。基因改变呢？再一次，我不明白为什么它本身会有什么要紧。基因突变不断发生，无论它是“自然的”还是“人工的”，似乎都与基因突变的主体是否是人类无关。要是我要把我的身体完全抛弃，把我的意识上传到电脑云呢？没有具身的（embodied）存在将会在相当程度上让游戏改变（quite a game changer），但我不认为我们对于这样的存在会是什么样子的有一个非常清楚的观念。

不死性呢？不死性尚未被讨论。即使我们能完全停止衰老，事故会发生。人们会滑倒，动脉瘤破裂，一个小偷或一个嫉妒的丈夫杀人，战争爆发，等等。凯恩斯在这样说的时候他依然是对的，即从长远来看，我们都是死人。从长远来看，有些东西会杀了你。要是你把你的身体全部处理掉，然后把你的意识上传到云端呢？嗯，事故和故障也会发生在云端里。要是我们做出一个极其不可能的假设，认为不会发生这样的事故呢？嗯，宇宙总有热死亡。我们可以将严格意义上的不死性搁置一边。但那并不意味着我们原则上不能活到非常老。要是有可能延缓衰老，以至于使人们变得像《旧约》中的 Metusalem 一样老：969 岁，会怎样呢。这将是戏剧性的，但并不一定比我们在全球平均预期寿命中已经看到的变化更具戏剧性得多。1900 年是 31 岁，1950 年是 48 岁，今天是 72 岁。额外的年份可能会带来递减的回报，且 72 岁和 969 岁之间的差异在质上远远大于 31 岁和 72 岁之间的差异还远不明显。严格地说，人类没有“正常”的寿命。为了论证，让我们就假设不死性可以成为一种选择。这将是一个游戏改变者。这样一种生物将不再被海德格尔式的存在所定义——向死而在（Being-towards-death），而这似乎将改变它作为一个整体的生存，关闭本真的生存的可能性。然而，海德格尔的哲学中，除了死亡和焦虑之外，还有其他的选择。这样一个不死的存在必然会屈服于无聊，而无聊对于海德格尔来说，可以履行和焦虑一样的系统角色，揭示本真的生存[①]的可能性。简而言之，我不认为即使是像潜在的不死性一样彻底的东西能保证从人类到后人类的飞跃，还有什么比这更彻底的呢？

把一种特定的属性或一组属性确定为构成人类的属性带来的问题是，有些生物

① 参见 Martin Heidegger: *Die Grundbegriffe der Metaphysik: Welt, Endlichkeit, Einsamkeit, Gesamtausgabe Band 29/30,* Frankfurt a.M.: Klostermann, 1992。

我们会坚持把他们包括在人类中，即使他们没有这些属性，比如语言能力、理性思维或道德。我们为什么要这么做？可能因为他们在其他方面与我们非常相似，其中之一就是他们有人类祖先，就像我们一样。那么，我们能不说拥有人类祖先是成为人的必要和充分条件吗？这样一种方法所带有的一个问题是，最初的人类不可能有人类的祖先，因为如果他们有，他们就不会是最初的人类。这种问题也会遵循这种方法得出，即我们所有的后代根据定义都将是人类，因为他们有人类祖先。因此，绝不可能有任何后人类。这似乎也很不合理。就像人类显然有非人类祖先一样，后人类可以有人类祖先。然而，这些后代必须与人类截然不同，才足以被称为“后人类”。一定会有某种交流障碍，比如人类无法理解这种新的生命形式，反之亦然。后人类的属性和实践不得不与人类的属性和实践如此不同，以至于他们不再属于维特根斯坦所描述的“人类的共同行为”[①]。它不得不是一种完全不同的生命形式，我们无法与他们交流，就像维特根斯坦的著名的狮子那样，即使它会说话，我们也无法理解。[②] 即使有后人类，他们也不能告诉我们后人类是什么样子，正如红彼得（Red Peter）——弗朗茨·卡夫卡的短篇小说《向学院报告》（1917）中的会说话的猿猴——不能告诉其他猿猴会说话的猿猴是什么样子一样。更重要的是，红彼得甚至无法回忆起没有语言的正常猿类是什么样子，因为拥有一种语言使他的“猿猴性”对他来说就像对人类一样遥远。后人类的情形也是一样：他们不得不离人性如此之远，以至于他们无法理解人是什么样子。当然，他们可以基于对人类行为的观察做出猜测，但人类的思维对他们来说并不比黑猩猩的思维对人来说更容易理解。即使一个后人类说话了，且用了和我们所用的一样的词，我们也不会理解。这样的后人类会是什么样子呢？我不知道。为什么我们要称这些生物为人类，尽管带着前缀“后”？我们通常不把人类称为后猴子。他们将是一个新的物种。

最后的想法

我认为，对于成为人而言，既无必要的也无充分的标准可被建立。“人类”应被视为一种功能范畴，不是通过任何所有人共享的单一属性，而是通过松散的、可接受改变的一组属性而加以应用的。也许对“成为人”的最好理解不是通过某些固有

① Ludwig Wittgenstein: *Philosophische Untersuchungen*, *Werkausgabe Band 2*, Frankfurt a.M.: Suhrkamp Verlag, 1984, § 206.

② Ibid. ch. IIxi.

的属性去理解，而是通过归属和认可去理解。是人就是被认可为人，有一定的人际关系。

成为人意味着什么，这是一个开放式的问题，因为人类永远是未完成的，这就是为什么后人类的概念常常令人困惑，也许本质上是困惑的。关于成为人意味着什么的问题，是一个我们的自我理解的问题，“一个人是什么？”截然不同于“一只猫是什么？”或者“一只狗是什么？”人类是独一无二的，他们能够问自己他们自己是谁，是什么。我们可以说，成为人意味着是一种自我定义的动物。但有些人从不问自己这样的问题。我们是唯一试图弄清楚自己的生物，唯一可以成为自己的谜的生物，但同样，这并不适用于所有的人类。有人的天性（human nature）吗？答案取决于你所说的“人”和“自然”的意思。人类或许不应该被视为一种自然的种类，但没有理由阻止我们谈论一种共同的人性。

就这篇论文有什么像结论的东西而言，那就是我们无法非常精确地确定成为人意味着什么。结果，一方面在人类和非人动物之间，另一方面在人类和后人类之间，它们之间的区别将是模糊的。也许这是必须接受的。

（李茂功　译）

作为具身思维的后人类主义

西格里多·特戈斯多特（Sigridur Thorgeirsdottir）
（冰岛大学）

导　论

让我们从术语“人类”和“后人类”开始。后人类的概念诞生于对西方哲学中一场“人”的概念危机的批评，作为理性自主主体的人的概念，被看作是引发了关于人类的一种男权主义概念，即人是反关系性的、反背景主义的，并且是非具身的。后人类主义的立场强调关系性、背景主义和具身性，并削弱了理性和情感、心灵和身体、自然和文化等概念的严格二分，这种二分早已形成了西方对“人”概念的解读特色。因此，后人类是关于人类概念的一种更为整体化的观念。在我的演讲里，我所要定义的后人类并不仅是一个描述性范畴，不单描述处在技术文明（technoziviliazation）的现时代成为人类意味着什么。后人类同样也是一个规范性的范畴，它加深了我们对于自身人类性的感受，使得我们对于非人类化（dehumanization）的感觉更为敏锐。出于那样的意图，我预设后人类并不只是一个本体论范畴，仅仅用于描述处在那里的事物、客体以及人类客体等。我所定义的后人类范畴，加入了体验性转向（experiential turn），转向体验，并继而说明后人类境况如何能够具备异化和反人类的效应，同时亦能具备解放和使人化的效应——让我们在面向自己和他人（无论是人类或非人类）时更为人化。我将我对后人类的体验性主张建立在作为具身的人这一概念之上，并讨论一种具身形式的思维、一种具身批判性思维如何使得我们更为人化。

在开始之前，我想说，我是以国际哲学团体联合会（FISP）性别委员会的立场在这里发言，该委员会是赞助世界哲学大会的国际哲学学会联盟。我们为提升对性别和哲学的意识所做出的努力，都是本着我在这里提出的这种后人类主义精神出发的。哲学存在性别问题，不仅由于它是女性教授和女性学生占比最低的学科之一。世界上每一个地区的哲学课程和哲学教典仍然不能代表哲学史上的女性。因此，我们出版了一本关于过去世界各地女性哲学家的书籍，将在大会上分发。我们想要证明，女性一直都在从事哲学，尽管除了小部分的哲学史和哲学词典之外，她们鲜少被提及。我们举办了一次关于女哲学家的艺术展，展出了女哲学家卡琴·瓦尔（Cartrine Val）的作品。性别委员会还介绍了朱迪斯·巴特勒（Judith Butler）在这里发表的，关于西蒙娜·德·波伏娃的演讲。这些都是在改变哲学中“人”概念的长征中所做出的努力，使“他”更加全球化、性别化，并代表更多的多样性。因此，我们提请关注女性哲学家——作为后人类，作为哲学的后-“人”（Post-Man）。

在我的阅读中出现的后人类，是基于身体乃过去150年哲学中的重大发现这一观点——尤其是经由像波伏娃这样的女性主义哲学家，她们将身体视为一种情境（situation），以及更近一些年代的思想家，她们讨论身体作为情境知识（situated knowledge）的基础。以身体为出发点，后人类主义产生了一个相较于传统哲学更为丰富的“人”概念，为理解人类思想提供了更为坚实的基础。在我们的人文传统中，主体概念的人性特征是一个非具身概念，然而与之相反，后人类主义思想中极为重要的人类具身概念——尤其是在它的现象学版本和新物质主义版本中——使得我们以后人类的术语来理解思维。在我演讲的第一部分，我将讨论这种思维的后人类主义基础，以及塑造它的情感性和体验性转向。因此，后人类主义不仅是一个关于实体的理论，也是一个关于实体如何体验、感知和思考——无论植物抑或人类——的理论。在演讲的第二部分，我将讨论一种人类具身思维的方法论，在我看来，它加强了我们思考和理解自身在后人类世界中所处地位的能力。最后，我将讨论这种形式的具身思考如何能够更好地装备我们，以让我们面对眼前的后人类时代挑战。正如爱因斯坦所说，我们并不能用创造问题的工具来解决问题，而是必须寻找新的工具和词汇来解决它们。因而，一种基于体验的后人类本体论应该有着一套完全不同的认识论来作为支持，产生出一个更为丰富的关于思维的概念，即具身思维。我们需要这样更深层次的思维来培养概念式的创造力，以解决后人类生存状态的问题。我认为，这种方式的思维相比哲学思维中的传统概念，是具有更为深远的个体化、普遍化指征的。这种思维方式，只要它是哲学思维，我便称之为“具身的批判性思维”。我还想向大家展示，这种形式的具身思维如何维持和加强后人类主义的人文内核，然后提供批判它各种版本的途径，所有人都可以轻松地想象，以它克服一种人类中心主义的视角是可能的。

后人类主义

我想从定义后人类的概念开始。后缀“post”表示这是在人类之后出现的一种人类形式。根据共识，后人类主义并不意味着超越人类。因此，就我的理解而言，有必要为后人类主义和超人类主义（transhumanism）做出一个区分。超人类主义者设想，在未来，技术使得我们能够超越人类的动物起源界限，利用技术的力量增强人类的能力。就连永生，都被看作是可能被克服的一件事。

后人类主义处在超人类主义的临界距离（critical distance），因为超人类主义者的增强计划被视为包含了远在具身性之外的最优化和理性操控，最终服务于机器人学和信息学两个部门的共同利益。我在这里提出的那种后人类主义标志着一种内在的转向，进入身体，进入意识，进入到与这种所谓的增强和非具身的超人类主义的对比中去。基于体验性转向，内部被视为与外部的决定性特征一样重要，只要外部是在我们之内的、在我们对它的回应之中的。在社交媒体、数字和监控技术时代，哪里存在着自我异化和剥削式信息技术的风险上升，哪里就有着加强对于后人类有所意味的体验性基础的需求。这样的一种基础为创造性提供了工具，也为抵制“资本主义”的剥削特质提供了手段，用唐娜·哈拉威（Donna Haraway）（2015）的术语来说。

除了超人类主义之外，还存在着一种后人类主义的理论方法流派，它也是我所提倡的这种后人类主义形式不能苟同的。对人类的去中心化，乃是后人类主义的核心，然而就去中心化的程度而言，却存在争议。人类的去中心化不可能被延伸为对人类中心主义的彻底根除。就像克里斯托弗·彼得森（Christopher Peterson）所说的那样，这是很矛盾的，因为人类通过他们所提倡的消除来重申其主权。因此人类中心主义不能被如此颠倒的逻辑替代，即内在性取代了超越性，横向替代了纵向。我们更需要将这些条目与人类对人类与非人类联系的中心责任协调一致。因此，后人类主义未曾将人类去除。后人类主义通过探索其他实体如何与世界相遇来延展人类本身。因而后人类主义并不意味着抛弃人类的价值观，而是以更全面综合的方式理解它们。

后人类主义和人类主义

然而，是什么使得后人类主义和先前各种形式的人类主义区别开来？后人类主义，正如罗西·布雷多蒂（Rosi Braidotti）写的那样，是一个“探索和试验的领域，它由后人类主义融聚在一起所触发，一方面作为对人类主义中‘人’观念的批判，另一方面也作为对后人类中心主义的批判”（布雷多蒂 2018, 1）。后人类中心主义是对于人作为创造之王的中心地位的批评，主张以生命为核心的平等主义。

后人类主义本体论

作为本体论，后人类主义是超越二元对立的一元过程本体论（monist process ontology）。它是一种物质主义的本体论，根据后人类主义，物质被理解为自我组织的过程。物质需要以从能量到物质性的非常广泛的意义来理解，这也超越了有机和非有机实体之间的明显区别。一元过程本体论在一些方面尤其重要，类似于梅洛-庞蒂所定义的世界的“肉体”。肉体是一个交互性的、应答性的秩序——用尤金·根德林（Eugen Gendlin）的话来说——在这种秩序中，物体、生物、能量彼此之间进行应答性交互作用。世界是与这一核心相关联的，在其中的实体也是纠结缠绕的。后人类主义给这种过程本体论所增添的不仅是交互性、应答性秩序中技术的一部分。我们创造了计算机，但计算机也形成和构建了我们的大脑，因此，我们由非人类和技术性的产物共同构建。原子、电脑、照相机和各式各样的装置，从后人类主义的角度来看，都可以被视为以它们影响世界和在它们之中的存在物的方式“思考”。所以，机器在积极的和产生影响的意义上“行动”。然而，这种客体与人类及非人类的动物之间存在着主要的差异，那就是具身性的事实。人类具身性的事实要求我们区别人类行动和非人类行动。但是，只要事物、身体和行动者都是物质，我在这里提出的对于后人类主义的理解，就和新物质主义是相符的，物质是建筑的基块和力量。新物质主义以其“能动性的现实主义”——如卡伦·巴拉德（Karen Barad）所称——也强调了物质如何有所意义。物质“感受”、“欲求”、“痛苦”。这些人类术语的使用是否暗示着我们正在将物质及物质性和能量性的实体拟人化？不。我们可以说物质遭受的痛苦类似于人类的痛苦，但我们假设物质的痛苦感对于我们来说是陌生的，因为我们永远无法理解它们的感受，尽管我们可以想象已经过度施肥的农田土壤可能遭受怎样的痛苦。因此，后人类主义通过这样的类比来探索其他的实体如何与世界相遇。这种探索最近的一例，是路思·伊瑞葛来（Luce Irigaray）和迈克尔·马德（Michael Marder）的《植物性思考》一书，书中提供了一种植物如何理解世界的现象学，但并未将人类的特征投射到植物身上，而是通过身处植物世界，尝试把握人类可能从它们身上习得的东西。从这个角度来看，植物被描述为对周遭环境和世界有特殊视角的观察者。我想要把马德和伊瑞葛来对待植物的方式形容为一种激进化的现象学观察，观察非人类的存在物如何在它们的世界中视察和行动。

后人类认识论

所以我在这里提出的是一个后人类的过程本体论，它不仅具有认知的含义，并且本身就是一种认识论。通过身处具身性的我们和内在的体验性转向，我们对成为一个情境认知者意味着什么具有了更深的理解。我还主张，在认识论的基础上深化我们对于批判性哲学思考的训练是有可能的。身体，作为具身性的事实，实际上乃是传统认识论中缺失的一环。身体是关联和具身的，这意味着内在和外在、自我和他者之间没有明确的分界。这一点可以通过正在呼吸的身体来加以解释。空气进入到身体，在那里循环并呼出，使得内部和外部的环境无法被区分开来。作为具身的自我，我们也对自我如何不是分离的实体有着更深的认知——除非是在更狭义上而言，因为身为具身、感知的存在者的我们，在情感上和物质上依赖于他者，就好像他者也依赖于我们一样。因此，存在着许多不同的自我，环境的自我、具身的自我，也许还有像核心的自我这样的事物，然而，就我们对于自我同一性的认同感而言，这种自我并非是固定的，而是一直处于形成变化的过程。相互依赖的概念对于后人类主义思想来说非常重要，因为所有的存在物都在某种程度上相互依存。

具身性思维

哲学中体现出具身思维的观念的先贤十分之多，最重要的是，尼采认为身体是头等理性，而心灵是次一级的理性，是头等理性的工具。实用主义思想家如艾默生和杜威，同样也强调感受和思考是哲学反思的重要组成部分，而现象学思想家如梅洛-庞蒂和路思·伊瑞葛来，则从现象学的角度，讨论和阐明了思想的前反思、前语言学和前概念性维度。后人类思想家对思维的理解比这些前人更为深入。思想的前概念性特征具有延展人类的源泉。正如卡里·沃尔夫（Cary Wolfe）所说，人类是“无人性和反人类”的产物。何出此言？“因为我们知道非常相近的过程也会在非人类的存在物上产生非常类似的产物。”（沃尔夫 2018，358）正如卡伦·巴拉德所说，思想的前反思性特征因此参与了物质和生存世界的动态形成。这让我们更好地理解自然和文化、身体和心灵的交织，以及根据这些可能性，心灵得以去延展自身，与已受到当代认知科学所确认的发现相一致。从前在思维中与直觉（如伯格森所称的那样）相关的那些方面，被认为是混乱和模糊的概念，排除在认知学之外，如今已经通过认知科学对思考中的感觉和感觉中的思考的阐明重获意义，如安东尼奥·达马西欧（Antonio Damasio）的作品和恩斯特·索萨（Ernest Sosa）在 WCP 中关于直觉和理解的讲座，就对这种意义有所体现。如多纳塔·舒勒（Donata Schoeller）写道："我们所开始的身体场所，并不是一个概念，或是一个范畴，而是我们从那里思考并且我们的思考进入其中的东西。这是一种与不同环境的持续互动——自始至终都在身体之中。"

所以，我在这里所要论证的是，后人类主义不仅改变了我们对于"思考之客体"的理解，还延展了我们的本体论和认识论。若要走向真正的后人类主义，还要求思想之本质的转变。（沃尔夫 2018，357）因此，在最后的几句评论中，我想讨论具身思维的方法论如何能够被发展为后人类主义所要求的那种思维。首先，哲学式的思考总是具身的——但主要是通过过去几十年的实用哲学、现象学和认知科学，我们才理解了把人类心灵视为具有具身特质的复杂程度。承认具身人类思维的第一步，是让我们自己更好地意识到思考的体验，特别是当我们想到哲学时所思考的概念。当我在这么说时，我们真的应该停下来仔细考虑一下，关注思考的体验是什么感觉。在学习和教授哲学的过程中，我们变得习惯于把自我从思想的体验性和情感性来源中分离出来。我们实际上被训练成从哲学思考的更深层级上剥离出来。因此，当我们停下来，关注我们的体验如何在我们思考的过程中活跃时，我们可能会感到不适。我们并不单纯以概念和文字思考，概念和词汇对于我们的意义也有着丰富的背景。不仅存在着背景知识，还有我们通过体验积累起来的在这些概念和文字之中的感知型意义。身体存储这些体验，并告诉我们的知性它们的意义。"在这样的思考中，我们不只是带着感觉思考，我们想要公开地学习如何以我们的知性立场、我们的理性和论证来阐明感受中那复杂的认知内容。具身哲学思维因此超越了主体 / 个人与公众 / 普遍性之间的严格划分。"（参见巴特勒在南非和以色列 / 巴勒斯坦的采访中所做出的区分）这就是为何具身哲学思维使我们变得更为脆弱，因为我们敢于触摸安东尼奥·达马西欧所说的"身体标识物"，克莱尔·佩蒂蒙金（Claire Petitmengin）所说的"生活体验"或马修·拉特克利夫（Matthew Ratcliffe）所说的"存在的感觉"。"这需要勇气。我们敢于探究到背景信息的多重层次中去，这些信息在我们的思考所内含的情感维度中发挥着作用。与此同时，我们声称，这使得我们在哲学的讨论和争论中变得不那么具有防备性与侵略性。"（参见舒勒和特戈斯多特）

在过去的几十年，女性主义哲学通过将注意力吸引到制度设置中哲学实践的专制性和排他性机制，分析出哲学思考的微观和宏观结构，这些因素在文化、制度和风格中尤为明显。这种批评（在具有排他性机制的哲学部门中工作的萨莉·哈斯兰格（Sally Haslanger）同样也在一篇著名的文章中表达了这种批评）往往是出于对自身处于边缘地位的不适，源于对不公正环境和结构的体验。女性主义哲学同样也批判了被分离的思考，强调情境性和具身性。具身批判性思维的实践通过培育情境化和体验性的基础以作为驱动和创新哲学思考的力量，并在方法论上对其发展，最终回应了这种批判。现已存在着许多这类被发展起来的方法论，其中譬如“身处边缘进行思考”，是由具身批判性思维领域的先驱尤金·根德林所提出。在巴黎运营着微现象学实验室的克莱尔·佩蒂蒙金同样也提出了这种思考的微现象学方法论，并在这方面进行了训练。这种方法的基础是倾听，一种在思考时对某样事物进行深度倾听，阅读时倾听文本，对话时倾听对方。它是具身的、激进的倾听，包括对被感知的意义与一种想法中被感知的感受给予关注。这也意味着需要停顿，准许在一种感觉、一种思想或一幅图景突现之前无事发生的空白。这不仅是主体性的感受，也是我们所表达的思想的背景。正如我所说的，这样一种激进的现象学方法，是批判性的思维，是更深层次的思想，让我们能够真正地为我们自身思考，而不仅是以一种分离的方式玩弄概念。这便是任何具有创造性、原创性的哲学思考一直以来的样子，但随着我们将人类主体看作嵌入式（embeded）和具身性的后人类式理解，我们现在正处在哲学上一个新的开端，在那里我们能够发展出在思考过程的更丰富知识中具有科学基础的方法。

参考文献

Braidotti, Rosi. 2018. “Introduction”, *Posthuman Glossary*, ed. Rosi Braidotti and Maria Hlavajova, London: Bloomsbury.

Fiore, Elisa. 2018. “Posthumanist Performativity”, *Posthuman Glossary*, ed. Rosi Braidotti and Maria Hlavajova, London: Bloomsbury, 359-360.

Peterson, Christopher. Year,. *The Scandal of the Posthuman*.

Wolfe, Cary. 2018. “Posthumanism”, *Posthuman Glossary*, ed. Rosi Braidotti and Maria Hlavajova, London: Bloomsbury, 356-359.

（陈聚　译）

科学、技术、环境

科学、技术与生态学自我

J. 贝尔德·卡里克特（J. Baird Callicott）
（北得克萨斯州大学）

在西方思想史上，自然哲学（即：关于 φυσις[①] 的哲学）是第一哲学。它是公元前 6 世纪的希腊哲学家们所讨论的第一个话题，也是亚里士多德的体系中关于逻辑先在者（即“作为存在的存在者”）的第一哲学——即本体论和形而上学。

后世的西方科学都以一种关于观念的历时辩证法[②]的形式产生于古希腊的哲学之中。米利都的泰勒斯认为所有事物都是由水构成的，但他的学生阿那克西曼德批评说，如果万物都是由水构成，那么它们都将是潮湿的。由此，他认为万物的始基必然是无限的、没有规定的“阿派朗”（即：无定，*απερον*），从阿派朗中产生出各种基本属性，如冷和热、干和湿等。阿那克西曼德的学生阿那克西美尼指出，作为单纯的始基的阿派朗实际上并不是单一的，而是上述四种存在的混合体。阿那克西美尼自己提出的学说（气本源说）既保证了始基物质的完整统一性，也充分考虑了它在分离与聚合中的各种变形。这种关于观念的历时性的辩证法最终演变出了由留基伯提出并由德谟克利特详细阐发的原子理论。当自然哲学在西方重新获得关注时，伽桑迪和牛顿接过了德谟克利特的遗产，而在此之前，哥白尼已经在前人的基础上创立了数理天文学。实际上，数理天文学最早由亚里士多德的同时代人欧多克索斯提出，并在公元 1 世纪经过了托勒密的发展，而哥白尼对托勒密天文学的改造，其灵感正是来源于萨摩斯的阿利斯塔克斯[③]在 3 世纪提出的日心说。[④]

此外，西方的道德哲学也一直受到自然哲学影响，并在微观到宏观层面都反映

---

① *Φυσις*：希腊语，有自然、始基、形式等含义。——译者

② 关于观念的历时辩证法（the diachronic dialectic of ideas）：即观念随着历史发展不断被讨论、不断演变，这一概念在后文中会反复出现。——译者

③ 阿利斯塔克斯，生于古希腊萨摩斯岛，天文学家，大约活动于前 3 世纪。——译者

④ 详细讨论请参见 J. Baird Callicott, John van Buren, and Keith Wayne Brown, *Greek Natural Philosophy: The Presocratics and Their Importance for Environmental Philosophy* (San Diego: Cognella Academic Publishing, 2018)。

着后者。古希腊第一个关于伦理和社会的思想——社会契约（the social contract），在苏格拉底同时期的智者学派之间广为流行。（这种学说认为）每个人都是社会原子，并与其他的社会原子发生外在联系，整个自然界（及社会）存在一种为资源和配偶竞争的混乱状态，强者任取其所需，而弱者则必须承受苦难，但强者也终将衰老并成为弱者。自然界的法则保证了自然秩序的完善，因此，引入法律可以确保社会的公平和秩序。显而易见的是，随着17世纪原子论在西方自然哲学领域的复兴，社会原子论和社会契约论也重新被复活，其主要提倡者则是霍布斯。[①]

西方哲学的另一个奠基性理论便是毕达哥拉斯开创的心理哲学。（他认为）灵魂本身是一种（神圣且）永恒的、被禁锢在肉体中的精神原子，随后的恩培多克勒和柏拉图都进一步阐述了这种心理哲学，并且很大程度上由于柏拉图的影响，这种精神性的原子概念成了基督教信条的基石。[②]笛卡尔提供了一种现代版本的精神原子和物质性原子结合的版本，由此，西方思想界继承了一种作为精神性存在的独立自我的概念——即笛卡尔所定义的"位于耳朵之间、眼睛之后"、"通过感官小心翼翼地注视着外界"的"自我意识（灵魂）"[③]。这种"躯体中的灵魂"式的身心二元论在笛卡尔之后受到了巨大的挑战。康德的先验自我，尽管不是本体，却仍然是独立的实存的[④]；而在现象学中，持续的二元对立中的一极就是意向性意识。这几种自我或意识，都是封闭在肉身之中的，因而也与其他的自我或意识发生外在的联系。在社会规范和法律的允许范围内，每个自我都极力追求自己的利益，生活本身由此变成了零和博弈：一些人成功，另一些则遭受损失。

在20世纪早期，随着这种关于观念的历时辩证法的发展，西方自然哲学中本体论开始从德谟克利特主义走向米利都主义。[⑤]米利都学派所认为的构成世界的物质（如泰勒斯的水、阿那克西曼德的阿派朗、阿那克西美尼的气）是某种流体般的连续体。早期的量子物理学家也抓住了（作为物质构成基本单位的微小可分的）粒子概念——质子、中子、电子乃至最终的夸克。但是，最终在21世纪，自然哲学被刻画为场的本体论，而且这已经超出了西方范围，成了全球性的认同。正如英国物理学家戴维·堂（David Tong）所说："物理学家一直强调自然界是由诸如电子或夸克之

---

① 参见 J. Baird Callicott, "A NeoPresocratic Manifesto," *Environmental Humanities* 2 (2013): 169-186。

② 参见 Callicott, et al., *Greek Natural Philosophy*; Augustine, *Basic Writings of Saint Augustine*, Vol 1. *On the Immortality of the Soul*, Whitney Jennings Oats, ed. & tr. (New York: Random House, 1948); and Frederick Copleston, *A History of Philosophy*: Vol 2, Part 1, *Augustine to Boneventure* (Westminster, Md.: The Newman Press, 1950)。

③ René Descartes, *The Passions of the Soul*, Stephen Voss, ed. & tr. (Indianapolis, In.: Hackett Publishing Co.: 1989).

④ Gilbert Ryle, *The Concept of Mind* (London: Hutchinson, 1949); Immanuel Kant, *Critique of Pure Reason*, Norman Kemp Smith, tr. (New York: St. Martin's Press, 1963); Hubert L. Dreyfus and Harrison Hall, eds., *Husserl, Intentionality and Cognitive Science* (Cambridge, Mass.: MIT Press, 1982).

⑤ Callicott, "NeoPresocratic Manifesto."

类的粒子构成的，但这是一个谎言，我们的理论认为，构成物质的基本单位不是粒子，而是场，即连续的、弥漫于整个空间的、流体般的对象。”[①] 瑞士日内瓦的大型强子对撞机中产生的仅仅存在 1.56×10^{-22} 秒的希格斯玻色子的意义在于，它证实了希格斯场的存在。像希格斯玻色子这样难以捕捉的粒子，现在被认为是潜在场的量子激发——即无处不在的连续体中转瞬即逝的东西。这种具有内在联系性的基本场的活跃状态，可以在量子纠缠现象中得到戏剧性的诠释，在这种现象中，一个“粒子”的量子态发生变化，会瞬间引起另一个“粒子”量子态的变化，也就是说，不论距离多少，两个粒子都纠缠在一起。量子场理论认为，持存的“粒子”，如光子，其实是电磁场中的集束波。

同样是在 20 世纪早期，在与物理学关系较远的生态学中，也发生了本体论范式的转变。按照一般定义，生态学主要研究有机体与物理环境、化学环境及生物环境之间的关系。每一种生物体的形成都受环境因素（如温度、湿度、食物、寄生物、天敌等数百种其他因素）的影响。例如，一只鹿的身体和意识，正是在与狼群、季节变化、可食用的植物、寄生虫等一系列外在环境因素的关系中形成的。正如物理学中的粒子理论被场理论所取代，生态学中的有机体理论也逐渐被生态系统理论所取代。虽然有机体本身在生态学中仍占有一定的地位，但它们也只是被看作是能量的流动及循环过程中的一个阶段。[②]

如果这种关于观念的历时的辩证法的动态发展在形式上真的有效，那么在社会哲学和道德哲学的本体论中也将很快出现类似的变革。如何在内在联系中重新定义自我和个体性，并将其看作社会环境持续体中独特的、运动着的场，成为了当代环境哲学的前沿问题。实际上，我们每个人都完全置身在复杂的社会关系之中，并完全依赖于这种关系。全球气候变化及其所带来的人口的流动、农业的破坏以及所有其他社会环境的改变，对地球上的每个人来说都是生死攸关的威胁。然而，盛行的社会原子理论却阻止了我们去理解、去体验这种（类似于量子纠缠的）社会关系网。无论是发生在恒河三角洲的洪水灾害，发生在非洲的干旱歉收，还是海洋的日益酸化和死水化，都不是别人（而是关乎我们自己）的问题，丧钟为我们每一个人而鸣。

两位早期的环境哲学家为我们描述了生态自我（或处于关系之中的自我）的概念。阿恩·内斯（Arne Naess）指出：“（应当）抛弃‘在环境中的个人’的图景，而认同‘相互联系的、总体的场域’的图景。”内斯进一步解释道：“A 与 B 的（内在的）联系，是指包含在 A 和 B 的概念本身之中的（固有的）联系……如果失去这种

① David Tong, “The Unquantum Quantum,” *Scientific American* 307/6 (Dec. 2012): 46-49, p. 48.

② Robert V. O’Neill, Donald De Angelis, J. B. Waid, Timothy F. H. Allen, Garland E. Allen, *A Hierarchical Concept of Ecosystems* (Princeton N.J.: Princeton University Press, 1986).

关系，A 和 B 就不再是同一种东西了。总体场域的模型不仅消解了‘在环境中的个人’的概念，而且消解了‘在某处的某物’的概念。”[①] 保罗·谢巴德（Paul Shepard）认为“作为组织中心的自我会影响并引起外界的变化，自我的外壳和行为是联系（而非隔绝）外界的‘软区’（the soft zones），我们身体的外表其实并不是一种隔离性的外壳，而是像池塘的水表或森林的表土一样，是一种具有生态意义的、精妙的互动结构。它表明，外界对自我来说并非威胁，而是自我的外延和扩展，因为自然界的美妙和复杂是与我们持续共存的”[②]。

作为与古希腊原子论一样历史悠久的佛教，其当今影响几乎胜过了科学。佛教关于自我的经典解释，如今终于被理论物理学、生态学、进化生物学所接受。要从束缚着每个个体的关系中解脱出来，我们需要找到“无我（annata）”。根据印度教的吠檀多派所提出的“不二论”，我（灵魂）和梵（宇宙最高实体）是同一不二的，无我和虚空也基本上同义的，不过，对“虚空”一词可以有多种解释。这些思想中最有意义的是类似于内斯的“作为内在关系的联接”的自我概念。对此的解释实际上是由京都学派的创始人西田几多郎提出的。西田的“谓语逻辑”和“场所逻辑”这对概念启发了中村雄二郎创造出“谓述性的自我（predicative self）”[③] 这一概念。简而言之，自我并不是虚空，而是由其所处的独特的社会环境关系（即其谓词）独一无二地所构造。在这些关系之外，并没有一个独立的主体或自我。自我虽非实体，也非虚无，而是在家庭、朋友、场所、世界、生物圈、地球以及星辰所编织的网上不断的延伸。

借用当代越南的一行禅师的话来说，每个人都“必须与他人共存……必须内在地与他人相联系……放空狭小的自我也意味着让自己无所不包”[④]。

现代社交媒体拥有让我们体验这种共存关系的潜力，实际上互联网本身就是这一设想的实体化。然而，不得不承认的是，当今大多数人的生活却深陷电脑和手机屏幕之中，由此导致日益扩大的个体自我封闭化和孤独化。（但未来究竟会如何？）他们说：“这是黎明之前最黑暗的时刻。”但愿［他们］所言不虚。

---

① Arne Naess, “The Shallow and the Deep Long-Range Ecology Movement: A Summary,” *Inquiry* 16 (1973): 95-100, p. 95.

② Paul Shepard, “Introduction: Ecology and Man—A Viewpoint,” in Paul Shepard and Daniel McKinley, eds., *The Subversive Science: Essays Toward an Ecology of Man* (Boston: Houghton Mifflin Co., 1969), p. 2.

③ David Dilworth, “Nishida’s Final Essay, ‘The Logic of Place and the Religious Worldview’,” *Philosophy East and West* 20 (1970): 355-368.

④ Thich Nhat Hanh, *The Heart of Understanding: Commentaries on the Prajnaparamita Heart Sutra* (Berkeley, Cal.: Paralax Press, 2009), p. 7.

扩大规模，缩小规模：缺失的是什么？

——在世界哲学大会上的演讲

海伦·郎吉诺（Helen Longino）
（斯坦福大学）

一、前言

“个体主义者！”这是对许多科学和哲学进路的常见控诉。这个词可以有多重的含义，还有多个词在意义上可与之比较差异。首先，哲学家和社会科学研究人员将形而上学的个体主义和方法论的个体主义区分开来。方法论的个体主义是简约式研究的一种形式，建议在单一分析水平，即个体水平上，寻找解释关系。经济分析对作为经济中个体参与者做出的多种选择的结果的财富分配的变化进行分析，它是由方法论个体主义引导的。形而上学的个体主义是一种“只有”式的观点：只有个体（或个体的原子组分）才是真正的实体。一个人可以在脱离形而上学的观点的情形下，作为一个方法论的个体主义者，但我的论点是，即使是方法论的个体主义（在被不加区分地遵循时）也可能在经验上产生误导。

本演讲将重点关注行为科学中行为概念化的方式。批评哲学和科学中的个体主义的许多哲学家都主张引入对群组层次的分析。我的建议是在个人和群组之间插入一个居中等级，在这个级别中某些问题可以被更好地处理。为了说明这一点，我将回顾我最近关于行为概念操作化的《人类行为研究》中的工作，展示个体主义本体论在这种运作中是如何被预设的，并给出如果要维持这种预设就无法回答的问题。我认为，互动是个人或群组必要的替代性的本体论范畴。

在《人类行为研究》（该书是一项关于行为科学的比较研究）一书中，我指出，行为科学同样也关注个体生物，譬如个体（这里的个体默认是人）。我审视这一问题的进路包括：

定量行为遗传学
分子行为遗传学
神经生理学行为研究
社会环境行为研究
综合方法：
　发展系统理论
　GxExN（Caspi & Moffitt）
　多因素（肯德勒）

同一物种的人类和同一物种的非人类生物在某些方面彼此相似，并且在某些方面彼此不同。是什么原因造成了同一物种的不同行为或行为的不同强度或频率差异？

不同的研究方法允许不同的具体问题和假设。因此，定量行为遗传学要求：人口P中B的变异在多大程度上归因于遗传变异以及它在多大程度上归因于环境变异。神经生理学则会问，行为B在多大程度上与神经过程N相关/归因于神经过程N？社会环境方法询问，行为在多大程度上与社会环境条件E相关联/归因于社会环境条件E？涉及两个或更多人的侵略或性行为等社会现象，通常作为个体特征而被研究。影响研究方法谱系的整体问题是更普遍的问题，例如："哪些因素会影响对情境攻击性反应的倾向？"和"哪些因素会影响性伴侣的选择、活动？"在书中，我主张关于这些解释/调查方法的多元化处理。我还认为，将个人和个体差异作为研究的核心对象的方法，无法解决人们可能想要提出的所有问题。在这里，我想详细阐述这一论点并得出一些结论。

二、研究行为

对于人类，我们可以看到个体不同的行为表达方式：

- 有些人阅读量远超平均水平，其他人则不是；
- 有些人吃肉，有些人不吃；
- 有些人结婚，有些则不结婚；
- 一些上完了大学，有些人没有；
- 有些人精力充沛，有些人很安静；

- 有些人总是和人争吵，有些人则不是；
- 有些人后来离婚了，有些人并没有。

如果这些行为差异是人群中的行为差异选项，那么我们的问题就是为什么人们归属于这些类别中的某一个，或者落入多重变量（或多或少）特征的特定位置。行为科学试图回答这个问题。即使研究方法只允许行为和研究因素之间的相关性，它最终也有助于理解行为的原因。

探查对人群中某种特质表达的因果影响已经是承诺了个体主义的观点。上面列出的科学试图了解影响个人内在心理或物理结构的因素。这些因素可能是遗传，激素，脑结构或环境因素。研究人员面临的问题是，这些因素如何影响个体，使之产生以某种方式而非另一种方式应对情境的倾向。

当研究人员转向更多社会现象，如侵略或性行为时，本体论保持不变。重点是为什么某一个人比其他人更具侵略性，或者为什么他们会经历他们所经历的性吸引力。侵略性和性取向都存在测量上的挑战：两者都是大型且有些模糊的类别，需要通过更可测量且可精确识别的中介指标进行测量。人类的性取向带有导致羞耻的额外挑战，因此也阻碍了观察。为了减少模糊性并利用已有的关于动物行为的生物决定因素的研究，研究人员根据对非人类社会行为的操作化模拟了对人类社会行为的操作化。

在侵略的情况下，测量动物攻击性和攻击性倾向的实例有：

- 刻板运动行为（侧腹标记）
- 对笼中“入侵者”的攻击性反应
- 母性（保护性）攻击
- 性竞争
- 其他类似可测量的现象

当然，不可能在人类中识别这种刻板行为。文献表明，研究人员使用以下（行为）作为人类攻击或攻击性倾向的标记或指标：

- 对暴力犯罪的定罪
- 在监狱里打架
- 拖欠（包括逃学和吸毒）
- 暴力愤怒（口头或身体）

- 表达愤怒、烦躁、言语攻击
- 打一个洋娃娃
- 袭击

测量方法包括自我报告（即通过调查、问卷调查或访谈）；由第三方（家长或教师）报告；临床观察；公共记录（犯罪或违法行为）。研究工作是将研究人群中特定测量行为指数的频率或变化与遗传、激素、神经元或社会因素或这些因素的某种组合联系起来。这里的一个关键假设是所有指数或指标都在衡量相同的行为倾向：侵略。[①] 此外，这些操作化都涉及一个人对另一个人（或代理人）的行动。它们不是士兵、警察、暴徒或监狱看守的侵略措施。最后，通过操作化，行为的描述独立于它们在其中成为对另一个人有意义的行动的背景。

性取向最初被视为一种简单的二元对象：表现为对异性或同性性行为的持续吸引或积极的性接触。动物研究延续了二元和二分法表示的传统。异性恋取向被可操作化为：

- 男上位（或繁殖性的其他主动行为）
- 女性脊柱前凸（或其他接受性姿势）

同性恋取向可以被操作化为：

- 表达 / 表达对同性的性准备
- 表现主要与相反的性别性行为有关（例如女上位）

虽然不能直接观察到人类的性行为，但是通过调查或访谈可以确定性的倾向。性学研究者阿尔弗雷德·金西（Alfred Kinsey）介绍了介于单纯异性恋或同性恋之间的一系列类别：

- 单纯异性恋
- 主要是异性恋，只是偶然的同性恋
- 主要是异性恋，而常常是同性恋
- 同时是异性恋和同性恋

① 一些研究人员和评论区分了犯罪和侵略，但许多人没有。

- 主要是同性恋，但常常是异性恋
- 主要是同性恋，只是偶然的异性恋
- 单纯同性恋

然而，在研究实践中，性取向以两种极端情况被认定。将它们置于中间类别的个别答案要么被归入到两个极端中，要么作为样本中的异常值被丢弃。而且，性/色情取向等方面被忽略了。①

关于如此理解的这些社会行为的问题是为什么有些人比人口的平均水平更具侵略性，或者为什么有些人寻求同性伴侣或其他关于这些社会活动中个体参与者的问题。这些行为可操作化在不同的研究方法中共享，促进了假设在测量的表现形式下存在单一的倾向性特征。我现在试图对这个假设表示怀疑。

三、创建一个可研究的对象

这些操作重新定义了原始的行为概念。当然，为了进行研究，必须进行操作，但操作通常是黑盒子，而没有经过严格审查。操作化是创建探究对象的一个方面。被调查的实际上是一个抽象的（或被抽象的）对象，表现在可测量的各种行为指标或指数中。该对象的创建是具有可识别组件的过程。

我建议，这些社会行为类别的个体主义运作是在意义形成的语义过程中相互作用的三个因素的结果：

共同的兴趣背景，我们的民间心理学，
创造一个可研究的研究对象的要求，以及
本体论/方法论预设，尤其是个体主义。

关于共同的起源背景，我们对行为的兴趣主要在于我们的道德生活和话语。我们想知道为什么某人特别爱伤害，特别有帮助，以各种方式偏离社会规范，或者为什么某些群体以某种方式偏离社会规范。我们的民间心理分类和行动解释系统与我们的道德判断实践相协调。因此，所研究的行为将是那些我们有道德（或审慎）关

① Whalen，Geary 和 Johnson（1990）提出以下作为值得研究的变异的维度：唤起程度，性交互频率，伴侣数量，伴侣的性别/性别身份以外的特征。

注的行为。我们可能想知道为什么社会中的某些人比那个社会中的其他人更倾向于攻击性行为，为什么社会中的某些个人偏离了该社会的预期规范。

关于可研究对象的创建，必须将感兴趣的现象与它们发生于其中的混乱环境分开，以便成为调查对象。这需要

A）隔离可以研究的现象，即可靠地识别，（指定识别标准）并重新识别为特定类型的现象，其频率可以被测量。

B）将现象作为事件类型去语境化，表达个人倾向，而不是故意行为，并表现为参与自然规律。在人类的情况下，这涉及将行为从对参与者有意义的上下文中分离出来。它既是有意的行为，也是同类的反身行为。

C）行为的重新语境化通过与其他现象（各种个体特征）的分类来（重新）定义，易受类似解释的影响。因此，故意攻击被重新分类为亨廷顿氏舞蹈病的随机乱动，因为它们（可能）具有遗传成分。

影响操作化的第三个因素是方法论个体主义，它将个人视为调查和解释的主要单位，并将个人内部因素视为明显个体差异的解释。因此，群体或群体的行为被概念化为个体行为的集合，因此在个人层面进行了最佳研究。因果关系是个体的内在因素，因此，因果因素必须是对个体（和在个体中）起作用的因素。

这三个因素影响一个概念或类别将如何运作，并且是影响概念从具有一般兴趣的现象（最初构想模糊和不精确）转变为更精确理解的探究对象的因素。探究的对象从我们的民间心理学中的概念转变为可研究的对象，通过操作化（或者心理学家有时说，“构造”）推定测量的对象。选择性消除（使给定行为成为有意义的行为的上下文）和重新聚合（具有类似可测量的现象），使得原始概念与科学概念的混合成为可能。

在将侵略从一般兴趣现象转变为探究对象的过程中，侵略成为源自或表达个人内在特征的针对另一个人的个人伤害行为。危害、个人侵略和犯罪行为通过操作化的语义过程而联系在一起。其他形式的伤害（国家批准的军队，警察，监狱看守；间接［公司渎职］；暴徒暴力；大规模防御）作为调查对象从侵略中消除。结果是将犯罪与个人侵略联系在一起，以便那些被定罪的人被理解为具有攻击性，而那些间接或在国家监督下伤害的人则被排除在可研究的，因此被研究的侵略之外。

在性行为的情况下，当这作为双峰性取向被研究时，这种研究将人类性行为与实验室动物性行为联系起来，它将色情物体的性别与色情取向的其他维度的交叉空间排空，并且它吸收了金赛极端之间的空间进入金赛极端。

这种语义过程有两种有问题的后果。社会后果包括刻板印象强化和循环效应。本体论/认识论的后果限制了被理解为易受科学探究影响并因此在某种意义上是真

实的现象。我在其他地方已讨论了社会后果。[①] 在这里，我专注于本体论 / 认识论的后果。

四、科学本体：扩大规模和缩小规模

这一过程的一个重要结果是将可以提出的有关社会行为的问题局限于关于个人的问题，关于个人之间的差异和相似性的问题。这些问题将用与解决个人其他问题的方法相同的方法来回答，缩小到关于基因、荷尔蒙暴露、神经递质、社会经验（父母待遇、玩具、媒体曝光……）等如何增加兴趣行为的操作化表达的频率的问题。在侵略的情况下：基因，激素，神经结构和过程，或社会经验如何影响刑事定罪、战斗、愤怒的言语表达的频率。在性行为的情况下，这些因素如何影响总同性性取向 vs. 其他性取向的总和。所有都作为个体的属性来衡量，研究侧重于可能决定个体内部状态的因素。关于个人的这些问题必须始终被理解为与某些特定人群相关。它的属性是固定的，因此与个体之间的差异无关。

但如果我们扩大规模，如果我们采用不同的规模，这些现象就会变得明显。如果我们的问题是：

> 为什么 Y 国的犯罪率与 X 国的犯罪率不同？要么
> 为什么 N1 附近的再犯率高于 / 低于邻近地区 N2 的再犯率？

我们在询问人口之间的差异。有两组答案回答这些问题。

一组答案将人口水平属性视为人口中个体属性的总结或聚合。通过确定个体差异的原因并在人口层面对其进行总结或汇总来回答为什么的问题。因此，答案将是个体变异的原因——基因、基因型、神经化学物质、神经结构、家族环境——在两个群体中有不同的表现。然而，另一组答案是非聚合的，即，它不将一个特征的不同频率仅视为表达该特征的个体的不同数量。相反，它将它们视为人口水平特征，并将其他人口水平差异视为产生或维持相关人口差异的因果因素。这些因素可能是社会结构或物理环境的特征。表 1 总结了聚合和非聚合方法之间的差异。

---

① Longino 2013, ch.s 10 and 11.

表 1

个人倾向的总体效应	人口中的人口水平变化
遗传 Neuro Phys / Ana 家庭环境 文化传播	社会结构的特征：例如 财富分配，劳动分配，资源分配的变化；年龄结构 物理环境：例如 资源基础缩小 / 扩大 气候稳定或变化

聚合方法的成功要求影响个体特征的因果因素（基因，学校和家庭环境，神经结构和过程）的分布与行为分布并行变化。据我所知，没有调查群体水平差异的研究试图表明个人水平因果因素分布的群体差异以所需的方式跟踪人口差异。①

为了看到这一点，考虑一项使用来自英国和瑞典的数据对侵略遗传性的性别差异进行的研究。他们发现遗传性没有性别差异。但研究人员确实注意到数据的另一个特征，尽管他们没有试图解释它。两个国家队列的攻击性行为频率不同，英国人口的人际暴力频率高于瑞典人。

在一种综合方法中，瑞典②和英国人口必须在遗传、神经或者与儿童抚养模式（或这些因素的某种组合）之间存在差异，以与这些人群中不同的侵略频率保持一致。但是，两个北欧人口在任何这些因素中都有足够的系统性差异来支持对所指出的行为差异的方法论个体主义解释，这根本不可信。这两个国家之间的差异不能被视为解释为什么每个人群中的个人不同的因素的影响的总和。人们必须考虑在人群之间不同的其他因素。

交互式现象同样抵制根据个体水平因果因素的解释。假设相同物种的两个地理上分离的群体在梳理行为的频率和时间上不同。梳理涉及一个人从一个同种者的头发 / 毛皮中剔除昆虫和其他碎片——它需要两个或更多个人，每个扮演不同的角色。或者考虑一下女性倭黑猩猩的性行为，这些女性倭黑猩猩彼此之间进行非独占性的相互性刺激和满足。③这些相互作用的差异分布无法根据对人口中个体成员进行操作的因果因素的类似分布来解释。它要求将互动行为视为自身独立的现象。

当我们关注人口差异时，似乎很明显地在询问个体水平以上的实体状态。如果综合因果方法不适用，我们是否可以得出结论：群体不仅仅是其各部分的总和？这

① 一个例外是使用双胞胎和收养研究将认知测试的平均分数的组差异归因于个体差异的生成因素的努力。这些努力 1）简单地假设在一个上下文中在个体之间产生差异的因素在另一个上下文中具有相同的效果，并且 2）已经被彻底批评，因为在所进行的研究中未能充分地区分一种个体水平因子。见 Nisbet 等人 2012 年最近的一次审查。

② Eley, Lichtenstein, and Stevenson 1999.

③ 感谢 Esther Rosario 提醒我这个例子。

样的举动似乎会引起一个有问题的整体主义，根据这个整体主义，真实的是整体或集体，个体成分依赖于整体。无论是缩小到个人内部因素还是扩大到个人所属的群体或人群，我们似乎都面临着一种令人不快的选择：简化主义或整体主义。互动提供了不同的视角。[社交]互动是两个或多个自主个体的相互影响。[①] 在交互方面的思考如何提供缩放或缩小的替代方案？

首先，我们可能会注意到，在人口规模上，行为是非人格化的：不是个体执行某些行为，而是在计算社会行为时真正重要的是交互而不是个人特征或行为。对互动的关注是允许的，不是必需的。但焦点允许不同的研究问题。

通过互动思考，我们可以识别用于攻击研究的替代性可测量对象。不是犯罪，而是抑制犯罪（涉及抑制者和被抑制者），不是再犯，而是重新抑制。不是攻击，而是攻击报告或战斗事件（战斗被理解为涉及两个或更多个人）。不是愤怒的表达，而是暴力争吵。性取向的替代测量对象可以包括同性耦合。异性耦合，在承诺关系的背景下耦合，一次性“随意”耦合（“连接”），甚至独身和手淫都可以从互动上理解。

这些都是互动。因此，它们涉及个人，但不表示个人的属性。相反，它们表示交互事件或事件类型。这些分类有助于通过其他研究方法进行调查。将相互作用视为本体论基础，我们不必问为什么个体会以不同的方式对类似的刺激做出反应。相反，我们可以查询每个片段/互动类型的相对频率的变化：

- 随着时间的推移，
- 在不同形式的社区（城市/农村），
- 在不同的社会中（挪威与法国，瑞典与英国）
- 不同种类的社会（农业/工业化）等

我们也可以查询：

- 什么条件促进了特定兴趣互动的发生？
- 什么条件阻碍了某种兴趣相互作用的发生？

研究交互需要创建可研究的对象，就像研究个人行为一样。它需要指定识别和重新识别的标准，隔离可测量的特征，对类型进行分类，例如，对称和不对称，以及区别与其他类似现象的相互作用，例如联合或集体行动；共同作用。

---

① 参见 De Jaeghere，Di Paolo 和 Gallagher 2010，详细阐述了这一定义。

将相互作用现象和人口水平变化理解为本身独立的现象将使我们不必寻求所有其他必须被指涉的一个现实层面。特别是，关注互动而不是参与其中的个体可以促进对行为的不同理解，而不是扩大到群体（个体）或缩小到（个体的）成分。这并不是说我们应该放弃缩小规模。相反，它是说缩小可以回答一些问题，而不是其他问题。与扩大规模相似：对人口水平差异的关注可能会掩盖关于哪些条件促进特定环境中特定交互的发生的观点问题。从操作化语义的这一调查中得出的重要本体论观点是，将一个本体论层面置于其他层面地位之上，使我们无法就这些现象提出有意义和重要的问题。因此，我主张多元化不仅涉及我们的解释 / 调查方法，而且涉及我们寻求理解的行为现象的分类。

五、一些结论

这种观点有几个含义。一个含义是行为分类不是理论中立的。替代立场不是托马斯·库恩或拉塞尔·汉森倡导的观察渗透理论。更确切地说，在概念上为研究和分析准备的解释现象的方式已经限制了相关的理论 / 解释方法的种类。无论我们将某种现象视为个人特征还是互动，都将决定我们可以提出哪些问题。另一个含义与本届会议的部分主题有关。个体主义的操作方法将个人与其背景分离开来。交互主义和种群操作方法包括其背景下的个人。交互主义方法看到个体与其他个体互动，并询问哪些因素会增加或减少某种情境中某些类型的互动的频率。种群方法将个体视为种群的一部分，特征和相互作用的频率和分布是种群性质的函数。正如我所指出的，这些种群水平属性可以包括社会环境或物理环境的各个方面。除了个人层面的概念化之外，超个人的行为的概念化 / 操作化的必要性表明我们对个体行为的完整（多视角）理解需要考虑个体的环境定位。

最后，关于这种方法对大会主题——学以成人的含义的一点说明。使社会行为的互动方面凸显提醒我们，我们只有与其他人一起才成为人类：我们个人的人性是可能的，因为我们生活在共同的物质和社会世界中。个人依赖于在其中我们发现自己是谁 / 我们是什么的关系。我们是谁 / 我们的背景因环境而异：在一个环境中自信，在另一个环境中安静；在一个环境中占优势，在另一个环境中服从。推动其对科学的批判的女权主义的一个见解是，改变支配 / 从属的概念结构（在科学中普遍存在）可以改变在其中我们发现自己的物质关系。关键不是要让个人摆脱与他人的关系，而是要改变自己的关系，以实现不同形式的自我实现。将这一点考虑在内的行为科学比不这样做的行为科学更有可能取得成功。

参考文献

Eley, T., P. Lichtenstein, and J. Stevenson (1999). "Sex Differences in the Etiology of Aggressive and Non-aggressive Antisocial Behavior: Results from Two Twin Studies", *Child Development* 70, 1: 155-168.

De Jaegher, Hanne, Ezequiel Di Paolo, and Shaun Gallagher (2010) "Can social interaction constitute social cognition?" *Trends in Cognitive Science* 14, 10: 441-447.

Longino, Helen (2013). *Studying Human Behavior*. Chicago IL: University of Chicago Press.

Nisbett, Richard E., Joshua Aronson, Clancy Blair, William Dickens, James Flynn, Diane F. Halpern, Eric Turkheimer (2012). "Intelligence: New Findings and Theoretical Developments", *American Psychologist* 67, 2: 130-159.

Whalen, Richard, David Geary, and Frank Johnson (1990). "Models of Sexuality", in *Hoosexuality/Heterosexuality: Concepts of Sexual Orientation* ed. By McWhirter, Sanders and Reinisch. Oxford: Oxford University Press: 61-70.

创造、符号、美感

艺术中的创造力：一个批判的视角

巴沙沙·哈伊达（Bashshar Haydar）
（贝鲁特美国大学）

近年来关于创造力的文献越来越多，无论是与艺术有关的，还是与诸如科学、技术、商业和体育等许多其他的领域或活动有关的。不仅一首乐曲可以被描述为有创造力的，而且一种科学理论或发明、一项商业计划、国际象棋中的一步棋、一个军事战略都可以被这样描述。

关于创造力的文献中有很大一部分是关于心理学和神经科学的。后一类作品的目的是了解创造过程并确定其心理学和神经学的过程。正如 Berys Gaut 指出的，对创造力心理学的研究，对与创造力相关的各种哲学问题都有意义。[①] 这些问题包括但是不限于，一方面是创造力，另一方面是理性和传统之间的关系。

创造力概念提出的另一组哲学和准哲学问题涉及创造力的定义，跨越不同领域和活动的创造力概念的统一，以及创造力在艺术欣赏和艺术批评中的相关性。在这次演讲中，我关注的是后一个问题。换句话说，我将研究在艺术品中，创造力应该被视为美学的优点还是艺术的优点。

至少从康德以来，人们普遍认为，创造力主要是根据独创性[②]（originality）来定义的。[③] 有创造力的作品是独创性的和有价值的作品。“有价值的”成分排除了康德所说的“原创的无意义之物”，他指的是一些新奇的东西，但缺乏价值。

但是，不管创造力是否应该从独创性加价值的角度来理解，二者都是紧密相连的，且具有重要的共同特征。首先，在艺术批评中，它们经常被交替用作正面属性。也就是说，它们暗示着对一项作品的积极评价。当然，当独创性被理解为包含优点

---

① Berys Gaut, The Philosophy of Creativity, *Philosophy Compass* (2010): 1034-1046.

② 本文统一将“originality”译作“独创性”，其形容词形式“original”译作“独创性的”；将本文另外一个与之相对的“creativity”译作“创造力”，其形容词形式“creative”译作“创造力的”。——译者

③ Immanual Kant, *Critique of the Power of Judgment*. Trans. Paul Guyer and Eric Mathews. Cambridge: Cambridge UP, 2000 (Ak. 5: 308).

(merit)或价值[①]时，就会出现这种情况。其次，对于我们的目标更重要的是，这两个术语都指向了作品本身的经验可感性质之外的东西。只有作为比喻的结果，将这里的作品比作其他属于同一个相关范畴的作品，原创性才适用于某一特定的艺术品。因此，说一段音乐是原创的，就是说它在美学上不同于之前创作的其他音乐作品。同样，创造力也指向作品本身之外的东西。它指的是作品从中被制造的过程。有创造力的产品是创造力地或充满想象力地生产出来的产品（使用一个不同但紧密相连的术语）。换句话说，说一件艺术品是有创造力的，是在形容与艺术家创作这个作品的途径或方式有关的某种东西。

鉴于“创造力”和“原创性”这两个术语都向外指作品本身之外的东西，人们不能总是只从作品本身的可感知属性来辨别这些性质的存在。人们可能需要超出作品本身来评估“创造力”一词对于它的适用性。

一件赝品，或者一件仅仅模仿或复制另一位艺术家风格的作品，既缺乏创造力又缺乏原创性。它缺乏后者，因为以前的艺术品的存在，这剥夺了它对原创性或创造力的任何权利主张。它缺乏创造力，因为这里的作品不是通过创造力或充满想象力的过程产生的。它充其量不过是一种巧妙模仿的产物。

然而，上述对创造力和独创性的理解表明，它们有不同的含义或内涵。独创性涉及到与其他作品的关系，而创造力涉及到对一种过程的参照。考虑到它们有着如此不同的含义，我们不清楚如何用其中的一个来定义另一个。

对上述问题的一种可能的回答是，虽然这两个术语在内涵上不同，但是它们在外延上重叠。换言之，创造力作品是独创性作品的一个子集。例如，如果所有涉及到有创造力的过程的作品在有关方面最终都与其他作品不同，并因此而是原创性的，那么就会出现这种情况。换句话说，创造力保证了独创性。

有创造力的艺术品碰巧也是原创的，然而这一事实并未解决以下问题——对艺术的优点来说，在这些归属于一件艺术品的东西中，究竟哪种才是更为根本的呢？换句话说，在艺术中我们重视创造力是因为我们重视独创性和新奇性，还是因为独创性是我们所重视的创造力的标志所以才重视独创性？

一方面，创造力被认为是艺术的更根本的性质，而独创性则主要是因为它与创造力的联系才被重视。根据这种观点，我们对独创性作品的重视在于它是有创造力地产生的。它们显示了艺术家的创造性能力。

赋予创造力高于独创性的优先性，这是由我们评价艺术品与它们的独创性相关

① 本文统一将“merit”译作“优点”；“value”作名词形式时译作“价值”，作动词形式时视情况译作“重视”“评价”等。“merit”本文也有“价值”之意，译作“优点”中文很多地方显得蹩脚，但为了区别“value”与“merit”不得已而为之。——译者

的方式所支持的，而后者被理解为新颖或独特性。首先，我们仍然会高度重视一个艺术家的作品，当他不知不觉地、巧合地，因此也就是非派生地，提出了一个有艺术价值的创新，虽然另一个艺术家实际上也发展出了类似的创新。如果重要的是作品本身的新颖性，那么即使他是在不知情的情况下进行有艺术价值的创新，其价值也应该更低。但是，鉴于我们会把重大的艺术价值归之于这样的作品，因此，似乎重要的是艺术品的创作方式，而不是其新奇性或独特性。

这个问题可以通过艺术之外的一个例子来表明。考虑的莱布尼茨已经独立地发明了微积分，牛顿的微积分不是独一无二的，但这一事实并不减损牛顿的成就的价值。这两项成就都是有价值的，因为它们都是有创造力地创作出来的。同样的道理也适用于艺术。即使我们认为立体主义作为一种绘画风格是毕加索和布拉克的独立创新，他们的立体派作品也不会因为不独特而失去任何价值。当我们将两位艺术家的立体派作品继续描述成具有独创性时，我们主要指的是毕加索和布拉克创作他们作品的有创造力的和非派生的过程。因此，威胁某一作品或某一产品价值的不仅仅是具有相关类似特征的其他作品的存在。更确切地是，一部复制作品的衍生性和缺乏想象性削弱了它的优点。伪造品，或印象派绘画的游客定制的仿品，是缺乏有价值的独创性作品的范例。使得这些作品缺乏如此有价值的独创性的原因，在于它们是模仿或衍生的。它们的艺术价值下降正是由于它们的创作方式缺乏创造力和想象力。

如果上面的分析正确的话，那么这表明，独创性重要仅仅是因为，或者主要是因为它与创造力的联系。因此，独创性并不是一种根本性的艺术优点。只有当它是有创造力的或充满想象力的过程之结果时，它才是一种优点。但是，生产过程为什么会带有这么重的分量或这么大的价值呢？如果产生作品的创造力过程在作品本身的性质中显示自身，那么我们就不应该需要诉诸生产过程来评价这里的产品或对象。作品本身的相关性质自身就应该足够了。可能有人会说，因果、心理或生理因素导致了这里的产品，却与它的评价或优点无关。举例来说，庞加莱在数学（和理论物理学）方面的创造力，在他在这些领域所产生的作品中显示它自身。尽管庞加莱自己曾试图描述他提出其数学思想的创造力思维的心理过程，但是我们不需要知道任何关于这一过程的东西就能看出他在这一领域工作的全部优点。当然，如下假定是正当的，即庞加莱的数学研究只能是创造力的心灵过程的结果。尽管如此，庞加莱作品的全部优点在于作品本身的可辨别的性质，而不需要提及他创作作品的心灵创造力的过程。

艺术品也是如此。我们把文学作品描述为富有同情心的，例如托尔斯泰的《安娜·卡列尼娜》。我们归于托尔斯泰作品的同情是一种条件，或者更准确地说，是一种心理态度，它使托尔斯泰能够对他笔下的人物及其困境进行深刻而富有洞见地描绘。因此，当我们把托尔斯泰的作品描述为富有同情心的作品时，我们是在赞扬其洞察力的深度和广度——他的作品关于他处理的人物及其环境所展示的深度和广度。托尔斯泰对安娜·卡列尼娜以及处于她的处境中的女人抱有同情态度。这可能部分地解释了他以相当敏锐的洞察力和老练的方式刻画主人公的能力。但是，这是否是对托尔斯泰精神状态的真实描述，这与我们对小说的评价无关。正是从小说本身就可以看出的托尔斯泰对安娜的描绘中的敏锐和老练，构成了这部小说的优点。虽然同情能够解释托尔斯泰的《安娜·卡列尼娜》的一些优点，但它就其自身而言并不能被认为是这部小说的美学优点之所在。

“熟巧”（skillfulness）是用因果性术语来进行艺术赞扬的又一个例子。以同样的方式，我们既可以把一个作品描述为有创造力的，也可以把一个作品描述为熟巧的。但是，就像同情的例子一样，人们可能会争论说，“熟巧的”（skillful）指的是解释某个特定作品性质的因果条件。可以推测，一幅很熟巧的画作是通过作品本身所具有的属性来表现这种熟巧的。这些特征必然包括审美上非评价性的东西，如形状、颜色、线条、构图、纹理等。它们是非评价性的，因为仅仅拥有它们是中性的，它们不是进行赞美或不赞美的字眼。作品还将具有“优雅”、“强大”、“有洞察力”或“有感知力”等评价性属性。在评价性属性取决于非评价性基层的意义上，每一种评价性和非评价性的属性都与对一幅画的艺术估价有关。然而，这些属性是熟巧地或充满想象地产生的，这一事实从属于因果前提集——它与这一作品的美学优点有关，而不是美学优点本身。

关于艺术品与艺术家的关系，在艺术批评中一直存在着争论。一方面，浪漫主义的艺术理论主张艺术家与她的作品之间存在着紧密的联系。根据浪漫主义者的说法，艺术是艺术家通过艺术媒介表达自己的感情和情感。因此，关于艺术家的心灵状态的事实是艺术批评的核心。从这个角度来看，关于艺术家心理的事实与我们对她创作的艺术品的恰当欣赏是分不开的。

另一方面，有些被称作艺术的自主论者（autonomists）的人认为，一旦完成，一件艺术品就完全独立于创作它的艺术家的心理特征。根据这种观点，艺术品的欣赏或解释应该独立于艺术家或作者的目的、意图或其他类似的传记事实而发生。因此，以艺术欣赏或艺术批评的角度来看，有关艺术家或作家的精神或心理过程的事实是与之无关的。这种艺术品自主性观点的一个含义是，作者对自己的作品应该如何被看待或被解释是没有特权权威的。作品是独立存在的，对所有种类的解释敞开。鉴于创造力指的是作品由之产生的精神或心理过程，又鉴于自主论者拒绝这种传记性的信息的审美或艺术的相关性，所以自主论者会否认创造力是一个艺术品中的审美和艺术的优点之所在。

支持创造力的自主论立场的一个论点是，创造力在非艺术语境中似乎并不是优点（詹姆斯·格兰特在最近一篇题为《作为一个艺术优点的创造力》的文章中提出了这一观察）。[①] 在其他条件相同的情况下，我们不会认为有创造力地发现治疗某种疾病的方法比纯粹偶然地发现的治疗方法具有更多优点。考虑到这两种方法在长期和短期内都能产生同等的医学和科学上的优势，它们应该被视为具有同等的科学优点，无论它们的生产条件有何不同。我们认为有创造力的解决方案只有在提供更好的科学结果，即只有在它提供更好的办法增进人们的健康时，才更有价值。缺少了那东西，人们就没有理由宁愿选择一种疗法而不选择另一种。如果在科学或技术语境中的创造力与评价一件作品或产品无关，那么自主论者会争辩说，同样的情形没有理由不适用于艺术中的创造力。同样的观点也适用于各种各样的学术的和理智的领域，如哲学、人类学或历史。在所有这些领域中，与作者有关的心理事实都与评价其观点的优点无关。这些领域的作品可能确实具有创造力，但是后者的优点完全是根据作品本身的属性来兑现的。从这个角度来看，属于作者的心理特征和事实是无关的。

这同样适用于艺术家和他们的作品之间的关系。因此，考虑一下接下来的这种情况。假设我们开始认识到，与之前所相信的相反，某个艺术家在大量毒品的影响下创作出了她的大部分有趣而有力的作品。我们是否会根据新的资料，改变我们对这里作品优点的评估？我不这么想。我们很可能不会改变我们对艺术家的创造力和她作品的优点的看法。我们只是获得了一种新的认识，即艺术家的能力和才华似乎在大量毒品的影响下得到释放了。我们对这里的作品的艺术优点的评估，似乎是基于这些作品本身的美学和艺术性质，而不是基于那些关于艺术家心理状态的传记信息。被理解为一组心理过程和心灵事件的创造力只属于后者。因此，它不应被视为与艺术或美学相关。

以上关于创造力的说法并不否认某些生产条件可能合理地影响我们对艺术品的审美评价。考虑一下下面的例子。假设，在艺术家的工作室中，油漆偶然掉落在一块画布上。再想象一下，这次事故的结果是色彩和形状在视觉上产生了惊人和充满力量的结合。画家决定把这幅油画框起来展出，把它变成她的作品。上面所描绘的这幅画的产生方式是否会影响我们从艺术上对它的判断？

为了回答这个问题，应该指出的是，尽管上面所描述的例子里的画布是意外绘制的，但它并不是意外地被框起来并呈现为艺术家的作品的。如果后者也是意外的，那么这幅作品可能不会归属于艺术家，或者甚至首先就不会是艺术品。把画布框起

① James Grant, “Creativity as an Artistic Merit,” in Berys Gaut and Mathew Kieran (eds), *Creativity and Philosophy*, forthcoming 2018.

来本身就是一种艺术性的选择。比彻姆的现成作品艺术就是框起来作为一种艺术创作行为的著名例子。此外，艺术家的心理状态是无关紧要的。对这幅我们正在考虑的作品的艺术鉴赏而言，意识到这一点可能是重要的——它是按照上面描绘的方式制作的，而不是以更常规的方式绘制的。有关某一特定对象的某些事实，指的是诸事物而非其直接可感知的性质，可能与作品的审美或艺术鉴赏或评价有关。它甚至可能与我们是否应该将该对象视为艺术品或其他东西有关。对于一个事物而言，一个主体的存在，无论是在一个物体的制作还是被框起来的行为中，对于我们是否应该首先把这个物体视为一件艺术品都是至关重要的。

因此，特定对象的生产条件或环境的某些方面或特征——对于在美学和艺术上来评价它而言，也对于首先将其视为一件艺术品而言——是相关的。然而，关于艺术家或作者的心理事实却并不是这些相关事实的明确组成部分。说一件物品是有创造力地制造出来的，这就等于说出了一些关于制造者心理状态的东西，如果这样，那么创造力就其自身而言似乎与美学的或艺术的评价就没有关系。形容词“有创造力地”（OC: 或者只是“创造力的”？）肯定是被用作一个正面肯定的术语。但是，鉴于以上的原因，我们并不清楚创造力是否应该被视为艺术品本身的艺术优点，而非只是对艺术家本人的赞美。

作为回应，对于创造力的艺术相关性的捍卫者可能会诉诸一些例子，即那些创造力似乎在我们对艺术品的艺术评价中发挥作用的例子。上面提到的伪造品和为旅游消费量身定制的模仿品印象派画作，或许能提供这样的例子。让我们从后一种开始。通常，这样的艺术品被认为在两个方面上艺术价值较低。首先，它们经常表现出明显的平庸，这些平庸通常出现在商业作品中。其次，它们是模仿作品，几乎没有任何新意、创造力和独创性。

然而，让我们假设，某个这样的作品并不是典型的廉价作品——为那些在艺术方面并不精通的、很容易糊弄的游客创作的廉价作品。换句话说，让我们假设这个作品并不表现出可察觉的平庸，这在这种商业生产的艺术品中是常见的。然而，这样的作品仍然是模仿性的和非独创性的。换句话说，它是没有创造力的。从这个意义上说，这样的作品将会类似于熟巧制作的仿品，而唯一不同之处在于，所涉及的艺术家并没有就作品的起源欺骗我们。伪造品和如此高度模仿的作品有一个共同之处，那就是它们在创作中都缺乏创造力，或者至多是只在非常有限的程度上具有创造力，这就是它们的美学和艺术优点较低的原因。

上述主张将创造力视为与艺术相关的特征或属性的观点面临一个反驳，即布鲁斯·维马森在其 1991 年的文章《独创性的美学价值》中对于独创性的艺术相关性所提出的反对。维马森诉诸 Frans Hals 的例子，Frans Hals 创作了几十幅具有高度艺术价值的画作，而画作彼此不同只在于它们呈现不同的面貌。正如维马森指出的，如果原创性和新颖性在艺术上确实重要，那么我们应该说这些 Hals 的画作中的第一幅作品具有远远超过之后作品的美学优点。然而，正如维马森指出的，这种观点显然是反直觉的。维马森反驳独创性的美学相关性的例子和论证提出了下面的问题：我们如何能正当地在美学上以同等的程度评价 Hals 的第一幅作品和后来的肖像画，鉴于 Hals 只是在他后期的作品上应用了同样的风格和技巧，尽管应用到不同的面孔上了，同时我们却把更少得多的价值分配给另一个简单地复制 Hals 的技术和风格的艺术家的绘画。或者换句话说，为什么涉及“自我模仿”的作品被认为比模仿他人的作品更有艺术价值？

詹姆斯・格兰特试图回应维马森的挑战。根据格兰特，Hals 的那个系列的所有绘画都具有相似的美学和艺术价值，因为它们体现了 Hals 艺术思维的创造力和想象力，而不考虑它们在这个时间顺序系列中的位置。然而，对维马森的挑战的这种回应存在一个问题，它并不能说明为什么表现出自我重复性的作品比那些模仿他人作品的作品更有艺术价值，如果所有 Hals 的系列画作都表现出 Hals 的创造力，就像格兰特所说的那样，那么由其他画家创作的、模仿 Hals 风格的画作也会如此。模仿者的画作也会表现出 Hals 的创造力和想象力。

格兰特承认这样的事实——即使是具有创造力的艺术家，他们自己也可能会时不时自我重复，从而产生模仿性的作品，这些作品的艺术优点要低得多。他说，在创作同样风格的艺术品时，这种情况很明显是“懒惰的、敷衍的或机械的”。作为对格兰特的回应，可以指出这一点，即重复的艺术家不见得是懒惰、敷衍或机械的。重复可能是艺术家的创造力和想象力枯竭的结果，尽管她努力工作，勤奋和用心。模仿性的艺术家也是如此。后者在创作模仿性作品时也可能会付出巨大的努力和关注。换言之，没有理由将自我重复的艺术家与模仿的艺术家区别对待。

因此，我们仍然需要一个解释，以说明为什么我们不会说 Hals 系列绘画作品的后期作品与他之前的作品相比带有少得多的艺术价值，而同时却要认为另一位艺术家的作品带有更少的价值，因为他只是复制了 Hals 的风格和技巧。说 Hals 后来的肖像画，虽然它们除了所代表的面孔之外没有什么不同，仍然显示了他的创造力，这是不够的。模仿艺术家的作品也体现了 Hals 的创造力。两个艺术家唯一的不同之处在于，一个艺术家（Hals）的作品是他自己创造力的体现，而另一个艺术家（模仿艺术家）的作品则体现了另一个人的创造力，亦即 Hals 的创造力。毫无疑问，对于这两种类型的作品，大部分名誉和赞扬应该归于 Hals。但是为什么我们对作品本身的艺术评价会有显著的差异呢？当然，我们应该庆祝 Hals 作为一个艺术家的创造力和品质，并希望出现更多像他这样的艺术家而不是他的模仿者。只有真正有创造力的艺术家才有希望丰富我们的美学和艺术体验。但从艺术的角度来看，所有这一切都与同样对待 Hals 和他的模仿者的作品是一致的，尽管未给予这两件作品同等的声誉。

在艺术界之外，同样的情况被清晰地无可争议地接受。第一个（可用于商业的）灯泡体现了托马斯·爱迪生的发明力和创造力。但后来的灯泡也是如此，它们模仿爱迪生发明的灯泡，但是在其他人那里生产出来。所有这些灯泡都体现出爱迪生的发明力和创造力。当然，第一批早期的灯泡具有历史的以及（也许还有）情感的价值，因此而具有更大的市场价值。可能有人这样回答道，一件艺术品体现了制造出它的艺术家的创造力和想象力，而且是以一种与灯泡或智能手机这样的发明不同的且更私密的方式。然而，目前还不清楚这种私密关系以何种方式，因为何种原因，以及在何处存在。

（陈斯一　译）

创造、想象和审美感

让-格特弗洛伊·毕迪马（Jean-Godefroy Bidima）
（杜兰大学）

摘要：在组织严密的资本主义（政治和经济）时代中，人类的象征、艺术创作和审美感只有在协助之下才能呼吸。正是商业的逻辑和艺术的金融化在给它们输液。因此，审美感的驱动者处在一种相对的他律（hétéronomie）中。正是因为有可能往“作为资本主义女儿的审美驱动者”里掺沙子，所以我们必须从多个角度反反复复地追问那个通过攫取人的注意力和想象力而侵入了人之“审美维度”的功能主义，以此来对抗对生活的丑化。在这种审美感的重新创造中，艺术对象将具有另一种地位。它将迫使我们将目光从对象本身转移到对之所做的工作上，从作为产品的对象转移到提供了有关工人及其工作条件的信息的生产条件上。这种目光超越了对象的物质性，通过其商业化可能性，指向了对象所承诺的或者它没有承诺的东西，指向了对象所传达出来的或没有传达出来的信息。恢复艺术对象的光环（如沃尔特·本雅明所言）是必要的，这光环总是被大众文化通过其便捷的手段、不起眼的合谋、恶意的言辞、精密算计过的祝圣、组织有序的市场以及对所有无法入账的东西的不屑一顾而抹去。因此，审美感将是关于主体之动机、关于想象力的复杂性、关于乌托邦以及关于艺术对象（它指出了我们的生活是如此地毫无血色）之地位的一项工作。

引　　言

让我们在这儿提出一个诉求作为这个报告的开场白：

“那些重塑了博物馆、体育馆和机场的令人叹为观止的华丽建筑术，那些构造为一个巨大棕榈树的人工岛屿，那些足以与奢华装潢相媲美的购物中心，那些看起来如同艺廊的商店……以及那些其优美程度足以跨入准收藏品之列的日常用品，那些被构思为舞台剧和生动画作的时装展，那些无时无刻到处充斥着的电影和音乐：被指责为长久以来摧毁和丑化了一切事物的资本主义，是否有可能并非折磨人的恐怖场景，而同样也作为艺术承办者和审美驱动者在发挥作用？”[①]

正是因为有可能往这个“作为资本主义女儿的审美驱动者”里掺沙子，所以我们必须从多个角度反反复复地追问那个侵入了人之“审美维度”的功能主义，以此来对抗对生活的丑化。产生自资本主义修车行的审美维度向后-后现代性之主体所传达的是这样一个信息，即，我们仍然是一个“审美驱动者”，而这个驱动者/引擎的修理工一方面已经校准了那些螺栓，它们是消费之迫切需要，另一方面，也校准了那些螺钉，它们是对欲望及其效果的操纵。对于美学中的生产概念，我们必须用模棱两可的、并且几乎是形而上学—神学的创造概念来代替它。为了将审美对象扁平化为它们单纯的物质性和非物质性，我们必须给它们加上沃尔特·本雅明在他那个时代称之为光环的象征维度。对于数字化所强加的速度，我们必须用反射中的杂波和延迟来加以对抗。对于传媒，我们必须用（镜面意义上的）理智活动和反射来加以对抗。因此，审美感的创造和再创造问题就处于若干路径的交汇处。首先，是经济—技术结构。审美感同样部分取决于传媒技术，取决于广告促销中的利害关系，以及取决于成为实存之总体的变为商品和利润之产生。其次，我们可以参考心理—情感结构来处理这种审美感，这种结构构成并伴随着作为知觉、欲望和感受之主体的主观化和个体化过程。在此情形中，我们只能通过处理涉及到品味、涉及到情感、涉及到对注意力之发掘利用、涉及到激励机制、涉及到由各种各样的商业化所强加的意识形态的复因决定、涉及到环境和审美之间的联系（而这种审美本身超出了艺术作品的范围，以便如同德国哲学家席勒所希望的那样重返生活）的诸多关系，才能够提出符号与审美感之间的关系问题。[②]最后，审美感问题也唤起了政治—诗—人类学的维度。在这个层面上，人们可能想知道创造的观念是如何置身于想象结构的展开之中的。事实上，嘈杂、声音、图像、光线、速度、延迟、阴影、颜色、粘贴、文本、超文本（hypertexte）、广义文本（architexte）、副文本（paratexte）（译注：这三个概念皆出自 Gérard Genette）、素材、物质的以及非物质的、高度和广度都是各种各样的侧面，通过这些侧面，创造问题与想象中所包含的无意识和有意识的原动力密切联系在一起。这里引发出来的审美感之创造问题的三条进路，既不应

---

① Gilles Lipovetsky, Jean Serroy, *L'esthétisation du monde, vivre à l'âge du capitalisme artiste*, Paris, Gallimard, 2013.

② Schiller, *Lettre sur l'éducation Esthétique de l'homme*, Paris, Aubier-Montaigne, 1992.

该用总体的方法，也不应该用孤立的方法，而是应该采取横截的方法来把握。我们这篇文章的论点是：面对审美感的坍塌，问题并不在于用两个概念——这两个概念既丰富又模糊——“象征”和“想象”重新界定审美感，而是应当阐明如今使创造成为可能的条件，而这种条件本身将给予审美的角色，不是拯救艺术，也不是拯救艺术品位，而是去拯救人之实存的某些重要方面。为此，我们要搭起一个布景来，它包括两个装饰品：一、作为“审美感”之条件的审美和想象；二、通向艺术对象的进路，“审美感”和历史性。而布景的这些片段不是用来回答审美感和象征的问题的，而是为了更好地模糊它。

一、作为审美感之条件的审美和想象

1. 激励

审美感必须有助于我们在经验本真性的同时偏离中心。这个命题似乎是矛盾的，因为对中心的偏离就是人们在与焦点的关系中所建立的距离和间隙，而焦点是方向和运动的提供者。一个家可以提供一个意义、一个身份和某些作为本真性的东西。我们的审美感——既然我们同时是读者、观众和艺术作品的演员——或多或少地依赖于这个家，我们可以把它称之为语言、知觉习惯和想象结构（根据吉尔伯特·杜兰德［Gilbert Durand］的说法）。在我们同时空洞和充实的生活中，我们拥有可以描述为“象征性之壁龛”（niches symboliques）的物质性和非物质性居所。每个人都是通过重新定义相对于自身、相对于他人和相对于组织的关系而确认其自身。在个人或社会危机的情况中，每个人都可以在这里重新找到根基。首先，这个象征性之壁龛为一个存在者赋予了意义——这些意义对于他所编制的多重关系而言——同时是补充性的和对立的。其次，它在主体的主观化、个体化和社会化过程中保护主体，使其免遭意外而来的痛苦。最后，这个壁龛使人们在人生的痛苦时刻能够恢复过来。这个象征性之壁龛，一旦被阿多诺和霍克海默称之为“文化产业”的东西摧毁和取消资格，我们就会丧失一个共同的居所，而必须通过这个居所，审美感和审美无感才能够循环往复。这个共同居所不是一个被制定的有所归属的所在，而是一种无地点（non-lieu）、无位置（u-topos）（译注：后文 2.3 提到的 utopia/utopique 在词源上来自这里的 u-topos，无位置 / 乌托邦）的东西，通过它，主体得以在已经存在的、现在存在的和将要降临的事物之间来来回回。为了谈论审美感，我们不能从伦理学出发（维特根斯坦把伦理学和美学放在同一层次）[①]，而应该像梅洛-庞蒂向我们所指出的那样，从对于意义的共感（co-sensualité des sens）出发。

我们是从意义开始的，那么现在必须着手讨论多重动机和对我们注意力的多重迷惑。是什么在引诱或麻痹我们的官能，使得我们对这个东西而不是那个东西产生兴趣？人类学和心理学工作必须在观看或聆听的层面上进行，以评估我们观看和聆听的方式是如何被文化产业所形塑的。阿多诺和霍克海默在他们流亡加利福尼亚时期，指出了在他们的时代，对于音乐来说的“听觉退化”，这一退化贯穿了音乐拜物教、品味标准化、审美判断平均化，以及在艺术作品逻辑和以商业交换逻辑为基础的社会系统之间的混淆。此外他们还讽刺了在这个文化产业的统治之下，审美感终究会变成的模样：“工业迎合激励其自身的选票。”[②] 关于激励（incitation）的这项工作——它是创造之序曲和条件——只能通过结合知觉参数、技术挑战和利润逻辑来做到。

2. 想象

关于激励的工作应同时考虑到想象力和对当下注意力的利用。关于想象之物和想象力的问题——我们仅限在法国哲学家范围内——曾经被诸如巴什拉、萨特、卡斯托里亚迪斯和吉尔伯特·杜兰德等处理过，这激发我们重新给予想象力以颠覆性的力量。就卡斯托里亚迪斯和杜兰德两人来说，卡斯托里亚迪斯是对侵蚀着西方文化的功能主义的坚定批评者。他提议恢复想象力的名誉，在他看来，这种想象力在西方文化中曾经被视为记忆的附属物，或者更糟，被视为幻象（帕斯卡）。对卡斯托里亚迪斯来说，我们已经以功能主义为参照系解释了社会中发生的事情，换句话说，这些制度的存在是为了满足需要，并且社会中发生的一切都必须由一个（经济、政治、工业等的）原因来解释。卡斯托里亚迪斯断言：在一个给定的社会中使得这些制度“保持协调”的，是以对社会历史的想象为代表的建构行动。整个的梦、神话、音乐、悲剧、落空的希望和表象性活动，都有助于历史的创造：“我们把社会历史中所存在的东西和构成它的立场，称之为社会想象，或在首要的意义上，称之为建构着的社会。”[③] 将这些想象中的事物纳入考虑，或许有助于历史和艺术的创造，也即澄

① 关于该主题参照 Jean-Jacques Boutaud « L’esthésique et l’esthétique. La figuration de la saveur comme artification du culinaire », 载于 *Societies & Representations* 2012/2 (n° 34), pp. 85-97。Boutaud 沿袭了梅洛-庞蒂的思想，将审美感、审美形式和伦理价值联系起来。一般来说，我们经常将这三种方法区分开来，但为了强调审美感，必须伴随着感觉和伦理政治领域的价值问题。梅洛-庞蒂在《知觉现象学》一书中写道：“审美表达赋予了它所表达的东西在其自身之中实存，使它在本性上成为一种几乎可以为所有人所理解的事物，或者反过来把符号本身（如喜剧表演中的人、画家的颜色和画布）从它们的经验实存中解脱出来，并使它们在另一个世界中迷狂。”（*Phénoménologie de la perception*, Paris, Gallimard, 1945, p.213）

② Max Horkheimer, Theodor Adorno, *La Dialectique de la Raison*, Paris, Gallimard, 1974, p.143.

③ Cornelius Castoriadis, *L’institution imaginaire de la société*, Paris, Seuil, 1975, p.493.

清和重组在那些无意识活动、审美表象、神话、白日梦（恩斯特·布洛赫）、禁忌、愿望、对形式的领会、听觉方式以及我们生活和我们个人和共同历史的转化之间既存的关系。我们已经讨论了那个必须重构“审美感”的知觉主体，那么，艺术对象又是什么？

二、通向艺术对象之进路，“审美感”和历史性

谈论审美感，一方面不能不提及我们所经验到的对各种艺术对象进行分析的困难，另一方面也不能不提到它们与历史性的关系。让我们从艺术对象开始。至少有七个困难在这里浮现出来。

1. 对艺术对象进行把握的困难

什么是一个艺术对象？谁规定这个被描画、被塑刻、被雕琢或以视听形式被表象的对象，或仍然是如此这般被写出文字，就是艺术对象，而不仅仅是一个单纯的工具或一个关于词句或图像的普通序列？因此，第一个问题便是所谓艺术对象其界定的任意性。

第二个困难是文化和视角的多样性，其中的每一种文化和视角，都鼓励人们以不同的方式思考、观察、倾听和感受与所谓的艺术对象的关系。在这里，它可能是宗教崇拜的对象，这种情形中它是作为商业消费的宗教服务，而在其余地方则又可能是象征性-政治力量的一个附属物。

如果在界定什么是艺术对象的问题上可能存在任意性，并且如果我们不能在忽略视角多样性的情况下抽象谈论艺术对象，那么面对某些特定艺术对象（尤其是建筑）时，我们仍会看到处在不同艺术文化之中并且之前没有互相了解过的主体们，陶醉于这个或那个艺术对象。这里的困难在于是否存在一个叙事共同体，这个共同体就像一个人类学和跨文化的不变量，可以预先塑造我们的判断和品味。

第四个困难是对艺术对象的空间理解。这是时常出现于我们面前的问题，无论是在艺术家、博物馆还是收藏家那里。这个对象，在被我们据为己有或欣赏之前，它总是已然被空间/时间所围绕。该对象的轮廓、在展览期间与其他对象之间的联系、光线色调及声音的安排、颜色或声音的播放，都指示出一个艺术对象内含关于外表（它本己和周遭环境）的研究。这项研究也会因为这个对象在时间性上（即艺术家创作的时间、在收藏家或出版商的网络中流通的时间、展览的时间以及赋义的

时间）的叠加而变得复杂。时空的叠加本质上不是为了将艺术的对象还原为其唯一的事实性（facticité）。

第五个困难在于需要将艺术对象作为一个连贯序列来把握。何以可能研究艺术对象但却不参照其表现力、其对时尚的影响、对品味标准的调整、在艺术对象复制中技术的引入、真品与赝品之间的纠葛、对天才概念的改变，以及真实性和原创性等问题？在这一系列问题中哪一个又是应当优先考虑的？

第六个困难来自艺术对象在对象虚拟化时代的地位问题。如今，尤其在设计领域，存在艺术对象与其虚拟化的关系。正如美学家梅赫迪欧（Florence de Mèredieu）所说："物质的历史在于它的不透明性。被构想为实体、材质、对眼睛和触觉的耐受力、感官所停留其上的表面……一种无法称量而且几乎不可见的元素的发现，刻画了现代艺术的诞生；光线以一种真实的清晰形式显现，是不可见之宇宙中的一种放射线照相术。据光谱分析，自然界中的每个物体都由一系列光谱组成，在所有感官中这些光谱叠加在无穷小的薄膜中，并由视觉感知这个物体。"[①] 由此，艺术对象也承认其在光谱上的份额。艺术对象物质性的不透明性因而就会被它的透明性（允许光线通过）所削弱。正如艺术家塞弗里尼（Severini）所说："为什么要在创造中忽视我们视觉那倍增的力量，而这种力量可以产生类似于X射线的结果？"[②] 当我们谈到艺术对象时，如何同时考虑其物质的不透明性和其光谱的透明性？同时考虑物质和光谱、质量和射线，究竟什么构成了艺术对象？

第七个困难不是来自艺术对象本身，而是来自围绕它/关于它的谈话。谁在谈论艺术对象，换言之，谁被授权给它一个解释以及一个正当性？首先是艺术家，他们相信可以通过诉诸关于天赋的形而上学来解释他/她曾经想画、想写或想雕刻的东西，在这种形而上学中"艺术家撒娇似的以一种神秘而抒情的语言自称道：他被灵感所捕获，被缪斯（诗神）或恩典所造访"[③]。如果在创作过程中我们确实发现我们的幻觉、我们的原始恐惧、我们幻想出来的情感、宗教压力、市场伎俩、资助者的贿赂、政治谈判与其相关联，那么创作一个艺术作品，是否就赋予了他释放所有意义的权利？接着走上前来的是哲学家，他们只能用做作的和说教的语汇来谈论艺术对象，他们怀着良好愿望操纵美学概念，希望能以此来为那被无知和现实压力所压垮的贫乏人性做点什么。哲学家想要将艺术对象从纯粹的内在性提升到诸如美、崇高、奇异和非凡等这些具有超越性的概念，但是，在这样做时，哲学家注重修辞而忘记了对象的组成材料问题。接下来是媒体的转向，它们诋毁、奉承、即兴表演、组织、

---

① Florence de Mèredieu, *Histoire matérielle et immatérielle de l'art moderne*, Paris, Editions Larousse, 2004, p. 57.

② Severini, *Ecrits sur l'art*, Paris, Editions du cercle d'art, 1987, p. 10.

③ Mikel Dufrenne, *Esthétique et philosophie*, Pris Klinsksieck, 1976, p. 180.

分类、指定、奖励和操纵本能与智力。通过艺术对象及其多种多样的表现形式，他们试图取消每个艺术对象都理应与公众保持的距离。媒体经常通过将艺术对象变得更令人习以为常来平息其不合时宜。在围绕艺术对象的这个谈话桌面的最后一个角落那儿坐着的是艺术评论家，他领导着一个由符号系统组成的合唱团，女高音组，以尖细的声音唱出由对象的各种象征姿态所组成的副歌，在旁边的是女低音组——艺术人类学家和艺术社会学家，他们要么是通过部落的宇宙起源学和人民的社会风气要么是通过权力的象征系统来竭力解释艺术对象。在这个合唱团正中间的是买家、拍卖师、博物馆策展人，也即这个合唱团中的男高音团体，他们关注的是艺术对象之剩余价值的流通、保存和生产。合唱团的最后一组是由艺术资助者和艺术市场的波动起伏所组成，低音乐队在那儿嗡嗡作响，他们唤起和激发消费及品味的诸多模式。这个合唱团有着美丽动听的副歌："艺术对象，我们在其灵感、创作、历程、被接受之中驯化它，因为是我们在确保它的名声。"正如哲学家尼采所说："知道声誉是如何诞生的人，甚至也会对德性所享有的声誉产生不信任感。"①

我们对艺术对象的目的在于通过聚焦于这个对象所维持的那些关系所带来的问题从而拽开这七个被提及的障碍。这些关系对诸多可能性敞开，而我们将在两个层面上探索它们。首先是艺术对象所维持的与历史的关系，其次我们将研究在对象与对它的那些适应（appropriations）（译注：解释学适应）之间的关系。

2. 艺术对象与历史

我们在这个序列中的论点是说艺术对象是历史，它诉说历史，并且能够创造历史，而且正是这个意义上的历史正在被文化产业所杀死。

让我们首先澄清我们在说"历史"这个词时究竟指的是什么。法语中只有一个词表达历史（Histoire）这个含义，而英语却有两个：首先是 History，它通过时间性、空间性和速度来讲述人类的事件；其次，历史（histoire）是 Story，它是关于或多或少具有真实性的叙事（récits），而且这类故事往往涉及或多或少具有任意性的速度和时间性。德语中的 Geschichte 和 Historie 之间有着和这里相同的区别（译注：德语 Geschichte 对应英语 History，而德语 Historie 对应英语 Story）。我们在两个意义上理解关于艺术对象的历史（法语 Histoire）：即有着大写字母 H 的作为单数的历史（Histoire）和作为复数的 histoires（故事 stories）。

最常见受害者，是被艺术对象那富有暗示性的和迷人的特征所诱惑，被对象所持有的那种古代口味和边缘性所激发，为其质地之复杂或简洁所吸引，受其社会

① Friedrich Nietzsche, *La volonté de puissance*, Paris, Librairie générale française, 1991, p. 213.

声望所促使，这声望不仅是对艺术对象的占有所带给我们的，而且也在于从具有吸引力的和旅游风格的卖家那里收集到的一些重复评论，我们于是就不再对艺术对象进行任何历史分析。当然，艺术对象可能是艺术家给他自己、给他的艺术共同体、给其他文化、给潜在买家或是给他的后代的个人信息。在这个层面上，它把历史（histoire）或非常复杂的个人故事（histoires）从他自己的无意识问题转化为他所处社区问题，最终转化为与大多数人有关的文化和政治问题。既然艺术对象的意义并不仅仅依赖于单个的艺术家，那么我们就可以通过创造这个对象的时候占据主导地位的那些样式的普遍历史（l'histoire générale des styles）来历史地评估艺术对象，而且也可以破译该艺术对象所蕴含的各种信息和符号对其同时代人以及对我们的意义是什么。另一种类型的历史分析是关于艺术对象的同时性和历时性分析。在这个层面上，艺术作品被嫁接到国家或部落历史之中。艺术对象不再单纯是一种对时代的反映，而是对自由、对独立、对少数群体声音、对历史事件之出路以及对被哲学家利科称为被组织的忘却的历史人物的见证。艺术对象的这种命运更加讨巧，因为它表明这个目标与产生它的社会的社会历史解释是同步的，正如我们所说，它确保了生产它的社会与接受它的人之间的连续性。这些通达与解释艺术对象的历史性进路并不是真正历史性的。对我们来说，历史不是事实和事件的简单传承或并置，而是充满危机的地方。艺术对象并不是通过一系列安静的步骤来讲述关于其创造的故事的，相反，它必须追问这些危机。艺术对象所表达的危机使得评估历史性的制度成为可能。历史学家使用这个术语的意思又是什么？“历史性的制度展现为一种具有启发性的工具，有助于我们更好理解历史上某个时期的危机时刻，而非去理解时间、所有时间或时间的总体……因而，它将会成为一种几乎从内部出发来澄清对于当下时间问题之追问的方式……我们处理的是一段被遗忘的过去还是被回忆的过去，是几乎已经从当下视域中消失的一段未来还是特别预示着危险的未来，是毫无疑问在即时性中被消耗掉的现在还是一种几乎稳定和无休无止的现在……？”[①] 因此，艺术对象与历史的真正关系在于用它（译注：艺术对象）去分析那些危机。表现危机、社会危机、心理危机、有助我们经验的范畴危机、语言危机，而不被视为过去危机或潜在危机之症状的艺术对象很快就会成为一种拜物教。就像所有类型的拜物教一样，只要有拜物教者聚集在它周围，允许有崇拜、礼拜和掌握拜物教奥秘之解释学的大祭司，那么它就会政治化。这种不再谈论危机的、拜物教化的艺术对象，让自己委身于那场提供剩余价值的游戏，并且成为一个平庸乏味的可被消费的对象。正如鲍德里亚所说，在这种情况下，“被消费的东西绝不是对象，而是关系本身……这

---

① François Hartog, *Les régimes d'historicité*, Paris, Seuil, 2013, p. 38.

就是关系的观念，关系在使得其被看到的对象序列中被消费”[①]。

因此，与历史的关系是关于艺术对象之危机概念的一种现象学，在其整个创作和传承过程中，它（译注：艺术对象）被转化为对象—符号。这种转化的历史，恰是必须抓住危机的地方。这场危机就是今天的政治经济危机，因为艺术对象没法对市场说不。因此，艺术对象的历史如今也必须从政治经济学的角度来被建构。“政治经济学是将所有价值（工作、知识、社会关系、文化、自然）都转化为经济交换的价值。所有东西都在作为一般等价物的货币的主导作用下被抽象掉并吸收进全球市场之中。”[②]

3. 艺术对象及其接受：评论—乌托邦的问题

在接受概念这里，我们想要表明的是艺术对象是主体及其社会之可能性的十字路口。在这里，我们至少会检视三个概念。

a. 视域的概念（la notion d’horizon）。关于对艺术作品的解释学适应（l’appropriation herméneutique）的研究——即汉斯·罗伯特·乔斯（Hans Robert Jauss）的文学阅读理论以及戏剧和电影中的观众理论——强调这样一个事实，即对于艺术对象的接受涉及视域的问题。尽管视域总在跟前，但它始终不会紧邻主体。视域是一种召唤和回想。首先，召唤表明，向前走是与这个视域保持联系的唯一方式，其次，对当前工作状态的回想表明，它与时间的关系是一场无休无止的事务。艺术对象的可能性始终先于视域。

b. 艺术对象是赌注的首要标志。一般而言，特别是在所谓的南方国家（译注：发展中国家）的艺术和文学研究中，人们常常认为，身份确认、遗产保护、言论和表达自由以及从“从属”视角出发重写历史是必要的。在这种情况下，艺术常常与地方政治权力、殖民化以及世界的摩尼教式划分相违背。通过把对艺术家、拍卖商、出版社和新闻界权力的谴责放在一边，评论的对象成为了一个系统的诡计，该系统通过修正不应该跨越的界限来隐藏其自身的评论。只要不评论创造和谈话的人，艺术就是至关重要的。因此，艺术对象必须以自我评论（l’autocritique）为赌注。

c. 艺术对象与民粹主义。人们常说，艺术对象可以有一个教学使命，这意味着这个信息被充分阐释，并且在接收这个信息的人和艺术对象要表达的东西之间存有一个叙事的共同体。人民呢？艺术家是人民的声音吗？他是否应该把人民当作盟友？在像萨特那样谈论被从事的艺术的人的艺术生产中，将人民神化常常是极其频繁的，我们下面的立场与马尔库塞相同。由于人民常常被占统治地位的需求系统所

---

① Jean Baudrillard, *Le système des objets*, Paris, Gallimard, 1968, p. 277.

② Jean Baudrillard, *Pour une critique de l’économie politique du signe*, Paris, Gallimard, p. 129.

支配，因而致力于解放异化意识就意味着不要站在人民的一边。就尼采所理解的意义上来说，艺术对象必须变得“不合时宜”。不合时宜也就是说，与当下的欲求相冲突，正如马尔库塞所说的那样：“艺术与人民结盟的可能性预设了在资本主义统辖之下的人们忘掉了统治当局的语言、概念和形象，预设了他们要经历质变的维度，预设他们重新获得主观性、内在性。”①

结　论

现在思考艺术对象和思考我们所说的审美感是什么意思，即是要断言它处于多种关系的中心。

垂直关系：吸引艺术对象走向不合时宜，以便表达它的那些象征、宗教和史诗信息之中的多重性。

水平关系：同时是考古学维度（由艺术对象发掘，并因艺术对象之故，人们过往历史的片段最终得以与前辈世代建立起联系）和预期倾向（对未来的预测）。

横向关系：艺术对象既表达了约定俗成的制度语言，也表达了非约定的创造语言，这对于惯常规范来说是一种偏移。

最后是交易关系。艺术对象迫使我们将目光从对象转移到关于对象的工作上，从作为产品的对象转移到提供有关工人及其工作条件之信息的生产条件上。这种目光超越了对象物质性，伴随着其商业化可能性，这目光所指向的是对象所承诺的或者它没有承诺的东西，指向的是对象所表达的或它所没表达的内容。恢复艺术对象的光环是必要的，这光环总是被大众文化通过其便捷的手段、不起眼的合谋、恶意的言辞、精密算计过的祝圣、组织有序的市场以及对所有无法入账的东西的不屑一顾而抹去。正如德国哲学家沃尔特·本雅明所说的那样：“究竟什么是光环？它是空间和时间的独特情节：遥远而又无与伦比的外观，它是如此邻近。”②

① Herbert Marcuse, *La dimension esthétique*, Paris, Seuil, 1977, p.39.

② Walter Benjamin, *Oeuvres*, III, Paris, Gallimard -Folio, 2000, p.75.

参考文献

Jean Baudrillard : *Le système des objets*, Paris, Gallimard, 1968.

—— : *Pour une critique de l'économie politique du signe*, Paris, Gallimard, 1972.

Walter Benjamin : *Oeuvres*, III, Paris, Gallimard -Folio, 2000.

Cornelius Castoriadis : *L'institution imaginaire de la société*, Paris, Seuil, 1975.

Mikel Dufrenne : *Esthétique et philosophie*, Paris Klinsksieck,1976.

François Hartog : *Les régimes d'historicité*, Paris, Seuil,2013.

Max Horkheimer, and Theodor Adorno : *La Dialectique de la Raison*, Paris, Gallimard,1974.

Gilles Lipovetsky, Jean Serroy: *L'esthétisation du monde, vivre à l'âge du capitalisme artiste*, Paris, Gallimard,2013.

Herbert Marcuse : *La dimension esthétique*, Paris, Seuil, 1977.

Florence de Mèredieu : *Histoire matérielle et immatérielle de l'art moderne*, Paris, Editions Larousse,2004.

Friedrich Nietzsche : *La volonté de puissance*, Paris, Librairie Générale Française, 1991.

Schiller : *Lettre sur l'éducation Esthétique de l'homme*, Paris, Aubier-Montaigne, 1992.

Severini : *Ecrits sur l'art*, Paris, Editions du cercle d'art,1987.

（冯力　译）

三　捐赠讲座

茶山讲座

作为道德之基的同情：一种儒家的情感道德理论

吉熙星（Hee-Sung Keel）
（西江大学）

内容提要：

1. 非道德（amoral）世界中的道德生活
2. 康德的道德理论及其文化局限
3. 一些关于情感道德理论的理论问题
4. 西方哲学中的情感道德理论
5. 作为怜悯之心（mind-heart）的同情：孔子
6. 作为怜悯之心（mind-heart）的同情：孟子
7. 作为怜悯之心（mind-heart）的同情：丁若镛与茶山（Tasan）实学

一、非道德世界中的道德生活

与当今学术界（intellectual circles）普遍存在的道德相对论相反，绝大多数人仍然是相信道德价值具有客观有效性的道德实在论者。无论它们被认为是基于超越之神的道德意志，或被当作是植根于被称作天的终极实在的本质（the very nature of the ultimate reality called Heaven）或在东亚儒家文化中的道（Dao），或基于像印度教和佛教文化中对因果报应（*karma*）的法则的信仰，普通民众相信道德律如同自然律一样有效。尽管在道德观念上存在明显的差异，但今天绝大多数人在基本的道德观念上仍然表现出了显著的一致性。例如，普遍禁止说谎和偷窃，对无辜者和无助者、年轻人和老人施暴，对动物不必要的暴力行为受到普遍谴责。

在更严肃的层面上，绝大多数人过了并仍在过这样一种生活，这种生活伴随着某种"自然律"概念，根据它们，我们的基本道德原则被视为不仅不证自明的，也植根于世界的本质。广义地说，就是这种对自然律的信仰——无论是在有神论的形式中还是在斯多葛哲学的形式中；无论是儒家对"天道"（Heaven's Way）的信仰，还是印度教—佛教徒对因果报应律的信仰——受到现代科学世界观的质疑，这种世界观认为道德（morality）与世界的本质无关。因此，道德被认为没有"事实上的"基础。此外，各种各样的关于人的生物学观点越来越流行，甚至被称赞为现代男人和女人解放的"福音"。人类被认为本质上是理性却自私的存在物，为了生存和自我保护而互相争斗，如托马斯·霍布斯（或弗洛伊德）所言，在"自然状态"中人对人是狼（*homo homini lupus*）。具有讽刺意味的是，即便是现代生物人类学的拥护者，也常常把自己标榜为致力于人类解放的"人文主义者"（"humanists"），却没有解释他们的道德承诺如何与他们对强调人类自私和适者生存的生物观的认同相一致。①

因此，现代的男人和女人必须在一个不道德的世界里进行他们的道德生活，而道德的意义已经从这个世界消失了。世界或自然本身没有道德信息给我们，也没有说任何关于我们应该如何生活的话以及在我们的生活中应该追求什么价值。从世界本身中被连根拔除，价值观（values）现在是个人选择的，好恶的对象。事实和价值观是完全分离的，价值判断被认为是缺乏事实依据的。

没有什么比"情感主义"更能反映这种道德困境了。根据这个理论，道德价值观只是表达了我们的主观偏好，就像我们在食物或业余爱好上的个人偏好一样。道德主观主义的一种极端形式，道德相对主义是它的自然推论。② 现代道德理论可以说实际上就是试图解决这个问题的一系列尝试，或填补这个在现代世界中创建的"真空"，在那儿对自然法则和神圣的道德意志的信念已经消失了，人类剩下自己的"世俗化的"理性以找到指导他们生活的合理的道德原则。

不仅没有令人信服的关于道德正确或错误的论点；更严重、更根本的是，我们完全没有令人信服的答案来解释为什么我们首先不得不生活得道德。因为世界本身被剥夺了它过去所承载的任何道德意义或信息，而人类也被认为没有道德本性。不仅道德与外部世界的本性无关；它也缺乏一个人类学基础。主要的威胁来自于对人类本性的那种生物学/物理主义的观点，这一观点在现代男女中越来越作为一种常识性的真理而被接受。被认为从根本上违背人性，道德现在被认为是武断的，甚至是

① 在《捍卫灵魂》（*Defense of the Soul*）一书（Oxford: Oneworld Publication, 1992）第161页中，英国神学家基思·沃德（Keith Ward）批评了理查德·道金斯（Richard Dawkins）在《自私的基因》（Oxford: Oxford University Press, 1976）中总结出的"人文主义"部分，因为它与作者在整本书中所阐述的观点相矛盾。一些新达尔文主义者试图通过"亲缘选择"（kinship selection）的概念来调和人类的自私和纯粹的利他主义，我不认为这是令人信服的。

② 参见 Alasdair MacIntyre, *After Virtue* (Notre Dame, Indiana: University of Notre Dame Press, 1984), 11-22。

对我们的本性的压迫。

在这种情况下，关于为什么我们应该是道德的，为什么我们必须以牺牲自身利益为代价来遵循道德原则，人们提出了一些理论。除了康德的进路（approach）可能是一个例外，这些理论都不足以说服怀疑论者。尽管我非常推崇康德的道德之义务论进路，但对于那些非西方文化背景的人来说，其中的文化局限性或“狭隘主义”是明显的。这是本文通过重新审视情感道德理论，东方的和西方的，以寻求道德新基础的主要原因之一。[①]

我不同意当代道德思想中广泛流传的定论，即道德理论中的“基础”进路在今天已经彻底失败了。相反，我认为它需要一个更有说服力的理论。

用“基础”进路，我并不仅仅指着一种道德理论，其旨在于建立一个普遍接受的标准来判断在我们的行为之中的对与错、善与恶，而是一种可以“赋予道德以可能的合法性”的更根本的理论，就如弗朗索瓦·朱利安在他的充满启发性的研究中谈及的比较本性（comparative nature）。[②] 在尼采和弗洛伊德之后，问题是我们是否真的可以是道德的。除非人们坚信道德是它自己的回报，并能满足我们的人类本性（human nature），否则似乎主要有四种方法来解决这个基本问题。

第一反应是最传统的，也是诸文化中最受欢迎的一种，带有一神论的宗教背景，即呼吁那神圣的意志（the divine will）及上帝的奖罚（God's punishment and reward），或呼吁印度教和佛教文化中的因果报应（karmic retribution）。这一理论的主要问题在于，它预设相信一个不可见的现实，而这个现实在现代世界中正在失去立足之地。

第二条路是诉诸名为“理性利己主义”（ rational egoism）的理论。简而言之，它认为道德最终会有回报。但“最终”或“长期”正是问题所在。因为，大多数人在忽视道德的时候无法抗拒眼前利益的诱惑，尤其是当道德的代价超过他们所能承受的限度的时候。

第三种理论，在现代社会非常流行，是功利主义（utilitarianism），它呼吁“对大多数人来说最大的幸福”，幸福通常等同于带有物质主义弦外之音的享乐。这一理论最明显的缺陷是，幸福和快乐的概念因人而异，因文化而异。更严重的是，功利主义并没有回答我们提到的根本问题，即为什么我们应该关心别人的幸福，也就是“最大多数人”的幸福。

最后，与上面提到的三种理论形成鲜明对比的是，所有上述理论都诉诸我们自

① 可以明确地说，我把“感情主义”和“情感主义”区别开来；它们是两种不同的道德理论。

② François Jullien, *Fonder la morale: Dialogue de Mencius avec un philosophe des Lumieres* (Paris: Bernard Grasset, 1995).

身的利益或幸福的某种形式，但是康德的义务论伦理学提出了纯粹的道德理论，它将道德法则简单地视为我们的责任，而绝对命令则由我们的实践理性决定。它是纯粹主义的，因为它声称为自己建立道德原则，而不考虑道德主体的后果或利益；遵循道德法则不应带有别有用心之动机，仅仅因为它是我们实践理性的命令。正如我之前指出的，我对这一理论的主要的保留意见，与其说来自理论本身，不如说来自其纯粹主义者及其朴素的（austere）本性，所以其有效性似乎主要限于高度教化过的人，尤其是那些成长在理性主义的哲学文化和基督教的宗教背景的人。

以同情作为道德基础的情感道德理论与义务论道德同样是“纯粹主义者”，但不那么严谨和清教徒式。它的动力是直接的，因为对我们道德地行为而言，它除了它自己不需要任何其他的理由。因此，它可以为超越文化界限的道德提供更受欢迎和普遍的基础。这篇论文的目的是通过另一种方式而不是神圣的戒律或它的社会效用找到“道德的可能的辩护”[①]，这是一种情感道德理论，主张将对道德的同情以及作为其人类学基础的人类同情（*homo sympathicus*）[②]置于首要地位。然而，在开始这一感性的道德理论之前，进一步阐述康德道德理论的文化局限性是有必要的。[③]

二、康德的道德理论及其文化局限

据说，康德最初被卢梭的道德观所吸引，其认为道德是人类的本性，本质上是善的（good），以同情（sympathy）的感情为基础。但他最终放弃了这一观点，因为他对同情感的分析使他得出结论，同情太反复无常、太不可靠，无法构成道德的坚实的普遍基础。因此，康德转向了我们的实践理性，且试图完全在这个基础上建立一个更可靠的道德原则。

康德的伦理学预设了这个观点——人作为一种孤立的（isolated）、独立的（independent）、自主的（autonomous）道德主体，这种观点与绝大多数人直至今日都

① Jullien, *op. cit.*, 7.

② 这是我在杰里米・里夫金（Jeremy Rifkin）的《移情文明：危机中的全球意识竞赛》（New York: Jeremy F. Tarcher/Penguin, 2009）“同情人”（homo empathy icus）理论之后创造出来的一个新词。参见里夫金对西方思想史的精辟评论，内容包括三个时期：信仰时代、理性时代和共情时代。他通过（vis-à-vis）具体思考，对笛卡尔空洞理性主义做出的重要批评尤其富有启发性。见第 139—5 页。

③ 我非常依赖约翰・罗尔斯在他的《道德哲学史演讲》（剑桥：哈佛大学出版社，2000 年）中对康德道德理论的讨论。那些熟悉康德道德理论的人可以跳过这一章。

在其中生活的公共社会（communal societies）的现实相去甚远。[①] 我们可以在亚洲和非洲找到一些受过高等教育的人，康德的道德理论可以吸引他们，但他们只占极少数。那里的大多数人都生活在一个“稠密的”（thick）社会关系网络中——他们的亲戚、邻居、朋友和有影响力的当地人物。即使是在日本和韩国等高度工业化的亚洲社会，我们在日常生活中遇到的典型的人也不是一个冷静的理性人，他们生活在一个最低限度的“稀薄的”（thin）身份（identity）中，脱离稠密的网络。[②] 在这方面，Virginia 指出，从她的道德观来看，现代西方道德理论背后的人类观，本质上是正确的：

> 主导的［道德］理论可以被解释为将一个主要为自由政治和经济理论而发展起来的人的概念引入道德理论，将人视为一个理性的、自主的行动者或利己的个体。在这个观点上，社会由这样一些人组成，用 Brian Barry 的话说，即“独立、自主的单位，他们只有在合作可以促进每一方的目的的条件下才会合作”。或者，如果他们是康德主义者，他们会戒绝那些他们不能希求（will）成为所有完全理性和自主的个体都能同意的普遍规律（universal laws）的行动。[③]

康德的义务论伦理学“稀薄的”抽象特征，清晰地反映了现代西方的社会文化条件；令人怀疑的是，它强烈的理性主义和形式主义的本质，是否真的能够作为一种普遍的道德指南，指导世界上绝大多数人以“稠密的”关系身份生活在日常生活中。罗尔斯澄清（clear）了康德道德思想的抽象特征：

> ……康德并非旨在告诉我们什么是对的，什么是错的（他会认为这是傲慢的），而是要让我们意识到道德法则植根于我们的自由理性（free reason）。他相信，充分认识到这一点，就会激起人们强烈的欲望，要按照那条法则（that law）行事……一种属于我们作为理性个体的愿望，按照一种典范（ideal）来行动，这种典范就我们自己——凭借着我们的自由理性而是自主的——的概念而言是可表达的，在理论和实践领域都是。在他的道德哲学中，康德寻求的是自我认识：不是对——我们已经拥有的——对错的认识，而是对我们作为拥有自由的理论理性和实践理性的人所渴望的东西的认识。[④]

---

① Virginia Held, *The Ethics of Care: Personal, Political, and Global* (Oxford: Oxford University Press, 2006).

② “稠密的”和“稀薄的”是从 Michael Walzer 借来的表达，*Thick and Thin: Moral Argument at Home and Abroad* (Notre Dame: University of Notre Dame Press, 1994)。

③ Virginia Held, *op. cit.*, 13.

④ John Rawls, *Lectures on the History of Moral Philosophy* (Cambridge, Massachusetts: Harvard University Press, 2000), 148. 我下面关于康德道德思想的宗教—文化方面的讨论受惠于罗尔斯。

值得怀疑的是，对于亚洲、非洲和拉丁美洲国家的大多数人来说，“根植于我们自由理性的道德法则的意识，真的能激起人们强烈的欲望，让他们按照这个法则行事”。对于后启蒙运动时代的知识分子（intellectuals）来说，这一点同样值得怀疑。对他们来说，推动人类的与其说是我们的理性思维，不如说是形成我们“无意识”动机的非理性欲望和情感。

康德道德理论的另一个文化局限，不像上述那么明显但同样重要，是其隐含的基督教背景。与第一个局限不同，这方面需要更长的讨论。首先要注意的是康德的绝对命令概念与一神论诸宗教中典型的神圣命令的密切关系。康德认为道德命令的庄严权威是理所当然的，如果没有他早年成长的虔诚的基督教背景，这是不可想象的。罗尔斯指出，康德的道德理论具有明显的宗教——当然是基督教——色彩，当我们考虑到他的虔诚背景时，这一点是相当自然的。罗尔斯观察到：

> 我要补充的是，在这种关联中，康德也可以寻求一种道德反思的形式，作为他虔诚背景的一部分，这种反思可以合理地被用来检验我们动机的纯洁性。一般来说，我们知道什么是对的，什么是错的，但是我们经常会因为错误的理性（reasons）而受到诱惑，以我们可能并不知道的方式。他可能在绝对命令中看到的一种用法是，表达一种合理的反思形式，这可以帮助我们通过检查我们的行为准则是否被实践理性所允许而是合法的，从而加以防范。我说到一种合理的反思形式，因为康德在他在 Fridericianum 所接触到的这种虔信派（Pietism）中发现一种冒犯性的事物，即它沉溺于动机的纯粹性的困扰和这可能产生的强迫性自我检查。相比之下，绝对命令明确地表达了一种反思模式，这种反思模式可以以一种合理的方式对我们的动机进行有序和适度的审视。[①]

继续下去，实践理性的首要地位并不像康德所设想的那样清晰和普遍。难道这可能是真的，即“道德律能如此强烈地打动我们，以至于超越我们所有的自然倾向，甚至超越对生命本身的热爱”[②]？难道这不是一种理性主义的偏见，即断言“纯粹的责任思想，以及一般的道德法则，都是仅由理性的方式……对人心产生影响，比所有进一步的动机都强大得多，能够从经验的领域中被召唤出来，意识到自己的尊严，理性会蔑视这些动机，并能逐渐成为它们的主人”[③]？

不管我们如何评价康德的道德理论，它严格严谨的性质是不容置疑的。而且，

① Rawls, 148.

② Rawls, 201.

③ Rawls, 202.

它的“强迫的”和压制的性质也不容忽视。正如深度心理学展现给我们的，一个人在这么小的时候可能经历过的“疤痕”——那8岁的男孩康德进入了一所据说他讨厌的虔信派学校Fridericianum——并没有那么容易消失；我怀疑它在不知不觉中以一种改良的形式复活在他严格的道德自治理想中：每个人都应该成为像上帝一样的道德立法者，一个自由的，“法则的最高创造者”①。他创造了他自己的“目的王国”（realm of ends），就像上帝的从无中创造（*creatio ex nihilo*）。②事实上，我们甚至可以说，康德将上帝的所有“善”属性内在化，认为它们是每个人作为最高道德立法者的内在品质。罗尔斯总结他对康德道德理论的讨论如下：

> 总之，我注意到康德赋予道德法则以及我们按照道德法则的行为的重要性具有明显的宗教色彩，他的文本有时也具有虔诚的特征。在第二批判中，有两个明显的例子。一处是文章开头的：“责任！你崇高而伟大的名字……什么起源配得上你？”另一处是文章开头的：“两件事充满了我的心灵……带着钦佩和敬畏……我头上的星空和我心中的道德法则。”③

三、一些关于情感道德理论的理论问题

在讨论我们的情感道德理论——它倡导道德的同情之首要地位——之前，有几个初步的理论问题需要解决。首先，我们把“同情”（sympathy）这个词用在一种相当包容的意义上，而不把它与其他相关的术语，比如empathy（同理心）、compassion（同情）、pity（怜悯）、commiseration（恻隐）等等，区分开来。④更特

① Rawls, 227.

② 罗尔斯说：“纯粹的实践理性构建（作为它的先验对象）一个可能的目的领域的理想，作为它自己的秩序，根据理性的思想。”Ibid., 284-285.

③ Rawls, 160.

④ 围绕“同情”的概念问题的一般性讨论，见Robert C. Solomon, “The Cross-cultural Comparison of Emotion,” in *Emotions in Asian Thought: A Dialogue in Comparative Philosophy*, eds. Joel Marks and Roger T. Ames (Albany, New York: New York State University Press, 1995)。我们在十分广泛的意义上使用“同情”这个词，包括同理心在内。但这两个术语之间可以做出一些区分。“同理心”比“同情”更笼统；同情可以被认为是一种特殊的同理心形式，但两者都是基于我们的类比和想象能力来解读另一个人的思想，尤其是诸种感觉，基于个人自己的心灵。但同情，而不是同理心，是对陷入困境的人更直接、更自发的反应。同理心需要“一定的情感距离”和“理解”情景的努力。另一个显著的区别是，尽管同理心在它有时可以被用作心理技术来操纵和欺骗另一个人的心灵的意义上，是道德上中立的；同情，由于其与另一个人可能会遭受的诸如遭罪、悲惨、痛苦、陷入困境等负面情绪有关联，通常被认为是纯粹的利他主义的感觉。关于“同理心的黑暗面”

别的是，我们首要地是在孟子以及孔子所界定的不忍人之心的恻隐之心意义上来使用它。本文所倡导的同情在道德上的首要地位，可以归结为：恻隐之心，它是我们所有人与生俱来的，孟子说没有它我们不如人，它构成了道德简单而普遍的基础，其人类学的“基础”。

不管精确意义的同情可能是什么——在这件事上是否存在一致同意都是可疑的，它指的是人们对正在受罪受痛的人类同胞的温暖无私的感情，特别是对那些不是因为他们自己的过错而受罪，也就是说，受害者的无辜受罪。同情甚至可以延伸到能像人类一样感受到痛苦的动物身上。但显然只有人类才有这种独特的能力，使他们能够超越他们通常的自我关注和对自身利益的追求。① 因此，我们认为，如果没有它，任何名副其实的道德关注，甚至都不可能存在于我们之中。例如，即使我们关心对一个人或一个群体的不公正，如果我们的愤慨会使我们采取行动来反对它，我们通常首先同情它的受害者。同情以其直接的力量促使我们采取行动，是道德的基本要素，是道德最原始、最普遍的基础。

第二，同情被认为是内在于人类的自然的道德能力②，因此我们认为道德不是某种我们之外的东西强加于我们，而是植根于我们的自然（nature）。这绝不意味着我们总是像其他生物本性（nature）的自然欲望一样不可改变地“显示”它。我们去同情的能力是作为一种潜力被培养和发展到其成熟，所有这些，不用说，都受到社会中的社会关系和文化环境的影响。③ 同情需要学习，就像我们对音乐或数学的天赋一样，但我们生来就有这种能力。

第三，我们所提倡的情感理论与所谓的“情感主义”道德理论没有任何关系，后者是现代道德理论整体上存在的贫乏和困境的表征。现代道德理论所面临的基本问题是如何通过理性的讨论建立所有人都可以接受的道德判断的普遍基础，而不管他们的社会、宗教和文化背景，所有这些都被认为是“偶然的”因素。

根据麦金太尔，建立一种理性和普遍的道德基础的“启蒙计划”失败了。他将这

（接上页）的讨论见 A. Ciaramicoli and K. Ketcham, *The Power of Empathy: A Practical Guide to Creating Intimacy, Self-Understanding and Lasting Love* (London: Piatikus, 2000), 7-8。此外，同理心是一种比同情更主动的心理现象，同情通常是一种被动的反应；至少我们没有主动努力去同情不幸的受害者。由于它的积极的特性，它在学术界被广泛认可，尤其是在人文学科中，它是一个解释学术语，指的是人们努力理解（verstehen）的人类现象。同理心与同情不同，它不仅能让我们理解对方的感受，也能理解对方的动机和欲望，以及对方的想法和观念。它几乎涉及我们精神生活的所有方面，而同情通常只局限于我们的恻隐和怜悯。

① 一些动物行为学家告诉我们，有迹象表明，一些非常聪明的动物，比如大象和黑猩猩，做出的行为表明，它们不仅对自己的同类具有同理心的纽带，而且还对其他物种的其他动物具有。见 Jeremy Rifkin 对此概略的讨论，第 82—92 页。

② 可能在某些动物身上也有。

③ 一些心理学家和社会科学家提出了他们的理论，关于个人生活中同理的感情的发展阶段。请参见“同情心如何在孩子中发展”，Rifkin, 110-128。

种失败归因于亚里士多德目的论思维方式的崩溃，这种思维方式建立在古典本质主义（essentialist）哲学的基础上，尤其是关于人性的。在这种亚里士多德目的论思想崩溃的背后，是现代科学的思维方式，它只与机械的因果关系有关。因此，现代的男人女人，现在不得不在一个非道德的世界里过道德的生活，在这个世界里，道德的价值，以及道德的目的和意义，已经消失了。因此，在一个非道德的世界中，如何仅仅在理性论证的基础上建立一个道德基础，是人类必须面对的前所未有的挑战。

当我分享麦金太尔对于大体上的现代道德理论的彻底负面看法时，我并不一定包括康德的道德理论，因为它，同样，是预设了一个道德观点，即人类作为一个理性的道德主体，正如我们所看到的，它是被文化决定的。尽管看起来存在一个不可逆的形而上学和有神论的基础的崩溃，这种基础支持了世界的传统的道德观点，但我仍然把基于人性的道德观念的道德人类学看作是必要条件（*sine qua non*），一个真正有意义的道德理论的必要条件。在这方面，我认为康德的道德理论是一种积极的方式，尽管康德自己坚持认为道德法则“不应该在人性（主观）或世界环境（客观）中寻求”。因为“在这里，没有任何东西可以从与人类有关的知识中借用，例如，从人类学之中”[①]。

无论如何，在我看来，这几乎是不证自明的，即如果一种道德理论不以令人信服的人性观为基础，它必然会因几个关键的原因而不令人满意。首先，我们确实没有办法克服“是”/“应该”之间臭名昭著的分裂，即我们本质上是什么和我们应该是什么之间存在着质的鸿沟。因此道德被认为是外在的，强加于我们的外部权威，使我们的道德生活本质上不快乐和不真实。Rifkin 这样说道：

> 道德准则，体现在法律和社会政策中，作为学习指南和标准是有益的。但关键是，一个人并不是真正的好人，因为他或她是被迫这样做的，带着笼罩着他们的惩罚或等待着他们的回报，却不是因为同情是在人们的自然之中。我们不是通过命令或承诺将道德上适当行为内化，而是通过识别他人的困境的感受将其外化（externalize it by feelings of identification with the plight of others）。真正地成为人，就是成为普遍地同情的，并因此在一个人的具身体验中成为道德上适当的。[②]

当我们除了强调我们的自私利益和本能的生物性之外没有其他令人信服的人性观时，这个问题就更加严重了。如果我们人类本质上是自私的人，就像霍布斯或弗洛伊德人所说的“人对人是狼”那样，道德一定会被视为社会需要的产物，违背人

① 引自 Rifkin, 347。这段话出自 Kant's *Foundation of the Metaphysics of Morals*。

② Rifkin, 177.

性，因此是外来的东西，对人性施暴。

事实上，以今天的人类自由的本性，即使我们能找到一种令人信服的人性的道德观，像我们在本文中所说的，臭名昭著的“是和应当”之间的分裂问题，并未完全消失，因为有人仍然认为他或她能自由地违背他或她自己的道德本质而生活。当自由变成了绝对的和无条件的，在一定程度上它可以反对人性本身，或者当自由被誉为人类的最高本质，以致它可以反对其他的人性观，似乎根本没有办法以一种理性的方式限制它。也许是绝对自由的问题及其推论，一种激进的道德虚无主义，萦绕在陀思妥耶夫斯基的脑海里，当他说“如果上帝不存在，任何事都是允许的”①。照我对这句话的理解，他的意思并不是说，如果我们不相信上帝，我们就不可能知道善与恶，而是说，即使我们知道，道德也会看起来没有权威和约束力，没有“应该”的力量。

无论如何，在我看来，至少有某种道德人类学，如果不是道德本体论或世界观，在我们这个时代是不可或缺的，如果道德理论想要对现代的男女具有权威和动力的话。这一要求仍然构成了一种减轻了，如果不能解决的话，困扰西方现代道德思想的臭名昭著的“是 / 应该”分裂问题的道德理论的最低条件。正是在这点的启发下，我们才有必要重新审视东西方情感道德理论的传统，这一传统强调同情作为道德的新基础的重要性。正如 Jeremy Rifkin 所言，移情意识“既是描述性的，又是规定性的”。因为“一个人是什么和他应该是什么之间没有分界线。它们是同一个东西……当一个人认同另一个人的挣扎，仿佛这是他自己的挣扎，并通过安慰和支持他们的追求来庆祝他们的生活时，他就是真正地、充分地生活着。一个人的自我被放大和扩展，并蔓延到更广泛、更包容的社区中去”②。尽管我们的情感理论可能不能宣称它能使我们完全摆脱“是”和“应该”之间的差距问题，但在将同情视为人性一部分的情感理论中，这个问题可以得到相当程度的缓解，这一点在儒家道德传统中最为明显。

关于同情的性质，需要注意的第四点是这样一个事实，即就像我们通常说的意识一般，同情也是一种“有意向的”现象，要用现象学术语的话；它是针对某个人或某群人的，关于他们的处境，我们已经掌握了一些事实信息，并做出了暗示或明确的判断。③与常见的误解相反，情感不仅与我们的认知活动密切相关，而且几乎不

---

① 通常被归之于陀思妥耶夫斯基，但在他的作品中却找不到。在陀思妥耶夫斯基的《卡拉马佐夫兄弟》（*The Brothers Karamazov*）中关于大审判官的一节中，第二句放进了伊万的嘴里，但没有和第一句放在一起，尽管它似乎是暗含的。

② Rifkin, 176.

③ 我们感觉的内在特征被 R. C. Solomon 正确地指出。见 Mary Bockover, “The Concept of Emotion Revisited,” *Emotions in Asian Thought: A Dialogue in Comparative Philosophy*, eds. Joel Marks and Roger T. Ames (Albany, New York: State University of New York Press, 1995)。在这篇文章中，Bockover 检查了 R. C. Solomon 的作为“意向事件”的情绪（如有认知内容的信念）理论。也参见 David Wong, “《孟子》中理性与情感有区别吗”, *Philosophy East and West* (January 1991), 31-34。Wong 强调认知功能在同情中的作用。

可改变地预设了它们。举个例子，诸如恐惧、愤怒或嫉妒等情感，都是基于关于另一个人的信息，这些情感指向它们，而且通过它们这些情感才被激发。同情的认知方面可以从这一事实看得很清楚——我们通常不会像同情天真的孩子一样去同情成年人的受难，也不会像同情弱者和弱势群体那样同情强者和特权阶级。这表明同情通常有对受影响的人的处境的理解——他们是谁以及他们为什么遭受痛苦等等——在先，同情甚至是依赖于它。同情，就像其他情绪，如愤怒和悲伤，是依赖于信息的。因此，当最初引起同情的事实判断后来被证明是没有根据的时候，我们先前的同情也会改变或可能完全消失。①

以更强力的话语来说这件事，同情不是无缘无故地出现的；发生后也不会不产生一些影响。②在我们产生同情的情感反应之前，总有某种被理解的情况；这就是我们所说的原因方面。同情也产生了一些影响，其结果方面。同情的意向特征与原因环境特别有关系，而同情的结果性方面往往涉及到理性思考，即如果我们要帮助处于困境的人，我们该做些什么。

Rifkin 正确地指出了同情的复杂性，他说："共鸣（empathy）将感官感觉（sensation）、感受（feeling）、情感和理性以一种结构化的方式结合在一起，以达到与延伸我们身体的广大他人交流的目的……许多学者错误地将同情与公正的感情和情感联系在一起。如果这就是全部，共鸣的意识将是不可能的。"③"共鸣既是一种情感体验，也是一种认知体验。"④

认识到同情的复杂性，并不是贬低或削弱我们的道德同情优先的中心论点，而是提醒我们自己，我们的论点具有有限的性质。本文的目的是温和的（modest），因为它不寻求一个全面的道德理论，号称仅仅通过同情解释道德的方方面面，如同大多数有代表性的西方情感道德理论往往要做的那样，像很快我们将看到的。我们的立场仍然坚定，即同情构成了道德的最初步最基本的元素，而同情作为自身首先是一个情感现象，一种需要明确区分的感觉，与道德生活中涉及到的认知和意志元素相区分，尽管它们实际上密切相关。

换句话说，我们不一定要把我们的情感道德理论和康德式的理性道德理论视为相互排斥的。如果道德要产生一个具体的结果，那么它需要打动我们的心和头脑，

---

① 与情感和理性的对立截然相反，Ronald de Sousa 的 *The Rationality of Emotion* (Cambridge, Mass. an London: The MIT Press, 1987) 主张情绪的"对象定向"，使它们有可能在理性中发挥关键作用；它们容易受到理性评估的影响。De Sousa 甚至认为，情感是"对现实的价值论层面的感知"。第 331—332 页。

② David Wong 在《孟子》中提到了这一点。Wong 正确地指出了孟子思想中同情的直接和自发的动力，以及它的意向性。本文还从实践理性与情感理性的不同作用两个方面分析了同情的后果性。

③ Rifkin, 172.

④ Rifkin, 173.

这是一个显而易见的事实。尽管如此，同情的优点在于，它具有更自发的特性，并具有即时的动力。建立在此基础上的道德理论对世界各地拥有不同文化背景的人具有更大的吸引力。

关于同情的第五点也是最后一点，需要我们关注的是，即使是积极的情感，如爱和同情，也并非总是亦即无条件地好。因为如果过度，它们可能会对其所指向的人有害，甚至对同情“过度唤起的”人有害。仇恨和愤怒等负面感受也不总是破坏性的，因为通过释放出改变错误的社会制度和建立正义所需要的能量，它们有时可以发挥建设性作用；有所谓的道德或“神圣的愤怒（盛怒）”（‘holy anger (wrath)’）。所有这些现象都证明道德需要我们的心和头脑。若没有理性判断和智慧——“审慎”（prudence）的美德的引导和适当的约束，即使是正面的情绪也很容易产生相反的效果。然而，这并不意味着正面情绪和负面情绪之间的区别是无效的或不必要的，但正面情绪往往不一定产生正面的结果，反之亦然。然而，在各种情绪之间，以及道德活动中涉及的认知的和理性的因素之间，明确的区分仍然是有效和必要的。

在我接下来对情感道德理论的研究中，我主要以儒家的道德传统为基础，间或与西方情感道德理论，特别是大卫·休谟、亚当·斯密、J.-J. 卢梭等人物的情感道德理论进行比较。至于儒家的道德思想，我将把重点放在孔子、孟子和丁若镛（Chong Yagyong，号茶山［Tasan］，1782—1836）的道德思想上，韩国哲学协会（The Korean Philosophical Association）以它的名字创立了现在的讲师职务。首先，我先简要介绍一下西方提出的情感道德理论。

四、西方思想中的情感道德理论[①][②]

据休谟，同情是所有人作为人类自然具有的初步及基本的道德感受。没有它，我们就不会被认为是人类，当然也绝不是道德的。当然，它作为一种感觉的强度会随着时间和人的不同而变化，但它始终属于我们每个人，作为我们潜在的倾向和被激发和发展的能力。对于休谟来说，就像我们很快就会看到的儒家思想中的（in

① 下面对西方具有代表性的情感道德理论的讨论，很大程度上要归功于 Copleston 的 *A History of Philosophy*, Vol. VI. Modern Philosophy: The British Philosophers, Part II. Berkeley to Hume (New York: Image Books. 1964); Vol. VI. Modern Philosophy, Part I: The French Enlightenment to Kant (New York: Image Books, 1964)。那些熟悉西方情感道德理论的人可以跳过这一部分直接进入下一部分。

② 原文如此：“Emotive theories of morality in Western thought”，跟目录不一致。——译者

Confucian thought）孟子一样，同情只是属于人类的本性，没有必要进一步探究。我们就是不得不接受它，作为自然赋予我们的东西。从这个意义上说，罗尔斯甚至谈休谟的“自然的信仰主义”[①]，我认为这对于儒家的道德传统也是有效的。

尽管休谟的道德理论承认同情的原始角色是我们的自然感觉，但也有一些迹象表明，休谟的道德理论是道德怀疑论的产物：“鉴于不可能证明任何理性观点是正确的，我们就应该简单地让自己被我们天赋本能所吞噬。”[②]休谟的情感理论与情感主义者的道德理论一样，也反映了现代西方道德思想所面临的困境。

我认为休谟理论的主要理论问题是，它试图通过同情来解释我们道德活动的所有主要方面，尤其是认知的和深思熟虑的因素，但却颇不成功。换句话说，休谟的情感理论比简单地主张对道德来说同情之首要地位走得更远。和西方情感理论的其他拥护者一样，休谟甚至试图从同情中获得我们的道德思考和判断，这显然是一种认知活动。然而，考虑到道德判断的相对自主性，这是否真的能令人信服是值得怀疑的。

情感因素和认知因素是道德的两个独立的、但又密切相关的因素。例如，同情作为一种感觉，是一种不同于正义或不公正观念的现象，我认为正义与不正义的观念基本上是认知的和理性的。我不认为同情本身就能产生正义的概念，尽管它可能会导致我们对不公正的关注，认为它是一个人或一群人遭受苦难的原因。同情作为一种情感现象，与道德判断的认知活动明显不同。我们已经提到，同情是一种“意向性的”现象，因为它指向的对象是我们必须事先知道的对象，无论是显性的还是隐性的。我们还指出，同情不会无缘无故地产生。然而，对于所有这些，我们同时强调，同情主要是一种情感现象，不要与道德活动涉及的其他因素相混淆。同情在我们的情感理论中的首要地位，最多只是断言它构成了道德的基本要素。它当然可能与道德上的赞成不赞成密切相关，而道德上的赞成与不赞成在很大程度上是自愿的，因此要区别于情感上的现象。我们所说的“道德感”也大部分具有理智（intellectual）和直觉（intuitive）的性质。同情属于作为一种感觉的道德情绪（moral sentiment）范畴。尽管存在这样的事实，即在道德生活中，情感的、意志的和认知的东西之间的关系往往很难明确区分，但它们分别是不可化约的元素，不能相互派生。

同情在道德上的首要地位在亚当·斯密的《道德情操论》（1759）找到了另一个拥护者，他是休谟的朋友，也是《国民财富的性质和原因的研究》（1776）的著名作

① 罗尔斯的表达，*op. cit.*, 100。见他对休谟的情感道德理论的弱点的简短批判，这是依赖于我们自然的“道德意识，必须证实它自己”。虽然现代思想家们对它持反对意见，但我认为它是一种力量，而不是弱点。之后我甚至会用“道德信仰”这个词来形容儒家基于道德人类学的道德伦理。我把“自然的信仰主义”看作是自然赋予道德的立场，不需要任何进一步的理性基础或理由。

② De Sousa, *op. cit.*, 305-306.

者。Copleston 介绍了斯密的道德理论如下：

> 亚当·斯密道德理论的一个显著特征是同情的中心地位。事实上，在英国的道德哲学中，把道德的重要性归因于同情并不是一种新颖的立场。哈奇逊认为同情很重要，休谟，正如我们所看到的，充分利用了同情的概念。但斯密对它的运用更为明显，他在《道德情操论》的一开始就提出了这一观点，从而使他的伦理学从一开始就具有了社会性。"我们经常从别人的悲伤中得到悲伤，这是一个显而易见的事实，不需要任何实例来证明。"[①] 同情的情绪并不局限于善良和仁慈；在某种程度上，它存在于所有人身上。

Copleston 继续说：

> 斯密用想象来解释同情。"由于我们对别人的感受没有直接的体验，所以我们不知道他们受影响的方式，而是通过设想我们自己在这种情况下的感觉。"……然而，如果我们假设同情的原因，不管它们是什么，我们可以说它是人类本性的原始情感。它往往是如此直接和立刻地被感到，以至于它不能合理地来自于自利的情感，也就是说，自爱。没有必要假设一种独特的"道德感"（moral sense），它通过道德上的赞同或反对来表达自己。[②]

我们把这种观点运用到孟子的同情观中也没有问题，除了最后一句话，"没有必要假设一个明显的'道德感'，它通过道德上的赞同或反对来表达自己"。因为，正如我们反复指出的那样，我们的情感道德理论并不支持这种观点，即否定"道德感"作为一种认知现象的相对自主性。不否认同情的感觉可能预先假定或影响我们的道德判断和评价行为，但显然后者需要单独的行为和反思时刻。在我们的道德生活中，认知和理性活动的相对独立性必须被承认，而不否认同情会影响甚至产生道德判断的明显事实，反之亦然。综上所述，我们反对的是试图建立一种全面的道德理论，试图仅仅通过同情来解释道德活动的所有方面。

在这方面，我更同情另一位苏格兰哲学家杜格尔德·斯图尔特（Dugald Stewart, 1753—1828），他将道德观念或道德感（对与错）与道德情绪（emotion）和情感（sensibility）区分开来。[③] 据斯图尔特，与后者不同，前者属于我们的理性活动。它

① Copleston, op. cit., 159.

② Ibid., 159-160.

③ 我对 D. 斯图尔特和亚当·斯密道德思想的讨论主要依据 F. Copleston, *A History of Philosophy*, Vol. V. Modern Philosophy: The British Philosophers. Part II. Berkeley to Hume (Garden City, New York: Image Books, 1964)。

当然可以激发道德情感，但它是一种独立的活动，一种涉及道德思考和判断的理性活动。因此，斯图尔特并没有像休谟和亚当·斯密那样，试图把所有的道德行为都归结为同情。[①] 简而言之，我们可总结说，认知活动和情感活动是两种不同的道德活动类别，虽然它们是密切相关的，可以相互补充，但不应混淆。

在西方道德哲学中，卢梭（J.-J. Rousseau）比任何人都更接近儒家情感伦理学的理论，因为他主张同情心作为出发点和“道德的充分和决定性基础”[②] 具有优先性。天生的，即刻的以及普遍的，同情的感觉被认为是先于所有的思考，且没有任何计算的心思。它构成了卢梭道德的经验基础。他将自然人性与社会人性区分开来，将同情视为真正的人性本身。[③]

卢梭反对霍布斯关于自然状态的描述，霍布斯认为这是一种所有人反对所有人的战争状态。对于卢梭来说，处于原始自然状态的人是好的，道德只是他的自然情感和冲动的发展。[④] 因此人自然是善的，人的本性中没有最初的乖僻（perversity）或罪恶；自爱在自我保护的冲动的意义上，它本身并不包含恶意和暴力。[⑤]

然而，根据 F. 朱利安的观点，卢梭在《爱弥儿》中对同情感的分析揭示了一些模棱两可的地方，这使得他在一开始就面临一个两难的问题：我们如何才能获得同情？[⑥] 因为如果这是事实，即我们不能在没有想象力的情况下而感到同情，并且我们需要达到一定年龄以拥有对另一个人的心灵的一个富有想象力的理解，卢梭认为孩子不能有同情，这似乎与他自己观点——同情是我们的自然和普遍的倾向——相矛盾。

然而，更重要的是，根据朱利安的说法，卢梭对同情的深入分析，使他意识到同情的悖论，就我们能站在别人的立场上而言，我们一定会认为他或她的不幸也可能发生在我们身上。卢梭描述了这种富有想象力的体验所产生的感觉——“同情的甜蜜”——一种“施虐狂的”快乐，终究是一种自私的形式！朱利安说，卢梭无法摆脱这种两难境地。因此，卢梭得出这样的结论：同情终究是一种变相的自爱形式！这是一种奇怪的道德感受，如果它根本上的确是“道德”的话。

朱利安认为，这种同情悖论主要源于卢梭思想预设的个人主义框架。因此卢梭在同情中未能发现他所寻找的真正的人性。这使得朱利安把孟子的道德理论作为另

---

① Copleston 说，休谟思想的这一方面有些混乱，有时甚至难以理解，也见约翰·罗尔斯对休谟道德理论的严肃分析，John Rawls, op. 84-101。

② François Jullien, 30. 至于卢梭的道德思想，我相当依赖于 Jullien 和 Copleston 的工作，*A History of Philosophy*. Vol. 6. Modern Philosophy, Part I: The French Enlightenment to Kant (Garden City, New York: Image Books, 1964), 83.

③ Jullien, 30-31.

④ Copleston, 83.

⑤ Ibid.

⑥ 接下来的讨论，见 Jullien, 31-35。

一种寻找新的道德基础的途径。

他的观点是，我们需要超越个人主义框架——大体上现代道德理论在其中运行。他特别提到了中国传统的理性的人观，一种超越个人主义的人格观，作为一种新的道德理论的潜在替代框架。

叔本华是严厉批判康德抽象的理性主义方法的另一位哲学家，他提倡同情作为一种直接的感受，构成道德的核心。他说，同情当然需要使产生和培养，“我和他一起受苦；我感到**他的**痛苦，就像我平常只感到自己的痛苦一样，同样，我直接渴望他的幸福，就像我渴望自己的幸福一样……我们每时每刻都清楚地意识到，**他**是受苦的人，而不是**我们**。而且，使我们感到受苦以至于悲痛与哀伤的，正是在**他**本人之中，而不是在我们之中。我们**和**他（with him）**一同**受苦，也因此**在**他**之中**（in him）一同受苦；我们能感受到**他的**痛苦，作为他的，却不想象这是我们的痛苦”[①]。

朱利安指出，叔本华的道德情感理论面临着与卢梭同样的问题。然而，与卢梭不同的是，通过完全否定自我的概念，叔本华用本体论的解决方法，旨在逃避个人主义框架的陷阱。[②]

我们如何评价在卢梭和叔本华那里所谓的“困境”、同情的悖论？我们最初的反应是，道德理论应该针对普通道德层面的人，而不是一个圣人的精神完美。因此，我们的问题是：卢梭的道德的良心的悔恨是一个真正的悖论吗？或者它是纯粹主义者困扰（obsession）的症状？我们怎么能期望从普通人那里得到道德上的完美，比如我们在基督和佛陀的教导中发现的那样？当我们看到一个人出于对无家可归者的同情而做慈善行为，却没有达到耶稣所设定的绝对标准时，我们该说些什么呢：“当你施舍的时候，不要让左手知道你的右手在做什么，这样你的施舍就可以秘密地进行。”（Mt. 6: 3-4）同样地，我们应该对一个慷慨的捐赠者吹毛求疵吗？他出于同情，把自己的钱给那些悲惨的穷人，但未能达到设定的高标准，这种标准被著名的概念——“给予（dāna），而不停留在给予”（无住相布施）所设定，正如《金刚经》中的教诲。简而言之，我们似乎没有理由专注于接近道德受虐的道德完美主义。我们人类具有同情他人所必需的类比想象的自然能力，这一定是天（Heaven）赐给我们的“自然恩典”，正如孟子所认为的那样。[③]

此外，我们可能会问：我们的自然的（natural）自私（selfishness）有什么错，

---

① 引自 Rifkin, 349。强调为叔本华所加。

② Jullien, 47-50.

③ 当然，孟子并没有使用“自然恩典”这个词，尽管对他来说，“天”（Heaven）和现代西方无神论的自然主义相比，有着一种有神论的内涵。对于这个问题，参见我在第二十二届世界哲学大会（Seoul, 2008）上提交的的论文《亚洲自然主义：对新世界的旧愿景》。它的压缩版收录在 *Selected Papers from the XXII World Congress of Philosophy* (Charlottesville, Virginia: Philosophy Documentation Center, 2012)。

卢梭他本人都视之为我们为了自我保存的基本本能？如果真的要被称为“自私的”，没有这种自然的自私，谁还能生存下来呢？毕竟，当我们意识到不幸并没有发生在我身上并因此感到宽慰和感激时，我们有什么不对呢？

最重要的是，从后启蒙运动和后弗洛伊德的观点来看，许多心理学家认为，同情应该被简单地视为人类作为社会存在的标志，即人类的联系和相互依赖。我们不必诉诸“中国的”思维方式，也不必诉诸所有事物普遍相互依存的佛教本体论，也不必诉诸叔本华的本体论的个体性（individuality）的消解，以证明我们与另一个受苦受难的人的自然和即时的团结。

可以肯定的是，孩子们需要达到一定的年龄后才能形成自我意识和对自己的心理状态的内省意识；至少，他们应该知道他们是不同的自己，根据他们自己的经历知道受到伤害和痛苦意味着什么，以便与他人的痛苦和困境产生共鸣。我们称这种能力为“想象的类比思维”。这种能力本身就是人类与生俱来的，尽管毫无疑问，它需要通过与他人的“正常”互动来培养和学习，首先是和他们的母亲，然后是他们的玩伴，等等，因为我们都很熟悉。当他们到了一个有明确自我意识的年龄时，他们的想象力的类比能力甚至可以具有一种普遍的形式，即哲学和宗教意识，意识到我们作为人类共同的弱点，在各种悲剧性的生命变幻中——意识来自于不可避免的生命体验。

为什么我们要把这种自发的、自然的能力建立在我们的构造中，把它变成一种微妙的利己主义呢？现在，即使是动物也有这种天生的能力去同情其他动物，不仅是它们自己的同类，甚至是属于不同物种的动物。① 不管同情是否建立在自己想象的不幸之上，不可否认的是，我们生来就有能力同情他人的感受。这一定是一个信号，它表明我们人类是与他人联系在一起的社会存在物，而不是孤独或孤立地生活。② 没有这个类比想象能力的话，甚至康德的道德理论的格言是否可行，都是值得怀疑的。即它应该通过能够被普遍化的测试：“只按这句格言行动，它同时又被意欲成为一项

① 见下个脚注。

② 这种将人性视为 *homo empathicus* 的观点得到了很多后弗洛伊德心理学家的支持，这些心理学家研究所谓的“客体关系理论”，如 Fairbairn、Kohut、Winniecott、Suttie 和 Bowlby。他们都认同这样的观点，即人类从婴儿时期起最基本的需求就是人类的联系、互惠、爱，以及与他人的友谊，尤其是与母亲的关系。参见 Jeremy Rifkin（55-81）对他们理论的总结性的讨论。Rifkin 还谈到了科学家们发现“镜像神经元”的存在，以及它们在人类身上的回路，甚至可能在像大象这样的动物身上，它们能够表现出移情行为，这表明人类天生就具备移情能力。见 Rifkin, 83-90, “What Mirror Neurons Tell Us About Nature Versus Nurture”。里夫金还指出，即使是达尔文，在他的后期作品中，也充分意识到了动物的社会性和感情纽带。他写道：“许多动物当然会同情彼此的不幸或危险。”见 Rifkin，90-92，“The Darwin We Never Knew.”“当然，达尔文从进化论的角度对动物和人类的社会现象进行了适者生存的解释。”进一步讨论社会物种，特别是哺乳动物物种的“移情的敏感性”，见 Rifkin, 83-104。Arthur Ciaramicoli 还给我们提供了一些他称之为“移情遗传天赋”的例子，比如大象和黑猩猩。*The Power of Empathy* (Piatkus: London, 2000), 27-29.

普遍法则。”因为这显然需要我们的想象的类比能力，即以我们自己的思想（mind）为基础来解读他人的思想，以及假想中“站在之下”（理解）他人位置的能力。

我对于朱利安对卢梭的同情及其所谓的两难处境的解读持有上述保留意见，而这一点被 Copleston 强化了。尽管如此，他的解读却非常鲜明。这种差异主要源于他结合传统的自然法概念和自然神学对卢梭道德思想的深刻解读。①

与此密切相关的是 Copleston 的另一个特点，他没有把我们的两个本性——自爱和同情——看成是对立的，而是从前者到后者的自然发展。卢梭认为我们对自爱的激情是我们的基本本能，而不是邪恶本身。他相信，在“自然状态”中，文明的束缚和积重被剥离，人类自然是善良的；正是文明带来了不平等和许多罪恶。②自爱的基本激情作为一种自我保护的本能不是邪恶的；不要把卢梭和利己主义混为一谈。Copleston 描述了卢梭关于假定的“自然状态”的概念，与霍布斯的概念形成了鲜明的对比：“在一开始，他很少注意到他的同伴；当他这样做的时候，自然的或天生的同情就开始起作用了。它先于所有的反思，甚至有时野兽也会表现出它来。”因此，对于卢梭来说，“处于原始自然状态的人是好的”。即使不能从严格的道德意义上说他是好人，道德也只是他的自然情感和冲动的发展。人天生是善的，人的本性中没有罪的原初堕落。③

卢梭认为，利己主义是一种只有在社会中才会产生的感觉，它会导致一个人总是喜欢自己而不喜欢别人。“在自然的真实状态中，”卢梭说，“利己主义并不存在。”④因为原始人并没有利己主义所必要的比较。自爱，就其自身而考虑，“总是好的，总是符合自然的秩序”⑤。“原始人被描绘成被自然的怜悯或同情所感动，卢梭将其描述为‘先于各种反思的，纯粹的自然情感’。”⑥“只有当一个人注意到他的同伴时，这种感觉才会产生。但他不是通过推理认为同情值得欲求；他就是感觉到了它。这是一种自然的冲动。”⑦

正如卢梭本人和 Copleston 的解释所承认的那样，自爱的激情和同情的感觉之间的关系显然比上面提到的要复杂和微妙得多：“卢梭有时似乎暗示同情是一种不同

① Copleston, *op. cit.* 至于卢梭的自然神学元素，见 Copleston, 94-96。在卢梭的《爱弥儿》（English trans. Allan Bloom, Basic Books, 1979）一书中，我们还可以看到萨沃亚德教区牧师的长期信仰。我认为这是卢梭对宗教和道德的看法，尤其是他对自然法和自然神学的看法。弗朗索瓦·朱利安（François Jullien）对孟子和卢梭的比较研究的主要弱点，主要来自他对基督教的狭隘理解，忽视了自然法和自然神学的传统。

② Ibid., 76.

③ Ibid., 83.

④ Ibid., 92.

⑤ Ibid.

⑥ Ibid.

⑦ Ibid., 92.

于自爱的感觉或激情，而且最初是独立于自爱的。”因此，他说同情是一种自然的感觉，通过缓和每个人对自我的爱的暴力，有助于保护整个物种。他接着又补充说，在自然的假设状态下，同情提供了法律、道德和美德。但是尽管我们可以区分自爱和同情，后者实际上是前者的衍生。①

但从我们的角度来看，更重要的是卢梭的感性道德理论与他著名的普遍意志（general will）概念的联系，这一概念是通过自然道德法则刻在人类心灵上。Copleston 说明了这一点：

> 卢梭认为普遍意志指向共同的善或利益，“最普遍的意志总是最公正的，而人民（people）的声音实际上是上帝的声音”……再说一遍，如果你想达成普遍意志，那就使所有的特殊意志都符合于普遍意志吧。但是如果美德仅仅是特定意志与普遍意志的一致，那么建立美德统治就只能是将所有意志与普遍意志一致。②

换句话说，政治社会的普遍意志是将人类意志普遍定向于善的一种特定类型的因势利导（canalization），这是对传统自然法概念的一种新表达。因此，卢梭强调公共教育，强调立法者的任务是使法律符合普遍意志。③

无论如何，对于卢梭来说，似乎毫无疑问“一切道德都建立在我们的自然情感之上”④。他解释了如何从自然的诸激情和自爱，以及同情的情感中，流出所有这些社会美德。“慷慨、仁慈或人道的美德，以及良知和正义感，都被解释为来自同情或是同情的自然延伸。”“因此，正义的第一个概念，”卢梭说，“不是源于我们对他人的亏欠，而是源于我们应得的。”⑤

与休谟和亚当·斯密的同情的道德理论一样，我们并非必须同意卢梭的试图将所有的道德德性和概念解释成源自同情的“自然扩展”，尽管 Copleston 聚焦于卢梭的情感道德理论、甚至他的社会理论背后对自然道德法则的隐性信念的解释，是极具洞见的。无论如何，正如我们将看到的，Copleston 在传统自然法的概念的视域中对卢梭的情感道德理论的解释，基本上是有效的，且对于理解儒家情感道德理论非常重要，尽管我们在孟子那里没有发现任何与高度抽象和假想的“自然状态”的概念和普遍意志的概念相似的东西。

---

① Ibid., 88.
② Ibid., 88.
③ Ibid., 88-89.
④ Ibid., 93.
⑤ Ibid., 93-94.

五、作为怜悯之心（mind-heart）的同情：孔子

与西方思想中对人性的非常悲观的趋势[①]形成鲜明对比的是，几千年来，儒家思想一直坚守着以人性的本质美德为基础的道德乐观主义。这种道德上的乐观源于孔子本人，孟子强化了这一道德观念，并通过新儒学[②]（Neo-Confucian philosophy）得到了形而上学的基础，这在朱熹（1130—1200）和王阳明（1472—1529）的思想中达到高潮。

孔子的思想围绕着两个关键概念：礼（适当），这是他从过去继承的人类行为之仪式的和适当的模式，以及扩展而来的普遍社会规范。但在孔子看来，这种正确的行为模式是不能被轻率地、机械地遵循的；它们应该用正确的态度和关切、真正的感情和真诚加以实践，其中最重要的是仁（慈善 benevolence、人道 humaneness），这是高尚的人（君子，绅士）的首要品德，是孔子教诲中的理想人必须有的东西。事实上，慈善对于孔子不仅仅是美德；它是那个道，所有旨在成为一个绅士需要遵守的方法和原则。就像道永远不会被抛弃，哪怕是片刻，“君子应该从未放弃仁（benevolence），哪怕是吃一顿饭的时候”[③]：

> 孔子说：“富贵是人的心愿。但是，如果不能以适当的方式获得，就不应该持有。贫穷和吝啬是人们所不喜欢的。如果不能以适当的方式获得，就不应避免。如果君子放弃了仁，他又怎么能这样叫君子呢？君子不应该在任何时候抛弃仁，哪怕是吃一顿饭的时候。即使他很沮丧，他也不应该抛弃仁。”[④]

我们可以简单地用“人性”（在人道的意义上）来翻译仁。我们很快就会看到，孟子明确地指出了这两者，并强调，没有仁我们就不成其为人。通过教诲所有人都应当遵循礼，无论人们的社会地位如何，而且礼应该以仁为基础，孔子已经超越了他从过去继承下来的形式主义和保守的道德传统；可以说，他在内在化的同时，将

---

① 主要由于基督教的原罪学说，以及现代思想家霍布斯和弗洛伊德的影响，他们把人类的“自然状态”看成 *homo homini lupus*。

② Neo-Confucian，包括后文，neo-confucism，统一译为新儒家、新儒学等，但作者所指并非现代新儒家，当指宋明理学。——译者

③ 本文引用的《语》《孟》《庸》等文献，译文均从英文译出。此段与下一段的英文《论语》，《论语·里仁》原文为：“子曰：富与贵，是人之所欲也，不以其道得之，不处也；贫与贱，是人之所恶也，不以其道得之，不去也。君子去仁，恶乎成名？君子无终食之间违仁，造次必于是，颠沛必于是。”——译者

④ 《论语》4 卷，5 节。我的译文。

其普遍化了。毫无疑问，孔子认为绅士的理想或高贵的人格（君子）是所有人追求的目标，不管他们的社会背景。

不可否认的是，儒家的仁爱伦理是以家庭为导向的。虽然“仁”是普遍适用于所有人的，但“当它从家庭向外移动时，担忧的程度就会减少”①。“这就是所谓的“有等级的爱”的原则，往往与墨子（公元前 479 — 前 438）所倡导的“兼爱”的理想形成对比。Ivanhoe 评论道：“在秩序井然的国家，社会就是家庭。”② 更肯定的是，显然孔子把家庭视为爱的栽培地。因此孝和悌据说是“仁慈的根源”③。

根据孔子，仁是爱别人（愛人），甚至可达到牺牲自己的生命的水平（殺身成仁）。从现代道德理论的角度来看，孔子道德思想一个更有趣的方面是他的互惠的概念，或恕，作为实践仁的原则：这是通过推己及人的类比能力知道另一个人的心灵的。④ 孔子认为这是“贯穿他整个教学的唯一原则”。在《论语》中，我们发现了下面的对话：

> 子贡问：“人的一生中，有一个词可以用来形容吗？”孔子说：“这难道不像真的吗？你不愿做的事，不要对别人做。”⑤⑥

在《论语》的另一处，孔子回答了弟子（子貢）相同的问题：“你认为我是研究了很多，因此是个博学的人。不是这样的。我有一个贯穿这一切的原则。”在另一个地方，对仁的解释更为具体：“如果一个人想要站起来，他应该让别人站起来，当一个人想要通过时，他会让别人通过。用最接近的比喻来比喻，可以说是实践仁的方法。”⑦

许多人都注意到黄金法则的这个孔子的版本与耶稣的版本，甚至康德的作为绝对命令的道德法则的构想之间惊人相似之处。第一个明显的区别是，与康德构想的形式理性主义特征相比，孔子的黄金法则显然具有一种迎合我们共同经验的心理特征。

第二点不同在于两种道德原则的历史文化背景不同。康德的道德准则以平等主义观点为前提，认为人是理性的道德主体，而不考虑他或她的年龄、性别、社会地

---

① Philip J. Ivanhoe, *Ethics in the Confucian Tradition* (Atlanta: Scholars Press, 1990), 6.

② Ibid.

③ Ibid.

④ Literally, “The Way (Tao) I follow is unified by the single principle of likemindedness.”

⑤ 引自 A. C. Graham, *The Disputers of the Tao: Philosophical Argument in Ancient China* (Illinois: Open Court, 1989), 20; 翻译略有修改。我将统一用“likemindedness”译恕（*shu*）。

⑥ 《论语》原文：子贡问曰：“‘有一言而可以终身行之者乎？’子曰：其恕乎。己所不欲，勿施于人。”（《论语・卫灵公》）——译者

⑦ Graham, 21.

位和其他偶然性的属性。如果没有这种平等主义的观点作为一个不言而喻的真理，康德的道德格言“绝对命令”就不能作为一个普遍的原则发挥作用。在孔子的教诲中，甚至在前现代儒学的悠久传统中，我们是否能找到这种抽象的人的理性概念是可疑的，尽管它一直把人视为修身的道德主体。当然孔子的人观可以被描述为道德平等主义，因为他赞成绅士性（gentlemanliness）的理想作为所有人可达到的普遍目标，在他之后的儒家传统牢牢坚持所有人的道德完善性的理想：所有人可以而且应该成为圣贤。我们也可以说，孔子承认所有人的普遍尊严——如果不是权利的话，不管他们的社会地位如何。特别是在教育方面，他以接受学生而闻名，不管他们的社会或经济背景如何。

第三个重要的区别也值得我们注意。不同于孔子的作为一种践行爱的恕，康德的形式化的黄金法则的原则是完全基于我们的实践理性并且不假定或需要运用它的人的道德美德，因此受到了这样的批评，即它容易滥用，正如康德自己所知道那样。[①] 举个例子，如果一个罪犯会根据金律向法院法官请求宽大处理呢？虽然我们没有证据表明孔子意识到了这一问题，但在儒家传统中，人们普遍承认道德德性是实践恕的前提。在这一点上，值得注意的是，在《论语》的另一处，孔子提到了“以诚相待”的美德。因此，他说他的唯一的原则就是忠恕。[②] 此外，除了恕的类比原理作为实践仁的方式，孔子适时地强调需要“克服自私的欲望和恢复礼节”（克己復禮）。无论如何，保持之前的道德要求，黄金法则和恕的原则作为类比能力，通过从自己的心灵推断而达到另一个人的思想（推己及人）。这对于都生活在地球村的我们，可以作为一个优秀的道德原则。[③]

事实上，没有内在理由将仁限制在人际关系的层面。因为我们知道，当同情与恕和理解相伴时，甚至可以消除我们长期以来对敌人的偏见，使我们理解和原谅他们过去的错误，与他们建立新的关系。毋庸置疑，在现代语境下，孔子的恕的原则也应该应用于社会层面，尽管他没有提到个人/社会的区别。在我们目睹了世界各地发生的许多集体冲突的情况下，对集体同情和恕的需要无疑是现代世界的一项宝贵资产。显然，如果没有集体之恕的类比、想象能力，敌对团体之间的任何对话或谈

---

① 事实上，我们可能会质疑康德的定言命令式的概念是否仅仅是形式的，或者它已经是“有价值的”。

② 这两个词不能被认为是指两种不同的精神状态，也就是说，两种心灵，这是违反“单一原则”的。适当理解这两个修饰恕（likemindedness）的词的关键在于，正确理解“全心全意（wholeheartedness）”（忠）的概念，后者通常被翻译为“忠诚”但这里不合适；这个汉字是由两个词组成，“中间/中心”（中）和心（心），因此应采取在一起作为“从底部或中间的我们的心”，也就是说，恕和真诚。

③ 作为这个方向的一个例子，参见 Hans Küng, *Global Responsibility: In Search of a New World Ethic* (London: SCM Press, 1991)，尤其是他对于黄金律的简短讨论，第 58—59 页。

判都注定会失败。[①]

六、作为怜悯之心（mind-heart）的同情：孟子

孟子（公元前370—前290），最杰出的孔子教诲的追随者，活跃于孔子过世大约一个世纪之后，通过在人心本身之中确定仁，进一步内化仁的概念。它根植于我们的大自然，被称为“人的舒适的房子”（人之安宅），或者仅仅是我们人类本身（仁者人也），没有它甚至没有人可以称之为人。从这个意义上说，我们完全有理由断言，对孟子来说，人确实是*homo sympathicus*[②]。仁，从它最初的迹象或萌芽中就可以看出，心对他人的苦难表示同情，是我们的自然倾向，就像水向下流动一样。孟子说：“仁是人的心，义是人的路。忽视这条路而不去追求它，失去这颗心而不知道如何再去寻找它，这是多么可悲啊！”[③]

孟子对儒家道德思想的主要贡献被认为是，在儒学史，甚至在整个中国和东亚思想中，把人性问题提上日程。孟子为自己的人性本善学说提供了一些经验性的心理学见解。在公元前4世纪和3世纪，当孟子活跃的时候，关于人性本质是善还是恶还是中性的问题，在中国思想家中引起了激烈的争论。孟子是人性本善的正面看法的最明显的拥护者。不必详细讨论在这个问题上的不同立场[④]，在这里仅简单地引用《孟子》中归于告子的论点就已足够，即人性是，或者可以，或善或恶，以及孟子的反驳：

> 告子说：“（人类）天性就像一摊水。当我们为它做一条向东的通道时，它就向东流动；当我们为它做一条向西的通道时，它就向西流动。人的本性没有善与恶的区别，就像水本身没有东西的区别一样。”孟子反驳道：“水当然不区分东西，但它不区分上下吗？人性的善良就像向下流淌的水；没有人不好，因为没有不向下流动的水。但是当我们击打它并使它跳跃时，我们可以让它越过你的前额，或者当我们击打它并移动它时，我们可以让它在山中；这怎么可能

① 在这方面，Jeremy Rifkin 的 *Empathic Civilization* 非常重要，因为它强调了同理心意识传播的全球重要性。

② 这是我自己仿照 Jeremy Rifkin 的概念 *homo empathicus* 杜撰的一个术语。*Op. cit.*, 42-43.

③ 成百曉 譯註，孟子集註（“Seoul: 傳統文化研究會，1991). 当我出我自己的英语翻译时，我将继续使用这个有用的文本，它有一个韩语翻译和中文文本，不仅是孟子，也有一些来自著名的新儒家思想家的评论重要的段落。

④ 对此一个好的讨论，见 Graham, *The Disputers of the Tao*. 117-132。

是它的本质呢？是力使它变成这样。人类也可以做那些不好的事情，当他们的本性被迫去做它的时候。”[①]

在儒家传统中，认为人类从本性上是邪恶和自私的观点总是被归之于荀子（前313—前238）。孟子的人性观在儒家传统中被公认为是正统的，每当孟子的人性观被引入时，荀子的观点就会被提及，作为它的对立面，或者几乎是陪衬，使孟子的观点更有说服力。

让我们先听一下孟子所运用的最著名的论点，以证明他的人性之善：

> 人都有一颗不忍心看到别人受苦的心。古代的国王有一颗怜悯的心，他们当然也有一个同样的怜悯的政府。当人们以一颗怜悯的心去运行一个怜悯的政府时，统治整个世界就像在掌中移动东西一样容易。我之所以说所有的人都有一颗不忍心看到别人的痛苦的心，是因为如果他们看到一个孩子将要掉到井里，他们都会有一颗警惕和怜悯的心。这不是为了与孩子的父母相处和睦，也不是因为他们寻求邻居和朋友的赞扬，也不是因为他们讨厌（坏）名声。从这一点推断，当你没有怜悯的心时，你不是一个人；当你没有羞耻心时，你不是一个人；没有辞让心时，你不是一个人；没有是非之心时，你不是一个人。[②]

这里有几点值得评论。首先，孟子列举了四种道德萌芽或初期迹象（四端），作为人心的先天的道德本性——怜悯的心（惻隱之心），谦逊和顺从的心（辭讓之心），羞耻和厌恶的心（羞惡之心），知道正确和错误的心（是非之心）——在儒家思想中分别构成四项核心美德（四德）的基础：仁（仁）、义（義）、规范（禮），和道德智慧（智）。[③] 这四种道德萌芽和四种美德构成了所有人共有的人性，圣人或普通人相似。“人性的本质据说是好的，在我们能够行善的意义上，如果人们行不善，责任不能归咎于他们的自然力量（材）。”[④] 个体的道德差异取决于我们如何培养和培育它，就像树木或植物的基本性质在任何地方都是一样的，而它的生长取决于不同的自然条件和人类的照料。

---

① 孟子集註，告子章句，上，313-314。

② James Legge, trans. *The Works of Mencius, The Chinse Classics*. Vol. II (Hong Kong: Hong Kong University Press, 1960), 201-202; 我对译文略有改动。

③ 关于四种心灵和四种美德，它们的性质和关系的一个很好的一般性讨论，请参见 Donald J. Munro, *The Concept of Man in Early China* (Stanford, California: Stanford University Press, 1969), 74-77。亦可参 David Wong 的文章，*op. cit.* 31-32，简要讨论四心之间的关系。Wong 将四心看作是“两种功能的化合物”，即同情的情感功能和智慧的认知功能。

④ Legge, 402. 孟子集註，告子章句上，321-322。

根据孟子的重要洞见，除非我们的心有一种乐于行善的天性，除非我们本质上是有道德的人，否则道德就会像某种强加于我们或“从外部注入我们”[①]的东西一样压迫我们。因此，孟子强调我们起初拥有自然倾向——我们心中的四种道德萌芽，而能过仁义礼智的德性的生活。值得注意的是，孟子对四心分别重复了四次（！），没有了四心，甚至连人都称不上。

孟子当然知道我们也有生理上的欲望，所以我们常常忽略了四道德心的召唤。但重要的是，对于孟子来说，道德根本不与我们的本性相违背，不是对它施暴，而是完成它。孟子不像生物学家认为人从根本上是自私的，他坚信道德是人类自然发展的结果。孟子也清楚他的时代的另一个哲学家——Gaozi（告子）的立场，人性在道德上是中性的。孟子尖锐地驳斥了这种观点：

> 哲学家告子说：“人的本性就像杞柳，义就像一个杯子或一个碗。从人的本性中产生仁义，就像用杞柳来做的杯和碗。”孟子回答说：“你能不去碰那棵柳树，用它做杯子和碗吗？为了用它做杯子和碗，你必须对柳树施加暴力和伤害。如果你一定要用暴力伤害柳树来做杯子和碗，[按照你的原则]你也必须以同样的方式对人类施暴，以使它产生仁义。”[②]

第二点要注意的是，孟子以作为怜悯心（惻隱之心）的同情开始他的四个道德萌芽清单，“无法忍受看到另一个人的痛苦”（不忍人之心），表明它是我们的道德本质起初主要的线索。它是仁——儒家道德传统的主要美德——的萌芽和线索。字面上，作为恻隐之心的同情意味着不能容纳“剑似的”（忍）心，对他人尖锐而残忍，所以它不能忍受看到对方的痛苦。新儒家哲学家程颐（Ch’eng I）甚至说过：“这种怜悯心充满了我们的肠子。”[③]

我们可以从孩子将要掉到井里的故事中看出，一颗恻隐的心被认为是纯洁和自发的，而不是出于别有用心的动机。对于孟子而言，它构成了对人类道德本质的明确指示，证明道德对我们来说是“自然的”。因此同情作为恻隐之心有一种即时的动力促使我们行动；它构成了行动的理由，尽管其他一些因素可能阻碍我们采取行动。至于如何帮助孩子，它可能会被随后的实际原因所强化，但它本身并不需要额外的理由来激励我们为孩子采取行动。没有这个人类学的道德基础，除了将道德视为从外部权威——如神圣的惩罚和奖励、社会压力、报应——强加给我们或求助其他的

---

① Legge, 403.

② Legge, 394-395.

③ 孟子集註，公孫丑章句上，103。

实际理由，激励我们为无辜的受害者采取行动，我们别无选择。

关于这个段落的第三个值得注意的观点是，孟子也提到了其他三个心，作为我们自然的道德的指示。虽然孟子并没有讨论恻隐之心与三心之间的关系，但注意到孟子并没有试图把它们化约为同情，这就够了。孟子把四德比作我们身体的四肢。但孟子明显将同情，一个情感现象，与辨别对与错的心（是非之心）相区别，辨别对与错的心是“我们天生的道德感”的“隐性评价活动”，颇具知识性质的一个活动。[①] 另外两种心，羞愧和厌恶的心，以及谦虚和顺从的心，也属于我们的“道德感”而不是同情。这两种道德意识，尤其是谦虚的心，都是基于怜悯的心。因为一个人如果没有同情心，却对老人和弱者还有一颗辞让的心，这是值得怀疑的。同样地，我们分辨是非的心，表达我们的道德认同和反对，以及我们的羞耻感和厌恶感，在很大程度上受到一个人的行为是否表现出同情的心的影响。通过这些观察，我们可以得出结论，对孟子来说，同情是几乎所有道德活动的首要和不可或缺的因素。

在这一点上，孟子讲述了另一个关于一个国王的著名故事。国王碰巧看到一只正在被拖去屠宰的受惊的牛。他不忍心看这头牛，便命令他的大臣释放它，用一只羊代替它，说：“我不能忍受它害怕的样子，就好像它是一个无辜的人去死一样。”

在这个故事中，我们可以再次确认同情的意向特征。很明显，国王最初没有先在的无辜的概念——正如孩子在井的边缘将要落下去的例子，或处决一个无辜的人的例子——他不会有怜悯之心。同情不会在我们的心灵真空中产生。我们注意到，作为一种感觉的同情的力量，是纯粹和无条件的，它总是指向痛苦中的一个特定的“客体”。虽然孟子没有谈到同情的认知层面，但很明显，同情并不产生于精神真空，而是总是在对被同情对象的某种信息或认知判断之后出现。

同样值得注意的是，同情心很容易超越人类的界限，甚至延伸到动物身上。事实上，在后来的新儒家思想中，同情具有宇宙的维度，正如我们在 15 世纪著名哲学家王阳明的故事中看到的那样，据说他甚至对一块瓦片的碎片感到同情。

更重要的是，上面这头牛的故事继续告诉我们，在称赞国王有一颗温柔的心，“不忍心看见”无辜者遭难，据说孟子曾告诫国王以下几句话：

> 对自己家里的长辈要以尊敬的态度对待，从而使别人家里的长辈也可以得到同样的对待；要善待自己家庭中的年轻人，从而使他人家中的年轻人也可受到同样的对待。这样做，王国就可以在你的手掌中运转……古人大大超过别人的方法，无非是这样：——简单地说，他们知道如何去做他们自己做的事，以

① Munro, 75. 亦参 David Wong 对这四种倾向的简短分析，载于他富有启发性的文章 *op. cit.*, 31-32。Wong 将它们视为两种功能的“化合物”，情感的和认知的。

便影响别人。现在你的善行足以感动动物，却不能扩展它以造福人民。——这是怎么回事？这里有例外吗？[①]

这是一个很好的例子，说明孟子认为我们的怜悯心建立在类比的恕的基础之上，它能够和应该达到什么程度，甚至是政治层面。我们应该注意到，对于孟子和孔子来说，个人伦理和社会伦理的显著差异是未知的；后者只是前者的自然延伸。

对于孟子来说，道德的自然特征的重要性是很难被夸大的。"我们本来就有道德美德，"孟子说，"我们只是不去思考它而已。"[②]或者，引用我认为《孟子》中最重要的一段话，它完美地概括了他的道德思想的要旨："当人们穷究自己的心，便知其本性；当知其本性，便知道天的本性。保持自己的心，培育自己的本性，这就是侍奉天的方法。"[③]我称之为孟子的"道德信仰"，基本上与卢梭和康德的精神一致，因为道德是通往天堂和上帝的主要道路。正如卢梭在他的小说《新爱洛依丝》中所说，"上帝真正想要的是我们正确的行为"[④]。卢梭认为良心是天之声（voix celeste），康德认为良心是理性之声（voix de la raison），这与孟子的思想非常接近。他称我们与生俱来的道德倾向为"善的能力"（良能），称我们天生的道德知识为"善的知识"（良知），称我们与生俱来的道德心为"善的心"（良心）。[⑤]我们不妨把这三个词分别称为"自然的道德能力"、"自然的道德知识"和"自然的道德心"。

在另一个地方，孟子明确地说："人不经学习而拥有的能力是好的能力，不经思考而拥有的知识是好的知识。"[⑥]在孟子的三种先天能力中，王阳明后来尤其把"良知"作为其道德哲学的基础。

根据朱熹（1200），新儒家最具影响力的哲学家，"善"意味着"最初的善"，也就是说，天赋予我们的道德本性。因此，"当人们穷究自己的心，便知其本性；当知其本性，便知天"[⑦]。因此，"保持自己的心，培育自己的本性，就是用以侍奉天的方法"[⑧]。人的心、人的本性以及天，对于孟子而言是不可分割的三位一体。这构成了孟子道德思想的要旨。

以同样的精神，《中庸》在一开始就宣称：

---

① Legge, 143-44.

② 孟子集註，告子章句上，322.

③ Ibid., 盡心章句上，373.

④ Quoted from Julien, 201.

⑤ Ibid., 盡心章句上，384. "善心（Good mind-heart）"（良心）在中国、韩国和日本，如今是相应于西方"良心（conscience）"概念的词。

⑥ Legge, 456. 我将 Legge 的"直观能力"变为"善的能力"，将他的"直观知识"变为"直观认识"。

⑦ Ibid. 盡其心者知其性也知其性則知天矣。

⑧ Ibid., 373. 存其心養其性所以事天。

> 上天的命令，即是一人的“本性”；符合人的本性的进程，即是“道”；“道”的修炼，即是“教”。“道”是不能与我们须臾分开的，可以分开的不是道。[①]

如果道德是孟子达至天的必由之路，那么天本身就必须具有道德品格，尽管孟子并没有明确地提到这一点。从这个角度来看，把孟子的世界称为“充满道德的宇宙”绝对是轻描淡写。[②] 因为孟子的道德信仰是建立在从我们的心到我们的本性到天的一种道德的和本体论的连续性之上的。对于孟子来说，道德不仅仅是人类的事情：它是人类学的，也是宇宙的基础。我们甚至可以说，道德对于孟子来说是一个神秘的维度，所以我们可以谈论孟子的“道德神秘主义”，它的目的是一个三位一体的完美统一：道德心，人的本性，和天。[③]

这个道德的宇宙维度被儒家传统的新儒家哲学家，如张载、程氏兄弟、朱熹进一步阐述，最终在王阳明的形而上学和他心的概念中达到顶峰。Ivanhoe 对此有如下描述：

> 孟子从孔子的传统道德转向以心灵的自发反应为基础的道德，扩展了道德的范围。我们可以看到，王阳明在考察他的道德观念的范围时，在这一过程中又走了好几步。王认为，我们的关心之情延伸到了植物、瓷砖和石头上，仁爱之心延伸到宇宙的每一个角落。这与他关于我们仁慈感情的基础的论点是一致的；它们反映了宇宙潜在的统一性。但在孟子那里你完全没有这种观念。

Ivanhoe 继续说：

> 王的道德基础是宇宙的内在统一。对他来说，任何不公正的行为都是对他的不公正，任何失序都是一种他遭受的疾病，任何伤害都是他自己身体的痛苦。这以一种迷人的方式将个人和世俗的救赎任务结合在一起。显然来自大乘（Mahāyāna）佛教对菩萨的角色概念，一种能在整个新儒家感觉到的影响。[④]

---

① 引自 Graham, 134。Graham 对这部经典的精神和意义以及它与孟子思想的密切关系的详细阐述具有启发性；见他的讨论，第 134—137 页。

② Ivanhoe 的表达 , *op. cit.*, 8。

③ 我对西方自然法传统下儒家道德传统的理解，与莱布尼茨在 *Discourse on the Natural Theology of the Chinese* (Hawaii: The University of Hawaii Press, 1977) 中陈述的对儒家思想的看法基本一致。特别参见第 92—107 页。

④ 参见 Ivanhoe 对王阳明道德思想的出色讨论，其宇宙方面及形而上学方面，“The Nature of Morality: Wang Yang-mind,” *op. cit.*, 15-21。

我不确定宇宙统一的概念“在孟子那里完全没有”，但 Ivanhoe 将新儒家的形而上学，尤其是王阳明的形而上学，归因于佛教的影响，肯定是正确的。

孟子很清楚地认识到，道德的完善和与天的神秘统一，是一个漫长而艰巨的过程，有许多阶段。当我们渴望它（欲）时是开始的善的阶段，当我们达到善时是保证阶段（信），当它充满我们时是美的阶段（美），当它不仅充满我们而且向世界辐射时是伟大的阶段（大），当这种大具有自然的变革力量时是圣贤状态（聖），当它对我们是难以估计和难以预测的时候是神圣的精神（神）的最后阶段。①

基于人性的善良的教义的儒家人文主义的精神，当它与西方基督教的道德传统作对比时，便清晰起来。在后者道德已经被普遍认为是来自超越的神的意志，并且长期以来，在柏拉图式的二元论和修道院的传统的影响下，一直与禁欲的心灵相联系。除此之外，还有两股深刻影响西方道德传统的思潮。一种是由于基督教原罪教义的影响而产生的强烈的悲观论调。另一种是西方文化的理性精神，在这种精神中，道德是不可想象的，除了我们理性的自我控制抑制生物本能之外，这反过来又引起了现代思想家如尼采和弗洛伊德的极端反应。

并不是孟子没有意识到我们的道德本性和我们的生理欲望之间的冲突，但他仍然乐观地认为，我们的道德本性——是上天特别赋予人类的——占了上风。冲突不被视为在两个相等的力量之间，而是在主要和次要的部分之间的一个根本对立，孟子所谓伟大的身体（大體）和小的身体（小體），也就是说，在作为我们的更基础部分的眼睛和耳朵和作为我们高贵的一部分的“心的意志”（心志）或心的官能（心之官）之间。② 根据孟子，决定一个人是一个“渺小的人”（小人）或一个“伟大的人”（大人）的是他的渺小部分伤害还是培育他的伟大的部分。③ 下面这段忏悔的话让我们知道，孟子认为道德斗争是多么的艰难：

> 生活是我所渴望的，正义也是我所渴望的。但如果我不能两者兼得，必须选择，我将放弃生命，选择正义。我也渴望生命，但既然我有比生命更令人向往的东西，我就不会不择手段去拥有它。死亡也是我所恨的，但有些事我比它更恨。因此，我不寻求避免偶尔的痛苦。出于这个原因，我不使用手段来保存生命，也不使用手段来避免痛苦……不是只有有智慧的人才有这样的心；人人都有，但智慧的人不失去它。④

① 孟子集註，眞心章句下，430。程颐说这种最终状态是不同于圣者状态的。

② 孟子集註，告子章句上，337-338。

③ Ibid.

④ Ibid., 331-332.

孟子认为，我们的道德倾向，给予适当的培养和栽培，可以战胜我们的生理欲望。正如 Graham 所言，“说善是自然的，就是说我们有道德倾向，它使我们满足的方式正如其他欲望满足我们的方式，它与欲望的冲突的方式仅如欲望之间彼此冲突的方式一样。通过对人性本善做出更有力的宣称，孟子暗示了更多的东西，即相对于其他的倾向，更倾向于道德是很自然的。”①

孟子以道德信仰为基础的道德乐观主义，在他对当时政治问题的道德态度中最为明显。值得注意的是,《孟子》以他与梁王的对话开始。在其中孟子控诉国王给予寻求利润（利）对于仁和公义的优先性，他说：“如果陛下说，‘要做什么对我的王国有利？’高级官员会说，‘为了有利于我们的家庭，我们该做些什么呢？’下级军官和老百姓会说，‘我们要做些什么来使得自身获利呢？’当无论上下，都必寻求利益，这国就必灭亡。”② 孟子也说过：“一个大臣怀着私利侍奉他的国王，一个儿子怀着私利侍奉他的父亲，一个弟弟怀着私利侍奉他的哥哥，这最终会导致仁、义的沦丧，因为他们是各怀私心相互联系的；这样做而没有灭亡的，是没有的。”③

鉴于他生活在动荡时期——战国时代，以及他不得不对付强悍的现实主义统治者，孟子对美德（德治）和仁慈的管理（仁政）的持久追求是非常令人印象深刻的。当然，孟子并没有天真到相信道德本身就足以成就一个好的政府。他很清楚，人民的物质生活是人民能够过道德生活的必要条件：

> 人民的方式是这样的：如果他们有一个稳定的生计（恒産），他们将有一个稳定的心（恒心）；如果他们没有稳定的生计，他们就没有稳定的心。如果他们没有一颗稳定的心，他们就没有什么事是不会做的：自暴自弃，道德缺陷，堕落放纵。当他们因此卷入犯罪之中，跟踪他们并惩罚他们就是陷害人民。在一个仁慈的人的统治下，怎样能陷害人民呢？④

道德主义和家长式作风经常被当作是对儒家传统的政治观的批评，这种指责并非毫无根据，但孟子坚持认为道德原则在政治中当有首要地位，他孜孜不倦的努力，以及与那个时代心狠手辣的统治者针锋相对的大胆行为，同样令人印象深刻。除了他根深蒂固的“道德信仰”之外，这是无法解释的——这种信仰植根于他的坚定信念，即道德满足了我们天赐的人性，道德本身就是一种回报。

---

① Graham, 130.

② 孟子集註，梁惠王章句上，15。

③ 孟子集註，告子章句下，352。

④ Legge, *The Works of Mencius,* 239-240.

孟子很清楚在我们生活中经常经验到的道德与幸福之间的明显差异。但这并没有动摇他对政治道德方法有效性的坚定信念。对于孟子，宇宙的道德秩序如同天的方式（天道）一般不变。孟子很清楚，由于某些不可知的原因，天道有时似乎违背了我们的期望。像孔子一样，孟子的反应是一个冷静的辞职，接受天的法令或命运（天命）。当被问及他在政治问题上的道德方法是否有效时，孟子回答说，我们应该先审视自己的内心，看看它是否还有不足之处。道德律根植于世界与人的本性，对孟子而言几乎就像自然律一样。在一个罕见的案例中孟子甚至用“法律”（法）这个词关涉世界的道德秩序：“君子在践行法律后等待天的命令。”① 正如朱利安所指出的，这让我们想起了斯多亚派的 nomos 概念，自然法则和理性。②

西方最常见的神学观点之一就是邪恶，道德的或自然的，最终会带来更大的好处。在孟子那里，似乎离这种思维方式最近的可能是他的话：“当天将提交一项重要任务给一个人，首先，它必然骚扰他的心志，让他的肌肉和骨骼劳苦，让他的身体和皮肤饥饿，让他极度贫困；因此挫败他的事业，从而可能唤醒他的心，使他的天性耐心，从而加强他的弱点。”③

为了让他成为一个伟大的人，作为天意的磨炼，义人遭苦难是正当的。但比这点更重要的是，孟子坚定地认为道德是善的，它本身就是一种奖赏。这是一个真正的美德的标志，保持他的镇定，不受不利事件的影响；他甚至会以坚定的毅力坚持天道为乐。这种态度，加上一个对正义的终极胜利（事必歸正）的坚定信念，广泛在儒家文化中被称为“在贫穷中平和和在道中快乐（安貧樂道）”，一个优越的人的理想生活。④

孟子的道德信仰是对道德力量近乎神奇和神秘的看法。这种力量，孟子认为，在一个社会中像流水一样从高流到低。像孔子以他的比喻所表明的一样，他将一个绅士（君子）比作风，将一个渺小的人（小人）比作草：“绅士的美德是风，而小人的美德是草；当风吹过草地时，草必弯曲。”⑤ 与此密切相关的是孟子思想的另一个显著特点，即道德在它是“自然的”意义上是能动的且有自己的生命精力（氣），也就是说，一种道德能量，它蔓延到整个世界的范围内。作为一种宇宙能量，它渗透到所有的存在者，而不仅仅是人类。无数的存在者都在分享这种源自道德力量的巨大能量。孟子讲自己的经验“滋养”这种“洪水般的气”（浩然之氣）。我们甚至可以

① 孟子集註，盡心章句下，33。

② Jullien, 187.

③ 孟子集註，告子章句下，370。

④ 这两个中国成语在韩国儒家文化中很常见。

⑤ 孟子引用孔子的话。孟子集註，滕文公章句上，142。

说，在这个宇宙层面上，道德对于孟子来说是一个“神秘”的维度。以下是他自己的经历：

> 我善于滋养我的洪水般的气……这是这样一种气，它是最大的，最坚硬的。如果你正直地滋养它而不干扰它，它就填满了天地之间的空间。这是一种气，与道相匹配；没有这些它就受饿。它是由正义之事的积累所产生的，而不是说通过零星的正义之事，我们就能抓住它。①

我们不得不同意程颐的说法：“孟子关于人性和养气的两种学说，不是先哲（孔子）所说的。”②

最后，孟子政治思想的另外两个重要方面值得我们从现代的角度予以特别关注。一是他坚持政治权力必须具有道德合法性。另一个与此相关的思想是人们有权反抗暴君并将他赶下台。③因为毫无疑问，孟子认为人民是一个国家中最重要的因素，当然比统治者更重要（民本）。孟子大胆地肯定了人民反抗和推翻专制统治者的权利。Legge 很久以前就对这件事的看法如下：

> 人民是国家最重要的组成部分，君主是最轻的；——这无疑是一个大胆而有力的肯定。孟子并不害怕遵循这一结论，即实行有害统治的君主应被废除。他的存在不应被允许妨碍公共利益。在这种情况下杀人不是谋杀……关于统治者与人之间的关系的基础，孟子很清楚地提到了上帝（天）的旨意……但问题来了——天意如何被知道？孟子试着去回答它。他说：“天赐王权，但对它的任命并没有特别的禁令。上帝不说话，而是通过一个人的个人行为和他的行事来显示他的意志。”整个事情的结论是：“天之所见即人之所见；天之所闻即人之所闻。”④

但是我们没有证据表明孟子的这些进步的甚至是“激进的”方面的教导会导致任何类似现代代议制民主思想的东西。因此，人民的幸福依赖于在传统儒家道德和政治体系中的统治者的仁。

我们从现代的角度，用一个简短的批判笔记来总结我们对孟子政治伦理的讨论，

① Graham, 126-127.

② Ibid., 13.

③ Ibid.

④ James Legge, *The Works of Mencius*, 44-45.

尽管孟子在道德上是平等主义的，但没有证据表明他有任何类似普世人权的概念，这是现代政治和法律平等主义概念的基础。然而，我们在《孟子》中发现的一个重要的论断，如果不是导致普世的人权，也很容易导致普世的人的尊严。“高贵是人类心灵的共同特征。每个人都有高尚的品质；只是他不去思考它。”① 孟子也说过：“即使是饥饿的乞丐，也会拒绝踢到他面前的食物。”② 有趣的是，朱熹解释这是一个人类羞耻心（羞恶之心）的表现，这羞耻心使他憎恨无视礼节的行为；他宁愿饿死也不吃那食物！③

七、作为怜悯之心（mind–heart）的同情：丁若镛与茶山（Tasan）实学

以关于丁若镛（号茶山 [Tasan],1762—1836）的道德哲学的简要介绍来结束这个讲座是恰当的。丁若镛是韩国儒家最杰出的哲学家之一。在韩国儒家哲学史中，他以其人性理论倾向（性嗜好说）而闻名。根据丁若镛的说法，人类和动物一样，都有身体的倾向和对食物、性、住所和其他自然本能的自私欲望；然而，人类与动物的不同之处在于，他们被赋予了另一种心灵的本质。丁若镛对此的描述如下：

> 基于其最初的意义，所谓的自然就是我们的心的倾向。……当我们的胚胎完全成形时，上天赋予它一种空的、精神的和无形的本质（虛靈無形之體）。至于它是什么，它喜爱善，憎恨恶，喜爱德性，以耻辱为羞，这就是所谓的自然。④

从上面可以清楚地看出，这种天赋予的“空虚的、精神的和无形的本质”是我们心灵的一种道德倾向，如孟子所提到的四种道德萌芽。丁若镛详细阐述了我们本性的本质善性，即道德倾向：

> 所有人的本性不可改变地以善为乐，以恶为耻。因此，如果一个人做了一

① 孟子集註，告子章句上，340。

② Ibid.，告子章句上，332。

③ Ibid.

④ Keum Jang-tae, *Tasan Silhak T'amgu* (Seoul: Sohaksa, 2001), 96. My own English translation of the Chinese text.

> 件好事，他就会充满幸福；如果他做了一件坏事，他的心就被忧郁所笼罩。即使他从来没有做过什么好事，也从来没有说过好话，他也很高兴；即使他从来没有做过任何坏事，却受到诽谤，他也会生气。这是因为他知道好的行为是令人满意的，坏的行为是可耻的。当他看到别人的善行时，他对他们表示赞许；当他看到别人的恶行时，他对他们表示厌恶。这是因为他知道好的行为是值得尊敬的，坏的行为是可恨的。所有这些都是对即刻可见事物的欲望。①

丁若鏞用各种术语描述这种独特的天赋予的道德倾向，比如“空的、精神的和无形的本质”（虛靈無形之體），“空的和精神的”（空寂）或“精神的和明亮的”（靈明），以及“空和寂静的，精神的和觉知的”（空寂靈知）。或者仅仅是“精神的觉知的，从不晦暗”（靈知不昧）。这些术语，而不是常见的新儒家描述人心性质的哲学词汇，基本上源于大乘佛教谈及佛性的用语。丁若鏞显然意识到了这一点，且批评佛性的概念可能会对新儒家传统的人性观施加恶劣影响，传统新儒家的人性观认为人性是“原始的纯洁的本性”（本然之性）。丁若鏞担心，佛教的理解可能会误导人们以一种决定论的方式来理解人性，从而使他们忽视道德努力来培养他们的心灵。因此，他提出了自己的观点，认为人的本质应该简单地被理解为我们的自然道德倾向或习性——在孟子那里这确实是它的本义——而不是教条的形而上学意义，或者是指实际的美德本身。

丁若鏞对这一对概念——这对概念塑造了传统新儒家的人类学——中的另一个有更多批评，即生理性质的概念（氣質之性）。因为它把人的个体道德差异完全归结于他们遗传的生理特性、纯洁和不纯洁等等。丁若鏞认为，这显然会导致使得我们的道德努力变得毫无意义的道德决定论。②

重要的是要认识到这个修饰人心本性的术语“空的精神的”，在丁若鏞那里具有双重意义：一是与孟子一样指人心的自然道德倾向，另一是其他特殊的人心官能，仍然是天赋的，在道德上却是中立的。就我所知，丁若鏞本人在他的著作中并没有做出这样的区分。③但是，我们很快就会看到，后一方面，也就是人心的特殊官能，在他的道德哲学中占有重要地位。因为它显然是指人类作为自由道德主体的“超越

---

① 引自 Mark Setton’s *Chong Yagyong*, 75。汉文原文，见 Han Hyeong-jo, *Juhee eseo Cheong Yakgyong ero* (Seoul: Segyesa, 1996), 234。

② 恶（evil）的起源是基督教、佛教和儒家等宗教面临的最困难的问题之一。新儒学以乐观的人性观，将个体的道德差异归因于我们所继承的生理品质，这就说明了新儒学所面临的困境。Ivanhoe 在指出王阳明未能解释恶的起源时，就清楚地表明了这一点，尤其是在他的主要学说中，即我们心灵本身的原始纯洁性，即他所说的“纯知”（*liang-chi*, 良知）。见 Ivanhoe, “The Origin of Evil: Wang Yang-ming,” *op. cit.* 61-70。

③ 这个重要的区别被大多数韩国的丁若鏞道德哲学的阐释者忽略了。

的”元素。这似乎对应着孟子以及后来的王阳明称为我们认识善恶的与生俱来的善的知识（良知）以及我们的按照它行动的自由。

在丁若鏞强调作为道德知识能力的人心的精神光辉之背后，是他清楚地意识到人类自由在道德生活中核心的重要性，丁若鏞称之为“独立权衡（權）的能力”（自主之權）[①]，权衡善恶以及选择它们。人类是对自己的行为负责的自由的道德主体。丁若鏞认为，如果没有自由或“自由意志”，我们的行为必然会像动物的行为一样“固定”，使道德生活变得不可能。丁若鏞明确无误地描述了自由对道德生活的重要性：

> 如果一个人的善行就像水往下流，火往上冒，就不能归因于他的努力。因此，上天赋予了人们自我决定的力量，使他们在渴望善的时候能行善，在渴望恶的时候能行恶。因此他们可以自由地改变自己的意志和行为，而不是一成不变的；他们的力量是属于他们自己的，不像有固定思想的野兽。因此，如果他们做了好事，这就成了他们的优点；如果他们做了坏事，这就成了他们的缺点。这是心的力量，而不是所谓的本质。[②]

下面这句话使自由的重要性和人的道德责任更加突出：

> 蜜蜂是其所是（are what they are），因此它们只能保护自己的主人。然而没有人认为它们忠诚，因为它们有固定的心；老虎是其所是，所以它们只能伤害生物。然而，没有一个主管法律的人能够谈论基于法律杀死它们，因为它们有一颗固定的心。人类在这方面是不同的，因为他们可善可恶，因为他们的意志（主張）是他们自己的，他们的行为不是固定的。因此，当他们行善时，那就成了他们自己的优点，而他们的恶就成了他们的缺点。[③]

因为对于丁若鏞而言，道德取决于我们作为自由行动者如何行使我们的独特能力做出道德决定。他甚至指出，与动物不同，只有人可以被指责“逾越界限或不足”（過不及）。[④] 回想康德道德自治，这种清楚地认识到自我决定能力以及自由意志极其重要，必须被视为在长期的儒家传统中一个相当独特的特性，尽管对于像儒学这样的一个强烈的道德传统，作为道德自我修养（修身）的主体的个人主体性的思

① 这可以相当粗略地翻译为“自决权”（self-determining power）。

② 引自 Keum, 49, 108。我自己的英文翻译。这篇文章似乎将自由的力量与人性区分开来，尽管丁若鏞无疑会把这两者都视为我们心的一部分。

③ Keum, 109. 我自己的翻译。

④ Han, 216.

想，是一个不可或缺的元素。儒家思想通常认为人主要是一个具有特定社会角色的关系的 / 社会的存在，而不是一个抽象的、脱离社会的个体。在这方面，正如成中英（Chung-ying Cheng）讨论关于“人”（person）的儒家观念的那篇富有启发性的论文中所论证的，非常重要的是要注意到在儒家道德传统中意志概念（志）的重要作用。[①]在强有力地指出儒家的人格概念中超越自我和康德的自由概念及其与内在自我的辩证统一的存在的同时，成中英提出了以下关键问题：

> 孟子的或孔子的自我观会不会在这个意义上不能实现自由？不会，它并非不能实现康德式的自由，因为它所实现的，包括康德式的自由同时也包含了比康德式的自由更多的东西。
>
> 首先，尽管一个人不被设想为被上帝按照他的形象而创造的，因为没有儒家形而上学，一个人有一个特殊性质（性），通过反思到达心的自我意识，通过反思在经验自我上升华，成为所谓的“超越的自我”，然而它与经验自我不可分开，它成为自我的本性，结合了时间的内在性以及超越者的超越性。

成中英继续说道：

> 这种超越是可能的，这是性的本性。通过这种超越，我们可以看到独立判断、评估、估值、选择和决策是如何进行的。一旦形成，它立即扎根于人的本性中，并成为行动的基础。超验并不像康德的理性或理性灵魂那样制定法律，但它确实揭示和披露了本质深处的东西，并制定了法则，因为法则已经包含在自然界中。[②]

在这段富有洞察力的话中，成中英谈及我所认为的儒家伦理的核心问题，即儒家道德思想对于道德主体性是否有一个清晰的概念，以及意识到它的重要性，也就是说，一个超越的自我的概念，一种与人周围的所有具体和偶然的因素脱离的自由的道德主体。对这个关键问题的答案是一个响亮的肯定，至少对丁若镛来说是这样。尽管成中英不谈论“特殊性质（性）本身，它通过反思实现的心的自我意识，它在经验自我之上升华，成为所谓的‘超越的自我’”，它肯定就是丁若镛所描述的“天

① “A Theory of Confucian Selfhood: Self-Cultivation and Free Will in Confucian Philosophy.” In *Confucian Ethics: A Comparative Study of Self, Autonomy, and Community*, eds. Kwong-Loi Shun and David B. Wong (Cambridge: Cambridge University Press, 2004), 136.

② Ibid.

的精神的光辉，直接与我们人类的心灵相通，因此，没有什么东西是它看不到的，也没有什么东西是它无法照亮的”①。如果是这样，就会产生一个更深层次的问题：它到底是什么，它到底有多“超越”等等。

丁若鏞也强调意志（志）在他的道德思想中的重要性，不受周围的环境变化而摇摆的我们良心的声音②的重要性。诚然，在丁若鏞那里，这种人类心灵的“精神的光辉”的“超越”特性有一些模糊。一方面，丁若鏞继承传统儒家的人心概念，即人心，像世界上其他任何事物一样，由两方面组成：气（材料的力的能量）和理，这两个天赋原则作为我们的本性。另一方面，丁若鏞显然受到了天主教思想的影响，他在早期就接触了天主教思想，天主教思想表明了一种更强烈的感觉，即在神的形象（*imago dei*）③中创造的灵魂是人类心灵的超验性特征。

最后，丁若鏞道德政治思想的另一个新颖方面值得我们在此严肃对待，它与现代代议制民主思想非常接近。按照他的说法，所有的政府官员，从最低层到天子，过去是——且“应该是”!——被人民所推荐（推）。用丁若鏞自己的话来说：“那些逮捕他并把他（从他的职位上）拉下来的，是人民，那些提拔和尊敬他的，也是人民。”既然是人民提升了他，尊敬了他，现在却发现他有罪，那么他们用另一个人来代替他又有什么不合理的呢？”④

据丁若鏞说，直到秦国推翻了周朝政权之后，人民的这种权力更迭才变得不可能。当然不是一个历史事实，不过这种思想是真正“革命的”。因为，如果将其实施和制度化，很容易导致现代代议制民主的形成。尽管丁若鏞绝不是一个社会革命者，并没有参与任何形式的激进性质的政治运动，但其精神显然是：“如果我有一个愿望，那就是让所有人成为贵族（兩班），这样整个国家将离不开他们。”⑤

---

① Keum, 32.

② Ibid., 139-142. 丁若鏞强调意志的重要性，以控制气，作为它的主人。

③ 对于影响新儒家人类学的佛性的概念，我们发现了同样的模棱两可。问题在于大乘佛性概念是印度教吠檀多派 ātman 概念的佛教版，因此是对佛陀无我（no-self）（anātman）教义的背叛。换句话说，问题是佛性和 Tasan 对人类心灵的精神光辉是否仅仅是指我们的心的功能方面——心本身还是一种形而上学的实体。这个问题与另一个问题密切相关，即 Tasan 在多大程度上受到天主教思想的影响。在 Tasan 思想的韩国解释者中，这个问题仍然是一个热点问题。遗憾的是，我不能在这里详细讨论这个问题。

④ 引自 Keum, 220-23。

⑤ Ibid., 224.“贵族”是对 *yangban* 的一种不精确的（loose）翻译。目前尚不清楚，这种关于选举体制的全新激进观点是源于茶山本人，还是他受到了其他来源的影响，如果是后者，是什么或是谁影响了他。我们可以推测他的想法的三种可能的来源：一是我们发现儒家经典《仪式的记录》（禮記，禮運篇）说：“至于大道的过程，为了公共秩序，世界选举有智慧者和有能力者。”另一种可能的解释可能是，茶山在早年与天主教圈子联系时，以某种方式了解到那个想法。第三，我们可以推测，茶山的想法可能只是一种众所周知的孟子思想的延伸，即人们有权利从他的位置上移除一个暴君统治者。但我必须说，这些理论都不具有说服力。不过，有迹象表明，在他作为地方官员的职业生涯中，他承认并支持人民有权不遵守腐败官员采取的镇压措施——用今天的话说，这是一种“公民不服从”。

迈蒙尼德讲座

洞见与理解

恩斯特·索萨（Ernest Sosa）
（罗格斯大学）

让我们来探究一种特定类型的理解，即理解为什么、与之相关的**为什么的知识**（*knowledge why*）——关于为什么的**第一手的**（*firsthand*）知识——以及它在人文学科（包括哲学）中的地位。

我们将专注于它在人文学科中的**一个**维度，而不是全部，以及哲学中人文主义的那一方面，尽管哲学远不止于此。

我将对**第一手的直观洞见**（*firsthand intuitive insight*）的重要性进行论证。而且有趣的是，这将反过来影响人文学科（包括哲学）中关于认识论的两个问题：

> **第一个问题**：由于第一手直观洞见在人文学科（humanities）中具有特殊的价值和地位，当我们遇到别人的不同意见时，我们自身信念的认识立场是如何受到影响的？
>
> **第二个问题**：如果第一手直观洞见**的确**被展示为具有如此特殊的地位和价值，它如何影响那些在人文领域当中恰当地起作用的认识论的标准？

最后，我们将谈到关于人文学科的两个问题，一个是关于不同意见，另一个是关于恰当的认识标准。但是首先，我们来谈谈直观洞见的地位与价值。

1.

在多种理解中，有一个问题对我们的计划格外重要，那就是**理解为什么，理解为什么 p 是如此这般的**。这种**关于为什么的理解**（*understanding why*）是与**关于为什么的知识**（*knowing why*）相关联的，而且在性质上具有不同的等级，就像如下这个例子所展现的。

> 假设一名妇女被感染了，我们将其归因于她所乘坐的飞机托盘桌上的细菌。假设她的确是通过托盘的表面感染了细菌，并将它们转移到了鼻子或眼睛上。但是，假如细菌不会感染有正常抵抗力的人［那么情况又会怎样］呢？假定细菌确实不能［感染抵抗力正常的人］。我们例子中的这位女性之所以被感染，一部分原因是由于细菌，但主要原因还是因为她的抵抗力（由于接受了癌症治疗）过于低下了。

假设与细菌的接触，确实从根本上关系到这名女性如何感染以及为什么被感染。如果是这样，我们确实拥有**一些**关于为什么她被感染的知识。所以我们确实获得了**一些**关于这件事为什么会发生的理解。她被感染，至少一部分原因是由于她接触了细菌。但是我们的理解在这个例子中是不足的。我们拥有**一些**理解，但是没有完全的理解。正如你可能对某个信念有**一些**辩护，但没有持有这一信念的完全的辩护，所以你可能对某个现象有一些理解，但理解得还不够，还不能真正完全地理解它。

3.

我们希望理解如下的差异，即通过认知的遵从（epistemic deference）而得到恰当解决的问题，与那些要求或需要第一手评估、超出纯然的遵从的问题。①

许多问题所需要的仅仅是信息。以效用性问题为例，无论这些问题是金融的、法律的还是医疗方面的，对这些问题的回答具有被充分实现的功利价值，而无需更加深入的理解。相比之下，至少在短期内，人文问题是缺乏实用价值的。

虽然我们聚焦于人文问题，我们也会将考量延伸到更广泛的文科（liberal arts）中的许多问题；事实上，我们可以从几何学中的一个例子开始，虽然几何学通常不属于人文学科。

> 一个老师告诉一个对平面几何尚处于无知状态的少年，毕达哥拉斯定理是真的。老师列出了定理（不是证明，只是定理），并肯定它是真的。一个记忆力很好的聪明孩子，会通过遵从老师因而知道这个定理的真。但是，他对为什么这个定理是真的理解还是不足的，缺乏对这个证明的充分掌握。

如果这个学生通过纯粹遵从接受了如下的条件句：该条件句的前件合取了所有的前提，而其后件则包括了定理自身；除此之外这名学生**还**接受了前件的真；所有这些都无济于事——他仍然没有很好地以第一手的方式掌握这个合取式的真。他只

① 原文没有 2.。——译者

是通过遵从老师来接受它。

这就是为什么他对这个定理的真的理解是不足的。理解的理想水平，需要一个人自身洞察到其前提，并且洞察到构成这个证明的直接的推论。①

4.

尽管如此，虽然一个富于洞见的证明可能会构成更高的成就，遵从几何学老师仍然**能够**使得学生获得关于定理的真的知识，尽管缺少了理解。

对照一下人文领域，在诸如艺术及其欣赏、道德的本质及其内容，以及哲学中的许多论题等领域中，通过遵从而得到的知识似乎又是**可用的**（*available*）。

初步来看，某个值得信赖的人可能会适当地回答一些关于是或否的规范性问题，为他的听众提供一些二手知识。许多其他人可能也没有异议，并加入了强大的支持，从而增强了二手知识的品质。因此，使得道德、美学和其他人文领域与众不同的，**并不在于**二手知识是**不可用的**，而在于**第一手**知识**既是可用的又是特别让人渴望得到的**。在这些领域中进一步可用的，**而且**还是特别让人渴望得到的，也是知识，这些知识就是思考者充分地通过第一手能力正确获得的第一手知识。

5.

为什么规范性的人文问题会欢迎、奖励甚至要求“理解”，而不仅仅是信息呢？

有一个原因是这样的：一个人仅仅依赖本能或部落习俗、或单纯的遵从而不加批判地行事，这会忽略他们的理性立场。② 但是我们为什么要像经常所做的那样，优先考虑**第一手**知识呢？因为你就是经常通过这样的知识发展成为了一个**有理性**动物。实际的、功利的问题，仅仅通过完全地遵从而获得的信息就可以被恰当地回答。但是，更深层次的选择要求那种超越遵从的理性指导。

6.

这是我自己渴望去探寻的高路（highroad）③，不过也有一条不那么崇高的道路。

设想人类的繁荣并不**要求**我们去优先化第一手的思想。相反，设想我们每个人都对要投入多少第一手的思想的问题有回旋的余地。这必然取决于每一个人的具体情况，他的兴趣，以及能力。

---

① 而且，并非只有关于为什么的理解和关于为什么的知识才允许［我们做出］关于仅仅是遵从性的把握与以第一手的方式把握之间的区分。你可以面无表情且声音平淡地告诉我你头痛，我可以因此获得了关于你头痛的遵从的知识。但是你的第一手知识有更高的品质，并且更加确定。

② 任何适当的人类生活都包括一系列价值观——审慎的，政治的，道德的，审美的——它们由与人类相关的见解所支持，基于自身和周遭的世界。这样的观点包含不同程度前后连贯的普遍性，为相应的不同程度的理解作保证。

③ 这里所谓的高路是对俚语 to take a high road 的字面翻译，主要是指一种正确的或者崇高的路线，但是由于其难度较高而不被大多数人采取或者采用。索萨在这里使用“高路”的表达方式同时也是为了和他其后所说的“不那么崇高的道路”形成对比。——校者

耕种土地的生活远离亚里士多德纯粹沉思的生活。但是，如果他们别无选择，那么也没有人会责备那样一种充满艰苦劳作的生活。这样的生活当然可以是令人钦佩的，即使被剥夺了很多理性上的成就。

我们甚至不需要同意亚里士多德把不同事物分等级的要求。设想我们了解到最广意义上对生活的适当规划，接下来我们把它们**都放在相同水平**上，或者无论以何种方式去忽略任何等级。假设我们只是专注于生活，这的确为内在驱动的对理解的渴求腾出了空间。对于**这样的**生活，我们在功利和人文之间的区分，**仍然**会展现出来。

这样的区分具有极其广泛的应用。它不仅限于对美术、人文和纯哲学这样的高雅兴趣。相反，第一手的判断在体育馆、竞技场与在交响乐大厅、博物馆中同样适当，在酒吧里争论和在讨论会上对话也是一样。在下里巴人的地方，**仅仅只是遵从**可能**甚至会显得更加不和谐**。

在一个更加民主、有更少指令性的进路中，什么时候第一手判断比单纯的遵从更加可取呢？现在这取决于行动者对理解的渴求，无论是高雅的还是下里巴人的；这也取决于这种理解是否需要第一手洞见。所以，我们仍然有一个有趣的问题需要思考：只有通过第一手洞见，才能满足对彻底的理解的要求吗？

7.

在什么时候以及为什么彻底理解需要第一手的进路呢？根据我们的考量，你很好地理解为什么 p，当且仅当你**很好地知道为什么 p**，这需要知道一些事实，**是什么使 p 之所以为 p 的事实**。这是最低限度的**必要**条件。

然而，即使它还不是**充分的**，另外所要求的可能是更多相同的东西。在通过托盘上的细菌引起感染的例子中，我们了解到那个女性的抵抗力很低。更一般地说，增强的理解所需要的可能只是**更多的知识**，更多能够恰当关联的命题知识。

由此，我们面临以下挑战。

假设你知道 p 为什么会这样。但是，[假使]有一些丰富而深刻的事实，而你知道**正是因为那些事实**导致了 p，[那么]你是否可能仅仅由于上述的原因而并不知道 p 为什么会如此呢？如此丰富而深刻的知识，是否只有通过第一手进路才能获得？尚不清楚。我们为什么不能通过遵从这样的证言 **p 是因为** q、r、s…… 来获得它呢？

这预示着两个看起来联系在一起的事物被离间了：即，对超越遵从证言的渴望，和对理解的渴望，用后者解释前者。为什么我们需要超越遵从已经变得不那么清楚了。要如何应对这一挑战呢？

8.

首先在这里是一个让步。我们不需要坚持，**在任何可能的问题上**，彻底理解都需要超越遵从去要求第一手的通路。例如，为了更好地理解为什么这个女人被感染了，我们**还**需要知道她的抵抗力极为低下。当我们不仅将之归因于细菌，还主要地将之归因于低下的抵抗力，她的感染就可以被更充分地解释。但是，这些进一步的事实是可以通过对证言遵从而得到的。

我们的让步就这么多［就足够了］。并不是**所有的**重要问题都需要彻底的**第一手**理解、关于为什么的知识。在很多问题上，一个深入、全面的解释可能就等于一系列足够丰富的事实，通过遵从被把握，从而加强了理解。

但是，人文问题是否还仍然需要以直接的理性理解（direct rational appreciation）作为其巨大而显著的要素呢？如果是这样的话，为什么会如此这般呢？

9.

为什么一个问题所需要的，可能要比遵从多得**多**呢？因为它可能需要一种**理性的理解**。

首先设想对一个艺术作品的美学评价。它是独创的、引人注目的和优美的吗？我们来关注它是否（在艺术上，而非仅仅在商业上）是**成功的**。如果它确实是成功的，会有一些关于它为什么会这么成功的**理由**，这些理由塑造了它成功的基础，借助它们作品获得了成功。

而且，以下这两种情况有一个显著的差异：

> 在**第一种**情况中，某人通过单纯地遵从知道了艺术作品的成功（被认出来是因为它在某个名单上排在第七位）。
>
> 在**第二种**情况中，某人至少隐含地（implicitly）发现这个作品为什么成功的理由，以至于他关于这个作品成功的知识是以那些理由为基础的（即使这个基础仍然是隐含的（implicit））。

在后一种情况中，某人拥有了关于这个艺术作品之所以成功的第一手知识，以及通过**知道为什么**成功，有了对它成功的**理解**，洞察到了它成功的基础。在这里，第一手的人文知识伴随着理解，它通过富有洞察力的理性解释而获得。某人以相关的方式体验这个作品——它可以是一首音乐、一幅画，或者一部小说——他通过第一手体验领悟到了这个作品之所以成功的理由。

10.

反驳：

没有这么快！设想一个评论家解释道，这个作品有F1、F2直到Fn这些特征，是这些特征使之成为成功的作品。这难道不能使某人知道为什么这个作品是成功的吗？

回应：

是的，如果评论家足够可靠，那么遵从他们的证言可能会使我们知道很多。但是某人可能仍然在他的理解上有着严重的不足。想想那个知道毕达哥拉斯定理的学生，他在某种程度上也知道**为什么**它是真的，但是这**仅仅**是通过**自始至终**都遵从老师［而达成的］。

11.

我们关于美学判断的观点也可以应用到道德判断上。

例如，一个少年可能遵从一位家长的道德建议，他对于被建议的行动之所以是正确的特征，以及他们这么做的事实，都没有恰当的第一手判定。他的母亲可能会说："汤米，你必须道歉。"她可能认识到了整个行动，也可能敏感于这一情况中的各种特点，她无法用英语的表述进行充分的说明。她可能已经看到被汤米霸凌的朋友眼中有些许悲伤。汤米的行为可能并不可怕，但它确实严重到需要一个道歉。汤米可能仅仅是遵从他的妈妈才去道歉。但是这天之后，在需要道歉的时候，他可能仍然无法体会到自身的问题。

在这样的事例中，这个孩子从母亲那里获得了**一些**为什么他必须道歉的理解。她告诉他，这是他的霸凌和别人的悲伤所导致的。汤米确实真心实意地遵从。但是他的第二手知识是不足的。这表明的只是对行为不充分的判定，以及与之相关的一定程度的不安。他对这件事完全遵从的信任是，他的行为以及导致的不安足够严重以至于需要道歉。这仅仅给了他一个掐头去尾的理解。

12.

毕达哥拉斯的例子就其自身而言是有可比性的。还有一个类似的例子是，一个博物馆导游将一幅画作的成功归因于其中柔和的颜色与暗红色调的对比，一个游客遵从了他的说法。这个游客获得了一些关于这幅画作为什么这么成功的判定和理解。但是如果**他是一个色盲**呢？在这种情况下，游客的理解是不足的，即使他也以第一手的方式观赏了这个作品。

通过第一手知识的理解，一般而言，对于规范性的议题是重要的，更具体地说是对于道德问题。一般而言，它在人文学科中也是重要的，在那里我们应该也经常优先考虑第一手的、非遵从式的判断。

13.

类似的东西适用于人文学科的另一面，即形而上学。

假设在酒吧间的谈话中讨论关于社会建构的问题，某个人指出我们坐在酒吧凳上，而酒吧凳是由带［凳］腿的盘状［凳子］面所构成的人造物。但她接下来补充道，这种观察是片面而肤浅的。更重要的是，这些物品被文化赋予了某种特定的目的，它们物理上的构造使得它们能用来为我们服务。酒吧凳是由木匠制造的，这确实是真的，但更深层的是，它们是在社会中被制造的。如果那个功能没有被约定俗成地分配给如此形状的物体，它们可能会组成一个靠墙的边桌，而不是酒吧凳。从这里，我们可以转向关于性别、种族、人性、正义或知识这些更引人注目的议题，就如苏格拉底所做的那样。（回想一下《尤西弗罗》关于奠基关系的说明。它是从上帝的爱到善，还是从善到上帝的爱呢？）

通过反思，我们可能会获得一种第一手的洞见，关于是什么为伟大的人类旨趣的各种现象奠定了基础。我们所需要的是洞察到那些思想实验，它们将揭示有关形而上学的**附带的联系**、形而上学的基础，以至于旨趣的现象**由此**产生。当然，如果这样的主题摆脱了某个人的掌握，或者它的微妙之处让人感到无聊或不耐烦，那么那个人可以放弃这样的洞见，这也很好。这种形而上学并不是为每个人准备的，既不是为哲学，也不是为人文科学。

引用这些关于社会建构的议题只是为了说明这样一种理解，即我们中的一些人确实获得了启迪。

因此，对于人文的理解可以是人们渴望得到的，至少出于以下两个原因。首先，对价值和选择的理解是被要求的，它应该去指导有理性的动物。其次，出于其自身的原因它也是人们渴望得到的，那就是为了满足我们的好奇心。后者对于人文学科，以及更为一般的文科来说，与几何学一样重要。

最后，为文科，包括人文科学以及更具体的哲学，吸取一些适当的认识论方面的教训。

14.

第一个教训

首先要注意证言与不同意见之间的密切联系，这种联系包含了关于不同意见的教训。

在人文学科中，存在着一个关于不同意见的众所周知的问题，哲学也不例外。我们如何在不同意见如此多的领域中，声称自己知道多少呢？面对这个问题，我们应该悬搁所有有争议的问题吗？如果我们贬低遵从就不是这样，现在有了一个有趣的暗示。

一旦我们在追求理解时适当地以第一手知识为目标，同时包括第二手的信息，**我们就可以适当地不去考虑（*discount*）不同意见！不同意见作为证言的一种特殊情况**，必须与证言一起不被考虑（discounted）。在任何这样的领域中，我们适当地追求判断的适当性，**不借助**遵从。更一般地说，我们的目标是判断的适当性不被纯粹的遵从所影响。

无论如何，我们不能两种方式都拥有。在遵从是非强制的而且是最好要避免的情况里，存在不同意见完全**不会**使我们的判断问题重重。

在追求理解中，第一手知识要求你通过自己的能力来得到答案，而不是通过纯粹遵从他人。事实**不过**是，某个持有反对意见的其他人，一点都不需要促使你去修改。① 相反，这可能只是提示交流意见。但即使在这样的交流中，你仍然可以自主地进行判断。

这就形成了有希望的人文学科的认识论，包括美学与道德的解释与判定的议题，以及更普遍的扶手椅哲学的议题。

人文学科的组织方式往往与科学中为人所熟知和重要的学科有所不同。许多人文探究是个人化的，不需要对他人的遵从。在哲学中，这种态度是普遍存在的。一切都要受到严格的审视。没有什么重要的东西是通过纯粹的遵从来接受的。它是如何，以及它应该如何，这些问题符合在哲学中我们关于证言的重要作用的讨论。有趣的暗示是，在人文学科中，不同意见不应该像通常被认为的那样令人不安。具体而言，在哲学中，我们不应该因不同意见而动摇，因为我们应该少被打动以至于给予某个人**纯粹的说法**以重大的权重，无论他说的有多到位。我们可以被推动着进行重新考量，是的。我们甚至**有责任**去重新考量，违者要以过失论处；但是这并不是要去修正，哪怕是最低限度的。请注意这里重要的区别：**重新考量**和**修正**是有所区分的。你可以严肃地进行前者，不去考虑后者，不因为某个其他人纯粹的主张被动摇，哪怕最低限度的。

特别是在哲学中，这种人文成就的观点与笛卡尔的《沉思》能够很好地吻合。这些是作者沉思的记录，但它们也可以作为一个脚本（script）服务于（而且确实［就写作意图］就是被意图用来服务于）读者自身的［关于沉思的］实施（performance）。这项工作的主要目的是为了读者的启蒙，而非让他们遵从作者，而是通过指引将他们导向第一手洞见和理解。

一个几何教师也可能以提供一个脚本（script）为目标，旨在帮助学生获得关于一个定理的证明的洞见。提供这样的指导，她不仅要单单展现抽象的结构，其必要的真会为论证的可靠性和有效性提供基础。而且教师通过自然演绎（natural deduction）的推导，为学生自己的［关于证明的］实施（performance）提供一个脚本（script）。学生会被引导着获得所要求的洞见，以适当的顺序通过直接的推导将它们联系到一起。通过正确地遵循脚本（script），学生可以获得关于毕达哥拉斯定理的真的第一手洞见。在这方面，情况是相同的，尽管与几何学不同的是笛卡尔的反思是以第一人称进行的。

通过第一手能力获得的正确判断，当然可以依赖由证言提供的诸多理由。这就

① 除非当“在我看来，没有人持有与我不同的观点”，以及此类事例。

是你如何能够正确地依赖笛卡尔或几何老师的指导。在了解了好的、可用到的推理之后，你就可以进行自己的推理了，如此你判断的成功就是第一手成功。而这一成就将完全不会取决于对某个其他人完全地遵从。

15.

反驳：

假定在人文领域，我们的目标是回答问题以及做正确的事。我们如何能够一致地拥有这个目标，却拒绝那些比我们**更加可靠的**人所认可的东西呢？

回应：

这是一个很好的问题，但它也有一个很好的答案，比方说在射箭的例子中，我们有关于表现的评估模型。

作为一个射手，我一般会通过第一手的能力射中我的目标。这可能是在射箭运动中，或者是作为在森林中［狩猎］的猎人。相反，当我让教练来指导我出手的姿势时，对第一手表现的期待就被压制了。但是，当我以一个参赛者或者猎人的身份做这件事的时候，就不是这样了。在这里，我不借助外部的协助。我没法听从教练直接的指导，因为我正拉着弓，并且准备射出去。即使我仍然很想射中目标，也很清楚在教练的帮助下，我能**更加**可靠地完成任务，上述的情形依旧不会发生改变！

在许多领域中，行动者是通过能力，适当地获得**第一手**成功。在通常情况下，必须避免提高能力的外部辅助。许多外部协助都是被正式禁止的，增强表现的药物也是如此。一位艺术家在舞台上表演，他的指导老师却在他手边，这只会滑稽地妨碍关于艺术表现的约定俗成。即使这里没有什么法律、规则或者惯例禁止这种协助，表演者还是要以完全取得第一手成功为目标。

16.

这个观点可以通过一个动人的案例来加以更清晰的说明。

有两个沉迷于纽约时报填字游戏的狂热爱好者，一个人试图在没有外部协助的情况下解决难题，并且经常成功。另一个总是等待第二天发布答案，然后尽职尽责地填写上去，获得完全正确的解决方案。为什么后者看起来如此愚蠢？因为填字游戏的重点就在于为你提供娱乐和挑战，它可以被解决，但也不是那么容易，以愉快的方式让你调动自身的资源并且吸引着你的注意。

两个行动者同样都想回答正确，然而一个人愚蠢地忽略了那个恰切的目标。填对**的确是**目标的一部分，但仅仅是**一部分**。通过复制正确答案获得真理，这并不符合正确的精神。而且，你的目标必须不仅仅是成功，而是**第一手意义上的**成功。

在**那个**特定的方面，人文问题的判断就像填字游戏的解决方案。事实上，鉴于我们对人文问题的广泛理解，填字游戏构成了一个轻松的人文领域，在这种领域中，更可取和一般首选的是以第一手方式获得答案，而非仅仅通过服从。

在之前我们看到，人文主义的价值判断如何让一个人恰当地发挥自身的自主能力。恰当的慎思**仅仅是**将证言用作一个理由的渠道，而相关理由由**进而能够以第一手的方式被通达**，被那个人自己所采纳，并通过第一手推理而展开。证言可以很好地发挥渠道的作用，因为接受者可以不需要对作证者的话语给予重视。

17.

当我们超越人文学科可评价的那方面时，最后一点就变得更加重要，哲学中的许多问题也一样。如果我们作为哲学家的目标只是获得正确，而不管如何获得正确，那么就会要求遵从。假设我确信，我的对手**的确**是一个更有天赋、更加娴熟、更有可能获得正确答案的哲学家。如果我唯一的目标就是正确地回答问题，那么我最好遵从那个人。

相比之下，如果我的目标是获得正确答案，**而且还要以第一手的方式这样做**，我就不能**像前面所说的那样仅仅**遵从对手的说法。但是，如果一个人没有对被认为是最有可能正确的资源予以适当重视，那么他是否是以不能胜任的方式在行动呢？而且如果是这样，那个人是否有责任通过遵从来屈服于这样一个优秀的对手呢？

答案是否定的，当一个人要以第一手真理为目标时，他不一定要遵从地屈服，不是在尽力击中靶心的过程中必须要遵从地屈服于教练的手。

18.

第二个教训

进一步的教训涉及的是，在众多认知领域中，[各种] 标准是如何具有实质差异的。医生和律师必然要在社会上发表他们的专业观点，这基于其应尽的责任与勤勉。科学家必须遵守社会规则，对共同体的共同探究有所约束。高标准的可靠性参与其中，因为共同体的成员必须听从专家的报告结果。疏忽甚至可能会涉及到诉讼。

甚至是每天的日常实践都对信息的储备施加了社会标准。违规者会遭到反对、责备，以及失去信任。

但有趣的是，人文领域似乎有着重大的不同。

假设其他人并不期待依赖你在某个领域的观点。设想在那个领域中，存在一种压力，让人避免**单纯的**遵从，而是要以**第一手的方式**塑造他的观点。我们因此受到压力，要去超越纯粹的遵从，即使在一些情况中遵从也是被允许的，而且甚至在有些情况下遵从是必需的。如何会这样呢？

注意一个关键之处，某个人通过做一件事，可以进行多个尝试。由此，他可能轻敲一个灯的开关以尽力将房间照亮，同时**也**会让外面的人留意到。相似地，通过一个单独的肯定，无论是公开的还是针对个人的，一个人可以尽力在某个问题上做到正确，也许要通过纯粹的遵从，同时**也**要以**第一手的方式**尽力使之正确。在这里，一个人通过做一件事完成了两个尝试，而且他这么做也考虑了很多因素，因为这基于他对遵从的肯定，**也**基于他以第一手方式对充分理由的展开（在**那样的**过程中没有服从的协助）。这种叠加并非不可能，因为我们已经看到了，而且不需要那种少见的智力上的努力。

面对一个沉重的道德决定，我们可能会尽力做出正确的第一手判断，同时也要对值得信赖的权威的主张予以应有的重视。这个问题可能的确非常重要，以至于我们在道德上被**要求**对权威给予应有的重视，甚至服从。

同样，我们的目标也可能只是做到正确，并以服从的方式努力做到这一点，也就是对权威的纯粹的说法本身给予实质的权重，而**与此同时，同样可以肯定的是，**我们可能会或者可能不会**同样**尽力以第一手方式使之正确。

然而，**替代性地**（alternatively），我们可能去拒绝单纯的服从，即使当我们知道我们会因此拒绝了以一种更可靠的方式来回答问题。我们可能更愿意去让问题保持开放直到我们能够凭借自身资源去解决它。关于艺术鉴赏、道德评价和其他哲学洞见的人文问题，我认为这是一个相当恰当和普遍的态度。①

所有的这一切，你在人文领域中的第一手判断并不需要那么可靠。至少从社会的角度，从对负责任的判断的社会准则的角度来看，是这样的。在这些领域中，对于那些你特别渴望得到和负责任的判断，你并不是那么关注别人，因为其他人在形成**他们的**判断时，并没有被认为给予了你的说法以足够重视。你能够提供的**理由**可能非常重要，但你仅仅是提供这些理由的一个渠道，其他人要以第一手方式评定和运用这些理由。他们必须以第一手方式评定你所展现的论证的可靠性。你说了什么毫无分量。所以，你的判断可以仍然是能够胜任的，但不太可靠。这样的领域因此容忍了更多风险。而且，这就是为什么智力表现在哲学以及在人文领域中，可靠性的社会标准没有那么严格。

19.

总结

我们已经对一种特定类型的理解进行了探索，关于为什么的理解，以及对特定

---

① 此外，在这些领域中还有一个重要的目标：即发现和原创性。人们不仅要通过自己的洞察力或推理来直接了解真。正如我们所看到的那样，即使同时地，也可以遵从同一个问题。在遵从的同时，**不能**做到的就是**发现**真。然而，发现似乎含糊不清。从较弱的意义上看，人们有可能发现对于自己来说新的东西，但对于别人来说是之前就发现的东西。从更强的意义上看，这是不可能发生的。人们无法发现那些其他人已经发现了的真。即使他没有意识到其他人先前的发现，这仍然排除了人们在以后发现那个真的可能性。（这是一个粗略的、一般的区别，它允许细微的差别。）

类型的关于为什么的知识——特别是通过直观洞见而获得的**第一手的**关于为什么的知识——以及它在人文学科包括哲学中的地位。

我对人文领域中许多问题的第一手直观洞见，以及对这两件事特殊的重要性给予了论证：其一是不同意见，其二是关于可靠性的适当的认识标准。

（赵星宇　译）

阿维罗伊讲座

古代与现代的仁的实践伦理学
——具体的仁，从孟子到史怀哲

汉斯·兰克（Hans Lenk）
（卡尔斯鲁厄大学）

待人以仁，这一普遍观念，这一无所不包的仁的理念，在中国古代哲学中发展得远比在西方的中期斯多亚传统（潘尼提乌）中要早。“仁”（humanity或humanitarianism：人道、人道主义）[①] 确实已经是儒家的主要观念（孔子《论语》XII 22），虽然孔子自己在使用仁这个理念的时候更为青睐正直（righteousness）、正当（rightness）或正义（justice）的内涵，这基本依赖于那个广为人知的金规则（《论语》V 12；XII 2；XV 24），也就是，关于互惠的形式原则的消极性的公式。[②] 墨子把以仁的方式对待同胞这一互惠性观念扩展到了对待所有人，包括所谓的“夷狄”（也即：非中国人）；他们所有人，都被视为普适的和普遍化的“兼爱”（普适之爱，universal love）的对象。

然而，是孟子在一个更切合实际的层面上，论证了德（virtue）、贵（dignity）（《孟子》VIA 17）以及仁和仁爱的价值，而无需过于强调那个相当抽象的“义”（正直或正当）[③] 和“礼”（等级或体统）的观念。他已经超越了任何一种现代意义上的功

---

① 关于 humane, humanity, human love 这组概念，为了照顾中国哲学的用法，在明确指孔孟的时候翻译成“为仁”、“仁”、“仁爱”，在其他时候翻译成“人道的”、“人道”、“人类之爱”——译者

② “己所不欲，勿施于人！”相当有趣的是，孔子也有金规则的肯定性版本（例如：《论语》VI 30；XII 2）。他甚至走得比形式性互惠更远。Unger（1995）通过特别概括这一点（尽管仅此而已）来结束他那篇有趣的文章，“儒家……发现和发展了金规则，分析了它的意涵并考虑了它的后果——没有金规则，就不会有儒家”。

③ 但是“义”（经常被翻译为justice或the fulfilling of duties）还是比西方的补偿正义概念的覆盖范围更广。至少，它包括了分配（亚里士多德之后的分配正义，distributive justice）以及在具体的“生活处境”中相互之间有益的抑或甚至是“关切的”行为，确实的“仁的行为”（Moritz 1990, 79）。毋宁说，义是“人际间的仁的实践”（Mitmenschlichkeit-Ren），即使多少比起墨子那里无所不包的“普适之爱”（兼爱）要更切实际和更具有实用主义导向。孔子强调礼是与仁关联在一起的，但孟子与之相反，他在“仁—义—礼”的关系中通过拿最后一个规范来进行对照从而强调了前两个规范（Moritz，同上，137）。

利主义式的证成。[①] 史怀哲（2002, 127）强调，孟子那里的仁爱“纯粹从根源于恻隐（compassion）的那种必然性中涌现出来。它属于为仁”。这样，尽管肯定要依赖于孔子关于“圣王”的视角以及那些孔子作品所反映的古代圣贤的高德，但是孟子缓和了或者说节制了与之相应的严格主义以及对于正直的强调，同时也没有否定这一作为仁的理念之一部分的规范性观念。确实，孟子再三强调（例如在《孟子》IA 1）：“仁义而已矣”，也即，“仁”（humanity 或 benevolence）和“义”（Legge）。这些是“唯一的话题和论题”：“恻隐之心，仁也”（《孟子》VIA 6，Legge）。“仁”，也即，待人以仁、以恻隐对待所有人而不是仅仅如此对待同胞，这样一个观念，当然相比于那个所谓的金规则中相当抽象普适的内容来说，是一个不那么严格、不那么形式化的观念。孟子以一种相当古典中国的风格概括了他自己的学说：

> “……无恻隐之心，非人也；无羞恶之心，非人也；无辞让之心，非人也；无是非之心，非人也。恻隐之心，仁之端也；羞恶之心，义之端也；辞让之心，礼之端也；是非之心，智之端也。人之有是四端也，犹其有四体也。”（《孟子》IIA 6）

孟子甚至比孔子走得更远：这不仅体现为他关于仁比后者谈得更多也谈得更热烈，也体现为他为仁提供了更深的基础（Schweitzer 2002, 127）。在孔子那里，仁依旧拥有一个双重根基：它相当程度上来自于互惠性的原则，并且同时，它也被看作某种直接根据人的本质而被给予的东西。而在孟子那里，这样的功利主义起源（就像在墨子那里被强调的那样[②]）不见了。仁爱，直接来自于恻隐（empathy/compassion，移情 / 同情）。它属于“真正地为仁”（Schweitzer）。孟子甚至明确区分了“善”（good）和“利”（profitable 或 useful）(《孟子》VIB 4)。[③] 这对于伦理性的人类存在者“尽其心者，知其性也”以及“知其性，则知天矣”（《孟子》VIIA 1）来说是根本性的。孟子说，“乃若其情（即性），则可以为善也，乃所谓善也（包括人性）”（《孟子》VIA 6）。

---

① 虽然史怀哲错误地在孔子那里发现了流行的功利主义。

② 虽然孟子以某种方式持有了关于仁爱的普适和普遍化的观念，正如墨子所特别强调的那样，但是，孟子明确批评了墨子关于无所不包的人类之爱的理想所具有的抽象性和过于广包的普遍性。

③ 利（usefulness）——就像义，在一般意义上——相对于仁（benevolence/humanity）来说，是第二位的（参见《孟子》IA 1；以及 VIA 18）。“我们在这儿（也即，在对义的运用中，H. L.）出于我们的敬（respect）的感受而行动”是“内在的”。这似乎是一个相当义务论式的论证，从而与任何功利主义式的根基区别开来。确实，按照史怀哲的研究（Schiweitzer, 2002, 128），孟子几乎是某种类型的康德伦理学普遍先验根基的“先行者”，这种伦理学在根本上依赖于“善良意志”（康德）的内在动机。

因而，孟子那里的仁爱（caring/empathetic，关心 / 移情）直接来自于几乎所有人都具备的恻隐和同感。“恻隐之心，仁也”（《孟子》IIA 6, VIA 6）。相应地，关心、移情、同情或恻隐是仁爱伦理学的根基，固存于人类存在者的本性之中。[①]仁和义都是自然而然属于人的（《孟子》IIA 6）。然而，在史怀哲称之为“情境的逻辑”这方面，孟子试图更加贴近现实，为的是发展出一些与那些不被我们爱的人（也就是那些与我们非亲非故的人）相处的策略和建言（《孟子》VIIB 1）。然而，正如史怀哲（2002, 129）同时强调的，“‘爱敌人’[②]的观念仍然在他的视野之外”，尽管孟子禁止敌对和不友善的心态。一般而言，每个人都必须“反求诸己”（《孟子》IVA 4），找到他自己基本的仁善，甚至是智。相比于墨子兼爱无所不包的具有普适性的人道主义来说，正是这一具体性和实践性是孟子进路的典型特征。

由此，史怀哲认为（2002, 130）这些乐观积极肯定的伦理学不仅超越了孔子社会性的形式主义以及基于国人和互惠性（孔子也将非国人包括在内）的公共道德传统视野，而且也超越了墨子的普适主义和无所不包的“兼爱”。

孟子似乎是第一个把仁的观念真正切实地放置于“行仁”的具体观念之中的“智贤”，也即，我想强调的是他是第一个发展出了实践的或者具体的仁的人道主义者。在西方传统中，这只能被归于中期斯多亚思想家潘尼提乌[③]。一般而言，在西方，“人道”的观念（以人道的方式与别人相处）被归之于那些古代斯多亚哲学家——尤其是西塞罗。

然而，这些中国的先行者已经差不多早两百年拥有了这一广包性的观念，并且包含了实践性和具体性的观念。特别是孟子，他通过论证在社会情境中所嵌入的具体的仁，同时无需依赖功利主义或利己主义，而一方面反对了伦理学的抽象性，另一方面反对了伦理学的形式主义或形式化。

孟子甚至将恻隐和伦理式的相处从人类领域扩展到了以仁和恻隐之心来对待动物，由此他脱离了孔子仅仅人类中心论的伦理学。事实上，孟子试图区分“爱”和“仁”：“爱”，以关切之心对待，就像对于动物（它们并非在仁的意义被爱）那样，而“仁”是对于人类来说的（甚至也包括外国人或“夷狄”），但完整意义上的爱将留给近亲（《孟子》VIIA 45）[④][⑤]。

---

① 这甚至也是人的尊严（dignity，“贵”）的根基：“人人有贵于己者。”（《孟子》VIA 17）

② 史怀哲（2003, 19）甚至将对于“敌人”的爱也包括进了对于那些“不被爱的”人的相处方式之中。

③ 或者归于他的诸弟子，比如波希多尼，波希多尼的学生西塞罗“发明了”或者说翻译并宣告了“人道的人”（homo humanus）的观念。

④ 然而根据史怀哲的看法，这个差别性不可能被完全贯彻：“所有类型的爱都发源于同一个源泉并且在同一个河床上流淌。它们不可能被分离。就其本质而言，爱是同一个，朝向任何它可能被引向的人。”（Schweitzer 2002, 133）

⑤ 根据 Roetz 的看法（2003, 119），在孟子那里“那些‘自然被给予的’社会关系被一种新的、人们自发进入

总之，史怀哲这样评价孟子对于人道主义伦理学的贡献：

> “作为孔子伦理学顶点的君子理想，在孟子那里被修正为一个人达成其完满人性的理想。人道理想在欧洲思想史中第一次获得其形式是在斯多亚主义者潘尼提乌那里，而孟子早在两百年前就提出了这一理想，并且比潘尼提乌所提出的更为生动和深刻。”（2002, 133）①

因此，我们能够赞同这一点：孟子的伦理学是中国古代伦理思想的顶点，它将伦理学范围扩大至所有人类（甚至包括“夷狄”）甚至动物，同时拒绝了功利主义和后天经验性的伦理学，却并没有消解、反而是强调了其具体性和实践性。

然而，根据史怀哲的看法，孟子并没有支持后来基督教连敌人都要“爱”（Legge：“关心”）的观念，尽管不被爱之人也会像被爱之人那样被对待！（Legge：“以其所爱及其所不爱”）（《孟子》VIIB 1）不同于仅仅提倡爱的普遍性的墨子，孟子还考虑了正直、义和义务的观念，从而以某种方式将各种人际关系“形式化”，尽管“内在的行动原则”仍然是仁爱。②

简言之：孟子既不否认一种普适恻隐的伦理视野，这个视野是关于所有人并且在事实上也是关于所有生命的，又以一种具体的和实践导向的方式在论证；他既不否认形式化的义务、正直、责任，又强调制度组织上的必要性，从而使得伦理意图切实可行。③

一言以蔽之，孟子是第一个真正将普适伦理的视野和仁的观念（为仁的伦理学）与人们在思想、规范和行动中具体的和实践的需要结合起来的伟大思想家。因而，他是具体的仁以及实践性的仁的伦理学的发现者和父亲，这个结合，是史怀哲自己尤其强调的（参见 Lenk 2000）。

（接上页）的关系——朋友之间的关系所补足，这被孟子承认为一种基本的人类关系。正是这种关系将中国带上了无条件的‘普遍之爱’的道路”——正如 Roetz 对史怀哲的解释：“由此，史怀哲不同于中国伦理学的大多数解释者，他感受到了孟子那里第五种关系的爆炸性力量。孟子伦理学的潜在可能性，在他‘普适恻隐’（universal compassion）的伦理学之中，展现出来，对史怀哲而言，这是中国伦理学的高潮。”

① 史怀哲进一步指出，仅仅只在孟子这里，对于生活和世界的伦理主张是如此生动和深刻，以至于文明国家（Kulturstaat）的观念呈现出了一种伦理性格。“孟子的文明之邦的目标是一种伦理性的人类。”这一文明国家的理想当然不是孟子的创造。“在很久以前，它已经在中国思想中被发展，它被对于生活和世界的伦理主张所规定。然而孟子将这座大厦彻底完成。”（同上，134）

② 史怀哲认为（2001, 52），孟子“几乎不同于其他任何人，他拥有深入探究日常生活中伦理问题的禀赋，并且始终保持其深刻（也即，在他的思考和态度里，H. L.）。因为他的深度，显然这被视为一种见证，他作为一个实践的道德论者，将功利主义视为伦理学最大的危险……怀着和康德同样的严格性，他捍卫着伦理学直接绝对的必然性，并反对将其还原为利益，即便是出于善良意图”。

③ 孟子甚至比史怀哲本人走得还要更远，史怀哲在他的《文明化与伦理学》（1923, 350）中贬损了与“个人伦理”相矛盾的“社会伦理”，而后者才是在首要意义上“唯一正确的伦理学”（同上，312f, 325, 349, 352）。

因而，孟子正如史怀哲高度欣赏的古代先行者那样，以一种既在实际生活处境和条件中实践导向的或切实可行的，又在视野上即使不是普适的但却是相当普遍的方式，强调了具体的仁的观念和理想以及人道地思考和行动。[①]

那么现在，简言之，什么是具体的仁的观念呢？（参见 Lenk 1998，以及关于史怀哲，参见 Lenk 2000）

史怀哲的伦理学，就像孟子的那样，是一种在视野上普适性的、广包性的伦理学，并且有着一种独立于功利主义起源的先验理性根基。同时，它是一种在实践生活中关于具体责任的伦理学。人道观念，将会并且应该像罗盘那样引导我们穿越“生活的丛林”：史怀哲仅仅是添加了“对生活的敬畏”（*Ehrfurcht vor dem Leben*）这一普遍性标签。确实，这两位都是具体人道主义的杰出伦理学家。

让我们现在来处理这个问题：什么是今日和将来的关于具体的仁的伦理学？

在西方传统中，苏格拉底是第一个强调个人的特殊价值的哲学家，因而也就是强调了人类在哲学和实践生活中的理念和德性。正如已经提及的，像潘尼提乌这样的中期斯多亚主义者和更晚一些的西塞罗发展出了“人道的人”（homo humanus）的观念。它在一个强化的意义上包含了通过教化而来的有教养的人性，高尚的道德和智识发展，以及道德、高贵、典雅、品味、团结、世界大同、仁慈、善、好客、慷慨，等等。

跳到经典的现代西方哲学时期，我们必须强调：“慈悲”（humaneness）（根据 Vauvenargues 的看法，这就是最高德性）被约翰·戈特弗里德·赫尔德视为一种特殊伦理道德性的德性和基本的观念。赫尔德发展出了一种关于慈悲或人道（也包括实践性的人道，也即，处境导向的，因而就是实践性地在日常生活中被实现的人道，在一个由实践导向的伦理理由给出的具体的恻隐的休戚与共的意义上，超越了抽象的普遍规则）的伦理理论。[②] 古代传统关于人道的人的观念是静态的和教育性的，赫

① 史怀哲仅仅补充道，孟子没有强调“也要爱敌人”，而这是耶稣所强调过的。然而，孟子要求以爱的方式去对待那些不被爱的人。在某种意义上，耶稣因为其无所不包的对所有人的关爱而更接近墨子及其无所不包的“兼爱”理想，而非更接近孟子。

② 确实，早在 1793—1795 年，赫尔德（1953）就强调了温和、社会性或社团性的导向（交际性，伙伴式的）、分享式的与移情的面向以及同情、人的尊严和人的爱和仁慈（“人道之爱”，love for humanity）、正义与人的义务（与人权相一致并与之结合）以及超越了形式性义务和责任的超越性观念。他也明确提到了宽容作为对于别的民族和个人的其他意见、态度和价值的尊重和承认。宽容与慈悲不相分离，尤其是在之前提及的那层意义上与实践性的人道 / 仁不相分离，反之亦然。可以这么说，宽容是关于一种个性、一种态度以及一种自由多元思想和价值评估之路的那个基本价值。这一宽容的价值作为一种态度上的价值，紧密结合于在特殊和一般的处境中对个人和他者的尊重，这一价值根据赫尔德的说法是主要的现代德性，它应该通过教化而被灌输。紧接着共同慈悲（co-humaneness）和人类团结与慈善的观念的，是宽容，这是对于他人的意见、信念、“人生观”也即生活态度，以及别人的文明包括他或者她的宗教的尊重，这塑造了慈善中的一个重要特点，包括了在相互尊重、同情、移情、共同感受等等的形式下去实践共同慈悲的一种方式。结果就是，赫尔德发起了对于“真实有力完美无瑕的道德品质的统一体”的追寻和要求。

尔德则将其设想为一种人类学和伦理学的基础概念。他也能被视作康德道德严格主义的思想对手，后者太过依赖伦理道德中的法则。在具体处境和实践语境中的实践性慈悲和共同慈悲的观念，甚至可以通过一种看似悖谬的公式来表达：不要总是严格地依赖于抽象的道德规则和律令，而是要去践行一种更为人道的、更加个人和处境导向的生活之道（对比 Lenk 1998, 132ff）。[①] 这条进路意味着，超越规则以及慈悲中的超越性面向尤其与实践性人道的场域相关，它承认例外和基于共同慈悲或分享式的互相尊重的人道这一一般性的主导观念的诸多特殊考虑。

这就是一种关于实践的或具体的慈悲（konkrete Humanität，参见 Lenk 1998）之理论的观念，这确实可以回溯到孟子和赫尔德关于实践性的仁 / 人道的观念，对于这一点，从对史怀哲的讨论出发，我杜撰了一个口号："当拿不准的时候，就着眼于具体的或实践意义上的仁 / 人道而辩护和行动。"（in dubio pro humanitate concreta sive practica）

阿尔伯特·史怀哲自己确实是这一原则的一位出类拔萃的甚至是最杰出的现代支持者[②]（1960, 352，并参见 348f），他将"唯与人道相匹配"视为在伦理上有效的，并且怀着一种在日常处境中真实的人类实践责任。史怀哲[③] 也说过，慈悲或"实践性的人道"在严格意义上甚至就存在于以下信念之中：人类永远不应该在因任何目的之故而设立的祭坛上被牺牲（同上，313）。[④]"抽象性是伦理学的终结：因为伦理学是一种与真实生活的活生生的关系。"（同上，325）[⑤] 我们也完全可以把这一点扩展为这样一个意涵，"抽象性是实践性人道的终结"，也是一种具体的伦理人道主义的终结。

史怀哲的人道主义当然不仅仅是一个抽象观念，而毋宁说是在具体情形中（in concreto）的一种实践性人道，一种实践的或者说"具体的人道"或者说是"具体的慈悲"。史怀哲是一个具体人道主义的道德天才——既在于他的实践，也在于他的思考。在伦理实践中，他没有被任何理论性的模糊、变迁和困难束缚住手脚或误导。

① 道德中的主导性观念，既不应该是诸如"就算世界毁灭，也要有正义"（Fiat iustitia, pereat mundus）这样的对于规则和律令自身的严格强制，也不应该是"就算世界毁灭，也要有道德"（Fiat moralitas, pereat mundus）这样的普遍规则，而应该是关于人道视角、道德价值以及超越了纯粹严格法律道德规则的宽宏大量的相应的诸多考虑，在某种意义上，就是基督教伦理称之为"额外的善工"（为着额外的事物和工作所具备的能力和所做的准备，去做到那些没有被强制要求的善）的那种东西。

② 令人意外的，史怀哲并没有将其伦理人道主义奠基于赫尔德，而毋宁说是奠基于歌德的人道古典主义，当然也奠基于基督教关于关爱（caring love）的学说。

③ 正如已经提到的，史怀哲，就像孟子那样，他甚至将实践性人道的观念扩展至了以一种"人道的"方式来对待动物（1960, 349; 1961; 1994）。

④ 实践性慈悲和共同慈悲的观念和理论，暗示了类似 Fletcher"处境伦理学"（1966）的某种进路。然而它不能被局限在处境导向的行动中，而是一般地被一种普适原则所规训，这一普适原则将共同慈悲、团结、典型的人类道德纳入考量，但是处境伦理学却仅仅将特殊情境中的某些特定侧面纳入考虑。

⑤ 然而，这两种表述都是抽象的；就它们自身而言，它们并不具有实际可操作性，并不能够实现以处境为导向的具体性和实用性。我们需要价值、德性和可行的规范，来实现和孕育"具体的"人道主义。

他在伦理实践中坚定不移地遵循着自己的道路，怀着决心并且不被干扰，真正成为了一个在人道主义实践中的“道德天才”。在这里，他毫不动摇，尽管他无法成功达成一种普遍意义上的伦理理论的广包性的理性主义根基（参见 Lenk 1990 和 2000）。在伦理实践事务中，他不仅是道德心态和灵活权变的典范，而且也是传统伦理学的重要批评者和一个伦理理论家，虽然在这方面肯定不像在他的伦理实践和关于具体人道的观念那里那么具有原创性。他是我们这个时代最杰出的实践者之一，也是可称作“具体人道主义”或“具体人道”（在这样一种意义上：总是以人道的方式对待任何人类以及其他生命）的最杰出的理论家之一。

正如上面提到的，我们或许可以创造一个口号来总结他的人道主义概念：“当拿不准的时候，就着眼于具体的或实践意义上的人道而辩护和行动！”（在关于决断、行动以及良心的有争议的情形中，永远把实践性的和具体的人道放在首位——即便违背人道主义的抽象原则，以及不时地违背传统的或法律规定的价值。）

的确，伦理学不仅仅是，或者说在首要的意义上不是一种关于伦理法则或严格普适性指令、绝对规范或决疑类型学的事务。毋宁说，伦理学主要是一种关于具体生活并在其中展现出来的实践性决断的事务，即关于我们良心的决断，这一决断是在一种关于任何其他人类以及进入了责任和行动可触及范围领域之内的任何其他生命的总体性观念之下做出的——也许是在一个面对面的基础之上，或者也可能建基于别的“次要的”交互活动上，有时甚至还包括了一些相当遥远的（今天还包括了某些洲际的）依赖关系。

关于“具体的人道/仁”的观念，我们或许可以指出，所有这些关于具体人道主义进路（正如孟子、潘尼提乌、赫尔德以及史怀哲所持有的）的态度、德性和道德价值，也极大地吸收利用了狭义上的真实伦理考虑或真实道德动机所具有的额外特质；基于一种扩展了的实践性人道的视野，它们超出、甚至有时是违背了严格强制性的规则。尤其是，宽恕或原谅的崇高观念和实践，事实上是人道主义和真正的慈悲的最高潮。关于实践性的人道，一个广为人知的范例是基督教圣经中的好撒玛利亚人[①]。实践性的人道，绝对不是法利赛人式的[②]。我们在可兰经、佛教以及上文列出的儒家尤其是在孟子那里，都找到了类似的例子。

实践性的人道所强调的，不仅是创造、灌输、传播态度和价值评估的充分且个人导向的方式，而且也打开了一个人们可以自我发展和教化的、确保享有形式自由的王国——这是孔子乃至孟子的一个根本观念。它聚焦于一种关于人的整体性视野，反对角色和局部性功能的划分。在这个意义上，具体的人道和实质性的宽容是个人

① 好心人。——译者

② 伪善的。——译者

导向和整体性的，虽然总是在一个实践性的设定之中。

与罗尔斯一致，他们也践行一种作为公平的正义，并且在日常生活中实践着某种公平的行动。实践性的人道强调群体中的共同慈悲，无论其价值评估、感受、愿望和日常生活是什么：它强调共同慈悲——就像“仁”明确地包括了社会性成分——不仅是一条认识之路，也是一种慈善活动，表现为移情、交际、同情、感受和恻隐之心。对于具体社会和日常处境中的伙伴，以及关于社会系统和生态系统中的诸多个人责任，是以人道的方式对待环境和社会挑战的新面向。在这个意义上，在实践层面甚至人道地对待非人类事物，也是实践性人道的一部分，正如史怀哲着重指出的——甚至比孟子所指出的还要明确。

在今天，什么是具体人道的特点？（参见表格 1）

表格 1

具体的人道 / 实践性的人道

1. 总是尊重人道的维度。自我施加的（“明智的”）适度。

2. 把实践处境中的条件和约束纳入考虑，但总是从一个逻辑上（一致的）角度出发。

3. 不要将人划分为局部的角色和功能，而是要从一个整体的视角来对待他人。

4. 尽可能公平地与个人讨论，包括他们的态度、价值观念和个人评价。

5. 作为公平的正义（罗尔斯）：在日常生活中公平待人，而不仅仅是在体育中如此。

6. 允许他人拥有行动、意见和决断的开放空间。

7. 也在你自己身上养成这种自由……

8. 尊重人道，并在团体之中和团体面前践行慈悲。

9. 宽以待人。

10. 在你自己行动的实践领域之中保持个人责任感。

11. 在你的责任范围内对弱势者施行慈善。

12. 将所有人视作移情、同情和交往的存在。

13. 宽恕和原谅是慈悲的真正的典范和特征。

14. 对于其他的生命也待以慈悲，例如，家养动物和灵长类。

15. 怀有并践行对生命的普遍尊重，肯定和尊重“生存的意愿”。

16. 为了人类、动物甚至具有代表性的植物能够生活，并且享有一种体面的生活质量的环境以及重要生态系统的必要功能而行动和贡献力量。

17. 要自我尊重，对于自己的人格和幸福也要承担全部责任。

18. 通过审美品位的提升、个人经验以及自身价值的形成，来完成自我养成。

19. 这将会也应该包括一种真正人道的和情感导向的性爱伙伴关系。

20. 总是努力在具体情境中去践行仁爱和慈悲：当拿不准的时候，就着眼于仁 / 人道而辩护和行动！（In dubio pro humanitate!）

在这个席卷一切的全球化时代，情境依赖和行动导向的诸多变体和责任已经相当迅猛地发生了变化：因为世界范围的通讯和经济上的相互依存，大多数过去被认为是离我们很遥远的不幸之人现在成为了我们的“功能性邻居”，考虑到其生存机会（食物、医疗、经济条件，等等）和最低限度的福利要依赖于这个世界上获得特权的那部分人给出的负责任的帮助。即便诸如饥荒、食物供应不足、医疗不充分这些问题难以轻易地通过现有政治、法律和经济手段获得解决，但是这样的情形还是使得一种新型伦理责任变得必要，并且肯定会依据相互依存性和世界范围内的交互作用关系来重新定义“依赖”、（功能性）“邻居”、“具体性”甚至是“处境导向”这些概念：如果不（仅仅）从一种法律视角出发，那么我们肯定需要找到一条新路来扩展应用伦理学的诸进路，以强调这一新的世界范围的毗邻性、相互依赖性和交互作用。鉴于更大的处境依赖，我们需要在功能性基础的意义上，通过定义和运用关于社会“处境”的“具体性”、交互作用、相互依存等等新概念，对具体人道意义上的人道主义有一种新的理解。从伦理学的角度来讲，这一在我们有限星球上发生的剧烈变化的处境，伴随着其甚至更为有限的资源、过度的污染、供给不足以及分配制度的问题，确实呼唤着在我们伦理思考尤其是我们伦理和人道主义实践中的一场革命。

当然，普遍实践性人道或共同慈悲（实践性的人类团结）的观念也意味着并牵扯到关于形式性和实质性宽容以及对于意见、规则、交流和冲突管制之中的公平性这些方面的问题。因此，它包括了诸多次级观念、程序性规范、社会交流和行动系统以及策略处境中的规则（尤其是同公平宽容的基本观念相一致的冲突管制程序的诸规则）。[①]

① “当拿不准的时候，就着眼于具体的人道而辩护和行动”（In dubio pro humanitaet concreta）这句箴言可以被扩展为这样一句口号“当拿不准的时候，就着眼于具体的人道以及实践的宽容而辩护和行动”（In dubio pro humanitate concreta atque tolerantia practica）。实践性的人道或者说共同慈悲，以及宽容，它们是互相依赖的概念、规范或价值。这一点对于横向的宽容和人道主义的（个人导向的）宽容来说尤为真实，但它也同样对宪政国家的程序性、法律性和公共性策略有着重大影响。作为一种道德理想的宽容——根据公平原则，以及基于“所有人都应该被平等赠与”这样一种基本的平等主义概念所支持下的程序性理由——是一种在智识层面上遍及一切的，抑或毋宁说是功能性的（主要地但不仅仅是程序性的）尊重不同甚至对立意见的方式，以及在多元社会中管制冲突的方式。宽容是人权运动之中最起码的人道主义传统的一部分，正如联合国教科文组织在 1995 年的《宽容原则之宣言》中所强调的。我们必须通过如前所述的诸类型和诸功能性差异来阐明宽容，以便对普遍人道主义进路的诸具体变体提供某些更为实质性、更为有效的形式性洞察。如果缺乏了一种普遍法律道德性和处境导向式的宽容，就不可能有真正的慈悲和共同人道。在拿不准的时候，就着眼于具体或实践的人道以及形式性和实质性的宽容而辩护和行动！（In dubio pro humanitate concreta sive practica atque tolerantia formale et substantiale!）

顺便提一下，我们能够追溯出一条特别的教化之路，这条道路从人权的法律概念回溯到一种关于人的尊严的伦理学解释，并且提出了一种关于创造性和创造性活动的人类权利的倡议，这条道路在观念内容、性情和智识特质与动机方面，似乎在根子上是孔子的（“学而时习之”，Learn and exercise all the time）和孟子的。

我们来给出结语：如果转向普遍人权这个主题，我们就能够发现如下历史发展：严格来说，人权的诸多讨论和概念的传统以及宣言——包括1948年《人权普遍宣言》——将人权建构为反抗由国家或统治者所施加的侵犯的法律保护权利，也即，人权被设想为用于保护个人的预防性权利。这些权利和正当的道德要求，在法典化编纂的版本中，所面对的是国家和别的权力拥有者。然而，从几十年前开始，保护性的人权可以说已经被拓宽了，以便容纳进积极的自我决定权和参与权以让个人能够选择他或者她自己的生活方式并自我决定（在最近的司法判决中，例如在德国宪法法院的裁定中，还容纳进了信息的自我决定）。我们还看到了个人参与权的发展，以保证一定的生活水准和社会参与，从而使符合人类尊严的生活成为可能：这儿已然发生了一个显而易见的进步，从把人权解释为面对国家或其他统治者的保护性权利，到将其解释为参与社会生活和分担社会义务的主动性权利，以及有时候还包括了对于少数群体等的所谓集体人权，以保证他们受到平等对待。换言之，这里已然有了一个显著的发展，从对于法律上编撰成文的那些保护性权利的解释迈向社会机会的分享权和（至少在原则上）对于维护和提高生活水平的保证。后面这类人权可以被称之为社会性人权或积极受益权，正如我曾在别的地方指出的（Lenk 2001）。历史上来说，这里确实在保护权（防止侵害）的消极性原始含义中发生了一个特征性的扩展，迈向了一种积极的关于参与和受益的社会权利以及对于机会的保障。

如果对于成文法里人权的合法性解读是正确的，那么对于要求享有以符合人类尊严原则的方式被对待的特权的正当的道德要求的伦理解读就是更为正确的。相比于仅仅道德性的人权，在术语上我现在更倾向于（Lenk 2001）谈论对于人类尊严的正当的伦理道德要求（Menschenwürdeanrechte 或 Menschenwürdigkeitsanrechte），而不是我早期（Lenk 1997）所参照的那些明显过多地被合法性所塑造的狭义道德“权利”①。我这里就不深入其中的差别和历史发展的细节了。

此外，我还想在此补充另一种关于人类尊严的道德性的“准人权”，或者说一种

① 事实上，后来的发展还容纳了那些在法律上不能强制执行的普遍人权，例如，在《人权普遍宣言》中对于工作和别的所谓“自反性的”“程序主张”的普遍集体人权，以及1961年《欧洲社会宪章》（第2章，第1款）所规定的仅仅是普遍确认的但并非法律上强制的那些个人权利和要求。获得教育的人权（同上，第26款）和参与文化生活的人权（第27款）也是如此；同样的，在联合国1966年《经济、社会和文化权利公约》（第3章，第6款）。

关于自由选择的、非异化的创造性的属己的活动（Eigen-activity，authentic activity）的、玩个文字游戏的话也就是关于 creactivity（创造）也即 Eigen-tätigkeit（属己的活动）或 Eigen-leistung（属己的实现）（参见我的论文：Lenk 1983, 1985-1986, 1994, 2001）的一种具有伦理正当性的要求[①]。就像上文所提及的自反性程序性的、法律上不可被强制执行的、关于工作和相应生活标准的人权一样，这种准人权也将被提议为一项关于受教育的人权、关于享有一种不被异化的自由创作活动（包括时常的娱乐活动）的人权、关于享受和践行一种有意义的属己活动的人权，也即，生产活动是真正自由的自我决定和自由的自我发展的一个组成部分。自愿且恰当的属己活动和属己实现[②]，将被视为是对人类尊严的正当的道德要求，甚至被提议为关于社会出身的参与权（就像是有权获得一份工作这样的“自反性”权利）。国家必须确保，对于这样一种个人的创造性自由活动的条件和机会，简言之，对于属己活动、属己实现和创造性活动的那些条件和机会，必须被培育；如果不能保证这些，那么起码也要确保为这样的活动提供一个自由的领域。这也将包括对于社会领域中的自愿活动进行重新定位和重新评估。

这样一种新的积极教化关涉那些被自由地选择的、在个人层面上非异化且有意义的活动，应该在人权（或伦理要求）的框架下被发展和培育，这里的人权就是关于社会性的、有意义的属己活动以及创造性的个人活动和娱乐的权利。或许，这会被理解为对联合国 1948 年和 1966 年人权宣言某些内容的扩展或者认可。这一参与式的积极伦理人权的特定变体，当然是对于受教育的基本人权的一种特殊解释，并且必须要在教育中实现。实际上，通过并朝向这种人权教育，是对于许多迄今为止被法典化的人权及其原则的主动的积极式解释所扩展出来的构成部分。需要注意的是，认识到通过主动永久的学习和真正属己活动来实现的自我教化是一项义务，以及认识到终身学习是一种需要，这是被孔子（《论语》书中各处）和孟子（《孟子》IVB, 14; VIIB, 5; VIA, 11; VIA, 20）所反复强调的。

然而，虽然我们首先必须在关于保护权和参与权这样的严格和基本的意义上讲授人权——尤其是考虑到在具体的（实践性的）人道的情境中——我们还是应该做到，确保在关于人权和人类尊严的一般讨论中纳入对于有意义的属己活动和真正创造性努力的伦理性人权或正当道德要求。人类是具有创造性和自由的存在者：不仅

---

① Eigen 在德语中表示“自己的”、“固有的”、“属己的”，作者又用了英文 authentic 来作为这个德语前缀的同义词，因此，此处把 Eigen 译为“属己的”。——译者

② 孔子已经强调过（《论语》XV 20）“君子疾没世而名不称焉”（The noble man would hate the idea of leaving the world without having achieved something worthy of continuous acknowledgement）。在他的建言中，他一再回到“学”的必要性和价值（《论语》I, 1+4, I, 14, II, 15, V, 15, V, 28, XV, 31, XIX, 5f）。

在理想上来说是如此，而且在实践情境中也是如此，教育应该促成这一目标，并且强调那些已经被扩展的人权观念的积极主动意涵。

参考文献

Bauer, J. R., Bell, D. A. (Eds.): *The East Asian Challenge for Human Rights*. Cambridge/UK: UP 1999.

Bernasconi, R.: Cosmopolitanism, Globalisation, and Ethical Responsibility. In: *Rev. Internat. de Philos. Moderne 20* (Tokyo 2002), 67-80.

Brieskorn, N.: *Menschenrechte*. Stuttgart: Kohlhammer 1997.

De Bary, W. Th. – Tu Wei-ming (Eds.): *Confucianism and Human Rights*. New York: Columbia UP 1998.

Fletcher, J.: *Situation Ethics*. Philadelphia: Westminster 1966.

Hall, D.L., Ames, R.T.: *Thinking through Confucius*. Albany: State University of New York Press 1987.

Herder, J. G.: Briefe zur Beförderung der Humanität. (Selection) In: Herder, J. G.: *Werke in zwei Bänden*. Vol. II. Munich: Hanser 1953, 458ff.

Leffingwell, A.: An Ethical Basis of Humanity to Animals. In: *Arena* 10 (1894), 474-482.

Lenk, H.: (The Situation of) Youth, Creativity, and Achievement Orientation. Plenary address at the 23rd Session of the UNESCO General Conference, Sofia, in the 26th Plenary Meeting, Oct. 23, 1985, see 23 C/vr/ 26, pp. 46-48. The long version was published in *International Journal of Applied Philosophy* 3 (1986), no. 2, 69-78.

Lenk, H.: *Eigenleistung*. Osnabrück – Zürich: Interfrom 1983.

——. Value Changes and the Achieving Society. In: OECD (Ed.): *OECD Societies in Transition. The Future of Work and Leisure*. Paris: OECD 1994, 81-94.

——. Menschenrechte oder Menschlichkeitsanrechte? In: Paul, G., Robertson-Wensauer, C. (Eds.): *Traditionelle chinesische Kultur und Menschenrechtsfrage*. Baden-Baden: Nomos 1997 (1992), 25-36.

——. *Konkrete Humanität*. Frankfurt /M.: Suhrkamp 1998.

——. *Albert Schweitzer – Ethik als konkrete Humanität*. Münster: LIT 2000.

——. Some Remarks Concerning Practical Humanity and the Concept of Tolerance. In:

Philosophica 66 (2000), No. 2, 33-40.

——. Values as Standardized Interpretative Constructs. In: McBride, W.L. (Ed.): *The Idea of Values*. Charlottesville, VI: Philosophical Documentation Center 2003, 85-125.

——. Tagebuch einer Rückreise (Lambarene) (including articles about Schweitzer's unpublished ethical works about the ethics of reverence for life: between rationalism and personal experience). Stuttgart: Radius 1990.

——. *Albert Schweitzer – Ethik als konkrete Humanität* (Ethics as Concrete Humanity). Münster: LIT 2000.

——. *Ein Menschenwürdeanrecht auf sinnvolle Eigentätigkeit*. In: Paul – Göller – Lenk – Rappe (Eds.) 2001, 394-415.

——. Maring, M.: Responsibility and Globalization. In: *Sandhan* (Journal of the Centre for Studies in Civilizations, New Delhi) 1, no. 2, 2001, 113-150.

——. Paul, G. (Eds.): *Epistemological issues in classical Chinese philosophy*. Albany, N.Y.: State University of New York Press 1993.

Locke, J.: *Letter Concerning Toleration*, 1689.

Mencius (MengZi): *The works of Mencius* (Translated and with critical and exegetical notes, Prolegomena and Copious Indexes by James Legge). New York: Dover 1970 (orig. 1894). (Quoted as "Legge")

Mencius (translated with an introduction by D.C. Lau). London: Penguin 1970.

Moritz, R.: *Die Philosophie im alten China*. Berlin: Deutscher Verlag der Wissenschaften 1990.

Konfuzius (KongZi): *Lun Yu* (quoted from the German edition, transl. Moritz. Stuttgart: Reclam 1982).

Paul, G.: *Die Aktualität der klassischen chinesischen Philosophie*. Munich: Iusticium 1987.

——. *Aspects of Confucianism*. Frankfurt/M: Lang 1990.

——. *Konfuzius*. Freiburg i. Br. 2001.

——. Göller, Th., Lenk, H., Rappe, G. (Eds.): *Humanität, Interkulturalität und Menschenrecht*. Frankfurt/M: Lang 2001.

Roetz, H.: Albert Schweitzer and Chinese Thought in Confucian Ethics. In *Journal of Ecumenical Studies* 15 (2003): 1-2 (Philadelphia: Temple), 111-119.

——. *Confucian Ethics of the Axial Age*. Albany, NY: SUNY 1993.

——. *Konfuzius*. Munich: Beck 1995, 2nd ed. 1998.

Schleichert, H.: *Klassische Chinesische Philosophie*. Frankfurt/M: Klostermann 1980.

Schweitzer, A.: *Verfall und Wiederaufbau der Kultur*. Munich: Beck 1923.

——. *Civilization and Ethics* (orig.: Kultur und Ethik, Munich: Beck 1923.). Engl. in Schweitzer, A.: *The Philosophy of Civilization* (Transl. Campion). New York: Macmillan 1949.

——. *Aus meinem Leben und Denken*. Leipzig: Meiner 1931. (Engl. *Out of My Life and Thought: an autobiography.* New York: Holt 1990.)

——. *The Teaching of Reverence for Life* (Transl. R.&C. Winston). New York: Holt, Rinehart and Winston 1965.

——. *Gesammelte Werke in fünf Bänden* (Ed. R. Grabs). Munich: Beck, no year (1971-1974).

——. *Die Weltanschauung der indischen Denker*. Munich: DTV 1982 (Engl. orig. 1935)

——. *Straßburger Vorlesungen* (Ed. Zürcher, J.). Munich: Beck 1989.

——. Über Humanität. In: Schweitzer, A.: *Wie wir überleben* (Ed. Schützeichel). Herder 1994.

——. *Die Weltanschauung der Ehrfurcht vor dem Leben: Kulturphilosophie* III. Part I & II 1999, Part III & IV 2000 (Eds. Günzler, C., Zürcher, J.).

——. *Vorträge – Vorlesungen – Aufsätze* (Werke aus dem Nachlass). München: Beck 2003.

Swidler, L.: *For All Life. Toward a Universal Declaration of a Global Ethic as Interreligious Dialogue*. Ashland, OR: White Cloud 1999.

——. Confucianism for Modern Persons in Dialogue with Christianity and Modernity. In: *Journal of Ecumenical Studies* 15 (2003): 1-2 (Philadelphia: Temple), 12-25.

Tomuschat, C. (Ed.): *Menschenrechte*. Bonn (UNO) 1992.

Tu, Weiming: *The Significance of Concrete Humanity*. New Delhi Center for Studies in Civilizations and Munshiram Manoharlal Publishers.

UNESCO Commission/Germany (Ed.): *Menschenrechte*. Internationale Dokumente. Bonn-Paris: UNESCO 1981.

Unesco (Ed.): *Declaration of Principles on Tolerance*. Paris: UNESCO 1995.

Unger, U.: Goldene Regel und Konfuzianismus. In: *Sinologische Rundbriefe* Nr. 55. Münster, 20.12.1995.

United Nations (Office of Public Information) (Ed.): *The International Bill of Human Rights. International Covenant on Economic, Social, and Cultural Rights*. International Covenant on Civil and Political Rights. And Optional Protocol. New York: UN 1978.

United Nations (Office of Public Information) (Ed.): *The United Nations and Human*

Rights. New York: UN 1978.

Van Norden, B.W.: MengZi and Virtue Ethics. In: *Journal of Ecumenical Studies* 15 (2003): 1-2 (Philadelphia: Temple), 120-136.

（冯力　译／陈斯一　校）

王阳明讲座

精神人文主义：己、群、地、天*

杜维明
（北京大学）

孔子提供了一种全面而完整的学以成人的方式。儒家哲学以此时此地具体的、生活着的人为出发点。具体是指人的整体，包括身心在内。因为我们使用的是英语，所以需要审慎地加以注释。[①]“身”这个词看起来很直截了当，但是，正如我们要看到的那样，它传达了超越肉身的微妙之处。而“心”这个词却是很有问题的，因为我想表达的不仅仅是心智（mind）的认知功能，还有心灵（heart）的情感功能。为了避免误解，儒家学者经常使用“心智与心灵”或“心灵与心智”的复合词。我更喜欢用“心灵与心智”来强调情感在儒家传统中的重要性。使情况变得更复杂的是，整体的人的具体性不仅包括肉身、心灵、心智，还包括灵魂和精神。因此，当我谈到“具体”的时候，我并不是要给人一种“我所指的只是肉身”的印象。

如果你接受我对“具体”的定义，那么我敦促你更加关注“活着的”一词。显然，它不是指没有生命和活力的东西。“具体”一词表明，它不仅仅是一个抽象的概念。尽管如此，“具体性”仍然可以表明，有些东西是有形的，比如石头，但它不一定是活着的。当然，我所说的心灵和心智已经表明，具体的事物——并不是像石头或者树一样——是活着的，就像动物一样，比如狗或马。在此，我想引入一种哲学思想。这对我的探索至关重要：“活的具体性”。在任何哲学探究中，抽象概念都是不可避免的。我前面使用了“具体”这个词。我想强调的是，虽然抽象的概念化是不可避免的，但我的目的是让具体的事物可以即时地、经验地获得。我们也许不能一直专注于具体的事物，但我们总会假定它们是存在的。我想明确表示，这是我特别关心的一种具体性。这里特指生物的具体性。在浩瀚的宇宙中，这是极为罕见

---

* 我感谢余佐翰博士和王建宝博士的评论和建议。本文正文部分由柳博赟博士、黄琰童博士、陈耕艺博士翻译，吴蕊寒博士、王建宝博士校对。脚注部分由王建宝博士翻译，柳博赟博士校对，在此一并表示感谢。

① 本文原文是英文。——译校者

的。迄今为止，我们已经具备了强大的观测能力，但我们只能确定我们生活的地球有维持生命的环境。然而，在具体的生物中有一个很小的集体，我称之为“活的具体性”。我们可以把“活的具体性”归于所有的动植物，但我在这里的意思是，只有人类意识到自己有活的具体性。此外，我选择个人（person）这个词是为了表明人类（human）有别于其他动物。[①]

儒家最基本的信条之一是，学以成人就是学会做一个“个人”。成为一个“个人”需要一个动态的转化过程。作为人的一个显著特点是，尽管成长看似是不可避免的，但我们需要通过学习才能成为“个人”。我们通过学习来熟悉自己的身体；饮食、起居、进退、言语的每一个动作都需要不断的学习。严格来说，并不是我们拥有自己的身体，而是我们成为了我们的身体。身体不是预先给定的。身体是一种成就，是一种惊人的成就。身体的各个方面，包括物质、生理、情感、心理、心智、智力和精神，从整体上定义了我们是活的具体性。

我们可以想象一个具体的活着的人，因为我们遇到了很多这样的人，从至亲到点头之交。但是，“此时此地”是指我们必须承认的空间和时间的现实，因为它不是一种想象的可能性，而是一种现成。我们如何在此时此地对待一个具体的、活着的人？这等于是我们意识到自己存在的方式。

当然，我可以想象，此时此地的具体的、活着的人是别人，但更大的可能性是，我认识到这就是我自己。其他人可能偶尔会意识到我的存在，但只有我一个人能够出于我自己的选择，一直意识到我此时此地的存在。我们说儒家哲学以此时此地具体的、活着的人为出发点，是为了强调自我意识的重要性。[②]

但是，如果你认为孔子真正关心的是我们应该成为什么样的人，从而才能对社会有用（的确，社会和谐取决于我们每个人学以成为什么样的“个人”。真正的人是学以成为社会所需且不可或缺的人），那么我们可能会对儒家的理念有一个截然不同的理解，即人是关系型的、具象型的、情境型的，人是基于社会分工的各得其分。通过学习，我们承担了不同的社会角色。如果我们充分、有效和熟练地发挥我们作为不同角色的作用，我们都将为公共利益做出贡献，提高社会福祉。

在这种观点下，此时此地具体的、活着的人的想法若是聚焦于自我意识的中心性，就似乎过于自我中心了。它有陷入个人主义陷阱的倾向。一个人可能会变得孤立无援，与他人疏远，并局限于私人自我的领域中。若是像对《孟子》的误读一样，

---

① 儒家代表的既不是个人主义也不是集体主义，而是一种“人格主义”（personalism），这是狄百瑞的观点，参见《个人主义与人格》，见《亚洲价值和人权：一个儒家会通的观点》，麻省，剑桥：哈佛大学出版社，1998，第25页。

② 杜维明：《杜维明文集》之第五卷，第28—56页，《孟子士的自觉》，武汉：武汉出版社，2002年。

对儒家心性做出过度的心理学解读，可能就会偏离儒家更为稳健的对“人类繁荣”的论述。以牺牲社会参与为代价去追求内在自我是一个不幸的结果。按照这种思路，荀子坚持礼法约束的纪律是一种恰当的纠正。

我不再赘述儒家传统中各种不同的修身思想。我选择遵循孟子的人禽之辨，是为了为自我意识的首要地位奠定坚实的基础。我完全承认荀子的“心”的概念有着丰富的资源，而他在《劝学》中表达的观点，与孟子有诸多相似。荀子的人性论，表面上与孟子的“道德感是与生俱来的”（人性本善）宏大视野相矛盾，但两者有许多共同点。孟子、荀子对人性的可完善性、学习的转化力、修身的功效、圣人的传统、以礼而达善政都有信心。他们都认为，人从来不是静止的结构，而是动态的、创造性的成长过程。

那么，为什么要坚持以自我意识为出发点呢？我们当然可以想出一个整体一致的观点，主张先人后己。因为我们意识到了别人，我们才意识到自己。不承认别人的存在，我可能根本就不知道自己的存在。可以想见，我与他人的关系先于我的自我意识。儒家传统中有许多例子可以用来支持这一观点。孝的价值，即孩子对父母的义务，是仁的核心，这正是因为父母对孩子的爱是自然的。通过学会承认自己受惠于他人，我们学会了互惠的价值。随着年龄的增长，我们越来越意识到，我们应该培养顾及他人的思想和行动，来表达我们的感激之情。我们中的一些人可能忽然发现为时已晚。

人是关系的中心。我们不可能把这个中心想象成与它的关系完全隔绝。这个中心是一个具体活着的人，关系为其赋予颜色、声音、视觉和质感。一个人活着的具体性，必然是独一无二的，它涉及种族、性别、语言、年龄、籍贯、社会阶层和信仰，更不用说个性特征了。每一个性质都象征着一个广泛的、包含成千上万人的社会网络。基于情境的不同，每一个对于我来说都有不同程度的意义。

自我意识并不意味着，当我们在所属的关系中发展演化时，要察觉到自身的诸多独特性。相反，它使我们能够保持自己的中心，而不陷入完全解体和分裂的混乱。它给我们一种方向感，一个定位点。它是帮助我们在困境中航行的指南针。这可能就是孔子要求我们“为己之学”的原因。①

学习通常是指获得知识或内化技能。知识和技能可以理解为“为己之学”，但孔子的想法却大不相同。他所提出的是：通过成为我们身体的一个组成部分来改变我

① 倪培民：《论语新译》，纽约：纽约大学出版社，2017 年，第 338—339 页。“在当代新儒家学者中，杜维明乃弘扬‘为己之学’的旗手，其必曰，体知孔教方为道德主体之树立，一言以蔽之，成人（之教）（参见 1.15）。成人要依靠自身（12.1）。见氏著，《修己以成人》，1985, 51–65。亦可参见 1.16, 4.14, 8.7, 14.42, 15.5, 15.21。”

们的那种知识和技能。为了方便起见，我想把“为己之学”定义为“体知性学习”。[①]让我们以学习技能为例来说明。如果我们学会演奏一种乐器，比如小提琴，我们需要投入大量的时间来熟悉弓法和指法，这样我们就能产生比较悦耳的声音。如果我们有才华，完全投身于成为一名音乐家的艰巨任务，那么我们将把我们的一生奉献给它。如果我们成为一名演奏家，小提琴可以说是我们身体的延伸。我们不再把小提琴当作乐器，而是通过它来表达我们的艺术情感。总之，我们已经体知了小提琴的知识。这当然是一个特例，只有少数伟大的音乐家能做到。但是，让我们想象一下，我们要学会演奏的乐器不是小提琴，而是我们自己，或者说，我们要全面理解自己的身体。

“为己之学”是至关重要的，因为这关乎我们的整个生命。我们要问的问题，不仅仅是我想从事什么职业，我想成为怎样的成功人士，我打算如何实现我的抱负，什么样的社会角色会最令人满意，或者我怎样才能富有和出名。相反，鉴于我现在是一个此时此地具体的、活着的人，那么问题就应当是：我想成为一个什么样的人？

如此理解的自我意识确实涉及知识和技能，但它主要是根植于我们对人性的原初意识的一种转化行为。人类的独特性在这一层次上以其原初的形式展现出来，它光彩而温暖。这就是孟子所说的“大体”。[②]在这里值得一提的是一个著名的故事：“今人乍见孺子将入于井，皆有怵惕恻隐之心。”它可能给人的印象是，我们会震惊地意识到，我们都被赋予了恻隐之心（同情、移情和怜悯）。但它真正意指的是：恻隐之心是如此普遍，以至于如果我们感觉不到它，我们就不再是人了。

学以为己是一种品格的培养。它完全符合我们的职业抱负、追求卓越、努力改善自己的命运、为社会和谐做出贡献的意愿，以及被认可和过上舒适生活的愿望。然而，它涉及我们生存的一个更基本的方面——生命的意义。自我作为人际关系中心的观念中隐含着主体性。至关重要的是，我们不要把中心归约到关系上。一个具体的、活着的人是由多维复杂的关系构成的。但把它们放在一起，也不能完全构成人。我们还应该考虑到所有的原始联系（种族、性别、语言、年龄等等）。而它们也不能建立自我的中心。它们都是相关和重要的。它们中的每一个都是约束因素和促成因素。它们都是促成性的制约因素。这需要我们解释一下。

儒家人文主义的一个显著特点是：认识到我们都注定是一个个特定的人。我们所有的原初联系都是有意义的。我们也许可以下决心改变其中的一些关系，比如性别和语言，但总的来说，它们是被决定了的。在许多伟大的宗教传统中，这种生活的现实充其量被认为是限制性的。它们限制了我们的选择和行动自由。我们希望改

① 杜维明：《从体知看人的尊严（提纲）》，《国际儒学研究》第6卷，1998年2月。

② 理雅各：《中国经典》第二卷，《孟子》，台北：南天书局，1991年，第417页。

变它们，甚至是摆脱它们。至少我们接到了这样的指令，要把自己从这些限制中解放出来。有些指令是在相对意义上执行的。在基督教传统中，真正的信仰团契应该优先于亲情纽带。其他的传统也有很大的限制性。佛教僧侣经常被要求断绝一切家庭关系。儒家的选择大不相同。我们都注定要成为一个特定的人，这一事实应该得到接受，得到充分承认。这也许不是一种福分，但它需要积极的认可甚至庆幸。我们感知到的约束同时也是自我实现的凭借或工具。因此，它们不仅是制约因素，也是促成因素。事实上，正是这些促成性的限制使我们成为具体的、活着的人。儒家的修身正是通过个人努力，将制约因素实质性地转化为促成因素。

我发表过几篇文章，探讨自我修养作为一种认识方式的认识论、伦理观、美学和宗教含义。我创造了一个中文术语来表达这个在中国传统文化中被广泛使用但很少被分析的想法：体知（embodied knowledge）。[①] 它既不是认识某个对象，也不是学会如何去做，而是第三种知道，而这种知道必定是一种转化行为。用比喻来说，从全面和整体的角度来说，知识不仅涉及大脑和心智，也涉及身体。身体锻炼、心智认知功能和心灵情感反应都是必需的。在体育运动中，孔子举了射箭为例。如果我们射偏了靶心，我们此时此地就需要调整自己的身体位置和精神状态。要学习射箭艺术，我们的临场感是先决条件。

自我意识是孔子赞许的学习方式的关键。通过自我反思、自我反省、自我批评、自我告诫和自我鼓励，我们把自己确立为人际关系的中心。这种与私人自我截然相反的自我，是开放的、充满活力的、有创造力的和转化中的。它永远向外界开放，与人动态互动，创造性地参赞万物，并通过内在的转化来改变周围的世界。正如孟子“大体”所言：“万物皆备于我。”[②] 这不是一种想象的可能性，而是一种可以实现的状态。我们可以扩展我们的生命能量（气），让它充盈于天地之间。这可能涉及具体的身体训练，比如呼吸技巧。但孟子坦言，他可以通过道德和精神锻炼来做到。这不是一个比喻，而是一个被经验到的现实。

这让我们想起了 12 世纪的儒家学者陆象山，他说自己是通过读《孟子》获得了儒家学问的真正精髓。[③] 孟子传达的信息正是人之所以伟大的思想。这一思想在陆象山那里体现得如此之深刻，他甚至不能把它视为一个有待论证的假设来看待。它乃是从人的内部彰显出来。而且，正如他所相信的那样，对于此时此地的每一个具体的、活着的人来说，这应该是不言而喻的。这件轶事也需要我们解释一下。

① 杜维明：《体知儒学》，杭州：浙江大学出版社，2012 年。

② 陈荣捷：《中国哲学文献汇编》，新泽西，普林斯顿：普林斯顿大学出版社，1963 年，第 79 页。

③ 陆九渊：《陆九渊集 · 卷 35 · 语录下 · 詹阜民子南所录》，北京：中华书局，2008 年，第 471 页。

陆象山在被问到做人的问题时，经常提到孟子的教导："先立乎其大。"[①]他经常重复这句话，于是批评者质疑陆夫子"先立乎其大之外，别无伎俩"。陆象山直截了当地回答说，没有比先立乎其大更重要的信息了。[②]陆象山以他对孟子思想的执着而闻名。他明确表示，他对《孟子》的体验式理解，除了阅读《孟子》之外，没有其他来源。他是自己获得的理解。[③]对他来说，读《孟子》并不是要读一篇古代文本，通过解读来理解孟子所说的文字含义，而是与孟子面对面的一次活生生的相遇，是孟子亲自直接对他说了这些话。这种话语听起来像是宗教命令，不需要讨论、辩论或验证。

"先立乎其大"是每个人都可能的。我们每个人都有伟大之处。我们所需要做的就是建立它。除了我们自己的主动意愿之外，没有其他条件。任何外在的力量，无论是政治的、社会的还是文化的，都不能阻止我们立乎其大。我们也不能依靠别人来立乎其大。这种断言的基础是：不仅整个人类是伟大的，我们每个人都是伟大的。对每一个具体的、活着的人来说，首要的任务是立起已经内在于我们的事物。换句话说，学以成人就是通过自己"先立乎其大"来实现自己的伟大。从表面上看来，这种命令不是一种事实陈述或建议，而是一种鼓励。但严格来说，象山跟孟子的意思，并不是一厢情愿的想法，而是一个关于人的事实。

象山倡导的儒家传统被誉为心学（心灵之学）。这个学派的一个显著特点是以心灵为中心。它也经常被理解为心智。心（心灵和心智）既是认知的，也是情感的。它能感受、意愿、觉察和认知。心的感受、意愿、觉察和认知能力为"大体"提供了基础。自我实现的首要任务是要意识到建立大体的心灵活动，强调人之为人的独特性。那么第一步就是唤醒心灵，让它对我们周围的世界敏感。外界刺激所能激起的感情，只是心灵的敏感性的表面表现。象山心学就是要接触到大体的原始心灵（本心）。严格地说，本心定义了到底什么是人性。

人性又通过本心的生机和活力来表达自身。这不仅仅是一种想法，也是一种活动。它的感受、意志、觉察和认知与不断扩大的关系网络联系在一起。它是关联性的，它的连通性的潜力是无限的，但是它总存在一个核心，无论网络有多广泛，这个中心都不能仅仅归约为联系。作为仁核心的本心是进化过程的顶点。它不是一个静态的结构，而是一种不断生成的活动。从这个意义上说，人不应该被认为是"现成的"（being），而应该是"生成的"（becoming）。"生成着"的人类在永无止境地

---

① 理雅各：《中国经典》，第二卷，《孟子》，第 418 页。

② "近有议吾者云：'除了先立乎其大者一句，全无伎俩。'吾闻之曰：'诚然！'"（卷三四，《语录》上 34:5a），见陈荣捷：《中国哲学文献汇编》，第 582 页。

③ 陆九渊：《陆九渊集·卷 35·语录下·詹阜民子南所录》，第 471 页。

进化着。这兼具宇宙论和人类学的意义。

这种推理隐含着本体论的“存有的连续性”。[①]在这种本体论中，人与所有存在方式——矿物、植物和动物——相关。如果我们深入探究以寻找某种联系，我们就是一个连续体的一部分。然而，人的独特性在本质上不同于所有其他存在方式。人之所以为人的决定性特质，不能被化约为已经成为人类生存境况的组成部分的任何属性。这种带有演化论色彩的观点在中国哲学中得到广泛认同。《荀子》中有一个明显的例子：

> 水火有气而无生，草木有生而无知，禽兽有知而无义（道德），人有气、有生、有知，亦且有义，故最为天下贵也。[②]

这种人的观念是根源性和起源性的结合。人类的独特性是基于一个悖论。人也是使水、火、草、植物和动物产生的同一过程的组成部分。然而，作为一种起源的属性，人是独一无二的；它不能被化约成它的组成部分。起源和意识当然也是如此。要充分对其进行理解，我们不能通过将这种起源性的特质化约为衍生力量，虽然正是起源性力量使其成为可能。这并不是否认，在结构上，它总是与构成其存在形式的所有因素交织在一起。在进化过程中，可以说，什么都没有失去。最终使人类出现的积累、渐进过程，是整体的、动态的和持续的。从这个意义上说，“存有的连续性”并不意味着一个线性的过程，而是一个加速协调、合作和复杂化的过程。我可以这样说，在某些微妙的方面，它与某些版本的创世论并不是不相容。

存在于进化过程的各个层次的生命能量（气）既是精神的，也是物质的。精神和物质二分法在这里不适用。言下之意，灵性是蕴含于生命世界的。它并不仅仅是与超越相关，更不用说绝对的超越。然而，它涉及一个超越的维度。世俗与神圣的鲜明对比并不存在。赫伯特·芬格莱特对孔子的描述“即凡而圣”[③]是有启发性的，但这种二分法确实有问题，所有排他性的二分法，如身与心、精神与物质、肉体与灵魂，都与儒家的整体思维格格不入。我们可以以阴阳为例。它们是不同的，冲突的，有时充满张力，但在原则和实践上，它们是互补的。更重要的是，它们是共存和相互渗透的。没有阴就没有阳，没有阳就没有阴。阳的阴中总有阳。以此类推。这使儒家在矛盾中看到一致性，在体验这个世界的时候，将其视为既是物质的又是精神的。

---

① 杜维明：《存有的连续性》，《杜维明文集》第五卷，第4—6页。

② 艾瑞克·胡顿译：《荀子·第9章·王制》，新泽西：普林斯顿大学，2014年，第76页。

③ 芬格莱特著，彭国翔、张华译：《即凡而圣》，南京：江苏人民出版社，2002年。

生命（生）象征着一个完全不同的协调、合作和复杂化阶段的出现。在现代生物学术语中，它反映在适应性组织结构、新陈代谢能力、维持体内平衡能力、生长能力、繁殖能力和对环境的反应能力上。我们可以认为，在死的物质和生命之间存在着非连续性，甚至是断裂性。通过微妙的观察，我们可以发现，从生机的角度来看，“死的物质”的概念本身是不恰当的。因此，这种对“存有的连续性”的挑战被克服了，至少被降低了。以石头为例，对儒家或一般中国人来说，一块玉不一定没有生命。这个比喻并没有否定生死之间的根本区别，但是如果我们拒绝把所有无生命的东西都简单地称为“死的物质”，那就具有深远的意义。我想起几十年前起草《地球宪章》时激烈的辩论，当时科学界的代表最终被许多土著传统的长老说服，把这句话载入神圣的文件之中：“地球是活着的！”换句话说，即使是所谓的“死的物质”，也不仅仅是没有灵性的物质性。

知（意识和感情）的问题更耐人寻味。动物是有感情的，这基本是一个共识。动物是否有意识仍然是有争议的。一些动物爱好者认为动物（特别是狗和马）有意识。一些兽医坚持认为它们也有“自我意识”。荀子用“义”来区分人类和其他动物。他强调心智的认知功能，特别是分析和区别的能力，认为这是建立稳定社会组织的基础。在这次讲座中，我要遵循的是孟子的探究进路。他明确表示，人之所以异于禽兽者几希。例如，像动物一样，对“食色”（生存和繁殖）的渴望，不可避免地是人性的一部分。人的独特性在于完全不同的另外一个层面。他不希望我们忘记，人也是动物。他的策略是在“几希”的基础上进行论述。我们可以说，“几希”意味着人是一种能够有特殊的自我意识的动物。尽管“食色”是我们身体存在的先决条件（“小体”），但自我意识使我们能够实现人类的全部潜能（“大体”）。

从“存有的连续性”的角度来看，生命和意识的出现预示着人类到来的轨迹。可以想象，人类不仅与人类世界相连，也与动物界的所有成员、生命世界、地球，乃至超越性的宇宙相连。这种联系使人类能够发展出一种整体论的观点。

宇宙中没有任何东西与心灵的感觉能力完全无关。一颗遥远的星星和一片草叶，都不在心灵的感受范围之外，更不用说人类的事务了。在原则上和在实践中，心灵对一切事物的反应能力是无限的。孟子断言“万物皆备于我”，这不是凭空想象的结果，而是我们立即能认识到的事情。[①] 程颢（1032—1085）和后来的王阳明（1472—1529）都按照孟子的精神，认为人与天地万物是一体的。他们坚持“以天地万物为一体”是每个人在日常生活中可以实现的人的能力。[②]

① 陈荣捷：《中国哲学文献汇编》，第 79 页。

② 同上书，第 524 页。“他的弟弟（程颐）曾谓：‘仁者以天地万物为一体。’此一学说，后来为王阳明所充分发挥。”

王阳明试图通过一系列例子来证明这种能力。面对即将掉进井里的孩子，被屠杀前因恐惧而颤抖的动物，被砍伐的树木，被掠夺的高山，我们都会做出反应，这些事情在唤起我们的反应时，可能会有不同的情绪强度，但它们都以不同的方式影响着我们。我们有意识或无意识地与家庭、社群、自然和宇宙联系在一起。言下之意，他认为，要充分实现“仁”，不仅要克服利己主义、裙带主义、地方主义、种族主义和民族主义，还要克服人类中心主义。

这种从具体到普遍的转变，既排斥封闭的特殊主义，也排斥抽象的普遍主义。这是在个人植根性和公共精神之间做出的平衡。这种平衡的真正可能性取决于它们的相互理解和潜在的互补性。个人的并不是私人的。虽然我通常选择不透露自己的私人想法，但我经常觉得我不得不分享自己珍视的价值观。我植根于我的原始纽带——种族、性别、语言、籍贯、地位、年龄和信仰，但我毫不费力地认识到，它们是语境化和历史化的，以至于它们代表了一种独特的结构，具体地定义了我自己的独特性。然而，我的自我理解要求我在更广泛的种族、性别、语言、经济、政治、社会、文化和宗教背景下理解自己。这让我知道还有其他的独特性，它们也是同样的复杂。我知道，我永远无法完全理解我定义自身的独特性，但我确信，我有权利和责任去尝试这样做。以此类推，我意识到有无数独特性，像我一样，都在同一种境遇之下。

这是与所有精神传统都息息相关的人类状况。简而言之，儒家的道路是：我还没有达到我应该成为的样子，但我意识到，我必须通过自己现有的结构和功能，来达到自我实现的最高标准。《大学》的逻辑可以表述为以我自身为出发点：“自天子以至于庶民，壹是皆以修身为本。”具体来说，修身就是要超越封闭的自我中心，走向共同善。我们甚至可以说：我是私，我的家庭是公；家庭是私，社群是公；社群是私，国家是公；国家是私，地球村是公；地球村是私，宇宙是公。只有通过修身才能实现公共精神。这种从根深蒂固的私人自我到公共的关系性自我的转变，是对所有人开放的。人类的伟大之处在于人类心灵有体现整个宇宙的无限能力。这种体现是通过对话沟通达到的。

对话模式是儒家生活方式的一个显著特征。它体现在儒家人文精神的四个不可分割的维度中：自我、社群、自然和天道。只有通过对话，才能实现身心的融合，才能实现自我与社会的良性互动，才能实现人与自然的和谐，才能实现天人合一。对话式的相遇，而不是雄辩式的征服，使人类固有的恻隐之心（同情、移情和怜悯）被延伸和扩大，从自我、家庭、社群、国家、世界、自然，扩展到更远。

学以成人是“为己”。自我的尊严、独立和自主是儒家所珍视的价值观。对自我的认知是政治责任、社会参与和文化敏感性所必需的。孔子的弟子曾子说：“士不可以不弘毅，任重而道远。仁以为己任，不亦重乎？死而后已，不亦远乎？”[①]他把仁作为他自己的任务，担子不可谓不重；他至死才结束了自己的旅程，路不可谓不远。孟子用掘井及泉的比喻来表达自己的“自得”的主张，以其作为一种恰当的学习方式。只有深深沉浸在自我理解中，我们才能从底下流淌的溪流中获益，丰富我们的生活方式。积累丰富的诗性、政治、社会、历史和形而上学资源的能力，是体现不断扩大的人际关系网络的先决条件。

因为儒家的自我不是一个孤立的个体，而是一个动态的关系中心，所以不能不通过对话与其他中心互动。对他者的承认和尊重是建立富有成果的关系的出发点。五伦都是互惠的：父慈子孝，君仁臣忠，兄友弟恭，朋友有信，夫妇有别。互惠精神遍及所有关系。伦理金规则以否定的方式说：“己所不欲，勿施于人”[②]，这是建立在自我意识的基础上，即别人的完整性优先于用自己的方式建立关系的愿望。这一否定性陈述（恕道）必须辅之以肯定性精神（忠道）：“己欲立而立人，己欲达而达人。”[③]

这种对话方式也适用于自然和天道。在对话精神中，自然是托马斯·贝里恰当地表达的“主体的交流”，而不是“客体的集合”。[④]如此构思的大自然是地球母亲，它使我们能够生存、成长和繁荣。同样，我们与天的关系也是建立在相互回应的基础上。在儒家看来，天无所不在，无所不知，但不是无所不能。它可能创造了一切，但它依靠人类的参与来完成宏伟的工作。人类应该欣赏宇宙演化所产生的一切，为自己和环境创造一个和平和谐的住所。“天生之，人成之”[⑤]这句格言暗示，人作为天的伙伴，是宇宙的共同创造者。言下之意，他们也是强大的毁灭者。正如中国一句古老的谚语所说：“天作孽，犹可违，自作孽，不可活。”[⑥]

汉代儒家思想家董仲舒指出了三大根源：天是创造的根源，地是滋养的根源，人是完成的根源。张载（1020—1077）的《西铭》是理学的奠基文本，它也以类似的思想开篇：“乾称父，坤称母；予兹藐焉，乃混然中处。故天地之塞，吾其体；天地之帅，吾其性。民，吾同胞；物，吾与也。”[⑦]我们通过发现自己与天地万物的联系，学会回归人性。我们还了解到，我们的“大体”之所以伟大，是因为它具有这种相互联系的能力。孟子认为：“尽其心者，知其性也；知其性，则知天矣。”他进

---

① 倪培民：《论语新译》，纽约：纽约大学，2017 年，第 219 页。曾子曰：“士不可不弘毅。任重而道远。仁以为己任，不亦重乎，死而后已，不亦远乎。”

② 倪培民：《论语新译》，第 281、364 页。

③ 同上书，第 187 页。

④ 托马斯·贝里、布莱恩·斯威穆：《宇宙故事：从最初的大爆炸到生态纪》，纽约：哈珀三藩出版社，1992 年。

⑤ 艾瑞克·胡顿译：《荀子·第 10 章·富国》，新泽西：普林斯顿大学，2014 年，第 87 页，“天地生之，圣人成之”。

⑥ 理雅各：《中国经典》卷二，《孟子》，第 199 页。

⑦ 陈荣捷：《中国哲学文献选编》，第 497 页。

一步论述说，如果我们反省自己，意识到自己是真诚的（实在的和本真的），这是生活中最大的快乐。总而言之，他简单地阐述了《中庸》（中庸之道）中的天人景象：

> 唯天下至诚，为能尽其性。能尽其性则能尽人之性；能尽人之性，则能尽物之性；能尽物之性，则可以赞天地之化育；可以赞天地之化育，则可以与天地参矣。[①]

这就是孔子所说的“人能弘道，非道弘人”[②]。这并不能被理解为人类中心主义的断言，它体现了人类的傲慢。孔子所相信的是人的潜力、承诺和责任。儒家人文精神的一个显著特征是人与天地的必然联系，这不同于启蒙运动中世俗的、以人为中心的、理性的人文精神。儒家所说的人文精神，既不是去精神化，也不是去自然化。它在理论和实践上根植于精神领域，根植于自然世界。

我们与生俱来的与天地万物共鸣的实感，很可能是人类伟大之处的最深沉、最普遍的源泉。

我们要相信所有存在方式的连续性、亲缘性，这样才能使人类成为我们一切存在的组成部分。这种信念既是宇宙论的，也是人类学的。它具有深远的生态意义，主张使地球成为我们真正的家园。更深层意义上的“存有的连续性”不仅仅是一个横向的概念。严格地说，生命和意识的出现并不是“断裂”，而是强烈地预示着深刻的转变，唤起一种超越感，至少是自我超越感。这标志着进化过程也包含一个垂直的轨迹。心的敏感性既有深度，也有广度。它的包罗万象的整体主义是人类固有的能力。因此，只有本心是与众不同的人类特质，而不是我们与动物共有的意识和感情，以及我们与草木共有的生命。是本心使人类伟大，使我们拥有“大体”。进化过程的垂直性是什么？程颢自信地断言，总的来说，“吾学虽有所受，但天理二字确是自家体贴出来”，他的学问要归功于他的前辈，但两个字“天理”的真正含义却是他自己亲自体认的。换句话说，程颢亲身体验了天理的全部含义。他的主观性使他意识到，天理在他的本心之中。这件事并不是外界权威力量揭示给他的。他真的是靠自己获得的。[③]

对于他和所有的心学家来说，天理就在我们的天性之中。这完全符合《中庸》的首章：“天命之谓性。”[④] 因为人性是上天赋予的，所以天道（天理应该就是这样起

---

① 陈荣捷：《中国哲学文献选编》，第 107—108 页。

② 倪培民：《论语新译》，第 366—367 页。

③ 陈荣捷：《中国哲学文献选编》，第 520 页。

④ 同上书，第 99 页。

作用的）就内在于人性之中。天使人成为人，但人也应该对天做出反应。天赋予了我们的本性，扩充它是我们的义务。这意味着人类有能力和责任在世上践行天道。仁的最高表现是宇宙论和人类学意义上的。简而言之，是“天人学”的，它是基于对天的深切崇敬，以及整体和综合的人道主义。在《易经》中，宇宙总是一个动态的过程，通过创造性地转化现有的秩序，产生新的现实。这给我们的信息是，我们应该通过不断的自我强化来效仿这种神圣的活力（“天行健，君子以自强不息”）。我们对天的崇敬并不是要崇拜一个完全超出我们理解的“全然他者”的权威，而是对生命之源和创造力本身表达一种深深的敬畏。

人类的独特之处在于我们内在的能力，我们能够学会成为宇宙进程中称职的合作伙伴。这是基于这样一个假设，即我们有能力通过自知来理解天。正如孟子所言：“尽其心者，知其性也；知其性，则知天矣。”[①]

可以理解，自我实现的最终志向是“天人合一”。然而，我们必须承认天人关系的不对称性。虽然天本身就具有创造性，但人类通过自身的努力习得了创造性。天的真实性质本身就是高超的（自诚明），而人则靠知识和智慧努力实现自己的真实（自明诚）。但作为共同创造者，人类可以代表天在这个世界上弘道。他们天生就有义务在生命世界中践行道。这样一来，道就不再仅仅是超越，与此时此地的人类生存境况没有密切联系。相反，它体现在日常生活的共同体验中，普通人虽然不一定意识到它的深远影响，但他的确与天有个人的联系。天有一个超越人类理解的维度，但天也内在于人性。孟子阐明了这一见解：“形色，天性也；惟圣人然后可以践形。”[②]所以成圣的道路是一个使我们身体变得本真的过程。我们的思想、灵魂和精神都体现在我们身体的深层结构中。它们是自我完善的表现，因为它们是从我们身体固有的本性核心辐射出来的。换句话说，人体是宇宙的缩影。通过涵养心灵，身体可以向世界和整个宇宙敞开。

王阳明在对孟子良知思想的精辟理解中，简明地总结了这一点。[③]这种“良知”正是陆象山所说的“本心”，他们都认为这理所当然地是人的伟大之处，也是对人性潜能的扩充。对心学家来说，“良知”是“体知”。它既是认知又是情感。这是一种内在理性的感觉，是导向转化的认识活动。这一活动包括三个向度。它净化了身体的质性，影响了世界，实现了天命。发现自我和自主地激活“良知”使人快乐欣喜。所有人在那一刻都表现出了圣人的属性。王阳明的几个弟子常说“满街都是圣人”，这种说法是一种鼓励（“我们都应该学习效法圣人”），也是一种本体论的真理（“人

---

① 陈荣捷：《中国哲学文献选编》，第 78 页。

② 同上书，第 80 页。

③ 理雅各：《中国经典》卷二，《孟子》，第 456 页。

不但是潜在的圣人，而且是真的圣人”）。[①] 与此同时，每个人（包括孔子）总是达不到圣人的境界，这是很容易理解的（孔子在存在论意义上明确表示，他远远达不到圣人的境界）。[②] 因此，学以成人需要不断修身。

结合对人之伟大、天理和“良知”的论述，我想重申主体性在儒家人文精神中的中心地位。虽然把儒家思想定义为一种社会伦理形式看似合理的，但至关重要的是，不要把主体性归约为一系列社会角色。可以说，人的关系性内蕴于儒家主体性，而没有社会维度，儒家主体性就失去了其独特性。的确，儒家所讲的人总是因为关联性而变得更加丰富多彩。我们从“存有的连续性”这一命题中了解到，“天地万物为一体”不是想象中的理念，而是经验事实。我们不是通过理性计算或实验证明才知道这是真的。而是通过一种深切的感受，这种感受体现在我们的本心之中，让我们立即就知道事情就是这样的（“当下即是”）。这样被感受到的感觉是不能与普通的感觉和情绪分开的，比如喜、怒、哀、乐。然而，它又是根本不同的，因为它是“仁”的组成部分。它表达的是同情、移情和怜悯，或者用孟子的话来说，是恻隐之心。[③] 这正是人之所以伟大的原因，因为它唤起了我们的“大体”。

这种感觉不仅仅是人类学的，它也是宇宙论的。的确，这是天人意义上的。我们来重申一下程颢所指的天理。他通过直观体贴来体验它并感到极度喜悦，这暗示着个人对超验实在的实现。他自己达到了这种状态，因为它一直在他的本心里。我们可以想象，对程颢来说，正是对天理的体知，使他能够表达这样一种信念：“仁者，以天地万物为一体。”

如此感受到的仁就是意识。这是一种内在的意识。它可能是对外界刺激的反应，但不仅仅是外力的结果。它有自己独立自主的能动性。它不同于普通的感受，它不仅仅是被动的回应，也是主动的探索。然而，它并不仅仅在经验层面发挥作用。它的关联性是包容一切的。它通过接触和连接来形成关系。从更深的意义上来说，它是通过参与和转化来联系的。这的确是一种认知功能，但也是一种情感。事实上，我们所有的身体感觉（视觉、听觉、嗅觉、味觉和触觉）都是兼具认知和情感的。以同情为例，“仁”作为一种意识，是一种转化行为。它是知行合一的。它表达自己的自发性使行成为知的一个组成部分。不同于普通的感觉，它自发于心，不经反思也别无所图。它是经验的，也是先验的。我们可以把它当作普通的感觉来体验，但在那个层次上我们感觉不到它的深度和广度。我们应该认识到，我们的本心定义了

---

① 陈荣捷：《传习录暨王阳明理学著选》，纽约：哥伦比亚大学出版社，1963 年，第 239—241 页。

② “《论语》7.34 子曰：‘若圣与仁，则吾岂敢？抑为之不厌，诲人不倦，则可谓云尔已矣。’公西华曰：‘正唯弟子不能学也。’”倪培民：《论语新译》，第 211—212 页。

③ 陈荣捷：《中国哲学文献汇编》，第 65—66 页。

我们的本性。这当然是我们与生俱来的品质，但更重要的是，这是天所赋予的。因为《中庸》首章明确指出，“天命之谓性”。换句话说，“心（性）即理也”。

天理无处不在。它存在于人、动物、植物和岩石中，实际上，它存在于进化过程中的所有生命中。这是它们存在的根本原因。不过，程颢体认天理的亲身经历在两个维度上极为重要。它是对仁的信念，同时是对主体性的认可。程颢所设想的仁不仅仅是一种观念，而是一种活动；它有活力、可转化、有生机。这就是天理作用于人的方式。它的活力永不停息，总是在生成，显示出巨大的转化力量，就像自然界的生长的力量一样。它以取之不尽的内在力量生生不息。

作为一种活动，仁以情感表达自己；同情、移情、怜悯、恻隐之心，简而言之，是一种爱的感觉。在这方面，人们曾多次试图更准确地定义爱的含义。流行的见解是“爱人”或“爱他者”。诉诸包含“二”的仁字写法的词源学，无疑为这种解读提供了有力的支持。加州大学伯克利分校的著名汉学家卜弼德（彼得·布德伯格）极力主张，仁的恰当译法应该是“共同的人性”（cohumanity）。① 不过，我更喜欢最近在郭店发现的竹简中的仁字：身在上面，心在下面，这说明了身与心的不可分割性。我不想在这里进行一场详尽的考据。现在只需指出这两种不同的解读具有深刻的哲学含义。如果把仁理解为共同的人性，那么人与人的关系是其构成要素，而社会性是人性的组成部分。如果仁是由身体和心灵构成的，那么我们可以很好地把它想象成个体性，实际上，它也是独特性。根据这种解读，爱首先是“自爱”，这可能是“使人爱己”和“爱人”的基础。这正是《荀子》所引用的孔子的话，而这就是孔子所说的优先顺序：“自爱”优先于“爱人”，“爱人”又优先于“使人爱己”。②

单单从社会角度来定义仁有什么问题？我赞赏从社会的角度来定义仁的努力，但是只从社会的角度来定义仁的危险在于，忽略了儒家“学以成人”观念的一个本质特征。

让我们继续讨论爱。儒家的仁表现为有差等的爱，而不是无差等的爱。墨子所提倡的兼爱，因其不切实际而受到批判。如果我们坚持要像爱自己的父亲一样爱陌生人的父亲，那么大多数父亲很可能得不到适当的照顾。③ 在家庭伦理中，仁的实践必须从父母开始，向外拓展。同情、移情和怜悯都是如此。这个顺序不是任意的，而是作为一个对实践的指导而建立起来的。人们经常举亲子关系为例，来显示家庭在儒家伦理中的中心地位。孝心是培养仁的第一步（“孝悌也者，其为仁之本欤”）。

---

① 卜弼德（彼得·布德伯格）：《儒家基本概念训诂》，《东西哲学》2:317-332，1953 年。

② 艾瑞克·胡顿译：《荀子·第 29 章·子道》，新泽西：普林斯顿大学，2014 年，第 329—330 页。

③ 陈荣捷：《传习录暨王阳明理学著选》，第 56—57 页。

"必也正名"强调家庭关系，要求"父父子子"。[①]具体来说，孝的教育就是要教育儿子，以儿子的身份对待父亲。这就要求儿子意识到自己作为儿子的角色。这种意识先于儿子正确履行职责的能力。如果他愿意听从父亲的命令，或者被动地服从父亲的命令，而不批判地意识到父子关系应该是什么样的关系，那么他已经放弃了作为儿子的责任。这就是为什么当曾子说"敢问从父之令，可谓孝乎？"的时候，孔子闻之而怒。孔子说，天子要有诤臣七人，诸侯要有诤臣五人，大夫要有诤臣三人。他们唯一的责任就是向统治者提出批评意见。如果儿子不诤戒父亲，他就是放弃了儿子的职责。这无异于设下圈套，使父亲违反了父道（陷父于不义）。一味顺从父亲是与孝道截然相反的。[②]其内在原因是，儿子所奉行的修身之道要求他意识到自己有义务确保父亲表现得像父亲的样子。父子关系是互利的。自我意识的中心地位是显而易见的。

仁也是沟通。我已经提到过，人类的关系性意味着积极参与和积极转变。它不是以外部观察者的身份交流，而是以内部参与者的身份交流。主体性中隐含着主体间性。承认对方并不是把我的自我强加给对方，也不是把他者占为己有。他者不仅被容忍或承认，而且受到尊重。即使我坚信我所做的是为了他者的利益，也不能损害他的完整性。我需要首先理解他的愿望，作为说服他按照我的方式行事的先决条件。我不会贸然地希望他按我的意愿行事。在充分了解他的情况后，我才开始和他积极互动。这在医患关系中听起来可能是治疗性的，但伦理上的原因则是要考虑周全。被动的金律要先于主动的银律即"己所欲，施于人"。遵守"己所不欲，勿施于人"的金律[③]，可以避免不必要的信仰冲突。传教的唯一目的是宗教间对话，而非使人改宗。这并不意味着人们不再有义务分享"福音"，它只是建议采用更方便（巧妙）的方式来传达信息。关键的一点是，对他者的兴趣已经存在于我的自我意识之中了。

仁之觉知具有超验的意义。因为我们与万物是不可分割的，是整体性的，所以我们找到了一个共同的源头。这并不仅仅是一个共同来源的客观现实，而是人类的意识和参与能力，使我们能够作为人来宣称人的伟大。主体性在这方面至关重要。关系本身是不能产生自我意识的光和热的。构成一个事物的每一种形式的生命能量（气）都体现了一个原则（理）。所有的原则（理）都源自天理。它们都内在于本

① 倪培民：《论语新译》，第289页。"为父之要在父爱其子，并养教之。以父为鉴，子必须侍父以尽孝。大部分译者只知其一不知其二，导致译文失去父子互鉴之意。"

② 罗思文（小亨利·罗斯蒙特）和安乐哲：《中国家庭之孝敬——对孝经的哲学翻译》，檀香山：夏威夷大学出版社，2009年，第113—114页。

③ 倪培民：《论语新译》，第281、364页。

心。这完全符合孟子所说的“万物皆备于我”。他进一步指出，“反身而诚，乐莫大焉！”[①]。这句话可以这样解读：最终的快乐是认识到我是一个真实的人，与天地万物融为一体。我们应该补充说，这种看似彻底的一元论有其微妙之处，即“原则的统一性和表现的多样性”（理一分殊）。[②] 例如，仁作为普遍的爱应该受到鼓励，但在实际的实践中，差等的爱，从近亲开始，向外延伸，这是在家庭、社区、国家各个层面依次实现仁的适当方法。

近几十年来，人们为振兴人文精神做出了各种重大努力，这表现了我们的一个根本关切：重新构建世界秩序，使人类能够在包容性的社会中共同生活。当今，有人刻意抽离出抽象的普世主义，把和谐歪曲为同一，把看似包罗万象的共同命运观念伪装成主宰性战略，这使得21世纪所有心思缜密的人道主义倡导者对单边主义心存警惕。可以理解的是，对文化多样性的认识在今天的人文思想中占有突出的地位。许多人文主义者认为，差异是和谐的先决条件。和而不同，或者更积极地说，容忍、承认和尊重差异的和谐是正确的道路，而要求遵循一种先入为主的一致以及经常是意识形态化的控制形式是一种对和谐的扭曲。

全球化可以说是一个现代化被更加强化的进程，但从更深的意义上说，它也是对现代化的一个深刻的背离，更不用说对西方化的背离了。基于西方的空间观念和基于现代的时间观念这二者都隐含着一种导致趋同甚至同质化的发展战略。然而，全球化反过来也促进了本地化、民族化和区域化。它使我们能够看到与种族、性别、语言、年龄、地点、阶级和信仰相关的一系列全新的颜色、声音、气味、味道、情绪、情感和心态。人类社会从未如此分化，同时由于科学技术的进步，特别是信息和通信技术的进步，人类社会也从未如此相互联系。

在一个既有差别又有相互关联的群中，我们如何看待和而不同中的多样性？我想以精神人文主义作为回应。从这个角度来看，人类与宇宙中的所有存在方式是不同的，同时又是相互关联的。它是独一无二的，但与其他事物不可分割。人类的进化是科学界迄今为止所知的最具根本意义的叙事，是138亿年前大爆炸导致天地出现以来的大宇宙叙事中的小宇宙。在行星的衡量尺度上，生命、动物和人类物种的出现也是同一叙事的组成部分。从这个意义上说，“天地是我们的父母”不是一种浪漫的断言，而是一种经验的陈述。

上天赐予的每个人，本质上都是自由的、平等的、有价值的。认识到这一点对我们来说很重要。我们的尊严是由我们的主体性保证的。珍惜我们的个性（独特性）是我们的崇高使命。任何外部权威都不应该也不能够从我们这里夺走“本心”、“天

① 陈荣捷：《中国哲学文献汇编》，1963年，第79页。

② 同上书，第544页，程颐：“理一分殊。”

理”或“良知”：“三军可夺帅也，匹夫不可夺志也。”[①]

人文主义的一个同样重要的前提是地球的神圣性。我们的宇宙充满了内在的价值和优美。这一现实不能用经验数据来证明。我们也不能用自然科学，比如神经生物学的还原性逻辑来把握它。相反，这是一种承诺，也是一种信仰，可能是有神论，也可能不是有神论。关键的问题是要认识到，宇宙花了数十亿年的时间，对空气、水、土壤和许多其他因素进行了微调，才使我们出现在如此短暂的时刻之中。我们可以认为整个故事毫无意义。我们可以信服大大小小的创世故事，来接受“我们的存在乃是有其目的”的论断。当然，还有许多其他选择。斯宾诺莎哲学的神学基础是爱因斯坦的灵感来源，这似乎是阐明这种想法的绝佳例子。此外，罗纳德·德沃金提到，保罗·蒂里希和卡尔·萨根都支持他的论点，说我们应该相信这一客观现实，即生命有意义，自然有内在价值。[②]但是，我不接受他公然反对唯物主义和自然主义，我强烈反对他的反有神论立场。

我同意罗纳德·奥斯本的观点：德沃金所倡导的宗教神学尽管有礼仪和尊严，却缺乏深刻的人性化社群，或滋养生命的喜乐（《哈佛神学公报》，2015 年冬 / 春季刊）。[③]德沃金所怀的希望是：物理学家和天文学家最终会在发现“万物理论”时回答最终的问题。我对此有很大保留。这不仅过于乐观，而且过于简单化。如果我们生活在一个奇怪的宇宙中：原子只占可见宇宙的 4%，暗物质占 24%，暗能量——与太空相关的能量——占 72%[④]，那么我们可以合理地假设，宇宙中总有超出人类理解的神秘之所在。

有神论的观点可以在精神人文主义中引起共鸣。圣所（如教堂、礼拜堂、寺庙、清真寺、犹太会堂）、赞美诗、歌曲、祈祷、舞蹈、节日都超出了科学、哲学或神学的控制范围。所有三大一神论宗教都有精神资源和智力深度来激励我们唱响希望之歌，表达我们对神圣之爱的感激之情。它们对人类的宗教信仰做出了深刻的贡献。

尽管如此，精神人文主义可能是有神论或泛神论，但它也包含无神论和大多数土著传统所特有的各种万物有灵论。它与一神教在几个重要方面有所不同。它认为地球的神圣性是理所当然的。它赞同存有的连续性。言下之意，它并不相信彻底的

---

① 倪培民：《论语新译》，第 242—243 页。“在中国文革（1966—1976）期间，梁漱溟（1893—1988），因其在 20 世纪初的新文化运动的激荡中捍卫孔教而被誉为中国最后一位儒者，在他拒绝批判孔教而受到批判的时候，即以此 9:26 经文慨然以对。这种精神亦为孟子发扬光大，孟子曰：‘富贵不能淫，贫贱不能移，威武不能屈——此之谓大丈夫。’”

② 罗纳德·德沃金：《没有上帝的宗教》，麻省，康桥：哈佛大学出版社，2013 年。

③ 罗纳德·奥斯本：《罗纳德·达沃金的本体—神学》，刊于《哈佛神学公报》第 43 卷，第 1 和 2 篇（2015 年冬 / 春季刊）。

④ 大卫·史贝格：《今日宇宙》，刊于《代达罗斯》2014 年秋季刊，美国人文社会科学院，143（4），第 125—133 页。

超越，比如鲁道夫·奥托所提出的“全然的他者”。[①] 我想借用赫伯特·芬格莱特的一句名言“即凡而圣”。换句话说，生活世界在本质上是有意义的。生命的终极意义是可以实现的，也是应该实现的。对一个精神人文主义者来说，我们植根于地和群，尤其是家庭。我们的肉身是我们思想、灵魂和精神的合宜家园。凭借着地、群和肉身，我们学会了做一个完整的人。我们的精神转化并不是偏离我们所处的位置，而是通往我们内在存有的旅程。矛盾的是，我们存有的最深处，我们自我知识的来源，正是根植于我们存在中的宏观现实。当然，地、群和肉身约束着我们。它们把我们塑造成具体的形式。我们不可避免地是世俗的、社会的和肉身的。迄今为止，精神传统总的来说指导我们从这些束缚中解脱出来。人类最大的愿望就是从世俗的束缚中解放出来，从灵魂的牢笼中逃离出来。在精神人文主义中，这些是能促成我们成全自我的约束，是载我们驶向自己命运的渡船。它们有助于为我们每个人提供实现自我的独特途径。没有它们，我们就不能有任何具体的存在。它们就是我们的化身。

这样的视野中的人不仅不是被创造者，而且是宇宙演化中的积极的因素，是观察者、参与者，甚至是共同创造者。尽管可能没有一位终极意义上的创造者，但大爆炸以来的创造力从未丧失，而是累积在进化故事的每一个环节——太阳、地球、生命、动物和人类。我们是宇宙能量的继承者。我们有责任确保我们被天所赋予的本性能够继续为新的现实和生命形式赋予力量。精神人文主义认为，人的生命具有超越的意义，我们总是有神秘的东西要理解，而有神论以及人类宗教的其他表现形式能够教会我们超越世俗主义。我们是有限的存在，但在我们的有限性中，始终存在着无限的神圣性。精神人文主义是对人性的信仰，学以成人的任务是“天地万物合一”，因为内在与超越是内在统一的。

---

① 这是基于鲁道夫·奥托的“可敬畏”概念中的“奥迹”理念，见氏著《神圣者的观念》，约翰·哈维英译本，牛津：牛津大学出版社，初版于1923年，第二版于1950年。

克尔凯郭尔讲座

克尔凯郭尔论爱和人之为人

皮娅·苏尔托夫特（Pia Søltoft）
（哥本哈根大学）

在丹麦神学家和哲学家索伦·克尔凯郭尔（1813—1855）生活的年代，世界似乎比今天小很多。他的家在哥本哈根，他在那里的狭窄街道上散步，和他的同时代人交谈，也和比他更早的文献和思想对话，而他的思考所产生的回答，其影响所及也远远超出了他的时代。索伦·克尔凯郭尔关于自我选择的想法、他对独一个体的关注、他对畏和绝望的开创性分析，更不用说他关于爱和激情的思考，所有这些都仍然值得我们阅读，能对我们关于什么是人的理解有所贡献。

索伦·克尔凯郭尔关于激情的思考触及了人之生存的核心，这些思考具有普遍吸引力，超越了文化和宗教的分野。所有这些，再加上他的文学技巧和他更新和激活被悬搁之物（en epoche）的看似矛盾的能力，使得他成为了关于爱之概念的一个充满话题性和争议性的思想家。

本文的目标是双重的。我将介绍贯穿在索伦·克尔凯郭尔的全部作品中的爱的观念并为之辩护；所考察的作品包括《非此即彼》、《最后的、非科学性的附言》、《爱的作为》。我将讨论这一观念与浪漫派的关联，并由此展示，克尔凯郭尔对爱作为一种受到双重约束的冲动的描述是如何独特，而这一独特观念也使得他得以超脱在欲爱（eros）与神爱（agape）之间二择一的紧张境况（这一境况是 Anders Nygren 后来为我们呈现出来的），并且超越 C. S. Lewis 在需求之爱和赠礼之爱之间做出的划分。对克尔凯郭尔来说，爱是一。爱是一种激情，但这种激情具有诸多形式，我们通过种种不同的爱的方式认识这些形式：父母之爱、痴爱、友爱、自爱和邻人之爱。对克尔凯郭尔来说，你如何去爱定义了你是谁；在这个意义上，爱和人之为人密不可分。

本文分为六个部分和一个结论。我首先简要描述克尔凯郭尔对浪漫派的看法，他的感情与他的不同看法。其次，我将引入克尔凯郭尔自己的爱之概念，这一概念，一部分乃是基于柏拉图对爱若斯（eros）作为一种激情的看法，另一部分乃是基于《圣经》中《约翰福音》和《马太福音》对爱的定义。第三，我将介绍克尔凯郭尔对爱之双重性的看法——它既是去爱的冲动又是被爱的冲动——并将这种受到双重约束之冲动与 Anders Nygren（1890—1978）的**欲爱**与**神爱**之观念和 C. S. Lewis（1898—1963）的**需求之爱**与**赠礼之爱**的区分加以比较。在第四部分，我将探讨人之爱与神之爱的关系。在第五部分，我将引入克尔凯郭尔的陷入爱情（being in love）的观念，他将此理解为偏好性的爱（preferential love）。最后，在第六部分，我将讨论克尔凯郭尔关于邻人之爱的看法。

索伦·克尔凯郭尔对爱着迷。在他只有 16 岁时，他就听了一系列关于浪漫派的讲演。他在 1843 年出版了《非此即彼》，由此开始了写作生涯。在此书第一部分中，他的兴趣投注于欲爱、痴爱、引诱，第二部分则关心爱的持久、其宗教维度和婚姻的概念。当克尔凯郭尔在 1874 年发表《爱的作为》时，他聚焦于作为邻人之爱的基督教之爱的概念，以及这种作为义务的邻人之爱和在欲爱、婚姻、友爱和父母之爱中显现出来的直接的爱和被爱的冲动之间的关系。在其写作生涯和其生命的最后，克尔凯郭尔的关注点则尤其在于上帝之爱以及这一爱如何作为一种持久力量显现于人类生存之中。

一、对浪漫派的赞成和反对

克尔凯郭尔和浪漫派一样，将爱视作一种充满激情的冲动。但浪漫派将爱理解对唯一之他人的爱，克尔凯郭尔则不能赞同。他认为浪漫派将欲爱像上帝一样崇拜，却忘记了圣经上说的，上帝就是爱。

人们基本上都同意，浪漫之爱和浪漫派运动背后的基础是西欧的争取自由的政治和社会运动。欲爱是一种人们可以且应当实践、培育乃至崇拜的严肃激情——这种想法在 18 世纪中期已被广泛接受。这种把爱情当作一种激情的需要的新看法与启蒙年代的基本精神乃是背道而驰的。在浪漫主义看来，生命与爱的重要驱动力已经不再是理性和常识，而是感受和想象。因此，对浪漫派来说，寻找那个唯一之人——这些感受和想象的独一目标——就成了最重要的事情。对激情和感受的这种强调，与在精神事务上追求自由的强烈冲动，二者的结合造成了浪漫派对如订婚和婚姻这类传统市民体制的攻讦。

克尔凯郭尔在其青年时代阅读了威廉·莎士比亚（1554—1616）、拜伦勋爵（1788—1824）和约翰·沃尔夫冈·冯·歌德（1749—1832），也研究了被很多人视为浪漫主义之渊源的宫廷之爱。

宫廷之爱发源于12世纪，可以被视作贵族之间的一种理想化的通奸。从很多方面看，宫廷之爱的理想是对两性之间的“正式”封建关系的一种“补偿”。渐渐地，这种新的激情发展成了一种新的行为准则，特别盛行于年轻骑士和宫廷的贵妇人之间。[①]

克尔凯郭尔对宫廷之爱很熟悉。在一条长日记中，他特别关注了Friedrich Christian Diez的《行吟诗人之诗，据其印刷和手写作品编纂》(1826)，甚至将其中大量内容译为丹麦文。虽然这些摘录在克尔凯郭尔青年时代的研究中只占边缘位置，但它们展示了他对爱的概念的历史发展和对浪漫之爱的起源的兴趣。在克尔凯郭尔以及许多在他之前和之后的学者看来，宫廷之爱可以被视为通向浪漫之爱的第一步，而浪漫之爱的真正诞生则是在图宾根，在黑格尔、谢林、荷尔德林学生时代共用的那个房间。

克尔凯郭尔对浪漫派文献非常熟悉。在此，我只提到一个浪漫派作品：弗里德里希·施莱格尔(1772—1829)的“丑闻”之书《卢琴德》；克尔凯郭尔读过此书，他爱这本书，却恨自己的爱，他恨这本书，又爱自己的恨。他对待整个浪漫派都是这种模棱两可的态度。《卢琴德》发表于1799年，施莱格尔此书攻击了将爱情作为市民生涯的一部分的看法。这本书通常被视作一部非道德的、过分直白的作品，会破坏年轻人的道德，导致社会的毁灭，因此该书很快就在德国被禁止了。克尔凯郭尔也认为这是一本肮脏和低劣的书，但我们几乎能从这一判断背后听到他对这本书的着迷。[②] 更重要的是，他和施莱格尔一样，也认为那个时代的爱情已经变得太形式化、太能说会道了，不再有任何激情的痕迹。施莱格尔强调了我们对待爱情的这种方式的毁灭性方面，克尔凯郭尔承认在这一点上受惠于施莱格尔。

然而，尽管克尔凯郭尔对《卢琴德》着迷，对浪漫派运动也持正面看法，他却绝非浪漫主义者。对他来说，感受和激情毫无疑问是爱情最重要的部分，但道德和体面也是如此。

克尔凯郭尔对那个时代人们对待爱情的市民做派的批评与施莱格尔一样激烈和尖锐。但施莱格尔坚称欲爱是生存的根基，克尔凯郭尔认为这就走得太远了。一个人不能选择陷入爱情，在这一点上克尔凯郭尔完全同意施莱格尔，而且他也反对当时流行的婚姻的市民观念。事实上，克尔凯郭尔反对任何形式的包办婚姻。在克尔

---

① Vincent Brümmer, *The Model of Love*, Cambridge University Press, Cambridge (1993) 2002, p. 89.

② 事实上，George Pattison认为，我们可以将《非此即彼》的第一部分中的“诱惑者日记”看作对施莱格尔的《卢琴德》的某种“回答”。这一“回答”应能表明完全被激情和欲爱所控制的人生是多么的错误和灾难。参见George Pattison, “Friedrich Schlegel's *Lucinde*: A Case Study in the Relation of Religion to Romanticism”, *Scottish Journal of Theology* Vol. 38, No. 4 (1985), p. 549。

凯郭尔看来，婚姻必须建立于充满激情的欲爱的基础之上。但婚姻是必须的，只有这样，相爱的人才能做出决定、做出对爱忠诚的承诺。在这一点上，克尔凯郭尔与施莱格尔和整个浪漫主义的爱情观念分道扬镳。他强调，虽然一个人不能选择陷入爱情，却可以选择与所爱的人处于永远的关系之中。一个人可以选择与他或她结婚，由此选择与在爱情关系中总是存在的时间的危险战斗。

总之，克尔凯郭尔对浪漫派的态度是两面的。一方面，他从浪漫派那里得到灵感，与浪漫派的基本冲动有共鸣。他同意，爱是一种激情，不能通过理性决定或者通过市民传统驯化。另一方面，他将爱视作一种神圣的礼物，具有道德意涵，我们必须遵循其中的道德要求，才能将爱从自我毁灭中“拯救”出来。这也是为什么克尔凯郭尔是婚姻制度的最好的代言人。

克尔凯郭尔对陷入爱情的奇迹的描写与浪漫派完全合拍。但他又强调，我们必须做出忠于爱情的道德决定并在婚姻中为这一决定赋予一种公民形式。在这里，他不再追随浪漫派，而是主张对欲爱进行基督教的转化。

二、爱是一种激情

如前所述，克尔凯郭尔同意浪漫派对爱是一种激情的看法。但他并不只是通过浪漫派了解到激情的。关于爱与激情的关联，柏拉图是他的第一个老师。

在《最后的、非科学性的附言》里，假名作者约翰纳斯·克里马库斯将一个人和他的生存之间唯一的真正关联描述为一种无限的充满激情的兴趣。他将这种兴趣称为主体性。克里马库斯常常提到苏格拉底，特别是在柏拉图的《会饮》中，智慧女神狄奥提玛讲给苏格拉底的那个关于爱若斯的出生的神话。克里马库斯在两者之间建立了关联。他说：苏格拉底描述爱若斯的方式和他将生存理解为一种充满激情的奋进的方式很相似。二者都跨越了有限和无限、时间和永恒之间的鸿沟。生存，像爱若斯一样是受到双重约束的。

> 根据柏拉图，贫乏和丰饶产下了爱若斯。爱若斯的本性是由贫乏和丰饶两者构成的。但什么是生存呢？它就是由有限和无限、时间和永恒产下的孩子，它因此是一种持续的奋进。这是苏格拉底的观点。因此爱是持续的奋进，也就是说，思维着的主体是生存着的（*CUP*, 1: 92）。

克尔凯郭尔对生存和爱的界定结合了基督教和柏拉图主义对两个概念的理解。因此，克里马库斯也认为，没有希腊的爱若斯观念中包含的激情便不可能生存于真理之中。对生存而言没有客观的系统。因此，克里马库斯说，一个人将自身理解为独一的生存的个体，这既是希腊的原则也是基督教的原则（*CUP*, 1: 99）。这里没有什么非此即彼。柏拉图便已经发现了与人类生存密不可分的激情，即爱。因此，克尔凯郭尔说，无论一个人是不是基督徒，充满激情地联系于他或她自身、充满激情地联系于他或她的无限兴趣之所在（即其所爱者）一向是独一之人的使命。

这就是说，当我们谈论生存时，并不存在人类经验与基督教之间的对立。在主体性中与基督教相联系，意味着通过我们在自身的生存中所了解和经验到的激情与之联系。与基督教的真正联系是真正的人性的联系。用克尔凯郭尔从柏拉图那里学到的神话语言来讲，激情伴随爱若斯的诞生而生。这也就是说，当我们界定和理解什么是在激情中生存的独一之人时，爱被放在了一个相当显著的位置上。

三、爱是一

对克尔凯郭尔来说，决定人之为人的只是爱而已。

> 是什么使一个人伟大，为造物所羡慕，在上帝眼中蒙爱？是什么使一个人强壮，比整个世界更强壮？是什么使一个人虚弱，比孩童更虚弱？是什么使一个人坚定，比岩石更坚定？是什么使一个人柔软，比蜡更柔软？是爱！（*EUD*, 55）

在克尔凯郭尔看来，爱并不是在一个人与另一个人相爱时才被创造出来的。当然，爱是一种关系，但在他看来，爱不是在关系之中被创造出来的。在关系之前爱就已经存在了。在写于 1847 年的《爱的作为》一书中，克尔凯郭尔问道："爱从何而来？爱的根源何在？爱居于其中的处所、爱所自从来的处所何在？"他回答道："这个处所是隐蔽的，是秘密的。爱的生命从在一个人的最内在处流出，但他的隐藏的生命本身就是运动，在其自身之中便有永恒。"（*WL*, 8-10）

爱的隐藏的生命是运动。在《爱的作为》中克尔凯郭尔一再将爱称为一种冲动。爱的内在生命之运动可以被描述为这种冲动。

> 爱的冲动是如何深深根植于人性之中……这种冲动如此深地根植于人性之

> 中，以至于从第一个人被创造起就没有任何改变，没有任何新的发现。这种冲动如此深地根植于人性之中，如此本质地归属于人之为人，以至于我们的主耶稣基督——他与圣父合一，与圣父和圣灵处于爱之圣餐之中，爱整个人类——他也感到这种指向一个个体之人的爱与被爱的需要。（翻译有少许修正）（*WL*, 154f.）

爱的冲动是普遍的。克尔凯郭尔对爱之根基性的理解植根于创世。他常常引用《创世记》第22章，他说，人不是被造来独自生活的，她乃是被造来与人一同生活的。

他还说，一个人不是她的爱的根源："将爱植入每个人的是上帝、造物主，而上帝本身就是爱。"（*WL*, 216）由于上帝造人，乃是将爱置于其根基之中，被造之人具有爱的可能性，而这种根基性的爱可以被现实化为对他人的爱。被造之人还具有识别他人之爱的可能性，他人之爱是神所造的根基之爱的表达。

克尔凯郭尔将爱描述为一种深深感受到的去爱和被爱的冲动。这种冲动从根本上刻画了每一个人，它就是人们常说的所谓自然之爱的核心，尽管这种说法不无误导之处。误导之处在于自然之爱的对立面当然是非自然之爱，一种反常的爱。但这里涉及的当然不是这种对立。当克尔凯郭尔谈到自然之爱时，其对立面总是基督教之爱，这不是一种非自然之爱，而是一种并不通过直接的冲动，而是通过义务触动我们的爱。下文中我将使用"直接之爱"这一术语。直接之爱可以被定义为当我们陷入爱情或爱我们的朋友和孩子时我们直接受其驱动的充满激情的欲望和倾向。因此，在下文中，我将不会使用自然之爱这个术语，而是谈论我们对爱和被爱的直接经验。

克尔凯郭尔还将爱定义为上帝和人之间的一种中介性存在物，因此强调，爱作为一种根本的人类境况具有神圣起源。这立刻将克尔凯郭尔置于在两种类型的爱——一种属人、一种属神——之间做出区分的神学传统。与此相反，克尔凯郭尔将属人的和属神的结合在一起，并将属神的爱看作我们感受到爱的冲动的属人能力的唯一源泉。爱沟通了人和神："连接时间和永恒的除了爱还能有什么？因此爱在一切之先，爱历万劫而永存。"（*WL*, 6）

因此，对克尔凯郭尔来说，只有一种爱，这种唯一之爱由上帝（上帝自身就是爱）置于每个人心中——这就是为什么这个唯一之爱必须通过一个人所可能的种种不同方式表达出来。克尔凯郭尔多次引用的《圣经》所说的上帝是爱（1 John 4:8; 4:16），这意味着上帝以某种方式存在于每一种爱中。

因此，对克尔凯郭尔来说，在属神之爱和属人之爱之间不存在根本的不可调和性。属神之爱是属人之爱的根源，正如它也是自身的根源一样。仅此而已。

缺乏和富余之间的辩证法构成了爱，这样的爱是人之中不可动摇的冲动。这一辩证法对爱之生命中包含的双重运动来说是根本性的。在《爱的作为》中，克尔凯郭尔告诉我们这一生命具有双重方向："爱也是这样。爱是它所做，爱做它所是，爱之是和爱之作为是一非二。在它走出自身（向外的方向）时，它居于自身（向内的方向）；在它居于自身时，它走出自身。因此，向外走出和返回是一非二。"（*WL*, 280）

爱是你之所为——一种行为或一种作为。如果你说自己在爱着，认为自己爱自己的孩子、父母或邻人，那么这爱必须在你的行为中表现出来——在你过日子的方式里，在你对待这些关系的方式里。爱必须在你的作为中表现出来。当然，这就是为什么克尔凯郭尔的名著以《爱的作为》为题。

四、属人的爱和属神的爱

1938年，Anders Nygren（1890—1978）发表了后被广泛翻译的《欲爱和神爱》一书。自从在瑞典兰德的一家小出版社问世以来，该书获得了极大成功；几年之内，欲爱和神爱的划分成为了思考和言说爱的唯一方式。自从该区分成为常识以来（直到今天似乎仍然如此），要将关于爱的自然的人类经验（如坠入爱河、友爱和父母之爱）和邻人之爱的基督教观念结合起来，就成了一种挑战。

根据Nygren，**欲爱是一种欲求着某物的爱**。Nygren认为柏拉图的爱若斯的概念清楚例示了这一爱的类型。但他也认为，作为爱若斯的爱的观念在柏拉图之前很久就存在了，在柏拉图之后也继续发挥着强大影响。因为，在其后的历史中，爱若斯和基督教思想互相融合，这一融合首先出现在圣奥古斯丁（354—430）的神学中——而这正是Nygren所拒绝的。

神爱则是一种基督教独有的爱的形式。神爱是一种不需要任何东西而献出自身的爱。在Nygren看来，基督是神爱和真正的基督教的爱——一种生于富余而不求回报的爱——的纯粹体现。他认为，认识到这一点并将神圣之爱视为纯粹恩典是马丁·路德（1483—1546）最重要的贡献之一。总之，对任何一种与神爱相异、包含欲求以及被爱之需要的爱的关系，Nygren都存有戒心。

C. S. Lewis（1898—1963）是Nygren的同时代人，他不满后者将欲爱和神爱视作两种全然不同的爱的形式，试图修正这一过于尖锐的区分。[①] 在《四种爱》（1960）

① 需求之爱和赠与之爱的区分首先由C. S. Lewis在《四种爱》（London, Harper Collins (1960) 2002）中提出。后来Vincent Brümmer在《爱的模式》（Cambridge, Cambridge University Press, 2002）一书中发展了这一想法。二人都未坚持在需求之爱和赠与之爱之间存在尖锐的分立。基于欲望的欲爱和纯粹给予性的神爱之间的根本区别则要追溯到Nygren的如今已成经典的作品《基督教之爱的观念的历史》（Stockholm 1938）。

这本小书中，C. S. Lewis 对比了四种不同形式的爱：亲爱（affection）、友爱、欲爱和仁爱（charity）。Lewis 的思想是对 Nygren 的一种批判性修正。在该书中，Lewis 的意图在于探讨上述四种爱中哪种与基督教之爱相似。为此，他区分了描述爱的关系的两种方式。爱可以是一种“需求”的关系或一种“赠与”的关系。在需求的关系中，我们爱的是我们所缺乏、所渴求的。在赠与的关系中，我们出于富余而爱，我们想要将我们的爱给予别人。由上文可知，克尔凯郭尔并不作此区分。在他看来，爱既是缺乏又是富余，既是丰饶又是贫困，既是去爱的冲动又是被爱的冲动，而且这种双重约束的冲动存在于基督之中。

Lewis 不认同赠与和需求之间的尖锐差异 —— Nygren 的欲爱和神爱的分隔正是基于这样一种差异。因此，Lewis 分析了四种形式的爱，以此探索我们的爱的特点；需求之爱和赠与之爱是为这一探索服务的工具。Lewis 的出发点是，上帝之爱是单纯的赠与之爱。在 Nygren 看来，这意味着，只有“看起来像”上帝之爱、因此是纯粹“赠与之爱”的人类之爱才能被称作“真实”的。对 Lewis 而言，这就引出了如下重要问题：这是否意味着需求之爱就不是爱呢？ Lewis 在其对四种爱的研究中正是要回答这一问题。他开篇就说到：“我不能否认，需求之爱也是爱。”为支持这一看法，他接下来考察了四种爱，指出在每种爱中需求和赠与如何共同作用。

亲爱是人与动物共有的爱。父母对其子女的爱，以及我们对自己熟悉的人的爱，都属于此类。友爱当然是指朋友之间的爱。对 Lewis 来说，欲爱（Eros）指的不是同名的希腊概念，而是情人之间的关系。仁爱是 Lewis 对邻人之爱的称呼。Lewis 的观点是，在前三种类型的爱中，既有需求的动机也有给予的动机。只有仁爱才是单纯的赠与。但 Lewis 不会像 Nygren 那样拒绝承认亲爱、友爱和欲爱也是爱。相反，他强调，人类的爱永远是既有需求之爱又有赠与之爱，只有上帝的爱才能是纯然的赠与之爱。当然，这就在创世者的爱和被造物的爱之间划开了一道深深的罅隙。

人们已经习惯于通过 Nygren 对欲爱和神爱的上述区分（这一区分为一切后来的关于爱的现象的讨论提供了框架）来理解克尔凯郭尔的爱的概念，尽管这犯了时代错乱的毛病。[①] 人们似乎一致认为，在克尔凯郭尔那里，“真”爱就是神爱，是赠与之爱，而对欲爱，他的态度则比较复杂、充满张力，甚至可以说是有些反对的。

至少在英语文献中，这一误解或许和《爱的作为》的英译本导言有关。该导言作者认为，丹麦语中“*elskov*”一词（在英译本中被译为“欲爱”）不仅与基督教之爱不同 —— 这当然是正确的 —— 而且与后者**相反甚至矛盾**，因为欲爱根本不是一种

① 最近，Werner G. Jeanrond 在 *A Theology of Love*, T&T Clark, London 2010 中继续了这种对克尔凯郭尔的错误诠释。Jeanrond 说：“丹麦哲学家克尔凯郭尔尖锐区分了自然的或属人的爱和对上帝和邻人的真正的基督教的爱。他认为前者是由利己主义动机驱动的，赞美后者通过完全投身他者来努力克服任何自我中心的关切”，第105页。

爱。然而，“欲爱”绝非对“*elskov*”的正确翻译，这是一个生动的但却是错误的诠释。这一翻译将欲爱和基督教之爱明确区分开来，这就错失了克尔凯郭尔对属神之爱和属人之爱之关系的看法中精妙的辩证法。下面我将强调这一辩证法。

在 Nygren 和 Lewis 以来的传统解释中，人们常常指责克尔凯郭尔否认“自然的”爱，因为人们以为他拒绝承认欲爱的根本重要地位。

与此相对，我要论述一种更微妙的有关欲爱、各种带有偏好的和直接的爱与邻人之爱的关系的看法。由于克尔凯郭尔将爱视为一种由神所给予的、受双重约束的冲动，而且这一冲动甚至在基督身上也存在，他于是得以将属人的爱与属神的爱、将欲爱与神爱、将需求之爱与赠与之爱结合起来。爱乃是连接人神者：“将时间与永恒联系起来的除了爱还能有什么呢？因此，爱在一切之先，爱历万劫而永存”（*WL*, 6）。

因此，对克尔凯郭尔来说，只有一种爱，这爱乃是上帝置于每个人心中的，而上帝本身就是爱。因此，这爱必须能够在一个人所可能的种种不同爱的方式中表达出来。从根本上来说，在属神的爱和我们的属人的爱之间没有任何矛盾。属神的爱是属人的爱的根源，也是它自身的根源。

五、有偏好的爱

有偏好的爱是一个伞式术语，表示一切有意识地指向他人的直接的爱的形式。当我们直接地将我们的根本的爱的冲动指向他人的时候，就产生了有偏好的爱：陷入爱情就是有偏好的爱。婚姻之爱是有偏好的爱，友爱是有偏好的爱，父母之爱也是——按照克尔凯郭尔的说法。相反，真正的自爱，以及作为一种爱所有人的基督教义务的邻人之爱，则不是有偏好的爱的关系，因为这些爱的形式都不指向个别他人。事实上，自爱和邻人之爱互相决定，并构成了爱邻人的诫命所要求的整体之爱的两面。

因此，有偏好的爱是直接的，因为它单纯依赖一种冲动或驱力。**但它不是无意识的**，因为它总是指向一个或少数的他人。有偏好的爱总是有方向的。欲爱、友爱和父母之爱总是有偏好的爱。克尔凯郭尔认为我们所有的有偏好的爱都是神的赠与，作为直接的爱又是自然的。

以欲爱（即陷入爱情）为例。我们不是与所有人、与每个人陷入爱情，而是一次只与一个人——在所有人之中只与这一个人，但又不是与所有其他人相敌对。陷入爱情必须被理解为一种远古的、本能的、直观的、植根于我们的生物性的意义，比智人的历史更为远久。克尔凯郭尔将陷入爱情描述为一种具有可触可感的生理实在的经验，一种根本的转变。但对克尔凯郭尔来说，陷入爱情的普遍性不完全在于其生物方面，而是植根于上帝给予的爱的冲动，这一冲动存在于每个人的根基之中。

一旦陷入爱情，上述爱的冲动中的辩证法——富余和渴求之间，充足和贫乏之间的辩证法——就转变为爱的两个方向之间的辩证法：朝向爱者的内向和朝向被爱者的外向。

> 陷入爱情是一个人纯然作为人的存在的完满。一个人纯然作为人的存在是一种双重的存在，因此陷入爱情也同时既是内在性又朝向外部现实。幸福的欲爱是这种关系的平衡。如果强势朝向外部实在而缺乏内在性，则这样的爱不够美；如果强势朝向内在而缺乏与外部实在的关系，则这样的爱不够幸福。（*TA*, 49）

这段话强调了我刚刚讲到的两个方向之间的平衡。如果一种爱主要是朝向外面的，主要关注点在于能从他人那里**得到**什么，在于自己需要或缺少什么，乃至于首要关切这段关系对别人显得如何，则克尔凯郭尔认为，这种爱不够美。如果一段关系中朝内的方向在爱者那里占据主导地位，这种爱可能不够幸福，因为在另外一个人那里没有对应的运动，没有对己方的爱的回应。然而，如果双方都陷入了爱情，那么这种关系就是对等的，因为两个有偏好的爱的关系都建立于一种反过来被爱的希望之上。相互的爱的性质是由有偏好的爱的形式决定的。如果我们陷入爱情，我们就会希望，我们的爱得到爱的回应（即对方也陷入爱情）而非（比如说）友情的回应。

克尔凯郭尔将陷入爱情描述为“一个人纯然作为人的存在的完满”，这表明了克尔凯郭尔赋予爱——即便是欲爱——一种根本的转变能力。之所以这样一种转变能力被特别赋予陷入爱情，是因为陷入爱情在我们的经验中被感受为一种不可抵御地加于我们之上且改变了两个相爱之人的力量。在上面的引文中，克尔凯郭尔将陷入爱情描述为在两个方面同时作用的爱，既作用于爱者也作用于被爱者。

六、邻人之爱

毫无疑问，克尔凯郭尔认为邻人之爱是一种**义务**而非直接的冲动。爱邻人并不是我们的直接冲动，而是基督教所要求于我们的。事实上，如果基督教没有向我们指出的话，我们都不知道邻人的存在：

> 事实上，基督教之爱发现了并知晓了邻人的存在以及所有人都是邻人——两者实际上是同一回事。如果爱不是一种义务的话，“邻人”的概念也不会存在。只有当一个人爱邻人的时候，有偏好的爱中自私的成分才被铲除，来自永恒的平等才得以保存。（*WL*, 44）

如上所述，我们对爱的直接经验总是有偏好的。上帝所置于人心的爱是去爱和被爱的普遍冲动。我们已经论述过，这种冲动也存在于基督对彼得的爱中。但对邻人的爱不是有偏好的，因为邻人是一切人，也非任何特别的人。在这个意义上，邻人不是作为一个特殊的人存在的，而是看待他人的一种特殊方式。

爱邻人就是将他人看作我们**必须**去爱的。这里没有冲动，没有偏好，只有义务。根据克尔凯郭尔，只有这种基督教义务使得我们在每个他人身上认出邻人。但基督教之所以能命令我们将每个他人当作我们的邻人去**爱**，是因为我们对**什么是爱**已经拥有了**一种直接经验**。正是因为我们从自己陷入爱情、友爱和父母之爱的经验中“知道”了什么是爱，我们才能知道什么是去**爱**邻人。我们总是直接将爱体验为有偏好的。但基督教的爱邻人的命令要求我们**无偏好地**去爱。要想做到这一点，我们必须利用我们从有偏好的爱（作为去爱和被爱的冲动，作为需要和富余）获得的经验，并将这种冲动转向作为邻人的每个他人。

因此，一方面，克尔凯郭尔认为陷入爱情和邻人之爱完全不同，因为陷入爱情是有偏好的，而邻人之爱是无偏好的。另一方面，克尔凯郭尔也强调，我们仅仅知道爱邻人的命令所要求于我们的是什么，即去爱邻人。如果我们不只是毫无兴趣地关注到邻人的需要，我们在爱邻人的时候就得用到我们的有偏好的爱的经验——因为爱邻人虽无偏好，却也必须是充满激情的：

> 如果任何人认为只要陷入爱情或找到一个朋友，他就懂得了基督教之爱，他就大错特错了。如果一个人陷入了爱情，而且诗人可以说：“他确实陷入爱情了”，那么，爱的命令仍然可以施于其身，只不过需要稍稍改动，但说的仍是一样的意思。爱的命令会对他说：“如你爱你的爱人一样去爱你的邻人。”（*WL*, 57）

这意味着，在克尔凯郭尔看来，我们可以利用我们对爱的直接经验去爱邻人。这是因为两种爱尽管非常不同，但仍拥有同样的神圣来源，作为去爱和被爱的受双重约束的冲动，乃是植根于每个人的内心的。

有偏好的爱和无偏好的爱之间当然有根本差异，但这个差异在于爱的形式和方向，在于爱是指向一个或几个他人（如有偏好的爱）还是指向每个他人（如无偏好的爱）。但在两种形式的爱背后是同样的爱的现象。

对克尔凯郭尔来说，爱不是一个概念。一个概念是奠基于认识论洞见和（或）逻辑反思的观念。一个概念包含着通过思想达到的洞见。而现象则是向观察之意识显现或展现之物。现象可以被经验、感知，从而被描述。

概念在经验中是隐藏的。基督教的邻人之爱的概念，永恒、持久、不变的爱的概念，显现于我们爱彼此的无私激情——如果我们遵守爱邻人的义务。它在我们看待彼此的方式中展现自身。它改变我们观看的方式，使得我们得以看到他人的个别性，这一个别性体现在她的爱的能力之中。在这个意义上，当我们真正爱邻人时，基督教的爱的概念对我们而言就成了一种现象。基督教的爱的概念呼召我们改变我们日常的（浪漫的）爱的观念，并在我们的具体的、改变了的爱的关系中对我们而言成为现象。基督教的爱的概念可以将自身展现为充满激情的意愿之转变。

在有偏好的爱中——无论它是欲爱、友爱还是父母之爱——爱的方向局限在一个或几个他人身上。在邻人之爱中，我们被命令，将上帝置于每个人心中的爱的冲动朝向每个他人。爱是同一个，但方向是新的。

对克尔凯郭尔来说，爱既是接受爱、被爱的冲动又是去爱他人的冲动，这一冲动来源于一种富余、一种丰饶。这个根本的爱的冲动的两个方面都是由上帝置于每个人心中的，我们可以感受到对他人的充满激情的兴趣以及对爱保持忠诚的道德义务。在这个意义上，属神的爱和属人的爱无论怎样不同，在克尔凯郭尔的爱的思想中、在他的整个写作生涯中又都是完完全全联系在一起的。

如果我们没有在（对我们的配偶、父母和孩子的）有偏好的爱中体验过爱和被爱的直接冲动，那么我们也无法理解爱邻人的神圣命令。对克尔凯郭尔来说，上帝是所有形式的爱的来源，所有爱都是充满激情的，因此充满激情的爱是沟通无限和有限、连接上帝和每个人的桥梁。

结论：爱和人之为人

当克尔凯郭尔谈论爱的时候，他总将之视为世界中的一个给定事实。而且，如上所述，他总是将爱的所予和一个宗教前提绑定起来，这一前提是：爱在这个世界中被给予，因为它是由上帝给予的。不过，虽然毫无疑问，克尔凯郭尔将爱的来源置于上帝之中，同样清楚的是，他将这一宗教前提（他毫不迟疑地称之为“基督教的”）和我们对爱、关于爱的普遍人类经验放在一起。

说爱寓于每个人的根基之中，这意味着，爱构成了每个人的人性的基础。因此，克尔凯郭尔能够这样谈论爱和一个人的自我的关系："你应该保全爱，你应该保全你自己，你应该通过保全你自己来保全爱。"（*WL*, 43）爱寓于每个人的根基之中这一想法已经包含了如下预设：无爱的人是没有的。在一定程度上，爱和被爱的能力构成了人之为人的定义。

正因为爱是一个人的人性的不可分离的一部分，克尔凯郭尔说："在爱上欺骗自己是最可怕的，是永恒的损失，无论在时间中还是在永恒中对这种损失都没有任何补偿。"（*WL*, 6）爱的损失就是自己的损失。[①] 因此，克尔凯郭尔将爱理解为基本的人的境况，它在一个非常根本的层面上定义了什么是人。[②] 作为一个根本属性，爱将人定义为一种**关系性**的存在。因此，克尔凯郭尔强调，爱"不是一个独立自为的性质，而是这样一种性质，通过它、在它之中你为了他人而存在。"（*WL*, 223）

因此，作为根基性的特征，爱是我们的一切关系的前提条件：我们与朋友、配偶、孩子的关系，我们和我们的邻人以及和我们自己的关系。

参考文献

Brümmer, Vincent, *The Model of Love*, Cambridge University Press, Cambridge (1993) 2002.

Ferriera, M. Jamie, *Love's Grateful Striving: A Commentary om Kierkegaard's* Works of Love, Oxford, Oxford University Press 2001.

Furtak, Rick Anthony, *Wisdom in Love. Kierkegaard and the Ancient Quest for Emotional Integrity*, University of Notre Dame Press, Indiana 2005.

Jeanrond, Werner G., *A Theology of Love*, T&T Clark, London 2010.

Lewis, C. S. *The Four Loves*, London, Harper Collins (1960) 2002.

---

① 在《致死的疾病》中，绝望恰被定义为一种失去自我的形式，我们可以说，克尔凯郭尔在这本书中探索了一个人可能失去自己的种种方式。这引向对种种形式的绝望和其症候的分析，"但所有这些症候又都是辩证的，因此在确定绝望是否存在时，肤浅的观察者很容易被欺骗"（SUD, 24/SKS 11, 140）。在《爱的作为》中，克尔凯郭尔考察了爱和其症候的种种形式，并在此基础上给出了对爱的正确理解。

② Rick Anthony Furtak 这样来描述克尔凯郭尔对爱在人类生活中的根本重要性："爱是心灵根基处的谜一般的力量，是人类生存的最深的基础。克尔凯郭尔说，这解释了为什么我们在内在生命中渴求，解释了'在以其永恒智慧总持万物的上帝之中'的生命的意义。展现于爱的经验中的上帝的无限智慧是'一切爱的来源'，作为情感生物，我们只能通过在爱**中**存在才能是我们之所是。" *Wisdom in Love. Kierkegaard and the Ancient Quest for Emotional Integrity*, University of Notre Dame Press, Indiana 2005, 96.

Marion, Jean Luc, *The Erotic Phenomenon*, The University of Chicago Press, Chicago & London (2003) 2007.

Pattison, George, "Friedrich Schlegel's *Lucinde:* A Case Study in the Relation of Religion to Romanticism", *Scottish Journal of Theology* Vol. 38, No. 4 (1985), pp. 540-555.

Welz, Claudia, *Love's Transcendence and the Problem of Theodicy*, Tübingen, Mohr Siebeck 2008.

（佚名　译）

马克思诞辰200周年纪念讲座

马克思在世界大会上和世界中

威廉·L. 麦克布莱德（William L. McBride）
（普渡大学）

5月5日——我们在此庆祝的日子——我开始写作这篇讲稿。如果马克思比西学中的所有长辈都长寿的话，在今年的5月5日，他将已经有200岁了。当我开始写作时，马克思出生的小镇特里尔城举行了一个仪式，那里正在揭幕一个由中华人民共和国政府捐赠的马克思巨型雕像。虽然马克思在他17岁上大学的时候结束了在特里尔的永久居留，但是很显然，他在某种意义上仍然活在那里，就像他同样活在伦敦、纽约、北京和整个世界那样。他显现在我们的世界哲学大会上，在这个大会上，许多参与者，包括我在内，可能都强烈地试图以西方中世纪思想家托马斯·阿奎那想起和指示亚里士多德（作为“这个”哲学家，*philosophus*）的这种方式来想起马克思。因为，正如亚里士多德（你无疑知道，马克思自己将他视为“古代最伟大的思想家）的世界观在数个世纪以来深刻地塑造着欧洲和新月沃地的思想、甚至一些语言那样，马克思同样如此深刻地影响着长达一个半世纪以来的西方和世界的思想范式。我们要记住，170年前《共产党宣言》出版，当时马克思30岁；150年前《资本论》第一卷出版，当时马克思50岁。1968年，也就是正好50年前，当许多著名哲学家在巴黎参加联合国教科文组织主办的《资本论》诞生100周年纪念活动时，巴黎发生了大型学生游行示威运动并且传播到许多其他国家。因此，事实上，我们在北京有许多与马克思有关的纪念日。

我今天的大部分发言都是试图捍卫我的一个大胆的主张：马克思是我们时代的“那位”（The）哲学家。我将从20世纪思想家的一些言论开始我的努力，而在20世纪思想家的言论中，我最关注的是让-保罗·萨特。但是，在这之前，我觉得首先有必要简单考虑一个对此可能的反对观点：马克思绝不应当被视为哲学家。

如果我没有错的话，这种反对观点（至少在职业哲学家中）曾经比现在被更频繁地提出。毫无疑问，自古以来存在很多哲学学派或运动，其支持者宣称他们是唯一正确和纯粹的哲学家——如有必要的话，他们是唯一参与哲学活动的哲学家。当然这种人仍然存在，但是他们不再被严肃对待，不论在学术界还是世界中，正如我在开始学术生涯时所记得的他们被对待的样子。无论如何，这种态度与国际哲学团体联合会（FISP）和世界哲学大会的精神背道而驰，正如我几十年前与这个机构紧密联系时所认为的那样。

把这种轻蔑的态度放一边——换句话说，我们打消掉并且是正当地打消掉这种态度——我们仍然面对着一些文本，在其中，马克思本人似乎在远离他的哲学的过往。无可争议的是，存在着这样的过往：比如，他有关于伊壁鸠鲁和德谟克利特的博士论文。但是，最后一篇关于费尔巴哈的论文是什么情况呢，比如马克思在其中说，哲学家们用不同的方式解释世界，而问题在于改变世界？在我看来，只有一种对这句话带有偏见的和吹毛求疵的解释才会做出这种结论：马克思说他不再是一个哲学家了。是的，他是一种不同的哲学家，但是在这个词（“哲学家”）的坚定和包罗万象的意义上——这是我想接受的意义——他仍然是一个哲学家。并且，我发现一个有趣的但几乎毫不奇怪的情况：我在特里尔读到马克思新雕像上的贡献的记事全都称他为哲学家。某种常识仍然存在于公众和大众媒体中。

因此，通过参考萨特20世纪50年代末的一篇文章，我现在开始我的论证来捍卫马克思的哲学卓越地位。萨特的这篇文章首先发表在《波兰翻译》——一本专门探讨当代法国文化的波兰杂志，文章的原初标题是《马克思主义和存在主义》，法文版被称为《方法问题》，英文版被称为《寻找方法》。在这篇文章的开头，萨特讨论了“哲学”一词的含义并且认为极少数的哲学家抓住了他们时代的精神和世界观。他说，从17世纪到20世纪，他看到了已经发生的三次浪潮，第一次他用笛卡尔和洛克之名来确认，第二次用康德和黑格尔之名来确认，第三次也就是当前的一次，他用马克思之名来确认。他继续争辩道，当前时代真的没有办法超越马克思；当然，一个人可以反对他的哲学，但是一个人不能忽略他。

进一步探讨萨特主张的细节可能是有趣的，但不是在这个时间和地方。我在此想强调的是，当我首先读到这篇文章时，尽管我对萨特的很多著作都很钦佩，但是我觉得这篇文章有一些显而易见的夸张，这至少部分地归因于马克思主义当时在法国理智生活和东欧、苏联以及中国中占据的主导作用，但是这种主导作用并不必然存在于世界的其他地区。现在，自从这篇文章首次发表的60多年以来，我倾向于认为除了一些细节之外，萨特的总体主张都是正确的，并且它仍然是成立的。对理解我们的世界来说，马克思在如此多的基本性的方式上仍然是不可或缺的思想家。另一方面，不应当持有的是这样一种信念：历史能够被整齐地周期化并且被视为从一个时期到另一个时期本质上是进步的——这构成萨特划分不同时代的基础，而且是马克思自己继承于黑格尔但是有时试图提出质疑的。让我解释一下。

正如我们所知，黑格尔将世界历史划分为三个主要阶段，即他演绎三段论的三个次序：一个人是自由的，一些人是自由的，所有人是自由的。关于第一个阶段，他给出了东方世界的笼统之名，其特点是专制，一人统治。如果这不是黑格尔的观点，我们将会嘲笑这种对一切的天真的过分简单化；也许我们应当嘲笑它。无论如何，正如黑格尔看到的世界历史在同一个日耳曼世界中达到了高潮，在黑格尔给大学讲述这个主题的时候，马克思当时正在经历着童年和青春期早期阶段；我们不应当忘记的是，根据黑格尔的观点，这也是上帝看世界历史的方式。当马克思第一次接触黑格尔哲学，在经过了最初的对它的抵触后，开始认识到它的许多无可置疑的魅力的时候，他难以避免受到我现在考虑的那个方面的影响，即沿着不可避免的路径的历史分期。鉴于他很早在事业上认识到经济关系在历史和社会结构中扮演着比黑格尔所想的要重要得多的角色——需要注意的是，尽管黑格尔确实在他的《权利哲学》中赋予了经济关系某种角色——就历史时代而言，马克思尤其关注封建时期到资本主义时期的过渡以及资本主义到他生活时代的演变。

现在，没有人能够严肃质疑被用例如“封建时期”这个术语标识的人类生活的显著特征在如此这般的时期是真实的和占主导的。但是我想提醒注意两个问题，它们是由此类的周期化——像我所称呼的——所引起并且它们观念地联系着。一个是任何给定时期的精确“含义”问题，也就是说，准确地将其置于世界历史进程中的含义问题。当然，第二个问题是，自信地断言存在一个可定义的世界历史进程，这个进程至少在当前是可以被理解的，如果它还没有被投射到未来的话。黑格尔清楚地反对任何未来投射（这与他哲学的简单化论述是不一样的），即历史在他的生活时代已经终结。萨特，在我所引用的他的文章最后部分，确实做出了某种未来投射，他相当模糊地提及了一种自由哲学，一旦不足被克服的话，它将代替马克思主义，尽管他补充道我们没有办法知道这种哲学会是什么样子的。至于马克思本人，每个读者都认识到，《资本论》第一卷倒数第二章能够被视为对即将到来的事物的预测——占有者的占有，诸如此类的话——并且学生们知道，在他的一些信中，他表达了对即将到来的后资本主义世界的强烈期待。但这是值得怀疑的，即事实上将某种我们确实在黑格尔那里发现的沿着一条特定的一般路径历史不可避免的发展的观点归于他（马克思）。

比如，马克思曾经写了一封信，以回应来自俄国的询问，即是否他认为这个国家在准备好社会主义革命之前将需要经历一个长期的资本主义时期。马克思着重强调说，他坚称自己从没有宣称每一个社会都需要完全走同一条历史道路。事实上，他对西方古典文明（希腊文明和罗马文明）进行了深刻的有见识的想象，即罗马的贵族和平民之间的阶级斗争能够想象到可以有一个不同的结果。因此，当哲学家们——正如阿尔都塞和许多其他人已经做的那样——将历史新科学的发现归于马克思的时候，毫无疑问他们在某些意义上是正确的，但是这种“科学”，如果它是其所是的话，不能被理解为严格定义的等比关系的化学方程式的模式。

提及科学，在我们始终要牢记这样一个事实——德语中的“科学”（Wissenschaft）拥有比一般英语中的“科学”（science）更大的范围——的同时，我想在这里评论一篇非常有名的文章，它出现在《资本论》第一卷第二版刊后语的结尾处，马克思在此细致地引用了1877年在俄国圣彼得堡出版的《资本论》第一版的书评。这篇文章多次使用了“科学的”一词，并且它赞扬了马克思，尤其是因为他的分析严谨，以及他意识到了不同的规则适用于不同的经济时期，评论家认为这一点在大多数经济学家那里并不典型。评论家一度著名地写道：“马克思把社会运动视为一个自然历史的过程”，它是由独立于人的意志的法律统治的。我认为，假定马克思本人同意他细致引用的文章的每一句话将是错误的，尽管假定他不同意其中的大多数话将同样是错误的。但是我不希望在此进入关于马克思的决定论和认识论的熟悉争论之中。相反，我现在关注这篇文章有两个理由：第一，为了《资本论》中的理论能够被解释为“自然历史”的观点；第二，为了马克思做出评论的一些话，这些话直接跟随着引用，准确地说，即评论者描绘了他视为马克思的方法是什么，“以一种显著的和慷慨的方式，就涉及到我自己（即马克思自己）对它的应用而言”。

从我的第二个论点开始，虽然我已经阅读了几百遍这篇文章，但是直到最近我才意识到其中一个词的重要性：“慷慨的”。现在，我要说的是我自己的建构或重建，这可能有些异想天开，但我认为并不是。因为马克思不是一个——正如熟悉的英语表达所说的那样——“喜欢愚弄愚人之人”。他拥有非常敏锐的智慧，这种智慧一次又一次地尤其在《资本论》中显现出来。比如，读者可能忘记了马克思在第24章一个脚注中对杰里米·边沁的描述：“在任何时候和任何国家中，大众之物的最平凡的制造商曾经以自满的方式趾高气扬过吗？”或者他的结论是这样一段话，他在其中回想起，亚里士多德关于自我编织和其他类型的自动化机器的幻想，由此允许奴隶制的终结，附带着反映了某种马克思方面的应得的势利评论，即古代哲学家们“缺乏特定的基督教品质，该品质将使他们能够宣扬大众的奴隶制，以便于一些粗鲁和半受过教育的暴发户成为‘卓越的纺纱者’、‘大量的香肠制造商’以及‘有影响力的黑鞋经销商’”？因此当我开始反思他的那个评论时，马克思对圣彼得堡《欧洲信使》的“慷慨的”评论者的明显的感激之情引起了我的共鸣。显然，马克思是一个尖锐的论辩家，并且他准备好了对每一个文本和每一个脚注——一共有数千个——去指出其愚蠢和对他所引用的那些人的深恶痛绝，尤其是对那些他称为庸俗的布尔乔亚经济学家们。然而，在这篇文章中，他展示了他能够深深地欣赏一个仔细阅读他并且对他的新方法论和整体的理论策略形成清晰的（即使是部分的）概观的人。在我重新阅读的过程中，我发现，尽管如此多的证据显示他成功地发展了一个追随着的鼓舞人心的政治组织，简而言之，他成功地成为欧洲知识界的圈子里的一个知名人物，但是马克思必然已经意识到了这是不确定的：自从他死后，即在刊后语的10年后，他的诸理念将会有任何像它们已经有的大量反响。因为——重复我之前说过的话——没有一条笔直的不可重复的历史进步路线——当然不是就观念和文化史而言，这种历史完全是由我们称之为文明史的东西组成的。

让我们回到刊后语那篇文章的第一个论点，即马克思将社会运动视为一个自然历史的过程的观念。首先，当然，这将马克思视为一个唯物主义者，与黑格尔的唯心主义相对立；这是很容易看到的。但是，我认为还有一个更深层次的含义，马克思和他的评论者可能都没有完全认识到这一点，但是从我们21世纪的立场来看，这是有深远意义的：也就是说，人类历史，正如它对我们人类重要一样，不过是更大的宇宙历史的一个小部分，在人类存在的几千年前以及推测几千年后的行星地球的演化中只是宇宙历史的一个片段。以这种方式来看，马克思诞生以来的最近两百年、资本主义制度开始突飞猛进以来的大约四五百年，甚至马克思如此熟悉的有记载的西方历史的更长时期，构成了非常短暂的时刻。但是这是我们的时代，逐渐学习、时而不学习成为人意味着什么的时代。在对这一过程的理论理解方面，显然在过去的一个半世纪中，我断定没有思想家比卡尔·马克思更卓越或更成功。

在详述这种成功的一些主要组成部分之前，让我请你们考虑对这一主张的可能对手——其他哲学家，再从那个词的广义上来说，在过去的一个半世纪里，他们可能被认为在对我们的全球社会理解方面和马克思贡献一样多或者比他贡献更多。有一些有影响力的但是将自己的最初取向归于对马克思的阅读的哲学家：首先想到的是列宁和毛泽东，同样还有其他人，比如在社会政治方面的萨特，或者在相当程度上，我们的同事尤尔根·哈贝马斯。在其他候选人中，人们可能认为圣雄甘地占有一个特殊的位置。很显然，我不能在此提供一个长而全面的清单，并且我来这里是为了庆祝马克思而不是考察或批判其他人。然而，可能值得一提的是最近的一位社会理论家约翰·罗尔斯，虽然他是令人印象深刻的大量学术关注的对象，但是他几乎没有在任何他的著作中提及马克思。（在其第一本和最重要的著作《正义论》的索引中，只有六处提及马克思，除了一处外所有都指向脚注或脚注部分。）罗尔斯实际上试图要做的是去捍卫或者更确切地说去复兴政治自由主义（这是其第二本重要著作的标题）——通过产生一种受惠于某种社会契约论和康德的理想理论，而这根本上取决于由被排除在实际社会之外并且不知道将注定在实际社会中占据什么样位置的几代人的抽象代表选出的一套直观的正义原则。理想化可能仍然对一些人来说显得振奋人心，但是它让我震惊，并且事实上总是让我震惊，正如四个月前我在厦门的一个会议上论证的那样，因为它更多地与20世纪60年代以来的美国霸权世界中的乌托邦幻想有关，当这种幻想没有根据我们的真实世界被写出来时——正如罗尔斯关于国际事务的晚期著作《万民法》更清楚地说明的那样。

我关于罗尔斯理论的回归性的最早线索中的一个是在我第一次读到他的书的时候，那时我发现他在其称之为“无知之幕”的章节中宣称，虽然在其想象的“原初状态”中，那些想象的诸派人群不知道自身将来在社会中占据什么位置，但是他们确实“理解政治事务和经济理论诸原则”。啊，是的，我想：适用于一切时间和地点的政治事务和经济理论（或者，正如罗尔斯本人在《正义论》最后部分将其描绘为是就永恒视角而言的）。这正是19世纪布尔乔亚经济学家的谬误，马克思对它的鉴定和回避赢得了俄国评论家的称赞。马克思当然会乐于解剖和解构罗尔斯。并且这使我直接回到马克思的卓越问题上来。他已经阅读了这些人，阅读了他们中的很多人，并且已经准备好和渴望去广泛地引用和批判他们。他还阅读了统计学和议会听证会的汇编，从而发展出对英国人民在资本主义残酷剥削下的实际遭遇的生动感觉。并且不仅仅是英国：比如，《资本论》包括对比利时和法国工人的严重剥削的考察，并且在第一卷结束章节中的一章里，他提及了极端的殖民主义者——在非洲、印度、中国、印度尼西亚和美洲，为了经济学家称呼的资本的“原始积累”——的野蛮和腐败。

现在，与罗尔斯相比，马克思总是非常清楚地知道他的仔细分析和理论建构并不意味着适用于一切永恒条件——这正是他的评阅人做出的关于他坚持认为历史上相互区分的社会在相互区分的不同的经济规则下运作的观点。当然，马克思非常希望取代现存资本主义秩序的“联合生产者社会”——一个社会主义社会，如果你愿意如此称呼的话——的到来是即将发生的。然而，在我最近对《资本论》的阅读中，逐渐清楚地令我震惊的是，首先，他所引用的资本主义实践的捍卫者的如此多的潜在思想在我们21世纪的世界中每天都能够被听到并且确实被听到；其次，这些实践和它们的潜在结构仍然显著地保持不变，至少在那样一些国家中，正如《资本论》第一句话所说：“资本主义生产方式盛行。”是的，在最近几十年里，一些新的术语出现在我们的经济学词汇中；其中两个最知名的术语是“私有化”和“全球化”。你们可能记得，英国首相玛格丽特·撒切尔推广了这些术语中的第一个，正如我一直想指出的，就像未删节的《韦氏第三版大辞典》最近的1981年版那样，仅仅给出了该术语的一个定义，而且是远非正面的定义：“个人退出社会生活和（尤其是）政治生活并且通常进入关心个人生活的世界中的倾向。其原因在于一种对复杂社会进程的不重视和缺乏理解的感觉。”事实上，对于一些公民和政治家来说，对私有化的反对热情通常不过是一种口号，它反映了“对复杂社会进程的缺乏理解”，因为马克思将会是第一个观察到它的人，如果他能活着见证撒切尔主义及其后果的话。无论如何，经济学意义上的“私有化”在资本主义体系中当然不是什么新鲜事，并且马克思对此也太熟悉了。

至于“全球化”，这个术语经历了相当奇怪的命运，它经历了从在早期文献中被正面使用到近年来被许多人认为是负面的转变。我认为，我们所看到的是，它是在什么程度上被马克思从多个方面预料到了并且它是如何真的“没有什么新的东西”。比如，马克思清楚意识到英国东印度公司的巨大跨大陆运作，他的详细经济分析都聚焦在作为当时最先进工业国家的大不列颠，并且他完全认识到了美国的崛起力量和欧洲大陆的迅速工业化。毕竟，马克思和恩格斯一起在《共产党宣言》中写道：“工人没有国家。”马克思无疑是一个全球主义者，有人会说他是一个世界主义者，因此就这方面而言，他的世界仍然是我们的世界。

事实上，虽然马克思熟悉的一些物理和技术环境已经改变——摩天大楼、汽车、飞机、广播和电视，当然互联网自他那个时代就开始出现了——但是有一种真实的感觉，即在当今世界的大部分日子里，基本的社会变革还没有发生：资本主义生产方式仍然盛行。资本主义制度已经发展了，但是鉴于技术变革而言，并没有多少值得期待的。股份公司，正如马克思所称的大公司，早在他那个时代已经是经济领域的显著特征，而现代信用体系虽然还处在起步阶段但是他预测到了，并且正如学者们已经展示的那样，该信用体系能够在他的体系框架内轻易地得到理解。一些工作需要在马克思的框架内，通过理解发展和使用非政府货币制度的最新趋势，得到完成；虽然我承认我自己还没有努力为其提供它所应得的严肃注意，但是我知道其他人正在研究它，并且我毫不怀疑，要是马克思今天还活着的话，他将对其有很多有价值的话。（比如，人们只需要记得他在《资本论》第一卷对货币的历史角色的精彩讨论，或者记得他在同一部著作中的其他标记，该标记展示了他对这个追溯到罗马时代的主题的熟悉。）简而言之，尽管关于劳动价值论在先进（但是，在作为整体的世界中，其分布非常不均匀）自动化的时代的持续效力存在着一些分歧，但是马克思的理论框架和分析方法仍然是非常可行的，并且事实上它被最有头脑的人利用来理解被许多人称为“后资本主义”的东西。

事实上，马克思的遗产建立了一种生活悖论。尽管，正如我在别的地方经常论证的那样，在使用《资本论》设计的主要经济学变量时，预测一个有限的时间内资本主义体系的明确界限是不可能的——而且严格来说，一个无限定的推迟预测并不是一个预测——很显然，马克思强烈感觉到资本主义灭亡近在眼前，当然，他发现这一前景非常令人满意。（因为，排除他个人的挫折和悲剧，他本质上是19世纪的乐观主义者。）然而，如果我们生活在这场灭亡之后的时间中，那么根据马克思自己的推算，我们将庆祝一个历史上重要人物的诞生纪念日，该人物的分析弄明白了过去的世界但是在定义上不再适用于我们的世界。但是，很显然，正如我所证明的，它们适用于我们的世界。

简而言之，是什么使得马克思成为19世纪最伟大的社会思想家并且保证他继续要求这一荣誉直到21世纪？是他不可思议的能力，这种能力把非凡的理智和一辈子的艰苦研究结合到它已经意味着和所意味的人类的各个方面上来，从而揭示出驱动真实世界尤其是现代世界的诸机制——我们称之为“经济”，就这个词最宽泛的意义而言。他发掘的体系建立在诸如亚当·斯密的政治经济学家和从亚里士多德到黑格尔的哲学家的发现之上，但是它（指马克思发掘的体系）综合并且远远超越了它们（指发现），它是而且很不幸仍然是一个以相对的少数人剥削多数人为基础、追求利益最大价值的体系。许多在他之前的道德家已经抨击了过度和贪婪，但是马克思成功地提供了对它曾经如何被完成以及在当今世界中仍然如何被完成的详细而清晰的描述。没有任何思想家比马克思更能够解释马克思所说的“大量的香肠制造商”和“有影响力的黑鞋经销商”——他们已经掌握了“后资本主义”提供的剥削技术——的当代等价物如何获得和维持在资本主义生成方式盛行的社会中的经济和政治权力的地位。

（佚名　译）